THE VATICANUS BIBLE
GOSPELS

A Modified Pseudo-facsimile of the Four Gospels
as Found in the Greek New Testament
of Codex Vaticanus (vat. gr. 1209)

Original (1868 Pseudo-facsimile) by
Carlo Vercellone
Giuseppe Cozza-Luzi

Adapted by
Benjamin Paul Kantor

KoineGreek.com Books
2020

› ΟΥΚЄΠΑΡΤΩΜΟΝΩΖΗ
› CЄΤΑΙΟΑΝΘΡΩΠΟCΑΛ
› ΛЄΠΙΠΑΝΤΙΡΗΜΑΤΙЄΚ
› ΠΟΡЄΥΟΜЄΝΩΔΙΑCΤΟ
› ΜΑΤΟCΘΥ

ΚΑΤΑ ΜΑΘΘΑΙΟΝ ΙϚ

This volume constitutes a modified edition of the Gospels portion of the New Testament volume of the pseudo-facsimile of Codex Vaticanus entitled *Bibliorum Sacrorum: Graecus Codex Vaticanus: Novum Testamentum: Tomus V* edited by Carlo Vercellone and Giuseppe Cozza-Luzi originally published in 1868 at Rome by Congregatio de Propaganda de fide.

Images used by permission from the Center for the Study of New Testament Manuscripts (www.csntm.org). The BIBLICAL UNCIAL font used in the frontmatter and the PAPYRUS UNCIAL font used in the page numbers and verse numbers were both developed by Juan-José Marcos.

Library of Congress Control Number: 2020902439

ISBN: 978-0-578-64580-3

Adapted by Benjamin Paul Kantor

Published by KoineGreek.com Books
An imprint of

KOINEGREEK.COM

539 W. Commerce St. #494
Dallas, TX 75208
www.KoineGreek.com

Ο ΑΛΦΑΒΗΤΟϹ
(Alphabet Chart)

α	Α	ν	Ν
β	Β	ξ	Ξ
γ	Γ	ο	Ο
δ	Δ	π	Π
ε	Є	ρ	Ρ
ζ	Ζ	σ	Ϲ
η	Η	τ	Τ
θ	Θ	υ	Υ
ι	Ι	φ	Φ
κ	Κ	χ	Χ
λ	Λ	ψ	Ψ
μ	Μ	ω	Ω

ΤΑ ΚΕΦΑΛΑΙΑ
(CONTENTS)

ΠΡΟΛΟΓΟϹ
(PREFACE)

Many of us learn Greek because we want the experience of reading the New Testament in its *original ancient language*. *The Vaticanus Bible* allows us to go one step further by offering us the experience of reading the Greek New Testament in one of its *original ancient forms* just like the ancients did.

As a language teacher, I purpose to do whatever I can to bring my students face to face with the ancient world, its language, and its texts. At the same time, dealing with ancient primary sources can sometimes have a steep—and intimidating—learning curve.

This is especially the case when it comes to reading ancient manuscripts. Navigating hundreds of pages without chapter or verse numbers, without spaces between words, written in an unfamiliar script, and peppered with unexpected spelling variants can be a challenge for a beginner. Even for seasoned scholars, reading ancient manuscripts is often restricted to a purely academic setting. The idea that someone would carry around a facsimile of an ancient manuscript as their personal Bible is as unthinkable as it is impractical—such facsimiles are often as heavy as they are expensive.

I eventually came up with the idea that a facsimile of an ancient manuscript of the Greek New Testament should be made into an affordable handheld book with chapter and verse numbers in the margin to facilitate reading. *The Vaticanus Bible: Gospels* is thus the first volume in what will hopefully become a series of such (pseudo-)facsimile Bibles, **ΤΟΫ ΘΕΟΫ ΘΈΛΟΝΤΟϹ**.

Such a volume could not have been produced without the help of a number of people and institutions. I would like, first of all, to thank the Center for the Study of New Testament Manuscripts (www.csntm.org) for generously supplying me with their images of the 1868 pseudo-facsimile of Codex Vaticanus (Vat. gr. 1209). I would also like to thank Kathryn McKee and St. John's College at the University of Cambridge for allowing me to make images of their copy of the 1868 pseudo-facsimile, which also aided me in the production of the present volume. I would also like to thank Tyndale House Library in Cambridge for allowing me to consult their actual facsimile of Codex Vaticanus, which has helped me best replicate the measurements of the original columns in the present volume as much as possible. Finally, I would like to thank Dillon Burroughs and Pavlos Vasileiadis for their dedicated work in helping proofread the chapter/verse references in this volume.

One who is familiar with Codex Vaticanus will find that the present volume exhibits three primary modifications and/or differences from the original:

First, the original codex contains three columns per page. In *The Vaticanus Bible*, each original page has been split into three so that only one column appears per page. The page numbering in the present volume reflects this: Each page is marked by the corresponding page number in the original codex, but with 'a', 'b', or 'c' following it to indicate the left, middle, or right column, respectively. The first three pages of the Gospel of Matthew are thus 1235a, 1235b, and 1235c. In this way, one can easily go back and forth between *The Vaticanus Bible* and digital images of the codex, which are currently accessible online on the Vatican Library website at the time of publication (digi.vatlib.it/view/MSS_Vat.gr.1209).

Second, chapter and verse numbers have been added in the outer margin of each page; they do not intervene in the text. Naturally, verse divisions do not always occur at the end of a line, so some inference must be made on the part of the reader as to when one verse ends and another begins. This minor ambiguity was deemed a worthy sacrifice to preserve the integrity of the original text with no intrusions. In addition to verse numbers, the two-word book titles (**ΚΑΤΑ ΜΑΘΘΑΙΟΝ, ΚΑΤΑ ΜΑΡΚΟΝ, ΚΑΤΑ ΛΟΥΚΑΝ, ΚΑΤΑ ΪΩΑΝΗΝ**) have been placed on each set of facing pages, with one word in the top left and one word in the top right. Though these are also original to Codex Vaticanus, it is the placement of these titles that constitutes a modification in the present volume. The same may also be said about the book titles found at the beginning of each Gospel. It was necessary, in each case, for the sake of formatting, to move the titles from their original placement in the codex.

Third, and finally, the present volume is based on a pseudo-facsimile rather than an actual facsimile. Though it may discourage some readers to find out that they are not dealing with photographs of the original, a comparison will quickly reveal that the resemblance of the pseudo-facsimile to the original is remarkably close. In fact, there is even one element in which the pseudo-facsimile is likely to represent the original fourth-century manuscript better than Codex Vaticanus as it is found today. This is because the accent marks, which are absent in the present volume but currently present in Codex Vaticanus, were not original to the fourth-century manuscript but added by a later hand. The present volume thus better replicates what the experience of reading (without accents) would have been like for an ancient reader.

At the time of publication, recordings of this text in a historical Koine Greek pronunciation are being made available at KoineGreek.com/audio. Readers can thus round out their experience of reading the text as it would have been written in ancient times by hearing the text as it would have sounded in ancient times.

Cambridge, February 2020 *Benjamin Paul Kantor, Ph.D.*

1:1 Α ΒΙΒΛΟϹΓΕΝΕϹΕΩϹΙΥΧΥ
ΥΙΟΥΔΑΥΕΙΔΥΙΟΥΑΒΡΑΑΜ
1:2 ΑΒΡΑΑΜΕΓΕΝΝΗϹΕΝΤΟ̄
ΙϹΑΑΚ
ΙϹΑΑΚΔΕΕΓΕΝΝΗϹΕΝ
ΤΟΝΙΑΚΩΒ
ΙΑΚΩΒΔΕΕΓΕΝΝΗϹΕΝ
ΤΟΝΙΟΥΔΑΝΚΑΙΤΟΥϹ
ΑΔΕΛΦΟΥϹΑΥΤΟΥ
1:3 ΙΟΥΔΑϹΔΕΕΓΕΝΝΗϹΕΝ
ΤΟΝΦΑΡΕϹΚΑΙΤΟΝΖΑ
ΡΕΕΚΤΗϹΘΑΜΑΡ
ΦΑΡΕϹΔΕΕΓΕΝΝΗϹΕΝ
ΤΟΝΕϹΡΩΜ
ΕϹΡΩΜΔΕΕΓΕΝΝΗϹΕΝ
ΤΟΝΑΡΑΜ
1:4 ΑΡΑΜΔΕΕΓΕΝΝΗϹΕΝΤΟ̄
ΑΜΕΙΝΑΔΑΒ
ΑΜΕΙΝΑΔΑΒΔΕΕΓΕΝΝΗ
ϹΕΝΤΟΝΝΑΑϹϹΩΝ
ΝΑΑϹϹΩΝΔΕΕΓΕΝΝΗ
ϹΕΝΤΟΝϹΑΛΜΩΝ
1:5 ϹΑΛΜΩΝΔΕΕΓΕΝΝΗϹΕ̄
ΤΟΝΒΟΕϹΕΚΤΗϹΡΑΧΑΒ
ΒΟΕϹΔΕΕΓΕΝΝΗϹΕΝΤΟ̄
ΙΩΒΗΔΕΚΤΗϹΡΟΥΘ
ΙΩΒΗΔΔΕΕΓΕΝΝΗϹΕΝ
ΤΟΝΪΕϹϹΑΙ
1:6 Β ΪΕϹϹΑΙΔΕΕΓΕΝΝΗϹΕΝ
ΤΟΝΔΑΥΕΙΔΤΟΝΒΑϹΙΛΕΑ
ΔΑΥΕΙΔΔΕΕΓΕΝΝΗϹΕΝ
ΤΟΝϹΟΛΟΜΩΝΑΕΚΤΗϹ
ΤΟΥΟΥΡΕΙΟΥ
1:7 ϹΟΛΟΜΩΝΔΕΕΓΕΝΝΗ
ϹΕΝΤΟΝΡΟΒΟΑΜ
ΡΟΒΟΑΜΔΕΕΓΕΝΝΗϹΕ̄
ΤΟΝΑΒΙΑ
ΑΒΙΑΔΕΕΓΕΝΝΗϹΕΝΤΟΝ
ΑϹΑΦ
1:8 ΑϹΑΦΔΕΕΓΕΝΝΗϹΕΝ
ΤΟΝΙΩϹΑΦΑΤ
ΙΩϹΑΦΑΤΔΕΕΓΕΝΝΗ

ϹΕΝΤΟΝΙΩΡΑΜ
ΪΩΡΑΜΔΕΕΓΕΝΝΗϹΕΝΤΟ̄
ΟΖΕΙΑΝ
ΟΖΕΙΑϹΔΕΕΓΕΝΝΗϹΕΝ 1:9
ΤΟΝΙΩΑΘΑΜ
ΙΩΑΘΑΜΔΕΕΓΕΝΝΗϹΕΝ
ΤΟΝΑΧΑΖ
ΑΧΑΖΔΕΕΓΕΝΝΗϹΕΝΤΟ̄
ΕΖΕΚΙΑΝ
ΕΖΕΚΙΑϹΔΕΕΓΕΝΝΗϹΕ̄ 1:10
ΤΟΝΜΑΝΑϹϹΗ
ΜΑΝΑϹϹΗΔΕΕΓΕΝΝΗϹΕ̄
ΤΟΝΑΜΩϹ
ΑΜΩϹΔΕΕΓΕΝΝΗϹΕΝ
ΤΟΝΙΩϹΕΙΑΝ
ΙΩϹΕΙΑϹΔΕΕΓΕΝΝΗϹΕ̄ 1:11
ΤΟΝΙΕΧΟΝΙΑΝΚΑΙΤΟΥϹ
ΑΔΕΛΦΟΥϹΑΥΤΟΥΕΠΙ
ΤΗϹΜΕΤΟΙΚΕϹΙΑϹΒΑΒΥ
ΛΩΝΟϹ
Γ ΜΕΤΑΔΕΤΗΝΜΕΤΟΙΚΕ 1:12
ϹΙΑΝΒΑΒΥΛΩΝΟϹΙΕΧΟ
ΝΙΑϹΓΕΝΝΑΤΟΝϹΕΛΑ
ΘΙΗΛ
ϹΕΛΑΘΙΗΛΔΕΓΕΝΝΑΤΟΝ
ΖΟΡΟΒΑΒΕΛ
ΖΟΡΟΒΑΒΕΛΔΕΓΕΝΝΑ 1:13
ΤΟΝΑΒΙΟΥΔ
ΑΒΙΟΥΔΔΕΕΓΕΝΝΗϹΕΝ
ΤΟΝΕΛΙΑΚΕΙΜ
ΕΛΙΑΚΕΙΜΔΕΕΓΕΝΝΗϹΕ̄
ΤΟΝΑΖΩΡ
ΑΖΩΡΔΕΕΓΕΝΝΗϹΕΝΤΟ̄ 1:14
ϹΑΔΩΚ
ϹΑΔΩΚΔΕΕΓΕΝΝΗϹΕΝ
ΤΟΝΑΧΕΙΜ
ΑΧΕΙΜΔΕΕΓΕΝΝΗϹΕΝ
ΤΟΝΕΛΙΟΥΔ
ΕΛΙΟΥΔΔΕΕΓΕΝΝΗϹΕΝ 1:15
ΤΟΝΕΛΕΑΖΑΡ
ΕΛΕΑΖΑΡΔΕΕΓΕΝΝΗϹΕ̄
ΤΟΝΜΑΘΘΑΝ

ΜΑΘΘΑΝΔΕΕΓΕΝΝΗϹΕΝ
ΤΟΝΙΑΚΩΒ
1:16 ΙΑΚΩΒΔΕΕΓΕΝΝΗϹΕΝΤΟ
ΙΩϹΗΦΤΟΝΑΝΔΡΑΜΑ
ΡΙΑϹΕΞΗϹΕΓΕΝΝΗΘΗΙϹ
ΟΛΕΓΟΜΕΝΟϹΧϹ
1:17 Δ ΠΑϹΑΙΟΥΝΑΙΓΕΝΕΑΙΑΠΟ
ΑΒΡΑΑΜΕΩϹΔΑΥΕΙΔΓΕΝΕ
ΑΙΔΕΚΑΤΕϹϹΑΡΕϹΚΑΙΑ
ΠΟΔΑΥΕΙΔΕΩϹΤΗϹΜΕ
ΤΟΙΚΕϹΙΑϹΒΑΒΥΛΩΝΟϹ
ΓΕΝΕΑΙΔΕΚΑΤΕϹϹΑΡΕϹ
ΚΑΙΑΠΟΤΗϹΜΕΤΟΙΚΕ
ϹΙΑϹΒΑΒΥΛΩΝΟϹΕΩϹ
ΤΟΥΧΥΓΕΝΕΑΙΔΕΚΑΤΕϹ
ϹΑΡΕϹ
1:18 Ε ΤΟΥΔΕΧΥΙΥΗΓΕΝΕϹΙϹ
ΟΥΤΩϹΗΝΜΝΗϹΤΕΥΘΕΙ
ϹΗϹΤΗϹΜΗΤΡΟϹΑΥΤΟΥ
ΜΑΡΙΑϹΤΩΙΩϹΗΦΠΡΙ
ΝΗϹΥΝΕΛΘΕΙΝΑΥΤΟΥϹ
ΕΥΡΕΘΗΕΝΓΑϹΤΡΙΕΧΟΥ
1:19 ϹΑΕΚΠΝϹΑΓΙΟΥΙΩϹΗΦ
ΔΕΟΑΝΗΡΑΥΤΗϹΔΙΚΑΙ
ΟϹΩΝΚΑΙΜΗΘΕΛΩΝΑΥ
ΤΗΝΔΕΙΓΜΑΤΙϹΑΙΕΒΟΥ
ΛΗΘΗΛΑΘΡΑΑΠΟΛΥϹΑΙ
1:20 ΑΥΤΗΝ ΤΑΥΤΑΔΕΑΥ
ΤΟΥΕΝΘΥΜΗΘΕΝΤΟϹ
ΙΔΟΥΑΓΓΕΛΟϹΚΥΚΑΤΟ
ΝΑΡΕΦΑΝΗΑΥΤΩΛΕΓΩ
ΙΩϹΗΦΥΙΟϹΔΑΥΕΙΔΜΗ
ΦΟΒΗΘΗϹΠΑΡΑΛΑΒΕΙΝ
ΜΑΡΙΑΝΤΗΝΓΥΝΑΙΚΑϹΟΥ
ΤΟΓΑΡΕΝΑΥΤΗΓΕΝΝΗΘΕ
1:21 ΕΚΠΝϹΕϹΤΙΝΑΓΙΟΥΤΕ
ΞΕΤΑΙΔΕΥΙΟΝΚΑΙΚΑΛΕ
ϹΕΙϹΤΟΟΝΟΜΑΑΥΤΟΥ
ΙΗϹΟΥΝΑΥΤΟϹΓΑΡϹΩ
ϹΕΙΤΟΝΛΑΟΝΑΥΤΟΥΑ
ΠΟΤΩΝΑΜΑΡΤΙΩΝΑΥ
1:22 ΤΩΝ ΤΟΥΤΟΔΕΟΛΟΝ

ΓΕΓΟΝΕΝΙΝΑΠΛΗΡΩΘΗ
ΤΟΡΗΘΕΝΥΠΟΚΥΔΙΑΤΟΥ
ΠΡΟΦΗΤΟΥΛΕΓΟΝΤΟϹ
› ΙΔΟΥΗΠΑΡΘΕΝΟϹΕΝΓΑ 1:23
› ϹΤΡΙΕΞΕΙΚΑΙΤΕΞΕΤΑΙ
› ΥΙΟΝΚΑΙΚΑΛΕϹΟΥϹΙΝ
› ΤΟΟΝΟΜΑΑΥΤΟΥΕΜΜΑ
› ΝΟΥΗΛΟΕϹΤΙΝΜΕΘΕΡ
› ΜΗΝΕΥΟΜΕΝΟΝΜΕΘΗ
5 › ΜΩΝΟΘ̅Ϲ̅ ΕΓΕΡΘΕΙϹΔΕ 1:24
Ο̅Ι̅ΩϹΗΦΑΠΟΤΟΥΥΠΝΟΥ
ΕΠΟΙΗϹΕΝΩϹΠΡΟϹΕΤΑ
ΞΕΝΑΥΤΩΟΑΓΓΕΛΟϹΚ̅Υ̅
ΚΑΙΠΑΡΕΛΑΒΕΝΤΗΝΓΥ
ΝΑΙΚΑΑΥΤΟΥΚΑΙΟΥΚΕ 1:25
ΓΕΙΝΩϹΚΕΝΑΥΤΗΝΕΩϹ
ΕΤΕΚΕΝΥΙΟΝΚΑΙΕΚΑ
ΛΕϹΕΝΤΟΟΝΟΜΑΑΥΤΟΥΙ̅Ν̅
Ζ ΤΟΥΔΕΙ̅Υ̅ΓΕΝΝΗΘΕΝΤΟϹ 2:1
ΕΝΒΗΘΛΕΕΜΤΗϹΪΟΥ
ΔΑΙΑϹΕΝΗΜΕΡΑΙϹΗΡΩ
ΔΟΥΤΟΥΒΑϹΙΛΕΩϹΙΔΟΥ
ΜΑΓΟΙΑΠΟΑΝΑΤΟΛΩ̅
ΠΑΡΕΓΕΝΟΝΤΟΕΙϹΙΕΡΟ
ϹΟΛΥΜΑΛΕΓΟΝΤΕϹΠΟΥ 2:2
ΕϹΤΙΝΟΤΕΧΘΕΙϹΒΑϹΙ
ΛΕΥϹΤΩΝΙΟΥΔΑΙΩΝ
ΕΙΔΟΜΕΝΓΑΡΑΥΤΟΥΤΟ̅
ΑϹΤΕΡΑΕΝΤΗΑΝΑΤΟ
ΛΗΚΑΙΗΛΘΟΜΕΝΠΡΟϹ
ΚΥΝΗϹΑΙΑΥΤΩ ΑΚΟΥ 2:3
ϹΑϹΔΕΟΒΑϹΙΛΕΥϹΗΡΩ
ΔΗϹΕΤΑΡΑΧΘΗΚΑΙΠΑ
ϹΑΙΕΡΟϹΟΛΥΜΑΜΕΤΑΥ
ΤΟΥΚΑΙϹΥΝΑΓΑΓΩΝ 2:4
ΠΑΝΤΑϹΤΟΥϹΑΡΧΙΕ
ΡΕΙϹΚΑΙΓΡΑΜΜΑΤΕΙϹ
ΤΟΥΛΑΟΥΕΠΥΝΘΑΝΕ
ΤΟΠΑΡΑΥΤΩΝΠΟΥΟΧ̅Ϲ̅
ΓΕΝΝΑΤΑΙΟΙΔΕΕΙΠΑΝ 2:5
ΑΥΤΩΕΝΒΗΘΛΕΕΜΤΗϹ
ΙΟΥΔΑΙΑϹ ΟΥΤΩϹΓΑΡ

ΓΕΓΡΑΠΤΑΙΔΙΑΤΟΥΠΡΟ
2:6 ΦΗΤΟΥΚΑΙϹΥΒΗΘΛΕΕΜ
ΓΗΙΟΥΔΑΟΥΔΑΜΩϹΕΛΑ
ΧΙϹΤΗΕΙΕΝΤΟΙϹΗΓΕΜΟ
ϹΙΝΙΟΥΔΑΕΞϹΟΥΓΑΡΕ
ΞΕΛΕΥϹΕΤΑΙΗΓΟΥΜΕΝΟϹ
ΟϹΤΙϹΠΟΙΜΑΝΕΙΤΟΝ
ΛΑΟΝΜΟΥΤΟΝΙϹΡΑΗΛ
2:7 ΤΟΤΕΗΡΩΔΗϹΛΑΘΡΑΚΑ
ΛΕϹΑϹΤΟΥϹΜΑΓΟΥϹ
ΗΚΡΕΙΒΩϹΕΝΠΑΡΑΥΤΩ̅
ΤΟΝΧΡΟΝΟΝΤΟΥΦΑΙ
2:8 ΝΟΜΕΝΟΥΑϹΤΕΡΟϹϗ
ΠΕΜΨΑϹΑΥΤΟΥϹΕΙϹΒΗ
ΘΛΕΕΜΕΙΠΕΝΠΟΡΕΥΘΕ̅
ΤΕϹΕΞΕΤΑϹΑΤΕΑΚΡΕΙ
ΒΩϹΠΕΡΙΤΟΥΠΑΙΔΙΟΥ
ΕΠΑΝΔΕΕΥΡΗΤΕΑΠΑΓ
ΓΕΙΛΑΤΕΜΟΙΟΠΩϹΚΑΓΩ
ΕΛΘΩΝΠΡΟϹΚΥΝΗϹΩ
2:9 ΑΥΤΩ ΟΙΔΕΑΚΟΥϹΑΝ
ΤΕϹΤΟΥΒΑϹΙΛΕΩϹΕΠΟ
ΡΕΥΘΗϹΑΝΚΑΙΙΔΟΥΟ
ΑϹΤΗΡΟΝΕΙΔΟΝΕΝΤΗ
ΑΝΑΤΟΛΗΠΡΟΗΓΕΝΑΥ
ΤΟΥϹΕΩϹΕΛΘΩΝΕϹΤΑ
ΘΗΕΠΑΝΩΟΥΗΝΤΟ
2:10 ΠΑΙΔΙΟΝΙΔΟΝΤΕϹΔΕ
ΤΟΝΑϹΤΕΡΑΕΧΑΡΗϹΑΝ
ΧΑΡΑΝΜΕΓΑΛΗΝϹΦΟ
2:11 ΔΡΑΚΑΙΕΛΘΟΝΤΕϹΕΙϹ
ΤΗΝΟΙΚΙΑΝΕΙΔΟΝΤΟ
ΠΑΙΔΙΟΝΜΕΤΑΜΑΡΙΑϹ
ΤΗϹΜΗΤΡΟϹΑΥΤΟΥϗ
ΠΕϹΟΝΤΕϹΠΡΟϹΕΚΥ
ΝΗϹΑΝΑΥΤΩΚΑΙΑΝΟΙ
ΞΑΝΤΕϹΤΟΥϹΘΗϹΑΥ
ΡΟΥϹΑΥΤΩΝΠΡΟϹΗΝΕΓ
ΚΑΝΑΥΤΩΔΩΡΑΧΡΥϹΟ̅
ΚΑΙΛΙΒΑΝΟΝΚΑΙϹΜΥΡ
2:12 ΝΑΝΚΑΙΧΡΗΜΑΤΙϹΘΕ̅
ΤΕϹΚΑΤΟΝΑΡΜΗΑΝΑ

ΚΑΜΨΑΙΠΡΟCΗΡΩΔΗΝ
ΔΙΑΑΛΛΗCΟΔΟΥΑΝΕΧΩ
ΡΗCΑΝΕΙCΤΗΝΧΩΡΑΝ
θ ΑΥΤΩΝ ΑΝΑΧΩΡΗCΑ̅ 2:13
ΤΩΝΔΕΑΥΤΩΝΕΙCΤΗΝ
ΧΩΡΑΝΑΥΤΩΝΙΔΟΥΑΓ
ΓΕΛΟCΚ̅Υ̅ΚΑΤΟΝΑΡΕΦΑ
ΝΗΤΩΙΩCΗΦΛΕΓΩΝ
ΕΓΕΡΘΕΙCΠΑΡΑΛΑΒΕΤΟ
ΠΑΙΔΙΟΝΚΑΙΤΗΝΜΗΤΕ
ΡΑΑΥΤΟΥΚΑΙΦΕΥΓΕ
ΕΙCΑΙΓΥΠΤΟΝΚΑΙΙCΘΙ
ΕΚΕΙΕΩCΑΝΕΙΠΩCΟΙ
ΜΕΛΛΕΙΓΑΡΗΡΩΔΗCΖΗ
ΤΕΙΝΤΟΠΑΙΔΙΟΝΤΟΥΑ
ΠΟΛΕCΑΙΑΥΤΟ ΟΔΕΕ 2:14
ΓΕΡΘΕΙCΠΑΡΕΛΑΒΕΤΟ
ΠΑΙΔΙΟΝΚΑΙΤΗΝΜΗΤΕ
ΡΑΑΥΤΟΥΝΥΚΤΟCΚΑΙ
ΑΝΕΧΩΡΗCΕΝΕΙCΑΙΓΥ
ΠΤΟΝΚΑΙΗΝΕΚΕΙΕΩC 2:15
ΤΗCΤΕΛΕΥΤΗCΗΡΩΔΟΥ
ΙΝΑΠΛΗΡΩΘΗΤΟΡΗΘΕ̅
ΥΠΟΚ̅Υ̅ΔΙΑΤΟΥΠΡΟΦΗ
> ΤΟΥΛΕΓΟΝΤΟCΕΞΑΙΓΥ
> ΠΤΟΥΕΚΑΛΕCΑΤΟΝΥ
> ΙΟΝΜΟΥ ΤΟΤΕΗΡΩ 2:16
ι ΔΗCΙΔΩΝΟΤΙΕΝΕΠΑΙ
ΧΘΗΥΠΟΤΩΝΜΑΓΩΝ
ΕΘΥΜΩΘΗΛΕΙΑΝΚΑΙΑ
ΠΟCΤΕΙΛΑCΑΝΕΙΛΕΝ
ΠΑΝΤΑCΤΟΥCΠΑΙΔΑC
ΤΟΥCΕΝΒΗΘΛΕΕΜΚΑΙ
ΕΝΠΑCΙΝΤΟΙCΟΡΙΟΙCΑΥ
ΤΗCΑΠΟΔΙΕΤΟΥCΚΑΙ
ΚΑΤΩΤΕΡΩΚΑΤΑΤΟ̅
ΧΡΟΝΟΝΟΝΗΚΡΕΙΒΩCΕ̅
ΠΑΡΑΤΩΝΜΑΓΩΝ ΤΟ 2:17
ΤΕΕΠΛΗΡΩΘΗΤΟΡΗΘΕ̅
ΔΙΑΙΕΡΕΜΙΟΥΤΟΥΠΡΟ
> ΦΗΤΟΥΛΕΓΟΝΤΟCΦΩ 2:18
> ΝΗΕΝΡΑΜΑΗΚΟΥCΘΗ

› ΚΛΑΥΘΜΟϹΚΑΙΟΔΥΡΜΟϹ
› ΠΟΛΥϹΡΑΧΗΛΚΛΑΙΟΥϹΑ
› ΤΑΤΕΚΝΑΑΥΤΗϹΚΑΙΟΥ
› ΚΗΘΕΛΕΝΠΑΡΑΚΛΗΘΗ
2:19 › ΙΑ ΝΑΙΟΤΙΟΥΚΕΙϹΙΝ ΤΕ
ΛΕΥΤΗϹΑΝΤΟϹΔΕΤΟΥ
ΗΡΩΔΟΥΙΔΟΥΑΓΓΕΛΟϹ
Κ̄ῩΦΑΙΝΕΤΑΙΚΑΤΟΝΑΡ
ΤΩΙΩϹΗΦΕΝΑΙΓΥΠΤΩ
2:20 ΛΕΓΩΝΕΓΕΡΘΕΙϹΠΑΡΑ
ΛΑΒΕΤΟΠΑΙΔΙΟΝΚΑΙΤΗ̄
ΜΗΤΕΡΑΑΥΤΟΥΚΑΙΠΟ
ΡΕΥΟΥΕΙϹΓΗΝΙϹΡΑΗΛΤΕ
ΘΝΗΚΑϹΙΝΓΑΡΟΙΖΗΤΟΥ
ΤΕϹΤΗΝΨΥΧΗΝΤΟΥΠΑΙ
2:21 ΔΙΟΥ ΟΔΕΕΓΕΡΘΕΙϹ
ΠΑΡΕΛΑΒΕΤΟΠΑΙΔΙΟΝΚϚ
ΤΗΝΜΗΤΕΡΑΑΥΤΟΥΚΑΙ
ΕΙϹΗΛΘΕΝΕΙϹΓΗΝΙϹΡΑ
2:22 ΗΛ ΑΚΟΥϹΑϹΔΕΟΤΙΑΡ
ΧΕΛΑΟϹΒΑϹΙΛΕΥΕΙΤΗϹ
ΙΟΥΔΑΙΑϹΑΝΤΙΤΟΥΠΑ
ΤΡΟϹΑΥΤΟΥΗΡΩΔΟΥΕ
ΦΟΒΗΘΗΕΚΕΙΑΠΕΛΘΕῙ
ΧΡΗΜΑΤΙϹΘΕΙϹΔΕΚΑΤΟ
ΝΑΡΑΝΕΧΩΡΗϹΕΝΕΙϹΤΑ
ΜΕΡΗΤΗϹΓΑΛΕΙΛΑΙΑϹ
2:23 ΚΑΙΕΛΘΩΝΚΑΤΩΚΗϹΕ̄
ΕΙϹΠΟΛΙΝΛΕΓΟΜΕΝΗΝ
ΝΑΖΑΡΕΤ ΟΠΩϹΠΛΗΡΩ
ΘΗΤΟΡΗΘΕΝΔΙΑΤΩΝ
› ΠΡΟΦΗΤΩΝ ΟΤΙΝΑΖΩ
› ΡΑΙΟϹΚΛΗΘΗϹΕΤΑΙ
3:1 ΙΒ ΕΝΔΕΤΑΙϹΗΜΕΡΑΙϹΕΚΕΙ
ΝΑΙϹΠΑΡΑΓΕΙΝΕΤΑΙΙΩ
ΑΝΗϹΟΒΑΠΤΙϹΤΗϹΚΗ
ΡΥϹϹΩΝΕΝΤΗΕΡΗΜΩ
3:2 ΤΗϹΙΟΥΔΑΙΑϹΛΕΓΩΝΜΕ
ΤΑΝΟΕΙΤΕΗΓΓΙΚΕΝΓΑΡ
ΗΒΑϹΙΛΕΙΑΤΩΝΟΥΡΑΝΩ̄
3:3 ΟΥΤΟϹΓΑΡΕϹΤΙΝΟΡΗ
ΘΕΙϹΔΙΑΗϹΑΪΟΥΤΟΥΠΡΟ

› ΦΗΤΟΥΛΕΓΟΝΤΟCΦΩ
› ΝΗΒΟΩΝΤΟCΕΝΤΗΕΡΗ
› ΜΩΕΤΟΙΜΑCΑΤΕΤΗΝ
› ΟΔΟΝΚ̄ῩΕΥΘΕΙΑCΠΟΙ
› ΕΙΤΕΤΑCΤΡΙΒΟΥCΑΥΤΟΥ
ΑΥΤΟCΔΕΟΙΩΑΝΗCΕΙ 3:4
ΧΕΝΤΟΕΝΔΥΜΑΑΥΤΟΥ
ΑΠΟΤΡΙΧΩΝΚΑΜΗΛΟΥ
ΚΑΙΖΩΝΗΝΔΕΡΜΑΤΙΝΗ̄
ΠΕΡΙΤΗΝΟCΦΥΝΑΥΤΟΥ
ΗΔΕΤΡΟΦΗΗΝΑΥΤΟΥ
ΑΚΡΙΔΕCΚΑΙΜΕΛΙΑΓΡΙΟ̄
ΤΟΤΕΕΞΕΠΟΡΕΥΕΤΟΠΡΟC 3:5
ΑΥΤΟΝΙΕΡΟCΟΛΥΜΑϗ
ΠΑCΑΗΙΟΥΔΑΙΑΚΑΙΠΑ
CΑΗΠΕΡΙΧΩΡΟCΤΟΥΙ
ΟΡΔΑΝΟΥΚΑΙΕΒΑΠΤΙΖΟ̄ 3:6
ΤΟΕΝΤΩΙΟΡΔΑΝΗΠΟΤΑ
ΜΩΥΠΑΥΤΟΥΕΞΟΜΟΛΟ
ΓΟΥΜΕΝΟΙΤΑCΑΜΑΡΤΙ
ΑCΑΥΤΩΝ ΙΔΩΝΔΕ 3:7
ΠΟΛΛΟΥCΤΩΝΦΑΡΕΙ
CΑΙΩΝΚΑΙCΑΔΔΟΥΚΑΙΩ̄
ΕΡΧΟΜΕΝΟΥCΕΠΙΤΟΒΑ
ΠΤΙCΜΑΕΙΠΕΝΑΥΤΟΙC
ΓΕΝΝΗΜΑΤΑΕΧΙΔΝΩ̄
ΤΙCΥΠΕΔΕΙΞΕΝΥΜΙΝΦΥ
ΓΕΙΝΑΠΟΤΗCΜΕΛΛΟΥ
CΗCΟΡΓΗCΠΟΙΗCΑΤΕΟῩ 3:8
ΚΑΡΠΟΝΑΞΙΟΝΤΗCΜΕ
ΤΑΝΟΙΑCΚΑΙΜΗΔΟΞΗΤΕ 3:9
ΛΕΓΕΙΝΕΝΕΑΥΤΟΙCΠΑΤΕ
ΡΑΕΧΟΜΕΝΤΟΝΑΒΡΑΑΜ
ΛΕΓΩΓΑΡΥΜΙΝΟΤΙΔΥ
ΝΑΤΑΙΟΘ̄C̄ΕΚΤΩΝΛΙΘΩ̄
ΤΟΥΤΩΝΕΓΕΙΡΑΙΤΕΚΝΑ
ΤΩΑΒΡΑΑΜ ΗΔΗΔΕΗ 3:10
ΑΞΕΙΝΗΠΡΟCΤΗΝΡΙΖᾹ
ΤΩΝΔΕΝΔΡΩΝΚΕΙΤΑΙ
ΠΑΝΟΥΝΔΕΝΔΡΟΝΜΗ
ΠΟΙΟΥΝΚΑΡΠΟΝΚΑΛΟ̄
ΕΚΚΟΠΤΕΤΑΙΚΑΙΕΙCΠΥΡ

3:11 ΒΑΛΛΕΤΑΙ ΕΓΩΜΕΝΥΜΑΣ
ΒΑΠΤΙΖΩΕΝΥΔΑΤΙΕΙΣ
ΜΕΤΑΝΟΙΑΝΟΔΕΟΠΙΣΩ
ΜΟΥΕΡΧΟΜΕΝΟΣΙΣΧΥΡΟ
ΤΕΡΟΣΜΟΥΕΣΤΙΝΟΥΟΥ
ΚΕΙΜΙΙΚΑΝΟΣΤΑΥΠΟΔΗ
ΜΑΤΑΒΑΣΤΑΣΑΙΑΥΤΟΣ
ΥΜΑΣΒΑΠΤΙΣΕΙΕΝΠΝΙ
3:12 ΑΓΙΩΚΑΙΠΥΡΙΟΥΤΟΠΤΥ
ΟΝΕΝΤΗΧΕΙΡΙΑΥΤΟΥΚ
ΔΙΑΚΑΘΑΡΙΕΙΤΗΝΑΛΩΝΑ
ΑΥΤΟΥΚΑΙΣΥΝΑΞΕΙΤΟΝ
ΣΕΙΤΟΝΑΥΤΟΥΕΙΣΤΗΝ
ΑΠΟΘΗΚΗΝΑΥΤΟΥΤΟ
ΔΕΑΧΥΡΟΝΚΑΤΑΚΑΥΣΕΙ
3:13 ΠΥΡΙΑΣΒΕΣΤΩ ΤΟΤΕΠΑ
ΡΑΓΕΙΝΕΤΑΙΟΙΣΑΠΟΤΗΣ
ΓΑΛΕΙΛΑΙΑΣΕΠΙΤΟΝΙΟΡ
ΔΑΝΗΝΠΡΟΣΤΟΝΙΩΑ
ΝΗΝΤΟΥΒΑΠΤΙΣΘΗΝΑΙ
3:14 ΥΠΑΥΤΟΥΟΔΕΔΙΕΚΩΛΥ
ΕΝΑΥΤΟΝΛΕΓΩΝΕΓΩΧΡΕΙ
ΑΝΕΧΩΥΠΟΣΟΥΒΑΠΤΙ
ΣΘΗΝΑΙΚΑΙΣΥΕΡΧΗΠΡΟΣ
3:15 ΜΕ ΑΠΟΚΡΙΘΕΙΣΔΕΟΙΣ
ΕΙΠΕΝΑΥΤΩΑΦΕΣΑΡΤΙ
ΟΥΤΩΓΑΡΠΡΕΠΟΝΕΣΤΙΝ
ΗΜΙΝΠΛΗΡΩΣΑΙΠΑΣΑΝ
ΔΙΚΑΙΟΣΥΝΗΝΤΟΤΕΑΦΙ
3:16 ΗΣΙΝΑΥΤΟΝ ΒΑΠΤΙ
ΣΘΕΙΣΔΕΟΙΣΕΥΘΥΣΑΝΕ
ΒΗΑΠΟΤΟΥΥΔΑΤΟΣΚΑΙ
ΙΔΟΥΗΝΕΩΧΘΗΣΑΝΟΙ
ΟΥΡΑΝΟΙΚΑΙΕΙΔΕΝΠΝΑ
ΘΥΚΑΤΑΒΑΙΝΟΝΩΣΕΙ
ΠΕΡΙΣΤΕΡΑΝΕΡΧΟΜΕΝΟΝ
3:17 ΕΠΑΥΤΟΝΚΑΙΙΔΟΥΦΩ
ΝΗΕΚΤΩΝΟΥΡΑΝΩΝΛΕ
ΓΟΥΣΑΟΥΤΟΣΕΣΤΙΝΟ
ΥΙΟΣΜΟΥΟΑΓΑΠΗΤΟΣ
ΕΝΩΕΥΔΟΚΗΣΑ
4:1 ΙΣ ΤΟΤΕΙΣΑΝΗΧΘΗΕΙΣΤΗΝ

ΕΡΗΜΟΝΥΠΟΤΟΥΠΝϹΠΕΙ
ΡΑϹΘΗΝΑΙΥΠΟΤΟΥΔΙΑ
ΒΟΛΟΥΚΑΙΝΗϹΤΕΥϹΑϹ 4:2
ΗΜΕΡΑϹΤΕϹϹΕΡΑΚΟΝΤΑ
ΚΑΙΝΥΚΤΑϹΤΕϹϹΕΡΑΚΟ̅
ΤΑΥϹΤΕΡΟΝΕΠΕΙΝΑϹΕ̅
ΚΑΙΠΡΟϹΕΛΘΩΝΟΠΕΙ 4:3
ΡΑΖΩΝΕΙΠΕΝΑΥΤΩΕΙ
ΥΙΟϹΕΙΤΟΥΘ̅Υ̅ΕΙΠΕΙΝΑ
ΟΙΛΙΘΟΙΟΥΤΟΙΑΡΤΟΙΓΕ
ΝΩΝΤΑΙ ΟΔΕΑΠΟΚΡΙ 4:4
> ΘΕΙϹΕΙΠΕΝΓΕΓΡΑΠΤΑΙ
> ΟΥΚΕΠΑΡΤΩΜΟΝΩΖΗ
> ϹΕΤΑΙΟΑΝΘΡΩΠΟϹΑΛ
> ΛΕΠΙΠΑΝΤΙΡΗΜΑΤΙΕΚ
> ΠΟΡΕΥΟΜΕΝΩΔΙΑϹΤΟ
ΙΖ > ΜΑΤΟϹΘ̅Υ̅ ΤΟΤΕΠΑΡΑ 4:5
ΛΑΜΒΑΝΕΙΑΥΤΟΝΟΔΙΑ
ΒΟΛΟϹΕΙϹΤΗΝΑΓΙΑΝΠΟ
ΛΙΝΚΑΙΕϹΤΗϹΕΝΑΥΤΟ̅
ΕΠΙΤΟΠΤΕΡΥΓΙΟΝΤΟΥ
ΙΕΡΟΥΚΑΙΛΕΓΕΙΑΥΤΩΕΙ 4:6
ΥΙΟϹΕΙΤΟΥΘ̅Υ̅ΒΑΛΕϹΕ
> ΑΥΤΟΝΚΑΤΩ ΓΕΓΡΑ
> ΠΤΑΙΓΑΡΟΤΙΤΟΙϹΑΓΓΕ
> ΛΟΙϹΑΥΤΟΥΕΝΤΕΛΕΙ
> ΤΑΙΠΕΡΙϹΟΥΚΑΙΕΠΙΧΕΙ
> ΡΩΝΑΡΟΥϹΙϹΕΜΗΠΟΤΕ
> ΠΡΟϹΚΟΨΗϹΠΡΟϹΛΙΘΟ̅
> ΤΟΝΠΟΔΑϹΟΥ ΕΦΗΑΥ 4:7
ΤΩΟΙ̅Ϲ̅ΠΑΛΙΝΓΕΓΡΑΠΤΑΙ
ΟΥΚΕΚΠΕΙΡΑϹΕΙϹΚ̅Ν̅ΤΟ̅
ΙΗ Θ̅Ν̅ϹΟΥ ΠΑΛΙΝΠΑΡΑΛΑΜ 4:8
ΒΑΝΕΙΑΥΤΟΝΟΔΙΑΒΟΛΟϹ
ΕΙϹΟΡΟϹΥΨΗΛΟΝΛΕΙΑ̅
ΚΑΙΔΕΙΚΝΥϹΙΝΑΥΤΩΠΑ
ϹΑϹΤΑϹΒΑϹΙΛΕΙΑϹΤΟΥ
ΚΟϹΜΟΥΚΑΙΤΗΝΔΟΞΑ̅
ΑΥΤΩΝΚΑΙΕΙΠΕΝΑΥΤΩ 4:9
ΤΑΥΤΑϹΟΙΠΑΝΤΑΔΩϹΩ
ΕΑΝΠΕϹΩΝΠΡΟϹΚΥΝΗ
ϹΗϹΜΟΙ ΤΟΤΕΛΕΓΕΙ 4:10

ΑΥΤΩΟΙϹΥΠΑΓΕϹΑΤΑ
ΝΑΓΕΓΡΑΠΤΑΙΓΑΡΚΝ̄ΤΟ̄Ν
ΘΝ̄ϹΟΥΠΡΟϹΚΥΝΗϹΕΙϹ
ΚΑΙΑΥΤΩΜΟΝΩΛΑΤΡΕΥ
4:11 ϹΕΙϹ ΤΟΤΕΑΦΙΗϹΙΝΑΥ
ΤΟΝΟΔΙΑΒΟΛΟϹΚΑΙΙΔΟΥ
ΑΓΓΕΛΟΙΠΡΟϹΗΛΘΟΝϗ
ΔΙΗΚΟΝΟΥΝΑΥΤΩ
4:12 ιθ ΑΚΟΥϹΑϹΔΕΟΤΙΪΩΑΝΗϹ
ΠΑΡΕΔΟΘΗΑΝΕΧΩΡΗϹΕ̄
4:13 ΕΙϹΤΗΝΓΑΛΕΙΛΑΙΑΝΚΑΙ
ΚΑΤΑΛΙΠΩΝΤΗΝΝΑΖΑ
ΡΑΕΛΘΩΝΚΑΤΩΚΗϹΕ̄
ΕΙϹΚΑΦΑΡΝΑΟΥΜΤΗΝ
ΠΑΡΑΘΑΛΑϹϹΙΑΝΕΝΟΡΙ
ΟΙϹΖΑΒΟΥΛΩΝΚΑΙΝΕ
4:14 ΦΘΑΛΕΙΜ ΙΝΑΠΛΗΡΩΘΗ
ΤΟΡΗΘΕΝΔΙΑΗϹΑΪΟΥΤΟΥ
ΠΡΟΦΗΤΟΥΛΕΓΟΝΤΟϹ
4:15 ΓΗΖΑΒΟΥΛΩΝΚΑΙΓΗΝΕ
ΦΘΑΛΕΙΜΟΔΟΝΘΑΛΑϹ
ϹΗϹΠΕΡΑΝΤΟΥΙΟΡΔΑΝΟΥ
ΓΑΛΕΙΛΑΙΑΤΩΝΕΘΝΩΝ
4:16 ΟΛΑΟϹΟΚΑΘΗΜΕΝΟϹΕΝ
ϹΚΟΤΙΑΦΩϹΕΙΔΕΝΜΕ
ΓΑΚΑΙΤΟΙϹΚΑΘΗΜΕΝΟΙϹ
ΕΝΧΩΡΑΚΑΙϹΚΙΑΘΑΝΑ
ΤΟΥΦΩϹΑΝΕΤΕΙΛΕΝΑΥ
4:17 ΤΟΙϹ ΑΠΟΤΟΤΕΗΡΞΑ
ΤΟΟΙ̅Ϲ̅ΚΗΡΥϹϹΕΙΝΚΑΙΛΕ
ΓΕΙΝΜΕΤΑΝΟΕΙΤΕΗΓΓΙ
ΚΕΝΓΑΡΗΒΑϹΙΛΕΙΑΤΩΝ
4:18 κ ΟΥΡΑΝΩΝ ΠΕΡΙΠΑΤΩ̄Ν
ΔΕΠΑΡΑΤΗΝΘΑΛΑϹϹΑΝ
ΤΗϹΓΑΛΕΙΛΑΙΑϹΕΙΔΕΝ
ΔΥΟΑΔΕΛΦΟΥϹϹΙΜΩ
ΝΑΤΟΝΛΕΓΟΜΕΝΟΝΠΕ
ΤΡΟΝΚΑΙΑΝΔΡΕΑΝΤΟΝ
ΑΔΕΛΦΟΝΑΥΤΟΥΒΑΛ
ΛΟΝΤΑϹΑΜΦΙΒΛΗϹΤΡΟ̄Ν
ΕΙϹΤΗΝΘΑΛΑϹϹΑΝΗϹᾹΝ
4:19 ΓΑΡΑΛΕΕΙϹ ΚΑΙΛΕΓΕΙΑΥ

ΤΟΙϹΔΕΥΤΕΟΠΙϹΩΜΟΥ
ΚΑΙΠΟΙΗϹΩΥΜΑϹΑΛΕ
ΕΙϹΑΝΘΡΩΠΩΝΟΙΔΕΕΥ 4:20
ΘΕΩϹΑΦΕΝΤΕϹΤΑΔΙ
ΚΤΥΑΗΚΟΛΟΥΘΗϹΑΝ
ΑΥΤΩΚΑΙΠΡΟΒΑϹΕΚΕΙ 4:21
ΘΕΝΕΙΔΕΝΑΛΛΟΥϹΔΥΟ
ΑΔΕΛΦΟΥϹΙΑΚΩΒΟΝ
ΤΟΝΤΟΥΖΕΒΕΔΑΙΟΥϗ
ΙΩΑΝΗΝΤΟΝΑΔΕΛΦΟ̅
ΑΥΤΟΥΕΝΤΩΠΛΟΙΩ
ΜΕΤΑΖΕΒΕΔΑΙΟΥΤΟΥ
ΠΑΤΡΟϹΑΥΤΩΝΚΑΤΑΡ
ΤΙΖΟΝΤΑϹΤΑΔΙΚΤΥΑ
ΑΥΤΩΝΚΑΙΕΚΑΛΕϹΕΝ
ΑΥΤΟΥϹΟΙΔΕΕΥΘΕΩϹ 4:22
ΑΦΕΝΤΕϹΤΟΠΛΟΙΟΝ
ΚΑΙΤΟΝΠΑΤΕΡΑΑΥΤΩ̅
ΗΚΟΛΟΥΘΗϹΑΝΑΥΤΩ
ΚΑ ΚΑΙΠΕΡΙΗΓΕΝΕΝΟΛΗΤΗ 4:23
ΓΑΛΕΙΛΑΙΑΔΙΔΑϹΚΩΝ
ΕΝΤΑΙϹϹΥΝΑΓΩΓΑΙϹΑΥ
ΤΩΝΚΑΙΚΗΡΥϹϹΩΝΤΟ
ΕΥΑΓΓΕΛΙΟΝΤΗϹΒΑϹΙ
ΛΕΙΑϹΚΑΙΘΕΡΑΠΕΥΩΝ
ΠΑϹΑΝΝΟϹΟΝΚΑΙΠΑϹΑ̅
ΜΑΛΑΚΙΑΝΕΝΤΩΛΑΩ
ΚΒ ΚΑΙΑΠΗΛΘΕΝΗΑΚΟΗΑΥ 4:24
ΤΟΥΕΙϹΟΛΗΝΤΗΝϹΥΡΙ
ΑΝΚΑΙΠΡΟϹΗΝΕΓΚΑΝ
ΑΥΤΩΠΑΝΤΑϹΤΟΥϹΚΑ
ΚΩϹΕΧΟΝΤΑϹΠΟΙΚΙ
ΛΑΙϹΝΟϹΟΙϹΚΑΙΒΑϹΑ
ΝΟΙϹϹΥΝΕΧΟΜΕΝΟΥϹ
ΔΑΙΜΟΝΙΖΟΜΕΝΟΥϹΚΑΙ
ϹΕΛΗΝΙΑΖΟΜΕΝΟΥϹϗ
ΠΑΡΑΛΥΤΙΚΟΥϹΚΑΙΕ
ΘΕΡΑΠΕΥϹΕΝΑΥΤΟΥϹ
ΚΑΙΗΚΟΛΟΥΘΗϹΑΝΑΥ 4:25
ΤΩΟΧΛΟΙΠΟΛΛΟΙΑΠΟ
ΤΗϹΓΑΛΕΙΛΑΙΑϹΚΑΙΔΕ
ΚΑΠΟΛΕΩϹΚΑΙΙΕΡΟϹΟ

ΛΥΜΩΝΚΑΙΪΟΥΔΑΙΑϹϏ
ΠΕΡΑΝΤΟΥΙΟΡΔΑΝΟΥ
5:1 ΚΓ ΙΔΩΝΔΕΤΟΥϹΟΧΛΟΥϹ
ΑΝΕΒΗΕΙϹΤΟΟΡΟϹΚΑΙ
ΚΑΘΙϹΑΝΤΟϹΑΥΤΟΥ
ΠΡΟϹΗΛΘΑΝΟΙΜΑΘΗΤΑΙ
5:2 ΑΥΤΟΥΚΑΙΑΝΟΙΞΑϹΤΟ
ϹΤΟΜΑΑΥΤΟΥΕΔΙΔΑ
ϹΚΕΝΑΥΤΟΥϹΛΕΓΩΝ
5:3 ΜΑΚΑΡΙΟΙΟΙΠΤΩΧΟΙΤΩ
ΠΝΕΥΜΑΤΙΟΤΙΑΥΤΩ̅
ΕϹΤΙΝΗΒΑϹΙΛΕΙΑΤΩΝ
ΟΥΡΑΝΩΝ
5:4 ΜΑΚΑΡΙΟΙΟΙΠΕΝΘΟΥΝΤΕϹ
ΟΤΙΑΥΤΟΙΠΑΡΑΚΛΗΘΗ
ϹΟΝΤΑΙ
5:5 ΜΑΚΑΡΙΟΙΟΙΠΡΑΕΙϹΟΤΙ
ΑΥΤΟΙΚΛΗΡΟΝΟΜΗϹΟΥ
ϹΙΤΗΝΓΗΝ
5:6 ΜΑΚΑΡΙΟΙΟΙΠΕΙΝΩΝΤΕϹ
ΚΑΙΔΙΨΩΝΤΕϹΤΗΝΔΙ
ΚΑΙΟϹΥΝΗΝΟΤΙΑΥΤΟΙ
ΧΟΡΤΑϹΘΗϹΟΝΤΑΙ
5:7 ΜΑΚΑΡΙΟΙΟΙΕΛΕΗΜΟΝΕϹ
ΟΤΙΑΥΤΟΙΕΛΕΗΘΗϹΟ̅
ΤΑΙ
5:8 ΚΔ ΜΑΚΑΡΙΟΙΟΙΚΑΘΑΡΟΙΤΗ
ΚΑΡΔΙΑΟΤΙΑΥΤΟΙΤΟΝ
Θ̅Ν̅ΟΨΟΝΤΑΙ
5:9 ΜΑΚΑΡΙΟΙΟΙΕΙΡΗΝΟΠΟΙΟΙ
ΟΤΙΑΥΤΟΙΥΙΟΙΘ̅Υ̅ΚΛΗ
ΘΗϹΟΝΤΑΙ
5:10 ΜΑΚΑΡΙΟΙΟΙΔΕΔΙΩΓΜΕΝΟΙ
ΕΝΕΚΑΔΙΚΑΙΟϹΥΝΗϹΟ
ΤΙΑΥΤΩΝΕϹΤΙΝΗΒΑϹΙ
ΛΕΙΑΤΩΝΟΥΡΑΝΩΝ
5:11 ΜΑΚΑΡΙΟΙΕϹΤΕΟΤΑΝΟΝΕΙ
ΔΙϹΩϹΙΝΥΜΑϹΚΑΙΔΙΩ
ΞΩϹΙΝΚΑΙΕΙΠΩϹΙΝΠΑ̅
ΠΟΝΗΡΟΝΚΑΘΥΜΩΝ
ΨΕΥΔΟΜΕΝΟΙΕΝΕΚΑΕ
5:12 ΜΟΥΧΑΙΡΕΤΕΚΑΙΑΓΑΛ

ΛΙΑϹΘΕΟΤΙΟΜΙϹΘΟϹΥ
ΜΩΝΠΟΛΥϹΕΝΤΟΙϹΟΥ
ΡΑΝΟΙϹΟΥΤΩϹΓΑΡΕΔΙ
ΩΞΑΝΤΟΥϹΠΡΟΦΗΤΑϹ
ΤΟΥϹΠΡΟΥΜΩΝ ΥΜΕΙϹ 5:13
ΕϹΤΕΤΟΑΛΑϹΤΗϹΓΗϹ
ΕΑΝΔΕΤΟΑΛΑϹΜΩΡΑΝ
ΘΗΕΝΤΙΝΙΑΛΙϹΘΗϹΕΤΑΙ
ΕΙϹΟΥΔΕΝΙϹΧΥΕΙΕΤΙ
ΕΙΜΗΒΛΗΘΕΝΕΞΩΚΑΤΑ
ΠΑΤΕΙϹΘΑΙΥΠΟΤΩΝΑΝ
ΘΡΩΠΩΝ
ΚΕ ΥΜΕΙϹΕϹΤΕΤΟΦΩϹΤΟΥ 5:14
ΚΟϹΜΟΥΟΥΔΥΝΑΤΑΙΠΟ
ΛΙϹΚΡΥΒΗΝΑΙΕΠΑΝΩΟ
ΡΟΥϹΚΕΙΜΕΝΗΟΥΔΕΚΑΙ 5:15
ΟΥϹΙΝΛΥΧΝΟΝΚΑΙΤΙΘΕ
ΑϹΙΝΑΥΤΟΝΥΠΟΤΟΝΜΟ
ΔΙΟΝΑΛΛΕΠΙΤΗΝΛΥΧΝΙ
ΑΝΚΑΙΛΑΜΠΕΙΠΑϹΙΤΟΙϹ
ΕΝΤΗΟΙΚΙΑΟΥΤΩϹΛΑΜ 5:16
ΨΑΤΩΤΟΦΩϹΥΜΩΝ
ΕΜΠΡΟϹΘΕΝΤΩΝΑΝΘΡΩ
ΠΩΝΟΠΩϹΙΔΩϹΙΝΥΜΩ̄
ΕΡΓΑ ΤΑΚΑΛΑΚΑΙΔΟΞΑϹΩϹῙ
ΤΟΝΠΑΤΕΡΑΥΜΩΝΤΟ̄
ΕΝΤΟΙϹΟΥΡΑΝΟΙϹ
ΚϚ ΜΗΝΟΜΙϹΗΤΕΟΤΙΗΛΘΟ̄ 5:17
ΚΑΤΑΛΥϹΑΙΤΟΝΝΟΜΟ̄
ΗΤΟΥϹΠΡΟΦΗΤΑϹΟΥ
ΚΗΛΘΟΝΚΑΤΑΛΥϹΑΙΑΛ
ΛΑΠΛΗΡΩϹΑΙ ΑΜΗΝΓΑΡ 5:18
ΛΕΓΩΥΜΙΝΕΩϹΑΝΠΑΡΕΛ
ΘΗΟΟΥΡΑΝΟϹΚΑΙΗΓΗΙ
ΩΤΑΕΝΗΜΙΑΚΕΡΕΑΟΥΜΗ
ΠΑΡΕΛΘΗΑΠΟΤΟΥΝΟΜΟΥ
ΕΩϹ ΑΝ ΠΑΝΤΑΓΕΝΗΤΑΙ
ΟϹΕΑΝΟΥΝΛΥϹΗΜΙΑΝ 5:19
ΤΩΝΕΝΤΟΛΩΝΤΟΥΤΩ̄
ΤΩΝΕΛΑΧΙϹΤΩΝΚΑΙΔΙ
ΔΑΞΗΟΥΤΩϹΤΟΥϹΑΝ
ΘΡΩΠΟΥϹΕΛΑΧΙϹΤΟϹ

ΚΛΗΘΗϹΕΤΑΙΕΝΤΗΒΑϹΙ
ΛΕΙΑΤΩΝΟΥΡΑΝΩΝΟϹ
ΔΑΝΠΟΙΗϹΗΚΑΙΔΙΔΑΞΗ
ΟΥΤΟϹΜΕΓΑϹΚΛΗΘΗϹΕ
ΤΑΙΕΝΤΗΒΑϹΙΛΕΙΑΤΩΝ
5:20 ΟΥΡΑΝΩΝ ΛΕΓΩΓΑΡΥ
ΜΙΝΟΤΙΕΑΝΜΗΠΕΡΙϹϹΕΥ
ϹΗΥΜΩΝΗΔΙΚΑΙΟϹΥΝΗ
ΠΛΕΙΟΝΤΩΝΓΡΑΜΜΑΤΕ
ΩΝΚΑΙΦΑΡΕΙϹΑΙΩΝΟΥ
ΜΗΕΙϹΕΛΘΗΤΕΕΙϹΤΗΝ
ΒΑϹΙΛΕΙΑΝΤΩΝΟΥΡΑΝΩ̅
5:21 ΚΖ ΗΚΟΥϹΑΤΕΟΤΙΕΡΡΗΘΗ
ΤΟΙϹΑΡΧΑΙΟΙϹΟΥΦΟ
ΝΕΥϹΕΙϹΟϹΔΑΝΦΟΝΕΥ
ϹΗΕΝΟΧΟϹΕϹΤΑΙΤΗΚΡΙ
5:22 ϹΕΙ ΕΓΩΔΕΛΕΓΩΥΜΙΝ
ΟΤΙΠΑϹΟΟΡΓΙΖΟΜΕΝΟϹ
ΤΩΑΔΕΛΦΩΑΥΤΟΥΕΝΟ
ΧΟϹΕϹΤΑΙΤΗΚΡΙϹΕΙΟϹ
ΔΑΝΕΙΠΗΤΩΑΔΕΛΦΩ
ΑΥΤΟΥΡΑΚΑΕΝΟΧΟϹΕ
ϹΤΑΙΤΩϹΥΝΕΔΡΙΩΟϹ
ΔΑΝΕΙΠΗΜΩΡΕΕΝΟΧΟϹ
ΕϹΤΑΙΕΙϹΤΗΝΓΕΕΝΝΑΝ
5:23 ΤΟΥΠΥΡΟϹ ΕΑΝΟΥΝΠΡΟϹ
ΦΕΡΗϹΤΟΔΩΡΟΝϹΟΥΕ
ΠΙΤΟΘΥϹΙΑϹΤΗΡΙΟΝΚΑ
ΚΕΙΜΝΗϹΘΗϹΟΤΙΟΑΔΕΛ
ΦΟϹϹΟΥΕΧΕΙΤΙΚΑΤΑ
5:24 ϹΟΥΑΦΕϹΕΚΕΙΤΟΔΩΡΟ̅
ϹΟΥΕΜΠΡΟϹΘΕΝΤΟΥ
ΘΥϹΙΑϹΤΗΡΙΟΥΚΑΙΥΠΑ
ΓΕΠΡΩΤΟΝΔΙΑΛΛΑΓΗ
ΘΙΤΩΑΔΕΛΦΩϹΟΥΚΑΙ
ΤΟΤΕΕΛΘΩΝΠΡΟϹΦΕ
5:25 ΡΕΤΟΔΩΡΟΝϹΟΥ ΙϹΘΙ
ΕΥΝΟΩΝΤΩΑΝΤΙΔΙΚΩ
ϹΟΥΤΑΧΥΕΩϹΟΤΟΥΕΙ
ΜΕΤΑΥΤΟΥΕΝΤΗΟΔΩ
ΜΗΠΟΤΕϹΕΠΑΡΑΔΩΟ
ΑΝΤΙΔΙΚΟϹΤΩΚΡΙΤΗ

ΚΑΙΟΚΡΙΤΗϹΤΩΥΠΗΡΕ
ΤΗΚΑΙΕΙϹΦΥΛΑΚΗΝΒΛΗ
ΘΗϹΗ ΑΜΗΝΛΕΓΩϹΟΙ 5:26
ΟΥΜΗΕΞΕΛΘΗϹΕΚΕΙΘΕ
ΕΩϹΑΝΑΠΟΔΩϹΤΟΝΕ
ϹΧΑΤΟΝΚΟΔΡΑΝΤΗΝ
ΚΗ ΗΚΟΥϹΑΤΕΟΤΙΕΡΡΕΘΗ 5:27
ΟΥΜΟΙΧΕΥϹΕΙϹΕΓΩΔΕ 5:28
ΛΕΓΩΥΜΙΝΟΤΙΠΑϹΟΒΛΕ
ΠΩΝΓΥΝΑΙΚΑΠΡΟϹΤΟ
ΕΠΙΘΥΜΗϹΑΙΑΥΤΗΝΗ
ΔΗΕΜΟΙΧΕΥϹΕΝΑΥΤΗΝ
ΕΝΤΗΚΑΡΔΙΑΕΑΥΤΟΥ
ΕΙΔΕΟΟΦΘΑΛΜΟϹϹΟΥ 5:29
ΟΔΕΞΙΟϹϹΚΑΝΔΑΛΙΖΕΙ
ϹΕΕΞΕΛΕΑΥΤΟΝΚΑΙΒΑ
ΛΕΑΠΟϹΟΥϹΥΜΦΕΡΕΙ
ΓΑΡϹΟΙΙΝΑΑΠΟΛΗΤΑΙ
ΕΝΤΩΝΜΕΛΩΝϹΟΥΚΑΙ
ΜΗΟΛΟΝΤΟϹΩΜΑϹΟΥ
ΒΛΗΘΗΕΙϹΓΕΕΝΝΑΝ Ϗ 5:30
ΕΙΗΔΕΞΙΑϹΟΥΧΕΙΡϹΚΑΝ
ΔΑΛΙΖΕΙϹΕΕΚΚΟΨΟΝΑΥ
ΤΗΝΚΑΙΒΑΛΕΑΠΟϹΟΥ
ϹΥΜΦΕΡΕΙΓΑΡϹΟΙΙΝΑ
ΑΠΟΛΗΤΑΙΕΝΤΩΝΜΕ
ΛΩΝϹΟΥΚΑΙΜΗΟΛΟΝΤΟ
ϹΩΜΑϹΟΥΕΙϹΓΕΕΝΝΑΝ
ΚΘ ΑΠΕΛΘΗ ΕΡΡΕΘΗΔΕΟϹ 5:31
ΑΝΑΠΟΛΥϹΗΤΗΝΓΥΝΑΙ
ΚΑΑΥΤΟΥΔΟΤΩΑΥΤΗ
ΑΠΟϹΤΑϹΙΟΝΕΓΩΔΕΛΕ 5:32
ΓΩΥΜΙΝΟΤΙΠΑϹΟΑΠΟ
ΛΥΩΝΤΗΝΓΥΝΑΙΚΑΑΥ
ΤΟΥΠΑΡΕΚΤΟϹΛΟΓΟΥ
ΠΟΡΝΕΙΑϹΠΟΙΕΙΑΥΤΗΝ
ΜΟΙΧΕΥΘΗΝΑΙΚΑΙΟΑΠΟ
ΛΕΛΥΜΕΝΗΝΓΑΜΗϹΑϹ
ΜΟΙΧΑΤΑΙ
Λ ΠΑΛΙΝΗΚΟΥϹΑΤΑΙΟΤΙΕΡ 5:33
ΡΕΘΗΤΟΙϹΑΡΧΑΙΟΙϹΟΥ
ΚΕΠΙΟΡΚΗϹΕΙϹΑΠΟΔΩ

ϹΕΙϹΔΕΤΩΚ̅Ω̅ΤΟΥϹΟΡ
5:34 ΚΟΥϹϹΟΥΕΓΩΔΕΛΕΓΩΥ
ΜΙΝΜΗΟΜΟϹΑΙΟΛΩϹΜΗ
ΤΕΕΝΤΩΟΥΡΑΝΩΟΤΙΘΡΟ
5:35 ΝΟϹΕϹΤΙΝΤΟΥΘ̅Υ̅ΜΗΤΕ
ΕΝΤΗΓΗΟΤΙΥΠΟΠΟΔΙΟ̅
ΕϹΤΙΝΤΩΝΠΟΔΩΝΑΥΤΟΥ
ΜΗΤΕΕΙϹΙΕΡΟϹΟΛΥΜΑ
ΟΤΙΠΟΛΙϹΕϹΤΙΝΤΟΥΜΕ
5:36 ΓΑΛΟΥΒΑϹΙΛΕΩϹΜΗΤΕ
ΕΝΤΗΚΕΦΑΛΗϹΟΥΟΜΟ
ϹΗϹΟΤΙΟΥΔΥΝΑϹΑΙΜΙΑ̅
ΤΡΙΧΑΛΕΥΚΗΝΠΟΙΗϹΑΙ
5:37 ΗΜΕΛΑΙΝΑΝΕϹΤΑΙΔΕΟ
ΛΟΓΟϹΥΜΩΝΝΑΙΝΑΙΟΥ
ΟΥΤΟΔΕΠΕΡΙ[ϲ]ϹΟΝΤΟΥ
ΤΩΝΕΚΤΟΥΠΟΝΗΡΟΥΕ
ϹΤΙΝ
5:38 ΛΑ ΗΚΟΥϹΑΤΕΟΤΙΕΡΡΕΘΗΟ
ΦΘΑΛΜΟΝΑΝΤΙΟΦΘΑΛ
ΜΟΥΚΑΙΟΔΟΝΤΑΑΝΤΙ
5:39 ΟΔΟΝΤΟϹΕΓΩΔΕΛΕΓΩ
ΥΜΙΝΜΗΑΝΤΙϹΤΗΝΑΙΤΩ
ΠΟΝΗΡΩΑΛΛΟϹΤΙϹϹΕ
ΡΑΠΙΖΕΙΕΙϹΤΗΝΔΕΞΙΑΝ
ϹΙΑΓΟΝΑϹΟΥϹΤΡΕΨΟΝ
5:40 ΑΥΤΩΚΑΙΤΗΝΑΛΛΗΝΚΑΙ
ΤΩΘΕΛΟΝΤΙϹΟΙΚΡΙΘΗ
ΝΑΙΚΑΙΤΟΝΧΙΤΩΝΑϹΟΥ
ΛΑΒΕΙΝΑΦΕϹΑΥΤΩΚΑΙ
5:41 ΤΟΙΜΑΤΙΟΝΚΑΙΟϹΤΙϹϹΕ
ΑΓΓΑΡΕΥϹΕΙΜΕΙΛΙΟΝΕΝ
ΥΠΑΓΕΜΕΤΑΥΤΟΥΔΥΟ
5:42 ΤΩΑΙΤΟΥΝΤΙϹΕΔΟϹΚΑΙ
ΤΟΝΘΕΛΟΝΤΑΑΠΟϹΟΥ
ΔΑΝ[ε]ΙϹΑϹΘΑΙΜΗΑΠΟϹΤΡΑ
ΦΗϹ
5:43 ΛΚ ΗΚΟΥϹΑΤΕΟΤΙΕΡΡΕΘΗΑΓΑ
ΠΗϹΕΙϹΤΟΝΠΛΗϹΙΟΝϹΟΥ
ΚΑΙΜΕΙϹΗϹΕΙϹΤΟΝΕΧΘΡΟ
5:44 ϹΟΥΕΓΩΔΕΛΕΓΩΥΜΙΝ
ΑΓΑΠΑΤΕΤΟΥϹΕΧΘΡΟΥϹ

ΥΜΩΝΚΑΙΠΡΟϹΕΥΧΕ
ϹΘΕΥΠΕΡΤΩΝΔΙΩΚΟΝ
ΤΩΝΥΜΑϹΟΠΩϹΓΕΝΗ 5:45
ϹΘΕΥΙΟΙΤΟΥΠΑΤΡΟϹΥ
ΜΩΝΤΟΥΕΝΟΥΡΑΝΟΙϹ
ΟΤΙΤΟΝΗΛΙΟΝΑΥΤΟΥ
ΑΝΑΤΕΛΛΕΙΕΠΙΠΟΝΗ
ΡΟΥϹΚΑΙΑΓΑΘΟΥϹΚΑΙ
ΒΡΕΧΕΙΕΠΙΔΪΚΑΙΟΥϹΚΑΙ
ΑΔΙΚΟΥϹΕΑΝΓΑΡΑΓΑΠΗ 5:46
ϹΗΤΕΤΟΥϹΑΓΑΠΩΝΤΑϹ
ΥΜΑϹΤΙΝΑΜΙϹΘΟΝΕΧΕ
ΤΕΟΥΧΙΚΑΙΟΙΤΕΛΩΝΑΙ
ΤΟΑΥΤΟΠΟΙΟΥϹΙΚΑΙΕᾹ 5:47
ΑϹΠΑϹΗϹΘΕΤΟΥϹΑΔΕΛ
ΦΟΥϹΥΜΩΝΜΟΝΟΝΤΙ
ΠΕΡΙϹϹΟΝΠΟΙΕΙΤΕΟΥ
ΧΙΚΑΙΟΙΕΘΝΙΚΟΙΤΟΑΥ
ΤΟΠΟΙΟΥϹΙΝΕϹΕϹΘΕΟῩ 5:48
ΥΜΕΙϹΤΕΛΕΙΟΙΩϹΟΠΑ
ΤΗΡΥΜΩΝΟΟΥΡΑΝΙΟϹ
ΤΕΛΕΙΟϹΕϹΤΙΝ
ΛΓ ΠΡΟϹΕΧΕΤΕΤΗΝΔΙΚΑΙ 6:1
ΟϹΥΝΗΝΥΜΩΝΜΗΠΟΙ
ΕΙΝΕΜΠΡΟϹΘΕΝΤΩΝᾹ
ΘΡΩΠΩΝΠΡΟϹΤΟΘΕΑ
ΘΗΝΑΙΑΥΤΟΙϹΕΙΔΕΜΗ
ΓΕΜΙϹΘΟΝΟΥΚΕΧΕΤΕ
ΠΑΡΑΤΩΠΑΤΡΙΥΜΩΝ
ΤΩΕΝΤΟΙϹΟΥΡΑΝΟΙϹ
ΟΤΑΝΟΥΝΠΟΙΗϹΕΛΕΗ 6:2
ΜΟϹΥΝΗΝΜΗϹΑΛΠΙϹΗϹ
ΕΜΠΡΟϹΘΕΝϹΟΥΩϹΠΕΡ
ΟΙΥΠΟΚΡΙΤΑΙΠΟΙΟΥϹῙ
ΕΝΤΑΙϹϹΥΝΑΓΩΓΑΙϹϗ
ΕΝΤΑΙϹΡΥΜΑΙϹΟΠΩϹ
ΔΟΞΑϹΘΩϹΙΝΥΠΟΤΩ̄
ΑΝΘΡΩΠΩΝΑΜΗΝΛΕΓΩ
ΥΜΙΝΑΠΕΧΟΥϹΙΝΤΟΝΜΙ
ϹΘΟΝΑΥΤΩΝϹΟΥΔΕΠΟΙ 6:3
ΟΥΝΤΟϹΕΛΕΗΜΟϹΥΝΗ̄
ΜΗΓΝΩΤΩΗΑΡΙϹΤΕΡΑ

ϹΟΥΤΙΠΟΙΕΙΗΔΕΞΙΑϹΟΥ
6:4 ΟΠΩϹΗϹΟΥΗΕΛΕΗΜΟ
ϹΥΝΗΕΝΤΩΚΡΥΠΤΩϗ
ΟΠΑΤΗΡϹΟΥΟΒΛΕΠΩΝ
ΕΝΤΩΚΡΥΠΤΩΑΠΟΔΩ
ϹΕΙϹΟΙ
6:5 ΚΑΙΟΤΑΝΠΡΟϹΕΥΧΗϹΘΕ
ΟΥΚΕϹΕϹΘΕΩϹΟΙΥΠΟ
ΚΡΙΤΑΙΟΤΙΦΙΛΟΥϹΙΝ
ΕΝΤΑΙϹϹΥΝΑΓΩΓΑΙϹ
ΚΑΙΕΝΤΑΙϹΓΩΝΙΑΙϹΤΩ̄
ΠΛΑΤΕΙΩΝΕϹΤΩΤΕϹ
ΠΡΟϹΕΥΧΕϹΘΑΙΟΠΩϹ
ΦΑΝΩϹΙΤΟΙϹΑΝΘΡΩΠΟΙϹ
ΑΜΗΝΛΕΓΩΥΜΙΝΑΠΕΧΟΥ
ϹΙΤΟΝΜΙϹΘΟΝΑΥΤΩΝ
6:6 ϹΥΔΕΟΤΑΝΠΡΟϹΕΥΧΗ
ΕΙϹΕΛΘΕΕΙϹΤΟΤΑΜΕΙ
ΟΝϹΟΥΚΑΙΚΛΕΙϹΑϹΤΗ̄
ΘΥΡΑΝϹΟΥΠΡΟϹΕΥΞΑΙ
ΤΩΠΑΤΡΙϹΟΥΤΩΕΝΤΩ
ΚΡΥΠΤΩΚΑΙΟΠΑΤΗΡϹΟΥ
ΟΒΛΕΠΩΝΕΝΤΩΚΡΥΠΤΩ
6:7 ΑΠΟΔΩϹΕΙϹΟΙ ΠΡΟϹ
ΕΥΧΟΜΕΝΟΙΔΕΜΗΒΑΤ
ΤΑΛΟΓΗϹΗΤΕΩϹΠΕΡΟΙ
ΥΠΟΚΡΙΤΑΙΔΟΚΟΥϹΙΝ
ΓΑΡΟΤΙΕΝΤΗΠΟΛΥΛΟ
ΓΙΑΑΥΤΩΝΕΙϹΑΚΟΥϹΘΗ
6:8 ϹΟΝΤΑΙ ΜΗΟΥΝΟΜΟΙΩ
ΘΗΤΕΑΥΤΟΙϹΟΙΔΕΝΓΑΡ
ΟΘ̄Ϲ̄ΟΠΑΤΗΡΥΜΩΝΩΝ
ΧΡΕΙΑΝΕΧΕΤΕΠΡΟΤΟΥ
ΥΜΑϹΑΙΤΗϹΑΙΑΥΤΟΝ
6:9 ΟΥΤΩϹΟΥΝΠΡΟϹΕΥΧΕ
ϹΘΕΫΜΕΙϹΠΑΤΕΡΗΜΩ̄
ΟΕΝΤΟΙϹΟΥΡΑΝΟΙϹΑΓΙ
ΑϹΘΗΤΩΤΟΟΝΟΜΑϹΟΥ
6:10 ΕΛΘΕΤΩΗΒΑϹΙΛΕΙΑϹΟΥ
ΓΕΝΗΘΗΤΩΤΟΘΕΛΗΜΑ
ϹΟΥΩϹΕΝΟΥΡΑΝΩΚΑΙ
6:11 ΕΠΙΓΗϹ ΤΟΝΑΡΤΟΝΗ

ΜΩΝΤΟΝΕΠΙΟΥϹΙΟΝΔΟϹ
ΗΜΙΝϹΗΜΕΡΟΝΚΑΙΑΦΕϹ 6:12
ΗΜΙΝΤΑΟΦΕΙΛΗΜΑΤΑ
ΗΜΩΝΩϹΚΑΙΗΜΕΙϹΑΦΗ
ΚΑΜΕΝΤΟΙϹΟΦΕΙΛΕΤΑΙϹ
ΗΜΩΝΚΑΙΜΗΕΙϹΕΝΕΓ 6:13
ΚΗϹΗΜΑϹΕΙϹΠΕΙΡΑϹΜΟ̅
ΑΛΛΑΡΥϹΑΙΗΜΑϹΑΠΟΤΟΥ
ΠΟΝΗΡΟΥ ΕΑΝΓΑΡΑΦΗ 6:14
Τ̅ΕΤΟΙϹΑΝΘΡΩΠΟΙϹΤΑ
ΠΑΡΑΠΤΩΜΑΤΑΑΥΤΩΝ
ΑΦΗϹΕΙΚΑΙΥΜΙΝΟΠΑ
ΤΗΡΫΜΩΝΟΟΥΡΑΝΙΟϹ
ΕΑΝΔΕΜΗΑΦΗΤΕΤΟΙϹ 6:15
ΑΝΘΡΩΠΟΙϹΤΑΠΑΡΑΠΤΩ
ΜΑΤΑΑΥΤΩΝΟΥΔΕΟΠΑ
ΤΗΡΥΜΩΝΑΦΗϹΕΙΤΑ
ΠΑΡΑΠΤΩΜΑΤΑΥΜΩΝ
λε ΟΤΑΝΔΕΝΗϹΤΕΥΗΤΕΜΗ 6:16
ΓΕΙΝΕϹΘΕΩϹΟΙΥΠΟΚΡΙ
ΤΑΙϹΚΥΘΡΩΠΟΙΑΦΑΝΙ
ΖΟΥϹΙΝΓΑΡΤΑΠΡΟϹΩ
ΠΑΕΑΥΤΩΝΟΠΩϹΦΑ
ΝΩϹΙΝΤΟΙϹΑΝΘΡΩΠΟΙϹ
ΝΗϹΤΕΥΟΝΤΕϹ ΑΜΗΝ
ΛΕΓΩΥΜΙΝΑΠΕΧΟΥϹΙΤΟ̅
ΜΙϹΘΟΝΑΥΤΩΝ ϹΥΔΕ 6:17
ΝΗϹΤΕΥΩΝΑΛΕΙΨΑΙϹΟΥ
ΤΗΝΚΕΦΑΛΗΝΚΑΙΤΟΠΡΟ
ϹΩΠΟΝϹΟΥΝΙΨΑΙΟΠΩϹ 6:18
ΜΗΦΑΝΗϹΝΗϹΤΕΥΩΝ
ΤΟΙϹΑΝΘΡΩΠΟΙϹΑΛΛΑΤΩ
ΠΑΤΡΙϹΟΥΤΩΕΝΤΩ
ΚΡΥΦΑΙΩΚΑΙΟΠΑΤΗΡϹΟΥ
ΟΒΛΕΠΩΝΕΝΤΩΚΡΥΦΑΙ
ΩΑΠΟΔΩϹΕΙϹΟΙ
λς ΜΗΘΗϹΑΥΡΙΖΕΤΕΫΜΙΝΘΗ 6:19
ϹΑΥΡΟΥϹΕΠΙΤΗϹΓΗϹΟ
ΠΟΥϹΗϹΚΑΒΡΩϹΙϹΑΦΑ
ΝΙΖΕΙΚΑΙΟΠΟΥΚΛΕΠΤΑΙ
ΔΙΟΡΥϹϹΟΥϹΙΝΚΑΙΚΛΕ
ΠΤΟΥϹΙΝΘΗϹΑΥΡΙΖΕ 6:20

ΤΕΔΕΥΜΙΝΘΗϹΑΥΡΟΥϹ
ΕΝΟΥΡΑΝΩΟΠΟΥΟΥΤΕ
ϹΗϹΟΥΤΕΒΡΩϹΙϹΑΦΑΝΙ
ΖΕΙΚΑΙΟΠΟΥΚΛΕΠΤΑΙΟΥ
ΔΙΟΡΥϹϹΟΥϹΙΟΥΔΕΚΛΕ
6:21 ΠΤΟΥϹΙΝΟΠΟΥΓΑΡΕϹΤΙ̅
ΛΖ ΟΘΗϹΑΥΡΟϹϹΟΥΕΚΕΙΕ
6:22 ϹΤΑΙΗΚΑΡΔΙΑϹΟΥ ΟΛΥ
ΧΝΟϹΤΟΥϹΩΜΑΤΟϹΕ
ϹΤΙΝΟΟΦΘΑΛΜΟϹϹΟΥ
ΕΑΝΟΥΝΗΟΟΦΘΑΛΜΟϹ
ϹΟΥΑΠΛΟΥϹΟΛΟΝΤΟϹΩ
ΜΑϹΟΥΦΩΤΕΙΝΟΝΕϹΤΑΙ
6:23 ΕΑΝΔΕΟΟΦΘΑΛΜΟϹϹΟΥ
ΠΟΝΗΡΟϹΗΟΛΟΝΤΟϹΩ
ΜΑϹΟΥϹΚΟΤΕΙΝΟΝΕϹΤΑΙ
ΕΙΟΥΝΤΟΦΩϹΤΟΕΝϹΟΙ
ϹΚΟΤΟϹΕϹΤΙΝΤΟϹΚΟ
ΤΟϹΠΟϹΟΝ
6:24 ΛΗ ΟΥΔΕΙϹΔΥΝΑΤΑΙΔΥϹΙΚΥ
ΡΙΟΙϹΔΟΥΛΕΥΕΙΝΗΓΑΡ
ΤΟΝΕΝΑΜΕΙϹΗϹΕΙΚΑΙ
ΤΟΝΕΤΕΡΟΝΑΓΑΠΗϹΕΙ
ΗΕΝΟϹΑΝΘΕΞΕΤΑΙΚΑΙ
ΤΟΥΕΤΕΡΟΥΚΑΤΑΦΡΟ
ΝΗϹΕΙΟΥΔΥΝΑϹΘΕΘ̅Ω̅
ΔΟΥΛΕΥΕΙΝΚΑΙΜΑΜΩΝΑ
6:25 ΔΙΑΤΟΥΤΟΛΕΓΩΥΜΙΝ
ΜΗΜΕΡΙΜΝΑΤΕΤΗΨΥ
ΧΗΗΜΩΝΤΙΦΑΓΗΤΕ
ΗΤΙΠΙΗΤΕΜΗΔΕΤΩϹΩ
ΜΑΤΙΥΜΩΝΤΙΕΝΔΥϹΗ
ϹΘΕΟΥΧΙΗΨΥΧΗΠΛΕΙΟ̅
ΕϹΤΙΤΗϹΤΡΟΦΗϹΚΑΙ
ΤΟϹΩΜΑΤΟΥΕΝΔΥΜΑΤΟϹ
6:26 ΕΜΒΛΕΨΑΤΕΕΙϹΤΑΠΕ
ΤΕΙΝΑΤΟΥΟΥΡΑΝΟΥΟΤΙ
ΟΥϹΠΕΙΡΟΥϹΙΝΟΥΔΕΘΕ
ΡΙΖΟΥϹΙΝΟΥΔΕϹΥΝΑΓΟΥ
ϹΙΝΕΙϹΑΠΟΘΗΚΑϹΚΑΙ
ΟΠΑΤΗΡΥΜΩΝΟΟΥΡΑ
ΝΙΟϹΤΡΕΦΕΙΑΥΤΑΟΥΧΥ

ΜΕΙΣΜΑΛΛΟΝΔΙΑΦΕΡΕ
ΤΕΑΥΤΩΝ ΤΙΣΔΕΕΞΥ 6:27
ΜΩΝΜΕΡΙΜΝΩΝΔΥΝΑ
ΤΑΙΠΡΟΣΘΕΙΝΑΙΕΠΙΤΗ̅
ΗΛΙΚΙΑΝΑΥΤΟΥΠΗΧΥ̅
ΕΝΑΚΑΙΠΕΡΙΕΝΔΥΜΑΤΟΣ 6:28
ΤΙΜΕΡΙΜΝΑΤΕΚΑΤΑΜΑ
ΘΕΤΕΤΑΚΡΙΝΑΤΟΥΑΓΡΟΥ
ΠΩΣΑΥΞΑΝΟΥΣΙΝΟΥΚΟ
ΠΙΟΥΣΙΝΟΥΔΕΝΗΘΟΥΣΙ̅
ΛΕΓΩΔΕΥΜΙΝΟΤΙΟΥΔΕ 6:29
ΣΟΛΟΜΩΝΕΝΠΑΣΗΤΗ
ΔΟΞΗΑΥΤΟΥΠΕΡΙΕΒΑ
ΛΕΤΟΩΣΕΝΤΟΥΤΩΝ
ΕΙΔΕΤΟΝΧΟΡΤΟΝΤΟΥ 6:30
ΑΓΡΟΥΣΗΜΕΡΟΝΟΝΤΑ
ΚΑΙΑΥΡΙΟΝΕΙΣΚΛΕΙΒΑ
ΝΟΝΒΑΛΛΟΜΕΝΟΝΟΘ̅Σ̅
ΟΥΤΩΣΑΜΦΙΕΝΝΥΣΙ̅
ΟΥΠΟΛΛΩΜΑΛΛΟΝΥΜΑΣ
ΟΛΙΓΟΠΙΣΤΟΙ ΜΗΟΥΝ 6:31
ΜΕΡΙΜΝΗΣΗΤΕΛΕΓΟΝ
ΤΕΣΤΙΦΑΓΩΜΕΝΗΤΙ
ΠΙΩΜΕΝΗΤΙΠΕΡΙΒΑΛΩ
ΜΕΘΑΠΑΝΤΑΓΑΡΤΑΥΤΑ 6:32
ΤΑΕΘΝΗΕΠΙΖΗΤΟΥΣΙΝ
ΟΙΔΕΝΓΑΡΟΠΑΤΗΡΥΜΩ̅
ΟΟΥΡΑΝΙΟΣΟΤΙΧΡΗΖΕΤΕ
ΤΟΥΤΩΝΑΠΑΝΤΩΝΖΗ 6:33
ΤΕΙΤΕΔΕΠΡΩΤΟΝΤΗΝ
ΔΙΚΑΙΟΣΥΝΗΝΚΑΙΤΗΝ
ΒΑΣΙΛΕΙΑΝΑΥΤΟΥΚΑΙ
ΤΑΥΤΑΠΑΝΤΑΠΡΟΣΤΕ
ΘΗΣΕΤΑΙΥΜΙΝΜΗΟΥΝ 6:34
ΜΕΡΙΜΝΗΣΗΤΕΕΙΣΤΗ̅
ΑΥΡΙΟΝΗΓΑΡΑΥΡΙΟΝΜΕ
ΡΙΜΝΗΣΕΙΕΑΥΤΗΣΑΡΚΕ
ΤΟΝΤΗΗΜΕΡΑΗΚΑΚΙΑ
ΑΥΤΗΣ
ΛΘ̅ ΜΗΚΡΕΙΝΕΤΕΙΝΑΜΗΚΡΙ 7:1
ΘΗΤΕ ΕΝΩΓΑΡΚΡΙΜΑΤΙ 7:2
ΚΡΕΙΝΕΤΕΚΡΙΘΗΣΕΣΘΕ

ΚΑΙΕΝΩΜΕΤΡΩΜΕΤΡΕΙ
ΤΕΜΕΤΡΗΘΗΣΕΤΑΙΥΜΙ̅
7:3 ΤΙΔΕΒΛΕΠΕΙΣΤΟΚΑΡΦΟΣ
ΤΟΕΝΤΩΟΦΘΑΛΜΩΤΟΥ
ΑΔΕΛΦΟΥΣΟΥΤΗΝΔΕ
ΕΝΤΩΣΩΟΦΘΑΛΜΩ
ΔΟΚΟΝΟΥΚΑΤΑΝΟΕΙΣ
7:4 ΗΠΩΣΕΡΕΙΣΤΩΑΔΕΛΦΩ
ΣΟΥΑΦΕΣΕΚΒΑΛΩΤΟ
ΚΑΡΦΟΣΕΚΤΟΥΟΦΘΑΛ
ΜΟΥΣΟΥΚΑΙΙΔΟΥΗΔΟ
ΚΟΣΕΝΤΩΟΦΘΑΛΜΩ
7:5 ΣΟΥΥΠΟΚΡΙΤΑΕΚΒΑΛΕ
ΠΡΩΤΟΝΕΚΤΟΥΟΦΘΑΛ
ΜΟΥΣΟΥΤΗΝΔΟΚΟΝΚΑΙ
ΤΟΤΕΔΙΑΒΛΕΨΕΙΣΕΚΒΑ
ΛΕΙΝΤΟΚΑΡΦΟΣΕΚΤΟΥ
ΟΦΘΑΛΜΟΥΤΟΥΑΔΕΛ
ΦΟΥΣΟΥ
7:6 ΙΙ ΜΗΔΩΤΕΤΟΑΓΙΟΝΤΟΙΣ
ΚΥΣΙΝΜΗΔΕΒΑΛΗΤΕΤΟΥΣ
ΜΑΡΓΑΡΕΙΤΑΣΥΜΩΝΕΜ
ΠΡΟΣΘΕΝΤΩΝΧΟΙΡΩΝ
ΜΗΠΟΤΕΚΑΤΑΠΑΤΗΣΟΥ
ΣΙΝΑΥΤΟΥΣΕΝΤΟΙΣΠΟ
ΣΙΝΑΥΤΩΝΚΑΙΣΤΡΑ
ΦΕΝΤΕΣΡΗΞΩΣΙΝΥΜΑΣ
7:7 ΙΙΑ ΑΙΤΕΙΤΕΚΑΙΔΟΘΗΣΕΤΑΙ
ΥΜΙΝΖΗΤΕΙΤΕΚΑΙΕΥΡΗ
ΣΕΤΕΚΡΟΥΕΤΕΚΑΙΑΝΟΙ
7:8 ΓΗΣΕΤΑΙΥΜΙΝΠΑΣΓΑΡ
ΟΑΙΤΩΝΛΑΜΒΑΝΕΙΚΑΙ
ΟΖΗΤΩΝΕΥΡΙΣΚΕΙΚΑΙ
ΤΩΚΡΟΥΟΝΤΙΑΝΟΙΓΕΤΑΙ ×
7:9 ΗΤΙΣΕΞΥΜΩΝΑΝΘΡΩ ΕΣΤΙΝ
ΠΟΣΟΝΑΙΤΗΣΕΙΟΥΙΟΣ
ΑΥΤΟΥΑΡΤΟΝΜΗΛΙΘΟ̅
7:10 ΕΠΙΔΩΣΕΙΑΥΤΩΗΚΑΙ
ΙΧΘΥΝΑΙΤΗΣΕΙΜΗΟΦΙ̅
7:11 ΕΠΙΔΩΣΕΙΑΥΤΩΕΙΟΥ̅
ΫΜΕΙΣΠΟΝΗΡΟΙΟΝΤΕΣ
ΟΙΔΑΤΕΔΟΜΑΤΑΑΓΑΘΑ

ΔΙΔΟΝΑΙΤΟΙΣΤΕΚΝΟΙΣ
ΥΜΩΝΠΟΣΩΜΑΛΛΟΝΟ
ΠΑΤΗΡΫΜΩΝΟΕΝΤΟΙΣ
ΟΥΡΑΝΟΙΣΔΩΣΕΙΑΓΑΘΑ
ΤΟΙΣΑΙΤΟΥΣΙΝΑΥΤΟΝ
ΠΑΝΤΑΟΥΝΟΣΑΑΝΘΕ 7:12
ΛΗΤΕΙΝΑΠΟΙΩΣΙΝΫΜΙΝ
ΟΙΑΝΘΡΩΠΟΙΟΥΤΩΣΚΑΙ
ΥΜΕΙΣΠΟΙΕΙΤΕΑΥΤΟΙΣ
ΟΥΤΟΣΓΑΡΕΣΤΙΝΟΝΟ
ΜΟΣΚΑΙΟΙΠΡΟΦΗΤΑΙ
ΙΒ ΕΙΣΕΛΘΑΤΕΔΙΑΤΗΣΣΤΕ 7:13
ΝΗΣΠΥΛΗΣΟΤΙΠΛΑΤΕΙ
ΑΗΠΥΛΗΚΑΙΕΥΡΥΧΩΡΟΣ
ΗΟΔΟΣΗΑΠΑΓΟΥΣΑΕΙΣ
ΤΗΝΑΠΩΛΕΙΑΝΚΑΙΠΟΛ
ΛΟΙΕΙΣΙΝΟΙΕΙΣΕΡΧΟΜΕ
ΝΟΙΔΙΑΥΤΗΣΟΤΙΔΕΣΤΕ 7:14
ΝΗΗΠΥΛΗΚΑΙΤΕΘΛΙΜ
ΜΕΝΗΗΟΔΟΣΗΑΠΑΓΟΥ
ΣΑΕΙΣΤΗΝΖΩΗΝΚΑΙΟ
ΛΙΓΟΙΕΙΣΙΝΟΙΕΥΡΙΣΚΟΝ
ΤΕΣΑΥΤΗΝ
ΙΓ ΠΡΟΣΕΧΕΤΕΑΠΟΤΩΝΨΕΥ 7:15
ΔΟΠΡΟΦΗΤΩΝΟΙΤΙΝΕΣ
ΕΡΧΟΝΤΑΙΠΡΟΣΥΜΑΣ
ΕΝΕΝΔΥΜΑΣΙΠΡΟΒΑΤΩΝ
ΕΣΩΘΕΝΔΕΕΙΣΙΝΛΥΚΟΙ
ΑΡΠΑΓΕΣΑΠΟΤΩΝΚΑΡ 7:16
ΠΩΝΑΥΤΩΝΕΠΙΓΝΩ
ΣΕΣΘΕΑΥΤΟΥΣΜΗΤΙ
ΣΥΛΛΕΓΟΥΣΙΝΑΠΟΑΚΑΝ
ΘΩΝΣΤΑΦΥΛΑΣΗΑΠΟ
ΤΡΙΒΟΛΩΝΣΥΚΑ ΟΥΤΩΣ 7:17
ΠΑΝΔΕΝΔΡΟΝΑΓΑΘΟΝ
ΚΑΡΠΟΥΣΠΟΙΕΙΚΑΛΟΥΣ
ΤΟΔΕΣΑΠΡΟΝΔΕΝΔΡΟΝ
ΚΑΡΠΟΥΣΠΟΝΗΡΟΥΣΠΟΙ
ΕΙΟΥΔΥΝΑΤΑΙΔΕΝΔΡΟΝ 7:18
ΑΓΑΘΟΝΚΑΡΠΟΥΣΠΟΝΗ
ΡΟΥΣΕΝΕΓΚΕΙΝΟΥΔΕΔΕΝ
ΔΡΟΝΣΑΠΡΟΝΚΑΡΠΟΥΣ

7:19 ΚΑΛΟΥϹΠΟΙΕΙΝ ΠΑΝΔΕ̄
ΔΡΟΝΜΗΠΟΙΟΥΝΚΑΡΠΟ̄
ΚΑΛΟΝΕΚΚΟΠΤΕΤΑΙΚΑΙ
7:20 ΕΙϹΠΥΡΒΑΛΛΕΤΑΙΑΡΑΓΕ
ΑΠΟΤΩΝΚΑΡΠΩΝΑΥ
ΤΩΝΕΠΙΓΝΩϹΕϹΘΕΑΥΤΟΥϹ
7:21 ·ΜΑ ΟΥΠΑϹΟΛΕΓΩΝΜΟΙΚΕ̄
ΚΕΕΙϹΕΛΕΥϹΕΤΑΙΕΙϹΤΗ̄
ΒΑϹΙΛΕΙΑΝΤΩΝΟΥΡΑΝΩ̄
ΑΛΛΟΠΟΙΩΝΤΟΘΕΛΗ
ΜΑΤΟΥΠΑΤΡΟϹΜΟΥΤΟΥ
7:22 ΕΝΤΟΙϹΟΥΡΑΝΟΙϹ ΠΟΛ
ΛΟΙΕΡΟΥϹΙΝΜΟΙΕΝΕΚΕΙ
ΝΗΤΗΗΜΕΡΑΚΕ̄ΚΕ̄ΟΥ
ΤΩϹΩΟΝΟΜΑΤΙΕΠΡΟ
ΦΗΤΕΥϹΑΜΕΝΚΑΙΤΩ
ϹΩΟΝΟΜΑΤΙΔΑΙΜΟΝΙΑ
ΕΞΕΒΑΛΟΜΕΝΚΑΙΤΩϹΩ
ΟΝΟΜΑΤΙΔΥΝΑΜΕΙϹ
ΠΟΛΛΑϹΕΠΟΙΗϹΑΜΕΝ
7:23 ΚΑΙΤΟΤΕΟΜΟΛΟΓΗϹΩ
ΑΥΤΟΙϹΟΤΙΟΥΔΕΠΟΤΕ
ΕΓΝΩΝΥΜΑϹΑΠΟΧΩΡΕΙ
ΤΕΑΠΕΜΟΥΟΙΕΡΓΑΖΟΜΕ
7:24 ΜΕ ΝΟΙΤΗΝΑΝΟΜΙΑΝ ΠΑϹ
ΟΥΝΟϹΤΙϹΑΚΟΥΕΙΜΟΥ
ΤΟΥϹΛΟΓΟΥϹΚΑΙΠΟΙΕΙ ΤΟΥ ΤΟΥϹ
ΑΥΤΟΥϹΟΜΟΙΩΘΗϹΕ
ΤΑΙΑΝΔΡΙΦΡΟΝΙΜΩΟϹ
ΤΙϹΩΚΟΔΟΜΗϹΕΝΑΥΤΟΥ
ΤΗΝΟΙΚΙΑΝΕΠΙΤΗΝΠΕ
7:25 ΤΡΑΝΚΑΙΚΑΤΕΒΗΗΒΡΟ
ΧΗΚΑΙΗΛΘΑΝΟΙΠΟΤΑ
ΜΟΙΚΑΙΕΠΝΕΥϹΑΝΟΙΑ
ΝΕΜΟΙΚΑΙΠΡΟϹΕΠΕϹᾹ
ΤΗΟΙΚΙΑΕΚΕΙΝΗΚΑΙΟΥ
ΚΕΠΕϹΕΝΤΕΘΕΜΕΛΙΩ
ΤΟΓΑΡΕΠΙΤΗΝΠΕΤΡΑΝ
7:26 ΜϚ ΚΑΙΠΑϹΟΑΚΟΥΩΝΜΟΥ
ΤΟΥϹΛΟΓΟΥϹΤΟΥΤΟΥϹ
ΚΑΙΜΗΠΟΙΩΝΑΥΤΟΥϹ
ΟΜΟΙΩΘΗϹΕΤΑΙΑΝΔΡΙ

ΜΩΡΩΟϹΤΙϹΩΚΟΔΟΜΗ
ϹΕΝΑΥΤΟΥΤΗΝΟΙΚΙΑΝ
ΕΠΙΤΗΝΑΜΜΟΝΚΑΙΚΑ 7:27
ΤΕΒΗΗΒΡΟΧΗΚΑΙΗΛΘΟΝ
ΟΙΠΟΤΑΜΟΙΚΑΙΕΠΝΕΥ
ϹΑΝΟΙΑΝΕΜΟΙΚΑΙΠΡΟϹ
ΕΚΟΨΑΝΤΗΟΙΚΕΙΑΕΚΕΙ
ΝΗΚΑΙΕΠΕϹΕΝΚΑΙΗΝΗ
ΠΤΩϹΙϹΑΥΤΗϹΜΕΓΑΛΗ
ξζ ΚΑΙΕΓΕΝΕΤΟΟΤΕΕΤΕΛΕ 7:28
ϹΕΝΟΙϹΤΟΥϹΛΟΓΟΥϹ
ΤΟΥΤΟΥϹΕΞΕΠΛΗϹϹΟΝ
ΤΟΟΙΟΧΛΟΙΕΠΙΤΗΔΙΔΑ
ΧΗΑΥΤΟΥΗΝΓΑΡΔΙΔΑ 7:29
ϹΚΩΝΑΥΤΟΥϹΩϹΕΞΟΥ
ϹΙΑΝΕΧΩΝΚΑΙΟΥΧΩϹ
ΟΙΓΡΑΜΜΑΤΕΙϹΑΥΤΩΝ
ξη ΚΑΤΑΒΑΝΤΟϹΔΕΑΥΤΟΥ 8:1
ΑΠΟΤΟΥΟΡΟΥϹΗΚΟΛΟΥ
ΘΗϹΑΝΑΥΤΩΟΧΛΟΙΠΟΛ
ΛΟΙΚΑΙΙΔΟΥΛΕΠΡΟϹΠΡΟϹ 8:2
ΕΛΘΩΝΠΡΟϹΕΚΥΝΕΙΑΥ
ΤΩΛΕΓΩΝΚΕΕΑΝΘΕΛΗϹ
ΔΥΝΑϹΑΙΜΕΚΑΘΑΡΙϹΑΙ
ΚΑΙΕΚΤΕΙΝΑϹΤΗΝΧΕΙ 8:3
ΡΑΗΨΑΤΟΑΥΤΟΥΛΕΓΩΝ
ΘΕΛΩΚΑΘΑΡΙϹΘΗΤΙΚΑΙ
ΕΥΘΕΩϹΕΚΑΘΕΡΙϹΘΗΑΥ
ΤΟΥΗΛΕΠΡΑΚΑΙΛΕΓΕΙ 8:4
ΑΥΤΩΟΙϹΟΡΑΜΗΔΕΝΙ
ΕΙΠΗϹΑΛΛΑΥΠΑΓΕϹΕΑΥ
ΤΟΝΔΕΙΞΟΝΤΩΙΕΡΕΙΚΑΙ
ΠΡΟϹΕΝΕΓΚΟΝΤΟΔΩΡΟΝ
ΟΠΡΟϹΕΤΑΞΕΝΜΩΥϹΗϹ
ΕΙϹΜΑΡΤΥΡΙΟΝΑΥΤΟΙϹ
ξθ ΕΙϹΕΛΘΟΝΤΟϹΔΕΑΥΤΟΥ 8:5
ΕΙϹΚΑΦΑΡΝΑΟΥΜΠΡΟϹ
ΗΛΘΕΝΑΥΤΩΕΚΑΤΟΝΤΑΡ
ΧΟϹΠΑΡΑΚΑΛΩΝΑΥΤΟΝ
ΚΑΙΛΕΓΩΝΚΕΟΠΑΙϹΜΟΥ 8:6
ΒΕΒΛΗΤΑΙΕΝΤΗΟΙΚΙΑ
ΠΑΡΑΛΥΤΙΚΟϹΔΕΙΝΩϹ

8:7 ΒΑϹΑΝΙΖΟΜΕΝΟϹΛΕΓΕΙ
ΑΥΤΩΕΓΩΕΛΘΩΝΘΕΡΑ
8:8 ΠΕΥϹΩΑΥΤΟΝΑΠΟΚΡΙ
ΘΕΙϹΔΕΟΕΚΑΤΟΝΤΑΡ
ΧΟϹΕΦΗΚΕ̅ΟΥΚΕΙΜΙΪ
ΚΑΝΟϹΙΝΑΜΟΥΥΠΟΤΗ̅
ϹΤΕΓΗΝΕΙϹΕΛΘΗϹΑΛΛΑ
ΜΟΝΟΝΕΙΠΕΛΟΓΩΚΑΙ
ΙΑΘΗϹΕΤΑΙΟΠΑΙϹΜΟΥ
8:9 ΚΑΙΓΑΡΕΓΩΑΝΘΡΩΠΟϹ
ΕΙΜΙΥΠΟΕΞΟΥϹΙΑΝΤΑϹ
ϹΟΜΕΝΟϹΕΧΩΝΥΠΕΜΑΥ
ΤΟΝϹΤΡΑΤΙΩΤΑϹΚΑΙ
ΛΕΓΩΤΟΥΤΩΠΟΡΕΥΘΗ
ΤΙΚΑΙΠΟΡΕΥΕΤΑΙΚΑΙΑΛ
ΛΩΕΡΧΟΥΚΑΙΕΡΧΕΤΑΙ
ΚΑΙΤΩΔΟΥΛΩΜΟΥΠΟΙ
ΗϹΟΝΤΟΥΤΟΚΑΙΠΟΙΕΙ
8:10 ΑΚΟΥϹΑϹΔΕΟΙ̅Ϲ̅ΕΘΑΥΜΑ
ϹΕΝΚΑΙΕΙΠΕΝΤΟΙϹΑΚΟ
ΛΟΥΘΟΥϹΙΝΑΜΗΝΛΕΓΩ
ΥΜΙΝΠΑΡΟΥΔΕΝΙΤΟϹΑΥ
ΤΗΝΠΙϹΤΙΝΕΝΤΩΙϹΡΑ
8:11 ΗΛΕΥΡΟΝΛΕΓΩΔΕΥΜΙ̅
ΟΤΙΠΟΛΛΟΙΑΠΟΑΝΑΤΟ
ΛΩΝΚΑΙΔΥϹΜΩΝΗΞΟΥ
ϹΙΝΚΑΙΑΝΑΚΛΙΘΗϹΟΝ
ΤΑΙΜΕΤΑΑΒΡΑΑΜΚΑΙΙ
ϹΑΑΚΚΑΙΙΑΚΩΒΕΝΤΗ
ΒΑϹΙΛΕΙΑΤΩΝΟΥΡΑΝΩ̅
8:12 ΟΙΔΕΥΙΟΙΤΗϹΒΑϹΙΛΕΙΑϹ
ΕΚΒΛΗΘΗϹΟΝΤΑΙΕΙϹΤΟ
ϹΚΟΤΟϹΤΟΕΞΩΤΕΡΟΝ
ΕΚΕΙΕϹΤΑΙΟΚΛΑΥΘΜΟϹ
ΚΑΙΟΒΡΥΓΜΟϹΤΩΝΟ
8:13 ΔΟΝΤΩΝ ΚΑΙΕΙΠΕΝΟΙ̅Ϲ̅
ΤΩΕΚΑΤΟΝΤΑΡΧΗΥΠΑ
ΓΕΩϹΕΠΙϹΤΕΥϹΑϹΓΕΝΗ
ΘΗΤΩϹΟΙΚΑΙΙΑΘΗΟ
ΠΑΙϹΕΝΤΗΩΡΑΕΚΕΙΝΗ
8:14 Ν̅ ΚΑΙΕΛΘΩΝΟΙ̅Ϲ̅ΕΙϹΤΗΝ
ΟΙΚΙΑΝΠΕΤΡΟΥΕΙΔΕΝ

ΤΗΝΠΕΝΘΕΡΑΝΑΥΤΟΥ
ΒΕΒΛΗΜΕΝΗΝΚΑΙΠΥΡΕϹ
ϹΟΥϹΑΝΚΑΙΗΨΑΤΟΤΗϹ 8:15
ΧΕΙΡΟϹΑΥΤΗϹΚΑΙΑΦΗ
ΚΕΝΑΥΤΗΝΟΠΥΡΕΤΟϹ
ΚΑΙΗΓΕΡΘΗΚΑΙΔΙΕΚΟΝΕΙ
ΑΥΤΩ ΟΨΙΑϹΔΕΓΕΝΟ 8:16
ΜΕΝΗϹΠΡΟϹΗΝΕΓΚΑΝ
ΑΥΤΩΔΑΙΜΟΝΙΖΟΜΕ
ΝΟΥϹΠΟΛΛΟΥϹΚΑΙΕΞΕ
ΒΑΛΕΝΤΑΠΝΕΥΜΑΤΑΛΟ
ΓΩΚΑΙΠΑΝΤΑϹΤΟΥϹ
ΚΑΚΩϹΕΧΟΝΤΑϹΕΘΕ
ΡΑΠΕΥϹΕΝΟΠΩϹΠΛΗ 8:17
ΡΩΘΗΤΟΡΗΘΕΝΔΙΑΗϹΑ
ΙΟΥΤΟΥΠΡΟΦΗΤΟΥ
› ΛΕΓΟΝΤΟϹΑΥΤΟϹΤΑϹ
› ΑϹΘΕΝΕΙΑϹΗΜΩΝΕΛΑ
› ΒΕΝΚΑΙΤΑϹΝΟϹΟΥϹΕ
ΠΛ› ΒΑϹΤΑϹΕΝ ΙΔΩΝΔΕ 8:18
Ο Ι̅Ϲ̅ ΟΧΛΟΝΠΕΡΙΑΥΤΟΝ
ΕΚΕΛΕΥϹΕΝΑΠΕΛΘΕΙΝ
ΕΙϹΤΟΠΕΡΑΝΚΑΙΠΡΟϹ 8:19
ΕΛΘΩΝΕΙϹΓΡΑΜΜΑΤΕΥϹ
ΕΙΠΕΝΑΥΤΩΔΙΔΑϹΚΑ
ΛΕΑΚΟΛΟΥΘΗϹΩϹΟΙΟ
ΠΟΥΕΑΝΑΠΕΡΧΗΚΑΙΛΕ 8:20
ΓΕΙΑΥΤΩΟ Ι̅Ϲ̅ ΑΙΑΛΩΠΕ
ΚΕϹΦΩΛΕΟΥϹΕΧΟΥϹΙ̅
ΚΑΙΤΑΠΕΤΕΙΝΑΤΟΥ
ΟΥΡΑΝΟΥΚΑΤΑϹΚΗΝΩ
ϹΕΙϹΟΔΕΥΙΟϹΤΟΥΑΝ
ΘΡΩΠΟΥΟΥΚΕΧΕΙΠΟΥ
ΤΗΝΚΕΦΑΛΗΝΚΛΕΙΝΗ
ΕΤΕΡΟϹΔΕΤΩΝΜΑΘΗ 8:21
ΤΩΝΕΙΠΕΝΑΥΤΩΚ̅Ε̅Ε
ΠΙΤΡΕΨΟΝΜΟΙΠΡΩΤΟ̅
ΑΠΕΛΘΕΙΝΚΑΙΘΑΨΑΙ
ΤΟΝΠΑΤΕΡΑΜΟΥ ΟΔΕ 8:22
Ι̅Ϲ̅ ΛΕΓΕΙΑΥΤΩΑΚΟΛΟΥ
ΘΕΙΜΟΙΚΑΙΑΦΕϹΤΟΥϹ
ΝΕΚΡΟΥϹΘΑΨΑΙΤΟΥϹ

ΕΑΥΤΩΝΝΕΚΡΟΥΣ
8:23 ΝΒ ΚΑΙΕΜΒΑΝΤΙΑΥΤΩΕΙΣ
ΠΛΟΙΟΝΗΚΟΛΟΥΘΗΣᾹ
ΑΥΤΩΟΙΜΑΘΗΤΑΙΑΥ
8:24 ΤΟΥΚΑΙΙΔΟΥΣΕΙΣΜΟΣ
ΜΕΓΑΣΕΓΕΝΕΤΟΕΝΤΗ
ΘΑΛΑΣΣΗΩΣΤΕΤΟΠΛΟΙ
ΟΝΚΑΛΥΠΤΕΣΘΑΙΫΠΟ
ΤΩΝΚΥΜΑΤΩΝΑΥΤΟΣ
8:25 ΔΕΕΚΑΘΕΥΔΕΝΚΑΙΠΡΟΣ
ΕΛΘΟΝΤΕΣΗΓΕΙΡΑΝΑΥ
ΤΟΝΛΕΓΟΝΤΕΣΚΕ̄ΣΩ
8:26 ΣΟΝΑΠΟΛΛΥΜΕΘΑΚΑΙ
ΛΕΓΕΙΑΥΤΟΙΣΤΙΔΕΙΛΟΙ
ΕΣΤΕ ΟΛΙΓΟΠΙΣΤΟΙ·
ΤΟΤΕΕΓΕΡΘΕΙΣΕΠΕΤΕΙ
ΜΗΣΕΝΤΟΙΣΑΝΕΜΟΙΣΚ
ΤΗΘΑΛΑΣΣΗΚΑΙΕΓΕΝΕ
8:27 ΤΟΓΑΛΗΝΗΜΕΓΑΛΗ ΟΙ
ΔΕΑΝΘΡΩΠΟΙΕΘΑΥΜΑ
ΣΑΝΛΕΓΟΝΤΕΣΠΟΤΑ
ΠΟΣΕΣΤΙΝΟΥΤΟΣΟΤΙ
ΚΑΙΟΙΑΝΕΜΟΙΚΑΙΗΘΑ
ΛΑΣΣΑΑΥΤΩΥΠΑΚΟΥ
8:28 ΝΓ ΟΥΣΙΝ ΚΑΙΕΛΘΟΝΤΟΣ
ΑΥΤΟΥΕΙΣΤΟΠΕΡΑΝ
ΕΙΣΤΗΝΧΩΡΑΝΤΩΝ
ΓΑΔΑΡΗΝΩΝΥΠΗΝΤΗ
ΣΑΝΑΥΤΩΔΥΟΔΑΙΜΟ
ΝΙΖΟΜΕΝΟΙΕΚΤΩΝΜΝΗ
ΜΕΙΩΝΕΞΕΡΧΟΜΕΝΟΙ
ΧΑΛΕΠΟΙΛΕΙΑΝΩΣΤΕ
ΜΗΙΣΧΥΕΙΝΤΙΝΑΠΑ
ΡΕΛΘΕΙΝΔΙΑΤΗΣΟΔΟΥ
8:29 ΕΚΕΙΝΗΣΚΑΙΙΔΟΥΕΚΡΑ
ΞΑΝΛΕΓΟΝΤΕΣΤΙΗΜῙ
ΚΑΙΣΟΙΫΙΕΤΟΥΘῩΗΛ
ΘΕΣΩΔΕΠΡΟΚΑΙΡΟΥΒΑ
8:30 ΣΑΝΙΣΑΙΗΜΑΣ ΗΝΔΕ
ΜΑΚΡΑΝΑΠΑΥΤΩΝΑ
ΓΕΛΗΧΟΙΡΩΝΠΟΛΛΩ̄
8:31 ΒΟΣΚΟΜΕΝΗ ΟΙΔΕΔΑΙ

ΜΟΝΕϹΠΑΡΕΚΑΛΟΥΝ
ΑΥΤΟΝΛΕΓΟΝΤΕϹΕΙ
ΕΚΒΑΛΛΕΙϹΗΜΑϹΑΠΟ
ϹΤΕΙΛΟΝΗΜΑϹΕΙϹΤΗ̄
ΑΓΕΛΗΝΤΩΝΧΟΙΡΩΝ
ΚΑΙΕΙΠΕΝΑΥΤΟΙϹΥΠΑ 8:32
ΓΕΤΕ ΟΙΔΕΕΞΕΛΘΟΝ
ΤΕϹΑΠΗΛΘΑΝΕΙϹΤΟΥϹ
ΧΟΙΡΟΥϹΚΑΙΙΔΟΥΩΡΜΗ
ϹΕΝΠΑϹΑΗΑΓΕΛΗΚΑΤΑ
ΤΟΥΚΡΗΜΝΟΥΕΙϹΤΗΝ
ΘΑΛΑϹϹΑΝΚΑΙΑΠΕΘΑ
ΝΟΝΕΝΤΟΙϹΫΔΑϹΙΝΟΙ 8:33
ΔΕΒΟϹΚΟΝΤΕϹΕΦΥΓΟ̄
ΚΑΙΑΠΕΛΘΟΝΤΕϹΕΙϹ
ΤΗΝΠΟΛΙΝΑΠΗΓΓΕΙΛᾹ
ΠΑΝΤΑΚΑΙΤΑΤΩΝΔΑΙ
ΜΟΝΙΖΟΜΕΝΩΝΚΑΙΙ 8:34
ΔΟΥΠΑϹΑΗΠΟΛΙϹΕΞΗΛ
ΘΕΝΕΙϹΥΠΑΝΤΗϹΙΝΤΩ
Ι̅Υ̅ΚΑΙΙΔΟΝΤΕϹΑΥΤΟ̄
ΠΑΡΕΚΑΛΕϹΑΝΙΝΑΜΕ
ΤΑΒΗΑΠΟΤΩΝΟΡΙΩΝ
ΠΑ ΑΥΤΩΝ ΚΑΙΕΜΒΑϹΕΙϹ 9:1
ΠΛΟΙΟΝΔΙΕΠΕΡΑϹΕΝϏ
ΗΛΘΕΝΕΙϹΤΗΝΙΔΙΑΝ
ΠΟΛΙΝΚΑΙΙΔΟΥΠΡΟϹ 9:2
ΕΦΕΡΟΝΑΥΤΩΠΑΡΑΛΥ
ΤΙΚΟΝΕΠΙΚΛΕΙΝΗϹΒΕ
ΒΛΗΜΕΝΟΝΚΑΙΙΔΩΝ
ΟΙ̅Ϲ̅ΤΗΝΠΙϹΤΙΝΑΥΤΩ̄
ΕΙΠΕΝΤΩΠΑΡΑΛΥΤΙΚΩ
ΘΑΡϹΕΙΤΕΚΝΟΝΑΦΙΕ̄
ΤΑΙϹΟΥΑΙΑΜΑΡΤΙΑΙ
ΚΑΙΙΔΟΥΤΙΝΕϹΤΩΝ 9:3
ΓΡΑΜΜΑΤΕΩΝΕΙΠΑΝ
ΕΝΕΑΥΤΟΙϹΟΥΤΟϹΒΛΑ
ϹΦΗΜΕΙ ΚΑΙΕΙΔΩϹΟΙ̅Ϲ̅ 9:4
ΤΑϹΕΝΘΥΜΗϹΕΙϹΑΥΤΩ̄
ΕΙΠΕΝΙΝΑΤΙΕΝΘΥΜΕΙ
ϹΘΕΠΟΝΗΡΑΕΝΤΑΙϹ
ΚΑΡΔΙΑΙϹΥΜΩΝΤΙΓΑΡ 9:5

ΕϹΤΙΝΕΥΚΟΠΩΤΕΡΟΝ
ΕΙΠΕΙΝΑΦΙΕΝΤΑΙϹΟΥ
ΑΙΑΜΑΡΤΙΑΙΗΕΙΠΕΙΝΕ
9:6 ΓΕΙΡΑΙΚΑΙΠΕΡΙΠΑΤΕΙΙ
ΝΑΔΕΕΙΔΗΤΕΟΤΙΕΞΟΥ
ϹΙΑΝΕΧΕΙΟΥΙΟϹΤΟΥΑΝ
ΘΡΩΠΟΥΕΠΙΤΗϹΓΗϹΑ
ΦΙΕΝΑΙΑΜΑΡΤΙΑϹ ΤΟ
ΤΕΛΕΓΕΙΤΩΠΑΡΑΛΥΤΙ
ΚΩΕΓΕΙΡΕΑΡΟΝϹΟΥΤΗ
ΚΛΕΙΝΗΝΚΑΙΥΠΑΓΕΕΙϹ
9:7 ΤΟΝΟΙΚΟΝϹΟΥΚΑΙΕΓΕΡ
ΘΕΙϹΑΠΗΛΘΕΝΕΙϹΤΟΝ
9:8 ΟΙΚΟΝΑΥΤΟΥΙΔΟΝΤΕϹ
ΔΕΟΙΟΧΛΟΙΕΦΟΒΗΘΗ
ϹΑΝΚΑΙΕΔΟΞΑϹΑΝΤΟΝ
ΘΝΤΟΝΔΟΝΤΑΕΞΟΥϹΙ
ΑΝΤΟΙΑΥΤΗΝΤΟΙϹΑΝ
ΘΡΩΠΟΙϹ
9:9 ΝΕ ΚΑΙΠΑΡΑΓΩΝΟΙϹΕΚΕΙΘΕ
ΕΙΔΕΝΑΝΘΡΩΠΟΝΚΑΘΗ
ΜΕΝΟΝΕΠΙΤΟΤΕΛΩΝΙ
ΟΝΜΑΘΘΑΙΟΝΛΕΓΟΜΕ
ΝΟΝΚΑΙΛΕΓΕΙΑΥΤΩΑ
ΚΟΛΟΥΘΕΙΜΟΙΚΑΙΑΝΑ
ϹΤΑϹΗΚΟΛΟΥΘΗϹΕΝ
9:10 ΑΥΤΩ ΚΑΙΕΓΕΝΕΤΟΑΥ
ΤΟΥΑΝΑΚΕΙΜΕΝΟΥΕΝ
ΤΗΟΙΚΙΑΚΑΙΙΔΟΥΠΟΛ
ΛΟΙΤΕΛΩΝΑΙΚΑΙΑΜΑΡ
ΤΩΛΟΙΕΛΘΟΝΤΕϹϹΥΝ
ΑΝΕΚΕΙΝΤΟΤΩΙΥΚΑΙ
ΤΟΙϹΜΑΘΗΤΑΙϹΑΥΤΟΥ
9:11 ΚΑΙΙΔΟΝΤΕϹΟΙΦΑΡΕΙ
ϹΑΙΟΙΕΛΕΓΟΝΤΟΙϹΜΑ
ΘΗΤΑΙϹΑΥΤΟΥΔΙΑΤΙΜΕ
ΤΑΤΩΝΤΕΛΩΝΩΝΚΑΙ
ΑΜΑΡΤΩΛΩΝΕϹΘΙΕΙΟ
9:12 ΔΙΔΑϹΚΑΛΟϹΥΜΩΝ ΟΔΕ
ΑΚΟΥϹΑϹΕΙΠΕΝΟΥΧΡΕΙ
ΑΝΕΧΟΥϹΙΝΟΙΙϹΧΥΟΝ
ΤΕϹΙΑΤΡΟΥΑΛΛΑΟΙΚΑ

ΚΩϹΕΧΟΝΤΕϹΠΟΡΕΥ 9:13
ΘΕΝΤΕϹΔΕΜΑΘΕΤΕΤΙ
ΕϹΤΙΝΕΛΕΟϹΘΕΛΩΚΑΙ
ΟΥΘΥϹΙΑΝΟΥΓΑΡΗΛΘΟ̅
ΚΑΛΕϹΑΙΔΙΚΑΙΟΥϹΑΛΛΑ
Ν̅Ϛ̅ ΑΜΑΡΤΩΛΟΥϹ ΤΟΤΕ 9:14
ΠΡΟϹΕΡΧΟΝΤΑΙΑΥΤΩ
ΟΙΜΑΘΗΤΑΙΙΩΑΝΟΥΛΕ
ΓΟΝΤΕϹΔΙΑΤΙΗΜΕΙϹ
ΚΑΙΟΙΦΑΡΕΙϹΑΙΟΙΝΗ
ϹΤΕΥΟΜΕΝΟΙΔΕΜΑΘΗ
ΤΑΙϹΟΥΟΥΝΗϹΤΕΥΟΥϹΙ̅
ΚΑΙΕΙΠΕΝΑΥΤΟΙϹΟΙ̅Ϲ̅ΜΗ 9:15
ΔΥΝΑΝΤΑΙΟΙΫΙΟΙΤΟΥ
ΝΥΜΦΩΝΟϹΠΕΝΘΕΙΝ
ΕΦΟϹΟΝΜΕΤΑΥΤΩΝ
ΕϹΤΙΝΟΝΥΜΦΙΟϹΕΛΕΥ
ϹΟΝΤΑΙΔΕΗΜΕΡΑΙΟΤΑ̅
ΑΠΑΡΘΗΑΠΑΥΤΩΝΟ
ΝΥΜΦΙΟϹΚΑΙΤΟΤΕΝΗ
ϹΤΕΥϹΟΥϹΙΝ ΟΥΔΕΙϹ 9:16
ΔΕΕΠΙΒΑΛΛΕΙΕΠΙΒΛΗΜΑ
ΡΑΚΟΥϹΑΓΝΑΦΟΥΕΠΙ
ΙΜΑΤΙΩΠΑΛΑΙΩΑΙΡΕΙ
ΓΑΡΤΟΠΛΗΡΩΜΑΑΥΤΟΥ
ΑΠΟΤΟΥΙΜΑΤΙΟΥΚΑΙ
ΧΕΙΡΟΝϹΧΙϹΜΑΓΕΙΝΕ
ΤΑΙΟΥΔΕΒΑΛΛΟΥϹΙΝ 9:17
ΟΙΝΟΝΝΕΟΝΕΙϹΑϹΚΟΥϹ
ΠΑΛΑΙΟΥϹΕΙΔΕΜΗΡΗΓΝΥ̅
ΤΑΙΟΙΑϹΚΟΙΚΑΙΟΟΙΝΟϹ
ΕΚΧΕΙΤΑΙΚΑΙΟΙΑϹΚΟΙ
ΑΠΟΛΛΥΝΤΑΙΑΛΛΑΒΑΛ
ΛΟΥϹΙΝΟΙΝΟΝΝΕΟΝΕΙϹ
ΑϹΚΟΥϹΚΑΙΝΟΥϹΚΑΙ
ΑΜΦΟΤΕΡΟΙϹΥΝΤΗΡΟΥ̅
Ν̅Ζ̅ ΤΑΙ ΤΑΥΤΑΑΥΤΟΥΛΑ 9:18
ΛΟΥΝΤΟϹΑΥΤΟΙϹΙΔΟΥ
ΑΡΧΩΝΕΙϹΠΡΟϹΕΛΘΩ̅
ΠΡΟϹΕΚΥΝΕΙΑΥΤΩΛΕ
ΓΩΝΟΤΙΗΘΥΓΑΤΗΡΜΟΥ
ΑΡΤΙΕΤΕΛΕΥΤΗϹΕΝ

ΑΛΛΑΕΛΘΩΝΕΠΙΘΕCΤΗ̄
ΧΕΙΡΑCΟΥΕΠΑΥΤΗΝΚΑΙ
9:19 ΖΗCΕΤΑΙ ΚΑΙΕΓΕΡΘΕΙC
ΟΙ̅C̅ΗΚΟΛΟΥΘΗCΕΝΑΥ
ΤΩΚΑΙΟΙΜΑΘΗΤΑΙΑΥΤΟΥ
9:20 ΚΑΙΙΔΟΥΓΥΝΗΑΙΜΟΡΡΟ
ΟΥCΑΔΩΔΕΚΑΕΤΗΠΡΟC
ΕΛΘΟΥCΑΟΠΙCΘΕΝΗΨΑ
ΤΟΤΟΥΚΡΑCΠΕΔΟΥΤΟΥ
9:21 ΙΜΑΤΙΟΥΑΥΤΟΥΕΛΕΓΕ̄
ΓΑΡΕΝΕΑΥΤΗΕΑΝΜΟΝΟ̄
ΑΨΩΜΑΙΤΟΥΙΜΑΤΙΟΥ
ΑΥΤΟΥCΩΘΗCΟΜΑΙ
9:22 ΟΔΕΙ̅C̅CΤΡΑΦΕΙCΚΑΙΙ
ΔΩΝΑΥΤΗΝΕΙΠΕΝΘΑΡ
CΕΙΘΥΓΑΤΕΡΗΠΙCΤΙC
CΟΥCΕCΩΚΕΝCΕΚΑΙΕ
CΩΘΗΗΓΥΝΗΑΠΟΤΗC
9:23 ΩΡΑCΕΚΕΙΝΗC ΚΑΙΕΛ
ΘΩΝΟΙ̅C̅ΕΙCΤΗΝΟΙΚΙᾹ
ΤΟΥΑΡΧΟΝΤΟCΚΑΙΙΔΩ̄
ΤΟΥCΑΥΛΗΤΑCΚΑΙΤΟΝ
ΟΧΛΟΝΘΟΡΥΒΟΥΜΕΝΟ̄
9:24 ΕΛΕΓΕΝΑΝΑΧΩΡΕΙΤΕ
ΟΥΓΑΡΑΠΕΘΑΝΕΝΤΟΚΟ
ΡΑCΙΟΝΑΛΛΑΚΑΘΕΥΔΕΙ
ΚΑΙΚΑΤΕΓΕΛΩΝΑΥΤΟΥ
9:25 ΟΤΕΔΕΕΞΕΒΛΗΘΗΟΟΧΛΟC
ΕΙCΕΛΘΩΝΕΚΡΑΤΗCΕΝ
ΤΗCΧΕΙΡΟCΑΥΤΗCΚΑΙ
ΗΓΕΡΘΗΤΟΚΟΡΑCΙΟΝ
9:26 ΚΑΙΕΞΗΛΘΕΝΗΦΗΜΗ
ΑΥΤΗΕΙCΟΛΗΝΤΗΝΓΗ̄
9:27 Η̄Ν ΕΚΕΙΝΗΗΝ ΚΑΙΠΑΡΑΓΟ̄
ΤΙΕΚΕΙΘΕΝΤΩΙ̅Υ̅ΗΚΟ
ΛΟΥΘΗCΑΝΔΥΟΤΥΦΛΟΙ
ΚΡΑΖΟΝΤΕCΚΑΙΛΕΓΟΝ
ΤΕCΕΛΕΗCΟΝΗΜΑCΥΙΟC
9:28 ΔΑΥΕΙΔ ΕΛΘΟΝΤΙΔΕΕΙC
ΤΗΝΟΙΚΙΑΝΠΡΟCΗΛΘΟ̄
ΑΥΤΩΟΙΤΥΦΛΟΙΚΑΙ
ΛΕΓΕΙΑΥΤΟΙCΟΙ̅C̅ΠΙCΤΕΥ

ΕΤΕΟΤΙΤΟΥΤΟΔΥΝΑ
ΜΑΙΠΟΙΗΣΑΙ ΛΕΓΟΥΣΙ
ΑΥΤΩΝΑΙΚΕ ΤΟΤΕΗΨΑ 9:29
ΤΟΤΩΝΟΦΘΑΛΜΩΝ
ΑΥΤΩΝΛΕΓΩΝΚΑΤΑΤΗΝ
ΠΙΣΤΙΝΫΜΩΝΓΕΝΗΘΗ
ΤΩΥΜΙΝΚΑΙΗΝΕΩΧΘΗ 9:30
ΣΑΝΑΥΤΩΝΟΙΟΦΘΑΛ
ΜΟΙΚΑΙΕΝΕΒΡΕΙΜΗΘΗ
ΑΥΤΟΙΣΟΙΣΛΕΓΩΝΟ
ΡΑΤΕΜΗΔΕΙΣΓΕΙΝΩ
ΣΚΕΤΩ ΟΙΔΕΕΞΕΛΘΟΝ 9:31
ΤΕΣΔΙΕΦΗΜΙΣΑΝΑΥ
ΤΟΝΕΝΟΛΗΤΗΓΗΕΚΕΙ
ΝΗ ΑΥΤΩΝΔΕΕΞΕΡΧΟ 9:32
ΜΕΝΩΝΙΔΟΥΠΡΟΣΗ
ΝΕΓΚΑΝΑΥΤΩΚΩΦΟΝ
ΔΑΙΜΟΝΙΖΟΜΕΝΟΝΚΑΙ 9:33
ΕΚΒΛΗΘΕΝΤΟΣΤΟΥ
ΔΑΙΜΟΝΙΟΥΕΛΑΛΗΣΕΝ
ΟΚΩΦΟΣΚΑΙΕΘΑΥΜΑ
ΣΑΝΟΙΟΧΛΟΙΛΕΓΟΝΤΕΣ
ΟΥΔΕΠΟΤΕΕΦΑΝΗΟΥ
ΤΩΣΕΝΤΩΙΣΡΑΗΛ ΟΙ 9:34
ΔΕΦΑΡΕΙΣΑΙΟΙΕΛΕΓΟΝ
ΕΝΤΩΑΡΧΟΝΤΙΤΩΝ
ΔΑΙΜΟΝΙΩΝΕΚΒΑΛΛΕΙ
ΤΑΔΑΙΜΟΝΙΑ
ΝΘ ΚΑΙΠΕΡΙΗΓΕΝΟΙΣΤΑΣΠΟ 9:35
ΛΕΙΣΠΑΣΑΣΚΑΙΤΑΣΚΩ
ΜΑΣΔΙΔΑΣΚΩΝΕΝΤΑΙΣ
ΣΥΝΑΓΩΓΑΙΣΑΥΤΩΝ
ΚΑΙΚΗΡΥΣΣΩΝΤΟΕΥ
ΑΓΓΕΛΙΟΝΤΗΣΒΑΣΙΛΕΙ
ΑΣΚΑΙΘΕΡΑΠΕΥΩΝΠΑ
ΣΑΝΝΟΣΟΝΚΑΙΠΑΣΑΝ
Ι ΜΑΛΑΚΙΑΝ ΙΔΩΝΔΕ 9:36
ΤΟΥΣΟΧΛΟΥΣΕΣΠΛΑΓ
ΧΝΙΣΘΗΠΕΡΙΑΥΤΩΝΟ
ΤΙΗΣΑΝΕΣΚΥΛΜΕΝΟΙΚΑΙ
ΕΡΙΜΜΕΝΟΙΩΣΕΙΠΡΟΒΑ
ΤΑΜΗΕΧΟΝΤΑΠΟΙΜΕ

9:37 ΝΑ ΤΟΤΕΛΕΓΕΙΤΟΙϹ
ΜΑΘΗΤΑΙϹΑΥΤΟΥΟΜΕ
ΘΕΡΙϹΜΟϹ ΠΟΛΥϹΟΙΔΕ
9:38 ΕΡΓΑΤΑΙΟΛΙΓΟΙΔΕΗΘΗ
ΤΕΟΥΝΤΟΥΚΥΤΟΥΘΕ
ΡΙϹΜΟΥΟΠΩϹΕΚΒΑΛΗ
ΕΡΓΑΤΑϹΕΙϹΤΟΝΘΕΡΙϹ
10:1 ΜΟΝΑΥΤΟΥ ΚΑΙΠΡΟϹ
ΚΑΛΕϹΑΜΕΝΟϹΤΟΥϹ
ΔΩΔΕΚΑΜΑΘΗΤΑϹΑΥ
ΤΟΥΕΔΩΚΕΝΑΥΤΟΙϹ
ΕΞΟΥϹΙΑΝΠΝΕΥΜΑΤΩ
ΑΚΑΘΑΡΤΩΝΩϹΤΕΕΚ
ΒΑΛΛΕΙΝΑΥΤΑΚΑΙΘΕΡΑ
ΠΕΥΕΙΝΠΑϹΑΝΝΟϹΟΝ
ΚΑΙΠΑϹΑΝΜΑΛΑΚΙΑΝ
10:2 ΞΑ ΤΩΝΔΕΔΩΔΕΚΑΑΠΟ
ϹΤΟΛΩΝΤΑΟΝΟΜΑΤΑ
ΕϹΤΙΝΤΑΥΤΑ ΠΡΩ
ΤΟϹϹΙΜΩΝΟΛΕΓΟΜΕ
ΝΟϹΠΕΤΡΟϹΚΑΙΑΝΔΡΕ
ΑϹΟΑΔΕΛΦΟϹΑΥΤΟΥ
ΚΑΙΙΑΚΩΒΟϹΟΤΟΥΖΕ
ΒΕΔΑΙΟΥ ΚΑΙΙΩΑΝΗϹ
10:3 ΟΑΔΕΛΦΟϹΑΥΤΟΥ ΦΙ
ΛΙΠΠΟϹΚΑΙΒΑΡΘΟΛΟ
ΜΑΙΟϹ ΘΩΜΑϹ ΚΑΙΜΑΘ
ΘΑΙΟϹΟΤΕΛΩΝΗϹ ΙΑΚΩ
ΒΟϹΟΤΟΥΑΛΦΑΙΟΥΚ
10:4 ΘΑΔΔΑΙΟϹ ϹΙΜΩΝΟΚΑ
ΝΑΝΑΙΟϹ ΚΑΙΙΟΥΔΑϹ
ΟΙϹΚΑΡΙΩΤΗϹΟΚΑΙΠΑ
10:5 ΞΚ ΡΑΔΟΥϹΑΥΤΟΝ ΤΟΥ
ΤΟΥϹΤΟΥϹΔΩΔΕΚΑΑ
ΠΕϹΤΕΙΛΕΝΟΙϹΠΑΡΑΓ
ΓΕΙΛΑϹΑΥΤΟΙϹΛΕΓΩΝ
ΕΙϹΟΔΟΝΕΘΝΩΝΜΗΑ
ΠΕΛΘΗΤΕΚΑΙΕΙϹΠΟΛΙΝ
ϹΑΜΑΡΕΙΤΩΝΜΗΕΙϹ
10:6 ΕΛΘΗΤΕΠΟΡΕΥΕϹΘΑΙ
ΔΕΜΑΛΛΟΝΠΡΟϹΤΑΠΡΟ
ΒΑΤΑΤΑΑΠΟΛΩΛΟΤΑ

ΟΙΚΟΥΙϹΡΑΗΛ ΠΟΡΕΥΟ 10:7
ΜΕΝΟΙΔΕΚΗΡΥϹϹΕΤΕ
ΛΕΓΟΝΤΕϹΗΓΓΙΚΕΝΗ
ΒΑϹΙΛΕΙΑΤΩΝΟΥΡΑΝΩΝ
ΑϹΘΕΝΟΥΝΤΑϹΘΕΡΑΠΕΥ 10:8
ΕΤΕΝΕΚΡΟΥϹΕΓΕΙΡΕΤΕ
ΛΕΠΡΟΥϹΚΑΘΑΡΙΖΕΤΕ
ΔΑΙΜΟΝΙΑΕΚΒΑΛΛΕΤΕ
ΙΓ ΔΩΡΕΑΝΕΛΑΒΕΤΕΔΩ
ΡΕΑΝΔΟΤΕΜΗΚΤΗϹΗ 10:9
ϹΘΕΧΡΥϹΟΝΜΗΔΕΑΡ
ΓΥΡΟΝΜΗΔΕΧΑΛΚΟΝ
ΕΙϹΤΑϹΖΩΝΑϹΥΜΩΝ
ΜΗΠΗΡΑΝΕΙϹΟΔΟΝΜΗ 10:10
ΔΕΔΥΟΧΙΤΩΝΑϹΜΗΔΕ
ΥΠΟΔΗΜΑΤΑΜΗΔΕΡΑ
ΒΔΟΝΑΞΙΟϹΓΑΡΟΕΡΓΑ
ΤΗϹΤΗϹΤΡΟΦΗϹΑΥΤΟΥ
ΕΙϹΗΝΔΑΝΠΟΛΙΝΗΚΩ 10:11
ΜΗΝΕΙϹΕΛΘΗΤΕΕΞΕΤΑ
ϹΑΤΕΤΙϹΕΝΑΥΤΗΑΞΙΟϹ
ΕϹΤΙΝΚΑΚΕΙΜΕΙΝΑΤΕ
ΕΩϹΑΝΕΞΕΛΘΗΤΕΕΙϹ 10:12
ΕΡΧΟΜΕΝΟΙΔΕΕΙϹΤΗΝ
ΟΙΚΙΑΝΑϹΠΑϹΑϹΘΕΑΥ
ΤΗΝΚΑΙΕΑΝΜΕΝΗΗΟΙ 10:13
ΚΙΑΑΞΙΑΕΛΘΕΤΩΗΕΙΡΗ
ΝΗΥΜΩΝΕΠΑΥΤΗΝΕ
ΑΝΔΕΜΗΗΑΞΙΑΗΕΙΡΗ
ΝΗΥΜΩΝΕΦΥΜΑϹΕΠΙ
ϹΤΡΑΦΗΤΩ ΚΑΙΟϹΑΝ ΜΗ ΔΕΞΗΤΑΙ 10:14
ΥΜΑϹΜΗΔΕΑΚΟΥϹΗΤΟΥϹ
ΛΟΓΟΥϹΥΜΩΝΕΞΕΡΧΟ
ΜΕΝΟΙΕΞΩΤΗϹΟΙΚΙΑϹ
ΗΤΗϹΠΟΛΕΩϹΕΚΕΙΝΗϹ
ΕΚΤΙΝΑΞΑΤΕΤΟΝΚΟ
ΝΙΟΡΤΟΝΤΩΝΠΟΔΩΝ
ΥΜΩΝΑΜΗΝΛΕΓΩΥΜΙΝ 10:15
ΑΝΕΚΤΟΤΕΡΟΝΕϹΤΑΙ
ΓΗϹΟΔΟΜΩΝΚΑΙΓΟΜΟΡ
ΡΩΝΕΝΗΜΕΡΑΚΡΙϹΕΩϹ
ΗΤΗΠΟΛΕΙΕΚΕΙΝΗ ΙΔΟΥ 10:16

ΕΓΩΑΠΟϹΤΕΛΛΩΫΜΑϹ
ΩϹΠΡΟΒΑΤΑΕΙϹΜΕϹΟΝ
ΛΥΚΩΝΓΕΙΝΕϹΘΕΟΥΝ
ΦΡΟΝΙΜΟΙΩϹΟΙΟΦΙϹ
ΚΑΙΑΚΕΡΑΙΟΙΩϹΑΙΠΕ
10:17 ΙΔ ΡΙϹΤΕΡΑΙΠΡΟϹΕΧΕΤΕ
ΔΕΑΠΟΤΩΝΑΝΘΡΩΠΩΝ
ΠΑΡΑΔΩϹΟΥϹΙΝΓΑΡΫ
ΜΑϹΕΙϹϹΥΝΕΔΡΙΑΚΑΙ
ΕΝΤΑΙϹϹΥΝΑΓΩΓΑΙϹ
ΑΥΤΩΝΜΑϹΤΙΓΩϹΟΥ
10:18 ϹΙΝΫΜΑϹΚΑΙΕΠΙΗΓΕ
ΜΟΝΑϹΔΕΚΑΙΒΑϹΙΛΕΙϹ
ΑΧΘΗϹΕϹΘΕΕΝΕΚΕΝΕ
ΜΟΥΕΙϹΜΑΡΤΥΡΙΟΝΑΥ
ΤΟΙϹΚΑΙΤΟΙϹΕΘΝΕϹΙΝ
10:19 ΟΤΑΝΔΕΠΑΡΑΔΩϹΙΝΫ
ΜΑϹΜΗΜΕΡΙΜΗϹΗΤΕ
ΠΩϹΗΤΙΛΑΛΗϹΗΤΕΔΟ
ΘΗϹΕΤΑΙΓΑΡΫΜΙΝΕΝΕ
ΚΕΙΝΗΤΗΩΡΑΤΙΛΑΛΗ
10:20 ϹΗΤΕΟΥΓΑΡΫΜΕΙϹΕϹΤΕ
ΟΙΛΑΛΟΥΝΤΕϹΑΛΛΑΤΟ
ΠΝΕΥΜΑΤΟΥΠΑΤΡΟϹ
ΥΜΩΝΤΟΛΑΛΟΥΝΕΝΫ
10:21 ΜΙΝ ΠΑΡΑΔΩϹΕΙΔΕΑ
ΔΕΛΦΟϹΑΔΕΛΦΟΝΕΙϹ
ΘΑΝΑΤΟΝ ΚΑΙΠΑΤΗΡΤΕ
ΚΝΟΝ ΚΑΙΕΠΑΝΑϹΤΗ
ϹΕΤΑΙΤΕΚΝΑΕΠΙΓΟΝΕΙϹ
ΚΑΙΘΑΝΑΤΩϹΟΥϹΙΝΑΥ
10:22 ΤΟΥϹΚΑΙΕϹΕϹΘΕΜΕΙϹΟΥ
ΜΕΝΟΙΫΠΟΠΑΝΤΩΝΔΙ
ΑΤΟΟΝΟΜΑΜΟΥΟΔΕΥ
ΠΟΜΕΝΑϹΕΙϹΤΕΛΟϹΟΥ
10:23 ΙΕ ΤΟϹϹΩΘΗϹΕΤΑΙ ΟΤΑΝ
ΔΕΔΙΩΚΩϹΙΝΥΜΑϹΕΝ
ΤΗΠΟΛΕΙΤΑΥΤΗΦΕΥ
ΓΕΤΕΕΙϹΤΗΝΕΤΕΡΑΝ
ΑΜΗΝΓΑΡΛΕΓΩΥΜΙΝΟΥ
ΜΗΤΕΛΕϹΗΤΕΤΑϹΠΟ
ΛΕΙϹΙϹΡΑΗΛΕΩϹΕΛΘΗ

ΟΥΙΟϹΤΟΥΑΝΘΡΩΠΟΥ
ΟΥΚΕϹΤΙΝΜΑΘΗΤΗϹ 10:24
ΫΠΕΡΤΟΝΔΙΔΑϹΚΑΛΟΝ
ΟΥΔΕΔΟΥΛΟϹΥΠΕΡΤΟΝ
Κ̅Ν̅ΑΥΤΟΥ ΑΡΚΕΤΟΝΤΩ 10:25
ΜΑΘΗΤΗΙΝΑΓΕΝΗΤΑΙΩϹ
ΟΔΙΔΑϹΚΑΛΟϹΑΥΤΟΥΚϚ
ΟΔΟΥΛΟϹΩϹΟΚΥΡΙΟϹ
ΑΥΤΟΥΕΙΤΩΟΙΚΟΔΕϹΠΟ
ΤΗΒΕΕΖΕΒΟΥΛΕΠΕΚΑ
ΛΕϹΑΝΠΟϹΩΜΑΛΛΟΝ
ΤΟΙϹΟΙΚΙΑΚΟΙϹΑΥΤΟΥ
ΜΗΟΥΝΦΟΒΗΘΗΤΕΑΥ 10:26
ΤΟΥϹΟΥΔΕΝΓΑΡΕϹΤΙΝ
ΚΕΚΑΛΥΜΜΕΝΟΝΟΟΥΚΑ
ΠΟΚΑΛΥΦΘΗϹΕΤΑΙΚΑΙ
ΚΡΥΠΤΟΝΟΟΥΓΝΩϹΘΗ
ϹΕΤΑΙ ΟΛΕΓΩΥΜΙΝΕΝΤΗ 10:27
ϹΚΟΤΙΑΕΙΠΑΤΕΕΝΤΩΦΩ
ΤΙΚΑΙΟΕΙϹΤΟΟΥϹΑΚΟΥ
ΕΤΕΚΗΡΥΞΑΤΕΕΠΙΤΩ̅
ΔΩΜΑΤΩΝ ΚΑΙΜΗΦΟ 10:28
ΒΗΘΗΤΕΑΠΟΤΩΝΑΠΟ
ΚΤΕΙΝΟΝΤΩΝΤΟϹΩΜΑ
ΤΗΝΔΕΨΥΧΗΝΜΗΔΥΝΑ
ΜΕΝΩΝΑΠΟΚΤΕΙΝΑΙΦΟ
ΒΕΙϹΘΕΔΕΜΑΛΛΟΝΤΟΝ
ΔΥΝΑΜΕΝΟΝΚΑΙΨΥΧΗ̅
ΚΑΙϹΩΜΑΑΠΟΛΕϹΑΙΕΝ
ΓΕΕΝΝΗ ΟΥΧΙΔΥΟϹΤΡΟΥ 10:29
ΘΙΑΑϹϹΑΡΙΟΥΠΩΛΕΙΤΑΙ
ΚΑΙΕΝΕΞΑΥΤΩΝΟΥΠΕ
ϹΕΙΤΑΙΕΠΙΤΗΝΓΗΝΑΝΕΥ
ΤΟΥΠΑΤΡΟϹΥΜΩΝΥΜΩ̅ 10:30
ΔΕΚΑΙΑΙΤΡΙΧΕϹΤΗϹΚΕ
ΦΑΛΗϹΠΑϹΑΙΗΡΙΘΜΗΜΕ
ΝΑΙΕΙϹΙΝ ΜΗΟΥΝΦΟ 10:31
ΒΕΙϹΘΕΠΟΛΛΩΝϹΤΡΟΥ
ΟΙΩΝΔΙΑΦΕΡΕΤΕΥΜΕΙϹ
ΙϚ ΠΑϹΟΥΝΟϹΤΙϹΟΜΟΛΟ 10:32
ΓΗϹΕΙΕΝΕΜΟΙΕΜΠΡΟϹ
ΘΕΝΤΩΝΑΝΘΡΩΠΩΝΟ

ΜΟΛΟΓΗϹΩΚΑΓΩΕΝΑΥ
ΤΩΕΜΠΡΟϹΘΕΝΤΟΥΠΡϹ
ΜΟΥΤΟΥΕΝΤΟΙϹΟΥΡΑ
10:33 ΝΟΙϹΟϹΤΙϹΔΕΑΡΝΗϹΗ
ΤΑΙΜΕΕΜΠΡΟϹΘΕΝΤΩΝ
ΑΝΘΡΩΠΩΝΑΡΝΗϹΟΜΑΙ
ΚΑΓΩΑΥΤΟΝΕΜΠΡΟϹΘΕΝ
ΤΟΥΠΑΤΡΟϹΜΟΥΤΟΥΕΝ
10:34 ΙΖ ΤΟΙϹΟΥΡΑΝΟΙϹ ΜΗΝΟ
ΜΙϹΗΤΕΟΤΙΗΛΘΟΝΒΑ
ΛΕΙΝΕΙΡΗΝΗΝΕΠΙΤΗΝΓΗΝ
ΟΥΚΗΛΘΟΝΒΑΛΕΙΝΕΙΡΗ
10:35 ΝΗΝΑΛΛΑΜΑΧΑΙΡΑΝΗΛ
ΘΟΝΓΑΡΔΙΧΑϹΑΙΑΝΘΡΩ
ΠΟΝΚΑΤΑΤΟΥΠΑΤΡΟϹ
ΑΥΤΟΥΚΑΙΘΥΓΑΤΕΡΑΚΑ
ΤΑΤΗϹΜΗΤΡΟϹΑΥΤΗϹ
ΚΑΙΝΥΜΦΗΝΚΑΤΑΤΗϹ
10:36 ΠΕΝΘΕΡΑϹΑΥΤΗϹΚΑΙΕ
ΧΘΡΟΙΤΟΥΑΝΘΡΩΠΟΥ
10:37 ΙΗ ΟΙΟΙΚΙΑΚΟΙΑΥΤΟΥ ΟΦΙ
ΛΩΝΠΑΤΕΡΑΗΜΗΤΕΡΑ
ΥΠΕΡΕΜΕΟΥΚΕϹΤΙΝΜΟΥ
10:38 ↑ ΑΞΙΟϹΚΑΙΟϹΟΥΛΑΜΒΑ
ΝΕΙΤΟΝϹΤΑΥΡΟΝΑΥΤΟΥ
ΚΑΙΑΚΟΛΟΥΘΕΙΟΠΙϹΩ
ΜΟΥΟΥΚΕϹΤΙΝΜΟΥΑΞΙ
10:39 ΟϹ ΟΕΥΡΩΝΤΗΝΨΥΧΗΝ
ΑΥΤΟΥΑΠΟΛΕϹΕΙΑΥΤΗΝ
ΚΑΙΟΑΠΟΛΕϹΑϹΤΗΝΨΥ
ΧΗΝΑΥΤΟΥΕΝΕΚΕΝΕΜΟΥ
10:40 ΙΘ ΕΥΡΗϹΕΙΑΥΤΗΝ ΟΔΕΧΟ
ΜΕΝΟϹΥΜΑϹΕΜΕΔΕΧΕ
ΤΑΙ ΚΑΙΟΕΜΕΔΕΧΟΜΕΝΟϹ
ΔΕΧΕΤΑΙΤΟΝΑΠΟϹΤΕΙ
10:41 ΛΑΝΤΑΜΕ ΟΔΕΧΟΜΕΝΟϹ
ΠΡΟΦΗΤΗΝΕΙϹΟΝΟΜΑ
ΠΡΟΦΗΤΟΥΜΙϹΘΟΝ
ΠΡΟΦΗΤΟΥΛΗΜΨΕΤΑΙ
ΚΑΙΟΔΕΧΟΜΕΝΟϹΔΙΚΑΙ
ΟΝΕΙϹΟΝΟΜΑΔΙΚΑΙΟΥ
ΜΙϹΘΟΝΔΙΚΑΙΟΥΛΗΜΨΕΤΑΙ

↓ ΚΟΦΙΛΩΝΥΙΟΝΗΘΥΓΑΤΕΡΑΥΠΕΡΕΜΕ
ΟΥΚΕϹΤΙΝΜΟΥΑΞΙΟϹ

ΚΑΙΟCΑΝΠΟΤΙCΗΕΝΑΤΩ 10:42
ΜΕΙΚΡΩΝΤΟΥΤΩΝΠΟ
ΤΗΡΙΟΝΨΥΧΡΟΥΜΟΝΟ
ΕΙCΟΝΟΜΑΜΑΘΗΤΟΥΑ
ΜΗΝΛΕΓΩΫΜΙΝΟΥΜΗΑ
ΠΟΛΕCΗΤΟΝΜΙCΘΟΝ
ΑΥΤΟΥ
ō ΚΑΙΕΓΕΝΕΤΟΟΤΕΕΤΕΛΕ 11:1
CΕΝΟΙCΔΙΑΤΑCCΩΝΤΟΙC
ΔΩΔΕΚΑΜΑΘΗΤΑΙCΑΥ
ΤΟΥΜΕΤΕΒΗΕΚΕΙΘΕΝ
ΤΟΥΔΙΔΑCΚΕΙΝΚΑΙΚΗ
ΡΥCCΕΙΝΕΝΤΑΙCΠΟΛΕ
CΙΝΑΥΤΩΝ ΟΔΕΙΩΑ 11:2
ΝΗCΑΚΟΥCΑCΕΝΤΩΔΕC
ΜΩΤΗΡΙΩΤΑΕΡΓΑΤΟΥ
ΧΥΠΕΜΨΑCΔΙΑΤΩΝΜΑ
ΘΗΤΩΝΑΥΤΟΥΕΙΠΕΝ 11:3
ΑΥΤΩCΥΕΙΟΕΡΧΟΜΕΝΟC
ΗΕΤΕΡΟΝΠΡΟCΔΟΚΩΜΕΝ
ΚΑΙΑΠΟΚΡΙΘΕΙCΟΙCΕΙΠΕΝ 11:4
ΑΥΤΟΙCΠΟΡΕΥΘΕΝΤΕC
ΑΠΑΓΓΕΙΛΑΤΕΙΩΑΝΕΙ
ΑΑΚΟΥΕΤΕΚΑΙΒΛΕΠΕΤΕ
ΤΥΦΛΟΙΑΝΑΒΛΕΠΟΥCΙΝ 11:5
ΚΑΙΧΩΛΟΙΠΕΡΙΠΑΤΟΥ
CΙΝΛΕΠΡΟΙΚΑΘΑΡΙΖΟΝ
ΤΕΚΑΙΚΩΦΟΙΑΚΟΥΟΥ
CΙΝΚΑΙΝΕΚΡΟΙΕΓΕΙΡΟΝ
ΤΕΚΑΙΠΤΩΧΟΙΕΥΑΓΓΕ
ΛΙΖΟΝΤΑΙΚΑΙΜΑΚΑΡΙ 11:6
ΟCΕCΤΙΝΟCΑΝΜΗCΚΑΝ
ōλ ΔΑΛΙCΘΗΕΝΕΜΟΙ ΤΟΥ 11:7
ΤΩΝΔΕΠΟΡΕΥΟΜΕΝΩΝ
ΗΡΞΑΤΟΟΙCΛΕΓΕΙΝΤΟΙC
ΟΧΛΟΙCΠΕΡΙΙΩΑΝΟΥ
ΤΙΕΞΗΛΘΑΤΕΕΙCΤΗΝΕ
ΡΗΜΟΝΘΕΑCΑCΘΑΙΚΑ
ΛΑΜΟΝΥΠΟΑΝΕΜΟΥCΑ
ΛΕΥΟΜΕΝΟΝΑΛΛΑΤΙΕ 11:8
ΞΗΛΘΑΤΕΙΔΕΙΝΑΝΘΡΩ
ΠΟΝΕΝΜΑΛΑΚΟΙCΗΜ

ΦΙΕCΜΕΝΟΝΙΔΟΥΟΙΤΑ
ΜΑΛΑΚΑΦΟΡΟΥΝΤΕC
ΕΝΤΟΙCΟΙΚΟΙCΤΩΝΒΑ
11:9 CΙΛΕΩΝΑΛΛΑΤΙΕΞΗΛΘΑ
ΤΕΪΠΡΟΦΗΤΗΝΪΔΕΙΝΝΑΙ
ΛΕΓΩΫΜΙΝΚΑΙΠΕΡΙCCΟ
11:10 ΤΕΡΟΝΠΡΟΦΗΤΟΥ ΟΥ
ΤΟCΕCΤΙΝΠΕΡΙΟΥΓΕ
› ΓΡΑΠΤΑΙ ΙΔΟΥΕΓΩΑΠΟ
› CΤΕΛΛΩΤΟΝΑΓΓΕΛΟΝ
› ΜΟΥΠΡΟΠΡΟCΩΠΟΥCΟΥ
› ΟCΚΑΤΑCΚΕΥΑCΕΙΤΗΝ
› ΟΔΟΝCΟΥΕΜΠΡΟCΘΕΝ
11:11 › CΟΥ ΑΜΗΝΛΕΓΩΫΜΙ̅
ΟΥΚΕΓΗΓΕΡΤΑΙΕΝΓΕΝ
ΝΗΤΟΙCΓΥΝΑΙΚΩΝΜΕΙ
ΖΩΝΙΩΑΝΟΥΤΟΥΒΑΠΤΙ
CΤΟΥ ΟΔΕΜΕΙΚΡΟΤΕΡΟC
ΕΝΤΗΒΑCΙΛΕΙΑΤΩΝΟΥ
ΡΑΝΩΝΜΕΙΖΩΝΑΥΤΟΥ
11:12 ΕCΤΙΝΑΠΟΔΕΤΩΝΗΜΕ
ΡΩΝΙΩΑΝΟΥΤΟΥΒΑΠΤΙ
CΤΟΥΕΩCΑΡΤΙΗΒΑCΙ
ΛΕΙΑΤΩΝΟΥΡΑΝΩΝΒΙ
ΑΖΕΤΑΙΚΑΙΒΙΑCΤΑΙΑΡ
11:13 ΠΑΖΟΥCΙΝΑΥΤΗΝΠΑΝ
ΤΕCΓΑΡΟΙΠΡΟΦΗΤΑΙϏ
ΟΝΟΜΟCΕΩCΙΩΑΝΟΥ
11:14 ΕΠΡΟΦΗΤΕΥCΑΝΚΑΙΕΙ
ΘΕΛΕΤΕΔΕΞΑCΘΑΙΑΥΤΟC
ΕCΤΙΝΗΛΕΙΑCΟΜΕΛΛΩ̅
11:15 ΕΡΧΕCΘΑΙ ΟΕΧΩΝΩΤΑ
11:16 ΟΒ ΑΚΟΥΕΤΩ ΤΙΝΙΔΕΟ
ΜΟΙΩCΩΤΗΝΓΕΝΕΑΝ
ΤΑΥΤΗΝΟΜΟΙΑΕCΤΙΝ
ΠΑΙΔΙΟΙCΚΑΘΗΜΕΝΟΙC
ΕΝΤΑΙCΑΓΟΡΑΙCΑΠΡΟC
ΦΩΝΟΥΝΤΑΤΟΙCΕΤΕ
11:17 ΡΟΙCΛΕΓΟΥCΙΝΗΥΛΗCΑ
ΜΕΝΫΜΙΝΚΑΙΟΥΚΩΡΧΗ
CΑCΘΕ ΕΘΡΗΝΗCΑΜΕΝ
11:18 ΚΑΙΟΥΚΕΚΟΨΑCΘΕΗΛ

ΘΕΝΓΑΡΙΩΑΝΗϹΜΗΤΕ
ΕϹΘΙΩΝΜΗΤΕΠΕΙΝΩ̅
ΚΑΙΛΕΓΟΥϹΙΝΔΑΙΜΟΝΙ
ΟΝΕΧΕΙΗΛΘΕΝΟΥΙΟϹ 11:19
ΤΟΥΑΝΘΡΩΠΟΥΕϹΘΕΙ
ΩΝΚΑΙΠΕΙΝΩΝΚΑΙΛΕ
ΓΟΥϹΙΝΙΔΟΥΑΝΘΡΩΠΟϹ.
ΦΑΓΟϹΚΑΙΟΙΝΟΠΟΤΗϹ
ΤΕΛΩΝΩΝΦΙΛΟϹΚΑΙΑ
ΜΑΡΤΩΛΩΝΚΑΙΕΔΙΚΑΙ
ΩΘΗΗϹΟΦΙΑΑΠΟΤΩ̅
ΤΕΚΝΩ̅ ΟΙ ΕΡΓΩΝΑΥΤΗϹ ΤΟΤΕ 11:20
ΗΡΞΑΤΟΟΝΕΙΔΙΖΕΙΝΤΑϹ
ΠΟΛΕΙϹΕΝΑΙϹΕΓΕΝΟΝ
ΤΟΑΙΠΛΕΙϹΤΑΙΔΥΝΑΜΕΙϹ
ΑΥΤΟΥΟΤΙΟΥΜΕΤΕΝΟ
ΗϹΑΝ ΟΥΑΙϹΟΙΧΟΡΑΖΕΙ̅ 11:21
ΟΥΑΙϹΟΙΒΗΘϹΑΙΔΑΝΟ
ΤΙΕΙΕΝΤΥΡΩΚΑΙϹΕΙΔΩ
ΝΙΕΓΕΝΟΝΤΟΑΙΔΥΝΑ
ΜΕΙϹΑΙΓΕΝΟΜΕΝΑΙΕΝ
ΫΜΙΝΠΑΛΑΙΑΝΕΝϹΑΚΚΩ
ΚΑΙϹΠΟΔΩΜΕΤΕΝΟΗϹΑ̅
ΠΛΗΝΛΕΓΩΥΜΙΝΤΥΡΩ 11:22
ΚΑΙϹΕΙΔΩΝΙΑΝΕΚΤΟΤΕ
ΡΟΝΕϹΤΑΙΕΝΗΜΕΡΑΚΡΙ
ϹΕΩϹΗΫΜΙΝ ΚΑΙϹΥΚΑ 11:23
ΦΑΡΝΑΟΥΜΜΗΕΩϹΟΥ
ΡΑΝΟΥΫΨΩΘΗϹΗΕΩϹ
ΑΔΟΥΚΑΤΑΒΗϹΗΟΤΙ
ΕΙΕΝϹΟΔΟΜΟΙϹΕΓΕΝΗ
ΘΗϹΑΝΑΙΔΥΝΑΜΕΙϹΑΙ
ΓΕΝΟΜΕΝΑΙΕΝϹΟΙΕΜΕΙ
ΝΕΝΑΝΜΕΧΡΙΤΗϹϹΗΜΕ
ΡΟΝ ΠΛΗΝΛΕΓΩΫΜΙΝ 11:24
ΟΤΙΓΗϹΟΔΟΜΩΝΑΝΕ
ΚΤΟΤΕΡΟΝΕϹΤΑΙΕΝΗ
ΜΕΡΑΚΡΙϹΕΩϹΗϹΟΙ
ΟΛ ΕΝ ΕΚΕΙΝΩΤΩΚΑΙΡΩ 11:25
ΑΠΟΚΡΙΘΕΙϹΟΙ̅Ϲ̅ΕΙΠΕΝ
ΕΞΟΜΟΛΟΓΟΥΜΑΙϹΟΙ
ΠΑΤΕΡΚ̅Ε̅ΤΟΥΟΥΡΑΝΟΥ

ΚΑΙΤΗCΓΗCΟΤΙΕΚΡΥ
ΨΑCΤΑΥΤΑΑΠΟCΟΦΩΝ
ΚΑΙCΥΝΕΤΩΝΚΑΙΑΠΕ
ΚΑΛΥΨΑCΑΥΤΑΝΗΠΙ
11:26 ΟΙCΝΑΙΟΠΑΤΗΡΟΤΙΟΥ
ΤΩCΕΥΔΟΚΙΑΕΓΕΝΕΤΟ
11:27 ΕΜΠΡΟCΘΕΝCΟΥ ΠΑΝ
ΤΑΜΟΙΠΑΡΕΔΟΘΗΫΠΟ
ΤΟΥΠΑΤΡΟCΜΟΥΚΑΙ
ΟΥΔΕΙCΕΠΙΓΙΝΩCΚΕΙ
ΤΟΝΥΙΟΝΕΙΜΗΟΠΑΤΗΡ
ΟΥΔΕΤΟΝΠΑΤΕΡΑΤΙC
ΕΠΙΓΕΙΝΩCΚΕΙΕΙΜΗΟ
ΫΙΟCΚΑΙΩΕΑΝΒΟΥΛΗ
ΤΑΙΟΥΙΟCΑΠΟΚΑΛΥΨΑΙ
11:28 ΟΕ ΔΕΥΤΕΠΡΟCΜΕΠΑΝΤΕC
ΟΙΚΟΠΙΩΝΤΕCΚΑΙΠΕ
ΦΟΡΤΙCΜΕΝΟΙΚΑΓΩ
11:29 ΑΝΑΠΑΥCΩΥΜΑCΑΡΑ
ΤΕΤΟΝΖΥΓΟΝΜΟΥΕΦΥ
ΜΑCΚΑΙΜΑΘΕΤΕΑΠΕ
ΜΟΥΟΤΙΠΡΑΫCΕΙΜΙΚΑΙ
ΤΑΠΕΙΝΟCΤΗΚΑΡΔΙΑ
ΚΑΙΕΥΡΗCΕΤΑΙΑΝΑΠΑΥ
CΙΝΤΑΙCΨΥΧΑΙCΥΜΩΝ
11:30 ΟΓΑΡΖΥΓΟCΜΟΥΧΡΗ
CΤΟCΚΑΙΤΟΦΟΡΤΙΟΝ
ΜΟΥΕΛΑΦΡΟΝΕCΤΙΝ
12:1 ΟC ΕΝΕΚΕΙΝΩΤΩΚΑΙΡΩ
ΕΠΟΡΕΥΘΗΟΙCΤΟΙCCΑΒ
ΒΑΤΟΙCΔΙΑΤΩΝCΠΟΡΙ
ΜΩΝΟΔΕΜΑΘΗΤΑΙΑΥ
ΤΟΥΕΠΕΙΝΑCΑΝΚΑΙΗΡ
ΞΑΝΤΟΤΙΛΛΕΙΝCΤΑΧΥ
12:2 ΑCΚΑΙΕCΘΙΕΙΝ ΟΙΔΕΦΑ
ΡΕΙCΑΙΟΙΙΔΟΝΤΕCΕΙΠΑΝ
ΑΥΤΩΪΔΟΥΟΙΜΑΘΗΤΑΙ
CΟΥΠΟΙΟΥCΙΝΟΟΥΚΕ
ΞΕCΤΙΝΠΟΙΕΙΝΕΝCΑΒ
12:3 ΒΑΤΩ ΟΔΕΕΙΠΕΝΑΥ
ΤΟΙCΟΥΚΑΝΕΓΝΩΤΕ
ΤΙΕΠΟΙΗCΕΝΔΑΥΕΙΔΟ

ΤΕΕΠΕΙΝΑϹΕΝΚΑΙΟΙΜΕ
ΤΑΥΤΟΥΠΩϹΕΙϹΗΛΘΕ̅ 12:4
ΕΙϹΤΟΝΟΙΚΟΝΤΟΥΘ̅Υ̅
ΚΑΙΤΟΥϹΑΡΤΟΥϹΤΗϹ
ΠΡΟΘΕϹΕΩϹΕΦΑΓΟΝ
ΟΟΥΚΕΞΟΝΗΝΑΥΤΩΦΑ
ΓΕΙΝΟΥΔΕΤΟΙϹΜΕΤΑΥ
ΤΟΥΕΙΜΗΤΟΙϹΙΕΡΕΥϹΙ̅
ΜΟΝΟΙϹ ΗΟΥΚΑΝΕΓΝΩ 12:5
ΤΕΕΝΤΩΝΟΜΩΟΤΙΤΟΙϹ
ϹΑΒΒΑϹΙΝΟΙΪΕΡΕΙϹΕΝ
ΤΩΪΕΡΩΤΟϹΑΒΒΑΤΟΝ
ΒΕΒΗΛΟΥϹΙΝΚΑΙΑΝΑΙΤΙ
ΟΙΕΙϹΙΝ ΛΕΓΩΔΕΫΜΙΝ 12:6
ΟΤΙΤΟΥΪΕΡΟΥΜΕΙΖΟΝ
ΕϹΤΙΝΩΔΕ ΕΙΔΕΕΓΝΩ 12:7
ΚΕΙΤΕΤΙΕϹΤΙΝΕΛΕΟϹ
ΘΕΛΩΚΑΙΟΥΘΥϹΙΑΝΟΥ
ΚΑΝΚΑΤΕΔΙΚΑϹΑΤΕΤΟΥϹ
ΑΝΑΙΤΙΟΥϹΚΥΡΙΟϹΓΑΡ 12:8
ΕϹΤΙΝΤΟΥϹΑΒΒΑΤΟΥ
ΟΥΙΟϹΤΟΥΑΝΘΡΩΠΟΥ
ΟΖ ΚΑΙΜΕΤΑΒΑϹΕΚΕΙΘΕΝ 12:9
ΗΛΘΕΝΕΙϹΤΗΝϹΥΝΑΓΩ
ΓΗΝΑΥΤΩΝΚΑΙΪΔΟΥΑΝ 12:10
ΘΡΩΠΟϹΧΕΙΡΑΕΧΩΝ
ΞΗΡΑΝΚΑΙΕΠΗΡΩΤΗϹΑ̅
ΑΥΤΟΝΛΕΓΟΝΤΕϹΕΙΕ
ΞΕϹΤΙΤΟΙϹϹΑΒΒΑϹΙΘΕ
ΡΑΠΕΥΕΙΝΙΝΑΚΑΤΗΓΟ
ΡΗϹΩϹΙΝΑΥΤΟΥ ΟΔΕΕΙ 12:11
ΠΕΝΑΥΤΟΙϹΤΙϹΕϹΤΑΙ
ΕΞΥΜΩΝΑΝΘΡΩΠΟϹ
ΟϹΕΞΕΙΠΡΟΒΑΤΟΝΕΝϗ
ΕΑΝΕΜΠΕϹΗΤΟΥΤΟΤΟΙϹ
ϹΑΒΒΑϹΙΝΕΙϹΒΟΘΥΝΟΝ
ΟΥΧΙΚΡΑΤΗϹΕΙΑΥΤΟϗ
ΕΓΕΡΕΙ ΠΟϹΩΟΥΝΔΙΑ· 12:12
ΦΕΡΕΙΑΝΘΡΩΠΟϹΠΡΟ
ΒΑΤΟΥΩϹΤΕΕΞΕϹΤΙΝ
ΤΟΙϹϹΑΒΒΑΤΟΙϹΚΑΛΩϹ
ΠΟΙΕΙΝ ΤΟΤΕΛΕΓΕΙΤΩ 12:13

ΑΝΘΡΩΠΩ ΕΚΤΕΙΝΟΝ
ϹΟΥΤΗΝΧΕΙΡΑΚΑΙΕΞΕ
ΤΕΙΝΕΝΚΑΙΑΠΕΚΑΤΕϹΤΑ
ΘΗΥΓΙΗϹΩϹΗΑΛΛΗ
12:14 ΟΗ ΕΞΕΛΘΟΝΤΕϹΔΕΟΙΦΑ
ΡΕΙϹΑΙΟΙϹΥΜΒΟΥΛΙΟΝ
ΕΛΑΒΟΝΚΑΤΑΥΤΟΥΟ
ΠΩϹΑΥΤΟΝΑΠΟΛΕϹΩ
12:15 ϹΙΝ ΟΔΕΙ̅Ϲ̅ΓΝΟΥϹΑΝΕ
ΧΩΡΗϹΕΝΕΚΕΙΘΕΝΚΑΙ
ΗΚΟΛΟΥΘ ΗϹΑΝΑΥΤΩ
ΠΟΛΛΟΙΚΑΙΕΘΕΡΑΠΕΥ
ϹΕΝΑΥΤΟΥϹΠΑΝΤΑϹ
12:16 ΚΑΙΕΠΕΤΕΙΜΗϹΕΝΑΥ
ΤΟΙϹΪΝΑΜΗΦΑΝΕΡΟΝ
12:17 ΑΥΤΟΝΠΟΙΗϹΩϹΙΝΪΝΑ
ΠΛΗΡΩΘΗΤΟΡΗΘΕΝΔΙ
ΑΗϹΑΪΟΥΤΟΥΠΡΟΦΗ
12:18 › ΤΟΥΛΕΓΟΝΤΟϹ ΙΔΟΥΟ
› ΠΑΙϹΜΟΥΟΝΗΡΕΤΙϹΑΟ
› ΑΓΑΠΗΤΟϹΜΟΥΟΝΕΥΔΟ
› ΚΗϹΕΝΗΨΥΧΗΜΟΥΘΗ
› ϹΩΤΟΠΝΕΥΜΑΜΟΥΕΠΑΥ
› ΤΟΝΚΑΙΚΡΙϹΙΝΤΟΙϹΕΘΝΕ
12:19 › ϹΙΝΑΠΑΓΓΕΛΕΙΟΥΚΕΡΕΙ
› ϹΕΙΟΥΔΕΚΡΑΥΓΑϹΕΙΟΥ
› ΔΕΑΚΟΥϹΕΙΤΙϹΕΝΤΑΙϹ
› ΠΛΑΤΕΙΑΙϹΤΗΝΦΩΝΗ̅
12:20 › ΑΥΤΟΥΚΑΛΑΜΟΝϹΥΝ
› ΤΕΤΡΕΙΜΜΕΝΟΝΟΥΚΑ
› ΤΕΑΞΕΙΚΑΙΛΙΝΟΝΤΥΦΟ
› ΜΕΝΟΝΟΥϹΒΕϹΕΙΕΩϹ
› ΑΝΕΚΒΑΛΗΕΙϹΝΕΙΚΟϹ
12:21 › ΤΗΝΚΡΙϹΙΝΚΑΙΤΩΟΝΟ
› ΜΑΤΙΑΥΤΟΥΕΘΝΗΕΛ
12:22 ΟΘ ΠΙΟΥϹΙΝ ΤΟΤΕΠΡΟϹ
ΗΝΕΓΚΑΝΑΥΤΩΔΑΙΜΟ
ΝΙΖΟΜΕΝΟΝΤΥΦΛΟΝ
ΚΑΙΚΩΦΟΝΚΑΙΕΘΕΡΑ
ΠΕΥϹΕΝΑΥΤΟΝΩϹΤΕ
ΤΟΝΚΩΦΟΝΛΑΛΕΙΝΚΑΙ
12:23 ΒΛΕΠΕΙΝΚΑΙΕΞΙϹΤΑΝΤΟ

ΠΑΝΤΕϹΟΙΟΧΛΟΙΚΑΙΕ
ΛΕΓΟΝΜΗΤΙΟΥΤΟϹΕϹΤΙ̅
Ο̅ΥΙΟϹΔΑΥΕΙΔʼΟΙΔΕΦΑ 12:24
ΡΕΙϹΑΙΟΙΑΚΟΥϹΑΝΤΕϹ
ΕΙΠΟΝΟΥΤΟϹΟΥΚΕΚΒΑΛ
ΛΕΙΤΑΔΑΙΜΟΝΙΑΕΙΜΗ
ΕΝΤΩΒΕΕΖΕΒΟΥΛΑΡΧΟ̅
ΤΙΤΩΝΔΑΙΜΟΝΙΩΝ
ΕΙΔΩϹΔΕΤΑϹΕΝΘΥΜΗ 12:25
ϹΕΙϹΑΥΤΩΝΕΙΠΕΝΑΥ
ΤΟΙϹΠΑϹ ΑΒΑϹΙΛΕΙΑ
ΜΕΡΙϹΘΕΙϹΑΚΑΘΕΑΥΤΗϹ
ΕΡΗΜΟΥΤΑΙΚΑΙΠΑϹΑΠΟ
ΛΙϹΗΟΙΚΙΑΜΕΡΙϹΘΕΙϹΑ
ΚΑΘΕΑΥΤΗϹΟΥϹΤΑΘΗ
ϹΕΤΑΙΚΑΙΕΙΟϹΑΤΑΝΑϹ 12:26
ΤΟΝϹΑΤΑΝΑΝΕΚΒΑΛΛΕΙ
ΕΦΕΑΥΤΟΝΕΜΕΡΙϹΘΗ
ΠΩϹΟΥΝϹΤΑΘΗϹΕΤΑΙ
ΗΒΑϹΙΛΕΙΑΑΥΤΟΥ ΚΑΙ 12:27
ΕΙΕΓΩΕΝΒΕΕΖΕΒΟΥΛΕΚ
ΒΑΛΛΩΤΑΔΑΙΜΟΝΙΑΟΙ
ΥΙΟΙΫΜΩΝΕΝΤΙΝΙΕΚΒΑΛ
ΛΟΥϹΙΝ ΔΙΑΤΟΥΤΟΑΥ
ΤΟΙΚΡΙΤΑΙΕϹΟΝΤΑΙΫΜΩ̅
ΕΙΔΕΕΝΠΝΕΥΜΑΤΙΘΥ̅ 12:28
ΕΓΩΕΚΒΑΛΛΩΤΑΔΑΙ
ΜΟΝΙΑΑΡΑΕΦΘΑϹΕΝΕ
ΦΥΜΑϹΗΒΑϹΙΛΕΙΑΤΟΥ
ΘΥ̅ ΗΠΩϹΔΥΝΑΤΑΙΤΙϹ 12:29
ΕΙϹΕΛΘΕΙΝΕΙϹΤΗΝΟΙΚΙ
ΑΝΤΟΥΙϹΧΥΡΟΥΚΑΙΤΑ
ϹΚΕΥΗΑΥΤΟΥΑΡΠΑϹΑΙ
ΕΑΝΜΗΠΡΩΤΟΝΔΗϹΗ
ΤΟΝΪϹΧΥΡΟΝΚΑΙΤΟΤΕ
ΤΗΝΟΙΚΙΑΝΑΥΤΟΥΔΙ
ΑΡΠΑϹΕΙ ΟΜΗΩΝΜΕ 12:30
ΤΕΜΟΥΚΑΤΕΜΟΥΕϹΤΙ̅
ΚΑΙΟΜΗϹΥΝΑΓΩΝΜΕ
ΤΕΜΟΥϹΚΟΡΠΙΖΕΙ ΔΙΑ 12:31
ΤΟΥΤΟΛΕΓΩΫΜΙΝΠΑ
ϹΑΑΜΑΡΤΙΑΚΑΙΒΛΑϹΦΗ

ΜΙΑΑΦΕΘΗΣΕΤΑΙΥΜΙ
ΤΟΙΣΑΝΘΡΩΠΟΙΣΗΔΕ
ΤΟΥΠΝΕΥΜΑΤΟΣΒΛΑ
ΣΦΗΜΙΑΟΥΚΑΦΕΘΗΣΕ
12:32 ΤΑΙΚΑΙΟΣΕΑΝΕΙΠΗΛΟ
ΓΟΝΚΑΤΑΤΟΥΥΙΟΥΤΟΥ
ΑΝΘΡΩΠΟΥΟΥΚΑΦΕ
ΘΗΣΕΤΑΙΑΥΤΩΟΣΔΑΝ
ΕΙΠΗΚΑΤΑΤΟΥΠΝΕΥΜΑ
ΤΟΣΤΟΥΑΓΙΟΥΟΥΜΗΑ
ΦΕΘΗΑΥΤΩΟΥΤΕΕΝΤΟΥ
ΤΩΤΩΑΙΩΝΙΟΥΤΕΕΝ
12:33 ΤΩΜΕΛΛΟΝΤΙ ΗΠΟΙΗ
ΣΑΤΕΤΟΔΕΝΔΡΟΝΚΑΛΟΝ
ΚΑΙΤΟΝΚΑΡΠΟΝΑΥΤΟΥ
ΚΑΛΟΝΗΠΟΙΗΣΑΤΕΤΟ
ΔΕΝΔΡΟΝΣΑΠΡΟΝΚΑΙΤΟΝ
ΚΑΡΠΟΝΑΥΤΟΥΣΑΠΡΟΝ
ΕΚΓΑΡΤΟΥΚΑΡΠΟΥΤΟ
ΔΕΝΔΡΟΝΓΕΙΝΩΣΚΕΤΑΙ
12:34 ΓΕΝΝΗΜΑΤΑΕΧΙΔΝΩΝ
ΠΩΣΔΥΝΑΣΘΕΑΓΑΘΑΛΑ
ΛΕΙΝΠΟΝΗΡΟΙΟΝΤΕΣ
ΕΚΓΑΡΤΟΥΠΕΡΙΣΣΕΥΜΑ
ΤΟΣΤΗΣΚΑΡΔΙΑΣΤΟΣΤΟ
12:35 ΜΑΛΑΛΕΙ ΟΑΓΑΘΟΣΑΝ
ΘΡΩΠΟΣΕΚΤΟΥΑΓΑΘΟΥ
ΘΗΣΑΥΡΟΥΕΚΒΑΛΛΕΙ
ΑΓΑΘΑΚΑΙΟΠΟΝΗΡΟΣ
ΑΝΘΡΩΠΟΣΕΚΤΟΥΠΟ
ΝΗΡΟΥΘΗΣΑΥΡΟΥΕΚΒΑΛ
12:36 ΛΕΙΠΟΝΗΡΑ ΛΕΓΩΔΕ
ΥΜΙΝΟΤΙΠΑΝΡΗΜΑΑΡ
ΓΟΝΟΛΑΛΗΣΟΥΣΙΝΟΙ
ΑΝΘΡΩΠΟΙΑΠΟΔΩΣΟΥ
ΣΙΠΕΡΙΑΥΤΟΥΛΟΓΟΝ
12:37 ΕΝΗΜΕΡΑΚΡΙΣΕΩΣΕΚ
ΓΑΡΤΩΝΛΟΓΩΝΣΟΥΔΙΚ
ΩΘΗΣΗΚΑΙΕΚΤΩΝΛΟΓΩΝ
ΣΟΥΚΑΤΑΔΙΚΑΣΘΗΣΗ
12:38 ΠΙ ΤΟΤΕΑΠΕΚΡΙΘΗΣΑΝΑΥ
ΤΩΤΙΝΕΣΤΩΝΓΡΑΜΜΑ

ΤΕΩΝ ΛΕΓΟΝΤΕϹΔΙΔΑ
ϹΚΑΛΕΘΕΛΟΜΕΝΑΠΟϹΟΥ
ϹΗΜΕΙΟΝΪΔΕΙΝ ΟΔΕΑ 12:39
ΠΟΚΡΙΘΕΙϹΕΙΠΕΝΑΥΤΟΙϹ
ΓΕΝΕΑΠΟΝΗΡΑΚΑΙΜΟΙ
ΧΑΛΙϹϹΗΜΕΙΟΝΕΠΙΖΗ
ΤΕΙΚΑΙϹΗΜΕΙΟΝΟΥΔΟ
ΘΗϹΕΤΑΙΑΥΤΗΕΙΜΗΤΟ
ϹΗΜΕΙΟΝΪΩΝΑΤΟΥΠΡΟ
ΦΗΤΟΥΩϹΠΕΡΓΑΡΗΝΪ 12:40
ΩΝΑϹΕΝΤΗΚΟΙΛΙΑΤΟΥ
ΚΗΤΟΥϹΤΡΕΙϹΗΜΕΡΑϹ
ΚΑΙΤΡΕΙϹΝΥΚΤΑϹΟΥ
ΤΩϹΕϹΤΑΙΟΥΙΟϹΤΟΥΑΝ
ΘΡΩΠΟΥΕΝΤΗΚΑΡΔΙΑ
ΤΗϹΓΗϹΤΡΕΙϹΗΜΕΡΑϹ
ΚΑΙΤΡΕΙϹΝΥΚΤΑϹ ΑΝ 12:41
ΔΡΕϹΝΙΝΕΥΕΙΤΑΙΑΝΑ
ϹΤΗϹΟΝΤΑΙΕΝΤΗΚΡΙ
ϹΕΙΜΕΤΑΤΗϹΓΕΝΕΑϹ
ΤΑΥΤΗϹΚΑΙΚΑΤΑΚΡΙ
ΝΟΥϹΙΝΑΥΤΗΝΟΤΙΜΕ
ΤΕΝΟΗϹΑΝΕΙϹΤΟΚΗΡΥ
ΓΜΑΪΩΝΑΚΑΙΙΔΟΥΠΛΕΙ
ΟΝΪΩΝΑΩΔΕ ΒΑϹΙΛΙϹ 12:42
ϹΑΝΟΤΟΥΕΓΕΡΘΗϹΕΤΑΙ
ΕΝΤΗΚΡΙϹΕΙΜΕΤΑΤΗϹ
ΓΕΝΕΑϹΤΑΥΤΗϹΚΑΙΚΑ
ΤΑΚΡΙΝΕΙΑΥΤΗΝΟΤΙΗΛ
ΘΕΝΕΚΤΩΝΠΕΡΑΤΩΝ
ΤΗϹΓΗϹΑΚΟΥϹΑΙΤΗΝ
ϹΟΦΙΑΝϹΟΛΟΜΩΝΟϹ
ΚΑΙΙΔΟΥΠΛΕΙΟΝϹΟΛΟ
ΜΩΝΟϹΩΔΕ ΟΤΑΝΔΕ 12:43
ΤΟΑΚΑΘΑΡΤΟΝΠΝΕΥΜΑ
ΕΞΕΛΘΗΑΠΟΤΟΥΑΝΘΡΩ
ΠΟΥΔΙΕΡΧΕΤΑΙΔΙΑΝΥ
ΔΡΩΝΤΟΠΩΝΖΗΤΟΥΝ
ΑΝΑΠΑΥϹΙΝΚΑΙΟΥΧΕΥ
ΡΙϹΚΕΙΤΟΤΕΛΕΓΕΙΕΙϹ 12:44
ΤΟΝΟΙΚΟΝΜΟΥΕΠΙϹΤΡΕ
ΨΩΟΘΕΝΕΞΗΛΘΟΝΚΑΙ

ΕΛΘΟΝΕΥΡΙCΚΕΙCΧΟΛΑ
ΖΟΝΤΑCΕCΑΡΩΜΕΝΟΝ
12:45 ΚΑΙΚΕΚΟCΜΗΜΕΝΟΝΤΟ
ΤΕΠΟΡΕΥΕΤΑΙΚΑΙΠΑΡΑ
ΛΑΜΒΑΝΕΙΜΕΘΕΑΥΤΟΥ
ΕΠΤΑΕΤΕΡΑΠΝΕΥΜΑΤΑ
ΠΟΝΗΡΟΤΕΡΑΕΑΥΤΟΥ
ΚΑΙΕΙCΕΛΘΟΝΤΑΚΑΤΟΙ
ΚΕΙΕΚΕΙΚΑΙΓΕΙΝΕΤΑΙ
ΤΑΕCΧΑΤΑΤΟΥΑΝΘΡΩ
ΠΟΥΕΚΕΙΝΟΥΧΕΙΡΟΝΑ
ΤΩΝΠΡΩΤΩΝΟΥΤΩC
ΕCΤΑΙΚΑΙΤΗΓΕΝΕΑΤΑΥ
12:46 ΠΑ ΤΗΤΗΠΟΝΗΡΑ ΕΤΙΑΥ
ΤΟΥΛΑΛΟΥΝΤΟCΤΟΙC
ΟΧΛΟΙCΙΔΟΥΗΜΗΤΗΡ
ΚΑΙΟΙΑΔΕΛΦΟΙΑΥΤΟΥ
ΕΙCΤΗΚΕΙCΑΝΕΞΩΖΗΤΟΥ
12:48 ΤΕCΑΥΤΩΛΑΛΗCΑΙ ΟΔΕ
ΑΠΟΚΡΙΘΕΙCΕΙΠΕΝΤΩ
ΛΕΓΟΝΤΙΑΥΤΩΤΙCΕCΤΙΝ
ΗΜΗΤΗΡΜΟΥΚΑΙΤΙΝΕC
12:49 ΕΙCΙΝΟΙΑΔΕΛΦΟΙΜΟΥΚΑΙΕ
ΚΤΕΙΝΑCΤΗΝΧΕΙΡΑΑΥ
ΤΟΥΕΠΙΤΟΥCΜΑΘΗΤΑC
ΑΥΤΟΥΕΙΠΕΝΙΔΟΥΗΜΗ
ΤΗΡΜΟΥΚΑΙΟΙΑΔΕΛΦΟΙ
12:50 ΜΟΥΟCΤΙCΓΑΡΑΝΠΟΙΗ
CΗΤΟΘΕΛΗΜΑΤΟΥΠΑ
ΤΡΟCΜΟΥΤΟΥΕΝΟΥΡΑ
ΝΟΙCΑΥΤΟCΜΟΥΑΔΕΛ
ΦΟCΚΑΙΑΔΕΛΦΗΚΑΙΜΗ
13:1 ΠΒ ΤΗΡΕCΤΙΝ ΕΝΤΗΗΜΕ
ΡΑΕΚΕΙΝΗΕΞΕΛΘΩΝΟΙC
ΤΗCΟΙΚΙΑCΕΚΑΘΗΤΟΠΑ
13:2 ΡΑΤΗΝΘΑΛΑCCΑΝΚΑΙCΥΝ
ΗΧΘΗCΑΝΠΡΟCΑΥΤΟΝ
ΟΧΛΟΙΠΟΛΛΟΙΩCΤΕΑΥ
ΤΟΝΕΙCΠΛΟΙΟΝΕΜΒΑΝ
ΤΑΚΑΘΗCΘΑΙΚΑΙΠΑCΟ
ΟΧΛΟCΕΠΙΤΟΝΑΙΓΙΑΛΟΝ
13:3 ΕΙCΤΗΚΕΙΚΑΙΕΛΑΛΗCΕΝ

ΑΥΤΟΙϹΠΟΛΛΑ ΕΝΠΑΡΑ
ΒΟΛΑΙϹΛΕΓΩΝ ΙΔΟΥΕ
ΞΗΛΘΕΝΟϹΠΕΙΡΩΝ ΤΟΥ
ϹΠΕΙΡΕΙΝΚΑΙΕΝΤΩϹΠΕΙ 13:4
ΡΕΙΝΑΥΤΟΝ ΑΜΕΝΕΠΕ
ϹΕΝΠΑΡΑΤΗΝΟΔΟΝΚΑΙ
ΕΛΘΟΝΤΑΤΑΠΕΤΕΙΝΑ
ΚΑΤΕΦΑΓΕΝΑΥΤΑΑΛ 13:5
ΛΑΔΕΕΠΕϹΕΝΕΠΙΤΑΠΕ
ΤΡΩΔΗΟΠΟΥΟΥΚΕΙΧΕ̅
ΓΗΝΠΟΛΛΗΝΚΑΙΕΥΘΕ
ΩϹΕΞΑΝΕΤΕΙΛΑΝΔΙΑ
ΤΟΜΗΕΧΕΙΝΒΑΘΟϹΤΗϹ
ΓΗϹΗΛΙΟΥΔΕΑΝΑΤΕΙ 13:6
ΛΑΝΤΟϹΕΚΑΥΜΑΤΩΘΗ
ΚΑΙΔΙΑΤΟΜΗΕΧΕΙΝΡΙ
ΖΑΝΕΞΗΡΑΝΘΗ ΑΛΛΑ 13:7
ΔΕΕΠΕϹΕΝΕΠΙΤΑϹΑΚΑ̅
ΘΑϹΚΑΙΑΝΕΒΗϹΑΝΑΙΑ
ΚΑΝΘΑΙΚΑΙΑΠΕΠΝΙΞΑΝΑΥ
ΤΑ ΑΛΛΑΔΕΕΠΕϹΕΝΕ 13:8
ΠΙΤΗΝΓΗΝΤΗΝΚΑΛΗΝ
ΚΑΙΕΔΙΔΟΥΚΑΡΠΟΝΟΜΕ̅
ΕΚΑΤΟΝΟΔΕΕΞΗΚΟΝΤΑ
ΟΔΕΤΡΙΑΚΟΝΤΑΟΕΧΩ̅ 13:9
ΠΓ ΩΤΑΑΚΟΥΕΤΩ ΚΑΙΠΡΟϹ 13:10
ΕΛΘΟΝΤΕϹΟΙΜΑΘΗΤΑΙ
ΕΙΠΑΝΑΥΤΩΔΙΑΤΙΕΝ
ΠΑΡΑΒΟΛΑΙϹΛΑΛΕΙϹΑΥ
ΤΟΙϹΟΔΕΑΠΟΚΡΙΘΕΙϹ 13:11
ΕΙΠΕΝΑΥΤΟΙϹΟΤΙΫΜΙ̅
ΔΕΔΟΤΑΙΓΝΩΝΑΙΤΑΜΥ
ϹΤΗΡΙΑΤΗϹΒΑϹΙΛΕΙΑϹ
ΤΩΝΟΥΡΑΝΩΝΕΚΕΙΝΟΙϹ
ΔΕΟΥΔΕΔΟΤΑΙΟϹΤΙϹ 13:12
ΓΑΡΕΧΕΙΔΟΘΗϹΕΤΑΙΑΥ
ΤΩΚΑΙΠΕΡΙϹϹΕΥΘΗϹΕ
ΤΑΙΟϹΤΙϹΔΕΟΥΚΕΧΕΙϗ
ΟΕΧΕΙΑΡΘΗϹΕΤΑΙΑΠΑΥ
ΤΟΥΔΙΑΤΟΥΤΟΕΝΠΑΡΑ 13:13
ΒΟΛΑΙϹΑΥΤΟΙϹΛΑΛΩ
ΟΤΙΒΛΕΠΟΝΤΕϹΟΥΒΛΕ

ΠΟΥϹΙΝΚΑΙΑΚΟΥΟΝΤΕϹ
ΟΥΚΑΚΟΥΟΥϹΙΝΟΥΔΕ
13:14 ϹΥΝΙΟΥϹΙΝΚΑΙΑΝΑΠΛΗ
ΡΟΥΤΑΙΑΥΤΟΙϹΗΠΡΟΦΗ
ΤΕΙΑΗϹΑΪΟΥΗΛΕΓΟΥϹΑ
› ΑΚΟΗΑΚΟΥϹΑΤΕΚΑΙΟΥ
› ΜΗϹΥΝΗΤΕΚΑΙΒΛΕΠΟ̅
› ΤΕϹΒΛΕΨΕΤΕΚΑΙΟΥΜΗ
13:15 › ΙΔΗΤΕΕΠΑΧΥΝΘΗΓΑΡ
› ΗΚΑΡΔΙΑΤΟΥΛΑΟΥΤΟΥ
› ΤΟΥΚΑΙΤΟΙϹΩϹΙΝΒΑΡΕ
› ΩϹΗΚΟΥϹΑΝΚΑΙΤΟΥϹ
› ΟΦΘΑΛΜΟΥϹΑΥΤΩΝ
› ΕΚΑΜΜΥϹΑΝΜΗΠΟΤΕ
› ΙΔΩϹΙΝΤΟΙϹΟΦΘΑΛ
› ΜΟΙϹΚΑΙΤΟΙϹΩϹΙΝΑΚΟΥ
› ϹΩϹΙΝΚΑΙΤΗΚΑΡΔΙΑ
› ϹΥΝΩϹΙΝΚΑΙΕΠΙϹΤΡΕ
› ΨΩϹΙΝΚΑΙΙΑϹΟΜΑΙΑΥΤΟΥϹ
13:16 ΫΜΩΝΔΕΜΑΚΑΡΙΟΙΟΙΟ
ΦΘΑΛΜΟΙΟΤΙΒΛΕΠΟΥϹΙ̅
ΚΑΙΤΑΩΤΑΟΤΙΑΚΟΥΟΥ
13:17 ϹΙΝ ΑΜΗΝΓΑΡΛΕΓΩΫ
ΜΙΝΟΤΙΠΟΛΛΟΙΠΡΟΦΗΤΑΙϏΔΙΚ
ΟΙΕΠΕΘΥΜΗϹΑΝΪΔΕΙ̅
ΑΒΛΕΠΕΤΕΚΑΙΟΥΚΕΙΔΑ̅
ΚΑΙΑΚΟΥϹΑΙΑΑΚΟΥΕΤΕ
13:18 ΠΑ ΚΑΙΟΥΚΗΚΟΥϹΑΝ ΫΜΕΙϹ
ΟΥΝΑΚΟΥϹΑΤΕΤΗΝΠΑ
ΡΑΒΟΛΗΝΤΟΥϹΠΕΙΡΑΝ
13:19 ΤΟϹΠΑΝΤΟϹΑΚΟΥΟΝ
ΤΟϹΤΟΝΛΟΓΟΝΤΗϹΒΑ
ϹΙΛΕΙΑϹΚΑΙΜΗϹΥΝΙΕ̅
ΤΟϹΕΡΧΕΤΑΙΟΠΟΝΗΡΟϹ
ΚΑΙΑΡΠΑΖΕΙΤΟΕϹΠΑΡ
ΜΕΝΟΝΕΝΤΗΚΑΡΔΙΑΑΥ
ΤΟΥΟΥΤΟϹΕϹΤΙΝΟΠΑ
ΡΑΤΗΝΟΔΟΝϹΠΑΡΕΙϹ
13:20 ΟΔΕΕΠΙΤΑΠΕΤΡΩΔΗ
ϹΠΑΡΕΙϹΟΥΤΟϹΕϹΤΙΝ
ΟΤΟΝΛΟΓΟΝΑΚΟΥΩΝ
ΚΑΙΕΥΘΥϹΜΕΤΑΧΑΡΑϹ

ΛΑΜΒΑΝΩΝΑΥΤΟΝΟΥ 13:21
ΚΕΧΕΙΔΕΡΙΖΑΝΕΝΕΑΥ
ΤΩΑΛΛΑΠΡΟΣΚΑΙΡΟΣΕ
ΣΤΙΝΓΕΝΟΜΕΝΗΣΔΕ
ΘΛΕΙΨΕΩΣΗΔΙΩΓΜΟΥ
ΔΙΑΤΟΝΛΟΓΟΝΕΥΘΥΣ
ΣΚΑΝΔΑΛΙΖΕΤΑΙ ΟΔΕ 13:22
ΕΙΣΤΑΣΑΚΑΝΘΑΣΣΠΑ
ΡΕΙΣΟΥΤΟΣΕΣΤΙΝΟΤΟ̄
ΛΟΓΟΝΑΚΟΥΩΝΚΑΙΗΜΕ
ΡΙΜΝΑΤΟΥΑΙΩΝΟΣΚΑΙ
ΗΑΠΑΤΗΤΟΥΠΛΟΥΤΟΥ
ΣΥΝΠΝΕΙΓΕΙΤΟΝΛΟΓΟ̄
ΚΑΙΑΚΑΡΠΟΣΓΕΙΝΕΤΑΙ
ΟΔΕΕΠΙΤΗΝΚΑΛΗΝΓΗ̄ 13:23
ΣΠΑΡΕΙΣΟΥΤΟΣΕΣΤΙΝ
ΟΤΟΝΛΟΓΟΝΑΚΟΥΩΝ
ΚΑΙΣΥΝΙΕΙΣΟΣΔΗΚΑΡ
ΠΟΦΟΡΕΙΚΑΙΠΟΙΕΙΟ
ΜΕΝΕΚΑΤΟΝΟΔΕΕΞΗ
ΚΟΝΤΑΟΔΕΤΡΙΑΚΟΝ
ΠΕ ΤΑ ΑΛΛΗΝΠΑΡΑΒΟ 13:24
ΛΗΝΠΑΡΕΘΗΚΕΝΑΥΤΟΙΣ
ΛΕΓΩΝΩΜΟΙΩΘΗΗΒΑ
ΣΙΛΕΙΑΤΩΝΟΥΡΑΝΩΝ
ΑΝΘΡΩΠΩΣΠΕΙΡΑΝΤΙ
ΚΑΛΟΝΣΠΕΡΜΑΕΝΤΩ
ΑΓΡΩΕΑΥΤΟΥΕΝΔΕΤΩ 13:25
ΚΑΘΕΥΔΕΙΝΤΟΥΣΑΝ
ΘΡΩΠΟΥΣΗΛΘΕΝΑΥΤΟΥ
ΟΕΧΘΡΟΣΚΑΙΕΠΕΣΠΕΙ
ΡΕΝΖΕΙΖΑΝΙΑΑΝΑΜΕ
ΣΟΝΤΟΥΣΙΤΟΥΚΑΙΑΠΗΛ
ΘΕΝΟΤΕΔΕΕΒΛΑΣΤΗ 13:26
ΣΕΝΟΧΟΡΤΟΣΚΑΙΚΑΡ
ΠΟΝΕΠΟΙΗΣΕΝΤΟΤΕ
ΕΦΑΝΗΚΑΙΤΑΖΕΙΖΑΝΙ
ΑΠΡΟΣΕΛΘΟΝΤΕΣΔΕ 13:27
ΟΙΔΟΥΛΟΙΤΟΥΟΙΚΟΔΕ
ΣΠΟΤΟΥΕΙΠΟΝΑΥΤΩ
Κ̄Ε̄ΟΥΧΙΚΑΛΟΝΣΠΕΡΜΑ
ΕΣΠΕΙΡΑΣΕΝΤΩΣΩΑΓΡΩ

ΠΟΘΕΝΟΥΝΕΧΕΙΖΕΙΖΑ
13:28 ΝΙΑΟΔΕΕΦΗΑΥΤΟΙϹΕ
ΧΘΡΟϹΑΝΘΡΩΠΟϹΤΟΥ
ΤΟΕΠΟΙΗϹΕΝ ΟΙΔΕΑΥΤΩ
ΛΕΓΟΥϹΙΝΘΕΛΕΙϹΟΥΝ
ΑΠΕΛΘΟΝΤΕϹϹΥΛΛΕΞΩ
13:29 ΜΕΝΑΥΤΑ ΟΔΕΦΗϹΙΝ
ΟΥΜΗΠΟΤΕϹΥΛΛΕΓΟΝ
ΤΕϹΤΑΖΕΙΖΑΝΙΑΕΚΡΙ
ΖΩϹΗΤΕΑΜΑΑΥΤΟΙϹ
13:30 ΤΟΝϹΙΤΟΝΑΦΕΤΕϹΥΝ
ΑΥΞΑΝΕϹΘΑΙΑΜΦΟΤΕ
ΡΑΕΩϹΤΟΥΘΕΡΙϹΜΟΥ
ΚΑΙΕΝΚΑΙΡΩΤΟΥΘΕΡΙϹ
ΜΟΥΕΡΩΤΟΙϹΘΕΡΙϹΤΑΙϹ
ϹΥΛΛΕΞΑΤΕΠΡΩΤΟΝ
ΤΑΖΕΙΖΑΝΙΑΚΑΙΔΗϹΑΤΕ
ΑΥΤΑΕΙϹΔΕϹΜΑϹΠΡΟϹ
ΤΟΚΑΤΑΚΑΥϹΑΙΑΥΤΑ
ΤΟΝΔΕϹΙΤΟΝϹΥΝΑΓΕ
ΤΕΕΙϹΤΗΝΑΠΟΘΗΚΗΝΜΟΥ
13:31 ΠϚ ΑΛΛΗΝΠΑΡΑΒΟΛΗΝΠΑΡΕ
ΘΗΚΕΝΑΥΤΟΙϹΛΕΓΩΝ
ΟΜΟΙΑΕϹΤΙΝΗΒΑϹΙΛΕΙ
ΑΤΩΝΟΥΡΑΝΩΝΚΟΚΚΩ
ϹΙΝΑΠΕΩϹΟΝΛΑΒΩΝ
ΑΝΘΡΩΠΟϹΕϹΠΕΙΡΕΝ
13:32 ΕΝΤΩΑΓΡΩΑΥΤΟΥΟ
ΜΕΙΚΡΟΤΕΡΟΝΜΕΝΕϹΤΙ̅
ΠΑΝΤΩΝΤΩΝϹΠΕΡΜΑ
ΤΩΝΟΤΑΝΔΕΑΥΞΗΘΗ
ΜΕΙΖΟΝΤΩΝΛΑΧΑΝΩ̅
ΕϹΤΙΝΚΑΙΓΙΝΕΤΑΙΔΕΝ
ΔΡΟΝΩϹΤΕΕΛΘΕΙΝΤΑ
ΠΕΤΕΙΝΑΤΟΥΟΥΡΑΝΟΥ
ΚΑΙΚΑΤΑϹΚΗΝΟΙΝΕΝ
ΤΟΙϹΚΛΑΔΟΙϹΑΥΤΟΥ
13:33 ΠΖ ΑΛΛΗΝΠΑΡΑΒΟΛΗΝΕΛΑ
ΛΗϹΕΝΑΥΤΟΙϹΟΜΟΙΑ
ΕϹΤΙΝΗΒΑϹΙΛΕΙΑΤΩΝ
ΟΥΡΑΝΩΝΖΥΜΗΗΝΛΑ
ΒΟΥϹΑΓΥΝΗΕΝΕΚΡΥΨΕ̅

ΕΙϹΑΛΕΥΡΟΥϹΑΤΑΤΡΙΑ
ΕΩϹΟΥΕΖΥΜΩΘΗΟΛΟ̅
ΤΑΥΤΑΠΑΝΤΑΕΛΑΛΗϹΕ̅ 13:34
ΟΙ̅Ϲ̅ΕΝΠΑΡΑΒΟΛΑΙϹΤΟΙϹ
ΟΧΛΟΙϹΚΑΙΧΩΡΙϹΠΑΡΑ
ΒΟΛΗϹΟΥΔΕΝΕΛΑΛΕΙΑΥ
ΤΟΙϹΟΠΩϹΠΛΗΡΩΘΗ 13:35
ΤΟΡΗΘΕΝΔΙΑΤΟΥΠΡΟ
> ΦΗΤΟΥΛΕΓΟΝΤΟϹΑΝΟΙ
> ΞΩΕΝΠΑΡΑΒΟΛΑΙϹΤΟ
> ϹΤΟΜΑΜΟΥΕΡΕΥΞΟΜΑΙ
> ΚΕΚΡΥΜΜΕΝΑΑΠΟΚΑ
Π̅Ϛ̅Ι̅ ΤΑΒΟΛΗϹ ΤΟΤΕΑΦΕΙϹ 13:36
ΤΟΥϹΟΧΛΟΥϹΗΛΘΕΝ
ΕΙϹΤΗΝΟΙΚΙΑΝΚΑΙΠΡΟϹ
ΗΛΘΑΝΑΥΤΩΟΙΜΑΘΗ
ΤΑΙΑΥΤΟΥΛΕΓΟΝΤΕϹ
ΔΙΑϹΑΦΗϹΟΝΗΜΙΝΤΗ̅
ΠΑΡΑΒΟΛΗΝΤΩΝΖΕΙ
ΖΑΝΙΩΝΤΟΥΑΓΡΟΥ
ΟΔΕΑΠΟΚΡΙΘΕΙϹΕΙΠΕ̅ 13:37
ΟϹΠΕΙΡΩΝΤΟΚΑΛΟΝ
ϹΠΕΡΜΑΕϹΤΙΝΟΥΙΟϹ
ΤΟΥΑΝΘΡΩΠΟΥΟΔΕΑ 13:38
ΓΡΟϹΕϹΤΙΝΟΚΟϹΜΟϹ
ΤΟΔΕΚΑΛΟΝϹΠΕΡΜΑΟΥ
ΤΟΙΕΙϹΙΝΟΙΥΙΟΙΤΗϹΒΑ
ϹΙΛΕΙΑϹΤΑΔΕΖΕΙΖΑΝΙ
ΑΕΙϹΙΝΟΙΥΙΟΙΤΟΥΠΟ
ΝΗΡΟΥΟΔΕΕΧΘΡΟϹΕ 13:39
ϹΤΙΝΟϹΠΕΙΡΑϹΑΥΤΑ
ΟΔΙΑΒΟΛΟϹΟΔΕΘΕΡΙ
ϹΜΟϹϹΥΝΤΕΛΕΙΑΑΙΩ
ΝΟϹΕϹΤΙΝΟΙΔΕΘΕΡΙ
ϹΤΑΙΑΓΓΕΛΟΙΕΙϹΙΝΩϹ 13:40
ΠΕΡΟΥΝϹΥΛΛΕΓΕΤΑΙ
ΤΑΖΕΙΖΑΝΙΑΚΑΙΠΥΡΙ
ΚΑΤΑΚΑΙΕΤΑΙΟΥΤΩϹ
ΕϹΤΑΙΕΝΤΗϹΥΝΤΕΛΕΙ
ΑΤΟΥΑΙΩΝΟϹΑΠΟϹΤΕ 13:41
ΛΕΙΟΫΙΟϹΤΟΥΑΝΘΡΩ
ΠΟΥΤΟΥϹΑΓΓΕΛΟΥϹ

ΑΥΤΟΥΚΑΙCΥΛΛΕΞΟΥ
CΙΝΕΚΤΗCΒΑCΙΛΕΙΑC
ΑΥΤΟΥΠΑΝΤΑΤΑCΚΑ
ΔΑΛΑΚΑΙΤΟΥCΠΟΙΟΥ
13:42 ΤΑCΤΗΝΑΝΟΜΙΑΝΚΑΙ
ΒΑΛΟΥCΙΝΑΥΤΟΥCΕΙC
ΤΗΝΚΑΜΕΙΝΟΝΤΟΥΠΥ
ΡΟCΕΚΕΙΕCΤΑΙΟΚΛΑΥ
ΘΜΟCΚΑΙΟΒΡΥΓΜΟC
13:43 ΤΩΝΟΔΟΝΤΩΝΤΟΤΕ
ΟΙΔΙΚΑΙΟΙΕΚΛΑΜΨΟΥ
CΙΝΩCΟΗΛΙΟCΕΝΤΗ
ΒΑCΙΛΕΙΑΤΟΥΠΑΤΡΟC
ΑΥΤΩΝΟΕΧΩΝΩΤΑΑ
ΚΟΥΕΤΩ
13:44 ΠΘ ΟΜΟΙΑΕCΤΙΝΗΒΑCΙΛΕΙΑ
ΤΩΝΟΥΡΑΝΩΝΘΗCΑΥ
ΡΩΚΕΚΡΥΜΜΕΝΩΕΝΤΩ
ΑΓΡΩΟΝΕΥΡΩΝΑΝΘΡΩ
ΠΟCΕΚΡΥΨΕΝΚΑΙΑΠΟ
ΤΗCΧΑΡΑCΑΥΤΟΥΥΠΑ
ΓΕΙΚΑΙΠΩΛΕΙΟCΑΕΧΕΙ
ΚΑΙΑΓΟΡΑΖΕΙΤΟΝΑΓΡΟ
ΕΚΕΙΝΟΝ
13:45 Ϥ ΠΑΛΙΝΟΜΟΙΑΕCΤΙΝΗΒΑ
CΙΛΕΙΑΤΩΝΟΥΡΑΝΩΝ
ΕΜΠΟΡΩΖΗΤΟΥΝΤΙ
ΚΑΛΟΥCΜΑΡΓΑΡΕΙΤΑC
13:46 ΕΥΡΩΝΔΕΕΝΑΠΟΛΥΤΕΙ
ΜΟΝΜΑΡΓΑΡΕΙΤΗΝΑΠΕΛ
ΘΩΝΠΕΠΡΑΚΕΝΠΑΝΤΑ
ΟCΑΕΙΧΕΝΚΑΙΗΓΟΡΑCΕ
ΑΥΤΟΝ
13:47 ϤΑ ΠΑΛΙΝΟΜΟΙΑΕCΤΙΝΗΒΑ
CΙΛΕΙΑΤΩΝΟΥΡΑΝΩΝ
CΑΓΗΝΗΒΛΗΘΕΙCΗΕΙC
ΤΗΝΘΑΛΑCCΑΝΚΑΙΕΚ
ΠΑΝΤΟCΓΕΝΟΥCCΥΝ
13:48 ΑΓΑΓΟΥCΗΗΝΟΤΕΕΠΛΗ
ΡΩΘΗΑΝΑΒΙΒΑCΑΝΤΕC
ΕΠΙΤΟΝΑΙΓΙΑΛΟΝΚΑΙΚΑ
ΘΙCΑΝΤΕCCΥΝΕΛΕΞΑΝ

ΤΑΚΑΛΑΕΙϹΑΓΓΗΤΑΔΕ
ϹΑΠΡΑΕΞΩΕΒΑΛΟΝΟΥ 13:49
ΤΩϹΕϹΤΑΙΕΝΤΗϹΥΝ
ΤΕΛΕΙΑΤΟΥΑΙΩΝΟϹΕ
ΞΕΛΕΥϹΟΝΤΑΙΟΙΑΓΓΕ
ΛΟΙΚΑΙΑΦΟΡΙΟΥϹΙΝΤΟΥϹ
ΠΟΝΗΡΟΥϹΕΚΜΕϹΟΥ
ΤΩΝΔΙΚΑΙΩΝΚΑΙΒΑΛΟΥ 13:50
ϹΙΝΑΥΤΟΥϹΕΙϹΤΗΝΚΑ
ΜΕΙΝΟΝΤΟΥΠΥΡΟϹΕ
ΚΕΙΕϹΤΑΙΟΚΛΑΥΘΜΟϹ
ΚΑΙΟΒΡΥΓΜΟϹΤΩΝΟΔΟΝ
ΤΩΝ ϹΥΝΗΚΑΤΕΤΑΥ 13:51
ΤΑΠΑΝΤΑΛΕΓΟΥϹΙΝΑΥ
ΛΕΓΕΙ ΑΥΤΟΙϹ ΤΩΝΑΙ ΟΔΕΕΙΠΕΝΑΥ 13:52
ΤΟΙϹΔΙΑΤΟΥΤΟΠΑϹΓΡΑΜ
ΜΑΤΕΥϹΜΑΘΗΤΕΥΘΕΙϹ
ΤΗΒΑϹΙΛΕΙΑΤΩΝΟΥΡΑ
ΝΩΝΟΜΟΙΟϹΕϹΤΙΝΑΝ
ΘΡΩΠΩΟΙΚΟΔΕϹΠΟΤΗ
ΟϹΤΙϹΕΚΒΑΛΛΕΙΕΚΤΟΥ
ΘΗϹΑΥΡΟΥΑΥΤΟΥΚΑΙ
ΝΑΚΑΙΠΑΛΑΙΑ
ϥβ ΚΑΙΕΓΕΝΕΤΟΟΤΕΕΤΕΛΕ 13:53
ϹΕΝΟΙ̅Ϲ̅ΤΑϹΠΑΡΑΒΟΛΑϹ
ΤΑΥΤΑϹΜΕΤΗΡΕΝΕΚΕΙ
ΘΕΝΚΑΙΕΛΘΩΝΕΙϹΤΗΝ 13:54
ΠΑΤΡΙΔΑΑΥΤΟΥΕΔΙΔΑ
ϹΚΕΝΑΥΤΟΥϹΕΝΤΗϹΥΝ
ΑΓΩΓΗΑΥΤΩΝΩϹΤΕ
ΕΚΠΛΗϹϹΕϹΘΑΙΑΥΤΟΥϹ
ΚΑΙΛΕΓΕΙΝΠΟΘΕΝΤΟΥ
ΤΩΗϹΟΦΙΑΑΥΤΗΚΑΙ
ΑΙΔΥΝΑΜΕΙϹΟΥΧΟΥΤΟϹ 13:55
ΕϹΤΙΝΟΤΟΥΤΕΚΤΟΝΟϹ
ΥΙΟϹΟΥΧΗΜΗΤΗΡΑΥΤΟΥ
ΛΕΓΕΤΑΙΜΑΡΙΑΜΚΑΙΟΙ
ΑΔΕΛΦΟΙΑΥΤΟΥΪΑΚΩ
ΒΟϹΚΑΙΙΩϹΗΦ ΚΑΙϹΙΜΩΝ
ΚΑΙΙΟΥΔΑϹΚΑΙΑΙΑΔΕΛ 13:56
ΦΑΙΑΥΤΟΥΟΥΧΙΠΑϹΑΙ
ΠΡΟϹΗΜΑϹΕΙϹΙΝΠΟΘΕΝ

ΟΥΝΤΟΥΤΩΤΑΥΤΑΠΑ
13:57 ΤΑΚΑΙΕCΚΑΝΔΑΛΙΖΟΝ
ΤΟΕΝΑΥΤΩ ΟΔΕΙ̅C̅ΕΙ
ΠΕΝΑΥΤΟΙCΟΥΚΕCΤΙ̅
ΠΡΟΦΗΤΗCΑΤΕΙΜΟC
ΕΙΜΗΕΝΤΗΠΑΤΡΙΔΙϗ
13:58 ΕΝΤΗΟΙΚΙΑΑΥΤΟΥΚΑΙ
ΟΥΚΕΠΟΙΗCΕΝΕΚΕΙΔΥ
ΝΑΜΕΙCΠΟΛΛΑCΔΙΑΤΗΝ
ΑΠΙCΤΙΑΝΑΥΤΩΝ
14:1 ΜΓ ΕΝΕΚΕΙΝΩΤΩΚΑΙΡΩ
ΗΚΟΥCΕΝΗΡΩΔΗCΟΤΕ
ΤΡΑΡΧΗCΤΗΝΑΚΟΗΝΙ̅Υ̅
14:2 ΚΑΙΕΙΠΕΝΤΟΙCΠΑΙCΙΝ
ΑΥΤΟΥΟΥΤΟCΕCΤΙΝ
ΙΩΑΝΗCΟΒΑΠΤΙCΤΗC
ΑΥΤΟCΗΓΕΡΘΗΑΠΟΤΩ̅ ΔΙΑΤΟΥΤΟ
ΝΕΚΡΩΝΚΑΙΑΙΔΥΝΑΜΕΙC
ΕΝΕΡΓΟΥCΙΝΕΝΑΥΤΩ
14:3 ΟΓΑΡΗΡΩΔΗCΤΟΤΕΚΡΑ
ΤΗCΑCΤΟΝΙΩΑΝΗΝΕ
ΔΗCΕΝΚΑΙΕΝΤΗΦΥΛΑΚΗ
ΑΠΕΘΕΤΟΔΙΑΗΡΩΔΙΑΔΑ
ΤΗΝΓΥΝΑΙΚΑΦΙΛΙΠΠΟΥ
ΤΟΥΑΔΕΛΦΟΥΑΥΤΟΥ
14:4 ΕΛΕΓΕΝΓΑΡΟΙΩΑΝΗC
ΑΥΤΩΟΥΚΕΞΕCΤΙΝCΟΙ
14:5 ΕΧΕΙΝΑΥΤΗΝΚΑΙΘΕΛΩ̅
ΑΥΤΟΝΑΠΟΚΤΕΙΝΑΙΕ
ΦΟΒΗΘΗΤΟΝΟΧΛΟΝ
ὅτι ΕΠΕΙΩCΠΡΟΦΗΤΗΝΑΥ
14:6 ΤΟΝΕΙΧΟΝ ΓΕΝΕCΙΟΙC
ΔΕΓΕΝΟΜΕΝΟΙCΤΟΥΗ
ΡΩΔΟΥΩΡΧΗCΑΤΟΗΘΥ
ΓΑΤΗΡΤΗCΗΡΩΔΙΑΔΟC
ΕΝΤΩΜΕCΩΚΑΙΗΡΕCΕ̅
14:7 ΤΩΗΡΩΔΗΟΘΕΝΜΕΘΟΡ
ΚΟΥΩΜΟΛΟΓΗCΕΝΑΥΤΗ
ΔΟΥΝΑΙΟΑΝΑΙΤΗCΗΤΑΙ
14:8 ΗΔΕΠΡΟΒΙΒΑCΘΕΙCΑΥ
ΠΟΤΗCΜΗΤΡΟCΑΥΤΗC
ΔΟCΜΟΙΦΗCΙΝΩΔΕΕ

ΠΙΠΙΝΑΚΙΤΗΝΚΕΦΑΛΗ̅
ΪΩΑΝΟΥΤΟΥΒΑΠΤΙϹΤΟΥ
ΚΑΙΛΥΠΗΘΕΙϹΟΒΑϹΙΛΕΥϹ 14:9
ΔΙΑΤΟΥϹΟΡΚΟΥϹΚΑΙΤΟΥϹ
ϹΥΝΑΝΑΚΕΙΜΕΝΟΥϹΕ
ΚΕΛΕΥϹΕΝΔΟΘΗΝΑΙΚΑΙ 14:10
ΠΕΜΨΑϹΑΠΕΚΕΦΑΛΙ
ϹΕΝΪΩΑΝΗΝΕΝΤΗΦΥ
ΛΑΚΗΚΑΙΗΝΕΧΘΗΗΚΕ 14:11
ΦΑΛΗΑΥΤΟΥΕΠΙΠΙΝΑ
ΚΙΚΑΙΕΔΟΘΗΤΩΚΟΡΑ
ϹΙΩΚΑΙΗΝΕΓΚΕΝΤΗΜΗ
ΤΡΙΑΥΤΗϹ ΚΑΙΠΡΟϹΕΛ 14:12
ΘΟΝΤΕϹΟΙΜΑΘΗΤΑΙΑΥ
ΤΟΥΗΡΑΝΤΟΠΤΩΜΑϗ
ΕΘΑΨΑΝΑΥΤΟΝΚΑΙΕΛ
ΘΟΝΤΕϹΑΠΗΓΓΕΙΛΑΝ
ϤΛ ΤΩΙ̅Υ̅ ΑΚΟΥϹΑϹΔΕΟ 14:13
Ι̅Ϲ̅ΑΝΕΧΩΡΗϹΕΝΕΚΕΙΘΕΝΕ̅
ΠΛΟΙΩΕΙϹΕΡΗΜΟΝΤΟ
ΠΟΝΚΑΤΙΔΙΑΝΚΑΙΑΚΟΥ
ϹΑΝΤΕϹΟΙΟΧΛΟΙΗΚΟ
ΛΟΥΘΗϹΑΝΑΥΤΩΠΕΖΗ
ΑΠΟΤΩΝΠΟΛΕΩΝΚΑΙ 14:14
ΕΞΕΛΘΩΝΕΙΔΕΝΠΟΛΥ̅
ΟΧΛΟΝΚΑΙΕϹΠΛΑΓΧΝΙ
ϹΘΗΕΠΑΥΤΟΙϹΚΑΙΕΘΕ
ΡΑΠΕΥϹΕΝΤΟΥϹΑΡΡΩ
ϤΕ ϹΤΟΥϹΑΥΤΩΝ ΟΨΙΑϹ 14:15
ΔΕΓΕΝΟΜΕΝΗϹΠΡΟϹ
ΗΛΘΑΝΑΥΤΩΟΙΜΑΘΗ
ΤΑΙΛΕΓΟΝΤΕϹΕΡΗΜΟϹ
ΕϹΤΙΝΟΤΟΠΟϹΚΑΙΗΩ
ΡΑΗΔΗΠΑΡΗΛΘΕΝΑΠΟ
ΛΥϹΟΝΤΟΥϹΟΧΛΟΥϹ
ΙΝΑΑΠΕΛΘΟΝΤΕϹΕΙϹ
ΤΑϹΚΩΜΑϹΑΓΟΡΑϹΩ
ϹΙΝΕΑΥΤΟΙϹΒΡΩΜΑΤΑ
ΟΔΕΙ̅Ϲ̅ΕΙΠΕΝΑΥΤΟΙϹ 14:16
ΟΥΧΡΕΙΑΝΕΧΟΥϹΙΝΑ
ΠΕΛΘΕΙΝΔΟΤΕΑΥΤΟΙϹ
ΥΜΕΙϹΦΑΓΕΙΝ ΟΙΔΕΛΕ 14:17

ΓΟΥϹΙΝΑΥΤΩΟΥΚΕΧΟ
ΜΕΝΩΔΕΕΙΜΗΠΕΝΤΕ
ΑΡΤΟΥϹΚΑΙΔΥΟΙΧΘΥΑϹ
14:18 ΟΔΕΕΙΠΕΝΦΕΡΕΤΕΜΟΙ
14:19 ΩΔΕΑΥΤΟΥϹΚΑΙΚΕΛΕΥ
ϹΑΤ̇ϹΤΟΥϹΟΧΛΟΥϹΑ
ΝΑΚΛΙΘΗΝΑΙΕΠΙΤΟΥ
ΧΟΡΤΟΥΛΑΒΩΝΤΟΥϹ
ΠΕΝΤΕΑΡΤΟΥϹΚΑΙΤΟΥϹ
ΔΥΟΙΧΘΥΑϹΑΝΑΒΛΕΨΑϹ
ΕΙϹΤΟΝΟΥΡΑΝΟΝΕΥΛΟ
ΓΗϹΕΝΚΑΙΚΛΑϹΑϹΕΔΩ
ΚΕΝΤΟΙϹΜΑΘΗΤΑΙϹ
ΤΟΥϹΑΡΤΟΥϹΟΙΔΕΜΑ
14:20 ΘΗΤΑΙΤΟΙϹΟΧΛΟΙϹΚΑΙ
ΕΦΑΓΟΝΠΑΝΤΕϹΚΑΙ
ΕΧΟΡΤΑϹΘΗϹΑΝΚΑΙΗ
ΡΑΝΤΟΠΕΡΙϹϹΕΥΟΝΤΩ̄
ΚΛΑϹΜΑΤΩΝΔΩΔΕΚΑ
ΚΟΦΙΝΟΥϹΠΛΗΡΕΙϹ
14:21 ΟΙΔΕΕϹΘΙΟΝΤΕϹΗϹΑΝ
ΑΝΔΡΕϹΩϹΕΙΠΕΝΤΑΚΙϹ
ΧΕΙΛΙΟΙΧΩΡΙϹΓΥΝΑΙΚΩ̄
14:22 ΙϚ̅ ΚΑΙΠΑΙΔΙΩΝ ΚΑΙΕΥΘΕ
ΩϹΗΝΑΓΚΑϹΕΝΤΟΥϹ
ΜΑΘΗΤΑϹΑΥΤΟΥΕΜΒΗ
ΝΑΙΕΙϹΠΛΟΙΟΝΚΑΙΠΡΟ
ΑΓΕΙΝΑΥΤΟΝΕΙϹΤΟΠΕ
ΡΑΝΕΩϹΟΥΑΠΟΛΥϹΗ
14:23 ΤΟΥϹΟΧΛΟΥϹ ΚΑΙΑΠΟ
ΛΥϹΑϹΤΟΥϹΟΧΛΟΥϹΑ
ΝΕΒΗΕΙϹΤΟΟΡΟϹΚΑΤΙ
ΔΙΑΝΠΡΟϹΕΥΞΑϹΘΑΙ
ΟΨΙΑϹΔΕΓΕΝΟΜΕΝΗϹ
14:24 ΜΟΝΟϹΗΝΕΚΕΙΤΟΔΕ
ΠΛΟΙΟΝΗΔΗϹΤΑΔΙΟΥϹ
ΠΟΛΛΟΥϹΑΠΟΤΗϹΓΗϹ
ΑΠΕΙΧΕΝΒΑϹΑΝΙΖΟΜΕ
ΝΟΝΫΠΟΤΩΝΚΥΜΑΤΩ̄
ΗΝΓΑΡΕΝΑΝΤΙΟϹΟΑΝΕ
14:25 ΜΟϹ ΤΕΤΑΡΤΗΔΕΦΥ
ΛΑΚΗΤΗϹΝΥΚΤΟϹΗΛ

ΘΕΝΠΡΟϹΑΥΤΟΥϹΠΕΡΙ
ΠΑΤΩΝΕΠΙΤΗΝΘΑΛΑϹ
ϹΑΝ ΟΙΔΕΜΑΘΗΤΑΙΙΔΟ̄ 14:26
ΤΕϹΑΥΤΟΝΕΠΙΤΗϹΘΑ
ΛΑϹϹΗϹΠΕΡΙΠΑΤΟΥΝ
ΤΑΕΤΑΡΑΧΘΗϹΑΝΛΕΓΟ̄
ΤΕϹΟΤΙΦΑΝΤΑϹΜΑΕ
ϹΤΙΝΚΑΙΑΠΟΤΟΥΦΟ
ΒΟΥΕΚΡΑΞΑΝ ΕΥΘΥϹΔΕ 14:27
ΕΛΑΛΗϹΕΝΟΙ̅Ϲ̅ΑΥΤΟΙϹ
ΛΕΓΩΝΘΑΡϹΕΙΤΕΕΓΩ
ΕΙΜΙΜΗΦΟΒΕΙϹΘΕ Α 14:28
ΠΟΚΡΙΘΕΙϹΔΕΟΠΕΤΡΟϹ
ΕΙΠΕΝΑΥΤΩΚ̅Ε̅ΕΙϹΥΕΙ
ΚΕΛΕΥϹΟΝΜΕΕΛΘΕΙΝ
ΠΡΟϹϹΕΕΠΙΤΑΥΔΑΤΑ
ΟΔΕΕΙΠΕΝΕΛΘΕ ΚΑΙΚΑ 14:29
ΤΑΒΑϹΑΠΟΤΟΥΠΛΟΙΟΥ
ΠΕΤΡΟϹΠΕΡΙΕΠΑΤΗϹΕ̄
ΕΠΙΤΑΫΔΑΤΑΚΑΙΗΛΘΕ̄
ΠΡΟϹΤΟΝΙ̅Ν̅ΒΛΕΠΩΝ 14:30
ιϲχυρο̄ ΔΕΤΟΝΑΝΕΜΟΝΕΦΟ
ΒΗΘΗΚΑΙΑΡΞΑΜΕΝΟϹ
ΚΑΤΑΠΟΝΤΙΖΕϹΘΑΙΕ
ΚΡΑΞΕΝΛΕΓΩΝΚ̅Ε̅ϹΩϹΟ̄
ΜΕ ΕΥΘΕΩϹΔΕΟΙ̅Ϲ̅ΕΚ 14:31
ΤΕΙΝΑϹΤΗΝΧΕΙΡΑΕΠΕ
ΛΑΒΕΤΟΑΥΤΟΥΚΑΙΛΕ
ΓΕΙΑΥΤΩΟΛΙΓΟΠΙϹΤΕ
ΕΙϹΤΙΕΔΙϹΤΑϹΑϹΚΑΙΑ 14:32
ΝΑΒΑΝΤΩΝΑΥΤΩΝΕΙϹ
ΤΟΠΛΟΙΟΝΕΚΟΠΑϹΕΝ
ΟΑΝΕΜΟϹ ΟΙΔΕΕΝΤΩ 14:33
ΠΛΟΙΩΠΡΟϹΕΚΥΝΗϹᾹ
ΑΥΤΩΛΕΓΟΝΤΕϹΑΛΗ
ριβ ΘΩϹΘ̅Υ̅ΥΙΟϹΕΙ ΚΑΙΔΙ 14:34
ΑΠΕΡΑϹΑΝΤΕϹΗΛΘΟΝ
ΕΠΙΤΗΝΓΗΝΕΙϹΓΕΝΝΗ
ϹΑΡΕΤ΄ΚΑΙΕΠΙΓΝΟΝΤΕϹ 14:35
ΑΥΤΟΝΟΙΑΝΔΡΕϹΤΟΥ
ΤΟΠΟΥΕΚΕΙΝΟΥΑΠΕ
ϹΤΕΙΛΑΝΕΙϹΟΛΗΝΤΗΝ

ΠΕΡΙΧΩΡΟΝΕΚΕΙΝΗΝ
ΚΑΙΠΡΟΣΗΝΕΓΚΑΝΑΥΤω
ΠΑΝΤΑΣΤΟΥΣΚΑΚΩΣ
14:36 ΕΧΟΝΤΑΣΚΑΙΠΑΡΕΚΑ
ΑΥΤΟΝ ΛΟΥΝΙΝΑΜΟΝΟΝΑΨΩ
ΤΑΙΤΟΥΚΡΑΣΠΕΔΟΥΤΟΥ
ΙΜΑΤΙΟΥΑΥΤΟΥΚΑΙΟ
ΣΟΙΗΨΑΝΤΟΔΙΕΣΩΘΗ
15:1 ΙΗ ΣΑΝ ΤΟΤΕΠΡΟΣΕΡΧΟ
ΤΑΙΤΩΙΥΑΠΟΙΕΡΟΣΟΛΥ
ΜΩΝΦΑΡΕΙΣΑΙΟΙΚΑΙ
ΓΡΑΜΜΑΤΕΙΣΛΕΓΟΝΤΕΣ
15:2 ΔΙΑΤΙΟΙΜΑΘΗΤΑΙΣΟΥ
ΠΑΡΑΒΑΙΝΟΥΣΙΝΤΗΝ
ΠΑΡΑΔΟΣΙΝΤΩΝΠΡΕΣ
ΒΥΤΕΡΩΝΟΥΓΑΡΝΙΠΤΟ
ΤΑΙΤΑΣΧΕΙΡΑΣΟΤΑΝΑΡ
15:3 ΤΟΝΕΣΘΙΩΣΙΝ ΟΔΕΑ
ΠΟΚΡΙΘΕΙΣΕΙΠΕΝΑΥΤΟΙΣ
ΔΙΑΤΙΚΑΙΥΜΕΙΣΠΑΡΑ
ΒΑΙΝΕΤΕΤΗΝΕΝΤΟΛΗ
ΤΟΥΘΥΔΙΑΤΗΝΠΑΡΑΔΟ
15:4 › ΣΙΝΥΜΩΝΟΓΑΡΘΣΕΙΠΕ
› ΤΕΙΜΑΤΟΝΠΑΤΕΡΑΚΑΙ
› ΤΗΝΜΗΤΕΡΑΚΑΙΟΚΑΚΟ
› ΛΟΓΩΝΠΑΤΕΡΑΗΜΗΤΕ
› ΡΑΘΑΝΑΤΩΤΕΛΕΥΤΑΤΩ
15:5 ΥΜΕΙΣΔΕΛΕΓΕΤΕΟΣΑΝ
ΕΙΠΗΤΩΠΑΤΡΙΗΤΗΜΗ
ΤΡΙΔΩΡΟΝΟΕΑΝΕΞΕΜΟΥ
15:6 ΩΦΕΛΗΘΗΣΟΥΜΗΤΙ
ΜΗΣΕΙΤΟΝΠΑΤΕΡΑΑΥ
ΤΟΥΚΑΙΗΚΥΡΩΣΑΤΕ
ΤΟΝΛΟΓΟΝΤΟΥΘΥΔΙΑ
ΤΗΝΠΑΡΑΔΟΣΙΝΥΜΩ
15:7 ΥΠΟΚΡΙΤΑΙΚΑΛΩΣΕ
ΠΡΟΦΗΤΕΥΣΕΝΠΕΡΙΥ
15:8 ΜΩΝΗΣΑΙΑΣΛΕΓΩΝ Ο
› ΛΑΟΣΟΥΤΟΣΤΟΙΣΧΕΙ
› ΛΕΣΙΝΜΕΤΙΜΑΗΔΕΚΑΡ
› ΔΙΑΑΥΤΩΝΠΟΡΡΩΑΠΕ
15:9 › ΧΕΙΑΠΕΜΟΥΜΑΤΗΝΔΕ

> ϹΕΒΟΝΤΑΙΜΕΔΙΔΑϹΚΟ̅
> ΤΕϹΔΙΔΑϹΚΑΛΙΑϹΕΝΤΑΛ
> ΜΑΤΑΑΝΘΡΩΠΩΝ
ΚΑΙΠΡΟϹΚΑΛΕϹΑΜΕΝΟϹ 15:10
ΤΟΝΟΧΛΟΝΕΙΠΕΝΑΥΤΟΙϹ
ΑΚΟΥΕΤΕΚΑΙϹΥΝΙΕΤΕ
ΟΥΤΟΕΡΧΟΜΕΝΟΝΕΙϹ 15:11
ΤΟϹΤΟΜΑΚΟΙΝΟΙΤΟΝ
ΑΝΘΡΩΠΟΝΑΛΛΑΤΟΕΚ
ΠΟΡΕΥΟΜΕΝΟΝΕΚΤΟΥ
ϹΤΟΜΑΤΟϹΤΟΥΤΟΚΟΙ
ΝΟΙΤΟΝΑΝΘΡΩΠΟΝ ΤΟ 15:12
ΤΕΠΡΟϹΕΛΘΟΝΤΕϹΟΙ
ΜΑΘΗΤΑΙΛΕΓΟΥϹΙΝΑΥ
ΤΩΟΙΔΑϹΟΤΙΟΙΦΑΡΕΙ
ϹΑΙΟΙΑΚΟΥϹΑΝΤΕϹΤΟ̅
ΛΟΓΟΝΕϹΚΑΝΔΑΛΙϹΘΗ
ϹΑΝ ΟΔΕΑΠΟΚΡΙΘΕΙϹ 15:13
ΕΙΠΕΝΠΑϹΑΦΥΤΕΙΑΗ̅
ΟΥΚΕΦΥΤΕΥϹΕΝΟΠΑ
ΤΗΡΜΟΥΟΟΥΡΑΝΙΟϹΕΚ
ΡΙΖΩΘΗϹΕΤΑΙΑΦΕΤΕ 15:14
ΑΥΤΟΥϹΤΥΦΛΟΙΕΙϹΙ̅
ΟΔΗΓΟΙΤΥΦΛΟϹΔΕΤΥ
ΦΛΟΝΕΑΝΟΔΗΓΗΑΜΦΟ
ΤΕΡΟΙΕΙϹΒΟΘΥΝΟΝΠΕ
ϹΟΥΝΤΑΙ ΑΠΟΚΡΙΘΕΙϹ 15:15
ΔΕΟΠΕΤΡΟϹΑΥΤΩΕΙΠΕ̅
ΦΡΑϹΟΝΗΜΙΝΤΗΝΠΑΡΑ
ΒΟΛΗΝ ΟΔΕΕΙΠΕΝΑΚΜΗ̅ 15:16
ΚΑΙΥΜΕΙϹΑϹΥΝΕΤΟΙΕ
ϹΤΕΟΥΝΟΕΙΤΕΟΤΙΠΑΝ 15:17
ΤΟΕΙϹΕΡΧΟΜΕΝΟΝΕΙϹ
ΤΟϹΤΟΜΑΕΙϹΤΗΝΚΟΙ
ΛΙΑΝΧΩΡΕΙΚΑΙΕΙϹΑΦΕ
ΔΡΩΝΑΕΚΒΑΛΛΕΤΑΙΤΑ 15:18
ΔΕΕΚΠΟΡΕΥΟΜΕΝΑΕΚ
ΤΟΥϹΤΟΜΑΤΟϹΕΚΤΗϹ
ΚΑΡΔΙΑϹΕΞΕΡΧΕΤΑΙΚΑ
ΚΕΙΝΑΚΟΙΝΟΙΤΟΝΑΝ
ΘΡΩΠΟΝΕΚΓΑΡΤΗϹΚΑΡ 15:19
ΔΙΑϹΕΞΕΡΧΟΝΤΑΙΔΙΑ

ΛΟΓΙϹΜΟΙΠΟΝΗΡΟΙΦΟ
ΝΟΙ ΜΟΙΧΕΙΑΙ ΠΟΡΝΕΙΑΙ
ΚΛΟΠΑΙ ΨΕΥΔΟΜΑΡΤΥ
15:20 ΡΙΑΙ ΒΛΑϹΦΗΜΙΑΙΤΑΥ
ΤΑΕϹΤΙΝΤΑΚΟΙΝΟΥΝΤΑ
ΤΟΝΑΝΘΡΩΠΟΝΤΟΔΕΑ
ΝΙΠΤΟΙϹΧΕΡϹΙΝΦΑΓΕΙ̅
ΟΥ,ΚΟΙΝΟΙΤΟΝΑΝΘΡΩΠΟ̅
15:21 ϤΘ ΚΑΙΕΞΕΛΘΩΝΕΚΕΙΘΕΝΟ
ΙϹ̅ΑΝΕΧΩΡΗϹΕΝΕΙϹΤΑ
ΜΕΡΗΤΥΡΟΥΚΑΙϹΕΙΔΩ
15:22 ΝΟϹΚΑΙΙΔΟΥΓΥΝΗΧΑ
ΝΑΝΑΙΑΑΠΟΤΩΝΟΡΙΩ̅
ΕΚΕΙΝΩΝΕΞΕΛΘΟΥϹΑ
ΕΚΡΑΖΕΝΛΕΓΟΥϹΑΕΛΕ
ΗϹΟΝΜΕΚΕ̅ΥΙΟϹΔΑΥΕΙΔ
ΗΘΥΓΑΤΗΡΜΟΥΚΑΚΩϹ
15:23 ΔΑΙΜΟΝΙΖΕΤΑΙ ΟΔΕΟΥΚ
ΑΠΕΚΡΙΘΗΑΥΤΗΛΟΓΟΝ
ΚΑΙΠΡΟϹΕΛΘΟΝΤΕϹΟΙ
ΜΑΘΗΤΑΙΑΥΤΟΥΗΡΩΤΟΥ̅
ΑΥΤΟΝΛΕΓΟΝΤΕϹΑΠΟ
ΛΥϹΟΝΑΥΤΗΝΟΤΙΚΡΑ
15:24 ΖΕΙΟΠΙϹΘΕΝΗΜΩΝ ΟΔΕ
ΑΠΟΚΡΙΘΕΙϹΕΙΠΕΝΟΥΚΑ
ΠΕϹΤΑΛΗΝΕΙΜΗΕΙϹΤΑ
ΠΡΟΒΑΤΑΤΑΑΠΟΛΩΛΟ
15:25 ΤΑΟΙΚΟΥΙϹΡΑΗΛ ΗΔΕΕΛ
ΘΟΥϹΑΠΡΟϹΕΚΥΝΕΙΑΥ
ΤΩΛΕΓΟΥϹΑΚΕ̅ΒΟΗΘΕΙ
15:26 ΜΟΙ ΟΔΕΑΠΟΚΡΙΘΕΙϹ
ΕΙΠΕΝΟΥΚΕϹΤΙΝΚΑΛΟ̅
ΛΑΒΕΙΝΤΟΝΑΡΤΟΝΤΩ̅
ΤΕΚΝΩΝΚΑΙΒΑΛΕΙΝΤΟΙϹ
15:27 ΚΥΝΑΡΙΟΙϹ ΗΔΕΕΙΠΕΝ
ΝΑΙΚΕ̅ΚΑΙΤΑΚΥΝΑΡΙΑΕ
ϹΘΕΙΕΙΑΠΟΤΩΝΨΕΙΧΙ
ΩΝΤΩΝΠΕΙΠΤΟΝΤΩ̅
ΑΠΟΤΗϹΤΡΑΠΕΖΗϹΤΩ̅
15:28 ΚΥΡΙΩΝΑΥΤΩΝ ΤΟΤΕ
ΑΠΟΚΡΙΘΕΙϹΟΙϹ̅ΕΙΠΕΝ
ΑΥΤΗΩΓΥΝΑΙΜΕΓΑΛΗ

ϹΟΥΗΠΙϹΤΙϹΓΕΝΗΘΗΤΩ
ϹΟΙΩϹΘΕΛΕΙϹΚΑΙΙΑΘΗ
ΗΘΥΓΑΤΗΡΑΥΤΗϹΑΠΟ
ΤΗϹΩΡΑϹΕΚΕΙΝΗϹ
ΚΑΙΜΕΤΑΒΑϹΕΚΕΙΘΕΝΟ 15:29
ΙϹ ΗΛΘΕΝΠΑΡΑΤΗΝΘΑ
ΛΑϹϹΑΝΤΗϹΓΑΛΕΙΛΑΙΑϹ
ΚΑΙΑΝΑΒΑϹΕΙϹΤΟΟΡΟϹ
ΕΚΑΘΗΤΟΕΚΕΙΚΑΙΠΡΟϹ 15:30
ΗΛΘΟΝΑΥΤΩΟΧΛΟΙΠΟΛ
ΛΟΙΕΧΟΝΤΕϹΜΕΘΕΑΥ
ΤΩΝΧΩΛΟΥϹΚΥΛΛΟΥϹ
ΤΥΦΛΟΥϹΚΩΦΟΥϹϏ
ΕΤΕΡΟΥϹΠΟΛΛΟΥϹΚΑΙ
ΕΡΡΙΨΑΝΑΥΤΟΥϹΠΑΡΑ
ΤΟΥϹΠΟΔΑϹΑΥΤΟΥΚΑΙ
ΕΘΕΡΑΠΕΥϹΕΝΑΥΤΟΥϹ
ΩϹΤΕΤΟΥϹΟΧΛΟΥϹΒΛΕ 15:31
ΠΟΝΤΑϹΘΑΥΜΑϹΑΙΚΩ
ΦΟΥϹΑΚΟΥΟΝΤΑϹΚΥΛ
ΛΟΥϹΥΓΙΕΙϹΚΑΙΧΩΛΟΥϹ
ΠΕΡΙΠΑΤΟΥΝΤΑϹΚΑΙ
ΤΥΦΛΟΥϹΒΛΕΠΟΝΤΑϹ
ΚΑΙΕΔΟΞΑϹΑΝΤΟΝΘΝ
ΙϹΡΑΗΛ ΟΔΕΙϹΠΡΟϹΚΑ 15:32
ΛΕϹΑΜΕΝΟϹΤΟΥϹΜΑΘΗ
ΤΑϹΑΥΤΟΥΕΙΠΕΝϹΠΛΑΓ
ΧΝΙΖΟΜΑΙΕΠΙΤΟΝΟΧΛΟΝ
ΟΤΙΗΜΕΡΑΙΤΡΕΙϹΠΡΟϹ
ΜΕΝΟΥϹΙΝΜΟΙΚΑΙΟΥΚΕ
ΧΟΥϹΙΝΤΙΦΑΓΩϹΙΝΚΑΙ
ΑΠΟΛΥϹΑΙΑΥΤΟΥϹΝΗ
ϹΤΕΙϹΟΥΘΕΛΩΜΗΠΟΤΕ
ΕΚΛΥΘΩϹΙΝΕΝΤΗΟΔΩ
ΚΑΙΛΕΓΟΥϹΙΝΑΥΤΩΟΙ 15:33
ΜΑΘΗΤΑΙΠΟΘΕΝΗΜΙΝ
ΕΝΕΡΗΜΙΑΑΡΤΟΙΤΟϹΟΥ
ΤΟΙΩϹΤΕΧΟΡΤΑϹΑΙΟ
ΧΛΟΝΤΟϹΟΥΤΟΝ ΚΑΙ 15:34
ΛΕΓΕΙΑΥΤΟΙϹΟΙϹΠΟ
ϹΟΥϹΑΡΤΟΥϹΕΧΕΤΕ
ΟΙΔΕΕΙΠΟΝΕΠΤΑΚΑΙΟ

15:35 ΑΙΓΑΙΧΘΥΔΙΑ ΚΑΙΠΑΡΑΓ
ΓΕΙΛΑΣΤΩΟΧΛΩΑΝΑ
15:36 ΠΕΣΕΙΝΕΠΙΤΗΝΓΗΝΕΛΑ
ΒΕΝΤΟΥΣΕΠΤΑΑΡΤΟΥΣ
ΚΑΙΤΟΥΣΪΧΘΥΑΣΚΑΙΕΥ
ΧΑΡΙΣΤΗΣΑΣΕΚΛΑΣΕΝ
ΚΑΙΕΔΙΔΟΥΤΟΙΣΜΑΘΗ
ΤΑΙΣΟΙΔΕΜΑΘΗΤΑΙΤΟΙΣ
15:37 ΟΧΛΟΙΣΚΑΙΕΦΑΓΟΝΠΑ̅
ΤΕΣΚΑΙΕΧΟΡΤΑΣΘΗΣΑ̅
ΚΑΙΤΟΠΕΡΙΣΣΕΥΟΝΤΩ̅
ΚΛΑΣΜΑΤΩΝΗΡΑΝΕΠΤΑ
15:38 ΣΠΥΡΙΔΑΣΠΛΗΡΕΙΣΟΙ
ΔΕΕΣΘΙΟΝΤΕΣΗΣΑΝΩΣ
ΤΕΤΡΑΚΙΣΧΕΙΛΙΟΙΑΝ
ΔΡΕΣΧΩΡΙΣΓΥΝΑΙΚΩ̅
15:39 ΓΑ ΚΑΙΠΑΙΔΙΩΝ ΚΑΙΑΠΟ
ΛΥΣΑΣΤΟΥΣΟΧΛΟΥΣ
ΕΝΕΒΗΕΙΣΤΟΠΛΟΙΟΝ
ΚΑΙΗΛΘΕΝΕΙΣΤΑΟΡΙΑ
16:1 ΜΑΓΑΔΑΝ ΚΑΙΠΡΟΣΕΛΘΟ̅
ΤΕΣΟΙΦΑΡΕΙΣΑΙΟΙΚΑΙ
ΣΑΔΔΟΥΚΑΙΟΙΠΕΙΡΑΖΟ̅
ΤΕΣΕΠΗΡΩΤΗΣΑΝΑΥ
ΤΟΝΣΗΜΕΙΟΝΕΚΤΟΥΟΥ
ΡΑΝΟΥΕΠΙΔΕΙΞΑΙΑΥΤΟΙΣ
16:2 ΟΔΕΑΠΟΚΡΙΘΕΙΣΕΙΠΕΝ
16:4 ΑΥΤΟΙΣΓΕΝΕΑΠΟΝΗΡΑ
ΚΑΙΜΟΙΧΑΛΕΙΣΣΗΜΕΙΟ̅
ΕΠΙΖΗΤΕΙ ΑΙΤΕΙ ΚΑΙΣΗΜΕΙΟΝΟΥ
ΔΟΘΗΣΕΤΑΙΑΥΤΗΕΙΜΗ
ΤΟΣΗΜΕΙΟΝΙΩΝΑ ΚΑΙ
ΚΑΤΑΛΙΠΩΝΑΥΤΟΥΣ
16:5 ΑΠΗΛΘΕΝ ΚΑΙΕΛΘΟΝ
ΤΕΣΟΙΜΑΘΗΤΑΙΕΙΣΤΟ
ΠΕΡΑΝΕΠΕΛΑΘΟΝΤΟ
16:6 ΛΑΒΕΙΝΑΡΤΟΥΣ ΟΔΕ
Ι̅Σ̅ΕΙΠΕΝΑΥΤΟΙΣΟΡΑΤΕ
ΚΑΙΠΡΟΣΕΧΕΤΕΑΠΟΤΗΣ
ΖΥΜΗΣΤΩΝΦΑΡΕΙΣΑΙ
ΩΝΚΑΙΣΑΔΔΟΥΚΑΙΩΝ
16:7 ΟΙΔΕΔΙΕΛΟΓΙΖΟΝΤΟ

ΕΝΕΑΥΤΟΙϹΛΕΓΟΝΤΕϹ
ΟΤΙΑΡΤΟΥϹΟΥΚΕΛΑΒΟ
ΜΕΝ ΓΝΟΥϹΔΕΟΙ̅Ϲ̅ΕΙ 16:8
ΠΕΝΤΙΔΙΑΛΟΓΙΖΕϹΘΕ
ΕΝΕΑΥΤΟΙϹΟΛΙΓΟΠΙϹΤΟΙ
ΟΤΙΑΡΤΟΥϹΟΥΚΕΧΕΤΕ
ΟΥΠΩΝΟΕΙΤΕΟΥΔΕΜΝΗ 16:9
ΜΟΝΕΥΕΤΕΤΟΥϹΠΕΝ
ΤΕΑΡΤΟΥϹΤΩΝΠΕΝ
ΤΑΚΙϹΧΙΛΙΩΝΚΑΙΠΟ
ϹΟΥϹΚΟΦΙΝΟΥϹΕΛΑ
ΒΕΤΕΟΥΔΕΤΟΥϹΕΠΤΑ 16:10
ΑΡΤΟΥϹΤΩΝΤΕΤΡΑΚΙϹ
ΧΕΙΛΙΩΝΚΑΙΠΟϹΑϹϹΦΥ
ΡΙΔΑϹΕΛΑΒΕΤΕΠΩϹΟΥ 16:11
ΝΟΕΙΤΕΟΤΙΟΥΠΕΡΙΑΡ
ΤΩΝΕΙΠΟΝΥΜΙΝ ΠΡΟϹ
ΕΧΕΤΕΔΕΑΠΟΤΗϹΖΥ
ΜΗϹΤΩΝΦΑΡΕΙϹΑΙΩ̅
ΚΑΙϹΑΔΔΟΥΚΑΙΩΝ ΤΟ 16:12
ΤΕϹΥΝΗΚΑΝΟΤΙΟΥΚΕΙ
ΠΕΝΠΡΟϹΕΧΕΙΝΑΠΟΤΗϹ
ΖΥΜΗϹΤΩΝΑΡΤΩΝΑΛ
ΛΑΑΠΟΤΗϹΔΙΔΑΧΗϹΤΩ̅
ϹΑΔΔΟΥΚΑΙΩΝΚΑΙΦΑ
ΡΕΙϹΑΙΩΝ
ΡΒ ΕΛΘΩΝΔΕΟΙ̅Ϲ̅ΕΙϹΤΑΜΕ 16:13
ΡΗΚΑΙϹΑΡΕΙΑϹΤΗϹΦΙ
ΛΙΠΠΟΥΗΡΩΤΑΤΟΥϹ
ΜΑΘΗΤΑϹΑΥΤΟΥΛΕΓΩ̅
ΤΙΝΑΛΕΓΟΥϹΙΝΟΙΑΝ
ΘΡΩΠΟΙΕΙΝΑΙΤΟΝΥΙΟ̅
ΤΟΥΑΝΘΡΩΠΟΥΟΙΔΕΕΙ 16:14
ΠΑΝΟΙΜΕΝΙΩΑΝΗΝΤΟ̅
ΒΑΠΤΙϹΤΗΝΟΙΔΕΗΛΕΙ
ΑΝΕΤΕΡΟΙΔΕΙΕΡΕΜΙΑΝ
ΗΕΝΑΤΩΝΠΡΟΦΗΤΩ̅
ΛΕΓΕΙΑΥΤΟΙϹΥΜΕΙϹΔΕ 16:15
ΤΙΝΑΜΕΛΕΓΕΤΕΕΙΝΑΙ
ΑΠΟΚΡΙΘΕΙϹΔΕϹΙΜΩ̅ 16:16
ΠΕΤΡΟϹΕΙΠΕΝϹΥΕΙΟ
Χ̅Ϲ̅ΟΥΙΟϹΤΟΥΘ̅Υ̅ΤΟΥ

16:17 ΖΩΝΤΟϹ ΑΠΟΚΡΙΘΕΙϹ
ΔΕΟΙ̅Ϲ̅ΕΙΠΕΝΑΥΤΩ ΜΑ
ΚΑΡΙΟϹΕΙϹΙΜΩΝΒΑΡΙΩΝΑΟΤΙ
ϹΑΡΞΚΑΙΑΙΜΑΟΥΚΑΠΕ
ΚΑΛΥΨΕΝϹΟΙΑΛΛΟΠΑ
ΤΗΡΜΟΥΟΕΝΟΥΡΑΝΟΙϹ
16:18 ΚΑΓΩΔΕϹΟΙΛΕΓΩΟΤΙ
ϹΥΕΙΠΕΤΡΟϹΚΑΙΕΠΙΤΑΥ
ΤΗΤΗΠΕΤΡΑΟΙΚΟΔΟΜΗ
ϹΩΜΟΥΤΗΝΕΚΚΛΗϹΙ
ΑΝΚΑΙΠΥΛΑΙΑΔΟΥΟΥ
ΚΑΤΙϹΧΥϹΟΥϹΙΝΑΥΤΗϹ
16:19 ΔΩϹΩϹΟΙΤΑϹΚΛΕΙΔΑϹ
ΤΗϹΒΑϹΙΛΕΙΑϹΤΩΝΟΥ
ΡΑΝΩΝΚΑΙΟΑΝΔΗϹΗϹ
ΕΠΙΤΗϹΓΗϹΕϹΤΑΙΔΕ
ΔΕΜΕΝΟΝΕΝΤΟΙϹΟΥ
ΡΑΝΟΙϹΚΑΙΟΕΑΝΛΥϹΗϹ
ΕΠΙΤΗϹΓΗϹΕϹΤΑΙΛΕ
ΛΥΜΕΝΟΝΕΝΤΟΙϹΟΥ
16:20 ΡΑΝΟΙϹ ΤΟΤΕΕΠΕΤΕΙ
ΜΗϹΕΝΤΟΙϹΜΑΘΗΤΑΙϹ
ΙΝΑΜΗΔΕΝΙΕΙΠΩϹΙΝΟ
ΤΙΑΥΤΟϹΕϹΤΙΝΟΧ̅Ϲ̅
16:21 ΡΓ ΑΠΟΤΟΤΕΗΡΞΑΤΟΙ̅Ϲ̅
Χ̅Ϲ̅ΔΕΙΚΝΥΝΑΙΤΟΙϹΜΑ
ΘΗΤΑΙϹΑΥΤΟΥΟΤΙΔΕΙ
ΑΥΤΟΝΕΙϹΙΕΡΟϹΟΛΥΜΑ
ΑΠΕΛΘΕΙΝΚΑΙΠΟΛΛΑ
ΠΑΘΕΙΝΑΠΟΤΩΝΠΡΕϹ
ΒΥΤΕΡΩΝΚΑΙΑΡΧΙΕΡΕ
ΩΝΚΑΙΓΡΑΜΜΑΤΕΩΝ
ΚΑΙΑΠΟΚΤΑΝΘΗΝΑΙϗ
ΤΗΤΡΙΤΗΗΜΕΡΑΕΓΕΡΘΗ
16:22 ΝΑΙ ΚΑΙΠΡΟϹΛΑΒΟΜΕ
ΝΟϹΑΥΤΟΝΟΠΕΤΡΟϹ
ΛΕΓΕΙΑΥΤΩΕΠΙΤΕΙΜΩ̅
ΕΙΛΕΩϹϹΟΙΚ̅Ε̅ΟΥΜΗΕ
16:23 ϹΤΑΙϹΟΙΤΟΥΤΟ ΟΔΕ
ϹΤΡΑΦΕΙϹΕΙΠΕΝΤΩ
ΠΕΤΡΩΫΠΑΓΕΟΠΙϹΩΜΟΥ
ϹΑΤΑΝΑϹΚΑΝΔΑΛΟΝΕΙ

ΕΜΟΥΟΤΙΟΥΦΡΟΝΕΙC
ΤΑΤΟΥΘ̄ῩΑΛΛΑΤΑΤΩΝ
ΑΝΘΡΩΠΩΝ ΤΟΤΕΙC 16:24
ΕΙΠΕΝΤΟΙCΜΑΘΗΤΑΙC
ΑΥΤΟΥΕΙΤΙCΘΕΛΕΙΟΠΙ
CΩΜΟΥΕΛΘΕΙΝΑΠΑΡΝΗ
CΑCΘΩΕΑΥΤΟΝΚΑΙΑΡΑ
ΤΩΤΟΝCΤΑΥΡΟΝΑΥΤΟΥ
ΚΑΙΑΚΟΛΟΥΘΕΙΤΩΜΟΙ
ΟCΓΑΡΕΑΝΘΕΛΗΤΗΝΨΥ 16:25
ΧΗΝΑΥΤΟΥCΩCΑΙΑΠΟ
ΛΕCΕΙΑΥΤΗΝΟCΔΑΝΑ
ΠΟΛΕCΗΤΗΝΨΥΧΗΝ
ΑΥΤΟΥΕΝΕΚΕΝΕΜΟΥ
ΕΥΡΗCΕΙΑΥΤΗΝ ΤΙΓΑΡ 16:26
ΩΦΕΛΗΘΗCΕΤΑΙΑΝ
ΘΡΩΠΟCΕΑΝΤΟΝΚΟC
CΜΟΝΟΛΟΝΚΕΡΔΗCΗΤΗ̄
ΔΕΨΥΧΗΝΑΥΤΟΥΖΗΜΙ
ΩΘΗΗΤΙΔΩCΕΙΑΝΘΡΩ
ΠΟCΑΝΤΑΛΛΑΓΜΑΤΗC
ΨΥΧΗCΑΥΤΟΥΜΕΛΛΕΙ 16:27
ΓΑΡΟΫΙΟCΤΟΥΑΝΘΡΩ
ΠΟΥΕΡΧΕCΘΑΙΕΝΤΗΔΟ
ΞΗΤΟΥΠΑΤΡΟCΑΥΤΟΥ
ΜΕΤΑΤΩΝΑΓΓΕΛΩΝΑΥ
ΤΟΥΚΑΙΤΟΤΕΑΠΟΔΩ
CΕΙΕΚΑCΤΩΚΑΤΑΤΗΝ
ΓΑ ΠΡΑΞΙΝΑΥΤΟΥ ΑΜΗΝ 16:28
ΛΕΓΩΫΜΙΝΟΤΙΕΙCΙΝΤΙ
ΝΕCΤΩΝΩΔΕΕCΤΩΤΩ̄
ΟΙΤΙΝΕCΟΥΜΗΓΕΥCΩ̄
ΤΑΙΘΑΝΑΤΟΥΕΩCΑΝΪ
ΔΩCΙΝΤΟΝΥΙΟΝΤΟΥ
ΑΝΘΡΩΠΟΥΕΡΧΟΜΕΝΟ̄
ΕΝΤΗΒΑCΙΛΕΙΑΑΥΤΟΥ
ΚΑΙΜΕΘΗΜΕΡΑCΕΞΠΑ 17:1
ΡΑΛΑΜΒΑΝΕΙΟῙC̄ΤΟΝ
ΠΕΤΡΟΝΚΑΙΙΑΚΩΒΟΝ
ΚΑΙΙΩΑΝΗΝΤΟΝΑΔΕΛ
ΦΟΝΑΥΤΟΥΚΑΙΑΝΑΦΕ
ΡΕΙΑΥΤΟΥCΕΙCΟΡΟCΥ

17:2 ΨΗΛΟΝΚΑΘΙΔΙΑΝΚΑΙΜΕ
ΤΕΜΟΡΦΩΘΗΕΜΠΡΟϹ
ΘΕΝΑΥΤΩΝΚΑΙΕΛΑΜΨΕ
ΤΟΠΡΟϹΩΠΟΝΑΥΤΟΥ
ΩϹΟΗΛΙΟϹΤΑΔΕΙΜΑΤΙ
ΑΑΥΤΟΥΕΓΕΝΕΤΟΛΕΥ
17:3 ΚΑΩϹΤΟΦΩϹΚΑΙΙΔΟΥ
ΩΦΘΗΑΥΤΟΙϹΜΩΫϹΗϹ
ΚΑΙΗΛΕΙΑϹϹΥΝΛΑΛΟΥ
17:4 ΤΕϹΜΕΤΑΥΤΟΥ ΑΠΟ
ΚΡΙΘΕΙϹΔΕΟΠΕΤΡΟϹΕΙ
ΠΕΝΤΩΙΥΚΕΚΑΛΟΝΕ
ϹΤΙΝΗΜΑϹΩΔΕΕΙΝΑΙ
ΕΙΘΕΛΕΙϹΠΟΙΗϹΩΩΔΕ
ϹΚΗΝΑϹΤΡΕΙϹϹΟΙΜΙΑ
ΚΑΙΜΩΥϹΕΙΜΙΑΝΚΑΙ
17:5 ΜΙΑΝΗΛΕΙΑ ΕΤΙΑΥΤΟΥ
ΛΑΛΟΥΝΤΟϹΙΔΟΥΝΕ
ΦΕΛΗΦΩΤΕΙΝΗΕΠΕ
ϹΚΙΑϹΕΝΑΥΤΟΥϹΚΑΙ
ΙΔΟΥΦΩΝΗΕΚΤΗϹΝΕ
ΦΕΛΗϹΛΕΓΟΥϹΑΟΥΤΟϹ
ΕϹΤΙΝΟΥΙΟϹΜΟΥΟΑΓΑ
ΠΗΤΟϹΕΝΩΕΥΔΟΚΗ
ϹΑΑΚΟΥΕΤΕΑΥΤΟΥ
17:6 ΚΑΙΑΚΟΥϹΑΝΤΕϹΟΙΜΑ
ΘΗΤΑΙΕΠΕϹΑΝΕΠΙΠΡΟ
ϹΩΠΟΝΑΥΤΩΝΚΑΙΕΦΟ
17:7 ΒΗΘΗϹΑΝϹΦΟΔΡΑ Ϗ
ΠΡΟϹΗΛΘΕΝΟΙϹΚΑΙΑ
ΨΑΜΕΝΟϹΑΥΤΩΝΕΙΠΕ
ΕΓΕΡΘΗΤΕΚΑΙΜΗΦΟ
17:8 ΒΕΙϹΘΕ ΕΠΑΡΑΝΤΕϹΔΕ
ΤΟΥϹΟΦΘΑΛΜΟΥϹΑΥ
ΤΩΝΟΥΔΕΝΑΕΙΔΟΝΕΙ
ΜΗΑΥΤΟΝΙΝΜΟΝΟΝ
17:9 ΡΕ ΚΑΙΚΑΤΑΒΑΙΝΟΝΤΩΝ
ΑΥΤΩΝΕΚΤΟΥΟΡΟΥϹ
ΕΝΕΤΕΙΛΑΤΟΑΥΤΟΙϹ
ΟΙϹΛΕΓΩΝΜΗΔΕΝΙΕΙ
ΠΗΤΕΤΟΟΡΑΜΑΕΩϹ
ΟΥΟΥΪΟϹΤΟΥΑΝΘΡΩΠΟΥ

ΕΚΝΕΚΡΩΝΕΓΕΡΘΗ ΚΑΙ 17:10
ΕΠΗΡΩΤΗCΑΝΑΥΤΟΝ
ΟΙΜΑΘΗΤΑΙΑΥΤΟΥΛΕ
ΓΟΝΤΕCΤΙΟΥΝΟΙΓΡΑΜ
ΜΑΤΕΙCΛΕΓΟΥCΙΝΟΤΙ
ΗΛΕΙΑΝΔΕΙΕΛΘΕΙΝΠΡΩ
ΤΟΝ ΟΔΕΑΠΟΚΡΙΘΕΙC 17:11
ΕΙΠΕΝΗΛΕΙΑCΜΕΝΕΡ
ΧΕΤΑΙΚΑΙΑΠΟΚΑΤΑCΤΗ
CΕΙΠΑΝΤΑ ΛΕΓΩΔΕΥΜΙ̅ 17:12
ΟΤΙΗΛΕΙΑCΗΔΗΗΛΘΕ̅
ΚΑΙΟΥΚΕΠΕΓΝΩCΑΝΑΥ
ΤΟΝΑΛΛΕΠΟΙΗCΑΝΕΝ
ΑΥΤΩΟCΑΗΘΕΛΗCΑΝ
ΟΥΤΩCΚΑΙΟΥΙΟCΤΟΥ
ΑΝΘΡΩΠΟΥΜΕΛΛΕΙΠΑ
CΧΕΙΝΫΠΑΥΤΩΝ ΤΟ 17:13
ΤΕCΥΝΗΚΑΝΟΙΜΑΘΗΤΑΙ
ΟΤΙΠΕΡΙΙΩΑΝΟΥΤΟΥ
ΒΑΠΤΙCΤΟΥΕΙΠΕΝΑΥΤΟΙC
ΓS ΚΑΙΕΛΘΟΝΤΩΝΠΡΟC 17:14
ΤΟΝΟΧΛΟΝΠΡΟCΗΛΘΕ̅
ΑΥΤΩΑΝΘΡΩΠΟCΓΟΝΥ
ΠΕΤΩΝΑΥΤΟΝΚΑΙΛΕ 17:15
ΓΩΝΚΕ̅ ΕΛΕΗCΟΝΜΟΥ
ΤΟΝΥΙΟΝΜΟΥΟΤΙCΕΛΗ
ΝΙΑΖΕΤΑΙΚΑΙΚΑΚΩC
ΕΧΕΙΠΟΛΛΑΚΙCΓΑΡΠΕΙ
ΠΤΕΙΕΙCΤΟΠΥΡΚΑΙΠΟΛ
ΛΑΚΙCΕΙCΤΟΥΔΩΡΚΑΙ 17:16
ΠΡΟCΗΝΕΓΚΑΑΥΤΟΝΤΟΙC
ΜΑΘΗΤΑΙCCΟΥΚΑΙΟΥ
ΚΗΔΥΝΑCΘΗCΑΝΑΥΤΟ̅
ΘΕΡΑΠΕΥCΑΙ ΑΠΟΚΡΙ 17:17
ΘΕΙCΔΕΟΙ̅C̅ ΕΙΠΕΝΩΓΕ
ΝΕΑΑΠΙCΤΟCΚΑΙΔΙΕ
CΤΡΑΜΜΕΝΗΕΩCΠΟΤΕ
ΜΕΘΥΜΩΝΕCΟΜΑΙΕΩC
ΠΟΤΕΑΝΕΞΟΜΑΙΫΜΩ̅
ΦΕΡΕΤΕΜΟΙΑΥΤΟΝΩΔΕ
ΚΑΙΕΠΕΤΕΙΜΗCΕΝΑΥΤΩ 17:18
ΟΙ̅C̅ ΚΑΙΕΞΗΛΘΕΝΑΠΑΥ

ΤΟΥΤΟΔΑΙΜΟΝΙΟΝΚΑΙ
ΕΘΕΡΑΠΕΥΘΗΟΠΑΙΣΑ
ΠΟΤΗΣΩΡΑΣΕΚΕΙΝΗΣ
17:19 ΤΟΤΕΠΡΟΣΕΛΘΟΝΤΕΣ
ΟΙΜΑΘΗΤΑΙΤΩΙΥΚΑ
ΘΙΔΙΑΝΕΙΠΟΝΔΙΑΤΙΗ
ΜΕΙΣΟΥΚΗΔΥΝΗΘΗΜΕ
17:20 ΕΚΒΑΛΕΙΝΑΥΤΟ ΟΔΕΛΕ
ΓΕΙΑΥΤΟΙΣΔΙΑΤΗΝΟ
ΛΙΓΟΠΙΣΤΙΑΝΫΜΩΝ
ΑΜΗΝΓΑΡΛΕΓΩΫΜΙΝ
ΕΑΝΕΧΗΤΕΠΙΣΤΙΝΩΣ
ΚΟΚΚΟΝΣΙΝΑΠΕΩΣΕΡΕΙ
ΤΕΤΩΟΡΕΙΤΟΥΤΩΜΕΤΑ
ΒΑΕΝΘΕΝΕΚΕΙΚΑΙΜΕΤΑ
ΒΗΣΕΤΑΙΚΑΙΟΥΔΕΝΑΔΥ
ΝΑΤΗΣΕΙΥΜΙΝ
17:22 ΓΖ ΣΥΣΤΡΕΦΟΜΕΝΩΝΔΕ
ΑΥΤΩΝΕΝΤΗΓΑΛΕΙΛΑΙ
ΛΕΙΠΕΝΑΥΤΟΙΣΟΙΣΜΕΛ
ΛΕΙΟΥΙΟΣΤΟΥΑΝΘΡΩ
ΠΟΥΠΑΡΑΔΙΔΟΣΘΑΙΕΙΣ
17:23 ΧΕΙΡΑΣΑΝΘΡΩΠΩΝΚΑΙ
ΑΠΟΚΤΕΝΟΥΣΙΝΑΥΤΟΝ
ΚΑΙΤΗΤΡΙΤΗΗΜΕΡΑΑΝΑ
ΣΤΗΣΕΤΑΙΚΑΙΕΛΥΠΗΘΗ
ΣΑΝΣΦΟΔΡΑ
17:24 ΓΗ ΕΛΘΟΝΤΩΝΔΕΑΥΤΩΝΕΙΣ
ΚΑΦΑΡΝΑΟΥΜΠΡΟΣΗΛ
ΘΟΝΟΙΤΑΔΙΔΡΑΧΜΑΛΑΜ
ΒΑΝΟΝΤΕΣΤΩΠΕΤΡΩ
ΚΑΙΕΙΠΑΝΟΔΙΔΑΣΚΑΛΟΣ
ΫΜΩΝΟΥΤΕΛΕΙΤΑΔΙΔΡΑ
17:25 ΧΜΑΛΕΓΕΙΝΑΙΚΑΙΕΛΘΟΝ
ΤΑΕΙΣΤΗΝΟΙΚΙΑΝΠΡΟΕ
ΦΘΑΣΕΝΑΥΤΟΝΟΙΣΛΕ
ΓΩΝ ΤΙΣΟΙΔΟΚΕΙΣΙΜΩΝ
ΟΙΒΑΣΙΛΕΙΣΤΗΣΓΗΣΑΠΟ
ΤΙΝΟΣΛΑΜΒΑΝΟΥΣΙΝΤΕ
ΛΗ ΗΚΗΝΣΟΝΑΠΟΤΩΝ
ΥΙΩΝΑΥΤΩΝΗΑΠΟΤΩΝ
17:26 ΑΛΛΟΤΡΙΩΝ ΕΙΠΟΝΤΟΣ

ΔΕΑΠΟΤΩΝΑΛΛΟΤΡΙΩ̄
ΕΦΗΑΥΤΩΟΙ̅Ϲ̅ΑΡΑΓΕ
ΕΛΕΥΘΕΡΟΙΕΙϹΙΝΟΙΥΙΟΙ
ΙΝΑΔΕΜΗϹΚΑΝΔΑΛΙϹΩ 17:27
ΜΕΝΑΥΤΟΥϹΠΟΡΕΥΘΕΙϹ
ΕΙϹΘΑΛΑϹϹΑΝΒΑΛΕΑΓ
ΚΙϹΤΡΟΝΚΑΙΤΟΝΑΝΑ
ΒΑΝΤΑΠΡΩΤΟΝΙΧΘῩ
ΑΡΟΝΚΑΙΑΝΟΙΞΑϹΤΟ
ϹΤΟΜΑΑΥΤΟΥΕΥΡΗϹΕΙϹ
ϹΤΑΤΗΡΑΕΚΕΙΝΟΝΛΑ
ΒΩΝΔΟϹΑΥΤΟΙϹΑΝΤΙ
ΓΟ ΕΜΟΥΚΑΙϹΟΥ ΕΝΕΚΕΙ 18:1
ΝΗΔΕΤΗΩΡΑΠΡΟϹΗΛ
ΘΟΝΟΙΜΑΘΗΤΑΙΤΩΙ̅Υ̅
ΛΕΓΟΝΤΕϹΤΙϹΑΡΑΜΕΙ
ΖΩΝΕϹΤΙΝΕΝΤΗΒΑϹΙ
ΛΕΙΑΤΩΝΟΥΡΑΝΩΝ
ΚΑΙΠΡΟϹΚΑΛΕϹΑΜΕΝΟϹ 18:2
ΠΑΙΔΙΟΝΕϹΤΗϹΕΝΑΥ
ΤΟΕΝΜΕϹΩΑΥΤΩΝΚΑΙ 18:3
ΕΙΠΕΝΑΜΗΝΛΕΓΩΥΜῙ
ΕΑΝΜΗϹΤΡΑΦΗΤΕΚΑΙ
ΓΕΝΗϹΘΕΩϹΤΑΠΑΙΔΙΑ
ΟΥΜΗΕΙϹΕΛΘΗΤΕΕΙϹ
ΤΗΝΒΑϹΙΛΕΙΑΝΤΩΝΟΥ
ΡΑΝΩΝΟϹΤΙϹΟΥΝΤΑ 18:4
ΠΕΙΝΩϹΕΙΕΑΥΤΟΝΩϹ
ΤΟΠΑΙΔΙΟΝΤΟΥΤΟΟΥ
ΤΟϹΕϹΤΙΝΟΜΕΙΖΩΝΕ̄
ΤΗΒΑϹΙΛΕΙΑΤΩΝΟΥΡΑ
ΝΩΝΚΑΙΟϹΕΑΝΔΕΞΗ 18:5
ΤΑΙΕΝΠΑΙΔΙΟΝΤΟΙΟΥΤΟ
ΕΠΙΤΩΟΝΟΜΑΤΙΜΟΥ
ΕΜΕΔΕΧΕΤΑΙ ΟϹΔΑΝ 18:6
ϹΚΑΝΔΑΛΙϹΗΕΝΑΤΩΝ
ΜΕΙΚΡΩΝΤΟΥΤΩΝΤΩ̄
ΠΙϹΤΕΥΟΝΤΩΝΕΙϹΕΜΕ
ϹΥΜΦΕΡΕΙΑΥΤΩΙΝΑ
ΚΡΕΜΑϹΘΗΜΥΛΟϹΟΝΙ
ΚΟϹΠΕΡΙΤΟΝΤΡΑΧΗΛΟ̄
ΑΥΤΟΥΚΑΙΚΑΤΑΠΟΝ

ΤΙϹΘΗΕΝΤΩΠΕΛΑΓΕΙ
18:7 ΓΙ ΤΗϹΘΑΛΑϹϹΗϹ . ΟΥΑΙΤΩ
ΚΟϹΜΩΑΠΟΤΩΝϹΚΑΝ
ΔΑΛΩΝΑΝΑΓΚΗΓΑΡΕΛ
ΘΕΙΝΤΑϹΚΑΝΔΑΛΑ ΠΛΗ̅
ΟΥΑΙΤΩΑΝΘΡΩΠΩΕΚΕΙ
ΝΩΔΙΟΥΤΟϹΚΑΝΔΑΛΟΝ
18:8 ΕΡΧΕΤΑΙ ΕΙΔΕΗΧΕΙΡϹΟΥ
ΗΟΠΟΥϹϹΟΥϹΚΑΝΔΑΛΙ
ΖΕΙϹΕΕΚΚΟΨΟΝΑΥΤΟ̅
ΚΑΙΒΑΛΕΑΠΟϹΟΥΚΑΛΟ̅
ϹΟΙΕϹΤΙΝΕΙϹΕΛΘΕΙΝ
ΕΙϹΤΗΝΖΩΗΝΚΥΛΛΟΝ
ΗΧΩΛΟΝΗΔΥΟΧΕΙΡΑϹ
ΗΔΥΟΠΟΔΑϹΕΧΟΝΤΑ
ΒΛΗΘΗΝΑΙΕΙϹΤΟΠΥΡ
18:9 ΤΟΑΙΩΝΙΟΝΚΑΙΕΙΟΟ
ΦΘΑΛΜΟϹϹΟΥϹΚΑΝΔΑ
ΛΕΙϹΕΕΞΕΛΕΑΥΤΟΝΚΑΙ
ΒΑΛΕΑΠΟϹΟΥΚΑΛΟΝϹΟΙ
ΕϹΤΙΝΜΟΝΟΦΘΑΛΜΟ̅
ΕΙϹΤΗΝΖΩΗΝΕΙϹΕΛΘΕΙ̅
ΗΔΥΟΟΦΘΑΛΜΟΥϹΕΧΟ̅
ΤΑΒΛΗΘΗΝΑΙΕΙϹΤΗΝΓΕ
18:10 ΕΝΝΑΝΤΟΥΠΥΡΟϹΟΡΑ
ΤΕΜΗΚΑΤΑΦΡΟΝΗϹΗ
ΤΕΕΝΟϹΤΩΝΜΕΙΚΡΩΝ
ΤΟΥΤΩΝΛΕΓΩΓΑΡΫΜΙ̅
ΟΤΙΟΙΑΓΓΕΛΟΙΑΥΤΩΝ
ΕΝΤΩΟΥΡΑΝΩΔΙΑΠΑΝ
ΤΟϹΒΛΕΠΟΥϹΙΤΟΠΡΟ
ϹΩΠΟΝΤΟΥΠΑΤΡΟϹΜΟΥ
18:12 ΤΟΥΕΝΟΥΡΑΝΟΙϹ ΤΙΫ
ΜΙΝΔΟΚΕΙΕΑΝΓΕΝΗΤΑΙ
ΤΙΝΙΑΝΘΡΩΠΩΕΚΑΤΟ̅
ΠΡΟΒΑΤΑΚΑΙΠΛΑΝΗΘΗ
ΕΝΕΞΑΥΤΩΝΟΥΧΙΑΦΗ
ϹΕΙΤΑΕΝΕΝΗΚΟΝΤΑΕΝ
ΝΕΑΠΡΟΒΑΤΑΕΠΙΤΑΟ
ΡΗΚΑΙΠΟΡΕΥΘΕΙϹΖΗΤΕΙ
18:13 ΤΟΠΛΑΝΩΜΕΝΟΝΚΑΙ
ΕΑΝΓΕΝΗΤΑΙΕΥΡΕΙΝ

ΑΥΤΟΑΜΗΝΛΕΓΩΫΜΙ
ΟΤΙΧΑΙΡΕΙΕΠΑΥΤΩΜΑΛ
ΛΟΝΗΕΠΙΤΟΙϹΕΝΕΝΗ
ΚΟΝΤΑΕΝΝΕΑΤΟΙϹΜΗ
ΠΕΠΛΑΝΗΜΕΝΟΙϹΟΥΤΩϹ 18:14
ΟΥΚΕϹΤΙΝΘΕΛΗΜΑΕΜ
ΠΡΟϹΘΕΝΤΟΥΠΑΤΡΟϹ
ΜΟΥΤΟΥΕΝΟΥΡΑΝΟΙϹ
ΙΝΑΑΠΟΛΗΤΑΙΕΝΤΩΝ
ΜΕΙΚΡΩΝΤΟΥΤΩΝ ΕΑ 18:15
ΔΕΑΜΑΡΤΗϹΗΟΑΔΕΛΦΟϹ
ϹΟΥΥΠΑΓΕΕΛΕΓΞΟΝΑΥ
ΤΟΝΜΕΤΑΞΥϹΟΥΚΑΙΑΥ
ΤΟΥΜΟΝΟΥΕΑΝϹΟΥΑΚΟΥ
ϹΗΕΚΕΡΔΗϹΑϹΤΟΝΑΔΕΛ
ΦΟΝϹΟΥΕΑΝΔΕΜΗΑΚΟΥ 18:16
ϹΗΠΑΡΑΛΑΒΕΕΤΙΕΝΑΗ
ΔΥΟΜΕΤΑϹΟΥΙΝΑΕΠΙ
ϹΤΟΜΑΤΟϹΔΥΟΜΑΡΤΥ
ΡΩΝΗΤΡΙΩΝϹΤΑΘΗΠΑ
ΡΗΜΑ ΕΑΝΔΕΠΑΡΑΚΟΥ 18:17
ϹΗΑΥΤΩΝΕΙΠΕΤΗΕΚ
ΚΛΗϹΙΑΕΑΝΔΕΚΑΙΤΗϹ
ΕΚΚΛΗϹΙΑϹΠΑΡΑΚΟΥϹΗ
ΕϹΤΩϹΟΙΩϹΠΕΡΟΕΘΝΙ
ΚΟϹΚΑΙΟΤΕΛΩΝΗϹ
ΑΜΗΝΛΕΓΩΥΜΙΝΟϹΑ 18:18
ΑΝΔΗϹΗΤΕΕΠΙΤΗϹΓΗϹ
ΕϹΤΑΙΔΕΔΕΜΕΝΑΕΝΟΥ
ΡΑΝΩΚΑΙΟϹΑΕΑΝΛΥϹΗ
ΤΕΕΠΙΤΗϹΓΗϹΕϹΤΑΙΛΕ
ΛΥΜΕΝΑΕΝΟΥΡΑΝΩ
ΡΙΑ ΠΑΛΙΝΑΜΗΝΛΕΓΩΥΜΙΝ 18:19
ΟΤΙΕΑΝΔΥΟϹΥΜΦΩΝΗ
ϹΩϹΙΝΕΞΥΜΩΝΕΠΙΤΗϹ
ΓΗϹΠΕΡΙΠΑΝΤΟϹΠΡΑ
ΓΜΑΤΟϹΟΥΕΑΝΑΙΤΗϹΩ
ΤΑΙΓΕΝΗϹΕΤΑΙΑΥΤΟΙϹ
ΠΑΡΑΤΟΥΠΑΤΡΟϹΜΟΥ
ΤΟΥΕΝΟΥΡΑΝΟΙϹΟΥΓΑΡ 18:20
ΕΙϹΙΝΔΥΟΗΤΡΕΙϹϹΥΝ
ΗΓΜΕΝΟΙΕΙϹΤΟΕΜΟΝ

ΟΝΟΜΑΕΚΕΙΕΙΜΙΕΝΜΕ
18:21 ϹΩΑΥΤΩΝ ΤΟΤΕΠΡΟϹ
ΕΛΘΩΝΟΠΕΤΡΟϹΕΙΠΕ
ΑΥΤΩ ΚΕ ΠΟϹΑΚΙϹΑΜΑΡ
ΤΗϹΕΙΟΑΔΕΛΦΟϹΜΟΥ
ΕΙϹΕΜΕΚΑΙΑΦΗϹΩΑΥ
18:22 ΤΩΕΩϹΕΠΤΑΚΙϹ ΛΕΓΕΙ
ΑΥΤΩΟΙϹΟΥΛΕΓΩϹΟΙ
ΕΩϹΕΠΤΑΚΙϹΑΛΛΑΕΩϹ
ΕΒΔΟΜΗΚΟΝΤΑΚΙϹΕ
18:23 ΠΤΑ ΔΙΑΤΟΥΤΟΩΜΟΙ
ΩΘΗΗΒΑϹΙΛΕΙΑΤΩΝΟΥ
ΡΑΝΩΝΑΝΘΡΩΠΩΒΑϹΙ
ΛΕΙΟϹΗΘΕΛΗϹΕΝϹΥΝ
ΑΡΑΙΛΟΓΟΝΜΕΤΑΤΩΝ
18:24 ΔΟΥΛΩΝΑΥΤΟΥΑΡΞΑ
ΜΕΝΟΥΔΕΑΥΤΟΥϹΥΝ
ΑΙΡΕΙΝΠΡΟϹΗΧΘΗΕΙϹ
ΑΥΤΩΟΦΕΙΛΕΤΗϹΜΥ
18:25 ΡΙΩΝΤΑΛΑΝΤΩΝΜΗΕ
ΧΟΝΤΟϹΔΕΑΥΤΟΥΑΠΟ
ΔΟΥΝΑΙΕΚΕΛΕΥϹΕΝΑΥ
ΤΟΝΟΚϹΠΡΑΘΗΝΑΙΚΑΙ
ΤΗΝΓΥΝΑΙΚΑΚΑΙΤΑΤΕ
ΚΝΑΚΑΙΠΑΝΤΑΟϹΑΕΧΕΙ
18:26 ΚΑ ΙΑΠΟΔΟΘΗΝΑΙ ΠΕ
Ϲ ΩΝΟΥΝΟΔΟΥΛΟϹ
ΠΡΟϹΕΚΥΝΕΙΑΥΤΩΛΕ
ΓΩΝΜΑΚΡΟΘΥΜΗϹΟΝ
ΕΠΕΜΟΙΚΑΙΠΑΝΤΑΑΠΟ
18:27 ΔΩϹΩϹΟΙ ϹΠΛΑΓΧΝΙ
ϹΘΕΙϹΔΕΟΚΥΡΙΟϹΤΟΥ
ΔΟΥΛΟΥΑΠΕΛΥϹΕΝΑΥ
ΤΟΝΚΑΙΤΟΔΑΝΕΙΟΝΑ
18:28 ΦΗΚΕΝΑΥΤΩ ΕΞΕΛΘΩΝ
ΔΕΟΔΟΥΛΟϹΕΥΡΕΝΕΝΑ
ΤΩΝϹΥΝΔΟΥΛΩΝΑΥ
ΤΟΥΟϹΩΦΕΙΛΕΝΑΥΤΩ
ΕΚΑΤΟΝΔΗΝΑΡΙΑΚΑΙ
ΚΡΑΤΗϹΑϹΑΥΤΟΝΕΠΝΕΙ
ΓΕΛΕΓΩΝΑΠΟΔΟϹΕΙΤΙ
18:29 ΟΦΕΙΛΕΙϹ ΠΕϹΩΝΟΥΝ

ΟϹΥΝΔΟΥΛΟϹΑΥΤΟΥ
ΠΑΡΕΚΑΛΕΙΑΥΤΟΝΛΕ
ΓΩΝΜΑΚΡΟΘΥΜΗϹΟΝ
ΕΠΕΜΟΙΚΑΙΑΠΟΔΩϹΩ
ϹΟΙΟΔΕΟΥΚΗΘΕΛΕΝ 18:30
ΑΛΛΑΑΠΕΛΘΩΝΕΒΑΛΕ̅
ΑΥΤΟΝΕΙϹΦΥΛΑΚΗΝ
ΕΩϹΑΠΟΔΩΤΟΟΦΕΙ
ΛΟΜΕΝΟΝ ΙΔΟΝΤΕϹ 18:31
ΟΥΝΑΥΤΟΥΟΙϹΥΝΔΟΥ
ΛΟΙΤΑΓΕΝΟΜΕΝΑΕΛΥ
ΠΗΘΗϹΑΝϹΦΟΔΡΑΚΑΙ
ΕΛΘΟΝΤΕϹΔΙΕϹΑΦΗϹΑ̅
ΤΩΚΥΡΙΩΕΑΥΤΩΝΠΑ̅
ΤΑΤΑΓΕΝΟΜΕΝΑ ΤΟΤΕ 18:32
ΠΡΟϹΚΑΛΕϹΑΜΕΝΟϹΑΥ
ΤΟΝΟΚΥΡΙΟϹΑΥΤΟΥΛΕ
ΓΕΙΑΥΤΩΔΟΥΛΕΠΟΝΗ
ΡΕΠΑϹΑΝΤΗΝΟΦΕΙΛΗ̅
ΕΚΕΙΝΗΝΑΦΗΚΑϹΟΙΕ
Ε
ΠΙΠΑΡΕΚΑΛΕϹΑϹΜΕΟΥ 18:33
ΚΕΔΕΙΚΑΙϹΕΕΛΕΗϹΑΙΤΟ̅
ϹΥΝΔΟΥΛΟΝϹΟΥΩϹΚΑ
ΓΩϹΕΝΗΛΕΗϹΑ ΚΑΙΟΡΓΙ 18:34
ϹΘΕΙϹΟΚΥΡΙΟϹΑΥΤΟΥ
ΠΑΡΕΔΩΚΕΝΑΥΤ ΟΝ
ΤΟΙϹΒΑϹΑΝΙϹΤ ΑΙϹ
ΕΩϹΑΠΟΔΩΠΑΝΤΟΟ
ΦΕΙΛΟΜΕΝΟΝ ΟΥΤΩϹ 18:35
ΚΑΙΟΠΑΤΗΡΜΟΥΟΟΥ
ΡΑΝΙΟϹΠΟΙΗϹΕΙΥΜΙΝ
ΕΑΝΜΗΑΦΗΤΕΕΚΑϹΤΟϹ
ΤΩΑΔΕΛΦΩΑΥΤΟΥΑ
ΠΟΤΩΝΚΑΡΔΙΩΝΫΜΩ̅
ΡΙΒ ΚΑΙΕΓΕΝΕΤΟΟΤΕΕΤΕΛΕ 19:1
ϹΕΝΟΙ̅Ϲ̅ΤΟΥϹΛΟΓΟΥϹ
ΤΟΥΤΟΥϹΜΕΤΗΡΕΝΑΠΟ
ΤΗϹΓΑΛΕΙΛΑΙΑϹΚΑΙΗΛ
ΘΕΝΕΙϹΤΑΟΡΙΑΤΗϹΙΟΥ
ΔΑΙΑϹΠΕΡΑΝΤΟΥΙΟΡΔΑ
ΝΟΥΚΑΙΗΚΟΛΟΥΘΗϹΑ̅ 19:2
ΑΥΤΩΟΧΛΟΙΠΟΛΛΟΙΚΑΙ

ΕΘΕΡΑΠΕΥϹΕΝΑΥΤΟΥϹ
19:3 ΡΠΓ ΕΚΕΙ ΚΑΙΠΡΟϹΗΛΘΟΝ
ΑΥΤΩΦΑΡΕΙϹΑΙΟΙΠΕΙ
ΡΑΖΟΝΤΕϹΑΥΤΟΝΚΑΙ
ΛΕΓΟΝΤΕϹΕΙΕΞΕϹΤΙΝ
ΑΠΟΛΥϹΑΙΤΗΝΓΥΝΑΙΚΑ
ΑΥΤΟΥΚΑΤΑΠΑϹΑΝΑΙ
19:4 ΤΙΑΝ ΟΔΕΑΠΟΚΡΙΘΕΙϹ
ΕΙΠΕΝΟΥΚΑΝΕΓΝΩΤΕ
ΟΤΙΟΚΤΙϹΑϹΑΠΑΡΧΗϹ
ΑΡϹΕΝΚΑΙΘΗΛΥΕΠΟΙΗ
19:5 ϹΕΝΑΥΤΟΥϹΚΑΙΕΙΠΕΝ
ΕΝΕΚΑΤΟΥΤΟΥΚΑΤΑΛΕΙ
ΨΕΙΑΝΘΡΩΠΟϹΤΟΝΠΑ
ΤΕΡΑΚΑΙΤΗΝΜΗΤΕΡΑϗ
ΚΟΛΛΗΘΗϹΕΤΑΙΤΗΓΥ
ΝΑΙΚΙΑΥΤΟΥΚΑΙΕϹΟΝ
ΤΑΙΟΙΔΥΟΕΙϹϹΑΡΚΑΜΙΑ̅
19:6 ΩϹΤΕΟΥΚΕΤΙΕΙϹΙΝΔΥ
ΟΑΛΛΑϹΑΡΞΜΙΑΟΟΥΝΟ
Θ̅Ϲ̅ϹΥΝΕΖΕΥΞΕΝΑΝΘΡΩ
19:7 ΠΟϹΜΗΧΩΡΙΖΕΤΩ · ΛΕ
ΓΟΥϹΙΝΑΥΤΩΤΙΟΥΝΜΩ
ΥϹΗϹΕΝΕΤΕΙΛΑΤΟΔΟΥ
ΝΑΙΒΙΒΛΙΟΝΑΠΟϹΤΑϹΙ
ΟΥΚΑΙΑΠΟΛΥϹΑΙΑΥΤΗ̅
19:8 ΛΕΓΕΙΑΥΤΟΙϹΟΤΙΜΩΥ
ϹΗϹΠΡΟϹΤΗΝϹΚΛΗΡΟ
ΚΑΡΔΙΑΝΫΜΩΝΕΠΕΤΡΕ
ΨΕΝΫΜΙΝΑΠΟΛΥϹΑΙΤΑϹ
ΓΥΝΑΙΚΑϹΫΜΩΝΑΠΑΡ
ΧΗϹΔΕΟΥΓΕΓΟΝΕΝΟΥΤΩϹ
19:9 ΛΕΓΩΔΕΫΜΙΝΟϹΑΝΑΠΟ
ΛΥϹΗΤΗΝΓΥΝΑΙΚΑΑΥΤΟΥ
ΠΑΡΕΚΤΟϹΛΟΓΟΥΠΟΡΝΕΙ
ΑϹΠΟΙΕΙΑΥΤΗΝΜΟΙΧΕΥ
ΘΗΝΑΙΚΑΙΟΑΠΟΛΕΛΥΜΕ
ΝΗΝΓΑΜΗϹΑϹΜΟΙΧΑΤΑΙ
19:10 ΛΕΓΟΥϹΙΝΑΥΤΩΟΙΜΑΘΗ
ΤΑΙΕΙΟΥΤΩϹΕϹΤΙΝΗΑΙ
ΤΙΑΤΟΥΑΝΘΡΩΠΟΥΜΕΤΑ
ΤΗϹΓΥΝΑΙΚΟϹΟΥϹΥΜ

ΦΕΡΕΙ ΓΑΜΗϹΑΙ ΟΔΕΕΙ 19:11
ΠΕΝΑΥΤΟΙϹΟΥΠΑΝΤΕϹ
ΧΩΡΟΥϹΙΤΟΝΛΟΓΟΝΑΛ
ΛΟΙϹΔΕΔΟΤΑΙΕΙϹΙΝΓΑΡ 19:12
ΕΥΝΟΥΧΟΙΟΙΤΙΝΕϹΕΚ
ΚΟΙΛΙΑϹΜΗΤΡΟϹΕΓΕΝΝΗ
ΘΗϹΑΝΟΥΤΩϹΚΑΙΕΙϹΙΝ
ΕΥΝΟΥΧΟΙΟΙΤΙΝΕϹΕΥ
ΝΟΥΧΙϹΘΗϹΑΝΥΠΟΤΩ̄
ΑΝΘΡΩΠΩΝ ΚΑΙΕΙϹΙΝΕΥ
ΝΟΥΧΟΙΟΙΤΙΝΕϹΕΥΝΟΥ
ΧΙϹΑΝΕΑΥΤΟΥϹΔΙΑΤΗΝ
ΒΑϹΙΛΕΙΑΝΤΩΝΟΥΡΑΝΩ̄
ΟΔΥΝΟΜΕΝΟϹΧΩΡΕΙΝ
ΡΙΑ ΧΩΡΕΙΤΩ ΤΟΤΕΠΡΟϹ 19:13
ΗΝΕΧΘΗϹΑΝΑΥΤΩΠΑΙ
ΔΙΑΙΝΑΤΑϹΧΕΙΡΑϹΕΠΙ
ΘΗΑΥΤΟΙϹΚΑΙΠΡΟϹΕΥ
ΞΗΤΑΙΟΙΔΕΜΑΘΗΤΑΙΕ
ΠΕΤΕΙΜΗϹΑΝΑΥΤΟΙϹ
ΟΔΕΙϹ̄ΕΙΠΕΝΑΦΕΤΑΙΤΑ 19:14
ΠΑΙΔΙΑΚΑΙΜΗΚΩΛΥΕ
ΤΕΑΥΤΑΕΛΘΕΙΝΠΡΟϹΜΕ
ΤΩΝΓΑΡΤΟΙΟΥΤΩΝΕϹΤῙ
ΗΒΑϹΙΛΕΙΑΤΩΝΟΥΡΑΝΩ̄
ΚΑΙΕΠΙΘΕΙϹΤΑϹΧΕΙΡΑϹ 19:15
ΑΥΤΟΙϹΕΠΟΡΕΥΘΗΕΚΕΙ
ΡΙΕ ΘΕΝ ΚΑΙΙΔΟΥΕΙϹΠΡΟϹ 19:16
ΕΛΘΩΝΑΥΤΩΕΙΠΕΝΔΙ
ΔΑϹΚΑΛΕΤΙΑΓΑΘΟΝΠΟΙ
ΗϹΩΙΝΑϹΧΩΖΩΗΝΑΙ
ΩΝΙΟΝ ΟΔΕΕΙΠΕΝΑΥΤΩ 19:17
ΤΙΜΕΕΡΩΤΑϹΠΕΡΙΤΟΥ
ΕΙϹ
ΑΓΑΘΟΥΕϹΤΙΝΟΑΓΑΘΟϹ
ΕΙΔΕΘΕΛΕΙϹΕΙϹΤΗΝΖΩΗ̄
ΕΙϹΕΛΘΕΙΝΤΗΡΕΙΤΑϹΕ̄
ΤΟΛΑϹ ΛΕΓΕΙΑΥΤΩΠΟΙΑϹ 19:18
› ΟΔΕΙϹ̄ΕΦΗΤΟΟΥΦΟΝΕΥ
› ϹΕΙϹ ΟΥΜΟΙΧΕΥϹΕΙϹ
› ΟΥΚΛΕΨΕΙϹ
› ΟΥΨΕΥΔΟΜΑΡΤΥΡΗϹΕΙϹ
› ΤΕΙΜΑΤΟΝΠΑΤΕΡΑΚΑΙ 19:19

› ΤΗΝΜΗΤΕΡΑ ΚΑΙΑΓΑΠΗ
› CΕΙCΤΟΝΠΛΗCΙΟΝCΟΥ
19:20 › ΩCCΕΑΥΤΟΝ ΛΕΓΕΙΑΥ
ΤΩΟΝΕΑΝΙCΚΟCΤΑΥΤΑ
ΠΑΝΤΑΕΦΥΛΑΞΑΤΙΕΤΙ
19:21 ΥCΤΕΡΩ ΛΕΓΕΙΑΥΤΩ
ΟΙ̅C̅ΕΙΘΕΛΕΙCΤΕΛΕΙΟCΕΙ
ΝΑΙΥΠΑΓΕΠΩΛΗCΟΝCΟΥ
ΤΑΥΠΑΡΧΟΝΤΑΚΑΙΔΟC
ΤΟΙCΠΤΩΧΟΙCΚΑΙΕΞΕΙC
ΘΗCΑΥΡΟΝΕΝΟΥΡΑΝΟΙC
ΚΑΙΔΕΥΡΟΑΚΟΛΟΥΘΕΙΜΟΙ
19:22 ΑΚΟΥCΑCΔΕΟΝΕΑΝΙCΚΟC
ΤΟΝΛΟΓΟΝΤΟΥΤΟΝΑ
ΠΗΛΘΕΛΥΠΟΥΜΕΝΟC
ΗΝΓΑΡΕΧΩΝΧΡΗΜΑΤΑ
19:23 ΠΟΛΛΑ ΟΔΕΙ̅C̅ΕΙΠΕΝΤΟΙC
ΜΑΘΗΤΑΙCΑΥΤΟΥΑΜΗ̅
ΛΕΓΩΥΜΙΝΟΤΙΠΛΟΥCΙ
ΟCΔΥCΚΟΛΩCΕΙCΕΛΕΥ
CΕΤΑΙΕΙCΤΗΝΒΑCΙΛΕΙ
19:24 ΑΝΤΩΝΟΥΡΑΝΩΝ ΠΑ
ΛΙΝΔΕΛΕΓΩΥΜΙΝΕΥΚΟ
ΠΩΤΕΡΟΝ ΕCΤΙΝΚΑΜΗ
ΛΟΝ ΔΙΑΤΡΗΜΑΤΟCΡΑ
ΦΙΔΟCΔΙΕΛΘΕΙΝΗΠΛΟΥ
CΙΟΝΕΙCΕΛΘΕΙΝΕΙCΤΗ̅
19:25 ΒΑCΙΛΕΙΑΝΤΟΥΘ̅Υ̅ ΑΚΟΥ
CΑΝΤΕCΔΕΟΙΜΑΘΗΤΑΙ
ΕΞΕΠΛΗCCΟΝΤΟCΦΟΔΡΑ
ΛΕΓΟΝΤΕCΤΙCΑΡΑΔΥΝΑ
19:26 ΤΑΙCΩΘΗΝΑΙ ΕΜΒΛΕΨΑC
ΔΕΟΙ̅C̅ΕΙΠΕΝΑΥΤΟΙCΠΑ
ΡΑΑΝΘΡΩΠΟΙCΤΟΥΤΟ
ΑΔΥΝΑΤΟΝΕCΤΙΝΠΑΡΑ
ΔΕΘ̅Ω̅ΠΑΝΤΑΔΥΝΑΤΑ
19:27 ΡΙϚ ΤΟΤΕΑΠΟΚΡΙΘΕΙCΟΠΕ
ΤΡΟCΕΙΠΕΝΑΥΤΩΪΔΟΥ
ΗΜΕΙCΑΦΗΚΑΜΕΝΠΑΝ
ΤΑΚΑΙΗΚΟΛΟΥΘΗCΑΜΕ̅
CΟΙΤΙΑΡΑΕCΤΑΙΗΜΙΝ
19:28 ΟΔΕΙ̅C̅ΕΙΠΕΝΑΥΤΟΙC

ΑΜΗΝΛΕΓΩΥΜΙΝΟΤΙ
ΫΜΕΙΣΟΙΑΚΟΛΟΥΘΗΣΑΝ
ΤΕΣΜΟΙΕΝΤΗΠΑΛΙΝΓΕ
ΝΕΣΙΑΟΤΑΝΚΑΘΙΣΗΟΥ
ΙΟΣΤΟΥΑΝΘΡΩΠΟΥΕΠΙ
ΘΡΟΝΟΥΔΟΞΗΣΑΥΤΟΥ
ΚΑΘΗΣΕΣΘΕΚΑΙΫΜΕΙΣΕ
ΠΙΔΩΔΕΚΑΘΡΟΝΟΥΣΚΡΕΙ
ΝΟΝΤΕΣΤΑΣΔΩΔΕΚΑΦΥ
ΛΑΣΤΟΥΙΣΡΑΗΛ ΚΑΙ 19:29
ΠΑΣΟΣΤΙΣΑΦΗΚΕΝΟΙ
ΚΙΑΣΗΑΔΕΛΦΟΥΣΗΑΔΕΛ
ΦΑΣΗΠΑΤΕΡΑΗΜΗΤΕΡΑ
ΗΤΕΚΝΑΗΑΓΡΟΥΣΕΝΕ
ΚΕΝΤΟΥΕΜΟΥΟΝΟΜΑ
ΤΟΣΠΟΛΛΑΠΛΑΣΙΟΝΑ
ΛΗΜΨΕΤΑΙΚΑΙΖΩΗΝ
ΑΙΩΝΙΟΝΚΛΗΡΟΝΟΜΗ
ΡΙΖ ΣΕΙ ΠΟΛΛΟΙΔΕΕΣΟΝΤΑΙ 19:30
ΠΡΩΤΟΙΕΣΧΑΤΟΙΚΑΙΕ
Σ ΧΑΤΟΙΠΡΩΤΟΙ ΟΜΟΙ 20:1
ΑΓΑΡΕΣΤΙΝΗΒΑΣΙΛΕΙΑ
ΤΩΝΟΥΡΑΝΩΝΑΝΘΡΩ
ΠΩΟΙΚΟΔΕΣΠΟΤΗΟΣΤΙΣ
ΕΞΗΛΘΕΝΑΜΑΠΡΩΙΜΙ
ΣΘΩΣΑΣΘΑΙΕΡΓΑΤΑΣΕΙΣ
ΤΟΝΑΜΠΕΛΩΝΑΑΥΤΟΥ
ΣΥΜΦΩΝΗΣΑΣΔΕΜΕΤΑ 20:2
ΤΩΝΕΡΓΑΤΩΝΕΚΔΗΝΑ
ΡΙΟΥΤΗΝΗΜΕΡΑΝΑΠΕ
ΣΤΕΙΛΕΝΑΥΤΟΥΣΕΙΣΤΟΝ
ΑΜΠΕΛΩΝΑΑΥΤΟΥΚΑΙ 20:3
ΕΞΕΛΘΩΝΠΕΡΙΤΡΙΤΗΝ
ΩΡΑΝΕΙΔΕΝΑΛΛΟΥΣΕ
ΣΤΩΤΑΣΕΝΤΗΑΓΟΡΑ
ΑΡΓΟΥΣΚΑΙΕΚΕΙΝΟΙΣΕΙ 20:4
ΠΕΝΥΠΑΓΕΤΕΚΑΙΫΜΕΙΣ
ΕΙΣΤΟΝΑΜΠΕΛΩΝΑΚΑΙ
ΟΕΑΝΗΔΙΚΑΙΟΝΔΩΣΩ
ΥΜΙΝΟΙΔΕΑΠΗΛΘΟΝΠΑ 20:5
ΛΙΝΕΞΕΛΘΩΝΠΕΡΙΕΚΤΗΝ
ΚΑΙΕΝΑΤΗΝΩΡΑΝΕΠΟΙ

20:6 ΗϹΕΝΩϹΑΥΤΩϹΠΕΡΙ
ΔΕΤΗΝΕΝΔΕΚΑΤΗΝΕ
ΞΕΛΘΩΝΕΥΡΕΝΑΛΛΟΥϹ
ΕϹΤΩΤΑϹΚΑΙΛΕΓΕΙΑΥ
ΤΟΙϹΤΙΩΔΕΕϹΤΗΚΑΤΕ
ΟΛΗΝΤΗΝΗΜΕΡΑΝΑΡΓΟΙ
20:7 ΛΕΓΟΥϹΙΝΑΥΤΩΟΤΙΟΥ
ΔΕΙϹΗΜΑϹΕΜΙϹΘΩϹΑΤΟ
ΛΕΓΕΙΑΥΤΟΙϹΥΠΑΓΕΤΕ
ΚΑΙΫΜΕΙϹΕΙϹΤΟΝΑΜΠΕ
20:8 ΛΩΝΑ ΟΨΙΑϹΔΕΓΕΝΟ
ΜΕΝΗϹΛΕΓΕΙΟΚΥΡΙΟϹ
ΤΟΥΑΜΠΕΛΩΝΟϹΤΩΕ
ΠΙΤΡΟΠΩΑΥΤΟΥΚΑΛΕ
ϹΟΝΤΟΥϹΕΡΓΑΤΑϹΚΑΙ
ΑΠΟΔΟϹΑΥΤΟΙϹΤΟΝΜΙ
ϹΘΟΝΑΡΞΑΜΕΝΟϹΑΠΟ
ΤΩΝΕϹΧΑΤΩΝΕΩϹΤΩ̄
20:9 ΠΡΩΤΩΝΕΛΘΟΝΤΕϹΔΕ
ΟΙΠΕΡΙΤΗΝΕΝΔΕΚΑΤΗΝ
ΩΡΑΝΕΛΑΒΟΝΑΝΑΔΗΝΑ
20:10 ΡΙΟΝΚΑΙΕΛΘΟΝΤΕϹΟΙ
ΠΡΩΤΟΙΕΝΟΜΙϹΑΝΟΤΙ
ΠΛΕΙΟΝΛΗΜΨΟΝΤΑΙΚΑΙ
ΕΛΑΒΟΝΑΝΑΔΗΝΑΡΙΟΝ
20:11 ΚΑΙΑΥΤΟΙ ΛΑΒΟΝΤΕϹ
ΔΕΕΓΟΓΓΥΖΟΝΚΑΤΑΤΟΥ
20:12 ΟΙΚΟΔΕϹΠΟΤΟΥΛΕΓΟΝ
ΤΕϹΟΥΤΟΙΟΙΕϹΧΑΤΟΙ
ΜΙΑΝΩΡΑΝΕΠΟΙΗϹΑΝ
ΚΑΙΙϹΟΥϹΗΜΙΝΑΥΤΟΥϹ
ΕΠΟΙΗϹΑϹΤΟΙϹΒΑϹΤΑ
ϹΑϹΙΤΟΒΑΡΟϹΤΗϹΗΜΕ
ΡΑϹΚΑΙΤΟΝΚΑΥϹΩΝΑ
20:13 ΟΔΕΑΠΟΚΡΙΘΕΙϹΑΥΤΩ̄
ΕΝΙΕΙΠΕΝΕΤΑΙΡΕΟΥΚΑ
ΔΙΚΩϹΕΟΥΧΙΔΗΝΑΡΙΟΥ
ϹΥΝΕΦΩΝΗϹΑϹΜΟΙ
20:14 ΑΡΟΝΤΟϹΟΝΚΑΙΫΠΑΓΕ
ΘΕΛΩΕΓΩΤΟΥΤΩΤΩ
ΕϹΧΑΤΩΔΟΥΝΑΙΩϹϗ
20:15 ϹΟΙΟΥΚΕΞΕϹΤΙΝΜΟΙ

ΟΘΕΛΩΠΟΙΗϹΑΙΕΝΤΟΙϹ
ΕΜΟΙϹΗΟΟΦΘΑΛΜΟϹ
ϹΟΥΠΟΝΗΡΟϹΕϹΤΙΝΟ
ΤΙΕΓΩΑΓΑΘΟϹΕΙΜΙΟΥ 20:16
ΤΩϹΕϹΟΝΤΑΙΟΙΕϹΧΑ
ΤΟΙΠΡΩΤΟΙΚΑΙΟΙΠΡΩ
ΤΟΙΕϹΧΑΤΟΙ
ΡΙΗ ΜΕΛΛΩΝΔΕΑΝΑΒΑΙΝΕΙΝ 20:17
ΙϹΕΙϹΙΕΡΟϹΟΛΥΜΑΠΑΡΕ
ΛΑΒΕΤΟΥϹΔΩΔΕΚΑΜΑ
ΘΗΤΑϹΚΑΘΙΔΙΑΝΚΑΙΕ
ΤΗΟΔΩΕΙΠΕΝΑΥΤΟΙϹΙ 20:18
ΔΟΥΑΝΑΒΑΙΝΟΜΕΝΕΙϹ
ΙΕΡΟϹΟΛΥΜΑΚΑΙΟΥΙΟϹ
ΤΟΥΑΝΘΡΩΠΟΥΠΑΡΑΔΟ
ΘΗϹΕΤΑΙΤΟΙϹΑΡΧΙΕΡΕΥ
ϹΙΝΚΑΙΓΡΑΜΜΑΤΕΥϹΙ
ΚΑΙΚΑΤΑΚΡΙΝΟΥϹΙΝΑΥ
ΤΟΝΚΑΙΠΑΡΑΔΩϹΟΥϹΙ 20:19
ΑΥΤΟΝΤΟΙϹΕΘΝΕϹΙΝ
ΕΙϹΤΟΕΜΠΑΙΞΑΙΚΑΙΜΑ
ϹΤΙΓΩϹΑΙΚΑΙϹΤΑΥΡΩ
ϹΑΙΚΑΙΤΗΤΡΙΤΗΗΜΕ
ΡΙΘ ΡΑΑΝΑϹΤΗϹΕΤΑΙ ΤΟΤΕ 20:20
ΠΡΟϹΗΛΘΕΝΑΥΤΩΗΜΗ
ΤΗΡΤΩΝΥΙΩΝΖΕΒΕΔΑΙ
ΟΥΜΕΤΑΤΩΝΥΙΩΝΑΥ
ΤΗϹΠΡΟϹΚΥΝΟΥϹΑΚΑΙ
ΑΙΤΟΥϹΑΤΙΑΠΑΥΤΟΥ
ΟΔΕΕΙΠΕΝΑΥΤΗΤΙΘΕ 20:21
ΛΕΙϹΗΔΕΕΙΠΕΝΕΙΠΕΙΝΑ
ΚΑΘΙϹΩϹΙΝΟΥΤΟΙΟΙΑΥ
ΟΥΙΟΙΜΟΥΕΙϹΕΚΔΕΞΙΩ
ΚΑΙΕΙϹΕΞΕΥΩΝΥΜΩΝ
ϹΟΥΕΝΤΗΒΑϹΙΛΕΙΑϹΟΥ
ΑΠΟΚΡΙΘΕΙϹΔΕΟΙϹΕΙΠΕ 20:22
ΟΥΚΟΙΔΑΤΕΤΙΑΙΤΕΙϹΘΕ
ΔΥΝΑϹΘΕΠΙΕΙΝΤΟΠΟ
ΤΗΡΙΟΝΟΕΓΩΜΕΛΛΩ
ΠΙΕΙΝΛΕΓΟΥϹΙΝΑΥΤΩ
ΔΥΝΑΜΕΘΑ ΛΕΓΕΙΑΥ 20:23
ΤΟΙϹΤΟΜΕΝΠΟΤΗΡΙΟ

ΜΟΥΠΙΕϹΘΕ ΤΟΔΕΚΑ
ΘΙϹΑΙΕΚΔΕΞΙΩΝΜΟΥΗ
ΕΞΕΥΩΝΥΜΩΝΟΥΚΕϹΤΙ̅
ΕΜΟΝΔΟΥΝΑΙΑΛΛ̓ΟΙϹΗ
ΤΟΙΜΑϹΤΑΙΥΠΟΤΟΥΠΑ
20:24 ΤΡΟϹΜΟΥ ΚΑΙΑΚΟΥϹΑ̅
ΤΕϹΟΙΔΕΚΑΗΓΑΝΑΚΤΗ
ϹΑΝΠΕΡΙΤΩΝΔΥΟΑΔΕΛ
20:25 ΦΩΝ ΟΔΕΙ̅Ϲ̅ΠΡΟϹΚΑΛΕ
ϹΑΜΕΝΟϹΑΥΤΟΥϹΕΙΠΕ̅
ΟΙΔΑΤΕΟΤΙΟΙΑΡΧΟΝΤΕϹ
ΤΩΝΕΘΝΩΝΚΑΤΑΚΥΡΙ
ΕΥϹΟΥϹΙΝΑΥΤΩΝΚΑΙ
ΟΙΜΕΓΑΛΟΙΚΑΤΕΞΟΥϹΙ
20:26 ΑΖΟΥϹΙΝΑΥΤΩΝΟΥΧΟΥ
ΤΩϹΕϹΤΙΝΕΝΥΜΙΝΑΛΛΟϹ
ΑΝΘΕΛΗΜΕΓΑϹΕΝΥΜΙ̅
ΓΕΝΕϹΘΑΙΕϹΤΑΙΥΜΩΝ
20:27 ΔΙΑΚΟΝΟϹΚΑΙΟϹΑΝΘΕ
ΛΗΕΙΝΑΙΥΜΩΝΠΡΩΤΟϹ
ΕϹΤΩΥΜΩΝΔΟΥΛΟϹ
20:28 ΩϹΠΕΡΟΥΙΟϹΤΟΥΑΝ
ΘΡΩΠΟΥΟΥΚΗΛΘΕΝΔΙ
ΑΚΟΝΗΘΗΝΑΙΑΛΛΑΔΙΑ
ΚΟΝΗϹΑΙΚΑΙΔΟΥΝΑΙΤΗ̅
ΨΥΧΗΝΑΥΤΟΥΛΥΤΡΟ̅
ΑΝΤΙΠΟΛΛΩΝ
20:29 ΓΚ ΚΑΙΕΚΠΟΡΕΥΟΜΕΝΩΝΑΥ
ΤΩΝΑΠΟΙΕΡΕΙΧΩΗΚΟ
ΛΟΥΘΗϹΕΝΑΥΤΩΟΧΛΟϹ
20:30 ΠΟΛΥϹΚΑΙΙΔΟΥΔΥΟΤΥ
ΦΛΟΙΚΑΘΗΜΕΝΟΙΠΑΡΑ
ΤΗΝΟΔΟΝΑΚΟΥϹΑΝΤΕϹ
ΟΤΙΙ̅Ϲ̅ΠΑΡΑΓΕΙΕΚΡΑΞΑΝ
ΛΕΓΟΝΤΕϹΚ̅Ε̅ΕΛΕΗϹΟ̅
20:31 ΗΜΑϹΥΙΟϹΔΑΥΕΙΔ ΟΔΕ
ΟΧΛΟϹΕΠΕΤΙΜΗϹΕΝΑΥ
ΤΟΙϹΙΝΑϹΙΩΠΗϹΩϹΙΝ
ΟΙΔΕΜΕΙΖΟΝΕΚΡΑΞΑΝ
ΛΕΓΟΝΤΕϹΚ̅Ε̅ΕΛΕΗϹΟΝ
20:32 ΗΜΑϹΥΙΟϹΔΑΥΕΙΔ ΚΑΙ
ϹΤΑϹΙ̅Ϲ̅ΕΦΩΝΗϹΕΝΑΥ

ΤΟΥϹΚΑΙΕΙΠΕΝΤΙΘΕΛΕ
ΤΕΠΟΙΗϹΩΥΜΙΝΛΕΓΟΥ 20:33
ϹΙΝΑΥΤΩΚΕΙΝΑΑΝΟΙΓΩ
ϹΙΝΟΙΟΦΘΑΛΜΟΙΗΜΩΝ
ϹΠΛΑΓΧΝΙϹΘΕΙϹΔΕΟΙϹ 20:34
ΗΨΑΤΟΑΥΤΩΝΤΩΝΟΜ
ΜΑΤΩΝΚΑΙΕΥΘΕΩϹΑΝΕ
ΒΛΕΨΑΝΚΑΙΗΚΟΛΟΥΘΗ
ϹΑΝΑΥΤΩ
ΡΚΑ ΚΑΙΟΤΕΗΓΓΙϹΑΝΕΙϹΙΕΡΟ 21:1
ϹΟΛΥΜΑΚΑΙΗΛΘΟΝΕΙϹ
ΒΗΘΦΑΓΗΕΙϹΤΟΟΡΟϹ
ΤΩΝΕΛΑΙΩΝΤΟΤΕΙϹΑ
ΠΕϹΤΕΙΛΕΝΔΥΟΜΑΘΗ
ΤΑϹΛΕΓΩΝΑΥΤΟΙϹΠΟ 21:2
ΡΕΥΕϹΘΕΕΙϹΤΗΝΚΩΜΗΝ
ΤΗΝΚΑΤΕΝΑΝΤΙΥΜΩΝ
ΚΑΙΕΥΘΕΩϹΕΥΡΗϹΕΤΕ
ΟΝΟΝΔΕΔΕΜΕΝΗΝΚΑΙ
ΠΩΛΟΝΜΕΤΑΥΤΗϹΛΥ
ϹΑΝΤΕϹΑΓΕΤΕΜΟΙΚΑΙ 21:3
ΕΑΝΤΙϹΥΜΙΝΕΙΠΗΤΙ
ΕΡΕΙΤΕΟΤΙΟΚϹΑΥΤΩΝ
ΧΡΕΙΑΝΕΧΕΙΕΥΘΥϹΔΕ
ΑΠΟϹΤΕΛΕΙΑΥΤΟΥϹ
ΤΟΥΤΟΔΕΟΛΟΝΓΕΓΟΝΕΝ 21:4
ΙΝΑΠΛΗΡΩΘΗΤΟΡΗΘΕΝ
ʽΔΙΑΤΟΥΠΛΗΡΩΘΗΤΟʼ
ʽΡΗΘΕΝʼΔΙΑΤΟΥΠΡΟΦΗ
› ΤΟΥΛΕΓΟΝΤΟϹΕΙΠΑΤΕ 21:5
› ΤΗΘΥΓΑΤΡΙϹΕΙΩΝΙΔΟΥ
› ΟΒΑϹΙΛΕΥϹϹΟΥΕΡΧΕΤΑΙ
› ϹΟΙΠΡΑΥϹΚΑΙΕΠΙΒΕΒΗ
› ΚΩϹΕΠΙΟΝΟΝΚΑΙΕΠΙΠΩ
ΛΟΝΥΙΟΝΥΠΟΖΥΓΙΟΥ
ΠΟΡΕΥΘΕΝΤΕϹΔΕΟΙΜΑ 21:6
ΘΗΤΑΙΚΑΙΠΟΙΗϹΑΝΤΕϹ
ΚΑΘΩϹϹΥΝΕΤΑΞΕΝΑΥ
ΤΟΙϹΟΙϹΗΓΑΓΟΝΤΗΝΟ 21:7
ΝΟΝΚΑΙΤΟΝΠΩΛΟΝΚ
ΕΠΕΘΗΚΑΝΕΠΑΥΤΩΝ
ΤΑΙΜΑΤΙΑΚΑΙΕΠΕΚΑΘΙ

21:8 ϹΕΝΕΠΑΝΩΑΥΤΩΝΟ
ΔΕΠΛΕΙϹΤΟϹΟΧΛΟϹ
ΕϹΤΡΩϹΑΝΕΑΥΤΩΝΤΑ
ΪΜΑΤΙΑΕΝΤΗΟΔΩΑΛΛΟΙ
ΔΕΕΚΟΠΤΟΝΚΛΑΔΟΥϹ
ΑΠΟΤΩΝΔΕΝΔΡΩΝΚΑΙ
ΕϹΤΡΩΝΝΥΟΝΕΝΤΗΟ
21:9 ΔΩ ΟΙΔΕΟΧΛΟΙΟΙΠΡΟ
ΑΓΟΝΤΕϹΑΥΤΟΝΚΑΙΟΙ
ΑΚΟΛΟΥΘΟΥΝΤΕϹΕΚΡΑ
ΖΟΝΛΕΓΟΝΤΕϹΩϹΑΝ
ΝΑΤΩΥΙΩΔΑΥΕΙΔΕΥ
ΛΟΓΗΜΕΝΟϹΟΕΡΧΟΜΕ
ΝΟϹΕΝΟΝΟΜΑΤΙΚΥ̅ΩϹ
ΑΝΝΑΕΝΤΟΙϹΥΨΙϹΤΟΙϹ
21:10 ΚΑΙΕΙϹΕΛΘΟΝΤΟϹΑΥΤΟΥ
ΕΙϹΙΕΡΟϹΟΛΥΜΑΕϹΕΙ
ϹΘΗΠΑϹΑΗΠΟΛΙϹΛΕΓΟΥ
ϹΑΤΙϹΕϹΤΙΝΟΥΤΟϹ
21:11 ΟΙΔΕΟΧΛΟΙΕΛΕΓΟΝΟΥ
ΤΟϹΕϹΤΙΝΟΠΡΟΦΗΤΗϹ
Ι̅Ϲ̅ΟΑΠΟΝΑΖΑΡΕΘΤΗϹ
21:12 ΓΑΛΕΙΛΑΙΑϹ ΚΑΙΕΙϹΗΛ
ΘΕΝΙ̅Ϲ̅ΕΙϹΤΟΙΕΡΟΝΚΑΙ
ΕΞΕΒΑΛΕΝΠΑΝΤΑϹΤΟΥϹ
ΠΩΛΟΥΝΤΑϹΚΑΙΑΓΟ
ΡΑΖΟΝΤΑϹΕΝΤΩΙΕΡΩ
ΚΑΙΤΑϹΤΡΑΠΕΖΑϹΤΩ̅
ΚΟΛΛΥΒΙϹΤΩΝΚΑΤΕ
ϹΤΡΕΨΕΝΚΑΙΤΑϹΚΑ
ΘΕΔΡΑϹΤΩΝΠΩΛΟΥΝ
ΤΩΝΤΑϹΠΕΡΙϹΤΕΡΑϹ
21:13 ΚΑΙΛΕΓΕΙΑΥΤΟΙϹΓΕΓΡΑ
ΠΤΑΙΟΟΙΚΟϹΜΟΥΟΙΚΟϹ
ΠΡΟϹΕΥΧΗϹΚΛΗΘΗϹΕ
ΤΑΙΥΜΕΙϹΔΕΑΥΤΟΝΠΟΙ
ΕΙΤΕϹΠΗΛΑΙΟΝΛΗϹΤΩ̅
21:14 ΚΑΙΠΡΟϹΗΛΘΟΝΑΥΤΩ
ΤΥΦΛΟΙΚΑΙΧΩΛΟΙΕ̅
ΤΩΙΕΡΩΚΑΙΕΘΕΡΑΠΕΥ
21:15 ϹΕΝΑΥΤΟΥϹ ΪΔΟΝΤΕϹ
ΔΕΟΙΑΡΧΙΕΡΕΙϹΚΑΙΟΙ

ΓΡΑΜΜΑΤΕΙΣΤΑΘΑΥΜΑ
ϹΙΑΑΕΠΟΙΗϹΕΝΚΑΙΤΟΥϹ
ΠΑΙΔΑϹΤΟΥϹΚΡΑΖΟΝ
ΤΑϹΕΝΤΩΙΕΡΩΚΑΙΛΕ
ΓΟΝΤΑϹΩϹΑΝΝΑΤΩΥ
ΪΩΔΑΥΕΙΔΗΓΑΝΑΚΤΗ
ϹΑΝΚΑΙΕΙΠΑΝΑΥΤΩΑ 21:16
ΚΟΥΕΙϹΤΙΟΥΤΟΙΛΕΓΟΥ
ϹΙΝΟΔΕΙ͞ϹΛΕΓΕΙΑΥΤΟΙϹ
ΝΑΙΟΥΔΕΠΟΤΕΑΝΕΓΝΩ
ΤΕΟΤΙΕΚϹΤΟΜΑΤΟϹΝΗ
ΠΙΩΝΚΑΙΘΗΛΑΖΟΝΤΩ͞
ΚΑΤΗΡΤΙϹΩΑΙΝΟΝ ΚΑΙ 21:17
ΚΑΤΑΛΙΠΩΝΑΥΤΟΥϹ
ΕΞΗΛΘΕΝΕΞΩΤΗϹΠΟ
ΛΕΩϹΕΙϹΒΗΘΑΝΙΑΚΑΙ
ΡΚΒ ΗΥΛΙϹΘΗΕΚΕΙ ΠΡΩΪΔΕ 21:18
ΕΠΑΝΑΓΑΓΩΝΕΙϹΤΗΝ
ΠΟΛΙΝΕΠΕΙΝΑϹΕΝΚΑΙ 21:19
ΙΔΩΝϹΥΚΗΝΜΙΑΝΕΠΙ
ΤΗϹΟΔΟΥΗΛΘΕΝΕΠΑΥ
ΤΗΝΚΑΙΟΥΔΕΝΕΥΡΕΝ
ΕΝΑΥΤΗΕΙΜΗΦΥΛΛΑ
ΜΟΝΟΝΚΑΙΛΕΓΕΙΑΥΤΗ
ΟΥΜΗΚΕΤΙΕΚϹΟΥΚΑΡ
ΠΟϹΓΕΝΗΤΑΙΕΙϹΤΟΝ
ΑΙΩΝΑΚΑΙΕΞΗΡΑΝΘΗΠΑ
ΡΑΧΡΗΜΑΗϹΥΚΗΚΑΙΪΔΟ͞ 21:20
ΤΕϹΟΙΜΑΘΗΤΑΙΕΘΑΥΜΑ
ϹΑΝΛΕΓΟΝΤΕϹΠΩϹΠΑ
ΡΑΧΡΗΜΑΕΞΗΡΑΝΘΗΗϹΥ
ΚΗ ΑΠΟΚΡΙΘΕΙϹΔΕΟΙ͞Ϲ 21:21
ΕΙΠΕΝΑΥΤΟΙϹΑΜΗΝΛΕ
ΓΩΥΜΙΝΕΑΝΕΧΗΤΕΠΙ
ϹΤΙΝΚΑΙΜΗΔΙΑΚΡΙΘΗ
ΤΕΟΥΜΟΝΟΝΤΟΤΗϹϹΥ
ΚΗϹΠΟΙΗϹΕΤΕΑΛΛΑΚΑ͞
ΤΩΟΡΕΙΤΟΥΤΩΕΙΠΗΤΕ
ΑΡΘΗΤΙΚΑΙΒΛΗΘΗΤΙΕΙϹ
ΤΗΝΘΑΛΑϹϹΑΝΓΕΝΗϹΕ
ΤΑΙΚΑΙΠΑΝΤΑΟϹΑΑΝΑΙ 21:22
ΤΗϹΗΤΕΕΝΤΗΠΡΟϹΕΥ

ΧΗΠΙCΤΕΥΟΝΤΕCΑΛΗΜ
ΨΕCΘΕ
21:23 ΡΚΓ ΚΑΙΕΛΘΟΝΤΟCΑΥΤΟΥΕΙC
ΤΟΙΕΡΟΝΠΡΟCΗΛΘΟΝΑΥ
ΤΩΔΙΔΑCΚΟΝΤΙΟΙΑΡΧΙ
ΕΡΕΙCΚΑΙΟΙΠΡΕCΒΥΤΕΡΟΙ
ΤΟΥΛΑΟΥΛΕΓΟΝΤΕCΕΝ
ΠΟΙΑΕΞΟΥCΙΑΤΑΥΤΑΠΟΙ
ΕΙCΚΑΙΤΙCCΟΙΕΔΩΚΕΝ
ΤΗΝΕΞΟΥCΙΑΝΤΑΥΤΗΝ
21:24 ΑΠΟΚΡΙΘΕΙCΔΕΟΙCΕΙΠΕ
ΑΥΤΟΙCΕΡΩΤΗCΩΥΜΑC
ΚΑΓΩΛΟΓΟΝΕΝΑΟΝΕΑΝ
ΕΙΠΗΤΕΜΟΙΚΑΓΩΥΜΙΝ
ΕΡΩΕΝΠΟΙΑΕΞΟΥCΙΑΤΑΥ
21:25 ΤΑΠΟΙΩ ΤΟΒΑΠΤΙCΜΑ
ΤΟΪΩΑΝΟΥΠΟΘΕΝΗΝ
ΕΞΟΥΡΑΝΟΥΗΕΞΑΝΘΡΩ
ΠΩΝ ΟΙΔΕΔΙΕΛΟΓΙΖΟΝ
ΤΟΕΝΕΑΥΤΟΙCΛΕΓΟΝΤΕC
ΕΑΝΕΙΠΩΜΕΝΕΞΟΥΡΑ
ΝΟΥΕΡΕΙΗΜΙΝΔΙΑΤΙΟΥ
ΟΥΚΕΠΙCΤΕΥCΑΤΕΑΥ
21:26 ΤΩΕΑΝΔΕΕΙΠΩΜΕΝΕΞ
ΑΝΘΡΩΠΩΝΦΟΒΟΥΜΕ
ΘΑΤΟΝΟΧΛΟΝΠΑΝΤΕC
ΓΑΡΩCΠΡΟΦΗΤΗΝΕΧΟΥ
21:27 CΙΝΤΟΝΙΩΑΝΗΝΚΑΙΑ
ΠΟΚΡΙΘΕΝΤΕCΤΩΙΥΕΙΠΟΝ
ΟΥΚΟΙΔΑΜΕΝ ΕΦΗΑΥ
ΤΟΙCΚΑΙΑΥΤΟCΟΥΔΕΕ
ΓΩΛΕΓΩΥΜΙΝΕΝΠΟΙΑ
ΕΞΟΥCΙΑΤΑΥΤΑΠΟΙΩ
21:28 ΤΙΔΕΥΜΙΝΔΟΚΕΙΑΝΘΡΩ
ΠΟCΕΙΧΕΝΔΥΟΤΕΚΝΑ
ΚΑΙΠΡΟCΕΛΘΩΝΤΩΠΡΩ
ΤΩΕΙΠΕΝΤΕΚΝΟΝΥΠΑ
ΓΕCΗΜΕΡΟΝΕΡΓΑΖΟΥ
21:29 ΤΩΑΜΠΕΛΩΝΙΜΟΥΟΔΕ
ΑΠΟΚΡΙΘΕΙCΕΙΠΕΝΕΓΩ
ΚΕΚΑΙΟΥΚΑΠΗΛΘΕΝ
21:30 ΠΡΟCΕΛΘΩΝΔΕΤΩΔΕΥ

ΤΕΡΩΕΙΠΕΝΩϹΑΥΤΩϹ
ΟΔΕΑΠΟΚΡΙΘΕΙϹΕΙΠΕΝ
ΟΥΘΕΛΩΥϹΤΕΡΟΝΜΕΤΑ
ΜΕΛΗΘΕΙϹΑΠΗΛΘΕΝΤΙϹ 21:31
ΕΚΤΩΝΔΥΟΕΠΟΙΗϹΕΝ
ΤΟΘΕΛΗΜΑΤΟΥΠΑΤΡΟϹ
ΛΕΓΟΥϹΙΝΟΥϹΤΕΡΟϹ
ΛΕΓΕΙΑΥΤΟΙϹΟΙ̅Ϲ̅ΑΜΗ̅
ΛΕΓΩΥΜΙΝΟΤΙΟΙΤΕΛΩ
ΝΑΙΚΑΙΑΙΠΟΡΝΑΙΠΡΟ
ΑΓΟΥϹΙΝΫΜΑϹΕΙϹΤΗΝ
ΒΑϹΙΛΕΙΑΝΤΟΥΘ̅Υ̅ΗΛ 21:32
ΘΕΝΓΑΡΙΩΑΝΗϹΠΡΟϹ
ΫΜΑϹΕΝΟΔΩΔΙΚΑΙΟϹΥ
ΝΗϹΚΑΙΟΥΚΕΠΙϹΤΕΥ
ϹΑΤΕΑΥΤΩΟΙΔΕΤΕΛΩ
ΝΑΙΚΑΙΑΙΠΟΡΝΑΙΕΠΙ
ϹΤΕΥϹΑΝΑΥΤΩΫΜΕΙϹ
ΔΕΙΔΟΝΤΕϹΟΥΔΕΜΕΤΕ
ΜΕΛΗΘΗΤΕΥϹΤΕΡΟΝ
ΤΟΥΠΙϹΤΕΥϹΑΙΑΥΤΩ
ΡΚΑ ΑΛΛΗΝΠΑΡΑΒΟΛΗΝΑΚΟΥ 21:33
ϹΑΤΕ ΑΝΘΡΩΠΟϹΗΝΟΙ
ΚΟΔΕϹΠΟΤΗϹΟϹΤΙϹΕ
ΦΥΤΕΥϹΕΝΑΜΠΕΛΩΝΑ
ΚΑΙΦΡΑΓΜΟΝΑΥΤΩΠΕ
ΡΙΕΘΗΚΕΝΚΑΙΩΡΥΞΕΝ
ΕΝΑΥΤΩΛΗΝΟΝΚΑΙΩ
ΚΟΔΟΜΗϹΕΝΠΥΡΓΟΝ
ΚΑΙΕΞΕΔΕΤΕΑΥΤΟΝΓΕ
ΩΡΓΟΙϹΚΑΙΑΠΕΔΗΜΗ
ϹΕΝΟΤΕΔΕΗΓΓΙϹΕΝΟ 21:34
ΚΑΙΡΟϹΤΩΝΚΑΡΠΩΝ
ΑΠΕϹΤΕΙΛΕΝΤΟΥϹΔΟΥ
ΛΟΥϹΑΥΤΟΥΠΡΟϹΤΟΥϹ
ΓΕΩΡΓΟΥϹΛΑΒΕΙΝΤΟΥϹ
ΚΑΡΠΟΥϹΑΥΤΟΥΚΑΙΛΑ 21:35
ΒΟΝΤΕϹΟΙΓΕΩΡΓΟΙΤΟΥϹ
ΔΟΥΛΟΥϹΑΥΤΟΥΟΝΜΕ̅
ΕΔΕΙΡΑΝΟΝΔΕΑΠΕΚΤΕΙ
ΝΑΝΟΝΔΕΕΛΙΘΟΒΟΛΗ
ϹΑΝ ΠΑΛΙΝΑΠΕϹΤΕΙΛΕ̅ 21:36

ΑΛΛΟΥΣΔΟΥΛΟΥΣΠΛΕΙ
ΟΝΑΣΤΩΝΠΡΩΤΩΝϗ
ΕΠΟΙΗΣΑΝΑΥΤΟΙΣΩΣ
21:37 ΑΥΤΩΣΥΣΤΕΡΟΝΔΕΑ
ΠΕΣΤΕΙΛΕΝΠΡΟΣΑΥΤΟΥΣ
ΤΟΝΥΙΟΝΑΥΤΟΥΛΕΓΩ̄
ΕΝΤΡΑΠΗΣΟΝΤΑΙΤΟΝ
21:38 ΥΙΟΝΜΟΥ ΟΙΔΕΓΕΩΡΓΟΙ
ΙΔΟΝΤΕΣΤΟΝΥΙΟΝΕΙΠΟ̄
ΕΝΕΑΥΤΟΙΣΟΥΤΟΣΕΣΤῙ
ΟΚΛΗΡΟΝΟΣΔΕΥΤΕΑ
ΠΟΚΤΕΙΝΩΜΕΝΑΥΤΟ̄
ΚΑΙΣΧΩΜΕΝΤΗΝΚΛΗ
21:39 ΡΟΝΟΜΙΑΝΑΥΤΟΥΚΑΙ
ΛΑΒΟΝΤΕΣΑΥΤΟΝΕΞΕ
ΒΑΛΟΝΕΞΩΤΟΥΑΜΠΕ
ΛΩΝΟΣΚΑΙΑΠΕΚΤΕΙΝᾹ
21:40 ΟΤΑΝΟΥΝΕΛΘΗΟΚΣ̄ΤΟΥ
ΑΜΠΕΛΩΝΟΣΤΙΠΟΙΗ
ΣΕΙΤΟΙΣΓΕΩΡΓΟΙΣΕΚΕΙ
21:41 ΝΟΙΣ ΛΕΓΟΥΣΙΝΑΥΤΩ
ΚΑΚΟΥΣΚΑΚΩΣΑΠΟΛΕ
ΣΕΙΑΥΤΟΥΣΚΑΙΤΟΝΑΜ
ΠΕΛΩΝΑΕΚΔΩΣΕΤΑΙ
ΑΛΛΟΙΣΓΕΩΡΓΟΙΣΟΙΤΙ
ΝΕΣΑΠΟΔΩΣΟΥΣΙΝΑΥΤΩ
ΤΟΥΣΚΑΡΠΟΥΣΕΝΤΟΙΣ
21:42 ΚΑΙΡΟΙΣΑΥΤΩΝ ΛΕΓΕΙ
ΑΥΤΟΙΣΟΙΣ̄ ΟΥΔΕΠΟΤΕ
ΑΝΕΓΝΩΤΕΕΝΤΑΙΣΓΡΑ
› ΦΑΙΣΛΙΘΟΝΟΝΑΠΕΔΟ
› ΚΙΜΑΣΑΝΟΙΟΙΚΟΔΟΜΟῩ
› ΤΕΣΟΥΤΟΣΕΓΕΝΗΘΗΕΙΣ
› ΚΕΦΑΛΗΝΓΩΝΙΑΣΠΑ
› ΡΑΚῩΕΓΕΝΕΤΟΑΥΤΗΚΑΙ
› ΕΣΤΙΝΘΑΥΜΑΣΤΗΕΝΟ
› ΦΘΑΛΜΟΙΣΗΜΩΝ
21:43 ΔΙΑΤΟΥΤΟΛΕΓΩΥΜΙΝΟΤΙ
ΑΡΘΗΣΕΤΑΙΑΦΥΜΩΝΗ
ΒΑΣΙΛΕΙΑΤΟΥΘῩΚΑΙΔΟ
ΘΗΣΕΤΑΙΕΘΝΕΙΠΟΙΟῩ
ΤΙΤΟΥΣΚΑΡΠΟΥΣΑΥΤΗΣ

ΚΑΙΟΠΕϹΩΝΕΠΙΤΟΝΛΙ 21:44
ΘΟΝΤΟΥΤΟΝϹΥΝΘΛΑ
ϹΘΗϹΕΤΑΙΕΦΟΝΔΑΝ
ΠΕϹΗΛΙΚΜΗϹΕΙΑΥΤΟ
ΡΚΕ ΚΑΙΑΚΟΥϹΑΝΤΕϹΟΙΑΡ 21:45
ΧΙΕΡΕΙϹΚΑΙΟΙΦΑΡΕΙϹΑΙ
ΟΙΤΑϹΠΑΡΑΒΟΛΑϹΑΥΤΟΥ
ΕΓΝΩϹΑΝΟΤΙΠΕΡΙΑΥ
ΤΩΝΛΕΓΕΙΚΑΙΖΗΤΟΥ 21:46
ΤΕϹΑΥΤΟΝ ΚΡΑΤΗϹΑΙ
ΕΦΟΒΗΘΗϹΑΝΤΟΥϹΟ
ΧΛΟΥϹΕΠΕΙΕΙϹΠΡΟΦΗ
ΤΗΝΑΥΤΟΝΕΙΧΟΝ ΚΑΙ 22:1
ΑΠΟΚΡΙΘΕΙϹΟΙϹΠΑΛΙΝ
ΕΙΠΕΝΕΝΠΑΡΑΒΟΛΑΙϹ
ΑΥΤΟΙϹΛΕΓΩΝΩΜΟΙΩ 22:2
ΘΗΗΒΑϹΙΛΕΙΑΤΩΝΟΥ
ΡΑΝΩΝΑΝΘΡΩΠΩΒΑϹΙ
ΛΕΙΟϹΤΙϹΕΠΟΙΗϹΕΝ
ΓΑΜΟΥϹΤΩΥΙΩΑΥΤΟΥ
ΚΑΙΑΠΕϹΤΕΙΛΕΝΤΟΥϹ 22:3
ΔΟΥΛΟΥϹΑΥΤΟΥΚΑΛΕ
ϹΑΙΤΟΥϹΚΕΚΛΗΜΕΝΟΥϹ
ΕΙϹΤΟΥϹΓΑΜΟΥϹΚΑΙ
ΟΥΚΗΘΕΛΟΝΕΛΘΕΙΝ
ΠΑΛΙΝΑΠΕϹΤΕΙΛΕΝΑΛ 22:4
ΛΟΥϹΔΟΥΛΟΥϹΛΕΓΩΝ
ΕΙΠΑΤΕΤΟΙϹΚΕΚΛΗΜΕ
ΝΟΙϹΙΔΟΥΤΟΑΡΙϹΤΟΝ
ΜΟΥΗΤΟΙΜΑΚΑΟΙΤΑΥ
ΡΟΙΜΟΥΚΑΙΤΑϹΕΙΤΙϹΤΑ
ΤΕΘΥΜΕΝΑΚΑΙΠΑΝΤΑ
ΕΤΟΙΜΑΔΕΥΤΕΕΙϹΤΟΥϹ
ΓΑΜΟΥϹΟΙΔΕΑΜΕΛΗϹΑ 22:5
ΤΕϹΑΠΗΛΘΟΝΟϹΜΕΝΕΙϹ
ΤΟΝΙΔΙΟΝΑΓΡΟΝΟϹΔΕ
ΕΠΙΤΗΝΕΜΠΟΡΙΑΝΑΥΤΟΥ
ΟΙΔΕΛΟΙΠΟΙΚΡΑΤΗϹΑ 22:6
ΤΕϹΤΟΥϹΔΟΥΛΟΥϹΑΥ
ΤΟΥΫΒΡΙϹΑΝΚΑΙΑΠΕ
ΚΤΕΙΝΑΝΟΔΕΒΑϹΙΛΕΥϹ 22:7
ΩΡΓΙϹΘΗΚΑΙΠΕΜΨΑϹ

ΤΑϹΤΡΑΤΕΥΜΑΤΑΑΥΤΟΥ
ΑΠΩΛΕϹΕΝΤΟΥϹΦΟ
ΝΕΙϹΕΚΕΙΝΟΥϹΚΑΙΤΗ̅
ΠΟΛΙΝΑΥΤΩΝΕΝΕΠΡΗ
22:8 ϹΕΝ ΤΟΤΕΛΕΓΕΙΤΟΙϹ
ΔΟΥΛΟΙϹΑΥΤΟΥΟΜΕΝ
ΓΑΜΟϹΕΤΟΙΜΟϹΕϹΤΙ̅
ΟΙΔΕΚΕΚΛΗΜΕΝΟΙΟΥΚΗ
22:9 ϹΑΝΑΞΙΟΙΠΟΡΕΥΕϹΘΕ
ΟΥΝΕΠΙΤΑϹΔΙΕΞΟΔΟΥϹ
ΤΩΝΟΔΩΝΚΑΙΟϹΟΥϹ
ΕΑΝΕΥΡΗΤΕΚΑΛΕϹΑΤΕ
22:10 ΕΙϹΤΟΥϹΓΑΜΟΥϹΚΑΙΕ
ΞΕΛΘΟΝΤΕϹΟΙΔΟΥΛΟΙ
ΕΚΕΙΝΟΙΕΙϹΤΑϹΟΔΟΥϹ
ϹΥΝΗΓΑΓΟΝΠΑΝΤΑϹΟ
ϹΟΥϹΕΥΡΟΝΠΟΝΗΡΟΥϹ
ΤΕΚΑΙΑΓΑΘΟΥϹΚΑΙΕ
ΠΛΗϹΘΗΟΝΎΜΦΩΝΑ ΟΓΑΜΟϹ
22:11 ΝΑΚΕΙΜΕΝΩΝ ΕΙϹΕΛ
ΘΩΝΔΕΟΒΑϹΙΛΕΥϹΘΕ
ΑϹΑϹΘΕΤΟΥϹΑΝΑΚΕΙΜΕ
ΝΟΥϹΕΙΔΕΝΕΚΕΙΑΝΘΡΩ
ΠΟΝΟΥΚΕΝΔΕΔΥΜΕΝΟ̅
22:12 ΕΝΔΥΜΑΓΑΜΟΥ ΚΑΙΛΕ
ΓΕΙΑΥΤΩΕΤΑΙΡΕΠΩϹ
ΕΙϹΗΛΘΕϹΩΔΕΜΗΕΧΩ̅
ΕΝΔΥΜΑΓΑΜΟΥ ΟΔΕΕ
22:13 ΦΕΙΜΩΘΗ ΤΟΤΕΟΒΑϹΙ
ΛΕΥϹΕΙΠΕΝΤΟΙϹΔΙΑΚΟ
ΝΟΙϹΔΗϹΑΝΤΕϹΑΥΤΟΥ
ΠΟΔΑϹΚΑΙΧΕΙΡΑϹΕΚΒΑ
ΛΕΤΕΑΥΤΟΝΕΙϹΤΟϹΚΟ
ΤΟϹΤΟΕΞΩΤΕΡΟΝΕΚΕΙ
ΕϹΤΑΙΟΚΛΑΥΘΜΟϹΚΑΙ
ΟΒΡΥΓΜΟϹΤΩΝΟΔΟΝ
22:14 ΤΩΝΠΟΛΛΟΙΓΑΡΕΙϹΙΝ
ΚΛΗΤΟΙΟΛΙΓΟΙΔΕΕΚΛΕ
22:15 ΡΚϚ ΚΤΟΙ ΤΟΤΕΠΟΡΕΥΘΕ̅
ΤΕϹΟΙΦΑΡΕΙϹΑΙΟΙϹΥΜ
ΒΟΥΛΙΟΝΕΛΑΒΟΝΟ 7
ΠΩϹΑΥΤΟΝΠΑΓΙΔΕΥ

ϹΩϹΙΝΕΝΛΟΓΩΚΑΙΑΠΟ 22:16
ϹΤΕΛΛΟΥϹΙΝΑΥΤΩΤΟΥϹ
ΜΑΘΗΤΑϹΑΥΤΩΝΜΕΤΑ
ΤΩΝΗΡΩΔΙΑΝΩΝΛΕΓΟ̅
ΤΑϹΔΙΔΑϹΚΑΛΕΟΙΔΑΜΕ̅
ΟΤΙΑΛΗΘΗϹΕΙΚΑΙΤΗΝ
ΟΔΟΝΤΟΥΘ̅Υ̅ΕΝΑΛΗΘΕΙ
ΑΔΙΔΑϹΚΕΙϹΚΑΙΟΥΜΕ
ΛΕΙϹΟΙΠΕΡΙΟΥΔΕΝΟϹ
ΟΥΓΑΡΒΛΕΠΕΙϹΕΙϹΠΡΟ
ϹΩΠΟΝΑΝΘΡΩΠΩΝ
ΕΙΠΕΟΥΝΗΜΙΝΤΙϹΟΙ 22:17
ΔΟΚΕΙΕΞΕϹΤΙΝΔΟΥΝΑΙ
ΚΗΝϹΟΝΚΑΙϹΑΡΙΗΟΥ
ΓΝΟΥϹΔΕΟΙ̅Ϲ̅ΤΗΝΠΟ 22:18
ΝΗΡΙΑΝΑΥΤΩΝΕΙΠΕΝ
ΤΙΜΕΠΕΙΡΑΖΕΤΕΫΠΟ
ΚΡΙΤΑΙΕΠΙΔΕΙΞΑΤΕΜΟΙ 22:19
ΤΟΝΟΜΙϹΜΑΤΟΥΚΗΝϹΟΥ
ΟΙΔΕΠΡΟϹΗΝΕΓΚΑΝΑΥ
ΤΩΔΗΝΑΡΙΟΝΚΑΙΛΕΓΕΙ 22:20
ΑΥΤΟΙϹΤΙΝΟϹΗΕΙΚΩ̅
ΑΥΤΗΚΑΙΗΕΠΙΓΡΑΦΗ
ΛΕΓΟΥϹΙΝΚΑΙϹΑΡΟϹ 22:21
ΤΟΤΕΛΕΓΕΙΑΥΤΟΙϹΑΠΟ
ΔΟΤΕΟΥΝΤΑΚΑΙϹΑΡΟϹ
ΚΑΙϹΑΡΙΚΑΙΤΑΤΟΥΘ̅Υ̅
ΤΩΘ̅Ω̅ ΚΑΙΑΚΟΥϹΑΝΤΕϹ 22:22
ΕΘΑΥΜΑϹΑΝΚΑΙΑΦΕΝ
ΤΕϹΑΥΤΟΝΑΠΗΛΘΑΝ
ΡΚΖ ΕΝΕΚΕΙΝΗΤΗΗΜΕΡΑΠΡΟϹ 22:23
ΗΛΘΟΝΑΥΤΩϹΑΔΔΟΥ
ΚΑΙΟΙΛΕΓΟΝΤΕϹΜΗΕΙ
ΝΑΙΑΝΑϹΤΑϹΙΝΚΑΙΕ
ΠΗΡΩΤΗϹΑΝΑΥΤΟΝΛΕ 22:24
ΓΟΝΤΕϹΔΙΔΑϹΚΑΛΕΜΩ
ΫϹΗϹΕΙΠΕΝΕΑΝΤΙϹΑΠΟ
ΘΑΝΗΜΗΕΧΩΝΤΕΚΝΑ
ΕΠΙΓΑΜΒΡΕΥϹΕΙΟΑΔΕΛ
ΦΟϹΑΥΤΟΥΤΗΝΓΥΝΑΙ
ΚΑΑΥΤΟΥΚΑΙΑΝΑϹΤΗ
ϹΕΙϹΠΕΡΜΑΤΩΑΔΕΛΦΩ

22:25 ΑΥΤΟΥΗϹΑΝΔΕΠΑΡΗ
ΜΙΝΕΠΤΑΑΔΕΛΦΟΙΚΑΙ
ΟΠΡΩΤΟϹΓΗΜΑϹΕΤε
ΛΕΥΤΗϹΕΝΚΑΙΜΗΕΧω̅
ϹΠΕΡΜΑΑΦΗΚΕΝΤΗΝ
ΓΥΝΑΙΚΑΑΥΤΟΥΤΩΑ
22:26 ΔΕΛΦΩΑΥΤΟΥΟΜΟΙωϲ
ΚΑΙΟΔΕΥΤΕΡΟϹΚΑΙΟ
ΤΡΙΤΟϹΕΩϹΤΩΝΕΠΤΑ
22:27 ΥϹΤΕΡΟΝΔΕΠΑΝΤΩΝ
22:28 ΑΠΕΘΑΝΕΝΗΓΥΝΗΕΝ
ΤΗΑΝΑϹΤΑϹΕΙΟΥΝΤΙ
ΝΟϹΤΩΝΕΠΤΑΕϹΤΑΙ
ΓΥΝΗΠΑΝΤΕϹΓΑΡΕϹΧο̅
22:29 ΑΥΤΗΝ ΑΠΟΚΡΙΘΕΙϹ
ΔΕΟΙ̅Ϲ̅ΕΙΠΕΝΑΥΤΟΙϹ
ΠΛΑΝΑϹΘΕΜΗΕΙΔΟΤεϲ
ΤΑϹΓΡΑΦΑϹΜΗΔΕΤΗΝ
22:30 ΔΥΝΑΜΙΝΤΟΥΘ̅Υ̅ΕΝγαρ
ΤΗΑΝΑϹΤΑϹΕΙΟΥΤΕΓΑ
ΜΟΥϹΙΝΟΥΤΕΓΑΜΙΖο̅
ΤΑΙΑΛΛΩϹΑΓΓΕΛΟΙΕν
22:31 ΤΩΟΥΡΑΝΩΕΙϹΙΝΠΕΡΙ
ΔΕΤΗϹΑΝΑϹΤΑϹΕΩϹ
ΤΩΝΝΕΚΡΩΝΟΥΚΑΝε
ΓΝΩΤΕΤΟΡΗΘΕΝΥΜΙ̅
ΥΠΟΤΟΥΘ̅Υ̅ΛΕΓΟΝΤΟϲ
22:32 › ΕΓΩΕΙΜΙΟΘ̅Ϲ̅ΑΒΡΑΑΜ
› ΚΑΙΟΘ̅Ϲ̅ΙϹΑΑΚΚΑΙΟΘ̅ϲ̅
› ΪΑΚΩΒʼΟΥΚΕϹΤΙΝΟΘ̅ϲ̅
ΝΕΚΡΩΝΑΛΛΑΖΩΝΤω̅
22:33 ΚΑΙΑΚΟΥϹΑΝΤΕϹΟΙΟ
ΧΛΟΙΕΞΕΠΛΗϹϹΟΝΤο
ΕΠΙΤΗΔΙΔΑΧΗΑΥΤΟΥ
22:34 Γ̅Κ̅Η̅ ΟΙΔΕΦΑΡΕΙϹΑΙΟΙΑΚΟΥ
ϹΑΝΤΕϹΟΤΙΕΦΕΙΜω
ϹΕΝΤΟΥϹϹΑΔΔΟΥΚΑΙ
ΟΥϹϹΥΝΗΧΘΗϹΑΝΕπι
22:35 ΤΟΑΥΤΟ ΚΑΙΕΠΗΡΩ
ΤΗϹΕΝΕΙϹΕΞΑΥΤΩΝ
ΝΟΜΙΚΟϹΠΕΙΡΑΖΩΝ
22:36 ΑΥΤΟΝΔΙΔΑϹΚΑΛΕΠοι

ΛΕΝΤΟΛΗΜΕΓΑΛΗΕΝΤΩ
ΝΟΜΩΟΔΕΕΦΗΑΥΤΩ 22:37
> ΑΓΑΠΗϹΕΙϹΚΝ̅ΤΟΝΘΝ̅
> ϹΟΥΕΝΟΛΗΚΑΡΔΙΑϹΟΥ
> ΚΑΙΕΝΟΛΗΨΥΧΗϹΟΥ
> ΚΑΙΕΝΟΛΗΤΗΔΙΑΝΟΙΑ
> ϹΟΥΑΥΤΗΕϹΤΙΝΗΜΕ 22:38
> ΓΑΛΗΚΑΙΠΡΩΤΗΕΝΤΟ
> ΛΗΔΕΥΤΕΡΑΟΜΟΙΩϹ 22:39
Ε
> ΑΓΑΠΗϹΙϹΤΟΝΠΛΗϹΙΟ̅
> ϹΟΥΩϹϹΕΑΥΤΟΝΕΝΤΑΥ 22:40
ΤΑΙϹΤΑΙϹΔΥϹΙΝΕΝΤΟ
ΛΑΙϹΟΛΟϹΟΝΟΜΟϹΚΡΕ
ΜΑΤΑΙΚΑΙΟΙΠΡΟΦΗΤΑΙ
ΡΚΘ ϹΥΝΗΓΜΕΝΩΝΔΕΤΩ̅ 22:41
ΦΑΡΕΙϹΑΙΩΝΕΠΗΡΩΤΗ
ϹΕΝΑΥΤΟΥϹΟΙ̅Ϲ̅ΛΕΓΩ̅ 22:42
ΤΙΥΜΙΝΔΟΚΕΙΠΕΡΙΤΟΥ
Χ̅Υ̅ΤΙΝΟϹΥΙΟϹΕϹΤΙΝ
ΛΕΓΟΥϹΙΝΑΥΤΩΤΟΥ
ΔΑΥΕΙΔΛΕΓΕΙΑΥΤΟΙϹ 22:43
ΠΩϹΟΥΝΔΑΥΕΙΔΕΝΠΝ̅Ι̅
ΚΑΛΕΙΑΥΤΟΝΑΥΤΟΝΚΝ̅
> ΛΕΓΩΝΕΙΠΕΝΚϹ̅ΤΩΚΩ̅ 22:44
> ΜΟΥΚΑΘΟΥΕΚΔΕΞΙΩ̅
> ΜΟΥΕΩϹΑΝΘΩΤΟΥϹ
> ΕΧΘΡΟΥϹϹΟΥΫΠΟΚΑ
> ΤΩΤΩΝΠΟΔΩΝϹΟΥ
ΕΙΟΥΝΔΑΥΕΙΔΚΑΛΕΙΑΥ 22:45
ΤΟΝΚΝ̅ΠΩϹΥΙΟϹΑΥΤΟΥ
ΕϹΤΙΝΚΑΙΟΥΔΕΙϹΕΔΥ 22:46
ΝΑΤΟΑΠΟΚΡΙΘΗΝΑΙΑΥ
ΤΩΛΟΓΟΝΟΥΔΕΕΤΟΛ
ΜΗϹΕΝΤΙϹΑΠΕΚΕΙΝΗϹ
ΤΗϹΗΜΕΡΑϹΕΠΕΡΩΤΗ
ϹΑΙΑΥΤΟΝΟΥΚΕΤΙ
ΡΛ ΤΟΤΕΙ̅Ϲ̅ΕΛΑΛΗϹΕΝΤΟΙϹ 23:1
ΟΧΛΟΙϹΚΑΙΤΟΙϹΜΑΘΗ
ΤΑΙϹΑΥΤΟΥΛΕΓΩΝΕΠΙ 23:2
ΤΗϹΜΩΫϹΕΩϹΚΑΘΕΔΡΑϹ
ΕΚΑΘΙϹΑΝΟΙΓΡΑΜΜΑ
ΤΕΙϹΚΑΙΟΙΦΑΡΕΙϹΑΙΟΙ

23:3 ΠΑΝΤΑΟΥΝΟCΑΑΝΕΙΠω
CΙΝΫΜΙΝ ΠΟΙΗCΑΤΕΚ
ΤΗΡΕΙΤΕΚΑΤΑΔΕΤΑΕΡ
ΓΑΑΥΤΩΝΜΗΠΟΙΕΙΤε
ΛΕΓΟΥCΙΝΓΑΡΚΑΙΟΥΠοι
23:4 ΟΥCΙΝΔΕCΜΕΥΟΥCΙΝ
ΔΕΦΟΡΤΙΑΒΑΡΕΑΚΑΙ
ΔΥCΒΑCΤΑΚΤΑΚΑΙΕπι
ΤΙΘΕΑCΙΝΕΠΙΤΟΥCΩ
ΜΟΥCΤΩΝΑΝΘΡΩΠΩ̄
ΑΥΤΟΙΔΕΤΩΔΑΚΤΥΛω
ΑΥΤΩΝΟΥΘΕΛΟΥCΙΝ
23:5 ΚΕΙΝΗCΑΙΑΥΤΑΠΑΝΤα
ΔΕΤΑΕΡΓΑΑΥΤΩΝΠοι
ΟΥCΙΝΠΡΟCΤΟΘΕΑΘΗ
ΝΑΙΤΟΙCΑΝΘΡΩΠΟΙC
ΠΛΑΤΥΝΟΥCΙΓΑΡΤΑΦυ
ΛΑΚΤΗΡΙΑΑΥΤΩΝΚΑΙ
ΜΕΓΑΛΥΝΟΥCΙΤΑΚΡΑ
23:6 CΠΕΔΑΦΙΛΟΥCΙΔΕΤη̄
ΠΡΩΤΟΚΛΙCΙΑΝΕΝΤοιc
ΔΕΙΠΝΟΙCΚΑΙΤΑCΠΡΩ
ΤΟΚΑΘΕΔΡΙΑCΕΝΤΑΙC
23:7 CΥΝΑΓΩΓΑΙCΚΑΙΤΟΥc
ΑCΠΑCΜΟΥCΕΝΤΑΙC
ΑΓΟΡΑΙCΚΑΙΚΑΛΕΙCΘαι
ΥΠΟΤΩΝΑΝΘΡΩΠΩΝ
23:8 ΡΑΒΒΕΙΥΜΕΙCΔΕΜΗΚΛη
ΘΗΤΕΡΑΒΒΕΙΕΙCΓΑΡΕ
CΤΙΝΥΜΩΝΟΔΙΔΑCΚα
ΛΟCΠΑΝΤΕCΔΕΫΜΕΙC
23:9 ΑΔΕΛΦΟΙΕCΤΕ ΚΑΙΠα
ΤΕΡΑΜΗΚΑΛΕCΗΤΕΥμω̄
ΕΠΙΤΗCΓΗCΕΙCΓΑΡΕCΤῙ
ΥΜΩΝΟΠΑΤΗΡΟΟΥΡΑνι
23:10 ΟCΜΗΔΕΚΛΗΘΗΤΑΙΚα
ΘΗΓΗΤΑΙΟΤΙΚΑΘΗΓΗ
ΤΗCΫΜΩΝΕCΤΙΝΕΙCΟ
23:11 Χ̄CΟΔΕΜΕΙΖΩΝΫΜΩΝε
CΤΑΙΥΜΩΝΔΙΑΚΟΝοc
23:12 ΟCΤΙCΔΕΥΨΩCΕΙΕΑΥΤο̄
ΤΑΠΕΙΝΩΘΗCΕΤΑΙΚΑΙ

ΟϹΤΙϹΤΑΠΕΙΝΩϹΕΙΕ
ΑΥΤΟΝΥΨΩΘΗϹΕΤΑΙ
ΟΥΑΙΔΕΥΜΙΝΓΡΑΜΜΑ 23:13
ΤΕΙϹΚΑΙΦΑΡΕΙϹΑΙΟΙΥ
ΠΟΚΡΙΤΑΙΟΤΙΚΛΕΙΕΤΕ
ΤΗΝΒΑϹΙΛΕΙΑΝΤΩΝΟΥ
ΡΑΝΩΝΕΜΠΡΟϹΘΕΝΤΩ̄
ΑΝΘΡΩΠΩΝΫΜΕΙϹΓΑΡ
ΟΥΚΕΙϹΕΡΧΕϹΘΕΟΥΔΕ
ΤΟΥϹΕΙϹΕΡΧΟΜΕΝΟΥϹ
ΑΦΙΕΤΕΕΙϹΕΛΘΕΙΝ
ΓΡΑΑ ΟΥΑΙΥΜΙΝΓΡΑΜΜΑΤΕΙϹ 23:15
ΚΑΙΦΑΡΕΙϹΑΙΟΙΥΠΟΚΡΙ
ΤΑΙΟΤΙΠΕΡΙΑΓΕΤΕΤΗ̄
ΘΑΛΑϹϹΑΝΚΑΙΤΗΝΞΗ
ΡΑΝΠΟΙΗϹΑΙΕΝΑΠΡΟϹ
ΗΛΥΤΟΝΚΑΙΟΤΑΝΓΕ
ΝΗΤΑΙΠΟΙΕΙΤΕΑΥΤΟΝ
ΥΙΟΝΓΕΕΝΝΗϹΔΙΠΛΟ
ΤΕΡΟΝΫΜΩΝ ΟΥΑΙΥ 23:16
ΜΙΝΟΔΗΓΟΙΤΥΦΛΟΙΟΙ
ΛΕΓΟΝΤΕϹΟϹΑΝΟΜΟ
ϹΗΕΝΤΩΝΑΩΟΥΔΕΝΕ
ϹΤΙΝΟϹΔΑΝΟΜΟϹΗΕ̄
ΤΩΧΡΥϹΩΤΟΥΝΑΟΥΟ
ΦΕΙΛΕΙΜΩΡΟΙΚΑΙΤΥΦΛΟΙ 23:17
ΤΙϹΓΑΡΜΕΙΖΩΝΕϹΤΙΝ
ΟΧΡΥϹΟϹΗΟΝΑΟϹΟΑΓΙ
ΑϹΑϹΤΟΝΧΡΥϹΟΝΚΑΙ 23:18
ΟϹΑΝΟΜΟϹΗΕΝΤΩΘΥ
ϹΙΑϹΤΗΡΙΩΟΥΔΕΝΕϹΤῙ
ΟϹΔΑΝΟΜΟϹΗΕΝΤΩΔΩ
ΡΩΤΩΕΠΑΝΩΑΥΤΟΥΟ
ΦΕΙΛΕΙΜΩΡΟΙΚΑΙΤΥΦΛΟΙ 23:19
ΤΙΓΑΡΜΕΙΖΟΝΤΟΔΩΡΟ̄
ΗΤΟΘΥϹΙΑϹΤΗΡΙΟΝΤΟ
ΑΓΙΑΖΟΝΤΟΔΩΡΟΝΟ 23:20
ΟΥΝΟΜΟϹΑϹΕΝΤΩΘΥ
ϹΙΑϹΤΗΡΙΩΟΜΝΥΕΙΕ̄
ΑΥΤΩΚΑΙΕΝΠΑϹΙΤΟΙϹ
ΕΠΑΝΩΑΥΤΟΥΚΑΙΟ 23:21
ΟΜΟϹΑϹΕΝΤΩΝΑΩΟ

ΜΝΥΕΙΕΝΑΥΤΩΚΑΙΕΝ
ΤΩΚΑΤΟΙΚΟΥΝΤΙΑΥΤΟ̅
23:22 ΚΑΙΟΟΜΟϹΑϹΕΝΤΩΟΥ
ΡΑΝΩΟΜΝΥΕΙΕΝΤΩ
ΘΡΟΝΩΤΟΥΘ̅Υ̅ΚΑΙΕΝ
ΤΩΚΑΘΗΜΕΝΩΕΠΑΝΩ
23:23 ΓΛ̅Β̅ ΑΥΤΟΥ ΟΥΑΙΫΜΙΝ
ΓΡΑΜΜΑΤΕΙϹΚΑΙΦΑ
ΡΕΙϹΑΙΟΙΥΠΟΚΡΙΤΑΙΟ
ΤΙΑΠΟΔΕΚΑΤΟΥΤΕΤΟ
ΗΔΥΟϹΜΟΝΚΑΙΤΟΑΝΗ
ΘΟΝΚΑΙΤΟΚΥΜΕΙΝΟΝ
ΚΑΙΑΦΗΚΕΤΕΤΑΒΑΡΥ
ΤΕΡΑΤΟΥΝΟΜΟΥΤΗΝ
ΚΡΙϹΙΝΚΑΙΤΟΕΛΕΟϹΚ
ΤΗΝΠΙϹΤΙΝΤΑΥΤΑΔΕ
ΕΔΕΙΠΟΙΗϹΑΙΚΑΚΕΙΝΑ
23:24 ΜΗΑΦΕΙΝΑΙΟΔΗΓΟΙΤΥ
ΦΛΟΙΔΙΥΛΙΖΟΝΤΕϹΤΟ̅
ΚΩΝΩΠΑΤΗΝΔΕΚΑΜΗ
ΛΟΝΚΑΤΑΠΕΙΝΟΝΤΕϹ
23:25 ΓΛ̅Γ̅ ΟΥΑΙΥΜΙΝΓΡΑΜΑΤΕΙϹ
ΚΑΙΦΑΡΕΙϹΑΙΟΙΥΠΟΚΡΙ
ΤΑΙΟΤΙΚΑΘΑΡΙΖΕΤΕΤΟ
ΕΞΩΘΕΝΤΟΥΠΟΤΗΡΙ
ΟΥΚΑΙΤΗϹΠΑΡΟΨΙΔΟϹ
ΕϹΩΘΕΝΔΕΓΕΜΟΥϹΙΝ
ΕΞΑΡΠΑΓΗϹΚΑΙΑΚΡΑϹΙ
23:26 ΑϹΦΑΡΕΙϹΑΙΕΤΥΦΛΕ
ΚΑΘΑΡΙϹΟΝΠΡΩΤΟΝΤΟ
ΕΝΤΟϹΤΟΥΠΟΤΗΡΙΟΥ
ΚΑΙΤΗϹΠΑΡΟΨΙΔΟϹΙ
ΝΑΓΕΝΗΤΑΙΚΑΙΤΟΕ
ΩΝ
ΚΤΟϹΑΥΤΟΥΚΑΘΑΡΟ̅
23:27 ΓΛ̅Δ̅ ΟΥΑΙΥΜ ΙΝΓΡΑΜΜΑ
ΤΕΙϹΚΑΙΦΑΡΕΙϹΑΙΟΙΥ
ΠΟΚΡΙΤΑΙΟΤΙΟΜΟΙΑ
ΖΕΤΕΤΑΦΟΙϹΚΕΚΟ
ΝΙΑΜΕΝΟΙϹΟΙΤΙΝΕϹ
ΕΞΩΘΕΝΜΕΝΦΑΙΝΟ̅
ΤΑΙΩΡΑΙΟΙΕϹΩΘΕΝΔΕ
ΓΕΜΟΥϹΙΝΟϹΤΕΩΝΝΕ

ΚΡΩΝΚΑΙΠΑϹΗϹΑΚΑ
ΘΑΡϹΙΑϹΟΥΤΩϹΚΑΙΥ 23:28
ΜΕΙϹΕΞΩΘΕΝΜΕΝΦΑΙ
ΝΕϹΘΕΤΟΙϹΑΝΘΡΩΠΟΙϹ
ΔΙΚΑΙΟΙΕϹΩΘΕΝΔΕΕ
ϹΤΕΜΕϹΤΟΙΥΠΟΚΡΙϹΕ
ΓΛΕ ΩϹΚΑΙΑΝΟΜΙΑϹ ΟΥΑΙ 23:29
ΥΜΙΝΓΡΑΜΜΑΤΕΙϹΚΑΙ
ΦΑΡΕΙϹΑΙΟΙΫΠΟΚΡΙΤΑΙ
ΟΤΙΟΙΚΟΔΟΜΕΙΤΕΤΟΥϹ
ΤΑΦΟΥϹΤΩΝΠΡΟΦΗ
ΤΩΝΚΑΙΚΟϹΜΕΙΤΕΤΑ
ΜΝΗΜΕΙΑΤΩΝΔΙΚΑΙΩ̄
ΚΑΙΛΕΓΕΤΕΕΙΗΜΕΘΑ 23:30
ΕΝΤΑΙϹΗΜΕΡΑΙϹΤΩΝ
ΠΑΤΕΡΩΝΗΜΩΝΟΥΚᾹ
ΗΜΕΘΑΑΥΤΩΝΚΟΙΝΩ
ΝΟΙΕΝΤΩΑΙΜΑΤΙΤΩΝ
ΠΡΟΦΗΤΩΝΩϹΤΕΜΑΡ 23:31
ΤΥΡΕΙΤΕΕΑΥΤΟΙϹΟΤΙ
ΥΙΟΙΕϹΤΕΤΩΝΦΟΝΕΥ
ϹΑΝΤΩΝΤΟΥϹΠΡΟΦΗ
ΤΑϹΚΑΙΥΜΕΙϹΠΛΗΡΩ 23:32
ϹΕΤΕΤΟΜΕΤΡΟΝΤΩΝ
ΠΑΤΕΡΩΝΥΜΩΝΟΦΕΙϹ 23:33
ΓΕΝΝΗΜΑΤΑΕΧΙΔΝΩ̄
ΠΩϹΦΥΓΗΤΕΑΠΟΤΗϹ
ΚΡΙϹΕΩϹΤΗϹΓΕΕΝΝΗϹ
ΔΙΑΤΟΥΤΟΙΔΟΥΕΓΩΑ 23:34
ΠΟϹΤΕΛΛΩΠΡΟϹΥΜΑϹ
ΠΡΟΦΗΤΑϹΚΑΙϹΟΦΟΥϹ
ΚΑΙΓΡΑΜΜΑΤΕΙϹΕΞΑΥ
ΤΩΝΑΠΟΚΤΕΝΕΙΤΕΚΑΙ
ϹΤΑΥΡΩϹΕΤΕΚΑΙΕΞΑΥ
ΤΩΝΜΑϹΤΕΙΓΩϹΕΤΕ
ΕΝΤΑΙϹϹΥΝΑΓΩΓΑΙϹ
ΥΜΩΝΚΑΙΔΙΩΞΕΤΕΑ
ΠΟΠΟΛΕΩϹΕΙϹΠΟΛΙΝ
ΟΠΩϹΕΛΘΗΕΦΥΜΑϹ 23:35
ΠΑΝΑΙΜΑΔΙΚΑΙΟΝΕΚΧῩ
ΝΟΜΕΝΟΝΕΠΙΤΗϹΓΗϹ
ΑΠΟΤΟΥΑΙΜΑΤΟϹΑΒΕΛ

ΤΟΥΔΙΚΑΙΟΥΕΩϹΤΟΥ
ΑΙΜΑΤΟϹΖΑΧΑΡΙΟΥ
ΥΙΟΥΒΑΡΑΧΙΟΥΟΝΕΦΟ
ΝΕΥϹΑΤΕΜΕΤΑΞΥΤΟΥ
ΝΑΟΥΚΑΙΤΟΥΘΥϹΙΑϹΤΗ
23:36 ΡΙΟΥ ΑΜΗΝΛΕΓΩΥΜΙΝ
ΗΞΕΙΠΑΝΤΑΤΑΥΤΑΕ
ΠΙΤΗΝΓΕΝΕΑΝΤΑΥΤΗ
23:37 ΙΕΡΟΥϹΑΛΗΜΙΕΡΟΥϹΑ
ΛΗΜΗΑΠΟΚΤΕΙΝΟΥϹΑ
ΤΟΥϹΠΡΟΦΗΤΑϹΚΑΙ
ΛΙΘΟΒΟΛΟΥϹΑΤΟΥϹΑ
ΠΕϹΤΑΛΜΕΝΟΥϹΠΡΟϹ
ΑΥΤΗΝΠΟϹΑΚΙϹΗΘΕΛΗ
ϹΑΕΠΙϹΥΝΑΓΑΓΕΙΝΤΑ
ΤΕΚΝΑϹΟΥΟΝΤΡΟΠΟΝ
ΟΡΝΙϹΕΠΙϹΥΝΑΓΕΙΤΑΝΟϹ
ϹΙΑ˟ΥΠΟΤΑϹΠΤΕΡΥΓΑϹ ˟ΑΥΤΗϹ
23:38 ΚΑΙΟΥΚΗΘΕΛΗϹΑΤΕΙΔΟΥ
ΑΦΙΕΤΑΙΥΜΙΝΟΟΙΚΟϹ
23:39 ΥΜΩΝΛΕΓΩΓΑΡΥΜΙΝ
ΟΥΜΗΜΕΙΔΗΤΕΑΠΑΡΤΙ
ΕΩϹΑΝΕΙΠΗΤΕΕΥΛΟ
ΓΗΜΕΝΟϹΟΕΡΧΟΜΕΝΟϹ
ΕΝΟΝΟΜΑΤΙΚΥ
24:1 ΡΛϚ ΚΑΙΕΞΕΛΘΩΝΟΙϹΕΚΤΟΥ
ΙΕΡΟΥΕΠΟΡΕΥΕΤΟΚΑΙ
ΠΡΟϹΗΛΘΟΝΟΙΜΑΘΗΤΑΙ
ΑΥΤΟΥΕΠΙΔΕΙΞΑΙΑΥΤΩ
ΤΑϹΟΙΚΟΔΟΜΑϹΤΟΥΙ
24:2 ΕΡΟΥ ΟΔΕΑΠΟΚΡΙΘΕΙϹ
ΕΙΠΕΝΑΥΤΟΙϹΟΥΒΛΕ
ΠΕΤΕΤΑΥΤΑΠΑΝΤΑ
ΑΜΗΝΛΕΓΩΥΜΙΝΟΥΜΗ
ΑΦΕΘΗΩΔΕΛΙΘΟϹΕΠΙ
ΛΙΘΟΝΟϹΟΥΚΑΤΑΛΥΘΗ
24:3 ΡΛΖ ϹΕΤΑΙ ΚΑΘΗΜΕΝΟΥ
ΔΕΑΥΤΟΥΕΠΙΤΟΥΟΡΟΥϹ
ΤΩΝΕΛΑΙΩΝΠΡΟϹΗΛ
ΘΟΝΑΥΤΩΟΙΜΑΘΗΤΑΙ
ΚΑΘΙΔΙΑΝΛΕΓΟΝΤΕϹ
ΕΙΠΕΗΜΙΝΠΟΤΕΤΑΥΤΑ

ΕCΤΑΙΚΑΙΤΙΤΟCΗΜΕΙ
ΟΝΤΗCCΗCΠΑΡΟΥCΙΑC
ΚΑΙCΥΝΤΕΛΕΙΑCΤΟΥ
ΑΙΩΝΟC ΚΑΙΑΠΟΚΡΙ 24:4
ΘΕΙCΟΙ̅C̅ΕΙΠΕΝΑΥΤΟΙC
ΒΛΕΠΕΤΕΜΗΤΙCΫΜΑC
ΠΛΑΝΗCΗΠΟΛΛΟΙΓΑΡ 24:5
ΕΛΕΥCΟΝΤΑΙΕΠΙΤΩ
ΟΝΟΜΑΤΙΜΟΥΛΕΓΟΝ
ΤΕCΕΓΩΕΙΜΙΟΧ̅C̅ΚΑΙ
ΠΟΛΛΟΥCΠΛΑΝΗCΟΥ
CΙΝΜΕΛΛΗCΕΤΑΪΔΕΑ 24:6
ΚΟΥΕΙΝΠΟΛΕΜΟΥCϏ
ΑΚΟΑCΠΟΛΕΜΩΝΟΡΑ
ΤΕΜΗΘΡΟΕΙCΘΕΔΕΙΓΑΡ
ΓΕΝΕCΘΑΙΑΛΛΟΥΠΩ
ΕCΤΙΝΤΟΤΕΛΟC ΕΓΕΡ 24:7
ΘΗCΕΤΑΙΓΑΡΕΘΝΟCΕ
ΠΙΕΘΝΟCΚΑΙΒΑCΙΛΕΙΑ
ΕΠΙΒΑCΙΛΕΙΑΝΚΑΙΕCΟ̅
ΤΑΙΛΕΙΜΟΙΚΑΙCΕΙCΜΟΙ
ΚΑΤΑΤΟΠΟΥCΠΑΝΤΑ 24:8
ΔΕΤΑΥΤΑΑΡΧΗΩΔΕΙ
ΝΩΝ ΤΟΤΕΠΑΡΑΔΩ 24:9
CΟΥCΙΝΥΜΑCΕΙCΘΛΕΙ
ΨΙΝΚΑΙΑΠΟΚΤΕΝΟΥCΙΝ
ΥΜΑCΚΑΙΕCΕCΘΕΜΕΙ
CΟΥΜΕΝΟΙΥΠΟΠΑΝΤΩ̅
ΤΩΝΕΘΝΩΝΔΙΑΤΟΟΝΟ
ΜΑΜΟΥΚΑΙΤΟΤΕCΚΑΝ 24:10
ΔΑΛΙCΘΗCΟΝΤΑΙΠΟΛΛΟΙ
ΚΑΙΑΛΛΗΛΟΥCΠΑΡΑΔΩ
CΟΥCΙΝΚΑΙΜΕΙCΗCΟΥ
CΙΝΑΛΛΗΛΟΥCΚΑΙΠΟΛ 24:11
ΛΟΙΨΕΥΔΟΠΡΟΦΗΤΑΙ
ΕΓΕΡΘΗCΟΝΤΑΙΚΑΙΠΛΑ
ΝΗCΟΥCΙΝΠΟΛΛΟΥCϏ 24:12
ΔΙΑΤΟΠΛΗΘΥΝΘΗΝΑΙ
ΤΗΝΑΝΟΜΙΑΝΨΥΓΗCΕ
ΤΑΙΗΑΓΑΠΗΤΩΝΠΟΛ
ΛΩΝΟΔΕΥΠΟΜΕΙΝΑC 24:13
ΕΙCΤΕΛΟCΟΥΤΟCCΩ

24:14 ΘΗϹΕΤΑΙΚΑΙΚΗΡΥΧΘΗ
ϹΕΤΑΙΤΟΥΤΟΤΟΕΥΑΓ
ΓΕΛΙΟΝΤΗϹΒΑϹΙΛΕΙΑϹ
ΕΝΟΛΗΤΗΟΙΚΟΥΜΕΝΗ
ΕΙϹΜΑΡΤΥΡΙΟΝΠΑϹΙΝ
ΤΟΙϹΕΘΝΕϹΙΝΚΑΙΤΟΤΕ
24:15 ΗΞΕΙΤΟΤΕΛΟϹ ΟΤΑΝ
ΟΥΝΙΔΗΤΕΤΟΒΔΕΛΥΓΜΑ
ΤΗϹΕΡΗΜΩϹΕΩϹΤΟΡΗ
ΘΕΝΔΙΑΔΑΝΙΗΛΤΟΥΠΡΟ
ΦΗΤΟΥΕϹΤΟϹΕΝΤΟΠΩ
ΑΓΙΩΟΑΝΑΓΙΝΩϹΚΩ̅
24:16 ΝΟΕΙΤΩ ΤΟΤΕΟΙΕΝΤΗ
ΙΟΥΔΑΙΑΦΕΥΓΕΤΩϹΑ̅
24:17 ΕΙϹΤΑΟΡΗΟΕΠΙΤΟΥΔΩ
ΜΑΤΟϹΜΗΚΑΤΑΒΑΤΩ
ΑΡΑΙΤΑΕΚΤΗϹΟΙΚΙΑϹ
24:18 ΑΥΤΟΥΚΑΙΟΕΝΤΩΑΓΡΩ
ΜΗΕΠΙϹΤΡΕΨΑΤΩΟ
ΠΙϹΩΑΡΑΙΤΟΙΜΑΤΙΟ̅
24:19 ΑΥΤΟΥΟΥΑΙΔΕΤΑΙϹΕΝ
ΓΑϹΤΡΙΕΧΟΥϹΑΙϹΚΑΙ
ΤΑΙϹΘΗΛΑΖΟΥϹΑΙϹΕΝΕ
ΚΕΙΝΑΙϹΤΑΙϹΗΜΕΡΑΙϹ
24:20 ΠΡΟϹΕΥΧΕϹΘΕΔΕΙΝΑ
ΜΗΓΕΝΗΤΑΙΗΦΥΓΗΥ
ΜΩΝΧΕΙΜΩΝΟϹΜΗΔΕ
24:21 ϹΑΒΒΑΤΩΕϹΤΑΙΓΑΡΤΟ
ΤΕΘΛΕΙΨΙϹΜΕΓΑΛΗΟΙ
ΛΟΥΓΕΓΟΝΕΝΑΠΑΡΧΗϹ
ΚΟϹΜΟΥΕΩϹΤΟΥΝΥΝ
24:22 ΟΥΔΟΥΜΗΓΕΝΗΤΑΙϏ
ΕΙΜΗΕΚΟΛΟΒΩΘΗϹΑΝ
ΑΙΗΜΕΡΑΙΕΚΕΙΝΑΙΟΥΚΑ̅
ΕϹΩΘΗΠΑϹΑϹΑΡΞΔΙΑ
ΔΕΤΟΥϹΕΚΛΕΚΤΟΥϹ
ΚΟΛΟΒΩΘΗϹΟΝΤΑΙΑΙ
24:23 ΗΜΕΡΑΙΕΚΕΙΝΑΙ ΤΟΤΕ
ΕΑΝΤΙϹΥΜΙΝΕΙΠΗΙΔΟΥ
ΩΔΕΟΧ̅Ϲ̅ΗΩΔΕΜΗΠΙ
24:24 ϹΤΕΥΕΤΕΕΓΕΡΘΗϹΟΝ
ΤΑΙΓΑΡΨΕΥΔΟΧΡΕΙϹΤΟΙ

ΚΑΙΨΕΥΔΟΠΡΟΦΗΤΑΙ
ΚΑΙΔΩϹΟΥϹΙΝϹΗΜΕΙΑ
ΜΕΓΑΛΑΚΑΙΤΕΡΑΤΑΩϹ
ΤΕΠΛΑΝΗϹΑΙΕΙΔΥΝΑΤΟ̅
ΚΑΙΤΟΥϹΕΚΛΕΚΤΟΥϹ
ΙΔΟΥΠΡΟΕΙΡΗΚΑΫΜΙΝ 24:25
ΕΑΝΟΥΝΕΙΠΩϹΙΝΥΜΙ̅ 24:26
ΙΔΟΥΕΝΤΗΕΡΗΜΩΕϹΤΙ̅
ΜΗΕΞΕΛΘΗΤΕΪΔΟΥΕΝ
ΤΟΙϹΤΑΜΕΙΟΙϹΜΗΠΙ
ϹΤΕΥϹΗΤΕΩϹΠΕΡΓΑΡ 24:27
ΗΑϹΤΡΑΠΗΕΞΕΡΧΕΤΑΙ
ΑΠΟΑΝΑΤΟΛΩΝΚΑΙΦΑΙ
ΝΕΤΑΙΕΩϹΔΥϹΜΩΝ
ΟΥΤΩϹΕϹΤΑΙΗΠΑΡΟΥ
ϹΙΑΤΟΥΥΙΟΥΤΟΥΑΝ
ΘΡΩΠΟΥ ΟΠΟΥΕΑΝΗΤΟ 24:28
ΠΤΩΜΑΕΚΕΙϹΥΝΑΧΘΗ
ϹΟΝΤΑΙΟΙΑΕΤΟΙ ΕΥΘΕ 24:29
ΩϹΔΕΜΕΤΑΤΗΝΘΛΕΙ
ΨΙΝΤΩΝΗΜΕΡΩΝΕΚΕΙ
ΝΩΝΟΗΛΙΟϹϹΚΟΤΙϹΘΗ
ϹΕΤΑΙΚΑΙΗϹΕΛΗΝΗΟΥ
ΔΩϹΕΙΤΟΦΕΓΓΟϹΑΥ
ΤΗϹΚΑΙΟΙΑϹΤΕΡΕϹΠΕ
ϹΟΥΝΤΑΙΑΠΟΤΟΥΟΥ
ΡΑΝΟΥΚΑΙΑΙΔΥΝΑΜΕΙϹ
ΤΩΝΟΥΡΑΝΩΝϹΑΛΕΥ
ΘΗϹΟΝΤΑΙΚΑΙΤΟΤΕ 24:30
ΦΑΝΗϹΕΤΑΙΤΟϹΗΜΕΙΟ̅
ΤΟΥΥΙΟΥΤΟΥΑΝΘΡΩ
ΠΟΥΕΝΟΥΡΑΝΩ ΚΑΙΤΟ
ΤΕΚΟΨΟΝΤΑΙΠΑϹΑΙ
ΑΙΦΥΛΑΙΤΗϹΓΗϹΚΑΙ
ΟΨΟΝΤΑΙ ΤΟΝΥΙΟΝ
ΤΟΥΑΝΘΡΩΠΟΥΕΡΧΟ
ΜΕΝΟΝΕΠΙΤΩΝΝΕΦΕ
ΛΩΝΤΟΥΟΥΡΑΝΟΥΜΕ
ΤΑΔΥΝΑΜΕΩϹΚΑΙΔΟ
ΞΗϹΠΟΛΛΗϹΚΑΙΑΠΟ 24:31
ϹΤΕΛΕΙΤΟΥϹΑΓΓΕΛΟΥϹ
ΑΥΤΟΥΜΕΤΑϹΑΛΠΙΓ

ΓΟϹΦΩΝΗϹΜΕΓΑΛΗϹ
ΚΑΙΕΠΙϹΥΝΑΞΟΥϹΙΝ
ΤΟΥϹΕΚΛΕΚΤΟΥϹΑΥΤΟΥ
ΕΚΤΩΝΤΕϹϹΑΡΩΝΑ
ΝΕΜΩΝΑΠΑΚΡΩΝΟΥ
ΡΑΝΩΝΕΩϹΤΩΝΑΚΡΩΝ
24:32 ΑΥΤΩΝ ΑΠΟΔΕΤΗϹ
ϹΥΚΗϹΜΑΘΕΤΕΤΗΝΠΑ
ΡΑΒΟΛΗΝΟΤΑΝΗΔΗΟ
ΚΛΑΔΟϹΑΥΤΗϹΓΕΝΗΤΑΙ
ΑΠΑΛΟϹΚΑΙΤΑΦΥΛΛΑ ΑΙ
ΕΚΦΥΗΓΕΙΝΩϹΚΕΤΕ
24:33 ΟΤΙΕΓΓΥϹΤΟΘΕΡΟϹΟΥ
ΤΩϹΚΑΙΥΜΕΙϹΟΤΑΝΙ
ΔΗΤΕΠΑΝΤΑΤΑΥΤΑΓΕΙ
ΝΩϹΚΕΤΕΟΤΙΕΓΓΥϹΕ
24:34 ϹΤΙΝΕΠΙΘΥΡΑΙϹΑΜΗΝ
ΛΕΓΩΫΜΙΝΟΤΙΟΥΜΗ
ΠΑΡΕΛΘΗΗΓΕΝΕΑΑΥΤΗ
ΕΩϹΑΝΠΑΝΤΑΤΑΥΤΑ
24:35 ΓΕΝΗΤΑΙ ΟΟΥΡΑΝΟϹ
ΚΑΙΗΓΗΠΑΡΕΛΕΥϹΕΤΑΙ
ΟΙΔΕΛΟΓΟΙΜΟΥΟΥΜΗ
24:36 ΓΛΗ ΠΑΡΕΛΘΩϹΙΝ ΠΕΡΙΔΕ
ΤΗϹΗΜΕΡΑϹΕΚΕΙΝΗϹ
ΚΑΙΩΡΑϹΟΥΔΕΙϹΟΙΔΕΝ
ΟΥΔΕΟΙΑΓΓΕΛΟΙΤΩΝ
ΟΥΡΑΝΩΝΟΥΔΕΟΥΙΟϹ
ΕΙΜΗΟΠΑΤΗΡΜΟΝΟϹ
24:37 ΩϹΠΕΡΓΑΡΑΙΗΜΕΡΑΙΤΟΥ
ΝΩΕΟΥΤΩϹΕϹΤΑΙΗ
ΠΑΡΟΥϹΙΑΤΟΥΥΙΟΥΤΟΥ
24:38 ΑΝΘΡΩΠΟΥΩϹΓΑΡΗϹΑΝ
ΕΝΤΑΙϹΗΜΕΡΑΙϹΕΚΕΙ
ΝΑΙϹΤΑΙϹΠΡΟΤΟΥΚΑ
ΤΑΚΛΥϹΜΟΥΤΡΩΓΟΝ
ΤΕϹΚΑΙΠΕΙΝΟΝΤΕϹΓΑ
ΜΟΥΝΤΕϹΚΑΙΓΑΜΙϹΚΟΝ
ΤΕϹΑΧΡΙΗϹΗΜΕΡΑϹΕΙϹ
ΗΛΘΕΝΝΩΕΕΙϹΤΗΝΚΙ
24:39 ΒΩΤΟΝΚΑΙΟΥΚΕΓΝΩ
ϹΑΝΕΩϹΗΛΘΕΝΟΚΑΤΑ

ΚΑΥϹΜΟϹΚΑΙΗΡΕΝΑΠΑ̅
ΤΑϹΟΥΤΩϹΕϹΤΑΙΗΠΑ
ΡΟΥϹΙΑΤΟΥΥΙΟΥΤΟΥΑ̅
ΘΡΩΠΟΥ ΤΟΤΕΕϹΟΝ 24:40
ΤΑΙΔΥΟΕΝΤΩΑΓΡΩΕΙϹ
ΠΑΡΑΛΑΜΒΑΝΕΤΑΙΚΑΙ
ΕΙϹΑΦΙΕΤΑΙΔΥΟΑΛΗ 24:41
ΘΟΥϹΑΙΕΝΤΩΜΥΛΩΜΙ
ΑΠΑΡΑΛΑΜΒΑΝΕΤΑΙΚΑΙ
ΜΙΑΑΦΙΕΤΑΙΓΡΗΓΟΡΕΙ 24:42
ΤΕΟΥΝΟΤΙΟΥΚΟΙΔΑΤΕ
ΠΟΙΑΗΜΕΡΑΟΚ̅Ϲ̅ΥΜΩΝ
ΕΡΧΕΤΑΙΕΚΕΙΝΟΔΕΓΕΙΝΩ 24:43
ϹΚΕΤΕΟΤΙΕΙΗΔΕΙΟΟΙΚΟ
ΔΕϹΠΟΤΗϹΠΟΙΑΦΥΛΑ
ΚΗΟΚΛΕΠΤΗϹΕΡΧΕΤΑΙ
ΕΓΡΗΓΟΡΗϹΕΝΑΝΚΑΙΟΥ
ΚΑΝΕΙΑϹΕΝΔΙΟΡΥΓΗΝΑΙ
ΤΗΝΟΙΚΙΑΝΑΥΤΟΥΔΙΑ 24:44
ΤΟΥΤΟΚΑΙΥΜΕΙϹΓΕΙΝΕ
ϹΘΕΕΤΟΙΜΟΙΟΤΙΗΟΥΔΟ
ΚΕΙΤΕΩΡΑΟΥΙΟϹΤΟΥΑ̅
Γ̅Λ̅Θ̅ ΘΡΩΠΟΥΕΡΧΕΤΑΙ ΤΙϹ 24:45
ΑΡΑΕϹΤΙΝΟΠΙϹΤΟϹΔΟΥ
ΛΟϹΚΑΙΦΡΟΝΙΜΟϹΟΝΚΑ
ΤΕϹΤΗϹΕΝΟΚ̅Ϲ̅ΕΠΙΤΗϹ
ΟΙΚΕΤΕΙΑϹΑΥΤΟΥΤΟΥ
ΔΟΥΝΑΙΑΥΤΟΙϹΤΗΝΤΡΟ
ΦΗΝΕΝΚΑΙΡΩΜΑΚΑΡΙΟϹ 24:46
ΟΔΟΥΛΟϹΕΚΕΙΝΟϹΟΝΕΛ
ΘΩΝΟΚ̅Ϲ̅ΑΥΤΟΥΕΥΡΗ
ϹΕΙΟΥΤΩϹΠΟΙΟΥΝΤΑ
ΑΜΗΝΛΕΓΩΥΜΙΝΟΤΙΕ 24:47
ΠΙΠΑϹΙΤΟΙϹΥΠΑΡΧΟΥ
ϹΙΝΑΥΤΟΥΚΑΤΑϹΤΗϹΕΙ
ΑΥΤΟΝ ΕΑΝΔΕΕΙΠΗΟ 24:48
ΚΑΚΟϹΔΟΥΛΟϹΕΚΕΙΝΟϹ
ΕΝΤΗΚΑΡΔΙΑΑΥΤΟΥΧΡΟ
ΝΙΖΕΙΜΟΥΟΚ̅Ϲ̅ΚΑΙΑΡΞΗ 24:49
ΤΑΙΤΥΠΤΕΙΝΤΟΥϹϹΥ̅
ΔΟΥΛΟΥϹΑΥΤΟΥΕϹΘΙ
ΗΔΕΚΑΙΠΕΙΝΗΜΕΤΑΤΩ̅

24:50 ΜΕΘΥΟΝΤΩΝΗΞΕΙΟΚϹ
ΤΟΥΔΟΥΛΟΥΕΚΕΙΝΟΥ
ΕΝΗΜΕΡΑΗΟΥΠΡΟϹΔΟ
ΚΑΚΑΙΕΝΩΡΑΗΟΥΓΕΙΝΩ
24:51 ϹΚΕΙΚΑΙΔΙΧΟΤΟΜΗϹΕΙ
ΑΥΤΟΝΚΑΙΤΟΜΕΡΟϹΑΥ
ΤΟΥΜΕΤΑΤΩΝΥΠΟΚΡΙ
ΤΩΝΘΗϹΕΙΕΚΕΙΕϹΤΑΙ
ΟΚΛΑΥΘΜΟϹΚΑΙΟΒΡΥ
ΓΜΟϹΤΩΝΟΔΟΝΤΩΝ
25:1 ΡΛΙ ΤΟΤΕΟΜΟΙΩΘΗϹΕΤΑΙΗ
ΒΑϹΙΛΕΙΑΤΩΝΟΥΡΑΝΩ̄
ΔΕΚΑΠΑΡΘΕΝΟΙϹΑΙΤΙ
ΝΕϹΛΑΒΟΥϹΑΙΤΑϹΛΑΜ
ΠΑΔΑϹΕΑΥΤΩΝΕΞΗΛ
ΘΟΝΕΙϹΥΠΑΝΤΗϹΙΝΤΟΥ
25:2 ΝΥΜΦΙΟΥΠΕΝΤΕΔΕΕ
ΞΑΥΤΩΝΗϹΑΝΜΩΡΑΙϗ
25:3 ΠΕΝΤΕΦΡΟΝΙΜΟΙΑΙΓΑΡ
ΜΩΡΑΙΛΑΒΟΥϹΑΙΤΑϹΛΑΜ
ΠΑΔΑϹΑΥΤΩΝΟΥΚΕΛΑ
ΒΟΝΜΕΘΕΑΥΤΩΝΕΛΑΙΟ̄
25:4 ΑΙΔΕΦΡΟΝΙΜΟΙΕΛΑΒΟΝ
ΕΛΑΙΟΝΕΝΤΟΙϹΑΓΓΕΙΟΙϹ
ΜΕΤΑΤΩΝΛΑΜΠΑΔΩΝ
25:5 ΕΑΥΤΩΝΧΡΟΝΙΖΟΝΤΟϹ
ΔΕΤΟΥΝΥΜΦΙΟΥΕΝΥ
ϹΤΑΞΑΝΠΑϹΑΙΚΑΙΕΚΑ
25:6 ΘΕΥΔΟΝ ΜΕϹΗϹΔΕΝΥ
ΚΤΟϹΚΡΑΥΓΗΕΓΕΝΕΤΟ
ΙΔΟΥΟΝΥΜΦΙΟϹΕΞΕΡ
ΧΕϹΘΕΕΙϹΑΠΑΝΤΗϹΙΝ
25:7 ΤΟΤΕΗΓΕΡΘΗϹΑΝΠΑϹΑΙ
ΑΙΠΑΡΘΕΝΟΙΕΚΕΙΝΑΙΚΑΙ
ΕΚΟϹΜΗϹΑΝΤΑϹΛΑΜΠΑ
25:8 ΔΑϹΕΑΥΤΩΝ ΑΙΔΕΜΩ
ΡΑΙΤΑΙϹΦΡΟΝΙΜΟΙϹΕΙ
ΠΑΝΔΟΤΕΗΜΙΝΕΚΤΟΥ
ΕΛΑΙΟΥΫΜΩΝΟΤΙΑΙ
ΛΑΜΠΑΔΕϹΗΜΩΝϹΒΕΝ
25:9 ΝΥΝΤΑΙ ΑΠΕΚΡΙΘΗϹᾹ
ΔΕΑΙΦΡΟΝΙΜΟΙΛΕΓΟΥ

ϹΑΙΜΗΠΟΤΕΟΥΜΗΑΡΚΕ
ϹΗΗΜΙΝΚΑΙΥΜΙΝΠΟΡΕΥ
ΕϹΘΕΜΑΛΛΟΝΠΡΟϹΤΟΥϹ
ΠΩΛΟΥΝΤΑϹΚΑΙΑΓΟΡΑ
ϹΑΤΕΕΑΥΤΑΙϹΑΠΕΡΧΟ 25:10
ΜΕΝΩΝΔΕΑΥΤΩΝΑΓΟ
ΡΑϹΑΙΗΛΘΕΝΟΝΥΜΦΙΟϹ
ΚΑΙΑΙΕΤΟΙΜΟΙΕΙϹΗΛΘΟ̅
ΜΕΤΑΥΤΟΥΕΙϹΤΟΥϹ
ΓΑΜΟΥϹΚΑΙΗΚΛΕΙϹΘΗ
ΗΘΥΡΑΥϹΤΕΡΟΝΔΕΕΡΧΟ̅ 25:11
ΤΑΙΚΑΙΑΙΛΟΙΠΑΙΠΑΡ
ΘΕΝΟΙΛΕΓΟΥϹΑΙΚ̅Ε̅Κ̅Ε̅
ΑΝΟΙΞΟΝΗΜΙΝΟΔΕΑΠΟ 25:12
ΚΡΙΘΕΙϹΕΙΠΕΝΑΜΗΝ
ΛΕΓΩΥΜΙΝΟΥΚΟΙΔΑΥ
ΜΑϹΓΡΗΓΟΡΕΙΤΕΟΥΝΟ 25:13
ΤΙΟΥΚΟΙΔΑΤΕΤΗΝΗΜΕ
ΡΑΝΟΥΔΕΤΗΝΩΡΑΝ
ΩϹΠΕΡΓΑΡΑΝΘΡΩΠΟϹ 25:14
ΑΠΟΔΗΜΩΝΕΚΑΛΕϹΕΝ
ΤΟΥϹΙΔΙΟΥϹΔΟΥΛΟΥϹ
ΚΑΙΠΑΡΕΔΩΚΕΝΑΥΤΟΙϹ
ΤΑΥΠΑΡΧΟΝΤΑΑΥΤΟΥ
ΚΑΙΩΜΕΝΕΔΩΚΕΝΠΕΝ 25:15
ΤΕΤΑΛΑΝΤΑΩΔΕΔΥΟΩ
ΔΕΕΝΕΚΑϹΤΩΚΑΤΑΤΗ̅
ΙΔΙΑΝΔΥΝΑΜΙΝΚΑΙΑΠΕ
ΔΗΜΗϹΕΝΕΥΘΕΩϹ
ΠΟΡΕΥΘΕΙϹΟΤΑΠΕΝΤΕ 25:16
ΤΑΛΑΝΤΑΛΑΒΩΝΗΡΓΑ
ϹΑΤΟΕΝΑΥΤΟΙϹΚΑΙΕΚΕΡ
ΔΗϹΕΝΑΛΛΑΠΕΝΤΕΩϹ 25:17
ΑΥΤΩϹΚΑΙΟΤΑΔΥΟΕ
ΚΕΡΔΗϹΕΝΑΛΛΑΔΥΟ
ΟΔΕΤΟΕΝΛΑΒΩΝΑΠΕΛ 25:18
ΘΩΝΩΡΥΞΕΝΓΗΝΚΑΙΕ
ΚΡΥΨΕΝΤΟΑΡΓΥΡΙΟΝ
ΤΟΥΚ̅Υ̅ΑΥΤΟΥΜΕΤΑΔΕ 25:19
ΠΟΛΥΝΧΡΟΝΟΝΕΡΧΕΤΑΙ
ΟΚ̅Ϲ̅ΤΩΝΔΟΥΛΩΝΕΚΕΙ
ΝΩΝΚΑΙϹΥΝΑΙΡΕΙΛΟΓΟ̅

25:20 ΜΕΤΑΥΤΩΝ ΚΑΙΠΡΟΣ
ΕΛΘΩΝΟΤΑΠΕΝΤΕΤΑ
ΛΑΝΤΑΛΑΒΩΝΠΡΟΣΗ
ΝΕΓΚΕΝΑΛΛΑΠΕΝΤΕΤΑ
ΛΑΝΤΑΛΕΓΩΝΚΕΠΕΝΤΕ
ΤΑΛΑΝΤΑΜΟΙΠΑΡΕΔΩ
ΚΑΣΙΔΕΑΛΛΑΠΕΝΤΕΤΑ
25:21 ΛΑΝΤΑΕΚΕΡΔΗΣΑΕΦΗ
ΑΥΤΩΟΚΣΑΥΤΟΥΕΥΔΟΥ
ΛΕΑΓΑΘΕΚΑΙΠΙΣΤΕΕΠΙ
ΟΛΙΓΑΗΣΠΙΣΤΟΣΕΠΙΠΟΛ
ΛΩΝΣΕΚΑΤΑΣΤΗΣΩΕΙΣ
ΕΛΘΕΕΙΣΤΗΝΧΑΡΑΝΤΟΥ
25:22 ΚΥΣΟΥ ΠΡΟΣΕΛΘΩΝΚΑΙ
ΟΤΑΔΥΟΤΑΛΑΝΤΑΕΙΠΕ
ΚΕΔΥΟΤΑΛΑΝΤΑΜΟΙΠΑ
ΡΕΔΩΚΑΣΙΔΕΑΛΛΑΔΥ
ΟΤΑΛΑΝΤΑΕΚΕΡΔΗΣΑ
25:23 ΕΦΗΑΥΤΩΟΚΣΑΥΤΟΥ
ΕΥΔΟΥΛΕΑΓΑΘΕΚΑΙΠΙ
ΣΤΕΕΠΙΟΛΙΓΑΠΙΣΤΟΣ
ΗΣΕΠΙΠΟΛΛΩΝΣΕΚΑΤΑ
ΣΤΗΣΩΕΙΣΕΛΘΕΕΙΣΤΗ
ΧΑΡΑΝΤΟΥΚΥΡΙΟΥΣΟΥ
25:24 ΠΡΟΣΕΛΘΩΝΔΕΚΑΙΟΤΟ
ΕΝΤΑΛΑΝΤΟΝΕΙΛΗΦΩΣ
ΕΙΠΕΝΚΕΕΓΝΩΝΣΕΟΤΙ
ΣΚΛΗΡΟΣΕΙΑΝΘΡΩΠΟΣ
ΘΕΡΙΖΩΝΟΠΟΥΟΥΚΕΣΠΕΙ
ΡΑΣΚΑΙΣΥΝΑΓΩΝΟΘΕΝ
25:25 ΟΥΔΙΕΣΚΟΡΠΙΣΑΣΚΑΙΦΟ
ΒΗΘΕΙΣΑΠΕΛΘΩΝΕΚΡΥ
ΨΑΤΟΤΑΛΑΝΤΟΝΣΟΥΕΝ
ΤΗΓΗΙΔΕΕΧΕΙΣΤΟΣΟΝ
25:26 ΑΠΟΚΡΙΘΕΙΣΔΕΟΚΣΑΥΤΟΥ
ΕΙΠΕΝΑΥΤΩΠΟΝΗΡΕΔΟΥ
ΛΕΚΑΙΟΚΝΗΡΕΗΔΕΙΣΟ
ΤΙΘΕΡΙΖΩΟΠΟΥΟΥΚΕ
ΣΠΕΙΡΑΚΑΙΣΥΝΑΓΩΟΘΕΝ
25:27 ΟΥΔΙΕΣΚΟΡΠΙΣΑΕΔΕΙΣΕ
ΟΥΝΒΑΛΕΙΝΤΑΑΡΓΥΡΙΑ
ΜΟΥΤΟΙΣΤΡΑΠΕΖΕΙΤΑΙΣ

ΚΑΙΕΛΘΩΝΕΓΩΕΚΟΜΙCΑ
ΜΗΝΑΝΤΟΕΜΟΝCΥΝΤΟ
ΚΩΑΡΑΤΕΟΥΝΑΠΑΥΤΟΥ 25:28
ΤΟΤΑΛΑΝΤΟΝΚΑΙΔΟΤΕ
ΤΩΕΧΟΝΤΙΤΑΔΕΚΑΤΑ
ΛΑΝΤΑ ΤΩΓΑΡΕΧΟΝΤΙ 25:29
ΠΑΝΤΙΔΟΘΗCΕΤΑΙΚΑΙ
ΠΕΡΙCCΕΥΘΗCΕΤΑΙΤΟΥ
ΔΕΜΗΕΧΟΝΤΟCΚΑΙΟΕ
ΧΕΙΑΡΘΗCΕΤΑΙΑΠΑΥΤΟΥ
ΚΑΙΤΟΝΑΧΡΕΙΟΝΔΟΥΛΟ̅ 25:30
ΕΚΒΑΛΕΤΕΕΙCΤΟCΚΟΤΟC
ΤΟΕΞΩΤΕΡΟΝΕΚΕΙΕCΤΑΙ
ΟΚΛΑΥΘΜΟCΚΑΙΟΒΡΥ
ΓΜΟCΤΩΝΟΔΟΝΤΩΝ
ΓΠΑ ΟΤΑΝΔΕΕΛΘΗΟΥΙΟCΤΟΥ 25:31
ΑΝΘΡΩΠΟΥΕΝΤΗΔΟΞΗ
ΑΥΤΟΥΚΑΙΠΑΝΤΕCΟΙ
ΑΓΓΕΛΟΙΜΕΤΑΥΤΟΥΤΟ
ΤΕΚΑΘΙCΕΙΕΠΙΘΡΟΝΟΥ
ΔΟΞΗCΑΥΤΟΥΚΑΙCΥΝΑ 25:32
ΧΘΗCΟΝΤΑΙΕΜΠΡΟCΘΕ̅
ΑΥΤΟΥΠΑΝΤΑΤΑΕΘΝΗ
ΚΑΙΑΦΟΡΙΕΙΑΥΤΟΥCΑ
ΠΑΛΛΗΛΩΝΩCΠΕΡΟΠΟΙ
ΜΗΝΑΦΟΡΙΖΕΙΤΑΠΡΟ
ΒΑΤΑΑΠΟΤΩΝΕΡΙΦΙΩ̅
ΚΑΙCΤΗCΕΙΤΑΜΕΝΠΡΟ 25:33
ΒΑΤΑΕΚΔΕΞΙΩΝΑΥΤΟΥ
ΤΑΔΕΕΡΙΦΙΑΕΞΕΥΩΝΥ
ΜΩΝ ΤΟΤΕΕΡΕΙΟΒΑ 25:34
CΙΛΕΥCΤΟΙCΕΚΔΕΞΙΩ̅
ΑΥΤΟΥΔΕΥΤΕΟΙΕΥΛΟ
ΓΗΜΕΝΟΙΤΟΥΠΑΤΡΟC
ΜΟΥΚΛΗΡΟΝΟΜΗCΑΤΕ
ΤΗΝΗΤΟΙΜΑCΜΕΝΗΝΥ
ΜΙΝΒΑCΙΛΕΙΑΝΑΠΟΚΑΤΑ
ΒΟΛΗCΚΟCΜΟΥΕΠΕΙΝΑ 25:35
CΑΓΑΡΚΑΙΕΔΩΚΑΤΕΜΟΙ
ΦΑΓΕΙΝΕΔΙΨΗCΑΚΑΙΕ
ΠΟΤΙCΑΤΕΜΕΞΕΝΟC
ΗΜΗΝΚΑΙCΥΝΗΓΑΓΕΤΕ

25:36 ΜΕΓΥΜΝΟϹΚΑΙΠΕΡΙΕ
ΒΑΛΕΤΕΜΕΗϹΘΕΝΗϹΑ
ΚΑΙΕΠΕϹΚΕΨΑϹΘΕΜΕ
ΕΝΦΥΛΑΚΗΗΜΗΝΚΑΙ
25:37 ΗΛΘΑΤΕΠΡΟϹΜΕ ΤΟΤΕ
ΑΠΟΚΡΙΘΗϹΟΝΤΑΙΑΥΤΩ
ΟΙΔΙΚΑΙΟΙΛΕΓΟΝΤΕϹΚΕ
ΠΟΤΕϹΕΕΙΔΑΜΕΝΠΕΙΝΩ
ΤΑΚΑΙΕΘΡΕΨΑΜΕΝΗΔΙ
ΨΩΝΤΑΚΑΙΕΠΟΤΙϹΑΜΕ
25:38 ΠΟΤΕΔΕϹΕΕΙΔΟΜΕΝΞΕ
ΝΟΝΚΑΙϹΥΝΗΓΑΓΟΜΕ
ΗΓΥΜΝΟΝΚΑΙΠΕΡΙΕΒΑ
25:39 ΛΟΜΕΝΠΟΤΕΔΕϹΕΕΙΔΟ
ΜΕΝΑϹΘΕΝΟΥΝΤΑΗΕΝ
ΦΥΛΑΚΗΚΑΙΗΛΘΟΜΕΝ
25:40 ΠΡΟϹϹΕΚΑΙΑΠΟΚΡΙΘΕΙϹ
ΟΒΑϹΙΛΕΥϹΕΡΕΙΑΥΤΟΙϹ
ΑΜΗΝΛΕΓΩΥΜΙΝΕΦΟ
ϹΟΝΕΠΟΙΗϹΑΤΕΕΝΙΤΟΥ ΑΔΕΛ ΦΩΝ ΜΟΥ ΤΩΝ
ΤΩΝΤΩΝΕΛΑΧΙϹΤΩΝ
25:41 Ρ.ΠΒ ΕΜΟΙΕΠΟΙΗϹΑΤΕ ΤΟ
ΤΕΕΡΕΙΚΑΙΤΟΙϹΕΞΕΥΩ
ΝΥΜΩΝΠΟΡΕΥΕϹΘΕΑ
ΠΕΜΟΥΚΑΤΗΡΑΜΕΝΟΙ
ΕΙϹΤΟΠΥΡΤΟΑΙΩΝΙΟΝ
ΤΟΗΤΟΙΜΑϹΜΕΝΟΝΤΩ
ΔΙΑΒΟΛΩΚΑΙΤΟΙϹΑΓΓΕ
25:42 ΛΟΙϹΑΥΤΟΥΕΠΕΙΝΑϹΑ
ΟΥΚ
ΓΑΡΚΑΙΕΔΩΚΑΤΕΜΟΙΦΑ
ΓΕΙΝΚΑΙΕΔΙΨΗϹΑΚΑΙΟΥ
25:43 ΚΕΠΟΤΙϹΑΤΕΜΕΞΕΝΟϹ
ΗΜΗΝΚΑΙΟΥϹΥΝΗΓΑΓΕ
ΤΕΜΕΓΥΜΝΟϹΚΑΙΟΥΠΕ
ΡΙΕΒΑΛΕΤΕΜΕΑϹΘΕΝΗϹ
ΚΑΙΕΝΦΥΛΑΚΗΚΑΙΟΥ
25:44 ΚΕΠΕϹΚΕΨΑϹΘΕΜΕ ΤΟ
ΤΕΑΠΟΚΡΙΘΗϹΟΝΤΑΙϏ
ΑΥΤΟΙΛΕΓΟΝΤΕϹΚΕΠΟ
ΤΕϹΕΕΙΔΟΜΕΝΠΕΙΝΩΝ
ΤΑΗΔΙΨΩΝΤΑΗΞΕΝΟΝ
ΗΓΥΜΝΟΝΗΑϹΘΕΝΗΗΕ

ΦΥΛΑΚΗΚΑΙΟΥΔΙΕΚΟ
ΝΗCΑΜΕΝCΟΙ ΤΟΤΕΑ 25:45
ΠΟΚΡΙΘΗCΕΤΑΙΑΥΤΟΙC
ΛΕΓΩΝΑΜΗΝΛΕΓΩΥΜΙ
ΕΦΟCΟΝΟΥΚΕΠΟΙΗCΑ
ΤΕΕΝΙΤΟΥΤΩΝΤΩΝΕ
ΛΑΧΙCΤΩΝΟΥΔΕΕΜΟΙ
ΕΠΟΙΗCΑΤΕΚΑΙΑΠΕΛΕΥ 25:46
CΟΝΤΑΙΟΥΤΟΙΕΙCΚΟΛΑ
CΙΝΑΙΩΝΙΟΝΟΙΔΕΔΙΚΑΙ
ΟΙΕΙCΖΩΗΝΑΙΩΝΙΟΝ
ρ.ιιγ ΚΑΙΕΓΕΝΕΤΟΟΤΕΕΤΕΛΕ 26:1
CΕΝΟΙ̅C̅ΠΑΝΤΑCΤΟΥC
ΛΟΓΟΥCΤΟΥΤΟΥCΕΙΠΕ̅
ΤΟΙCΜΑΘΗΤΑΙCΑΥΤΟΥ
ΟΙΔΑΤΕΟΤΙΜΕΤΑΔΥΟ 26:2
ΗΜΕΡΑCΤΟΠΑCΧΑΓΕΙΝΕ
ΤΑΙΚΑΙΟΥΙΟCΤΟΥΑΝΘΡΩ
ΠΟΥΠΑΡΑΔΙΔΟΤΑΙΕΙCΤΟ
CΤΑΥΡΩΘΗΝΑΙ ΤΟΤΕ 26:3
CΥΝΗΧΘΗCΑΝΟΙΑΡΧΙΕ
ΡΕΙCΚΑΙΟΙΠΡΕCΒΥΤΕΡΟΙΤΟΥ ΛΑΟΥ
ΕΙCΤΗΝΑΥΛΗΝΤΟΥΑΡ
ΧΙΕΡΕΩCΤΟΥΛΕΓΟΜΕ
ΝΟΥΚΑΪΑΦΑΚΑΙCΥΝΕ 26:4
ΒΟΥΛΕΥCΑΝΤΟΙΝΑΤΟΝ
Ι̅Ν̅ΔΟΛΩΚΡΑΤΗCΩCΙΝΚΑΠΟ ΚΤΕΙΝΩCΙΝ
ΕΛΕΓΟΝΔΕΜΗΕΝΤΗΕΟΡ 26:5
ΤΗΙΝΑΜΗΘΟΡΥΒΟCΓΕΝΗ
ρ.ιιδ ΤΑΙΕΝΤΩΛΑΩ ΤΟΥΔΕ 26:6
Ι̅Υ̅ΓΕΝΟΜΕΝΟΥΕΝΒΗΘΑ
ΝΙΑΕΝΟΙΚΙΑCΙΜΩΝΟC
ΤΟΥΛΕΠΡΟΥΠΡΟCΗΛΘΕ̅ 26:7
ΑΥΤΩΓΥΝΗΕΧΟΥCΑΑ
ΛΑΒΑCΤΡΟΝΜΥΡΟΥΒΑ
ΡΥΤΕΙΜΟΥΚΑΙΚΑΤΕΧΕ
ΕΝΕΠΙΤΗCΚΕΦΑΛΗC
ΑΥΤΟΥΑΝΑΚΕΙΜΕΝΟΥ
ΙΔΟΝΤΕCΔΕΟΙΜΑΘΗΤΑΙ 26:8
ΗΓΑΝΑΚΤΗCΑΝΛΕΓΟΝ
ΤΕCΕΙCΤΙΗΑΠΩΛΕΙΑΑΥ
Η
ΤΗΕΔΥΝΑΤΟΓΑΡΤΟΥΤΟ 26:9

ΠΡΑΘΗΝΑΙΠΟΛΛΟΥΚΑΙ
26:10 ΔΟΘΗΝΑΙΠΤΩΧΟΙCΓΝΟΥC
ΔΕΟΙ̅C̅ΕΙΠΕΝΑΥΤΟΙCΤΙ
ΚΟΠΟΥCΠΑΡΕΧΕΤΕΤΗ
ΓΥΝΑΙΚΙΕΡΓΟΝΓΑΡΚΑΛΟ̅
26:11 ΗΡΓΑCΑΤΟΕΙCΕΜΕΠΑΝ
ΤΟΤΕΓΑΡΤΟΥCΠΤΩΧΟΥC
ΕΧΕΤΕΜΕΘΕΑΥΤΩΝΕ
ΜΕΔΕΟΥΠΑΝΤΟΤΕΕΧΕ
26:12 ΤΕΒΑΛΟΥCΑΓΑΡΑΥΤΗ
ΤΟΜΥΡΟΝΤΟΥΤΟΕΠΙΤΟΥ
CΩΜΑΤΟCΜΟΥΠΡΟCΤΟ
ΕΝΤΑΦΙΑCΑΙΜΕΕΠΟΙΗ
26:13 CΕΝ ΑΜΗΝ[ΔΕ]ΛΕΓΩΥΜΙΝ
ΟΠΟΥΕΑΝΚΗΡΥΧΘΗΤΟ
ΕΥΑΓΓΕΛΙΟΝΤΟΥΤΟΕΝΟ
ΛΩΤΩΚΟCΜΩΛΑΛΗΘΗ
CΕΤΑΙΚΑΙΟΕΠΟΙΗCΕΝΑΥ
ΤΗΕΙCΜΝΗΜΟCΥΝΟΝΑΥ
26:14 Ρ̅Π̅Ε̅ ΤΗC ΤΟΤΕΠΟΡΕΥΘΕΙC
ΕΙCΤΩΝΔΩΔΕΚΑΟΛΕΓΟ
ΜΕΝΟCΙΟΥΔΑCΪCΚΑΡΙΩ
ΤΗCΠΡΟCΤΟΥCΑΡΧΙΪΕ
26:15 ΡΕΙCΕΙΠΕΝΤΙΘΕΛΕΤΕ
ΜΟΙΔΟΥΝΑΙΚΑΓΩΥΜΙΝ
ΠΑΡΑΔΩCΩΑΥΤΟΝ ΟΙ
ΔΕΕCΤΗCΑΝΑΥΤΩΤΡΙ
26:16 ΑΚΟΝΤΑΑΡΓΥΡΙΑΚΑΙΑ
ΠΟΤΟΤΕΕΖΗΤΕΙΕΥΚΑΙ
ΡΙΑΝΙΝΑΑΥΤΟΝΠΑΡΑΔΩ
26:17 Ρ̅Π̅Ϛ̅ ΤΗΔΕΠΡΩΤΗΤΩΝΑΖΥΜΩ̅
ΠΡΟCΗΛΘΟΝΟΙΜΑΘΗΤΑΙ
ΤΩΙ̅Υ̅ΛΕΓΟΝΤΕCΠΟΥΘΕ
ΛΕΙCΕΤΟΙΜΑCΩΜΕΝCΟΙ
26:18 ΦΑΓΕΙΝΤΟΠΑCΧΑ ΟΔΕ
ΕΙΠΕΝΫΠΑΓΕΤΕΕΙCΤΗ̅
ΠΟΛΙΝΠΡΟCΤΟΝΔΕΙΝΑ
ΚΑΙΕΙΠΑΤΕΑΥΤΩΟΔΙΔΑ
CΚΑΛΟCΛΕΓΕΙΟΚΑΙΡΟC
ΜΟΥΕΓΓΥCΕCΤΙΝΠΡΟC
CΕΠΟΙΩΤΟΠΑCΧΑΜΕ
ΤΑΤΩΝΜΑΘΗΤΩΝΜΟΥ

ΚΑΙΕΠΟΙΗϹΑΝΟΙΜΑΘΗ 26:19
ΤΑΙΩϹϹΥΝΕΤΑΞΕΝΑΥ
ΤΟΙϹΟΙ̅Ϲ̅ΚΑΙΗΤΟΙΜΑϹΑ̅
ΡΠΖ ΤΟΠΑϹΧΑ ΟΨΙΑϹΔΕ 26:20
ΓΕΝΟΜΕΝΗϹΑΝΕΚΕΙΤΟ
ΜΕΤΑΤΩΝΔΩΔΕΚΑ ΚΑΙ 26:21
ΕϹΘΙΟΝΤΩΝΑΥΤΩΝ
ΕΙΠΕΝΑΜΗΝΛΕΓΩΥΜΙ̅
ΟΤΙΕΙϹΕΞΥΜΩΝΠΑΡΑ
ΔΩϹΕΙΜΕΚΑΙΛΥΠΟΥΜΕ 26:22
ΝΟΙϹΦΟΔΡΑΗΡΞΑΝΤΟ
ΛΕΓΕΙΝΑΥΤΩΕΙϹΕΚΑϹΤΟϹ
ΜΗΤΙΕΓΩΕΙΜΙΚ̅Ε̅ ΟΔΕ 26:23
ΑΠΟΚΡΙΘΕΙϹΕΙΠΕΝΟΕΜΒΑ
ΨΑϹΜΕΤΕΜΟΥΤΗΝΧΕΙ
ΡΑΕΝΤΩΤΡΥΒΛΙΩΟΥΤΟϹ
ΜΕΠΑΡΑΔΩϹΕΙΟΜΕΝΥ 26:24
ΪΟϹΤΟΥΑΝΘΡΩΠΟΥΥΠΑ
ΓΕΙΚΑΘΩϹΓΕΓΡΑΠΤΑΙ
ΠΕΡΙΑΥΤΟΥΟΥΑΙΔΕΤΩ
ΑΝΘΡΩΠΩΕΚΕΙΝΩΔΙΟΥ
ΟΥΙΟϹΤΟΥΑΝΘΡΩΠΟΥ
ΠΑΡΑΔΙΔΟΤΑΙΚΑΛΟΝΗ̅
ΑΥΤΩΕΙΟΥΚΕΓΕΝΝΗΘΗ
ΟΑΝΘΡΩΠΟϹΕΚΕΙΝΟϹ
ΑΠΟΚΡΙΘΕΙϹΔΕΙΟΥΔΑϹ 26:25
ΟΠΑΡΑΔΙΔΟΥϹΑΥΤΟΝ
ΕΙΠΕΝΜΗΤΙΕΓΩΕΙΜΙ
ΡΑΒΒΕΙ ΛΕΓΕΙΑΥΤΩϹΥ
ΡΠΗ ΕΙΠΑϹ:ΕϹΘΙΟΝΤΩΝΔΕ 26:26
ΑΥΤΩΝΛΑΒΩΝΟΙ̅Ϲ̅ΑΡ
ΤΟΝΚΑΙΕΥΛΟΓΗϹΑϹΕ
ΚΛΑϹΕΝΚΑΙΔΟΥϹΤΟΙϹ
ΜΑΘΗΤΑΙϹΕΙΠΕΝΛΑΒΕ
ΤΕΦΑΓΕΤΕΤΟΥΤΟΕϹΤΙ̅
ΤΟϹΩΜΑΜΟΥ ΚΑΙΛΑΒΩ̅ 26:27
ΠΟΤΗΡΙΟΝΚΑΙΕΥΧΑΡΙ
ϹΤΗϹΑϹΕΔΩΚΕΝΑΥΤΟΙϹ
ΛΕΓΩΝΠΙΕΤΕΕΞΑΥΤΟΥ
ΠΑΝΤΕϹΤΟΥΤΟΓΑΡΕϹΤΙ̅ 26:28
ΤΟΑΙΜΑΜΟΥΤΗϹΔΙΑΘΗ
ΚΗϹΤΟΠΕΡΙΠΟΛΛΩΝΕΚ

ΧΥΝΝΟΜΕΝΟΝΕΙΣΑΦΕ
26:29 ΣΙΝΑΜΑΡΤΙΩΝΛΕΓΩΔΕ
ΥΜΙΝΟΥΜΗΠΙΩΑΠΑΡΤΙ
ΕΚΤΟΥΤΟΥΤΟΥΓΕΝΗΜΑ
ΤΟΣΤΗΣΑΜΠΕΛΟΥΕΩΣ
ΤΗΣΗΜΕΡΑΣΕΚΕΙΝΗΣΟ
ΤΑΝΑΥΤΟΠΕΙΝΩΜΕΘΥ
ΜΩΝΚΑΙΝΟΝΕΝΤΗΒΑΣΙ
ΛΕΙΑΤΟΥΠΑΤΡΟΣΜΟΥ
26:30 ΚΑΙΫΜΝΗΣΑΝΤΕΣΕΞΗΛ
ΘΟΝΕΙΣΤΟΟΡΟΣΤΩΝΕ
26:31 ΡΠΘ ΛΑΙΩΝ ΤΟΤΕΛΕΓΕΙΑΥ
ΤΟΙΣΟΙΣΠΑΝΤΕΣΫΜΕΙΣ
ΣΚΑΝΔΑΛΙΣΘΗΣΕΣΘΕΕ
ΝΕΜΟΙΕΝΤΗΝΥΚΤΙΤΑΥ
ΤΗΓΕΓΡΑΠΤΑΙΓΑΡΠΑΤΑ
ΞΩΤΟΝΠΟΙΜΕΝΑΚΑΙΔΙ
ΑΣΚΟΡΠΙΣΘΗΣΟΝΤΑΙΤΑ
ΠΡΟΒΑΤΑΤΗΣΠΟΙΜΝΗΣ
26:32 ΜΕΤΑΔΕΤΟΕΓΕΡΘΗΝΑΙ
ΜΕΠΡΟΑΞΩΥΜΑΣΕΙΣΤΗΝ
26:33 ΓΑΛΕΙΛΑΙΑΝ ΑΠΟΚΡΙ
ΘΕΙΣΔΕΟΠΕΤΡΟΣΕΙΠΕΝ
ΑΥΤΩΕΙΠΑΝΤΕΣΣΚΑΝ
ΔΑΛΙΣΘΗΣΟΝΤΑΙΕΝΣΟΙ
ΕΓΩΟΥΔΕΠΟΤΕΣΚΑΝ
26:34 ΔΑΛΙΣΘΗΣΟΜΑΙ ΕΦΗ
ΑΥΤΩΟΙΣΑΜΗΝΛΕΓΩΣΟΙ
ΟΤΙΕΝΤΑΥΤΗΤΗΝΥΚΤΙ
ΠΡΙΝΑΛΕΚΤΟΡΑΦΩΝΗ
ΣΑΙΤΡΙΣΑΠΑΡΝΗΣΕΙΜΕ
26:35 ΛΕΓΕΙΑΥΤΩΟΠΕΤΡΟΣ
ΚΑΝΔΕΗΜΕΣΥΝΣΟΙΑΠΟ
ΘΑΝΕΙΝΟΥΜΗΣΕΑΠΑΡ
ΝΗΣΟΜΑΙΟΜΟΙΩΣΚΑΙΠΑΝ
ΤΕΣΟΙΜΑΘΗΤΑΙΕΙΠΟΝ
26:36 ΤΟΤΕΕΡΧΕΤΑΙΜΕΤΑΥΤΩΝ
ΟΙΣΕΙΣΧΩΡΙΟΝΛΕΓΟΜΕ
ΝΟΝΓΕΘΣΗΜΑΝΕΙΚΑΙ
ΛΕΓΕΙΤΟΙΣΜΑΘΗΤΑΙΣ
ΚΑΘΙΣΑΤΕΑΥΤΟΥΕΩΣ
ΟΥΑΠΕΛΘΩΝΕΚΕΙΠΡΟΣ

ΕΥΞΩΜΑΙ ΚΑΙΠΑΡΑΛΑ 26:37
ΒΩΝΤΟΝΠΕΤΡΟΝΚΑΙΤΟΥϹ
ΔΥΟΥΙΟΥϹΖΕΒΕΔΑΙΟΥ
ΗΡΞΑΤΟΛΥΠΕΙϹΘΑΙΚΑΙ
ΑΔΗΜΟΝΕΙΝ ΤΟΤΕΛΕ 26:38
ΓΕΙΑΥΤΟΙϹΠΕΡΙΛΥΠΟϹ
ΕϹΤΙΝΗΨΥΧΗΜΟΥΕΩϹ
ΘΑΝΑΤΟΥΜΕΙΝΑΤΕΩ
ΔΕΚΑΙΓΡΗΓΟΡΕΙΤΕΜΕΤΕ
ΜΟΥΚΑΙΠΡΟΕΛΘΩΝΜΕΙ 26:39
ΚΡΟΝΕΠΕϹΕΝΕΠΙΠΡΟϹΩ
ΠΟΝΑΥΤΟΥΠΡΟϹΕΥΧΟ
ΜΕΝΟϹΚΑΙΛΕΓΩΝΠΑΤΕΡ
ΜΟΥΕΙΔΥΝΑΤΟΝΕϹΤΙΝ
ΠΑΡΕΛΘΕΤΩΑΠΕΜΟΥ
ΤΟΠΟΤΗΡΙΟΝΤΟΥΤΟ
ΠΛΗΝΟΥΧΩϹΕΓΩΘΕΛΩ
ΑΛΛΩϹϹΥΚΑΙΕΡΧΕΤΑΙ 26:40
ΠΡΟϹΤΟΥϹΜΑΘΗΤΑϹϗ
ΕΥΡΙϹΚΕΙΑΥΤΟΥϹΚΑ
ΘΕΥΔΟΝΤΑϹ ΚΑΙΛΕΓΕΙ
ΤΩΠΕΤΡΩΟΥΤΩϹΟΥΚΙ
ϹΧΥϹΑΤΕΜΙΑΝΩΡΑΝ
ΓΡΗΓΟΡΗϹΑΙΜΕΤΕΜΟΥ
ΓΡΗΓΟΡΕΙΤΕΚΑΙΠΡΟϹΕΥ 26:41
ΧΕϹΘΕΙΝΑΜΗΕΙϹΕΛΘΗ
ΤΕΕΙϹΠΕΙΡΑϹΜΟΝΤΟΜΕ̄
ΠΝΕΥΜΑΠΡΟΘΥΜΟΝΗ
ρπι ΔΕϹΑΡΞΑϹΘΕΝΗϹ ΠΑ 26:42
ΛΙΝΕΚΔΕΥΤΕΡΟΥΑΠΕΛ
ΘΩΝΠΡΟϹΗΥΞΑΤΟΠΑΤΕΡ
ΜΟΥΕΙΟΥΔΥΝΑΤΑΙΤΟΥ
ΤΟΠΑΡΕΛΘΕΙΝΕΑΝΜΗΑΥ
ΤΟΠΙΩΓΕΝΗΘΗΤΩΤΟΘΕ
ΛΗΜΑϹΟΥΚΑΙΕΛΘΩΝΠΑ 26:43
ΛΙΝΕΥΡΕΝΑΥΤΟΥϹΚΑ
ΘΕΥΔΟΝΤΑϹΗϹΑΝΓΑΡ
ΑΥΤΩΝΟΙΟΦΘΑΛΜΟΙ
ΒΕΒΑΡΗΜΕΝΟΙ ΚΑΙΑΦΕΙϹ 26:44
ΑΥΤΟΥϹΠΑΛΙΝΑΠΕΛΘΩ̄
ΠΡΟϹΗΥΞΑΤΟΕΚΤΡΙΤΟΥ
ΤΟΝΑΥΤΟΝΛΟΓΟΝΕΙΠΩ̄

26:45 ΠΑΛΙΝ ΤΟΤΕΕΡΧΕΤΑΙ
ΠΡΟϹΤΟΥϹΜΑΘΗΤΑϹ
ΚΑΙΛΕΓΕΙΑΥΤΟΙϹΚΑΘΕΥ
ΔΕΤΕΛΟΙΠΟΝΚΑΙΑΝΑ
ΠΑΥΕϹΘΕΪΔΟΥΓΑΡΗΓΓΙ
ΚΕΝΗΩΡΑΚΑΙΟΥΙΟϹΤΟΥ
ΑΝΘΡΩΠΟΥΠΑΡΑΔΙΔΟ
ΤΑΙΕΙϹΧΕΙΡΑϹΑΜΑΡΤΩ
26:46 ΛΩΝΕΓΕΙΡΕϹΘΕΑΓΩΜΕ̅
ΪΔΟΥΗΓΓΙΚΕΝΟΠΑΡΑΔΙ
26:47 ΓΝΑ ΔΟΥϹΜΕ ΚΑΙΕΤΙΑΥΤΟΥ
ΛΑΛΟΥΝΤΟϹΙΔΟΥΙΟΥΔΑϹ
ΕΙϹΤΩΝΔΩΔΕΚΑΗΛΘΕ̅
ΚΑΙΜΕΤΑΥΤΟΥΟΧΛΟϹ
ΠΟΛΥϹΜΕΤΑΜΑΧΑΙΡΩ̅
ΚΑΙΞΥΛΩΝΑΠΟΤΩΝΑΡ
ΧΙΕΡΕΩΝΚΑΙΠΡΕϹΒΥΤΕ
26:48 ΡΩΝΤΟΥΛΑΟΥΟΔΕΠΑΡΑ
ΔΙΔΟΥϹΑΥΤΟΝΕΔΩΚΕΝ
ΑΥΤΟΙϹϹΗΜΕΙΟΝΛΕΓΩΝ
ΟΝΑΝΦΙΛΗϹΩΑΥΤΟϹ
ΕϹΤΙΝΚΡΑΤΗϹΑΤΕΑΥ
26:49 ΤΟΝΚΑΙΕΥΘΕΩϹΠΡΟϹ
ΕΛΘΩΝΤΩΙ̅Υ̅ΕΙΠΕΝΧΑΙ
ΡΕΡΑΒΒΕΙΚΑΙΚΑΤΕΦΙΛΗ
26:50 ϹΕΝΑΥΤΟΝ ΟΔΕΙ̅Ϲ̅ΕΙΠΕ̅
ΑΥΤΩΕΤΑΙΡΕΕΦΟΠΑΡΕΙ
ΤΟΤΕΠΡΟϹΕΛΘΟΝΤΕϹ
ΕΠΕΒΑΛΟΝΤΑϹΧΕΙΡΑϹ
ΕΠΙΤΟΝΙ̅Ν̅ΚΑΙΕΚΡΑΤΗ
26:51 ϹΑΝΑΥΤΟΝΚΑΙΪΔΟΥΕΙϹ
ΤΩΝΜΕΤΑΥΤΟΥΕΚΤΕΙ
ΝΑϹΤΗΝΧΕΙΡΑΑΠΕϹΠΑ
ϹΕΝΤΗΝΜΑΧΑΙΡΑΝΑΥΤΟΥ
ΚΑΙΠΑΤΑΞΑϹΤΟΝΔΟΥ
ΛΟΝΤΟΥΑΡΧΙΕΡΕΩϹΑ
ΦΕΙΛΕΝΑΥΤΟΥΤΟΩΤΙΟ̅
26:52 ΤΟΤΕΛΕΓΕΙΑΥΤΩΟΙ̅Ϲ̅Α
ΠΟϹΤΡΕΨΟΝΤΗΝΜΑΧΑΙ
ΡΑΝϹΟΥΕΙϹΤΟΝΤΟΠΟΝ
ΑΥΤΗϹΠΑΝΤΕϹΓΑΡΟΙΛΑ
ΒΟΝΤΕϹΜΑΧΑΙΡΑΝΕΝΜΑ

ΧΑΙΡΗ̂ΑΠΟΛΟΥΝΤΑΙΗΔΟ 26:53
ΚΕΙϹΟΤΙΟΥΔΥΝΟΜΑΙΠΑ
ΡΑΚΑΛΕϹΑΙΤΟΝΠΑΤΕΡΑ
ΜΟΥΚΑΙΠΑΡΑϹΤΗϹΕΙΜΟΙ
ΑΡΤΙΠΛΕΙΩΔΩΔΕΚΑΛΕ
ΓΙΩΝΑϹΑΓΓΕΛΩΝΠΩϹ 26:54
ΟΥΝΠΛΗΡΩΘΩϹΙΝΑΙΓΡΑ
ΦΑΙΟΤΙΟΥΤΩϹΔΕΙΓΕΝΕ
ΡΝΒ ϹΘΑΙ ΕΝΕΚΕΙΝΗΤΗΩΡΑ 26:55
ΕΙΠΕΝΟΙ̅Ϲ̅ΤΟΙϹΟΧΛΟΙϹ
ΩϹΕΠΙΛΗϹΤΗΝΕΞΗΛΘΑ
ΤΕΜΕΤΑΜΑΧΑΙΡΩΝΚΑΙ
ΞΥΛΩΝϹΥΛΛΑΒΕΙΝΜΕ
ΚΑΘΗΜΕΡΑΝΕΝΤΩΙΕΡΩ
ΕΚΑΘΕΖΟΜΗΝΔΙΔΑϹΚΩ̅
ΚΑΙΟΥΚΕΚΡΑΤΗϹΑΤΕΜΕ
ΤΟΥΤΟΔΕΟΛΟΝΓΕΓΟΝΕ̅ 26:56
ΪΝΑΠΛΗΡΩΘΩϹΙΝΑΙΓΡΑ
ΦΑΙΤΩΝΠΡΟΦΗΤΩΝ
ΤΟΤΕΟΙΜΑΘΗΤΑΙΑΥΤΟΥ
ΠΑΝΤΕϹΑΦΕΝΤΕϹΑΥΤΟ̅
ΕΦΥΓΟΝ'ΟΙΔΕΚΡΑΤΗϹΑ̅'
'ΤΕϹΤΟΝΙ̅Ν̅ΕΦΥΓΟΝ'ΟΙΔΕ 26:57
ΚΡΑΤΗϹΑΝΤΕϹΤΟΝΙ̅Ν̅
ΑΠΗΓΑΓΟΝΠΡΟϹΚΑΪΑΦΑ̅
ΤΟΝΑΡΧΙΕΡΕΑΟΠΟΥΟΙ
ΓΡΑΜΜΑΤΕΙϹΚΑΙΟΙΠΡΕϹ
ΒΥΤΕΡΟΙϹΥΝΗΧΘΗϹΑΝ
ΟΔΕΠΕΤΡΟϹΗΚΟΛΟΥΘΕΙ 26:58
ΑΥΤΩΑΠΟΜΑΚΡΟΘΕΝΕ
ΩϹΤΗϹΑΥΛΗϹΤΟΥΑΡΧΙ
ΕΡΕΩϹΚΑΙΕΙϹΕΛΘΩΝΕ
ϹΩΕΚΑΘΗΤΟΜΕΤΑΤΩΝ
ΫΠΗΡΕΤΩΝΪΔΕΙΝΤΟΤΕ
ΡΝΓ ΛΟϹ ΟΙΔΕΑΡΧΙΕΡΕΙϹΚΑΙ 26:59
ΤΟϹΥΝΕΔΡΙΟΝΟΛΟΝΕΖΗ
ΤΟΥΝΨΕΥΔΟΜΑΡΤΥΡΙΑΝ
ΚΑΤΑΤΟΥΙ̅Υ̅ΟΠΩϹΑΥΤΟ̅
ΘΑΝΑΤΩϹΩϹΙΝΚΑΙΟΥ 26:60
ΧΕΥΡΟΝΠΟΛΛΩΝΠΡΟϹ
ΕΛΘΟΝΤΩΝΨΕΥΔΟΜΑΡ
ΤΥΡΩΝΫϹΤΕΡΟΝΔΕΠΡΟϹ

26:61 ΕΛΘΟΝΤΕCΔΥΟΕΙΠΟΝ
ΟΥΤΟCΕΦΗΔΥΝΑΜΑΙ
ΚΑΤΑΛΥCΑΙΤΟΝΝΑΟΝΤΟΥ
ΘΥΚΑΙΔΙΑΤΡΙΩΝΗΜΕΡΩΝ
26:62 ΟΙΚΟΔΟΜΗCΑΙ ΚΑΙΑΝΑ
CΤΑCΟΑΡΧΙΕΡΕΥCΕΙΠΕ̄
ΑΥΤΩΟΥΔΕΝΑΠΟΚΡΕΙΝΗ
ΤΙΟΥΤΟΙCΟΥΚΑΤΑΜΑΡ
26:63 ΤΥΡΟΥCΙΝΟΔΕΙCΕCΙΩΠΑ
ΚΑΙΟΑΡΧΙΕΡΕΥCΕΙΠΕΝ
ΑΥΤΩΕΞΟΡΚΙΖΩCΕΚΑ
ΤΑΤΟΥΘΥΤΟΥΖΩΝΤΟC
ΙΝΑΗΜΙΝΕΙΠΗCΕΙCΥΕΙ
26:64 ΟΧCΟΥΙΟCΤΟΥΘΥΛΕ
ΓΕΙΑΥΤΩΟΙCCΥΕΙΠΑC
ΠΛΗΝΛΕΓΩΥΜΙΝΑΠΑΡ
ΤΙΟΨΕCΘΕΤΟΝΥΙΟΝΤΟΥ
ΑΝΘΡΩΠΟΥΚΑΘΗΜΕΝΟ̄
ΕΚΔΕΞΙΩΝΤΗCΔΥΝΑΜΕ
ΩCΚΑΙΕΡΧΟΜΕΝΟΝΕΠΙ
ΤΩΝΝΕΦΕΛΩΝΤΟΥΟΥ
26:65 ΡΑΝΟΥ ΤΟΤΕΟΑΡΧΙΕ
ΡΕΥCΔΙΕΡΡΗΞΕΝΤΑΙΜΑ
ΤΙΑΑΥΤΟΥΛΕΓΩΝΕΒΛΑ
CΦΗΜΗCΕΝΤΙΕΤΙΧΡΕΙ
ΑΝΕΧΟΜΕΝΜΑΡΤΥΡΩΝ
ΪΔΕΝΥΝΗΚΟΥCΑΤΕΤΗΝ
26:66 ΒΛΑCΦΗΜΙΑΝΤΙΥΜΙΝ
ΔΟΚΕΙ ΟΙΔΕΑΠΟΚΡΙΘΕΝ
ΤΕCΕΙΠΟΝΕΝΟΧΟCΘΑΝΑ
26:67 ΤΟΥΕCΤΙΝ ΤΟΤΕΕΝΕ
ΠΤΥCΑΝΕΙCΤΟΠΡΟCΩ
ΠΟΝΑΥΤΟΥΚΑΙΕΚΟΛΑΦΙ
CΑΝΑΥΤΟΝΟΙΔΕΕΡΑΠΙ
26:68 CΑΝΛΕΓΟΝΤΕCΠΡΟΦΗ
ΤΕΥCΟΝΗΜΙΝΧΕΤΙCΕCΤῙ
26:69 ΡΝΑ ΟΠΑΙCΑCCΕ ΟΔΕΠΕΤΡΟC
ΕΚΑΘΗΤΟΕΞΩΕΝΤΗΑΥ
ΛΗΚΑΙΠΡΟCΗΛΘΕΝΑΥΤΩ
ΜΙΑΠΑΙΔΙCΚΗΛΕΓΟΥCΑ
ΚΑΙCΥΗCΘΑΜΕΤΑΙΥΤΟΥ
26:70 ΓΑΛΕΙΛΑΙΟΥΟΔΕΗΡΝΗ

ϹΑΤΟΕΜΠΡΟϹΘΕΝΠΑΝ
ΤΩΝΛΕΓΩΝΟΥΚΟΙΔΑΤΙ
ΛΕΓΕΙϹΕΞΕΛΘΟΝΤΑΔΕ 26:71
ΕΙϹΤΟΝΠΥΛΩΝΑΕΙΔΕΝ
ΑΥΤΟΝΑΛΛΗΚΑΙΛΕΓΕΙ
ΤΟΙϹΕΚΕΙΟΥΤΟϹΗΝΜΕ
ΤΑΙ̅Υ̅ΤΟΥΝΑΖΩΡΑΙΟΥϗ 26:72
ΠΑΛΙΝΗΡΝΗϹΑΤΟΜΕΤΑ
ΟΡΚΟΥΟΤΙΟΥΚΟΙΔΑΤΟ̅
ΑΝΘΡΩΠΟΝ ΜΕΤΑΜΕΙΚΡΟ̅ 26:73
ΔΕΠΡΟϹΕΛΘΟΝΤΕϹΟΙΕ
ϹΤΩΤΕϹΕΙΠΟΝΤΩΠΕΤΡΩ
ΑΛΗΘΩϹΚΑΙϹΥΕΞΑΥΤΩ̅
ΕΙΚΑΙΓΑΡΗΛΑΛΙΑϹΟΥΔΗ
ΛΟΝϹΕΠΟΙΕΙ ΤΟΤΕΗΡΞΑ 26:74
ΤΟΚΑΤΑΘΕΜΑΤΙΖΕΙΝϗ
ΟΜΝΥΕΙΝΟΤΙΟΥΚΟΙΔΑ
ΤΟΝΑΝΘΡΩΠΟΝΚΑΙΕΥ
ΘΥϹΑΛΕΚΤΩΡΕΦΩΝΗ
ϹΕΝΚΑΙΕΜΝΗϹΘΗΟΠΕ 26:75
ΤΡΟϹΤΟΥΡΗΜΑΤΟϹΙ̅Υ̅ΕΙ
ΡΗΚΟΤΟϹΟΤΙΠΡΙΝΑΛΕ
ΚΤΟΡΑΦΩΝΗϹΑΙΤΡΙϹ
ΑΠΑΡΝΗϹΗΜΕΚΑΙΕΞΕΛ
ΘΩΝΕΞΩΕΚΛΑΥϹΕΝΠΙ
Ρ̅Ν̅Ε̅ ΚΡΩϹ ΠΡΩΙΑϹΔΕΓΕΝΟΜΕ 27:1
ΝΗϹϹΥΜΒΟΥΛΙΟΝΕΛΑ
ΒΟΝΠΑΝΤΕϹΟΙΑΡΧΙΕΡΕΙϹ
ΚΑΙΟΙΠΡΕϹΒΥΤΕΡΟΙΤΟΥ
ΛΑΟΥΚΑΤΑΤΟΥΙ̅Υ̅ΩϹΤΕ
ΘΑΝΑΤΩϹΑΙΑΥΤΟΝΚΑΙ 27:2
ΔΗϹΑΝΤΕϹΑΥΤΟΝΑΠΗ
ΓΑΓΟΝΚΑΙΠΑΡΕΔΩΚΑΝ
ΠΕΙΛΑΤΩΤΩΗΓΕΜΟΝΙ
Ρ̅Ν̅Ϛ̅ ΤΟΤΕΪΔΩΝΪΟΥΔΑϹΟΠΑ 27:3
ΡΑΔΟΥϹΑΥΤΟΝΟΤΙΚΑ
ΤΕΚΡΙΘΗΜΕΤΑΜΕΛΗΘΕΙϹ
ΕϹΤΡΕΨΕΝΤΑΤΡΙΑΚΟ̅
ΤΑΑΡΓΥΡΙΑΤΟΙϹΑΡΧΙΕ
ΡΕΥϹΙΝΚΑΙΠΡΕϹΒΥΤΕ
ΡΟΙϹΛΕΓΩΝΗΜΑΡΤΟΝ 27:4
ΠΑΡΑΔΟΥϹΑΙΜΑΑΘΩΟ̅ ΔΙΚΟ̅

ΟΙΔΕΕΙΠΟΝΤΙΠΡΟCΗΜΑC
27:5 CΥΟΨΗΚΑΙΡΙΨΑCΤΑΑΡ
ΓΥΡΙΑΕΙCΤΟΝΝΑΟΝΑΝΕ
ΧΩΡΗCΕΝΚΑΙΑΠΕΛΘΩ̄
27:6 ΑΠΗΓΞΑΤΟ ΟΙΔΕΑΡΧΙ
ΕΡΕΙCΛΑΒΟΝΤΕCΤΑΑΡ
ΓΥΡΙΑΕΙΠΑΝΟΥΚΕΞΕCΤῙ
ΒΑΛΕΙΝΑΥΤΑΕΙCΤΟΝΚΟΡ
ΒΑΝΕΠΕΙΤΙΜΗΑΙΜΑΤΟC
27:7 ΕCΤΙΝ CΥΜΒΟΥΛΙΟΝΔΕ
ΛΑΒΟΝΤΕCΗΓΟΡΑCΑΝΕ
ΞΑΥΤΩΝΤΟΝΑΓΡΟΝΤΟΥ
ΚΕΡΑΜΕΩCΕΙCΤΑΦΗΝ
27:8 ΤΟΙCΞΕΝΟΙCΔΙΟΕΚΛΗΘΗ
ΟΑΓΡΟCΕΚΕΙΝΟCΑΓΡΟC
ΑΙΜΑΤΟCΕΩCΤΗCCΗΜΕ
27:9 ΡΟΝ ΤΟΤΕΕΠΛΗΡΩΘΗ
ΤΟΡΗΘΕΝΔΙΑΙΕΡΕΜΙΟΥ
ΤΟΥΠΡΟΦΗΤΟΥΛΕΓΟΝ
> ΤΟCΚΑΙΕΛΑΒΟΝΤΑΤΡΙΑ
> ΚΟΝΤΑΑΡΓΥΡΙΑΤΗΝΤΙ
> ΜΗΝΤΟΥΤΕΤΕΙΜΗΜΕΝΟΥ
> ΟΝΕΤΕΙΜΗCΑΝΤΟΑΠΟ
27:10 > ΥΙΩΝΙCΡΑΗΛΚΑΙΕΔΩΚᾹ
> ΑΥΤΑΕΙCΤΟΝΑΓΡΟΝΤΟΥ
> ΚΕΡΑΜΕΩCΚΑΘΑCΥΝΕ
27:11 ΡΞΗ/Ζ ΤΑΞΕΝΜΟΙΚ̅C̅ ΟΔΕΙ̅C̅Ε
CΤΑΘΗΕΜΠΡΟCΘΕΝΤΟΥ
ΗΓΕΜΟΝΟCΚΑΙΕΠΗΡΩ
ΤΗCΕΝΑΥΤΟΝΟΗΓΕΜΩ̄
ΛΕΓΩΝCΥΕΙΟΒΑCΙΛΕΥC
ΤΩΝΙΟΥΔΑΙΩΝ ΟΔΕΙ̅C̅
ΕΦΗΑΥΤΩCΥΛΕΓΕΙC
27:12 ΚΑΙΕΝΤΩΚΑΤΗΓΟΡΕΙ
CΘΑΙΑΥΤΟΝΥΠΟΤΩΝ
ΑΡΧΙΕΡΕΩΝΚΑΙ[ΤΩΝ]ΠΡΕCΒΥ
ΤΕΡΩΝΟΥΔΕΝΑΠΕΚΡΕΙ
27:13 ΝΑΤΟ ΤΟΤΕΛΕΓΕΙΑΥ
ΤΩΟΠΕΙΛΑΤΟCΟΥΚΑΚΟΥ
ΕΙC[Π]ΟCΑCΟΥΚΑΤΑΜΑΡ
27:14 ΤΥΡΟΥCΙΝΚΑΙΟΥΚΑΠΕ
ΚΡΙΘΗΑΥΤΩΠΡΟCΟΥΔΕ

ΕΝΡΗΜΑΩΣΤΕΘΑΥΜΑ
ΖΕΙΝΤΟΝΗΓΕΜΟΝΑΛΙᾹ
ΡΝΗΙ ΚΑΤΑΔΕΕΟΡΤΗΝΕΙΩ 27:15
ΘΕΙΟΗΓΕΜΩΝΑΠΟΛΥΕῙ
ΕΝΑΤΩΟΧΛΩΔΕΣΜΙΟΝ
ΟΝΗΘΕΛΟΝΕΙΧΟΝΔΕΤΟ 27:16
ΤΕΔΕΣΜΙΟΝΕΠΙΣΗΜΟ̄
ΛΕΓΟΜΕΝΟΝΒΑΡΑΒΒΑΝ
ΣΥΝΗΓΜΕΝΩΝΟΥΝΑΥ 27:17
ΤΩΝΕΙΠΕΝΑΥΤΟΙΣΟΠΕΙ
ΛΑΤΟΣΤΙΝΑΘΕΛΕΤΕΑ
ΠΟΛΥΣΩΥΜΙΝΤΟΝΒΑΡΑΒ
ΒΑΝΗΙ̅Ν̅ΤΟΝΛΕΓΟΜΕΝΟ̄
Χ̅Ν̅ΗΔΕΙΓΑΡΟΤΙΔΙΑΦΘΟ 27:18
ΝΟΝΠΑΡΕΔΩΚΑΝΑΥΤΟ̄
ΚΑΘΗΜΕΝΟΥΔΕΑΥΤΟΥ 27:19
ΕΠΙΤΟΥΒΗΜΑΤΟΣΑΠΕ
ΣΤΕΙΛΕΝΠΡΟΣΑΥΤΟΝ
ΗΓΥΝΗΑΥΤΟΥΛΕΓΟΥΣΑ
ΜΗΔΕΝΣΟΙΚΑΙΤΩΔΙϗ
ΩΕΚΕΙΝΩΠΟΛΛΑΓΑΡΕ
ΠΑΘΟΝΣΗΜΕΡΟΝΚΑΤΟ
ΝΑΡΔΙΑΥΤΟΝ ΟΙΔΕΑΡ 27:20
ΧΙΕΡΕΙΣΚΑΙΟΙΠΡΕΣΒΥΤΕ
ΡΟΙΕΠΕΙΣΑΝΤΟΥΣΟΧΛΟΥΣ
ΙΝΑΑΙΤΗΣΩΝΤΑΙΤΟΝ
ΒΑΡΑΒΒΑΝΤΟΝΔΕΙ̅Ν̅ΑΠΟ
ΛΕΣΩΣΙΝ ΑΠΟΚΡΙΘΕΙΣ 27:21
ΔΕΟΗΓΕΜΩΝΕΙΠΕΝΑΥ
ΤΟΙΣΤΙΝΑΘΕΛΕΤΕΑΠΟ
ΤΩΝΔΥΟΑΠΟΛΥΣΩΥΜῙ
ΟΙΔΕΕΙΠΟΝΤΟΝΒΑΡΑΒ
ΒΑΝΛΕΓΕΙΑΥΤΟΙΣΟΠΕΙ 27:22
ΛΑΤΟΣΤΙΟΥΝΠΟΙΗΣΩ
Ι̅Ν̅ΤΟΝΛΕΓΟΜΕΝΟΝΧ̅Ν̅
ΛΕΓΟΥΣΙΝΠΑΝΤΕΣΣΤΑΥ
ΡΩΘΗΤΩΟΔΕΕΦΗΤΙ 27:23
ΓΑΡΚΑΚΟΝΕΠΟΙΗΣΕΝ
ΟΙΔΕΠΕΡΙΣΣΩΣΕΚΡΑΖΟ̄
ΛΕΓΟΝΤΕΣΣΤΑΥΡΩΘΗ
ΡΝΘ ΤΩ ΙΔΩΝΔΕΟΠΕΙΛΑΤΟΣ 27:24
ΟΤΙΟΥΔΕΝΩΦΕΛΕΙΑΛ

ΛΑΜΑΛΛΟΝΘΟΡΥΒΟϹΓΕΙ
ΝΕΤΑΙΛΑΒΩΝΥΔΩΡΑ
ΠΕΝΙΨΑΤΟΤΑϹΧΕΙΡΑϹ
ΚΑΤΕΝΑΝΤΙΤΟΥΟΧΛΟΥ
ΛΕΓΩΝΑΘΩΟϹΕΙΜΙΑΠΟ
ΤΟΥΑΙΜΑΤΟϹΤΟΥΤΟΥ
27:25 ΥΜΕΙϹΟΨΕϹΘΕ ΚΑΙΑΠΟ
ΚΡΙΘΕΙϹΠΑϹΟΛΑΟϹΕΙΠΕ
ΤΟΑΙΜΑΑΥΤΟΥΕΦΗΜΑϹ
ΚΑΙΕΠΙΤΑΤΕΚΝΑΗΜΩΝ
27:26 ΤΟΤΕΑΠΕΛΥϹΕΝΑΥΤΟΙϹ
ΤΟΝΒΑΡΑΒΒΑΝΤΟΝΔΕΙΝ
ΦΡΑΓΕΛΛΩϹΑϹΠΑΡΕΔΩ
ΚΕΝΙΝΑϹΤΑΥΡΩΘΗ
27:27 ΡΞ ΤΟΤΕΟΙϹΤΡΑΤΙΩΤΑΙΤΟΥ
ΗΓΕΜΟΝΟϹΠΑΡΑΛΑΒΟΝ
ΤΕϹΤΟΝΙΝΕΙϹΤΟΠΡΑΙ
ΤΩΡΙΟΝϹΥΝΗΓΑΓΟΝΕ
ΠΑΥΤΟΝΟΛΗΝΤΗΝϹΠΕΙ
27:28 ΡΑΝΚΑΙΕΝΔΥϹΑΝΤΕϹΑΥ
ΤΟΝΧΛΑΜΥΔΑΚΟΚΚΙΝΗΝ
27:29 ΠΕΡΙΕΘΗΚΑΝΑΥΤΩΚΑΙ
ΠΛΕΞΑΝΤΕϹϹΤΕΦΑΝΟΝ
ΕΞΑΚΑΝΘΩΝΠΕΡΙΕΘΗ
ΚΑΝΕΠΙΤΗϹΚΕΦΑΛΗϹ
ΑΥΤΟΥΚΑΙΚΑΛΑΜΟΝΕΝ
ΤΗΔΕΞΙΑΑΥΤΟΥΚΑΙΓΟ
ΝΥΠΕΤΗϹΑΝΤΕϹΕΜ
ΠΡΟϹΘΕΝΑΥΤΟΥΕΝΕ
ΠΑΙΞΑΝΑΥΤΩΛΕΓΟΝΤΕϹ
ΧΑΙΡΕΒΑϹΙΛΕΥΤΩΝΙΟΥ
27:30 ΔΑΙΩΝΚΑΙΕΜΠΤΥϹΑΝ
ΤΕϹΕΙϹΑΥΤΟΝΕΛΑΒΟΝ
ΤΟΝΚΑΛΑΜΟΝΚΑΙΕΤΥ
ΠΤΟΝΕΙϹΤΗΝΚΕΦΑΛΗΝ
27:31 ΑΥΤΟΥΚΑΙΟΤΕΕΝΕΠΑΙ
ΞΑΝΑΥΤΩΕΞΕΔΥϹΑΝ
ΑΥΤΟΝΤΗΝΧΛΑΜΥΔΑ
ΚΑΙΕΝΕΔΥϹΑΝΑΥΤΟΝ
ΤΑΙΜΑΤΙΑΑΥΤΟΥΚΑΙΑ
ΠΗΓΑΓΟΝΑΥΤΟΝΕΙϹΤΟ
27:32 ϹΤΑΥΡΩϹΑΙ ΕΞΕΡΧΟ

ΜΕΝΟΙΔΕΕΥΡΟΝΑΝΟΡω
ΠΟΝΚΥΡΗΝΑΙΟΝΟΝΟΜΑ
ΤΙϹΙΜΩΝΑΤΟΥΤΟΝΗΓΓΑ
ΡΕΥϹΑΝΙΝΑΑΡΗΤΟΝϹΤΑΥ
ΡΟΝΑΥΤΟΥΚΑΙΕΛΘΟΝ 27:33
ΤΕϹΕΙϹΤΟΝΤΟΠΟΝΤΟ̅
ΛΕΓΟΜΕΝΟΝΓΟΛΓΟΘΑ
ΟΕϹΤΙΝΚΡΑΝΙΟΥΤΟΠΟϹ
ΛΕΓΟΜΕΝΟϹΕΔΩΚΑΝ 27:34
ΑΥΤΩΠΙΕΙΝΟΙΝΟΝΜΕΤΑ
ΧΟΛΗϹΜΕΜΕΙΓΜΕΝΟΝΚ
ΓΕΥϹΑΜΕΝΟϹΟΥΚΗΘΕ
ΛΗϹΕΝΠΙΕΙΝϹΤΑΥΡΩϹΑ̅ 27:35
ΤΕϹΔΕΑΥΤΟΝΔΙΕΜΕΡΙϹΑ̅
ΤΑΙΜΑΤΙΑΑΥΤΟΥΒΑΛΛΟ̅
ΤΕϹΚΛΗΡΟΝΚΑΙΚΑΘΗΜΕ 27:36
ΝΟΙΕΤΗΡΟΥΝΑΥΤΟΝΕ
ΚΕΙΚΑΙΕΠΕΘΗΚΑΝΕΠΑ 27:37
ΝΩΤΗϹΚΕΦΑΛΗϹΑΥΤΟΥ
ΤΗΝΑΙΤΙΑΝΑΥΤΟΥΓΕ
ΓΡΑΜΜΕΝΗΝΟΥΤΟϹΕ
ϹΤΙΝΙ̅Ϲ̅ΟΒΑϹΙΛΕΥϹΤΩ̅
ΡΕΛ ΙΟΥΔΑΙΩΝ ΤΟΤΕϹΤΑΥ 27:38
ΡΟΥΝΤΑΙϹΥΝΑΥΤΩΔΥ
ΟΛΗϹΤΑΙΕΙϹΕΚΔΕΞΙΩ̅
ΚΑΙΕΙϹΕΞΕΥΩΝΥΜΩΝ
ΟΙΔΕΠΑΡΑΠΟΡΕΥΟΜΕΝΟΙ 27:39
ΕΒΛΑϹΦΗΜΟΥΝΑΥΤΟ̅
ΚΕΙΝΟΥΝΤΕϹΤΑϹΚΕΦΑ
ΛΑϹΑΥΤΩΝΚΑΙΛΕΓΟΝ 27:40
ΤΕϹΟΚΑΤΑΛΥΩΝΤΟΝ
ΝΑΟΝΚΑΙΕΝΤΡΙϹΙΝΗΜΕ
ΡΑΙϹΟΙΚΟΔΟΜΩΝϹΩϹΟ̅
ϹΕΑΥΤΟΝΕΙΥΙΟϹΘ̅Υ̅ΕΙ
ΚΑΤΑΒΗΘΙΑΠΟΤΟΥϹΤΑΥ
ΡΟΥΟΜΟΙΩϹΚΑΙΟΙΑΡΧΙ 27:41
ΕΡΕΙϹΕΜΠΑΙΖΟΝΤΕϹΜΕ
ΤΑΤΩΝΓΡΑΜΜΑΤΕΩΝ
ΚΑΙΠΡΕϹΒΥΤΕΡΩΝΕΛΕ
ΓΟΝΑΛΛΟΥϹΕϹΩϹΕΝΕ 27:42
ΑΥΤΟΝΟΥΔΥΝΑΤΑΙϹΩ
ϹΑΙΒΑϹΙΛΕΥϹΙϹΡΑΗΛΕ

ϹΤΙΝΚΑΤΑΒΑΤΩΝΥΝ
ΑΠΟΤΟΥϹΤΑΥΡΟΥΚΑΙ
ΠΙϹΤΕΥϹΟΜΕΝΕΠΑΥΤΟ̅
27:43 ΠΕΠΟΙΘΕΝΕΠΙΤΩΘ̅Ω̅
ΡΥϹΑϹΘΩΝΥΝΕΙΘΕΛΕΙ
ΑΥΤΟΝΕΙΠΕΝΓΑΡΟΤΙΘΥ
27:44 ΕΙΜΙΥΙΟϹ ΤΟΔΑΥΤΟΚ
ΟΙΛΗϹΤΑΙΟΙϹΥΝϹΤΑΥΡΩ
ΘΕΝΤΕϹϹΥΝΑΥΤΩΩ
27:45 ΓΙΒ ΝΕΙΔΙΖΟΝΑΥΤΟΝ ΑΠΟ
ΔΕΕΚΤΗϹΩΡΑϹϹΚΟΤΟϹ
ΕΓΕΝΕΤΟΕΠΙΠΑϹΑΝΤΗ
27:46 ΓΗΝΕΩϹΩΡΑϹΕΝΑΤΗϹ ΠΕ
ΡΙΔΕΤΗΝΕΝΑΤΗΝΩΡΑΝ
ΕΒΟΗϹΕΝΟΙ̅Ϲ̅ΦΩΝΗΜΕ
ΓΑΛΗΛΕΓΩΝΕΛΩΕΙΕΛΩΕΙ
ΛΕΜΑϹΑΒΑΚΤΑΝΕΙΤΟΥ
ΤΕϹΤΙΝΘΕΕΜΟΥΘΕΕΜΟΥ
ΙΝΑΤΙΜΕΕΓΚΑΤΕΛΙΠΕϹ
27:47 ΤΙΝΕϹΔΕΤΩΝΕΚΕΙΕϹΤΗ
ΚΟΤΩΝΑΚΟΥϹΑΝΤΕϹΕ
ΛΕΓΟΝΟΤΙΗΛΕΙΑΝΦΩ
27:48 ΝΕΙΟΥΤΟϹΚΑΙΕΥΘΕΩϹ
ΔΡΑΜΩΝΕΙϹΕΞΑΥΤΩΝ
ΚΑΙΛΑΒΩΝϹΠΟΓΓΟΝΠΛΗ
ϹΑϹΤΕΟΞΟΥϹΚΑΙΠΕΡΙ
ΘΕΙϹΚΑΛΑΜΩΕΠΟΤΙΖΕ̅
27:49 ΑΥΤΟΝΟΙΔΕΛΟΙΠΟΙΕΙ
ΠΑΝΑΦΕϹΙΔΩΜΕΝΕΙΕΡ
ΧΕΤΑΙΗΛΕΙΑϹϹΩϹΩΝ
ΑΥΤΟΝΑΛΛΟϹΔΕΛΑΒΩ̅
ΛΟΓΧΗΝΕΝΥΞΕΝΑΥΤΟΥ
ΤΗΝΠΛΕΥΡΑΝΚΑΙΕΞΗΛ
27:50 ΘΕΝΥΔΩΡΚΑΙΑΙΜΑ ΟΔΕ
Ι̅Ϲ̅ΠΑΛΙΝΚΡΑΞΑϹΦΩΝΗ
ΜΕΓΑΛΗΑΦΗΚΕΝΤΟΠ̅Ν̅Α̅
27:51 ΓΙΓ ΚΑΙΙΔΟΥΤΟΚΑΤΑΠΕΤΑ
ϹΜΑΤΟΥΝΑΟΥΕϹΧΙϹΘΗ
ΑΠΑΝΩΘΕΝΕΩϹΚΑΤΩ
ΕΙϹΔΥΟΚΑΙΗΓΗΕϹΕΙϹΘΗ
ΚΑΙΑΙΠΕΤΡΑΙΕϹΧΙϹΘΗ
27:52 ϹΑΝΚΑΙΤΑΜΝΗΜΕΙΑΑ

ΝΕΩΧΘΗϹΑΝΚΑΙΠΟΛΛΑ
ϹΩΜΑΤΑΤΩΝΚΕΚΟΙΜΗ
ΜΕΝΩΝΑΓΙΩΝΗΓΕΡΘΗ
ϹΑΝΚΑΙΕΞΕΛΘΟΝΤΕϹ 27:53
ΕΚΤΩΝΜΝΗΜΕΙΩΝΜΕ
ΤΑΤΗΝΕΓΕΡϹΙΝΑΥΤΟΥ
ΕΙϹΗΛΘΟΝΕΙϹΤΗΝΑΓΙ
ΑΝΠΟΛΙΝΚΑΙΕΝΕΦΑΝΙ
ϹΘΗϹΑΝΠΟΛΛΟΙϹ ΟΔΕ 27:54
ΕΚΑΤΟΝΤΑΡΧΟϹΚΑΙΟΙ
ΜΕΤΑΥΤΟΥΤΗΡΟΥΝΤΕϹ
ΤΟΝΙΝ̅ ΙΔΟΝΤΕϹΤΟΝ
ϹΕΙϹΜΟΝΚΑΙΤΑΓΕΙΝΟ
ΜΕΝΑΕΦΟΒΗΘΗϹΑΝ
ϹΦΟΔΡΑΛΕΓΟΝΤΕϹΑ
ΛΗΘΩϹΥΙΟϹΘΥ̅ΗΝΟΥ
ΤΞΔ ΤΟϹ ΗϹΑΝΔΕΕΚΕΙΓΥΝΑΙ 27:55
ΚΕϹΠΟΛΛΑΙΑΠΟΜΑΚΡΟ
ΘΕΝΘΕΩΡΟΥϹΑΙΑΙΤΙΝΕϹ
ΗΚΟΛΟΥΘΗϹΑΝΤΩΙΥ̅
ΑΠΟΤΗϹΓΑΛΕΙΛΑΙΑϹ
ΔΙΑΚΟΝΟΥϹΑΙΑΥΤΩ
ΕΝΑΙϹΗΝΜΑΡΙΑΗΜΑΓΔΑ 27:56
ΛΗΝΗΚΑΙΜΑΡΙΑΗΤΟΥΪ
ΑΚΩΒΟΥΚΑΙΪΩϹΗΜΗ
ΤΗΡ ΚΑΙΗΜΗΤΗΡΤΩΝ
ΤΞΕ ΥΙΩΝΖΕΒΕΔΑΙΟΥ ΟΨΙ 27:57
ΑϹΔΕΓΕΝΟΜΕΝΗϹΗΛ
ΘΕΝΑΝΘΡΩΠΟϹΠΛΟΥ
ϹΙΟϹΑΠΟΑΡΙΜΑΘΑΙΑϹ
ΤΟΥΝΟΜΑΪΩϹΗΦ'ΟϹϗ
ΑΥΤΟϹΕΜΑΘΗΤΕΥϹΕΝ
ΤΩΙΥ̅ΟΥΤΟϹΠΡΟϹΕΛΘΩ̅ 27:58
ΤΩΠΕΙΛΑΤΩΗΤΗϹΑΤΟ
ΤΟϹΩΜΑΤΟΥΙΥ̅ ΤΟΤΕ
ΟΠΕΙΛΑΤΟϹΕΚΕΛΕΥϹΕ̅
ΑΠΟΔΟΘΗΝΑΙ ΚΑΙΛΑΒΩ̅ 27:59
ΤΟϹΩΜΑΟΪΩϹΗΦΕΝΕ
ΤΥΛΙΞΕΝΑΥΤΟΕΝϹΙΝ
ΔΟΝΙΚΑΘΑΡΑΚΑΙΕΘΗΚΕ̅ 27:60
ΑΥΤΟΕΝΤΩΚΑΙΝΩΑΥ
ΤΟΥΜΝΗΜΕΙΩΟΕΛΑΤΟ

ΜΗϹΕΝΕΝΤΗΠΕΤΡΑΚαι
ΠΡΟϹΚΥΛΙϹΑϹΛΙΘΟΝΜε
ΓΑΝΤΗΘΥΡΑΤΟΥΜΝΗμει
27:61 ΟΥΑΠΗΛΘΕΝ ΗΝΔΕΕΚει
ΜΑΡΙΑΜΗΜΑΓΔΑΛΗΝΗ
ΚΑΙΗΑΛΛΗΜΑΡΙΑΚΑΘΗ
ΜΕΝΑΙΑΠΕΝΑΝΤΙΤΟΥ
27:62 ΡΞϚ ΤΑΦΟΥ ΤΗΔΕΕΠΑΥΡΙ
ΟΝΗΤΙϹΕϹΤΙΝΜΕΤΑΤη̅
ΠΑΡΑϹΚΕΥΗΝϹΥΝΗΧθη
ϹΑΝΟΙΑΡΧΙΕΡΕΙϹΚΑΙΟΙ
ΦΑΡΕΙϹΑΙΟΙΠΡΟϹΠΕΙΛα
27:63 ΤΟΝΛΕΓΟΝΤΕϹ Κ̅Ε̅ΕΜΝη
ϹΘΗΜΕΝΟΤΙΕΚΕΙΝΟϹ
ΟΠΛΑΝΟϹΕΙΠΕΝΕΤΙΖω̅
ΜΕΤΑΤΡΕΙϹΗΜΕΡΑϹΕ
27:64 ΓΕΙΡΟΜΑΙΚΕΛΕΥϹΟΝΟΥ̅
ΑϹΦΑΛΙϹΘΗΝΑΙΤΟΝΤα
ΦΟΝΕΩϹΤΗϹΤΡΙΤΗϹ
ΗΜΕΡΑϹΜΗΠΟΤΕΕΛΘο̅
ΤΕϹΟΙΜΑΘΗΤΑΙΚΛΕΨω
ϹΙΝΑΥΤΟΝΚΑΙΕΙΠΩϹΙ̅
ΤΩΛΑΩΗΓΕΡΘΗΑΠΟΤΩ̅
ΝΕΚΡΩΝΚΑΙΕϹΤΑΙΗΕ
ϹΧΑΤΗΠΛΑΝΗΧΕΙΡΩ̅
27:65 ΤΗϹΠΡΩΤΗϹ ΕΦΗΑΥ
ΤΟΙϹΟΠΕΙΛΑΤΟϹΕΧΕΤε
ϹΚΟΥϹΤΩΔΙΑΝΥΠΑΓΕ
ΤΕΑϹΦΑΛΙϹΑϹΘΕΩϹΟΙ
27:66 ΔΑΤΕΟΙΔΕΠΟΡΕΥΘΕΝ
ΤΕϹΗϹΦΑΛΙϹΑΝΤΟΤο̅
ΤΑΦΟΝϹΦΡΑΓΙϹΑΝΤεϲ
ΤΟΝΛΙΘΟΝΜΕΤΑΤΗϹΚου
28:1 ΡΞΖ ϹΤΩΔΙΑϹ ΟΨΕΔΕϹαβ
ΒΑΤΩΝΤΗΕΠΙΦΩϹΚου
ϹΗΕΙϹΜΙΑΝϹΑΒΒΑΤΩ̅
ΗΛΘΕΝΜΑΡΙΑΗΜΑΓΔΑ
ΛΗΝΗΚΑΙΗΑΛΛΗΜΑΡΙΑ
ΘΕΩΡΗϹΑΙΤΟΝΤΑΦΟΝ
28:2 ΚΑΙΙΔΟΥϹΕΙϹΜΟϹΕΓΕ
ΝΕΤΟΜΕΓΑϹΑΓΓΕΛΟϹ
ΓΑΡΚ̅Υ̅ΚΑΤΑΒΑϹΕΞΟΥΡα

ΝΟΥΚΑΙΠΡΟΣΕΛΘΩΝΑ
ΠΕΚΥΛΙΣΕΤΟΝΛΙΘΟΝΚΣ
ΕΚΑΘΗΤΟΕΠΑΝΩΑΥΤΟΥ
ΗΝΔΕΗΕΙΔΕΑΥΤΟΥΩΣ 28:3
ΑΣΤΡΑΠΗΚΑΙΤΟΕΝΔΥ
ΜΑΑΥΤΟΥΛΕΥΚΟΝΩΣ
ΧΙΩΝΑΠΟΔΕΤΟΥΦΟ 28:4
ΒΟΥΑΥΤΟΥΕΣΕΙΣΘΗΣΑΝ
ΟΙΤΗΡΟΥΝΤΕΣΚΑΙΕΓΕ
ΝΗΘΗΣΑΝΩΣΝΕΚΡΟΙ
ΑΠΟΚΡΙΘΕΙΣΔΕΟΑΓΓΕ 28:5
ΛΟΣΕΙΠΕΝΤΑΙΣΓΥΝΑΙ
ΞΙΝΜΗΦΟΒΕΙΣΘΕΥΜΕΙΣ
ΟΙΔΑΓΑΡΟΤΙΙΝΤΟΝΕ
ΣΤΑΥΡΩΜΕΝΟΝΖΗΤΕΙ
ΤΕΟΥΚΕΣΤΙΝΩΔΕΗΓΕΡΘΗ 28:6
ΓΑΡΚΑΘΩΣΕΙΠΕΝΔΕΥ
ΤΕΙΔΕΤΕΤΟΝΤΟΠΟΝΟ
ΠΟΥΕΚΕΙΤΟΚΑΙΤΑΧΥ 28:7
ΠΟΡΕΥΘΕΙΣΑΙΕΙΠΑΤΕ
ΤΟΙΣΜΑΘΗΤΑΙΣΑΥΤΟΥ
ΟΤΙΗΓΕΡΘΗΑΠΟΤΩΝ
ΝΕΚΡΩΝΚΑΙΙΔΟΥΠΡΟΑ
ΓΕΙΫΜΑΣΕΙΣΤΗΝΓΑΛΕΙ
ΛΑΙΑΝΕΚΕΙΑΥΤΟΝΟΨΕ
ΣΘΕΙΔΟΥΕΙΠΟΝΥΜΙΝ
ρξη ΚΑΙΑΠΕΛΘΟΥΣΑΙΤΑΧΥ 28:8
ΑΠΟΤΟΥΜΝΗΜΕΙΟΥ
ΜΕΤΑΦΟΒΟΥΚΑΙΧΑΡΑΣ
ΜΕΓΑΛΗΣΕΔΡΑΜΟΝΑ
ΠΑΓΓΕΙΛΑΙΤΟΙΣΜΑΘΗ
ΤΑΙΣΑΥΤΟΥ ΚΑΙΙΔΟΥ 28:9
ΙΣΥΠΗΝΤΗΣΕΝΑΥΤΑΙΣ
ΛΕΓΩΝ ΧΑΙΡΕΤΕ ΑΙΔΕ
ΠΡΟΣΕΛΘΟΥΣΑΙΕΚΡΑΤΗ
ΣΑΝΑΥΤΟΥΤΟΥΣΠΟ
ΔΑΣΚΑΙΠΡΟΣΕΚΥΝΗΣΑΝ
ΑΥΤΩ ΤΟΤΕΛΕΓΕΙΑΥ 28:10
ΤΑΙΣΟΙΣΜΗΦΟΒΕΙΣΘΕ
ΥΠΑΓΕΤΕΑΠΑΓΓΕΙΛΑΤΕ
ΤΟΙΣΑΔΕΛΦΟΙΣΜΟΥΙΝΑ
ΑΠΕΛΘΩΣΙΝΕΙΣΤΗΝΓΑ

ΛΕΙΛΑΙΑΝΚΑΚΕΙΜΕΟΨΟ
28:11 ΓΠΘ ΤΑΙ ΠΟΡΕΥΟΜΕΝΩΝΔΕ
ΑΥΤΩΝΙΔΟΥΤΙΝΕϹΤΗϹ
ϹΚΟΥϹΤΩΔΙΑϹΕΛΘΟΝ
ΤΕϹΕΙϹΤΗΝΠΟΛΙΝΑΠΗΓ
ΓΕΙΛΑΝΤΟΙϹΑΡΧΙΕΡΕΥ
ϹΙΝΑΠΑΝΤΑΤΑΓΕΝΟ
28:12 ΜΕΝΑΚΑΙϹΥΝΑΧΘΕΝ
ΤΕϹΜΕΤΑΤΩΝΠΡΕϹΒΥ
ΤΕΡΩΝϹΥΜΒΟΥΛΙΟΝΤΕ
ΛΑΒΟΝΤΕϹΑΡΓΥΡΙΑΙΚΑ
ΝΑΕΔΩΚΑΝΤΟΙϹϹΤΡΑ
28:13 ΤΙΩΤΑΙϹΛΕΓΟΝΤΕϹΕΙ
ΠΑΤΕΟΤΙΟΙΜΑΘΗΤΑΙ
ΑΥΤΟΥΝΥΚΤΟϹΕΛΘΟ̄
ΤΕϹΕΚΛΕΨΑΝΑΥΤΟΝ
ΗΜΩΝΚΟΙΜΩΜΕΝΩΝ
28:14 ΚΑΙΕΑΝΑΚΟΥϹΘΗΤΟΥ
ΤΟΥΠΟΤΟΥΗΓΕΜΟΝΟϹ
ΗΜΕΙϹΠΕΙϹΟΜΕΝΚΑΙ
ΥΜΑϹΑΜΕΡΙΜΝΟΥϹΠΟΙ
28:15 ΗϹΟΜΕΝ ΟΙΔΕΛΑΒΟΝ
ΤΕϹΤΑΑΡΓΥΡΙΑΕΠΟΙΗϹᾹ
ΩϹΕΔΙΔΑΧΘΗϹΑΝΚΑΙ
ΔΙΕΦΗΜΙϹΘΗΟΛΟΓΟϹ
ΟΥΤΟϹΠΑΡΑΙΟΥΔΑΙΟΙϹ
ΜΕΧΡΙΤΗϹϹΗΜΕΡΟΝΗ
28:16 ΓΟ ΜΕΡΑϹ ΟΙΔΕΕΝΔΕΚΑ
ΜΑΘΗΤΑΙΕΠΟΡΕΥΘΗϹᾹ
ΕΙϹΤΗΝΓΑΛΕΙΛΑΙΑΝ
ΕΙϹΤΟΟΡΟϹΟΥΕΤΑΞΑ
28:17 ΤΟΑΥΤΟΙϹΟΙ̅Ϲ̅ΚΑΙΙΔΟΝ
ΤΕϹΑΥΤΟΝΠΡΟϹΕΚΥΝΗ
ϹΑΝΟΙΔΕΕΔΙϹΤΑϹΑΝ
28:18 ΚΑΙΠΡΟϹΕΛΘΩΝΟΙ̅Ϲ̅Ε
ΛΑΛΗϹΕΝΑΥΤΟΙϹΛΕΓΩ̄
ΕΔΟΘΗΜΟΙΠΑϹΑΕΞΟΥ
ϹΙΑ ΕΝΟΥΡΑΝΩΚΑΙ
28:19 ΕΠΙΤΗϹΓΗϹΠΟΡΕΥΘΕ̄
ΤΕϹΟΥΝΜΑΘΗΤΕΥϹΑΤΕ
ΠΑΝΤΑΤΑΕΘΝΗΒΑΠΤΙ
ϹΑΝΤΕϹΑΥΤΟΥϹΕΙϹΤΟ

ΟΝΟΜΑΤΟΥΠΑΤΡΟϹϗ
ΤΟΥΥΙΟΥΚΑΙΤΟΥΑΓΙΟΥ
ΠΝΕΥΜΑΤΟϹΔΙΔΑϹΚΟ̅ 28:20
ΤΕϹΑΥΤΟΥϹΤΗΡΕΙΝΠΑ
ΤΑΟϹΑΕΝΕΤΕΙΛΑΜΗΝΥ
ΜΙΝ ΚΑΙΙΔΟΥΕΓΩΜΕΘΥ
ΜΩΝΕΙΜΙΠΑϹΑϹΤΑϹΗ
ΜΕΡΑϹΕΩϹΤΗϹϹΥΝΤΕ
ΛΕΙΑϹΤΟΥΑΙΩΝΟϹ:

ΚΑΤΑ

ΜΑΘΘΑΙΟΝ

1:1 Α ΑΡΧΗΤΟΥΕΥΑΓΓΕΛΙΟΥ
1:2 ΙΥΧΥΥΙΟΥΘΥΚΑΘΩCΓΕ
ΓΡΑΠΤΑΙΕΝΤΩΗCΑΪΑΤΩ
ΠΡΟΦΗΤΗΪΔΟΥΑΠΟCΤΕΛ
ΛΩΤΟΝΑΓΓΕΛΟΝΜΟΥ
ΠΡΟΠΡΟCΩΠΟΥCΟΥΟC
ΚΑΤΑCΚΕΥΑCΕΙΤΗΝΟΔΟ
1:3 CΟΥΦΩΝΗΒΟΩΝΤΟC
ΕΝΤΗΕΡΗΜΩΕΤΟΙΜΑCΑ
ΤΕΤΗΝΟΔΟΝΚΥΕΥΘΕΙΑC
ΠΟΙΕΙΤΕΤΑCΤΡΙΒΟΥCΑΥ
1:4 ΤΟΥ ΕΓΕΝΕΤΟΙΩΑΝΗC
ΟΒΑΠΤΙΖΩΝΕΝΤΗΕΡΗ
ΜΩΚΗΡΥCCΩΝΒΑΠΤΙCΜΑ
ΜΕΤΑΝΟΙΑCΕΙCΑΦΕCΙ
1:5 ΑΜΑΡΤΙΩΝΚΑΙΕΞΕΠΟ
ΡΕΥΕΤΟΠΡΟCΑΥΤΟΝΠΑ
CΑΗΙΟΥΔΑΙΑΧΩΡΑΚΑΙΟΙ
ΙΕΡΟCΟΛΥΜΕΙΤΑΙΠΑΝΤΕC
ΚΑΙΕΒΑΠΤΙΖΟΝΤΟΥΠΑΥ
ΤΟΥΕΝΤΩΙΟ ΡΔΑΝΗΠΟ
ΤΑΜΩΕΞΟΜΟ ΛΟΓΟΥΜΕ
ΝΟΙΤΑCΑΜΑΡΤΙΑCΑΥΤΩ
1:6 ΚΑΙΗΝΟΙΩΑΝ ΗCΕΝΔΕ
ΔΥΜΕΝΟCΤΡΙ ΧΑCΚΑΜΗ
ΛΟΥΚΑΙΖΩΝΗΝΔΕΡΜΑ
ΤΙΝΗΝΠΕΡΙΤΗΝΟCΦΥ
ΑΥΤΟΥΚΑΙΕCΘΩΝΑΚΡΙ
1:7 ΔΑCΚΑΙΜΕΛΙΑΓΡΙΟΝΚΑΙ
ΕΚΗΡΥCCΕΝΛΕΓΩΝΕΡΧΕ
ΤΑΙΟΙCΧΥΡΟΤΕΡΟCΜΟΥ
ΟΠΙCΩΟΥΟΥΚΕΙΜΙΙΚΑ
ΝΟCΚΥΨΑCΛΥCΑΙΤΟΝΙ
ΜΑΝΤΑΤΩΝΫΠΟΔΗΜΑ
1:8 ΤΩΝΑΥΤΟΥΕΓΩΕΒΑΠΤΙ
CΑΥΜΑCΥΔΑΤΙΑΥΤΟC
ΔΕΒΑΠΤΙCΕΙΥΜΑCΠΝΙ
1:9 Β ΑΓΙΩ ΕΓΕΝΕΤΟΕΝΕΚΕΙ
ΝΑΙCΤΑΙCΗΜΕΡΑΙCΗΛΘΕ
ΙCΑΠΟΝΑΖΑΡΕΤΤΗCΓΑ
ΛΙΛΑΙΑCΚΑΙΕΒΑΠΤΙCΘΗ
ΕΙCΤΟΝΙΟΡΔΑΝΗΝΥΠΟ

ΙΩΑΝΟΥΚΑΙΕΥΘΥCΑΝΑ 1:10
ΒΑΙΝΩΝΕΚΤΟΥΥΔΑΤΟC
ΕΙΔΕΝCΧΙΖΟΜΕΝΟΥC
ΤΟΥCΟΥΡΑΝΟΥCΚΑΙΤΟ
ΠΝΕΥΜΑΩCΠΕΡΙCΤΕΡΑ̅
ΚΑΤΑΒΑΙΝΟΝΕΙCΑΥΤΟ̅
ΚΑΙΦΩΝΗΕΓΕΝΕΤΟΕΚ 1:11
ΤΩΝΟΥΡΑΝΩΝCΥΕΙΟΥ
ΙΟCΜΟΥΟΑΓΑΠΗΤΟCΕ̅
Γ CΟΙΕΥΔΟΚΗCΑ·ΚΑΙΕΥ 1:12
ΘΥCΤΟΠΝΕΥΜΑΑΥΤΟ̅
ΕΚΒΑΛΛΕΙΕΙCΤΗΝΕΡΗ
ΜΟΝΚΑΙΗΝΕΝΤΗΕΡΗΜΩ 1:13
ΤΕCCΕΡΑΚΟΝΤΑΗΜΕΡΑC
ΠΕΙΡΑΖΟΜΕΝΟCΥΠΟΤΟΥ
CΑΤΑΝΑΚΑΙΗΝΜΕΤΑΤΩΝ
ΘΗΡΙΩΝΚΑΙΟΙΑΓΓΕΛΟΙ
ΔΙΗΚΟΝΟΥΝΑΥΤΩΚΑΙ 1:14
ΤΑ
Λ ΜΕΤΟΠΑΡΑΔΟΘΗΝΑΙΤΟ
ΙΩΑΝΗΝΗΛΘΕΝΟΙ̅C̅ΕΙC
ΤΗΝΓΑΛΕΙΛΑΙΑΝΚΗΡΥC
CΩΝΤΟΕΥΑΓΓΕΛΙΟΝΤΟΥ
Θ̅Υ̅ΚΑΙΛΕΓΩΝΟΤΙΠΕΠΛΗ 1:15
ΡΩΤΑΙΟΚΑΙΡΟCΚΑΙΗΓ
ΓΙΚΕΝ ΗΒΑCΙΛΕΙΑΤΟΥ
Θ̅Υ̅ΜΕΤΑΝΟΕΙΤΕΚΑΙΠΙ
CΤΕΥΕΤΕΕΝΤΩΕΥΑΓΓΕ
ΛΙΩ ΚΑΙΠΑΡΑΓΩΝΠΑΡΑ 1:16
ΤΗΝΘΑΛΑCCΑΝΤΗCΓΑ
ΛΕΙΛΑΙΑCΕΙΔΕΝCΙΜΩ
ΝΑΚΑΙΑΝΔΡΕΑΝΤΟΝΑ
ΔΕΛΦΟΝCΙΜΩΝΟCΑΜ
ΦΙΒΑΛΛΟΝΤΑCΕΝΤΗΘΑ
ΛΑCCΗΗCΑΝΓΑΡΑΛΕΕΙC
ΚΑΙΕΙΠΕΝΑΥΤΟΙCΟΙ̅C̅ 1:17
ΔΕΥΤΕΟΠΙCΩΜΟΥΚΑΙ
ΠΟΙΗCΩΥΜΑCΓΕΝΕCΘΑΙ
ΑΛΕΕΙCΑΝΘΡΩΠΩΝΚΑΙ 1:18
ΕΥΘΕΩCΑΦΕΝΤΕCΤΑ
ΔΙΚΤΥΑΗΚΟΛΟΥΘΟΥΝ
ΑΥΤΩ ΚΑΙΠΡΟΒΑCΟΛΙ 1:19
ΓΟΝΕΙΔΕΝΙΑΚΩΒΟΝΤΟ

ΤΟΥΖΕΒΕΔΑΙΟΥΚΑΙΙΩ
ΑΝΗΝΤΟΝΑΔΕΛΦΟΝΑΥ
ΤΟΥΚΑΙΑΥΤΟΥϹΕΝΤΩ
ΠΛΟΙΩΚΑΤΑΡΤΙΖΟΝΤΑϹ
1:20 ΤΑΔΙΚΤΥΑΚΑΙΕΥΘΥϹΕ
ΚΑΛΕϹΕΝΑΥΤΟΥϹΚΑΙΑ
ΦΕΝΤΕϹΤΟΝΠΑΤΕΡΑΑΥ
ΤΩΝΖΕΒΕΔΑΙΟΝΕΝΤΩ
ΠΛΟΙΩΜΕΤΑΤΩΝΜΙϹΘΩ
ΤΩΝΑΠΗΛΘΟΝΟΠΙϹΩ
ΑΥΤΟΥ
1:21 ΚΑΙΕΙϹΠΟΡΕΥΟΝΤΑΙΕΙϹ
ΚΑΦΑΡΝΑΟΥΜΚΑΙΕΥΘΕ
ΩϹΤΟΙϹϹΑΒΒΑϹΙΝΕΙϹΕΛ
ΘΩΝΕΙϹΤΗΝϹΥΝΑΓΩΓΗΝ
1:22 ΕΔΙΔΑϹΚΕΝΚΑΙΕΞΕΠΛΗϹ
ϹΟΝΤΟΕΠΙΤΗΔΙΔΑΧΗ
ΑΥΤΟΥΗΝΓΑΡΔΙΔΑϹΚΩΝ
ΑΥΤΟΥϹΩϹΕΞΟΥϹΙΑΝΕ
ΧΩΝΚΑΙΟΥΧΩϹΟΙΓΡΑΜ
1:23 ΜΑΤΕΙϹ ΚΑΙΕΥΘΥϹΗΝ
ΕΝΤΗϹΥΝΑΓΩΓΗΑΥΤΩΝ
ΑΝΘΡΩΠΟϹΕΝΠΝΕΥΜΑ
ΤΙΑΚΑΘΑΡΤΩΚΑΙΑΝΕΚΡΑ
1:24 ΞΕΝΛΕΓΩΝΤΙΗΜΙΝΚΑΙ
ϹΥΙΗϹΟΥΝΑΖΑΡΗΝΕΗΛ
ΘΕϹΑΠΟΛΕϹΑΙΗΜΑϹΟΙ
ΔΑϹΕΤΙϹΕΙΟΑΓΙΟϹΤΟΥ
1:25 ΘΥΚΑΙΕΠΕΤΕΙΜΗϹΕΝΑΥ
ΤΩΟΙϹΛΕΓΩΝΦΕΙΜΩ
ΘΗΤΙΚΑΙΕΞΕΛΘΕΕΞΑΥ
1:26 ΤΟΥΚΑΙϹΠΑΡΑΞΑΝΑΥΤΟ
ΤΟΑΚΑΘΑΡΤΟΝΚΑΙΦΩ
ΝΗϹΑΝΦΩΝΗΜΕΓΑΛΗ
1:27 ΕΞΗΛΘΕΝΕΞΑΥΤΟΥΚΑΙ
ΕΘΑΜΒΗΘΗϹΑΝΑΠΑΝΤΕϹ
ΩϹΤΕϹΥΝΖΗΤΕΙΝΑΥΤΟΥϹ
ΛΕΓΟΝΤΑϹΤΙΕϹΤΙΝΤΟΥ
ΤΟΔΙΔΑΧΗΚΑΙΝΗΚΑΤΕ
ΞΟΥϹΙΑΝΚΑΙΤΟΙϹΠΝΕΥ
ΜΑϹΙΤΟΙϹΑΚΑΘΑΡΤΟΙϹ
ΕΠΙΤΑϹϹΕΙΚΑΙΥΠΑΚΟΥ

ΟΥCΙΝΑΥΤΩ ΚΑΙΕΞΗΛ 1:28
ΘΕΝΗΑΚΟΗΑΥΤΟΥΕΥ
ΘΥCΠΑΝΤΑΧΟΥΕΙCΟΛΗ̄
ΤΗΝΠΕΡΙΧΩΡΟΝΤΗCΓΑ
ς ΛΕΙΛΑΙΑC ΚΑΙΕΥΘΥC 1:29
ΕΚΤΗCCΥΝΑΓΩΓΗCΕ
ΞΕΛΘΩΝΗΛΘΕΝΕΙCΤΗ̄
ΟΙΚΙΑΝCΙΜΩΝΟCΚΑΙ
ΑΝΔΡΕΟΥΜΕΤΑΙΑΚΩ
ΒΟΥΚΑΙΙΩΑΝΟΥΗΔΕΠΕ̄ 1:30
ΘΕΡΑCΙΜΩΝΟCΚΑΤΕ
ΚΕΙΤΟΠΥΡΕCCΟΥCΑΚΑΙ
ΕΥΘΥCΛΕΓΟΥCΙΝΑΥΤΩ
ΠΕΡΙΑΥΤΗCΚΑΙΠΡΟCΕΛ 1:31
ΘΩΝΗΓΕΙΡΕΝΑΥΤΗΝΚΡΑ
ΤΗCΑCΤΗCΧΕΙΡΟCΚΑΙ
ΑΦΗΚΕΝΑΥΤΗΝΟΠΥ
Η
ΡΕΤΟCΚΑΙΔΙΕΚΟΝΕΙΑΥ
ΤΟΙC ΟΨΙΑCΔΕΓΕΝΟ 1:32
ΜΕΝΗCΟΤΕΕΔΥCΕΝΟ
ΗΛΙΟCΕΦΕΡΟΝΠΡΟCΑΥ
ΤΟΝΠΑΝΤΑCΤΟΥCΚΑ
ΚΩCΕΧΟΝΤΑCΚΑΙΤΟΥC
ΔΑΙΜΟΝΙΖΟΜΕΝΟΥCϏ 1:33
ΗΝΟΛΗΗΠΟΛΙCΕΠΙCΥΝ
ΗΓΜΕΝΗΠΡΟCΤΗΝΘΥ
ΡΑΝΚΑΙΕΘΕΡΑΠΕΥCΕΝ 1:34
ΠΟΛΛΟΥCΚΑΚΩCΕΧΟΝ
ΤΑCΠΟΙΚΙΛΑΙCΝΟCΟΙC
ΚΑΙΔΑΙΜΟΝΙΑΠΟΛΛΑΕ
ΞΕΒΑΛΕΝΚΑΙΟΥΚΗΦΙΕ̄
ΤΑΔΑΙΜΟΝΙΑΛΑΛΕΙΝΟ
ΤΙΗΔΕΙCΑΝΑΥΤΟΝΧ̅Ν̅
ΕΙΝΑΙ
Ζ ΚΑΙΠΡΩΙΕΝΝΥΧΑΛΕΙΑΝ 1:35
ΑΝΑCΤΑCΕΞΗΛΘΕΝΕΙC
ΕΡΗΜΟΝΤΟΠΟΝΚΑΚΕΙ
ΠΡΟCΗΥΧΕΤΟΚΑΙΚΑΤΕ 1:36
ΔΙΩΞΕΝΑΥΤΟΝCΙΜΩΝ
ΟΙ
ΚΑΙΜΕΤΑΥΤΟΥΚΑΙΕΥ 1:37
ΡΟΝΑΥΤΟΝΚΑΙΛΕΓΟΥCῙ
ΑΥΤΩΟΤΙΠΑΝΤΕCΖΗ

1:38 ΤΟΥϹΙΝϹΕ ΚΑΙΛΕΓΕΙ
ΑΥΤΟΙϹΑΓΩΜΕΝΑΛΛΑΧΟΥ
ΕΙϹΤΑϹΕΧΟΜΕΝΑΚΩ
ΜΟΠΟΛΕΙϹΙΝΑΚΑΙΕΚΕΙ
ΚΗΡΥΞΩΕΙϹΤΟΥΤΟΓΑΡ
1:39 ΕΞΗΛΘΟΝ ΚΑΙΗΛΘΕΝ
ΚΗΡΥϹϹΩΝΕΙϹΤΑϹϹΥ
ΑΓΩΓΑϹΑΥΤΩΝΕΙϹΟΛΗ
ΤΗΝΓΑΛΕΙΛΑΙΑΝΚΑΙΤΑ
ΔΑΙΜΟΝΙΑΕΚΒΑΛΛΩΝ
1:40 ΚΑΙΕΡΧΕΤΑΙΠΡΟϹΑΥΤΟ
ΛΕΠΡΟϹΠΑΡΑΚΑΛΩΝΑΥ
ΤΟΝΛΕΓΩΝΑΥΤΩΚΕΟ
ΤΙΕΑΝΘΕΛΗϹΔΥΝΗΜΕ
1:41 ΚΑΘΑΡΙϹΑΙΚΑΙϹΠΛΑΓ
ΧΝΙϹΘΕΙϹΕΚΤΕΙΝΑϹΤΗ
ΧΕΙΡΑΑΥΤΟΥΗΨΑΤΟϏ
ΛΕΓΕΙΑΥΤΩΘΕΛΩΚΑ
1:42 ΘΑΡΙϹΘΗΤΙΚΑΙΕΥΘΥϹ
ΑΠΗΛΘΕΝΑΠΑΥΤΟΥΗ
ΛΕΠΡΑΚΑΙΕΚΑΘΕΡΙϹΘΗ
1:43 ΚΑΙΕΜΒΡΕΙΜΗϹΑΜΕΝΟϹ
ΑΥΤΩΕΥΘΥϹΕΞΕΒΑΛΕ
1:44 ΑΥΤΟΝΚΑΙΛΕΓΕΙΑΥΤΩ
ΟΡΑΜΗΔΕΝΙΜΗΔΕΝΕΙ
ΠΗϹΑΛΛΑΥΠΑΓΕϹΕΑΥ
ΤΟΝΔΕΙΞΟΝΤΩΙΕΡΕΙϏ
ΠΡΟϹΕΝΕΓΚΕΠΕΡΙΤΟΥ
ΚΑΘΑΡΙϹΜΟΥϹΟΥΑΠΡΟϹ
ΕΤΑΞΕΝΜΩΥϹΗϹΕΙϹ
ΜΑΡΤΥΡΙΟΝΑΥΤΟΙϹ
1:45 ΟΔΕΕΞΕΛΘΩΝΗΡΞΑΤΟ
ΚΗΡΥϹϹΕΙΝΠΟΛΛΑΚΑΙ
ΔΙΑΦΗΜΙΖΕΙΝΤΟΝΛΟ
ΓΟΝΩϹΤΕΜΗΚΕΤΙΑΥ
ΤΟΝΔΥΝΑϹΘΑΙΦΑΝΕΡΩϹ
ΕΙϹΠΟΛΙΝΕΙϹΕΛΘΕΙΝ
ΑΛΛΕΞΩΕΠΕΡΗΜΟΙϹΤΟ
ΠΟΙϹΚΑΙΗΡΧΟΝΤΟΠΡΟϹ
ΑΥΤΟΝΠΑΝΤΟΘΕΝ
2:1 ΚΑΙΕΙϹΕΛΘΩΝΠΑΛΙΝΕΙϹ
ΚΑΦΑΡΝΑΟΥΜΔΙΗΜΕ

ΡΩΝΗΚΟΥϹΘΗΟΤΙΕΝΟΙ
ΚΩΕϹΤΙΝΚΑΙϹΥΝΗΧΘΗ 2:2
ϹΑΝΠΟΛΛΟΙΩϹΤΕΜΗ
ΚΕΤΙΧΩΡΕΙΝΜΗΔΕΤΑ
ΠΡΟϹΤΗΝΘΥΡΑΝΚΑΙΕ
ΛΑΛΕΙΑΥΤΟΙϹΤΟΝΛΟΓΟ̅
ΚΑΙΕΡΧΟΝΤΑΙΦΕΡΟΝ 2:3
ΤΕϹΠΡΟϹΑΥΤΟΝΠΑΡΑΛΥ
ΤΙΚΟΝΑΙΡΟΜΕΝΩ̊ΝΥΠΟ
ΤΕϹϹΑΡΩΝΚΑΙΜΗΔΥΝΑ 2:4
ΜΕΝΟΙΠΡΟϹΕΝΕΓΚΑΙΑΥ
ΤΩΔΙΑΤΟΝΟΧΛΟΝΑΠΕ
ϹΤΕΓΑϹΑΝΤΗΝϹΤΕΓΗ̅
ΟΠΟΥΗΝΚΑΙΕΞΟΡΥΞΑΝ
ΤΕϹΧΑΛΩϹΙΤΟΝΚΡΑΒΑΤ
ΤΟΝΟΠΟΥΟΠΑΡΑΛΥΤΙ
ΚΟϹΚΑΤΕΚΕΙΤΟΚΑΙΪΔΩ̅ 2:5
ΟΙϹ̅ΤΗΝΠΙϹΤΙΝΑΥΤΩ̅
ΛΕΓΕΙΤΩΠΑΡΑΛΥΤΙΚΩ
ΤΕΚΝΟΝΑΦΙΕΝΤΑΙϹΟΥ
ΑΙΑΜΑΡΤΙΑΙ ΗϹΑΝΔΕ 2:6
ΤΙΝΕϹΤΩΝΓΡΑΜΜΑΤΕ
ΩΝΕΚΕΙΚΑΘΗΜΕΝΟΙΚΑΙ
ΔΙΑΛΟΓΙΖΟΜΕΝΟΙΕΝΤΑΙϹ
ΚΑΡΔΙΑΙϹΑΥΤΩΝΟΤΙΟΥ 2:7
ΤΟϹΟΥΤΩΛΑΛΕΙΒΛΑϹΦΗ
ΜΕΙΤΙϹΔΥΝΑΤΑΙΑΦΙΕ
ΝΑΙΑΜΑΡΤΙΑϹΕΙΜΗΕΙϹ
ΟΘϹ̅ ΚΑΙΕΥΘΥϹΕΠΙΓΝΟΥϹ 2:8
ΟΙϹ̅ΤΩΠΝΕΥΜΑΤΙΑΥ
ΤΟΥΟΤΙΔΙΑΛΟΓΙΖΟΝΤΑΙ
ΕΝΕΑΥΤΟΙϹΛΕΓΕΙΤΙ
ΤΑΥΤΑΔΙΑΛΟΓΙΖΕϹΘΑΙ
ΕΝΤΑΙϹΚΑΡΔΙΑΙϹΥΜΩ̅
ΤΙΕϹΤΙΝΕΥΚΟΠΩΤΕ 2:9
ΡΟΝΕΙΠΕΙΝΤΩΠΑΡΑΛΥ
ΤΙΚΩΑΦΙΕΝΤΑΙϹΟΥΑΙ
ΑΜΑΡΤΙΑΙΗΕΙΠΕΙΝΕΓΕΙ
ΡΟΥΚΑΙΑΡΟΝΤΟΝΚΡΑ
ΒΑΤΤΟΝϹΟΥΚΑΙΠΕΡΙ
ΠΑΤΕΙ ΙΝΑΔΕΕΙΔΗΤΕ 2:10
ΟΤΙΕΞΟΥϹΙΑΝΕΧΕΙΟ

ΥΙΟϹΤΟΥΑΝΘΡΩΠΟΥ
ΑΦΙΕΝΑΙΑΜΑΡΤΙΑϹΕ
ΠΙΤΗϹΓΗϹΛΕΓΕΙΤΩ
2:11 ΠΑΡΑΛΥΤΙΚΩϹΟΙΛΕΓΩ
ΕΓΕΙΡΕΑΡΟΝΤΟΝΚΡΑ
ΒΑΤΤΟΝϹΟΥΚΑΙΥΠΑΓΕ
2:12 ΕΙϹΤΟΝΟΙΚΟΝϹΟΥΚΑΙ
ΗΓΕΡΘΗΚΑΙΕΥΘΥϹΑΡΑϹΤΟ̄
ΚΡΑΒΑΤΤΟΝΕΞΗΛΘΕΝ
ΕΜΠΡΟϹΘΕΝΠΑΝΤΩΝ
ΩϹΤΕΕΞΙϹΤΑϹΘΑΙΠΑΝ
ΤΑϹΚΑΙΔΟΞΑΖΕΙΝΤΟΝ
Θ̅Ν̅ΟΤΙΟΥΤΩϹΟΥΔΕΠΟ
2:13 Ι ΤΕΕΙΔΟΜΕΝ ΚΑΙΕΞΗΛ
ΘΕΝΠΑΛΙΝΠΑΡΑΤΗΝΘΑ
ΛΑϹϹΑΝΚΑΙΠΑϹΟΟΧΛΟϹ
ΗΡΧΕΤΟΠΡΟϹΑΥΤΟΝ
ΚΑΙΕΔΙΔΑϹΚΕΝΑΥΤΟΥϹ
2:14 ΚΑΙΠΑΡΑΓΩΝΕΙΔΕΝΛΕΥ
ΕΙΝΤΟΝΤΟΥΑΛΦΑΙΟΥ
ΚΑΘΗΜΕΝΟΝΕΠΙΤΟΤΕ
ΛΩΝΙΟΝΚΑΙΛΕΓΕΙΑΥ
ΤΩΑΚΟΛΟΥΘΕΙΜΟΙΚΑΙ
ΑΝΑϹΤΑϹΗΚΟΛΟΥΘΗ
2:15 ΙΑ ϹΕΝΑΥΤΩ ΚΑΙΓΕΙΝΕ
ΤΑΙΚΑΤΑΚΕΙϹΘΑΙΑΥΤΟ̄
ΕΝΤΗΟΙΚΙΑΑΥΤΟΥΚΑΙ
ΠΟΛΛΟΙΤΕΛΩΝΑΙΚΑΙ
ΑΜΑΡΤΩΛΟΙϹΥΝΑΝΕ
ΚΕΙΝΤΟΤΩΙ̅Υ̅ΚΑΙΤΟΙϹ
ΜΑΘΗΤΑΙϹΑΥΤΟΥΗϹᾹ
ΓΑΡΠΟΛΛΟΙΚΑΙΗΚΟΛΟΥ
2:16 ΘΟΥΝΑΥΤΩΚΑΙΟΙΓΡΑΜ
ΜΑΤΕΙϹΤΩΝΦΑΡΕΙϹΑΙ
ΩΝΙΔΟΝΤΕϹΟΤΙΕϹΘΙ
ΕΙΜΕΤΑΤΩΝΑΜΑΡΤΩ
ΛΩΝΚΑΙ[ΤΩΝ]ΤΕΛΩΝΩΝΕΛΕ
ΓΟΝΤΟΙϹΜΑΘΗΤΑΙϹΑΥ
ΤΟΥΟΤΙΜΕΤΑΤΩΝΤΕ
ΛΩΝΩΝΚΑΙΤΩΝΑΜΑΡ
2:17 ΤΩΛΩΝΕϹΘΙΕΙ ΚΑΙΑ
ΚΟΥϹΑϹΟΙ̅Ϲ̅ΛΕΓΕΙΑΥΤΟΙϹ

ΟΤΙΟΥΧΡΕΙΑΝΕΧΟΥϹΙ
ΟΙΙϹΧΥΟΝΤΕϹΙΑΤΡΟΥ
ΑΛΛΑΟΙΚΑΚΩϹΕΧΟΝΤΕϹ
ΟΥΚΗΛΘΟΝΚΑΛΕϹΑΙΔΙ
ΚΑΙΟΥϹΑΛΛΑΑΜΑΡΤΩ
ΙΒ ΛΟΥϹ ΚΑΙΗϹΑΝΟΙΜΑΘΗ 2:18
ΤΑΙΙΩΑΝΟΥΚΑΙΟΙΦΑΡΕΙ
ϹΑΙΟΙΝΗϹΤΕΥΟΝΤΕϹϗ
ΕΡΧΟΝΤΑΙΚΑΙΛΕΓΟΥϹΙΝ
ΑΥΤΩΔΙΑΤΙΟΙΜΑΘΗΤΑΙ
ΙΩΑΝΟΥΚΑΙΟΙΜΑΘΗΤΑΙ
ΤΩΝΦΑΡΕΙϹΑΙΩΝΝΗ
ϹΤΕΥΟΥϹΙΝΟΙΔΕϹΟΙΟΥ
ΝΗϹΤΕΥΟΥϹΙΝ ΚΑΙΕΙ 2:19
ΠΕΝΑΥΤΟΙϹΟΙϹΜΗΔΥ
ΝΑΝΤΑΙΟΙΥΙΟΙΤΟΥΝΥΜ
ΦΩΝΟϹΕΝΩΟΝΥΜΦΙ
ΟϹΜΕΤΑΥΤΩΝΕϹΤΙΝ
ΝΗϹΤΕΥΕΙΝΟϹΟΝΧΡΟ
ΝΟΝΕΧΟΥϹΙΝΤΟΝΝΥΜ
ΦΙΟΝΜΕΤΑΥΤΩΝΟΥ
ΔΥΝΑΝΤΑΙΝΗϹΤΕΥΕΙΝ
ΕΛΕΥϹΟΝΤΑΙΔΕΗΜΕΡΑΙ 2:20
ΟΤΑΝΑΠΑΡΘΗΑΠΑΥΤΩΝ
ΟΝΥΜΦΙΟϹΚΑΙΤΟΤΕ
ΝΗϹΤΕΥϹΟΥϹΙΝΕΝΕΚΕΙ
ΝΗΤΗΗΜΕΡΑ ΟΥΔΕΙϹ 2:21
ΕΠΙΒΛΗΜΑΡΑΚΟΥϹΑΓΝΑ
ΦΟΥΕΠΙΡΡΑΠΤΕΙΕΠΙΪΜΑ
ΤΙΟΝΠΑΛΑΙΟΝΕΙΔΕΜΗ
ΑΙΡΕΙΤΟΠΛΗΡΩΜΑΑΦΕ
ΑΥΤΟΥΤΟΚΑΙΝΟΝΤΟΥ
ΠΑΛΑΙΟΥΚΑΙΧΕΙΡΟΝϹΧΙ
ϹΜΑΓΕΙΝΕΤΑΙ ΚΑΙΟΥ 2:22
ΔΕΙϹΒΑΛΛΕΙΟΙΝΟΝΝΕΟΝ
ΕΙϹΑϹΚΟΥϹΠΑΛΑΙΟΥϹ
ΕΙΔΕΜΗΡΗΞΕΙΟΟΙΝΟϹ
ΤΟΥϹΑϹΚΟΥϹΚΑΙΟΟΙΝΟϹ
ΑΠΟΛΛΥΤΑΙΚΑΙΟΙΑϹΚΟΙ
ΑΛΛΑΟΙΝΟΝΝΕΟΝΕΙϹΑ
ΙΓ ϹΚΟΥϹΚΑΙΝΟΥϹ ΚΑΙΕ 2:23
ΓΕΝΕΤΟΑΥΤΟΝΕΝΤΟΙϹ

ϹΑΒΒΑϹΙΔΙΑΠΟΡΕΥΕϹΘΑΙ
ΔΙΑΤΩΝϹΠΟΡΙΜΩΝΚΑΙ
ΟΙΜΑΘΗΤΑΙΑΥΤΟΥΗΡΞᾹ
ΤΟΟΔΟΠΟΙΕΙΝΤΙΛΛΟΝ
2:24 ΤΕϹΤΟΥϹϹΤΑΧΥΑϹΚΑΙ
ΟΙΦΑΡΕΙϹΑΙΟΙΕΛΕΓΟΝ
ΑΥΤΩΙΔΕΤΙΠΟΙΟΥϹΙΝ
ΤΟΙϹϹΑΒΒΑϹΙΝΟΟΥΚΕΞΕ
2:25 ϹΤΙΝΚΑΙΕΛΕΓΕΝΑΥΤΟΙϹ
ΟΥΔΕΠΟΤΕΑΝΕΓΝΩΤΕ
ΤΙΕΠΟΙΗϹΕΝΔΑΥΕΙΔΟΤΕ
ΧΡΕΙΑΝΕϹΧΕΝΚΑΙΕΠΕΙ
ΝΑϹΕΝΑΥΤΟϹΚΑΙΟΙΜΕ
2:26 ΤΑΥΤΟΥΕΙϹΗΛΘΕΝΕΙϹ
ΤΟΝΟΙΚΟΝΤΟΥΘ̅Υ̅ΕΠΙ
ΑΒΙΑΘΑΡΑΡΧΙΕΡΕΩϹΚΑΙ
ΤΟΥϹΑΡΤΟΥϹΤΗϹΠΡΟ
ΘΕϹΕΩϹΕΦΑΓΕΝΟΥϹΟΥ
ΚΕΞΕϹΤΙΝΦΑΓΕΙΝΕΙΜΗ
ΤΟΥϹΪΕΡΕΙϹΚΑΙΕΔΩΚΕ̄
ΚΑΙΤΟΙϹϹΥΝΑΥΤΩΟΥ
2:27 ϹΙΝ ΚΑΙΕΛΕΓΕΝΑΥΤΟΙϹ
ΤΟϹΑΒΒΑΤΟΝΔΙΑΤΟΝᾹ
ΘΡΩΠΟΝΕΓΕΝΕΤΟΚΑΙ
ΟΥΧΟΑΝΘΡΩΠΟϹΔΙΑΤΟ
2:28 ϹΑΒΒΑΤΟΝΩϹΤΕΚΥΡΙΟϹ
ΕϹΤΙΝΟΥΙΟϹΤΟΥΑΝΘΡΩ
ΠΟΥΚΑΙΤΟΥϹΑΒΒΑΤΟΥ
3:1 ΙΑ ΚΑΙΕΙϹΗΛΘΕΝΠΑΛΙΝΕΙϹ
ϹΥΝΑΓΩΓΗΝΚΑΙΗΝΕΚΕΙ
ΑΝΘΡΩΠΟϹΕΞΗΡΑΜΜΕ
3:2 ΝΗΝΕΧΩΝΤΗΝΧΕΙΡΑϗ
ΠΑΡΕΤΗΡΟΥΝΑΥΤΟΝΕΙ
ΤΟΙϹϹΑΒΒΑϹΙΝΘΕΡΑΠΕΥ
ϹΕΙΑΥΤΟΝΙΝΑΚΑΤΗΓΟ
3:3 ΡΗϹΩϹΙΝΑΥΤΟΥΚΑΙΛΕ
ΓΕΙΤΩΑΝΘΡΩΠΩΤΩΤΗ̄
ΧΕΙΡΑΝΕΧΟΝΤΙΞΗΡΑΝ
3:4 ΕΓΕΙΡΕΕΙϹΤΟΜΕϹΟΝΚΑΙΛΕ
ΓΛΕΙΑΥΤΟΙϹΕΞΕϹΤΙΝΤΟΙϹ
ϹΑΒΒΑϹΙΝΑΓΑΘΟΠΟΙΗϹΑΙ
ΗΚΑΚΟΠΟΙΗϹΑΙ ΨΥΧΗ̄

ϹΩϹΑΙΗΑΠΟΚΤΕΙΝΑΙ
ΟΙΔΕΕϹΙΩΠΩΝ ΚΑΙΠΕΡΙ 3:5
ΒΛΕΨΑΜΕΝΟϹΑΥΤΟΥϹ
ΜΕΤΟΡΓΗϹϹΥΝΛΥΠΟΥ
ΜΕΝΟϹΕΠΙΤΗΠΩΡΩϹΕΙ
ΤΗϹΚΑΡΔΙΑϹΑΥΤΩΝΛΕ
ΓΕΙΤΩΑΝΘΡΩΠΩΕΚΤΕΙ
ΝΟΝΤΗΝΧΕΙΡΑΚΑΙΕΞΕΤΕΙ
ΝΕΝΚΑΙΑΠΕΚΑΤΕϹΤΑΘΗ
ΗΧΕΙΡΑΥΤΟΥ· ΚΑΙΕΞΕΛ 3:6
ΘΟΝΤΕϹΟΙΦΑΡΕΙϹΑΙΟΙ
ΕΥΘΥϹΜΕΤΑΤΩΝΗΡΩ
ΔΙΑΝΩΝϹΥΜΒΟΥΛΙΟΝΕ
ΔΙΔΟΥΝΚΑΤΑΥΤΟΥΟΠΩϹ
ΑΥΤΟΝΑΠΟΛΕϹΩϹΙΝ
ΙΕ ΚΑΙΟΙ̅Ϲ̅ ΜΕΤΑΤΩΝΜΑΘΗ 3:7
ΤΩΝΑΥΤΟΥΑΝΕΧΩΡΗϹΕ̅
ΠΡΟϹΤΗΝΘΑΛΑϹϹΑΝϗ
ΠΟΛΥΠΛΗΘΟϹΑΠΟΤΗϹ
ΓΑΛΕΙΛΑΙΑϹΗΚΟΛΟΥΘΗ
ϹΕΝΚΑΙΑΠΟΤΗϹΙΟΥΔΑΙ
ΑϹΚΑΙΑΠΟΙΕΡΟϹΟΛΥΜΩ̅ 3:8
ΚΑΙΑΠΟΤΗϹΙΔΟΥΜΑΙΑϹ
ΚΑΙΠΕΡΑΝΤΟΥΙΟΡΔΑΝΟΥ
ΚΑΙΠΕΡΙΤΥΡΟΝΚΑΙϹΕΙ
ΔΩΝΑΠΛΗΘΟϹΠΟΛΥΑΚΟΥ
ΟΝΤΕϹΟϹΑΠΟΙΕΙΗΛΘΟ̅
ΠΡΟϹΑΥΤΟΝ ΚΑΙΕΙΠΕ̅ 3:9
ΤΟΙϹΜΑΘΗΤΑΙϹΑΥΤΟΥ
ΙΝΑΠΛΟΙΑΡΙΑΠΡΟϹΚΑΡ
ΤΕΡΗΑΥΤΩΔΙΑΤΟΝΟΧΛΟ̅
ΙΝΑΜΗΘΛΕΙΒΩϹΙΝΑΥΤΟ̅
ΠΟΛΛΟΥϹΓΑΡΕΘΕΡΑΠΕΥ 3:10
ϹΕΝΩϹΤΕΕΠΙΠΕΙΠΤΕΙ̅
ΑΥΤΩΙΝΑΑΥΤΟΥΑΨΩ̅
ΤΑΙΟϹΟΙΕΙΧΟΝΜΑϹΤΕΙ
ΓΑϹΚΑΙΤΑΠΝΕΥΜΑΤΑ 3:11
ΤΑΑΚΑΘΑΡΤΑΟΤΑΝΑΥ
ΤΟΝΕΘΕΩΡΟΥΝΠΡΟϹΕ
ΠΕΙΠΤΑΝΑΥΤΩΚΑΙΕΚΡΑ
ΖΟΝΛΕΓΟΝΤΑΟΤΙϹΥΕΙ
ΟΥΙΟϹΤΟΥΘ̅Υ̅ ΚΑΙΠΟΛ 3:12

ΛΑΕΠΕΤΕΙΜΑΑΥΤΟΙϹῙ
ΝΑΜΗΑΥΤΟΝΦΑΝΕΡΟ̄
3:13 ΠΟΙΗϹΩϹΙΝ ΚΑΙΑΝΑΒΑΙ
ΝΕΙΕΙϹΤΟΟΡΟϹΚΑΙΠΡΟϹ
ΚΑΛΕΙΤΕΟΥϹΗΘΕΛΕΝ
ΑΥΤΟϹΚΑΙΑΠΗΛΘΟΝ
3:14 ιε ΠΡΟϹΑΥΤΟΝΚΑΙΕΠΟΙΗ
ϹΕΝΔΩΔΕΚΑΟΥϹΚΑΙΑ
ΠΟϹΤΟΛΟΥϹΩΝΟΜΑϹΕ̄
ΪΝΑΩϹΙΝΜΕΤΑΥΤΟΥϗ
ΑΠΟϹΤΕΛΛΗΑΥΤΟΥϹ
3:15 ΚΗΡΥϹϹΕΙΝΚΑΙΕΧΕΙΝΕ
ΞΟΥϹΙΑΝΕΚΒΑΛΛΕΙΝΤΑ
3:16 ΔΑΙΜΟΝΙΑΚΑΙΕΠΟΙΗϹΕ̄
ΤΟΥϹΔΩΔΕΚΑ ΚΑΙΕΠΕ
ΘΗΚΕΝΟΝΟΜΑΤΩϹΙΜΩ
3:17 ΝΙΠΕΤΡΟΝΚΑΙΪΑΚΩΒΟ̄
ΤΟΝΤΟΥΖΕΒΕΔΑΙΟΥϗ
ΪΩΑΝΗΝΤΟΝΑΔΕΛΦΟ̄
ΤΟΥΙΑΚΩΒΟΥΚΑΙΕΠΕ
ΘΗΚΕΝΑΥΤΟΙϹΟΝΟΜΑ
ΒΟΑΝΗΡΓΕϹΟΕϹΤΙΝΥΙ
3:18 ΟΙΒΡΟΝΤΗϹΚΑΙΑΝΔΡΕ
ΑΝΚΑΙΦΙΛΙΠΠΟΝΚΑΙ
ΒΑΡΘΟΛΟΜΑΙΟΝ ΚΑΙ
ΜΑΘΘΑΙΟΝ ΚΑΙΘΩΜΑΝ
ΚΑΙΙΑΚΩΒΟΝΤΟΝΤΟΥ
ΑΛΦΑΙΟΥΚΑΙΘΑΔΔΑΙΟ̄
ΚΑΙϹΙΜΩΝΑΤΟΝΚΑΝΑ
3:19 ΝΑΙΟΝΚΑΙΪΟΥΔΑΝΪϹΚΑ
ΡΙΩΘΟϹΚΑΙΠΑΡΕΔΩΚΕ̄
3:20 ΑΥΤΟΝ ΚΑΙΕΡΧΕΤΑΙΕΙϹ
ΟΙΚΟΝΚΑΙϹΥΝΕΡΧΕΤΑΙ
ΠΑΛΙΝΟΟΧΛΟϹΩϹΤΕΜΗ
ΔΥΝΑϹΘΑΙΑΥΤΟΥϹΜΗ
3:21 ΔΕΑΡΤΟΝΦΑΓΕΙΝΚΑΙΑ
ΚΟΥϹΑΝΤΕϹΟΙΠΑΡΑΥΤΟΥ
ΕΞΗΛΘΟΝΚΡΑΤΗϹΑΙΑΥ
ΤΟΝΕΛΕΓΟΝΓΑΡΟΤΙΕΞΕ
3:22 ϹΤΗ ΚΑΙΟΙΓΡΑΜΜΑΤΕΙϹ
ΟΙΑΠΟΪΕΡΟϹΟΛΥΜΩΝ
ΚΑΤΑΒΑΝΤΕϹΕΛΕΓΟΝ

ΟΤΙΒΕΕΖΕΒΟΥΛΕΧΕΙΚ
ΟΤΙΕΝΤΩΑΡΧΟΝΤΙΤΩ
ΔΑΙΜΟΝΙΩΝΕΚΒΑΛΛΕΙΤΑ
ΔΑΙΜΟΝΙΑ ΚΑΙΠΡΟΣΚΑ 3:23
ΛΕΣΑΜΕΝΟΣΑΥΤΟΥΣΕΝ
ΠΑΡΑΒΟΛΑΙΣΕΛΕΓΕΝΑΥ
ΤΟΙΣΠΩΣΔΥΝΑΤΑΙΣΑΤΑ
ΝΑΣΣΑΤΑΝΑΝΕΚΒΑΛΛΕΙ
ΚΑΙΕΑΝΒΑΣΙΛΕΙΑΕΦΕ 3:24
ΑΥΤΗΝΜΕΡΙΣΘΗΟΥΔΥ
ΝΑΤΑΙΣΤΑΘΗΝΑΙΗΒΑΣΙ
ΛΕΙΑΕΚΕΙΝΗΚΑΙΕΑΝΟΙΚΙ 3:25
ΑΕΦΕΑΥΤΗΝΜΕΡΙΣΘΗ
ΟΥΔΥΝΗΣΕΤΑΙΗΟΙΚΙΑ
ΕΚΕΙΝΗΣΤΗΝΑΙΚΑΙΕΙΟ 3:26
ΣΑΤΑΝΑΣΑΝΕΣΤΗΕΦΕ
ΑΥΤΟΝΚΑΙΕΜΕΡΙΣΘΗΟΥ
ΔΥΝΑΤΑΙΣΤΗΝΑΙΑΛΛΑ
ΤΕΛΟΣΕΧΕΙΑΛΛΟΥΔΥΝΑ 3:27
ΤΑΙΟΥΔΕΙΣΕΙΣΤΗΝΟΙΚΙ
ΑΝΤΟΥΙΣΧΥΡΟΥΕΙΣΕΛ
ΘΩΝΤΑΣΚΕΥΗΑΥΤΟΥ
ΔΙΑΡΠΑΣΑΙΕΑΝΜΗΠΡΩ
ΤΟΝΤΟΝΙΣΧΥΡΟΝΔΗΣΗ
ΚΑΙΤΟΤΕΤΗΝΟΙΚΙΑΝ
ΑΥΤΟΥΔΙΑΡΠΑΣΕΙ ΑΜΗΝ 3:28
ΛΕΓΩΫΜΙΝΟΤΙΠΑΝΤΑ
ΑΦΕΘΗΣΕΤΑΙΤΟΙΣΥΙΟΙΣ
ΤΩΝΑΝΘΡΩΠΩΝΤΑΑ
ΜΑΡΤΗΜΑΤΑΚΑΙΑΙΒΛΑ
ΣΦΗΜΙΑΙΟΣΑΕΑΝΒΛΑ
ΣΦΗΜΗΣΩΣΙΝΟΣΔΑΝΒΛΑ 3:29
ΣΦΗΜΗΣΗΕΙΣΤΟΠΝΕΥ
ΜΑΤΟΑΓΙΟΝΟΥΚΕΧΕΙΑ
ΦΕΣΙΝΕΙΣΤΟΝΑΙΩΝΑΑΛ
ΛΕΝΟΧΟΣΕΣΤΙΝΑΙΩΝΙ
ΟΥΑΜΑΡΤΗΜΑΤΟΣΟΤΙ 3:30
ΕΛΕΓΟΝΠΝΕΥΜΑΑΚΑΘΑΡ
ΤΟΝΕΧΕΙ ΚΑΙΕΡΧΟΝΤΑΙ 3:31
ΗΜΗΤΗΡΑΥΤΟΥΚΑΙΟΙ
ΑΔΕΛΦΟΙΑΥΤΟΥΚΑΙΕ
ΞΩΣΤΗΚΟΝΤΕΣΑΠΕ

ϹΤΕΙΛΑΝΠΡΟϹΑΥΤΟΝ
3:32 ΚΑΛΟΥΝΤΕϹΑΥΤΟΝΚΑΙ
ΕΚΑΘΗΤΟΠΕΡΙΑΥΤΟΝ
ΟΧΛΟϹΚΑΙΛΕΓΟΥϹΙΝΑΥ
ΤΩΙΔΟΥΗΜΗΤΗΡϹΟΥ
ΚΑΙΟΙΑΔΕΛΦΟΙϹΟΥΕΞΩ
3:33 ΖΗΤΟΥϹΙΝϹΕ ΚΑΙΑΠΟ
ΚΡΙΘΕΙϹΑΥΤΟΙϹΛΕΓΕΙ
ΤΙϹΕϹΤΙΝΗΜΗΤΗΡΜΟΥ
3:34 ΚΑΙΟΙΑΔΕΛΦΟΙΠΕΡΙΒΛΕ
ΨΑΜΕΝΟϹΤΟΥϹΠΕΡΙΑΥ
ΤΟΝΚΥΚΛΩΚΑΘΗΜΕΝΟΥϹ
ΛΕΓΕΙΪΔΕΗΜΗΤΗΡΜΟΥ
3:35 ΚΑΙΟΙΑΔΕΛΦΟΙΜΟΥΟϹ
ΑΝΠΟΙΗϹΗΤΑΘΕΛΗΜΑ
ΤΑΤΟΥΘΥΟΥΤΟϹΑΔΕΛ
ΦΟϹΜΟΥΚΑΙΑΔΕΛΦΗ
4:1 ΙΖ ΚΑΙΜΗΤΗΡΕϹΤΙΝ ΚΑΙ
ΠΑΛΙΝΗΡΞΑΤΟΔΙΔΑϹΚΕΙ
ΠΑΡΑΤΗΝΘΑΛΑϹϹΑΝΚ϶
ϹΥΝΑΓΕΤΑΙΠΡΟϹΑΥΤΟΝ
ΟΧΛΟϹΠΛΕΙϹΤΟϹΩϹΤΕ
ΤΟ
ΑΥΤΟΝΕΙϹΠΛΟΙΟΝΕΜΒΑ
ΤΑΚΑΘΗϹΘΑΙΕΝΤΗΘΑ
ΛΑϹϹΗΚΑΙΠΑϹΟΟΧΛΟϹ
ΠΡΟϹΤΗΝΘΑΛΑϹϹΑΝΕ
4:2 ΠΙΤΗϹΓΗϹΗϹΑΝΚΑΙΕΔΙ
ΔΑϹΚΕΝΑΥΤΟΥϹΕΝΠΑ
ΡΑΒΟΛΑΙϹΠΟΛΛΑΚΑΙΕ
ΛΕΓΕΝΑΥΤΟΙϹΕΝΤΗΔΙ
4:3 ΔΑΧΗΑΥΤΟΥΑΚΟΥΕΤΕ
ΪΔΟΥΕΞΗΛΘΕΝΟϹΠΕΙΡΩΝ
4:4 ϹΠΕΙΡΑΙΚΑΙΕΓΕΝΕΤΟΕΝ
ΤΩϹΠΕΙΡΕΙΝΟΜΕΝΕΠΕ
ϹΕΝΠΑΡΑΤΗΝΟΔΟΝΚΑΙ
ΗΛΘΕΝΤΑΠΕΤΕΙΝΑΚΑΙ
4:5 ΚΑΤΕΦΑΓΕΝΑΥΤΟΚΑΙ
ΑΛΛΟΕΠΕϹΕΝΕΠΙΤΟΠΕ
ΤΡΩΔΕϹΚΑΙΟΠΟΥΟΥΚΕΙ
ΧΕΓΗΝΠΟΛΛΗΝΚΑΙΕΥ
ΘΥϹΕΞΑΝΕΤΕΙΛΕΝΔΙΑ
ΤΟΜΗΕΧΕΙΝΒΑΘΟϹΤΗϹΓΗϹ

ΚΑΙΟΤΕΑΝΕΤΕΙΛΕΝΟΗ 4:6
ΛΙΟΣΕΚΑΥΜΑΤΙΣΘΗΣᾹ
ΚΑΙΔΙΑΤΟΜΗΕΧΕΙΝΡΙ
ΖΑΝΕΞΗΡΑΝΘΗΚΑΙΑΛΛΟ 4:7
ΕΠΕΣΕΝΕΙΣΤΑΣΑΚΑΝ
ΘΑΣΚΑΙΑΝΕΒΗΣΑΝΑΙΑ
ΚΑΝΘΑΙΚΑΙΣΥΝΕΠΝΙ
ΞΑΝΑΥΤΟΚΑΙΚΑΡΠΟΝ
ΟΥΚΕΔΩΚΕΝ ΚΑΙΑΛΛΑ 4:8
ΕΠΕΣΕΝΕΙΣΤΗΝΓΗΝΤΗ̄
ΚΑΛΗΝΚΑΙΕΔΙΔΟΥΚΑΡ
ΠΟΝΑΝΑΒΑΙΝΟΝΤΑϗ
ΑΥΞΑΝΟΜΕΝΑΚΑΙΕΦΕ
ΡΕΝΕΙΣΤΡΙΑΚΟΝΤΑϗ
ΕΝΕΞΗΚΟΝΤΑΚΑΙΕΝΕ
ΚΑΤΟΝΚΑΙΕΛΕΓΕΝΟΣ 4:9
ΕΧΕΙΩΤΑΑΚΟΥΕΙΝΑ
ΙΗ ΚΟΥΕΤΩ ΚΑΙΟΤΕΕΓΕ 4:10
ΝΕΤΟΚΑΤΑΜΟΝΑΣΗ
ΡΩΤΩΝΑΥΤΟΝΟΙΠΕΡΙ
ΑΥΤΟΝΣΥΝΤΟΙΣΔΩΔΕ
ΚΑΤΑΣΠΑΡΑΒΟΛΑΣΚΑΙ 4:11
ΕΛΕΓΕΝΑΥΤΟΙΣΥΜΙΝ
ΤΟΜΥΣΤΗΡΙΟΝΔΕΔΟΤΑΙ
ΤΗΣΒΑΣΙΛΕΙΑΣΤΟΥΘ̄Ῡ
ΕΚΕΙΝΟΙΣΔΕΤΟΙΣΕΞΩ
ΘΕΝΕΝΠΑΡΑΒΟΛΑΙΣΤΑ
ΠΑΝΤΑΓΙΝΕΤΑΙΙΝΑΒΛΕ 4:12
ΠΟΝΤΕΣΒΛΕΠΩΣΙΚΑΙ
ΜΗΪΔΩΣΙΝΚΑΙΑΚΟΥΟ̄
ΤΕΣΑΚΟΥΩΣΙΚΑΙΜΗ
ΣΥΝΙΩΣΙΝΜΗΠΟΤΕΕ
ΠΙΣΤΡΕΨΩΣΙΝΚΑΙΑΦΕ
ΘΗΑΥΤΟΙΣ ΚΑΙΛΕΓΕΙ 4:13
ΑΥΤΟΙΣΟΥΚΟΙΔΑΤΕΤΗ̄
ΠΑΡΑΒΟΛΗΝΤΑΥΤΗΝϗ
ΠΩΣΠΑΣΑΣΤΑΣΠΑΡΑΒΟ
ΛΑΣΓΝΩΣΕΣΘΕ ΟΣΠΕΙ 4:14
ΡΩΝΤΟΝΛΟΓΟΝΣΠΕΙΡΕΙ
ΟΥΤΟΙΔΕΕΙΣΙΝΟΙΠΑΡΑ 4:15
ΤΗΝΟΔΟΝΟΠΟΥΣΠΕΙΡΕ
ΤΑΙΟΛΟΓΟΣΟΙΟΤΑΝΑΚΟΥ

ϹΩϹΙΝΕΥΘΥϹΕΡΧΕΤΑΙ
ΟϹΑΤΑΝΑϹΚΑΙΑΙΡΕΙΤΟ̄
ΛΟΓΟΝΤΟΝΕϹΠΑΡΜΕΝΟ̄
4:16 ΕΙϹΑΥΤΟΥϹΚΑΙΟΥΤΟΙ
ΕΙϹΙΝΟΜΟΙΩϹΟΙΕΠΙΤΑ
ΠΕΤΡΩΔΗϹΠΕΙΡΟΜΕΝΟΙ
ΟΤΑΝΑΚΟΥϹΩϹΙΤΟΝ
ΛΟΓΟΝΕΥΘΥϹΜΕΤΑΧΑ
ΡΑϹΛΑΜΒΑΝΟΥϹΙΝΑΥΤΟ̄
4:17 ΚΑΙΟΥΚΕΧΟΥϹΙΝΡΙΖΑΝ
ΕΝΕΑΥΤΟΙϹΑΛΛΑΠΡΟϹ
ΚΑΙΡΟΙΕΙϹΙΝΕΙΤΑΓΕΝΟ
ΜΕΝΗϹΘΛΕΙΨΕΩϹΗΔΙ
ΩΓΜΟΥΔΙΑΤΟΝΛΟΓΟΝ
ΕΥΘΥϹϹΚΑΝΔΑΛΙΖΟΝΤΑΙ
4:18 ΚΑΙΑΛΛΟΙΕΙϹΙΝΟΙΕΙϹΤΑϹ
ΑΚΑΝΘΑϹϹΠΕΙΡΟΜΕΝΟΙ
ΟΥΤΟΙΕΙϹΙΝΟΙΤΟΝΛΟ
4:19 ΓΟΝΑΚΟΥϹΑΝΤΕϹΚΑΙ
ΑΙΜΕΡΙΜΝΑΙΤΟΥΑΙΩΝΟϹ
ΚΑΙΗΑΠΑΤΗΤΟΥΠΛΟΥ
ΤΟΥΚΑΙΑΙΠΕΡΙΤΑΛΟΙΠΑ
ΕΠΙΘΥΜΙΑΙΕΙϹΠΟΡΕΥΟ
ΜΕΝΑΙϹΥΝΠΝΕΙΓΟΥϹῙ
ΤΟΝΛΟΓΟΝΚΑΙΑΚΑΡΠΟϹ
4:20 ΓΕΙΝΕΤΑΙΚΑΙΕΚΕΙΝΟΙΕΙ
ϹΙΝΟΙΕΠΙΤΗΝΓΗΝΤΗΝ
ΚΑΛΗΝϹΠΑΡΕΝΤΕϹΟΙΤΙ
ΝΕϹΑΚΟΥΟΥϹΙΝΤΟΝΛΟ
ΓΟΝΚΑΙΠΑΡΑΔΕΧΟΝΤΑΙ
ΚΑΙΚΑΡΠΟΦΟΡΟΥϹΙΝΕ̄
ΤΡΙΑΚΟΝΤΑΚΑΙΕΞΗΚΟΝ
4:21 ΤΑΚΑΙΕΚΑΤΟΝ ΚΑΙΕΛΕ
ΓΕΝΑΥΤΟΙϹΟΤΙΜΗΤΙΕΡ
ΧΕΤΑΙΟΛΥΧΝΟϹΙΝΑΥΠΟ
ΤΟΝΜΟΔΙΟΝΤΕΘΗΗΥΠΟ
ΤΗΝΚΛΕΙΝΗΝΟΥΧΙΝΑΥ
ΠΟΤΗΝΛΥΧΝΙΑΝΤΕΘΗ
4:22 ΟΥΓΑΡΕϹΤΙΝΚΡΥΠΤΟΝ
ΕΑΝΜΗΙΝΑΦΑΝΕΡΩΘΗ
ΟΥΔΕΕΓΕΝΕΤΟΑΠΟΚΡΥ
ΦΟΝΑΛΛΙΝΑΦΑΝΕΡΩΘΗ

ΕΙΤΙϹΕΧΕΙΩΤΑΑΚΟΥΕΙ̅ 4:23
ΑΚΟΥΕΤΩ ΚΑΙΕΛΕΓΕΝ 4:24
ΑΥΤΟΙϹΒΛΕΠΕΤΕΤΙΑΚΟΥ
ΕΤΕΕΝΩΜΕΤΡΩΜΕΤΡΕΙ
ΤΕΜΕΤΡΗΘΗϹΕΤΑΙΥΜΙΝ
ΚΑΙΠΡΟϹΤΕΘΗϹΕΤΑΙΥΜΙ̅
ΟϹΓΑΡΕΧΕΙΔΟΘΗϹΕΤΑΙ 4:25
ΑΥΤΩ ΚΑΙΟϹΟΥΚΕΧΕΙϗ
ΟΕΧΕΙΑΡΘΗϹΕΤΑΙΑΠΑΥ
ΤΟΥ ΚΑΙΕΛΕΓΕΝΟΥΤΩϹ 4:26
ΕϹΤΙΝΗΒΑϹΙΛΕΙΑΤΟΥΘ̅Υ̅
ΩϹΑΝΘΡΩΠΟϹΒΑΛΗΤΟ̅
ϹΠΟΡΟΝΕΠΙΤΗϹΓΗϹϗ 4:27
ΚΑΘΕΥΔΗΚΑΙΕΓΕΙΡΗΤΑΙ
ΝΥΚΤΑΚΑΙΗΜΕΡΑΝΚΑΙ
ΟϹΠΟΡΟϹΒΛΑϹΤΑΚΑΙΜΗ
ΚΥΝΗΤΑΙΩϹΟΥΚΟΙΔΕ̅
ΑΥΤΟϹΑΥΤΟΜΑΤΗΗΓΗ 4:28
ΚΑΡΠΟΦΟΡΕΙΠΡΩΤΟΝ
ΧΟΡΤΟΝΕΙΤΕΝϹΤΑΧΥ̅
ΕΙΤΕΝΠΛΗΡΕϹϹΕΙΤΟϹ
ΕΝΤΩϹΤΑΧΥΙΟΤΑΝΔΕ 4:29
ΠΑΡΑΔΟΙΟΚΑΡΠΟϹΕΥΘΥϹ
ΑΠΟϹΤΕΛΛΕΙΤΟΔΡΕΠΑ
ΝΟΝΟΤΙΠΑΡΕϹΤΗΚΕΝ
ΟΘΕΡΙϹΜΟϹ ΚΑΙΕΛΕ 4:30
ΓΕΝΠΩϹΟΜΟΙΩϹΩΜΕ̅
ΤΗΝΒΑϹΙΛΕΙΑΝΤΟΥΘ̅Υ̅
ΗΕΝΤΙΝΙΑΥΤΗΝΠΑΡΑ
ΒΟΛΗΘΩΜΕΝΩϹΚΟΚΚΩ 4:31
ϹΙΝΑΠΕΩϹΟϹΟΤΑΝϹΠΑ
ΡΗΕΠΙΤΗϹΓΗϹΜΕΙΚΡΟ
ΤΕΡΟΝΟΝΠΑΝΤΩΝΤΩ̅
ϹΠΕΡΜΑΤΩΝΤΩΝΕΠΙ
ΤΗϹΓΗϹΚΑΙΟΤΑΝϹΠΑΡΗ 4:32
ΑΝΑΒΑΙΝΕΙΚΑΙΓΙΝΕΤΑΙ
ΜΕΙΖΟΝΠΑΝΤΩΝΤΩΝ
ΛΑΧΑΝΩΝΚΑΙΠΟΙΕΙΚΛΑ
ΔΟΥϹΜΕΓΑΛΟΥϹΩϹΤΕ
ΔΥΝΑϹΘΑΙΫΠΟΤΗΝϹΚΙ
ΑΝΑΥΤΟΥΤΑΠΕΤΕΙΝΑ
ΤΟΥΟΥΡΑΝΟΥΚΑΤΑϹΚΗ

4:33 ΝΟΙΝ ΚΑΙΤΟΙΑΥΤΑΙϹ
ΠΑΡΑΒΟΛΑΙϹΠΟΛΛΑΙϹΕ
ΛΑΛΕΙΑΥΤΟΙϹΤΟΝΛΟΓΟ̅
ΚΑΘΩϹΗΔΥΝΑΝΤΟΑΚΟΥ
4:34 ΕΙΝΚΑΙΧΩΡΙϹΠΑΡΑΒΟ
ΛΗϹΟΥΚΕΛΑΛΕΙΑΥΤΟΙϹ
ΚΑΘΙΔΙΑΝΔΕΤΟΙϹΙΔΙΟΙϹ
ΜΑΘΗΤΑΙϹΕΠΕΛΥΕΝΠΑ̅
4:35 ιθ ΤΑ ΚΑΙΛΕΓΕΙΑΥΤΟΙϹ
ΕΝΕΚΕΙΝΗΤΗΗΜΕΡΑΟ
ΨΙΑϹΓΕΝΟΜΕΝΗϹΔΙΕΛ
4:36 ΘΩΜΕΝΕΙϹΤΟΠΕΡΑΝϏ
ΑΦΕΝΤΕϹΤΟΝΟΧΛΟΝ
ΠΑΡΑΛΑΜΒΑΝΟΥϹΙΝΑΥ
ΤΟΝΩϹΗΝΕΝΤΩΠΛΟΙ
ΩΚΑΙΑΛΛΑΠΛΟΙΑΗΝΜΕ
4:37 ΤΑΥΤΟΥΚΑΙΓΕΙΝΕΤΑΙ
ΛΑΙΛΑΨΜΕΓΑΛΗΑΝΕΜΟΥ
ΚΑΙΤΑΚΥΜΑΤΑΕΠΕΒΑΛ
ΛΕΝΕΙϹΤΟΠΛΟΙΟΝΩϹ
ΤΕΗΔΗΓΕΜΙΖΕϹΘΑΙΤΟ
4:38 ΠΛΟΙΟΝΚΑΙΑΥΤΟϹΗΝ
ΕΝΤΗΠΡΥΜΝΗΕΠΙΤΟ
ΠΡΟϹΚΕΦΑΛΑΙΟΝΚΑ
ΘΕΥΔΩΝΚΑΙ[ΔΙ]ΕΓΕΙΡΟΥϹΙ̅
ΑΥΤΟΝΚΑΙΛΕΓΟΥϹΙΝΑΥ
ΤΩΔΙΔΑϹΚΑΛΕΟΥΜΕΛΕΙ
4:39 ϹΟΙΟΤΙΑΠΟΛΛΥΜΕΘΑϏ
ΔΙΕΓΕΡΘΕΙϹΕΠΕΤΕΙΜΗ
ϹΕΝΤΩΑΝΕΜΩΚΑΙΕΙΠΕ̅
ΤΗΘΑΛΑϹϹΗϹΙΩΠΑΠΕ
ΦΕΙΜΩϹΟΚΑΙΕΚΟΠΑϹΕ̅
ΟΑΝΕΜΟϹΚΑΙΕΓΕΝΕΤΟ
4:40 ΓΑΛΗΝΗΜΕΓΑΛΗ ΚΑΙΕΙ
ΠΕΝΑΥΤΟΙϹΤΙΔΕΙΛΟΙΕ
ϹΤΕΟΥΠΩΕΧΕΤΕΠΙϹΤΙ̅
4:41 ΚΑΙΕΦΟΒΗΘΗϹΑΝΦΟ
ΒΟΝΜΕΓΑΝΚΑΙΕΛΕΓΟΝ
ΠΡΟϹΑΛΛΗΛΟΥϹΤΙϹΑ
ΡΑΟΥΤΟϹΕϹΤΙΝΟΤΙΚΑΙ
ΟΑΝΕΜΟϹΚΑΙΗΘΑΛΑϹ
ϹΑΥΠΑΚΟΥΕΙΑΥΤΩ

ΚΑΙΗΛΘΟΝΕΙϹΤΟΠΕΡᾹ 5:1
ΤΗϹΘΑΛΑϹϹΗϹΕΙϹΤΗΝ
ΧΩΡΑΝΤΩΝΓΕΡΑϹΗΝΩ̄
Κ ΚΑΙΕΞΕΛΘΟΝΤΟϹΑΥΤΟΥ 5:2
ΕΚΤΟΥΠΛΟΙΟΥΫΠΗΝ
ΤΗϹΕΝΑΥΤΩΕΚΤΩΝ
ΜΝΗΜΕΙΩΝΑΝΘΡΩΠΟϹ
ΕΝΠΝΕΥΜΑΤΙΑΚΑΘΑΡ
ΤΩΟϹΤΗΝΚΑΤΟΙΚΗϹῙ 5:3
ΕΙΧΕΝΕΝΤΟΙϹΜΝΗΜΑ
ϹΙΝΚΑΙΟΥΔΕΑΛΥϹΕΙΟΥ
ΚΕΤΙΟΥΔΕΙϹΕΔΥΝΑΤΟ
ΑΥΤΟΝΔΗϹΑΙΔΙΑΤΟΑΥ 5:4
ΤΟΝΠΟΛΛΑΚΙϹΠΕΔΑΙϹ
ΚΑΙΑΛΥϹΕϹΙΔΕΔΕϹΘΑΙ
ΚΑΙΔΙΕϹΠΑϹΘΑΙΥΠΑΥ
ΤΟΥΤΑϹΑΛΥϹΕΙϹΚΑΙ
ΤΑϹΠΕΔΑϹϹΥΝΤΕΤΡΕΙ
ΦΘΑΙΚΑΙΟΥΔΕΙϹΪϹΧΥ
ΕΝΑΥΤΟΝΔΑΜΑϹΑΙΚΑΙ 5:5
ΔΙΑΠΑΝΤΟϹΝΥΚΤΟϹ
ΚΑΙΗΜΕΡΑϹΕΝΤΟΙϹΜΝΗ
ΜΑϹΙΝΚΑΙΕΝΤΟΙϹΟΡΕ
ϹΙΝΗΝΚΡΑΖΩΝΚΑΙΚΑ
ΤΑΚΟΠΤΩΝΕΑΥΤΟΝΛΙ
ΘΟΙϹΚΑΙΙΔΩΝΤΟΝΙ̅Ν̅ 5:6
ΑΠΟΜΑΚΡΟΘΕΝΕΔΡΑΜΕ̄
ΚΑΙΠΡΟϹΕΚΥΝΗϹΕΝΑΥ
ΤΟΝΚΑΙΚΡΑΞΑϹΦΩΝΗ 5:7
ΜΕΓΑΛΗΛΕΓΕΙΤΙΕΜΟΙϏ
ϹΟΙΪΗϹΟΥΥΙΕΤΟΥΘ̅Υ̅ΤΟΥ
ΫΨΙϹΤΟΥΟΡΚΙΖΩϹΕΤΟ̄
Θ̅Ν̅ΜΗΜΕΒΑϹΑΝΙϹΗϹΕ 5:8
ΛΕΓΕΝΓΑΡΑΥΤΩΕΞΕΛΘΕ
ΤΟΠΝΕΥΜΑΤΟΑΚΑΘΑΡ
ΤΟΝΕΚΤΟΥΑΝΘΡΩΠΟΥ
ΚΑΙΕΠΗΡΩΤΑΑΥΤΟΝΤΙ 5:9
ΟΝΟΜΑϹΟΙ· ΚΑΙΛΕΓΕΙΑΥ
ΤΩΛΕΓΙΩΝΟΝΟΜΑΜΟΙ
ΕϹΤΙΝΟΤΙΠΟΛΛΟΙΕϹΜΕ̄
ΚΑΙΠΑΡΕΚΑΛΕΙΑΥΤΟΝ 5:10
ΠΟΛΛΑΪΝΑΜΗΑΥΤΑΑΠΟ

ϹΤΕΙΛΗΕΞΩΤΗϹΧΩΡΑϹ
5:11 ΗΝΔΕΕΚΕΙΠΡΟϹΤΩΟΡΕΙ
ΑΓΕΛΗΧΟΙΡΩΝΜΕΓΑΛΗ
5:12 ΒΟϹΚΟΜΕΝΗΚΑΙΠΑΡΕ
ΚΑΛΕϹΑΝΑΥΤΟΝΛΕΓΟΝ
ΤΕϹΠΕΜΨΟΝΗΜΑϹΕΙϹ
ΤΟΥϹΧΟΙΡΟΥϹΙΝΑΕΙϹ
ΑΥΤΟΥϹΕΙϹΕΛΘΩΜΕΝ
5:13 ΚΑΙΕΠΕΤΡΕΨΕΝΑΥΤΟΙϹ
ΚΑΙΕΞΕΛΘΟΝΤΑΤΑΠΝΕΥ
ΜΑΤΑΤΑΑΚΑΡΘΑΡΤΑΕΙϹ
ΗΛΘΕΝΕΙϹΤΟΥϹΧΟΙΡΟΥϹ
ΚΑΙΩΡΜΗϹΕΝΗΑΓΕΛΗ
ΚΑΤΑΤΟΥΚΡΗΜΝΟΥΕΙϹ
ΤΗΝΘΑΛΑϹϹΑΝΩϹ ͵Β̄ϏΕ
ΠΝΕΙΓΟΝΤΟΕΝΤΗΘΑΛΑϹ
5:14 ϹΗ ΚΑΙΟΙΒΟϹΚΟΝΤΕϹ
ΑΥΤΟΥϹΕΦΥΓΟΝΚΑΙ
ΑΠΗΓΓΕΙΛΑΝΕΙϹΤΗΝΠΟ
ΛΙΝΚΑΙΕΙϹΤΟΥϹΑΓΡΟΥϹ
ΚΑΙΗΛΘΟΝΪΔΕΙΝΤΙΕϹΤΙ̅
5:15 ΤΟΓΕΓΟΝΟϹ ΚΑΙΕΡΧΟΝ
ΤΑΙΠΡΟϹΤΟΝΙ̅Ν̅ΚΑΙΘΕ
ΩΡΟΥϹΙΝΤΟΝΔΑΙΜΟΝΙ
ΖΟΜΕΝΟΝΚΑΘΗΜΕΝΟΝ
ΙΜΑΤΙϹΜΕΝΟΝΚΑΙϹΩ
ΦΡΟΝΟΥΝΤΑΤΟΝΕϹΧΗ
ΚΟΤΑΤΟΝΛΕΓΕΩΝΑΚΑΙ
5:16 ΕΦΟΒΗΘΗϹΑΝΚΑΙΔΙΗΓΗ
ϹΑΝΤΟΑΥΤΟΙϹΟΙΙΔΟΝ
ΤΕϹΠΩϹΕΓΕΝΕΤΟΤΩ
ΔΑΙΜΟΝΙΖΟΜΕΝΩΚΑΙΠΕ
5:17 ΡΙΤΩΝΧΟΙΡΩΝΚΑΙΗΡΞΑ̅
ΤΟΠΑΡΑΚΑΛΕΙΝΑΥΤΟΝ
ΑΠΕΛΘΕΙΝΑΠΟΤΩΝΟΡΙ
5:18 ΩΝΑΥΤΩΝ ΚΑΙΕΜΒΑΙ
ΝΟΝΤΟϹΑΥΤΟΥΕΙϹΤΟ
ΠΛΟΙΟΝΠΑΡΕΚΑΛΕΙΑΥΤΟ̅
ΟΔΑΙΜΟΝΙϹΘΕΙϹΪΝΑΜΕ
5:19 ΤΑΥΤΟΥΗΝΚΑΙΟΥΚΑΦΗ
ΚΕΝΑΥΤΟΝΑΛΛΑΛΕΓΕΙ
ΑΥΤΩΫΠΑΓΕΕΙϹΤΟΝΟΙ

ΚΟΝϹΟΥΠΡΟϹΤΟΥϹϹΟΥϹ
ΚΑΙΑΠΑΓΓΕΙΛΟΝΑΥΤΟΙϹ
ΟϹΑΟΚ̅Ϲ̅ϹΟΙΠΕΠΟΙΗΚΕ̅
ΚΑΙΗΛΕΗϹΕΝϹΕ ΚΑΙΑ 5:20
ΠΗΛΘΕΝΚΑΙΗΡΞΑΤΟΚΗ
ΡΥϹϹΕΙΝΕΝΤΗΔΕΚΑΠΟ
ΛΕΙΟϹΑΕΠΟΙΗϹΕΝΑΥΤΩ
ΟΙ̅Ϲ̅ΚΑΙΠΑΝΤΕϹΕΘΑΥ
ΚΑ ΜΑΖΟΝ ΚΑΙΔΙΑΠΕΡΑ 5:21
ϹΑΝΤΟϹΤΟΥΙ̅Υ̅ΕΝΠΛΟΙ
ΩΠΑΛΙΝΕΙϹΤΟΠΕΡΑΝ
ϹΥΝΗΧΘΗΟΧΛΟϹΠΟ
ΛΥϹΕΠΑΥΤΟΝΚΑΙΗΝ
ΠΑΡΑΤΗΝΘΑΛΑϹϹΑΝ
ΚΑΙΕΡΧΕΤΑΙΕΙϹΤΩΝ 5:22
ΑΡΧΙϹΥΝΑΓΩΓΩΝΟΝΟ
ΜΑΤΙΙΑΕΙΡΟϹΚΑΙΙΔΩΝ
ΑΥΤΟΝΠΕΙΠΤΕΙΠΡΟϹ
ΤΟΥϹΠΟΔΑϹΑΥΤΟΥϗ 5:23
ΠΑΡΕΚΑΛΕΙΑΥΤΟΝΠΟΛ
ΛΑΛΕΓΩΝΟΤΙΤΟΘΥΓΑ
ΤΡΙΟΝΜΟΥΕϹΧΑΤΩϹΕ
ΧΕΙΙΝΑΕΛΘΩΝΕΠΙΘΗϹ
ΤΑϹΧΕΙΡΑϹΑΥΤΗΙΝΑϹΩ
ΘΗΚΑΙΖΗϹΗ ΚΑΙΑΠΗΛ 5:24
ΘΕΝΜΕΤΑΥΤΟΥΚΑΙΗΚΟ
ΛΟΥΘΕΙΑΥΤΩΟΧΛΟϹ
ΠΟΛΥϹΚΑΙϹΥΝΕΘΛΕΙΒΟ̅
ΑΥΤΟΝ ΚΑΙΓΥΝΗΟΥϹΑ 5:25
ΕΝΡΥϹΕΙΑΙΜΑΤΟϹΔΩΔΕ
ΚΑΕΤΗΚΑΙΠΟΛΛΑΠΑΘΟΥ 5:26
ϹΑΥΠΟΠΟΛΛΩΝΙΑΤΡΩ̅
ΚΑΙΔΑΠΑΝΗϹΑϹΑΤΑΠΑ
ΡΑΥΤΗϹΠΑΝΤΑΚΑΙΜΗ
ΔΕΝΩΦΕΛΗΘΕΙϹΑΑΛΛΑ
ΜΑΛΛΟΝΕΙϹΤΟΧΕΙΡΟΝ
ΕΛΘΟΥϹΑΑΚΟΥϹΑϹΑΤΑ 5:27
ΠΕΡΙΤΟΥΙ̅Υ̅ΕΛΘΟΥϹΑ
ΕΝΤΩΟΧΛΩΟΠΙϹΘΕΝ
ΗΨΑΤΟΤΟΥΙΜΑΤΙΟΥΑΥ
ΤΟΥΕΛΕΓΕΝΓΑΡΟΤΙΕΑ̅ 5:28
ΚΑΝ
ΑΨΩΜΑΙΤΩΝΪΜΑΤΙΩ̅

5:29 ΑΥΤΟΥϹΩΘΗϹΟΜΑΙ Ϗ
ΕΥΘΥϹΕΞΗΡΑΝΘΗΗΠΗ
ΓΗΤΟΥΑΙΜΑΤΟϹΑΥΤΗϹ
ΚΑΙΕΓΝΩΤΩϹΩΜΑΤΙΟ
ΤΙΕΪΑΤΑΙΑΠΟΤΗϹΜΑϹΤΕΙ
5:30 ΓΟϹ ΚΑΙΕΥΘΥϹΟΙ͞ϹΕΠΙ
ΓΝΟΥϹΕΝΕΑΥΤΩΤΗΝ
ΕΞΑΥΤΟΥΔΥΝΑΜΙΝΕΞΕΛ
ΘΟΥϹΑΝΕΠΙϹΤΡΑΦΕΙϹ
ΕΝΤΩΟΧΛΩΕΛΕΓΕΝΤΙϹ
ΜΟΥΗΨΑΤΟΤΩΝΙΜΑ
5:31 ΤΙΩΝ ΚΑΙΕΛΕΓΟΝΑΥΤΩ
ΟΙΜΑΘΗΤΑΙΑΥΤΟΥΒΛΕ
ΠΕΙϹΤΟΝΟΧΛΟΝϹΥΝ
ΘΛΕΙΒΟΝΤΑϹΕΚΑΙΛΕ
5:32 ΓΕΙϹΤΙϹΜΟΥΗΨΑΤΟϗ
ΠΕΡΙΕΒΛΕΠΕΤΟΪΔΕΙΝ
ΤΗΝΤΟΥΤΟΠΟΙΗϹΑϹΑ͞
5:33 ΗΔΕΓΥΝΗΦΟΒΗΘΕΙϹΑ
ΚΑΙΤΡΕΜΟΥϹΑΕΙΔΥΙΑΟ
ΓΕΓΟΝΕΝΑΥΤΗΗΛΘΕΝ
ΚΑΙΠΡΟϹΕΠΕϹΕΝΑΥΤΩ
ΚΑΙΕΙΠΕΝΑΥΤΩΠΑϹΑΝ
5:34 ΤΗΝΑΛΗΘΕΙΑΝ ΟΔΕΕΙ
ΠΕΝΑΥΤΗΘΥΓΑΤΗΡΗΠΙ
ϹΤΙϹϹΟΥϹΕϹΩΚΕΝϹΕ
ΥΠΑΓΕΕΙϹΕΙΡΗΝΗΝΚΑΙ
ΙϹΘΙΥΓΙΗϹΑΠΟΤΗϹΜΑ
5:35 ϹΤΕΙΓΟϹϹΟΥΕΤΙΑΥΤΟΥ
ΛΑΛΟΥΝΤΟϹΕΡΧΟΝΤΑΙ
ΑΠΟΤΟΥΑΡΧΙϹΥΝΑΓΩΓΟΥ
ΛΕΓΟΝΤΕϹΟΤΙΗΘΥΓΑΤΗΡ
ϹΟΥΑΠΕΘΑΝΕΝΤΙΕΤΙ
ϹΚΥΛΛΕΙϹΤΟΝΔΙΔΑϹΚΑ
5:36 ΛΟΝ ΟΔΕΙ͞ϹΠΑΡΑΚΟΥϹΑϹ
ΤΟΝΛΟΓΟΝΤΟΝΛΑΛΟΥΜΕ
ΝΟΝΛΕΓΕΙΤΩΑΡΧΙϹΥΝΑ
ΓΩΓΩΜΗΦΟΒΟΥΜΟΝΟΝ
5:37 ΠΙϹΤΕΥΕΚΑΙΟΥΚΑΦΗ
ΚΕΝΟΥΔΕΝΑΜΕΤΑΥΤΟΥ
ϹΥΝΑΚΟΛΟΥΘΗϹΑΙΕΙΜΗ
ΤΟΝΠΕΤΡΟΝΚΑΙΙΑΚΩΒΟΝ

ΚΑΙΙΩΑΝΗΝΤΟΝΑΔΕΛ
ΦΟΝΪΑΚΩΒΟΥ ΚΑΙΕΡ 5:38
ΧΟΝΤΑΙΕΙϹΤΟΝΟΙΚΟΝ
ΤΟΥΑΡΧΙϹΥΝΑΓΩΓΟΥϗ
ΘΕΩΡΕΙΘΟΡΥΒΟΝΚΑΙΚΛΑΙ
ΟΝΤΑϹΚΑΙΑΛΑΛΑΖΟΝΤΑϹ
ΠΟΛΛΑϹ ΚΑΙΕΙϹΕΛΘΩΝ 5:39
ΛΕΓΕΙΑΥΤΟΙϹΤΙΘΟΡΥΒΕΙ
ϹΘΕΚΑΙΚΛΑΙΕΤΕΤΟΠΑΙ
ΔΙΟΝΟΥΚΑΠΕΘΑΝΕΝΑΛ
ΛΑΚΑΘΕΥΔΕΙΚΑΙΚΑΤΕΓΕ 5:40
ΛΩΝΑΥΤΟΥ ΑΥΤΟϹΔΕ
ΕΚΒΑΛΩΝΠΑΝΤΑϹΠΑΡΑ
ΛΑΜΒΑΝΕΙΤΟΝΠΑΤΕΡΑ
ΤΟΥΠΑΙΔΙΟΥΚΑΙΤΗΝΜΗ
ΤΕΡΑΚΑΙΤΟΥϹΜΕΤΑΥ
ΤΟΥΚΑΙΕΙϹΠΟΡΕΥΤΑΙ
ΟΠΟΥΗΝΤΟΠΑΙΔΙΟΝϗ 5:41
ΚΡΑΤΗϹΑϹΤΗϹΧΕΙΡΟϹ
ΤΟΥΠΑΙΔΙΟΥΛΕΓΕΙΑΥ
ΤΗ·ΤΑΛΕΙΘΑ·ΚΟΥΜ·ΟΕϹΤΙ
ΜΕΘΕΡΜΗΝΕΥΟΜΕΝΟ̄
ΤΟΚΟΡΑϹΙΟΝϹΟΙΛΕΓΩ
ΕΓΕΙΡΕΚΑΙΕΥΘΥϹΑΝΕ 5:42
ϹΤΗΤΟΚΟΡΑϹΙΟΝΚΑΙ
ΠΕΡΙΕΠΑΤΕΙΗΝΓΑΡΕΤΩ̄
ΔΩΔΕΚΑΚΑΙΕΞΕϹΤΗϹᾹ
ΕΥΘΥϹΕΚϹΤΑϹΕΙΜΕΓΑ
ΛΗ· ΚΑΙΔΙΕϹΤΕΙΛΑΤΟ 5:43
ΑΥΤΟΙϹΠΟΛΛΑΙΝΑΜΗ
ΔΕΙϹΓΝΟΙΤΟΥΤΟ ΚΑΙΕΙ
ΠΕΝΔΟΘΗΝΑΙΑΥΤΗΦΑ
ΓΕΙΝΚΑΙΕΞΗΛΘΕΝΕΚΕΙΘΕ 6:1
ΚΒ ΚΑΙΕΡΧΕΤΑΙΕΙϹΤΗΝΠΑ
ΤΡΙΔΑΑΥΤΟΥΚΑΙΑΚΟΛΟΥ
ΘΟΥϹΙΝΑΥΤΩΟΙΜΑΘΗΤΑΙ
ΑΥΤΟΥΚΑΙΓΕΝΟΜΕΝΟΥ 6:2
ϹΑΒΒΑΤΟΥΗΡΞΑΤΟΔΙΔΑ
ϹΚΕΙΝΕΝΤΗϹΥΝΑΓΩΓΗ
ΚΑΙΟΙΠΟΛΛΟΙΑΚΟΥΟΝΤΕϹ
ΕΞΕΠΛΗϹϹΟΝΤΟΛΕΓΟΝ
ΤΕϹΠΟΘΕΝΤΟΥΤΩΤΑΥ

ΤΑΚΑΙΤΙϹΗϹΟΦΙΑΗΔΟ
ΘΕΙϹΑΤΟΥΤΩΚΑΙΑΙΔΥ
ΝΑΜΕΙϹΤΟΙΑΥΤΑΙΔΙΑΤΩ
ΧΕΙΡΩΝΑΥΤΟΥΓΕΙΝΟ
6:3 ΜΕΝΑΙΟΥΧΟΥΤΟϹΕϹΤΙ̅
ΟΤΕΚΤΩΝΟΥΙΟϹΤΗϹ
ΜΑΡΙΑϹΚΑΙΑΔΕΛΦΟϹΙ
ΑΚΩΒΟΥΚΑΙΙΩϹΗΤΟϹ
ΚΑΙΙΟΥΔΑΚΑΙϹΙΜΩΝΟϹ
ΚΑΙΟΥΚΕΙϹΙΝΑΙΑΔΕΛΦΑΙ
ΑΥΤΟΥΩΔΕΠΡΟϹΗΜΑϹ
ΚΑΙΕϹΚΑΝΔΑΛΙΖΟΝΤΟ
6:4 ΕΝΑΥΤΩ ΚΑΙΕΛΕΓΕΝ
ΑΥΤΟΙϹΟΙ̅Ϲ̅ΟΤΙΟΥΚΕ
ϹΤΙΝΠΡΟΦΗΤΗϹΑΤΕΙ
ΜΟϹΕΙΜΗΕΝΤΗΠΑΤΡΙ
ΔΙΑΥΤΟΥΚΑΙΕΝΤΟΙϹ
ϹΥΓΓΕΝΕΥϹΙΝΑΥΤΟΥ
ΚΑΙΕΝΤΗΟΙΚΙΑΑΥΤΟΥ
6:5 ΚΑΙΟΥΚΕΔΥΝΑΤΟΕΚΕΙ
ΠΟΙΗϹΑΙΟΥΔΕΜΙΑΝΔΥ
ΝΑΜΙΝΕΙΜΗΟΛΙΓΟΙϹΑΡ
ΡΩϹΤΟΙϹΕΠΙΘΕΙϹΤΑϹ
6:6 ΧΕΙΡΑϹΕΘΕΡΑΠΕΥϹΕΝϏ
ΕΘΑΥΜΑϹΕΝΔΙΑΤΗΝΑ
ΠΙϹΤΙΑΝΑΥΤΩΝ
ΚΑΙΠΕΡΙΗΓΕΝΤΑϹΚΩΜΑϹ
6:7 ΚΓ ΚΥΚΛΩΔΙΔΑϹΚΩΝ·ΚΑΙ
ΠΡΟϹΚΑΛΕΙΤΑΙΤΟΥϹΔΩ
ΔΕΚΑΚΑΙΗΡΞΑΤΟΑΥΤΟΥϹ
ΑΠΟϹΤΕΛΛΕΙΝΔΥΟΔΥΟ
ΚΑΙΕΔΙΔΟΥΑΥΤΟΙϹΕΞΟΥ
ϹΙΑΝΤΩΝΠΝΕΥΜΑΤΩ̅
6:8 ΤΩΝΑΚΑΘΑΡΤΩΝ ΚΑΙ
ΠΑΡΗΓΓΕΙΛΕΝΑΥΤΟΙϹ
ΙΝΑΜΗΔΕΝΑΙΡΩϹΙΝΕΙϹ
ΟΔΟΝΕΙΜΗΡΑΒΔΟΝΜΟ
ΝΟΝ ΜΗΑΡΤΟΝΜΗΠΗ
ΡΑΝ ΜΗΕΙϹΤΗΝΖΩΝΗ̅
6:9 ΧΑΛΚΟΝΑΛΛΑΥΠΟΔΕΔΕ
ΜΕΝΟΥϹϹΑΝΔΑΛΙΑΚΑΙ
ΑΙ
ΜΗΕΝΔΥϹΑϹΘΕΔΥΟΧΙ

ΤΩΝΑϹΚΑΙΕΛΕΓΕΝΑΥΤΟΙϹ 6:10
ΟΠΟΥΕΑΝΕΙϹΕΛΘΗΤΕ
ΕΙϹΟΙΚΙΑΝΕΚΕΙΜΕΝΕΤΕ
ΕΩϹΑΝΕΞΕΛΘΗΤΕΕΚΕΙ
ΘΕΝ ΚΑΙΟϹΑΝΤΟΠΟϹΜΗ 6:11
ΔΕΞΗΤΑΙΫΜΑϹΜΗΔΕΑ
ΚΟΥϹΩϹΙΝΫΜΩΝΕΚ
ΠΟΡΕΥΟΜΕΝΟΙΕΚΕΙΘΕ̄
ΕΚΤΙΝΑΞΑΤΕΤΟΝΧΟῩ
ΤΟΝΥΠΟΚΑΤΩΤΩΝΠΟ
ΔΩΝΫΜΩΝΕΙϹΜΑΡΤΥ
ΡΙΟΝΑΥΤΟΙϹ ΚΑΙΕΞΕΛ 6:12
ΘΟΝΤΕϹΕΚΗΡΥΞΑΝΙΝΑ
ΜΕΤΑΝΟΩϹΙΝΚΑΙΔΑΙ 6:13
ΜΟΝΙΑΠΟΛΛΑΕΞΕΒΑΛΛΟ
ΚΑΙΗΛΕΙΦΟΝΕΛΑΙΩΠΟΛ
ΛΟΥϹΑΡΡΩϹΤΟΥϹΚΑΙΕ
ΚΔ ΘΕΡΑΠΕΥΟΝ ΚΑΙΗΚΟΥ 6:14
ϹΕΝΟΒΑϹΙΛΕΥϹΗΡΩΔΗϹ
ΦΑΝΕΡΟΝΓΑΡΕΓΕΝΕΤΟ
ΤΟΟΝΟΜΑΑΥΤΟΥΚΑΙΕ
ΛΕΓΟΝΟΤΙΙΩΑΝΗϹΟΒΑ
ΠΤΙΖΩΝΕΓΗΓΕΡΤΑΙΕΚ
ΝΕΚΡΩΝΚΑΙΔΙΑΤΟΥΤΟ
ΕΝΕΡΓΟΥϹΙΝΑΙΔΥΝΑ
ΜΕΙϹΕΝΑΥΤΩΑΛΛΟΙΔΕ 6:15
ΕΛΕΓΟΝΟΤΙΗΛΕΙΑϹΕϹΤ̄
ΑΛΛΟΙΔΕΕΛΕΓΟΝΟΤΙΠΡΟ
ΦΗΤΗϹΩϹΕΙϹΤΩΝΠΡΟ
ΦΗΤΩΝ ΑΚΟΥϹΑϹΔΕΟ 6:16
ΗΡΩΔΗϹΕΛΕΓΕΝΟΝΕΓΩ
ΑΠΕΚΕΦΑΛΙϹΑΙΩΑΝΗ̄
ΟΥΤΟϹΗΓΕΡΘΗ ΑΥΤΟϹ 6:17
ΓΑΡΟΗΡΩΔΗϹΑΠΟϹΤΕΙ
ΛΑϹΕΚΡΑΤΗϹΕΝΤΟΝΙΩ
ΑΝΗΝΚΑΙΕΔΗϹΕΝΑΥΤΟ̄
ΕΝΦΥΛΑΚΗΔΙΑΗΡΩΔΙ
ΤΗΝΓΥ ΝΑΙΚΑ ΑΔΑΦΙΛΙΠΠΟΥΤΟΥΑΔΕΛ
ΦΟΥΑΥΤΟΥΟΤΙΑΥΤΗΝ
ΕΓΑΜΗϹΕΝ ΕΛΕΓΕΝΓΑΡ 6:18
ΟΙΩΑΝΗϹΤΩΗΡΩΔΗΟ
ΤΙΟΥΚΕΞΕϹΤΙΝϹΟΙΕΧΕῙ

ΤΗΝΓΥΝΑΙΚΑΤΟΥΑΔΕΛ
6:19 ΦΟΥϹΟΥ ΗΔΕΗΡΩΔΙΑϹ
ΕΝΕΙΧΕΝΑΥΤΩΚΑΙΗΘΕ
ΛΕΝΑΥΤΟΝΑΠΟΚΤΕΙΝΑΙ
6:20 ΚΑΙΟΥΚΗΔΥΝΑΤΟΟΓΑΡ
ΗΡΩΔΗϹΕΦΟΒΕΙΤΟΤΟΝ
ΙΩΑΝΗΝΕΙΔΩϹΑΥΤΟΝ
ΑΝΔΡΑΔΙΚΑΙΟΝΚΑΙΑΓΙΟ
ϹΥΝΕΤΗΡΕΙΑΥΤΟΝΚΑΙ
ΑΚΟΥϹΑϹΑΥΤΟΥΠΟΛΛΑ
ΗΠΟΡΕΙΚΑΙΗΔΕΩϹΑΥΤΟΥ
6:21 ΗΚΟΥΕΝ ΚΑΙΓΕΝΟΜΕ
ΝΗϹΗΜΕΡΑϹΕΥΚΑΙΡΟΥ
ΟΤΕΗΡΩΔΗϹΤΟΙϹΓΕΝΕ
ϹΙΟΙϹΑΥΤΟΥΔΕΙΠΝΟΝ
ΕΠΟΙΗϹΕΝΤΟΙϹΜΕΓΙϹΤΑ
ϹΙΝΑΥΤΟΥΚΑΙΤΟΙϹΧΕΙ
ΛΙΑΡΧΟΙϹΚΑΙΤΟΙϹΠΡΩ
6:22 ΤΟΙϹΤΗϹΓΑΛΕΙΛΑΙΑϹϗ
ΕΙϹΕΛΘΟΥϹΗϹΤΗϹΘΥΓΑ
ΤΡΟϹΑΥΤΟΥΗΡΩΔΙΑΔΟϹ
ΚΑΙΟΡΧΗϹΑΜΕΝΗϹΗΡΕ
ϹΕΝΤΩΗΡΩΔΗΚΑΙΤΟΙϹ
ϹΥΝΑΝΑΚΕΙΜΕΝΟΙϹ Ο
ΔΕΒΑϹΙΛΕΥϹΕΙΠΕΝΤΩΚΟ
ΡΑϹΙΩΑΙΤΗϹΟΝΜΕΟΕᾹ
6:23 ΘΕΛΗϹΚΑΙΔΩϹΩϹΟΙΚΑΙ
ΩΜΟϹΕΝΑΥΤΗΟΤΙΕΑΝ
ΜΕΑΙΤΗϹΗϹΔΩϹΩϹΟΙ
ΕΩϹΗΜΙϹΟΥϹΤΗϹΒΑϹΙ
6:24 ΛΕΙΑϹΜΟΥ ΚΑΙΕΞΕΛΘΟΥ
ϹΑΕΙΠΕΝΤΗΜΗΤΡΙΑΥΤΗϹ
ΤΙΑΙΤΗϹΩΜΑΙ ΗΔΕΕΙΠΕ̄
ΤΗΝΚΕΦΑΛΗΝΙΩΑΝΟΥ
6:25 ΤΟΥΒΑΠΤΙΖΟΝΤΟϹΚΑΙ
ΕΙϹΕΛΘΟΥϹΑΕΥΘΥϹΜΕ
ΤΑϹΠΟΥΔΗϹΠΡΟϹΤΟΝ
ΒΑϹΙΛΕΑΗΤΗϹΑΤΟΛΕΓΟΥ
ϹΑΘΕΛΩΙΝΑΕΞΑΥΤΗϹ
ΔΩϹΜΟΙΕΠΙΠΙΝΑΚΙΤΗ̄
ΚΕΦΑΛΗΝΙΩΑΝΟΥΤΟΥ
6:26 ΒΑΠΤΙϹΤΟΥΚΑΙΠΕΡΙΛΥ

ΠΟΣΓΕΝΟΜΕΝΟΣΟΒΑΣΙ
ΛΕΥΣΔΙΑΤΟΥΣΟΡΚΟΥΣ
ΚΑΙΤΟΥΣΑΝΑΚΕΙΜΕΝΟΥΣ
ΟΥΚΗΘΕΛΗΣΕΝΑΘΕΤΗ
ΣΑΙΑΥΤΗΝΚΑΙΕΥΘΥΣ 6:27
ΑΠΟΣΤΕΙΛΑΣΟΒΑΣΙΛΕΥΣ
ΣΠΕΚΟΥΛΑΤΟΡΑΕΠΕΤΑ
ΞΕΝΕΝΕΓΚΑΙΤΗΝΚΕΦΑ
ΛΗΝΑΥΤΟΥ ΚΑΙΑΠΕΛ
ΘΩΝΑΠΕΚΕΦΑΛΙΣΕΝ
ΑΥΤΟΝΕΝΤΗΦΥΛΑΚΗ
ΚΑΙΗΝΕΓΚΕΝΤΗΝΚΕΦΑ 6:28
ΛΗΝΑΥΤΟΥΕΠΙΠΙΝΑΚΙ
ΚΑΙΕΔΩΚΕΝΑΥΤΗΝΤΩ
ΚΟΡΑΣΙΩΚΑΙΤΟΚΟΡΑΣΙ
ΟΝΕΔΩΚΕΝΑΥΤΗΝΤΗ
ΜΗΤΡΙΑΥΤΗΣ ΚΑΙΑ 6:29
ΚΟΥΣΑΝΤΕΣΟΙΜΑΘΗΤΑΙ
ΑΥΤΟΥΗΛΘΑΝΚΑΙΗΡΑΝ
ΤΟΠΤΩΜΑΑΥΤΟΥΚΑΙΕ
ΘΗΚΑΝΑΥΤΟΕΝΜΝΗΜΕΙ
ΚΕ Ω ΚΑΙΣΥΝΑΓΟΝΤΑΙΟΙ 6:30
ΑΠΟΣΤΟΛΟΙΠΡΟΣΤΟΝ
ΙΝ ΚΑΙΑΠΗΓΓΕΙΛΑΝΑΥΤΩ
ΠΑΝΤΑΟΣΑΕΠΟΙΗΣΑΝ
ΚΑΙΟΣΑΕΔΙΔΑΞΑΝΚΑΙ 6:31
ΛΕΓΕΙΑΥΤΟΙΣΔΕΥΤΕΥ
ΜΕΙΣΑΥΤΟΙΚΑΘΙΔΙΑΝ
ΕΙΣΕΡΗΜΟΝΤΟΠΟΝΚΑΙ
ΑΝΑΠΑΥΣΑΣΘΕΟΛΙΓΟΝ
ΗΣΑΝΓΑΡΟΙΕΡΧΟΜΕΝΟΙ
ΚΑΙΟΙΥΠΑΓΟΝΤΕΣΠΟΛ
ΛΟΙΚΑΙΟΥΔΕΦΑΓΕΙΝΕΥ
ΚΑΙΡΟΥΝ ΚΑΙΑΠΗΛΘΟ 6:32
ΕΝΤΩΠΛΟΙΩΕΙΣΕΡΗΜΟ
ΤΟΠΟΝΚΑΤΙΔΙΑΝΚΑΙΕΙ 6:33
ΔΟΝΑΥΤΟΥΣΥΠΑΓΟΝΤΑΣ
ΠΕ
ΚΑΙΕΓΝΩΣΑΝΠΟΛΛΟΙΚΑΙ
ΠΕΖΗΑΠΟΠΑΣΩΝΤΩ
ΠΟΛΕΩΝΣΥΝΕΔΡΑΜΟ
ΕΚΕΙΚΑΙΠΡΟΗΛΘΟΝΑΥ
ΤΟΥΣ ΚΑΙΕΞΕΛΘΩΝΕΙ 6:34

ΛΕΝΠΟΛΥΝΟΧΛΟΝΚΑΙ
ΕϹΠΛΑΓΧΝΙϹΘΗΕΠΑΥΤΟΥϹ
ΟΤΙΗϹΑΝΩϹΠΡΟΒΑΤΑ
ΜΗΕΧΟΝΤΑΠΟΙΜΕΝΑ
ΚΑΙΗΡΞΑΤΟΔΙΔΑϹΚΕΙΝ
6:35 ΑΥΤΟΥϹΠΟΛΛΑ ΚΑΙΗ
ΔΗΩΡΑϹΠΟΛΛΗϹΓΕΝΟ
ΜΕΝΗϹΠΡΟϹΕΛΘΟΝΤΕϹ
ΑΥΤΩΟΙΜΑΘΗΤΑΙΑΥΤΟΥ
ΕΛΕΓΟΝΟΤΙΕΡΗΜΟϹΕ
ϹΤΙΝΟΤΟΠΟϹΚΑΙΗΔΗ
6:36 ΩΡΑΠΟΛΛΗΑΠΟΛΥϹΟΝ
ΑΥΤΟΥϹΙΝΑΑΠΕΛΘΟΝ
ΤΕϹΕΙϹΤΟΥϹΚΥΚΛΩΑ
ΓΡΟΥϹΚΑΙΚΩΜΑϹΑΓΟΡΑ
ϹΩϹΙΝΕΑΥΤΟΙϹΤΙΦΑ
6:37 ΓΩϹΙΝ ΟΔΕΑΠΟΚΡΙΘΕΙϹ
ΕΙΠΕΝΑΥΤΟΙϹΔΟΤΕΑΥ
ΤΟΙϹΥΜΕΙϹΦΑΓΕΙΝ ϗ
ΛΕΓΟΥϹΙΝΑΥΤΩΑΠΕΛ
ΘΟΝΤΕϹΑΓΟΡΑϹΩΜΕΝ
ΔΗΝΑΡΙΩΝΔΙΑΚΟϹΙΩΝ
ΑΡΤΟΥϹΚΑΙΔΩϹΟΜΕΝ
6:38 ΑΥΤΟΙϹΦΑΓΕΙΝ ΟΔΕ
ΛΕΓΕΙΑΥΤΟΙϹΠΟϹΟΥϹ
ΕΧΕΤΕΑΡΤΟΥϹΥΠΑΓΕ
ΤΕΙΔΕΤΕΚΑΙΓΝΟΝΤΕϹ
ΛΕΓΟΥϹΙΝΠΕΝΤΕΚΑΙΔΥΟ
6:39 ΙΧΘΥΑϹΚΑΙΕΠΕΤΑΞΕΝ
ΑΥΤΟΙϹΑΝΑΚΛΕΙΘΗΝΑΙ
ΠΑΝΤΑϹϹΥΜΠΟϹΙΑϹΥΜ
ΠΟϹΙΑΕΝΤΩΧΛΩΡΩΧΟΡ
6:40 ΤΩΚΑΙΑΝΕΠΑϹΑΝΠΡΑ
ϹΙΑΙΠΡΑϹΙΑΙΚΑΤΑΕΚΑ
ΤΟΝΚΑΙΚΑΤΑΠΕΝΤΗΚΟΝ
6:41 ΤΑΚΑΙΛΑΒΩΝΤΟΥϹΠΕΝ
ΤΕΑΡΤΟΥϹΚΑΙΤΟΥϹΔΥΟ
ΙΧΘΥΑϹΑΝΑΒΛΕΨΑϹΕΙϹ
ΤΟΝΟΥΡΑΝΟΝΕΥΛΟΓΗ
ϹΕΝΚΑΙΚΑΤΕΚΛΑϹΕΝΤΟΥϹ
ΑΡΤΟΥϹΚΑΙΕΔΙΔΟΥΤΟΙϹ
ΜΑΘΗΤΑΙϹΙΝΑΠΑΡΑΤΙ

ΘΩCΙΝΑΥΤΟΙCΚΑΙΤΟΥC
ΔΥΟΙΧ..ΥΑCΕΜΕΡΙCΕΝ
ΠΑCΙΝΚΑΙΕΦΑΓΟΝΠΑΝ 6:42
ΤΕCΚΑΙΕΧΟΡΤΑCΘΗCΑ̅
ΚΑΙΗΡΑΝΚΛΑCΜΑΤΑΔΩ 6:43
ΔΕΚΑΚΟΦΙΝΩΝΠΛΗΡΩ
ΜΑΤΑΚΑΙΑΠΟΤΩΝΙΧΘΥ
ΩΝΚΑΙΗCΑΝΟΙΦΑΓΟΝ 6:44
ΤΕCΤΟΥCΑΡΤΟΥCΠΕΝ
ΤΑΚΙCΧΕΙΛΙΟΙΑΝΔΡΕC
ΚϚ ΚΑΙΕΥΘΥCΗΝΑΓΚΑCΕΝ 6:45
ΤΟΥCΜΑΘΗΤΑCΑΥΤΟΥ
ΕΜΒΗΝΑΙΕΙCΤΟΠΛΟΙΟ̅
ΚΑΙΠΡΟΑΓΕΙΝΕΙCΤΟΠΕ
ΡΑΝΠΡΟCΒΗΘCΑΙΔΑΝΕ
ΩCΑΥΤΟCΑΠΟΛΥΕΙΤΟ̅
ΟΧΛΟΝΚΑΙΑΠΟΤΑΞΑΜΕ 6:46
ΝΟCΑΥΤΟΙCΑΠΗΛΘΕΝ
ΕΙCΤΟΟΡΟCΠΡΟCΕΥΞΑ
CΘΑΙ ΚΑΙΟΨΙΑCΓΕΝΟ 6:47
ΜΕΝΗCΗΝΤΟΠΛΟΙΟΝ
ΕΝΜΕCΩΤΗCΘΑΛΑCCΗC
ΚΑΙΑΥΤΟCΜΟΝΟCΕΠΙ
ΤΗCΓΗCΚΑΙΙΔΩΝΑΥΤΟΥC 6:48
ΒΑCΑΝΙΖΟΜΕΝΟΥCΕΝ
ΤΩΕΛΑΥΝΕΙΝΗΝΓΑΡΟ
ΑΝΕΜΟCΕΝΑΝΤΙΟCΑΥ
ΤΟΙC ΠΕΡΙΤΕΤΑΡΤΗΝ
ΦΥΛΑΚΗΝΤΗCΝΥΚΤΟC
ΕΡΧΕΤΑΙΠΡΟCΑΥΤΟΥC
ΠΕΡΙΠΑΤΩΝΕΠΙΤΗC
ΘΑΛΑCCΗCΚΑΙΗΘΕΛΕΝ
ΠΑΡΕΛΘΕΙΝΑΥΤΟΥC ΟΙ 6:49
ΔΕΙΔΟΝΤΕCΑΥΤΟΝΕΠΙ
ΤΗCΘΑΛΑCCΗCΠΕΡΙΠΑ
ΤΟΥΝΤΑΕΔΟΞΑΝΟΤΙΦΑ̅
ΤΑCΜΑΕCΤΙΝΚΑΙΑΝΕ
ΚΡΑΞΑΝΠΑΝΤΕCΓΑΡΑΥ 6:50
ΤΟΝΕΙΔΑΝΚΑΙΕΤΑΡΑΧΘΗ
CΑΝΟΔΕΕΥΘΥCΕΛΑΛΗ
CΕΝΜΕΤΑΥΤΩΝΚΑΙΛΕ
ΓΕΙΑΥΤΟΙCΘΑΡCΕΙΤΕΕ

ΓΩΕΙΜΙΜΗΦΟΒΕΙCΘΕ
6:51 ΚΑΙΑΝΕΒΗΠΡΟCΑΥΤΟΥC
ΕΙCΤΟΠΛΟΙΟΝΚΑΙΕΚΟ
ΠΑCΕΝΟΑΝΕΜΟCΚΑΙΛΕΙ
ΑΝΕΝΕΑΥΤΟΙCΕΞΕΙCΤΑ
6:52 ΤΟΟΥΓΑΡCΥΝΗΚΑΝΕΠΙ
ΤΟΙCΑΡΤΟΙCΑΛΛΗΝΑΥ
ΤΩΝΗΚΑΡΔΙΑΠΕΠΩΡΩ
6:53 ΚΖ ΜΕΝΗ ΚΑΙΔΙΑΠΕΡΑCΑ
ΤΕCΕΠΙΤΗΝΓΗΝΗΛΘΟ
ΕΙCΓΕΝΝΗCΑΡΕΘΚΑΙΠΡΟC
6:54 ΩΡΜΙCΘΗCΑΝΚΑΙΕΞΕΛ
ΘΟΝΤΩΝΕΚΤΟΥΠΛΟΙ ΑΥΤΩΝ
ΟΥΕΥΘΥCΕΠΙΓΝΟΝΤΕC
6:55 ΑΥΤΟΝΠΕΡΙΕΔΡΑΜΟΝ
ΟΛΗΝΤΗΝΧΩΡΑΝΕΚΕΙ
ΝΗΝΚΑΙΗΡΞΑΝΤΟΕΠΙ
ΤΟΙCΚΡΑΒΑΤΤΟΙCΤΟΥC
ΚΑΚΩCΕΧΟΝΤΑCΠΕΡΙ
ΦΕΡΕΙΝΟΠΟΥΗΚΟΥΟΝ
6:56 ΟΤΙΕCΤΙΝΚΑΙΟΠΟΥΑ
ΕΙCΕΠΟΡΕΥΕΤΟΕΙCΚΩ
ΜΑCΗΕΙCΠΟΛΕΙCΗΕΙC
ΑΓΡΟΥCΕΝΤΑΙCΑΓΟΡΑΙC
ΕΤΙΘΕCΑΝΤΟΥCΑCΘΕ
ΝΟΥΝΤΑCΚΑΙΠΑΡΕΚΑ
ΛΟΥΝΑΥΤΟΝΙΝΑΚΑΝ
ΤΟΥΚΡΑCΠΕΔΟΥΤΟΥΪ
ΜΑΤΙΟΥΑΥΤΟΥΑΨΩ
ΤΑΙΚΑΙΟCΟΙΑΝΗΨΑΝ
ΤΟΑΥΤΟΥΕCΩΖΟΝΤΟ
7:1 ΚΗ ΚΑΙCΥΝΑΓΟΝΤΑΙΠΡΟC
ΑΥΤΟΝΟΙΦΑΡΕΙCΑΙΟΙ
ΚΑΙΤΙΝΕCΤΩΝΓΡΑΜ
ΜΑΤΕΩΝΕΛΘΟΝΤΕCΑ
7:2 ΠΟΙΕΡΟCΟΛΥΜΩΝΚΑΙ
ΙΔΟΝΤΕCΤΙΝΑCΤΩΝ
ΜΑΘΗΤΩΝΑΥΤΟΥΟΤΙ
ΚΟΙΝΑΙCΧΕΡCΙΝΤΟΥΤΕ
CΤΙΝΑΝΙΠΤΟΙCΕCΘΙΟΥ
7:3 CΙΝΤΟΥCΑΡΤΟΥCΟΙΓΑΡ
ΦΑΡΕΙCΑΙΟΙΚΑΙΠΑΝΤΕC

ΟΙΪΟΥΔΑΙΟΙΕΑΝΜΗΠΥ
ΓΜΗΝΙΨΩΝΤΑΙΤΑϹΧΕΙ
ΡΑϹΟΥΚΕϹΘΙΟΥϹΙΝΚΡΑ
ΤΟΥΝΤΕϹΤΗΝΠΑΡΑΔΟ
ϹΙΝΤΩΝΠΡΕϹΒΥΤΕΡΩ̅
ΚΑΙΑΠΑΓΟΡΑϹΕΑΝΜΗ 7:4
ΡΑΝΤΙϹΩΝΤΑΙΟΥΚΕϹΘΙ
ΟΥϹΙΝΚΑΙΑΛΛΑΠΟΛΛΑ
ΕϹΤΙΝΑΠΕΡΕΛΑΒΟΝΚΡΑ
ΤΕΙΝΒΑΠΤΙϹΜΟΥϹΠΟ
ΤΗΡΙΩΝΚΑΙΞΕϹΤΩΝϗ
ΧΑΛΚΙΩΝ ΚΑΙΕΠΕΡΩ 7:5
ΤΩϹΙΝΑΥΤΟΝΟΙΦΑΡΕΙ
ϹΑΙΟΙΚΑΙΟΙΓΡΑΜΜΑΤΕΙϹ
ΔΙΑΤΙΟΥΠΕΡΙΠΑΤΟΥϹΙ
ΟΙΜΑΘΗΤΑΙϹΟΥΚΑΤΑΤΗ
ΠΑΡΑΔΟϹΙΝΤΩΝΠΡΕϹΒΥ
ΤΕΡΩΝΑΛΛΑΚΟΙΝΑΙϹΧΕΡ
ϹΙΝΕϹΘΙΟΥϹΙΝΤΟΝΑΡ
ΤΟΝ ΟΔΕΕΙΠΕΝΑΥΤΟΙϹ 7:6
ΚΑΛΩϹΕΠΡΟΦΗΤΕΥϹΕ̅
ΗϹΑΪΑϹΠΕΡΙΥΜΩΝΤΩ̅
ΥΠΟΚΡΙΤΩΝΩϹΓΕΓΡΑ
ΠΤΑΙΟΤΙΟΛΑΟϹΟΥΤΟϹ
ΤΟΙϹΧΕΙΛΕϹΙΝΜΕΤΕΙΜΑ
ΗΔΕΚΑΡΔΙΑΑΥΤΩΝΠΟΡ
ΡΩΑΠΕΧΕΙΑΠΕΜΟΥΜΑ 7:7
ΤΗΝΔΕϹΕΒΟΝΤΑΙΜΕΔΙ
ΔΑϹΚΟΝΤΕϹΔΙΔΑϹΚΑ
ΛΙΑϹΕΝΤΑΛΜΑΤΑΑΝΘΡΩ
ΠΩΝ ΑΦΕΝΤΕϹΤΗΝ 7:8
ΕΝΤΟΛΗΝΤΟΥΘΥ̅ΚΡΑ
ΤΕΙΤΕΤΗΝΠΑΡΑΔΟϹΙΝ
ΤΩΝΑΝΘΡΩΠΩΝ ΚΑΙΕ 7:9
ΛΕΓΕΝΑΥΤΟΙϹΚΑΛΩϹ
ΑΘΕΤΕΙΤΕΤΗΝΕΝΤΟΛΗ̅
ΤΟΥΘΥ̅ΙΝΑΤΗΝΠΑΡΑΔΟ
ϹΙΝΥΜΩΝΤΗΡΗΤΕΜΩ 7:10
ΥϹΗϹΓΑΡΕΙΠΕΝΤΕΙΜΑ
ΤΟΝΠΑΤΕΡΑϹΟΥΚΑΙΤΗ̅
ΜΗΤΕΡΑϹΟΥΚΑΙΟΚΑΚΟ
ΛΟΓΩΝΠΑΤΕΡΑΗΜΗΤΕ

ΡΑΘΑΝΑΤΩΤΕΛΕΥΤΑΤΩ
7:11 ΥΜΕΙϹΔΕΛΕΓΕΤΑΙΕΑΝ
ΕΙΠΗΑΝΘΡΩΠΟϹΤΩΠΑ
ΤΡΙΗΤΗΜΗΤΡΙΚΟΡΒΑΝ
ΟΕϹΤΙΝΔΩΡΟΝΟΕΑΝΕ
7:12 ΞΕΜΟΥΩΦΕΛΗΘΗϹΟΥ
ΚΕΤΙΑΦΙΕΤΕΑΥΤΟΝ
ΟΥΔΕΝΠΟΙΗϹΑΙΤΩΠΑ
7:13 ΤΡΙΗΤΗΜΗΤΡΙΑΚΥΡΟΥ
ΤΕϹΤΟΝΛΟΓΟΝΤΟΥΘΥ
ΤΗΠΑΡΑΔΟϹΕΙΫΜΩΝΗ
ΠΑΡΕΔΩΚΑΤΕΚΑΙΠΑΡΟ
ΜΟΙΑΤΟΙΑΥΤΑΠΟΛΛΑ
7:14 ΠΟΙΕΙΤΕ ΚΑΙΠΡΟϹΚΑ
ΛΕϹΑΜΕΝΟϹΠΑΛΙΝΤΟ
ΟΧΛΟΝΛΕΓΕΙΑΥΤΟΙϹΑ
ΚΟΥϹΑΤΕΜΟΥΠΑΝΤΕϹ
7:15 ΚΑΙϹΥΝΕΤΕΟΥΔΕΝΕϹΤΙ
ΕΞΩΘΕΝΤΟΥΑΝΘΡΩΠΟΥ
ΕΙϹΠΟΡΕΥΟΜΕΝΟΝΕΙϹ
ΑΥΤΟΝΤΟΚΟΙΝΟΥΝΑΥ
ΤΟΝΑΛΛΑΤΑΕΚΤΟΥΑΝ
ΘΡΩΠΟΥΕΚΠΟΡΕΥΟΜΕ
ΝΑΕϹΤΙΝΤΑΚΟΙΝΟΥΝ
7:17 ΚΘ ΤΑΤΟΝΑΝΘΡΩΠΟΝ ΚΑΙ
ΟΤΕΕΙϹΗΛΘΕΝΕΙϹΟΙΚΟ
ΑΠΟΤΟΥΟΧΛΟΥΕΠΗΡΩ
ΤΩΝΑΥΤΟΝΟΙΜΑΘΗΤΑΙ
ΑΥΤΟΥΤΗΝΠΑΡΑΒΟΛΗ
7:18 ΚΑΙΛΕΓΕΙΑΥΤΟΙϹΟΥΤΩϹ
ΚΑΙΫΜΕΙϹΑϹΥΝΕΤΟΙΕϹΤΕ
ΟΥΝΟΕΙΤΕΟΤΙΠΑΝΤΟ
ΕΞΩΘΕΝΕΙϹΠΟΡΕΥΟΜΕ
ΝΟΝΕΙϹΤΟΝΑΝΘΡΩΠΟ
ΟΥΔΥΝΑΤΑΙΑΥΤΟΝΚΟΙ
7:19 ΝΩϹΑΙΟΤΙΟΥΚΕΙϹΠΟ
ΡΕΥΕΤΑΙΑΥΤΟΥΕΙϹΤΗ
ΚΑΡΔΙΑΝΑΛΛΕΙϹΤΗΝΚΟΙ
ΛΙΑΝΚΑΙΕΙϹΤΟΝΑΦΕ
ΔΡΩΝΑΕΚΠΟΡΕΥΕΤΑΙ
ΚΑΘΑΡΙΖΩΝΠΑΝΤΑΤΑ
7:20 ΒΡΩΜΑΤΑ ΕΛΕΓΕΝΔΕ

ΟΤΙΤΟΕΚΤΟΥΑΝΘΡΩ
ΠΟΥΕΚΠΟΡΕΥΟΜΕΝΟΝ
ΕΚΕΙΝΟΚΟΙΝΟΙΤΟΝΑΝ
ΘΡΩΠΟΝΕϹΩΘΕΝΓΑΡΕΚ 7:21
ΤΗϹΚΑΡΔΙΑϹΤΩΝΑΝΘΡΩ
ΠΩΝΟΙΔΙΑΛΟΓΙϹΜΟΙΟΙΚΑ
ΚΟΙΕΚΠΟΡΕΥΟΝΤΑΙΠΟΡ
ΝΕΙΑΙΚΛΟΠΑΙΦΟΝΟΙΜΟΙ 7:22
ΧΕΙΑΙΠΛΕΟΝΕΞΙΑΙΠΟ
ΝΗΡΙΑΙΔΟΛΟϹΑϹΕΛΓΕΙ
ΑΟΦΘΑΛΜΟϹΠΟΝΗΡΟϹ
ΒΛΑϹΦΗΜΙΑΫΠΕΡΗΦΑ
ΝΙΑΑΦΡΟϹΥΝΗΠΑΝΤΑ 7:23
ΤΑΥΤΑΤΑΠΟΝΗΡΑΕϹΩ
ΘΕΝΕΚΠΟΡΕΥΕΤΑΙΚΑΙ
ΚΟΙΝΟΙΤΟΝΑΝΘΡΩΠΟ̅
ΕΚΕΙΘΕΝΔΕΑΝΑϹΤΑϹΑΠΗΛ 7:24
ΘΕΝΕΙϹΤΑΟΡΙΑΤΥΡΟΥ
ΚΑΙϹΕΙΔΩΝΟϹΚΑΙΕΙϹ
ΕΛΘΩΝΕΙϹΟΙΚΙΑΝΟΥΔΕ
ΝΑΗΘΕΛΕΝΓΝΩΝΑΙΚΑΙ
ΟΥΚΗΔΥΝΑϹΘΗΛΑΘΕΙ̅
ΑΛΛΕΥΘΥϹΑΚΟΥϹΑϹΑΓΥ 7:25
ΝΗΠΕΡΙΑΥΤΟΥΗϹΕΙΧΕ
ΤΟΘΥΓΑΤΡΙΟΝΑΥΤΗϹ
ΠΝΕΥΜΑΑΚΑΘΑΡΤΟΝ
ΕΛΘΟΥϹΑΠΡΟϹΕΠΕϹΕ̅
ΠΡΟϹΤΟΥϹΠΟΔΑϹΑΥΤΟΥ
ΗΔΕΓΥΝΗΗΝΕΛΛΗΝΙϹ 7:26
ϹΥΡΑΦΟΙΝΕΙΚΙϹϹΑΤΩ
ΓΕΝΕΙΚΑΙΗΡΩΤΑΑΥΤΟ̅
ΙΝΑΤΟΔΑΙΜΟΝΙΟΝΕΚΒΑ
ΛΗΕΚΤΗϹΘΥΓΑΤΡΟϹΑΥ
ΤΗϹ ΚΑΙΕΛΕΓΕΝΑΥΤΗ 7:27
ΑΦΕϹΠΡΩΤΟΝΧΟΡΤΑ
ϹΘΗΝΑΙΤΑΤΕΚΝΑΟΥ
ΓΑΡΕϹΤΙΝΚΑΛΟΝΛΑΒΕΙ̅
ΤΟΝΑΡΤΟΝΤΩΝΤΕΚΝΩ̅
ΚΑΙΤΟΙϹΚΥΝΑΡΙΟΙϹΒΑ
ΛΕΙΝ ΗΔΕΑΠΕΚΡΙΘΗϏ 7:28
ΛΕΓΕΙΑΥΤΩΝΑΙΚΕ̅ΚΑΙ
ΤΑΚΥΝΑΡΙΑΫΠΟΚΑΤΩ

ΤΗϹΤΡΑΠΕΖΗϹΕϹΘΙΟΥ
ϹΙΝΑΠΟΤΩΝΨΙΧΙΩΝΤΩ
7:29 ΠΑΙΔΙΩΝ ΚΑΙΕΙΠΕΝΑΥ
ΤΗΔΙΑΤΟΥΤΟΝΤΟΝΛΟ
ΓΟΝΥΠΑΓΕΕΞΕΛΗΛΥΘΕ
ΕΚΤΗϹΘΥΓΑΤΡΟϹϹΟΥ
7:30 ΤΟΔΑΙΜΟΝΙΟΝ ΚΑΙΑΠΕΛ
ΘΟΥϹΑΕΙϹΤΟΝΟΙΚΟΝ
ΑΥΤΗϹΕΥΡΕΤΟΠΑΙΔΙΟ
ΒΕΒΛΗΜΕΝΟΝΕΠΙΤΗΝ
ΚΛΕΙΝΗΝΚΑΙΤΟΔΑΙΜΟ
ΝΙΟΝΕΞΕΛΗΛΥΘΟϹ
7:31 ΛΑ ΚΑΙΠΑΛΙΝΕΞΕΛΘΩΝΕΚ
ΤΩΝΟΡΙΩΝΤΥΡΟΥΗΛ
ΘΕΝΔΙΑϹΕΙΔΩΝΟϹΕΙϹ
ΤΗΝΘΑΛΑϹϹΑΝΤΗϹΓΑ
ΛΕΙΛΑΙΑϹΑΝΑΜΕϹΟΝΤΩ
7:32 ΟΡΙΩΝΔΕΚΑΠΟΛΕΩϹϏ
ΦΕΡΟΥϹΙΝΑΥΤΩΚΩΦΟ
ΚΑΙΜΟΓΙΛΑΛΟΝΚΑΙΠΑ
ΡΑΚΑΛΟΥϹΙΝΑΥΤΟΝΙ
ΝΑΕΠΙΘΗΑΥΤΩΤΗΝΧΕΙ
7:33 ΡΑΚΑΙΑΠΟΛΑΒΟΜΕΝΟϹ
ΑΥΤΟΝΑΠΟΤΟΥΟΧΛΟΥ
ΚΑΤΙΔΙΑΝΕΒΑΛΕΝΤΟΥϹ
ΔΑΚΤΥΛΟΥϹΑΥΤΟΥΕΙϹ
ΤΑΩΤΑΑΥΤΟΥΚΑΙΠΤΥ
ϹΑϹΗΨΑΤΟΤΗϹΓΛΩϹ
7:34 ϹΗϹΑΥΤΟΥΚΑΙΑΝΑΒΛΕ
ΨΑϹΕΙϹΤΟΝΟΥΡΑΝΟΝΕ
ϹΤΕΝΑΞΕ ΚΑΙΛΕΓΕΙΑΥ
ΤΩΕΦΦΑΘΑΟΕϹΤΙΔΙ
7:35 ΑΝΟΙΧΘΗΤΙΚΑΙΗΝΟΙΓΗ
ϹΑΝΑΥΤΟΥΑΙΑΚΟΑΙΚΑΙ
ΕΛΥΘΗΟΔΕϹΜΟϹΤΗϹ
ΓΛΩϹϹΗϹΑΥΤΟΥΚΑΙΕ
7:36 ΛΑΛΕΙΟΡΘΩϹΚΑΙΔΙΕϹΤΕΙ
ΛΑΤΟΑΥΤΟΙϹΙΝΑΜΗΔΕ
ΝΙΛΕΓΩϹΙΝΟϹΟΝΔΕΑΥ
ΤΟΙϹΔΙΕϹΤΕΛΛΕΤΟΑΥ
ΤΟΙΜΑΛΛΟΝΠΕΡΙϹϹΟΤΕ
7:37 ΡΟΝΕΚΗΡΥϹϹΟΝΚΑΙΫ

ΠΕΡΠΕΡΙϹϹΩϹΕΞΕΠΛΗϹ
ϹΟΝΤΟΛΕΓΟΝΤΕϹΚΑΛΩϹ
ΠΑΝΤΑΠΕΠΟΙΗΚΕΝΩϹ
ΚΑΙΤΟΥϹΚΩΦΟΥϹΠΟΙ
ΕΙΑΚΟΥΕΙΝΚΑΙΑΛΑΛΟΥϹ
ΛΒ ΛΑΛΕΙΝ ΕΝΕΚΕΙΝΑΙϹ 8:1
ΤΑΙϹΗΜΕΡΑΙϹΠΑΛΙΝΠΟΛ
ΛΟΥΟΧΛΟΥΟΝΤΟϹΚΑΙ
ΜΗΕΧΟΝΤΩΝΤΙΦΑΓΩ
ϹΙΝ ΠΡΟϹΚΑΛΕϹΑΜΕΝΟϹ
ΤΟΥϹΜΑΘΗΤΑϹΑΥΤΟΥ
ΛΕΓΕΙΑΥΤΟΙϹ ϹΠΛΑΓΧΝΙ 8:2
ΖΟΜΑΙΕΠΙΤΟΝΟΧΛΟΝ
ΟΤΙΗΔΗΗΜΕΡΑΙϹΤΡΙϹ
ΠΡΟϹΜΕΝΟΥϹΙΝΚΑΙΟΥ
ΚΕΧΟΥϹΙΝΤΙΦΑΓΩϹΙ̅
ΚΑΙΕΑΝΑΠΟΛΥϹΩΑΥΤΟΥϹ 8:3
ΝΗϹΤΕΙϹΕΙϹΟΙΚΟΝΑΥ
ΤΩΝΕΚΛΥΘΗϹΟΝΤΑΙ
ΕΝΤΗΟΔΩΚΑΙΤΙΝΕϹΑΥ
ΤΩΝΑΠΟΜΑΚΡΟΘΕΝΕΙ
ϹΙΝ ΚΑΙΑΠΕΚΡΙΘΗϹΑ̅ 8:4
ΑΥΤΩΟΙΜΑΘΗΤΑΙΑΥ
ΤΟΥΟΤΙΠΟΘΕΝΤΟΥΤΟΥϹ
ΔΥΝΗϹΕΤΑΙΤΙϹΩΔΕΧΟΡ
ΤΑϹΑΙΑΡΤΩΝΕΠΕΡΗΜΙ
ΑϹ ΚΑΙΗΡΩΤΑΑΥΤΟΥϹ 8:5
ΠΟϹΟΥϹΕΧΕΤΕΑΡΤΟΥϹ
ΟΙΔΕΕΙΠΑΝΕΠΤΑΚΑΙΠΑ 8:6
ΡΑΓΓΕΛΛΕΙΤΩΟΧΛΩΑ
ΝΑΠΕϹΕΙΝΕΠΙΤΗϹΓΗϹ
ΚΑΙΛΑΒΩΝΤΟΥϹΕΠΤΑ
ΑΡΤΟΥϹΕΥΧΑΡΙϹΤΗϹΑϹ
ΕΚΛΑϹΕΝΚΑΙΕΔΙΔΟΥΤΟΙϹ
ΜΑΘΗΤΑΙϹΑΥΤΟΥΙΝΑ
ΠΑΡΑΤΙΘΩϹΙΝΚΑΙΠΑ
ΡΕΘΗΚΑΝΤΩΟΧΛΩΚΑΙ 8:7
ΕΙΧΑΝΙΧΘΥΔΙΑΟΛΙΓΑ
ΚΑΙΕΥΛΟΓΗϹΑϹΑΥΤΑ
ΕΙΠΕΝΚΑΙΤΑΥΤΑΠΑΡΑ
ΤΙΘΕΝΑΙΚΑΙΕΦΑΓΟΝ 8:8
ΚΑΙΕΧΟΡΤΑϹΘΗϹΑΝ

ΚΑΙΗΡΑΝΠΕΡΙϹϹΕΥΜΑ
ΤΑΚΛΑϹΜΑΤΩΝΕΠΤΑ
8:9 ϹΠΥΡΙΔΑϹΗϹΑΝΔΕΩϹ
ΤΕΤΡΑΚΙϹΧΕΙΛΙΟΙΚΑΙ
8:10 ΑΠΕΛΥϹΕΝΑΥΤΟΥϹΚΑΙ
ΛΓ ΕΥΘΥϹΕΜΒΑϹΑΥΤΟϹ
ΕΙϹΤΟΠΛΟΙΟΝΜΕΤΑ
ΤΩΝΜΑΘΗΤΩΝΑΥΤΟΥ
ΗΛΘΕΝΕΙϹΤΑΜΕΡΗΔΑΛ
8:11 ΜΑΝΟΥΝΘΑΚΑΙΕΞΗΛ
ΘΟΝΟΙΦΑΡΕΙϹΑΙΟΙΚΑΙ
ΗΡΞΑΝΤΟϹΥΝΖΗΤΕΙΝ
ΑΥΤΩΖΗΤΟΥΝΤΕϹΠΑ
ΡΑΥΤΟΥϹΗΜΕΙΟΝΑΠΟ
ΤΟΥΟΥΡΑΝΟΥΠΕΙΡΑΖΟ
8:12 ΤΕϹΑΥΤΟΝ ΚΑΙΑΝΑϹΤΕ
ΝΑΞΑϹΤΩΠΝΕΥΜΑΤΙ
ΑΥΤΟΥΛΕΓΕΙΤΙΗΓΕΝΕ
ΑΑΥΤΗΖΗΤΕΙϹΗΜΕΙΟΝ
ΑΜΗΝΛΕΓΩΕΙΔΟΘΗϹΕ
ΤΑΙΤΗΓΕΝΕΑΤΑΥΤΗ
8:13 ΛΔ ϹΗΜΕΙΟΝ ΚΑΙΑΦΕΙϹ
ΑΥΤΟΥϹΠΑΛΙΝΕΜΒΑϹ
ΑΠΗΛΘΕΝΕΙϹΤΟΠΕΡΑΝ
8:14 ΚΑΙΕΠΕΛΑΘΕΝΤΟΛΑΒΕΙΝ
ΑΡΤΟΥϹΚΑΙΕΙΜΗΕΝΑΡ
ΤΟΝΟΥΚΕΙΧΟΝΜΕΘΕΑΥ
8:15 ΤΩΝΕΝΤΩΠΛΟΙΩΚΑΙ
ΔΙΕϹΤΕΛΛΕΤΟΑΥΤΟΙϹ
ΛΕΓΩΝΟΡΑΤΕΒΛΕΠΕΤΕ
ΑΠΟΤΗϹΖΥΜΗϹΤΩΝ
ΦΑΡΕΙϹΑΙΩΝΚΑΙΤΗϹΖΥ
8:16 ΜΗϹΗΡΩΔΟΥΚΑΙΔΙΕΛΟ
ΓΙΖΟΝΤΟΠΡΟϹΑΛΛΗΛΟΥϹ
ΟΤΙΑΡΤΟΥϹΟΥΚΕΧΟΥ
8:17 ϹΙΝΚΑΙΓΝΟΥϹΛΕΓΕΙΑΥ
ΤΟΙϹΤΙΔΙΑΛΟΓΙΖΕϹΘΕ
ΟΤΙΑΡΤΟΥϹΟΥΚΕΧΕΤΕ
ΟΥΠΩΝΟΕΙΤΕΟΥΔΕϹΥΝ
ΕΙΤΕΠΕΠΩΡΩΜΕΝΗΝ
ΕΧΕΤΕΤΗΝΚΑΡΔΙΑΝΥ
8:18 ΜΩΝΟΦΘΑΛΜΟΥϹΕΧΟΝ

ΤΕϹΟΥΒΛΕΠΕΤΕΚΑΙΩ
ΤΑΕΧΟΝΤΕϹΟΥΚΑΚΟΥΕ
ΤΕΚΑΙΟΥΜΝΗΜΟΝΕΥΕ
ΤΕΟΤΕΤΟΥϹΠΕΝΤΕΑΡ 8:19
ΤΟΥϹΕΚΛΑϹΑΕΙϹΤΟΥϹ
ΠΕΝΤΑΚΙϹΧΕΙΛΙΟΥϹ
ΠΟϹΟΥϹΚΟΦΙΝΟΥϹΚΛΑϹ
ΜΑΤΩΝΠΛΗΡΕΙϹΗΡΑΤΕ
ΛΕΓΟΥϹΙΝΑΥΤΩΔΩΔΕ
ΚΑΟΤΕΤΟΥϹΕΠΤΑΕΙϹ 8:20
ΤΟΥϹΤΕΤΡΑΚΙϹΧΕΙΛΙΟΥϹ
ΠΟϹΩΝϹΠΥΡΙΔΩΝΠΛΗ
ΡΩΜΑΤΑΚΛΑϹΜΑΤΩΝ
ΗΡΑΤΕΚΑΙΛΕΓΟΥϹΙΝΑΥ
ΤΩΕΠΤΑΚΑΙΕΛΕΓΕΝΑΥ 8:21
ΛΕ̅ ΤΟΙϹΠΩϹΟΥΝΟΕΙΤΕ Ϗ 8:22
ΕΡΧΟΝΤΑΙΕΙϹΒΗΘϹΑΪ
ΔΑΝΚΑΙΦΕΡΟΥϹΙΝΑΥΤΩ
ΤΥΦΛΟΝΚΑΙΠΑΡΑΚΑ
ΛΟΥϹΙΝΑΥΤΟΝΙΝΑΑΥΤΟΥ
ΑΨΗΤΑΙΚΑΙΕΠΙΛΑΒΟΜΕ 8:23
ΝΟϹΤΗϹΧΕΙΡΟϹΤΟΥΤΥ
ΦΛΟΥΕΞΗΝΕΓΚΕΝΑΥΤΟ̅
ΕΞΩΤΗϹΚΩΜΗϹΚΑΙ
ΠΤΥϹΑϹΕΙϹΤΑΟΜΜΑΤΑ
ΑΥΤΟΥΕΠΙΘΕΙϹΤΑϹΧΕΙ
ΡΑϹΑΥΤΩΕΠΗΡΩΤΑΑΥ
ΤΟΝΕΙΤΙΒΛΕΠΕΙϹΚΑΙΑ 8:24
ΝΑΒΛΕΨΑϹΕΛΕΓΕΝΒΛΕ
ΠΩΤΟΥϹΑΝΘΡΩΠΟΥϹ
ΟΤΙΩϹΔΕΝΔΡΑΟΡΩΠΕ
ΡΙΠΑΤΟΥΝΤΑϹΕΙΤΑΠΑ 8:25
ΛΙΝΕΘΗΚΕΝΤΑϹΧΕΙΡΑϹ
ΕΠΙΤΟΥϹΟΦΘΑΛΜΟΥϹ
ΑΥΤΟΥΚΑΙΔΙΕΒΛΕΨΕ̅
ΚΑΙΑΠΟΚΑΤΕϹΤΗΚΑΙΕ
ΝΕΒΛΕΠΕΝΤΗΛΑΥΓΩϹ
ΑΠΑΝΤΑΚΑΙΑΠΕϹΤΕΙ 8:26
ΛΕΝΑΥΤΟΝΕΙϹΟΙΚΟΝ
ΑΥΤΟΥΛΕΓΩΝΜΗΔΕΕΙϹ
ΤΗΝΚΩΜΗΝΕΙϹΕΛΘΗϹ
ΛϚ̅ ΚΑΙΕΞΗΛΘΕΝΟΙ̅Ϲ̅ΚΑΙΟΙ 8:27

ΜΑΘΗΤΑΙΑΥΤΟΥΕΙϹΤΑϹ
ΚΩΜΑϹΚΑΙϹΑΡΕΙΑϹΤΗϹ
ΦΙΛΙΠΠΟΥΚΑΙΕΝΤΗΟ
ΔΩΕΠΗΡΩΤΑΤΟΥϹΜΑ
ΘΗΤΑϹΑΥΤΟΥΛΕΓΩΝΑΥ
ΤΟΙϹΤΙΝΑΜΕΛΕΓΟΥϹΙ̅
8:28 ΟΙΑΝΘΡΩΠΟΙΕΙΝΑΙ ΟΙΔΕ
ΕΙΠΑΝΑΥΤΩΛΕΓΟΝΤΕϹ
ΟΤΙΪΩΑΝΗΝΤΟΝΒΑΠΤΙ
ϹΤΗΝΚΑΙΑΛΛΟΙΗΛΕΙΑΝ
ΑΛΛΟΙΔΕΟΤΙΕΙϹΤΩΝ
8:29 ΠΡΟΦΗΤΩΝΚΑΙΑΥΤΟϹ
ΕΠΗΡΩΤΑΑΥΤΟΥϹΥΜΕΙϹ
ΔΕΤΙΝΑΜΕΛΕΓΕΤΕΕΙΝΑΙ
ΑΠΟΚΡΙΘΕΙϹΟΠΕΤΡΟϹ
8:30 ΛΕΓΕΙΑΥΤΩϹΥΕΙΟΧ̅Ϲ̅ϗ
ΕΠΕΤΕΙΜΗϹΕΝΑΥΤΟΙϹ
ΪΝΑΜΗΔΕΝΙΛΕΓΩϹΙΝ
8:31 ΠΕΡΙΑΥΤΟΥΚΑΙΗΡΞΑΤΟ
ΔΙΔΑϹΚΕΙΝΑΥΤΟΥϹΟΤΙ
ΔΕΙΤΟΝΥΙΟΝΤΟΥΑΝΘΡΩ
ΠΟΥΠΟΛΛΑΠΑΘΕΙΝΚΑΙ
ΑΠΟΔΟΚΙΜΑϹΘΗΝΑΙΥ
ΠΟΤΩΝΠΡΕϹΒΥΤΕΡΩ̅
ΚΑΙΤΩΝΑΡΧΙΕΡΕΩΝΚΑΙ
ΤΩΝΓΡΑΜΜΑΤΕΩΝΚΑΙ
ΑΠΟΚΤΑΝΘΗΝΑΙΚΑΙΜΕ
ΤΑΤΡΕΙϹΗΜΕΡΑϹΑΝΑϹΤΗ
8:32 ΝΑΙΚΑΙΠΑΡΡΗϹΙΑΤΟΝΛΟ
ΓΟΝΕΛΑΛΕΙ ΚΑΙΠΡΟϹ
ΛΑΒΟΜΕΝΟϹΟΠΕΤΡΟϹ
ΑΥΤΟΝΗΡΞΑΤΟΕΠΙΤΕΙ
8:33 ΜΑΝΑΥΤΩ ΟΔΕΕΠΙϹΤΡΑ
ΦΕΙϹΚΑΙΪΔΩΝΤΟΥϹΜΑ
ΘΗΤΑϹΑΥΤΟΥΕΠΕΤΕΙ
ΜΗϹΕΝΠΕΤΡΩΚΑΙΛΕΓΕΙ
ΫΠΑΓΕΟΠΙϹΩΜΟΥϹΑΤΑ
ΝΑΟΤΙΟΥΦΡΟΝΕΙϹΤΑ
ΤΟΥΘ̅Υ̅ΑΛΛΑΤΑΤΩΝΑΝ
8:34 ΘΡΩΠΩΝΚΑΙΠΡΟϹΚΑ
ΛΕϹΑΜΕΝΟϹΤΟΝΟΧΛΟ̅
ϹΥΝΤΟΙϹΜΑΘΗΤΑΙϹΑΥ

ΤΟΥΕΙΠΕΝΑΥΤΟΙϹΕΙΤΙϹ
ΘΕΛΕΙΟΠΙϹΩΜΟΥΕΛΘΕΙ
ΑΠΑΡΝΗϹΑϹΘΩΕΑΥΤΟ̄
ΚΑΙΑΡΑΤΩΤΟΝϹΤΑΥ
ΡΟΝΑΥΤΟΥΚΑΙΑΚΟΛΟΥ
ΘΕΙΤΩΜΟΙΟϹΓΑΡΕΑΝ 8:35
ΘΕΛΗΤΗΝΕΑΥΤΟΥΨΥ
ΧΗΝϹΩϹΑΙΑΠΟΛΕϹΕΙ
ΑΥΤΗΝΟϹΔΑΝΑΠΟΛΕ
ϹΕΙΤΗΝΨΥΧΗΝΑΥΤΟΥ
ΕΝΕΚΕΝΕΜΟΥΚΑΙΤΟΥ
ΕΥΑΓΓΕΛΙΟΥϹΩϹΕΙΑΥ
ΤΗΝΤΙΓΑΡΩΦΕΛΕΙΑΝ 8:36
ΘΡΩΠΟΝΚΕΡΔΗϹΑΙΤΟ̄
ΚΟϹΜΟΝΟΛΟΝΚΑΙΖΗΜΙ
ΩΘΗΝΑΙΤΗΝΨΥΧΗΝΑΥ
ΤΟΥΤΙΓΑΡΔΟΙΟΑΝΘΡΩ 8:37
ΠΟϹΑΝΤΑΛΛΑΓΜΑΤΗϹ
ΨΥΧΗϹΕΑΥΤΟΥΟϹΓΑΡ 8:38
ΕΑΝΕΠΑΙϹΧΥΝΘΗΜΕϗ
ΤΟΥϹΕΜΟΥϹΛΟΓΟΥϹΕ̄
ΤΗΓΕΝΕΑΤΑΥΤΗΤΗΜΟΙ
ΧΑΛΙΔΙΚΑΙΑΜΑΡΤΩΛΩ
ΚΑΙΟΥΙΟϹΤΟΥΑΝΘΡΩ
ΠΟΥΕΠΑΙϹΧΥΝΘΗϹΕΤΑΙ
ΑΥΤΟΝΟΤΑΝΕΛΘΗΕΝ
ΤΗΔΟΞΗΤΟΥΠΑΤΡΟϹ
ΑΥΤΟΥΜΕΤΑΤΩΝΑΓΓΕ
ΛΩΝΤΩΝΑΓΙΩΝ ΚΑΙΕ 9:1
ΛΕΓΕΝΑΥΤΟΙϹΑΜΗΝΛΕ
ΓΩΫΜΙΝΟΤΙΕΙϹΙΝΤΙΝΕϹ
ΩΔΕΤΩΝΕϹΤΗΚΟΤΩ̄
ΟΙΤΙΝΕϹΟΥΜΗΓΕΥϹΩ̄
ΤΑΙΘΑΝΑΤΟΥΕΩϹΑΝΪ
ΔΩϹΙΝΤΗΝΒΑϹΙΛΕΙΑΝ
ΤΟΥΘ̅Υ̅ΕΛΗΛΥΘΥΙΑΝΕΝ
Λ̅Ζ̅ ΔΥΝΑΜΕΙ ΚΑΙΜΕΤΑΗ 9:2
ΜΕΡΑϹΕΞΠΑΡΑΛΑΜΒΑΝΕΙ
ΟΙ̅Ϲ̅ΤΟΝΠΕΤΡΟΝΚΑΙΤΟ̄
ΪΑΚΩΒΟΝΚΑΙΙΩΑΝΗΝ
ΚΑΙΑΝΑΦΕΡΕΙΑΥΤΟΥϹ
ΕΙϹΟΡΟϹΥΨΗΛΟΝΚΑΤΙ

ΔΙΑΝΜΟΝΟΥϹΚΑΙΜΕΤΕ
ΜΟΡΦΩΘΗΕΜΠΡΟϹΘΕΝ
9:3 ΑΥΤΩΝΚΑΙΤΑΪΜΑΤΙΑ
ΑΥΤΟΥΕΓΕΝΕΤΟϹΤΙΛ
ΒΟΝΤΑΛΕΥΚΑΛΕΙΑΝΟΙ
ΑΓΝΑΦΕΥϹΕΠΙΤΗϹΓΗϹ
ΟΥΔΥΝΑΤΑΙΟΥΤΩϹΛΕΥ
9:4 ΚΑΝΑΙΚΑΙΩΦΘΗΑΥΤΟΙϹ
ΗΛΕΙΑϹϹΥΝΜΩΫϹΗΚΑΙ
ΗϹΑΝϹΥΝΛΑΛΟΥΝΤΕϹ
9:5 ΤΩΙ͞Υ͞ΚΑΙΑΠΟΚΡΙΘΕΙϹΟ
ΠΕΤΡΟϹΛΕΓΕΙΤΩΙ͞Υ͞ΡΑΒ
ΒΕΙΚΑΛΟΝΕϹΤΙΝΗΜΑϹ
ΩΔΕΕΙΝΑΙΚΑΙΠΟΙΗϹΩ
ΜΕΝΤΡΕΙϹϹΚΗΝΑϹϹΟΙ
ΜΙΑΝΚΑΙΜΩΫϹΕΙΜΙΑΝ
9:6 ΚΑΙΗΛΕΙΑΜΙΑΝΟΥΓΑΡ
ΗΔΕΙΤΙΑΠΟΚΡΙΘΗΕΚΦΟ
9:7 ΒΟΙΓΑΡΕΓΕΝΟΝΤΟΚΑΙ
ΕΓΕΝΕΤΟΝΕΦΕΛΗΕΠΙ
ϹΚΙΑΖΟΥϹΑΑΥΤΟΙϹϗ
ΕΓΕΝΕΤΟΦΩΝΗΕΚΤΗϹ
ΝΕΦΕΛΗϹΟΥΤΟϹΕϹΤΙ͞
ΟΥΙΟϹΜΟΥΟΑΓΑΠΗΤΟϹ
9:8 ΑΚΟΥΕΤΕΑΥΤΟΥΚΑΙΕ
ΞΑΠΙΝΑΠΕΡΙΒΛΕΨΑΜΕ
ΝΟΙΟΥΚΕΤΙΟΥΔΕΝΑΕΙ
ΛΟΝΜΕΤΑΕΑΥΤΩΝΕΙ
9:9 ΜΗΤΟΝΙ͞Ν͞ΜΟΝΟΝΚΑΙ
ΚΑΤΑΪΒΑΙΝΟΝΤΩΝΑΥ
ΤΩΝΕΚΤΟΥΟΡΟΥϹΛΙ
ΕϹΤΕΙΛΑΤΟΑΥΤΟΙϹΙ
ΝΑΜΗΔΕΝΙΑΕΙΔΟΝΛΙΗ
ΓΗϹΩΝΤΑΙΕΙΜΗΟΤΑΝ
ΟΥΙΟϹΤΟΥΑΝΘΡΩΠΟΥ
9:10 ΕΚΝΕΚΡΩΝΑΝΑϹΤΗϗ
ΤΟΝΛΟΓΟΝΕΚΡΑΤΗϹΑ͞
ΠΡΟϹΕΑΥΤΟΥϹϹΥΝΖΗ
ΤΟΥΝΤΕϹΤΙΕϹΤΙΝΤΟ
ΕΚΝΕΚΡΩΝΑΝΑϹΤΗ
9:11 ΝΑΙΚΑΙΕΠΗΡΩΤΩΝΑΥ
ΤΟΝΛΕΓΟΝΤΕϹΟΤΙΛΕ

ΓΟΥCΙΝΟΙΓΡΑΜΜΑΤΕΙC
ΟΤΙΗΛΕΙΑΝΔΕΙΕΛΘΕΙΝ
ΠΡΩΤΟΝΟΔΕΕΦΗΑΥ 9:12
ΤΟΙCΗΛΕΙΑCΜΕΝΕΛΘΩ̄
ΠΡΩΤΟΝΑΠΟΚΑΤΙCΤΑ
ΝΕΙΠΑΝΤΑΚΑΙΠΩCΓΕ
ΓΡΑΠΤΑΙΕΠΙΤΟΝΥΙΟΝ
ΤΟΥΑΝΘΡΩΠΟΥΪΝΑΠΟΛ
ΛΑΠΑΘΗΚΑΙΕΞΟΥΔΕ
ΝΗΘΗΑΛΛΑΛΕΓΩΫΜΙΝ 9:13
ΟΤΙΚΑΙΗΛΕΙΑCΕΛΗΛΥ
ΘΕΝΚΑΙΕΠΟΙΗCΑΝΑΥ
ΤΩΟCΑΗΘΕΛΟΝΚΑΘΩC
ΓΕΓΡΑΠΤΑΙΕΠΑΥΤΟΝ
ΚΑΙΕΛΘΟΝΤΕCΠΡΟCΤΟΥC 9:14
ΜΑΘΗΤΑCΕΙΔΑΝΟΧΛΟ̄
ΠΟΛΥΝΠΕΡΙΑΥΤΟΥCϗ
ΓΡΑΜΜΑΤΕΙCCΥΝΖΗ
ΤΟΥΝΤΑCΠΡΟCΑΥΤΟΥC
ΚΑΙΕΥΘΥCΠΑCΟΟΧΛΟC 9:15
ΪΔΟΝΤΕCΑΥΤΟΝΕΞΕ
ΘΑΜΒΗΘΗCΑΝΚΑΙΠΡΟC
ΤΡΕΧΟΝΤΕCΗCΠΑΖΟΝ
ΤΟΑΥΤΟΝΚΑΙΕΠΗΡΩ 9:16
ΤΗCΕΝΑΥΤΟΥCΤΙCΥΝ
ΖΗΤΕΙΤΕΠΡΟCΑΥΤΟΥC
ΚΑΙΑΠΕΚΡΙΘΗΑΥΤΩΕΙC 9:17
ΕΚΤΟΥΟΧΛΟΥΔΙΔΑCΚΑ
ΛΕΗΝΕΓΚΑΤΟΝΥΙΟΝΜΟΥ
ΠΡΟCCΕΕΧΟΝΤΑΠΝΕΥ
ΜΑΑΛΑΛΟΝΚΑΙΟΠΟΥΕ 9:18
ΑΝΑΥΤΟΝΚΑΤΑΛΑΒΗΡΗC
CΕΙΑΥΤΟΝΚΑΙΑΦΡΙΖΕΙ
ΚΑΙΤΡΙΖΕΙΤΟΥCΟΔΟΝ
ΤΑCΚΑΙΞΗΡΑΙΝΕΤΑΙϗ
ΕΙΠΑΤΟΙCΜΑΘΗΤΑΙCCΟΥ
ΪΝΑΑΥΤΟΕΚΒΑΛΩCΙΝ
ΚΑΙΟΥΚΙCΧΥCΑΝ ΟΔΕ 9:19
ΑΠΟΚΡΙΘΕΙCΑΥΤΟΙCΛΕ
ΓΕΙΩΓΕΝΕΑΑΠΙCΤΟC
ΕΩCΠΟΤΕΠΡΟCΫΜΑC
ΕCΟΜΑΙΕΩCΠΟΤΕΑΝΕ

ΞΟΜΑΙΥΜΩΝΦΕΡΕΤΕ
9:20 ΑΥΤΟΝΠΡΟϹΜΕΚΑΙΗ
ΝΕΓΚΑΝΑΥΤΟΝΠΡΟϹ
ΑΥΤΟΝΚΑΙΙΔΩΝΑΥΤΟ
ΤΟΠΝΕΥΜΑΕΥΘΥϹϹΥ̅
ΕϹΠΑΡΑΞΕΝΑΥΤΟΝΚΑΙ
ΠΕϹΩΝΕΠΙΤΗϹΓΗϹΕΚΥ
9:21 ΛΕΙΕΤΟΑΦΡΙΖΩΝΚΑΙ
ΕΠΗΡΩΤΗϹΕΝΤΟΝΠΑ
ΤΕΡΑΑΥΤΟΥΠΟϹΟϹΧΡΟ
ΝΟϹΕϹΤΙΝΕΩϹΤΟΥ
ΤΟΓΕΓΟΝΕΝΑΥΤΩΟΔΕ
9:22 ΕΙΠΕΝΕΚΠΑΙΔΙΟΘΕΝϏ
ΠΟΛΛΑΚΙϹΚΑΙΕΙϹΠΥΡ
ΑΥΤΟΝΕΒΑΛΕΝΚΑΙΕΙϹ
ΥΔΑΤΑΙΝΑΑΠΟΛΕϹΗΑΥ
ΤΟΝΑΛΛΕΙΤΙΔΥΝΗΒΟ
ΗΘΗϹΟΝΗΜΙΝϹΠΛΑΓ
9:23 ΧΝΙϹΘΕΙϹΕΦΗΜΑϹ ΟΔΕ
Ι̅Ϲ̅ΕΙΠΕΝΑΥΤΩΤΟΕΙΔΥ
ΝΗΠΑΝΤΑΔΥΝΑΤΑΤΩ
9:24 ΠΙϹΤΕΥΟΝΤΙΕΥΘΥϹΚΡΑ
ΞΑϹΟΠΑΤΗΡΤΟΥΠΑΙΔΙ
ΟΥΕΛΕΓΕΝΠΙϹΤΕΥΩΒΟ
ΗΘΕΙΜΟΥΤΗΑΠΙϹΤΙΑ
9:25 ΙΔΩΝΔΕΟΙ̅Ϲ̅ΟΤΙΕΠΙϹΥ̅
ΤΡΕΧΕΙΟΧΛΟϹΕΠΕΤΕΙ
ΜΗϹΕΝΤΩΠΝΕΥΜΑΤΙ
ΤΩΑΚΑΘΑΡΤΩΛΕΓΩΝ
ΑΥΤΩΤΟΑΛΑΛΟΝΚΑΙ
ΚΩΦΟΝΠΝΕΥΜΑΕΓΩ
ΕΓΩΕΠΙΤΑϹϹΩϹΟΙΕ
ΞΕΛΘΕΕΞΑΥΤΟΥΚΑΙΜΗ
ΚΕΤΙΕΙϹΕΛΘΗϹΕΙϹΑΥ
9:26 ΤΟΝΚΑΙΚΡΑΞΑϹΚΑΙΠΟΛ
ΛΑϹΠΑΡΑΞΑϹΕΞΗΛΘΕ̅
ΚΑΙΕΓΕΝΕΤΟΩϹΕΙΝΕ
ΚΡΟϹΩϹΤΕΤΟΥϹΠΟΛ
ΛΟΥϹΛΕΓΕΙΝΟΤΙΑΠΕ
9:27 ΘΑΝΕΝΟΔΕΙ̅Ϲ̅ΚΡΑΤΗ
ϹΑϹΤΗϹΧΕΙΡΟϹΑΥΤΟΥ
ΗΓΕΙΡΕΝΑΥΤΟΝΚΑΙΑ

ΛΗ ΝΕCΤΗ ΚΑΙΕΙCΕΛΘΟ̅ 9:28
ΤΟCΑΥΤΟΥΕΙCΟΙΚΟΝΟΙ
ΜΑΘΗΤΑΙΑΥΤΟΥΚΑΘΙ
ΔΙΑΝΕΠΗΡΩΤΩΝΑΥΤΟ̅
ΟΤΙΗΜΕΙCΟΥΚΗΔΥΝΗ
ΘΗΜΕΝΕΚΒΑΛΕΙΝΑΥΤΟ
ΚΑΙΕΙΠΕΝΑΥΤΟΙCΤΟΥ 9:29
ΤΟΤΟΓΕΝΟCΕΝΟΥΔΕΝΙ
ΔΥΝΑΤΑΙΕΞΕΛΘΕΙΝΕΙΜΗ
ΛΘ ΕΝΠΡΟCΕΥΧΗ ΚΑΚΕΙ 9:30
ΘΕΝΕΞΕΛΘΟΝΤΕCΕΠΟ
ΡΕΥΟΝΤΟΔΙΑΤΗCΓΑΛΕΙ
ΛΑΙΑCΚΑΙΟΥΚΗΘΕΛΕΝ
ΙΝΑΤΙCΓΝΟΙΕΔΙΔΑCΚΕ̅ 9:31
ΓΑΡΤΟΥCΜΑΘΗΤΑCΑΥ
ΤΟΥΚΑΙΕΛΕΓΕΝΟΤΙΟΥ
ΙΟCΤΟΥΑΝΘΡΩΠΟΥΠΑ
ΡΑΔΙΔΟΤΑΙΕΙCΧΕΙΡΑC
ΑΝΘΡΩΠΩΝΚΑΙΑΠΟΚΤΕ
ΝΟΥCΙΝΑΥΤΟΝΚΑΙΑΠΟ
ΚΤΑΝΘΕΙCΜΕΤΑΤΡΕΙC
ΗΜΕΡΑCΑΝΑCΤΗCΕΤΑΙ
ΟΙΔΕΗΓΝΟΟΥΝΤΟΡΗΜΑ 9:32
ΚΑΙΕΦΟΒΟΥΝΤΟΑΥΤΟ̅
Μ ΕΠΕΡΩΤΗCΑΙ ΚΑΙΗΛΘΟ̅ 9:33
ΕΙCΚΑΦΑΡΝΑΟΥΜΚΑΙ
ΕΝΤΗΟΙΚΙΑΓΕΝΟΜΕΝΟC
ΕΠΗΡΩΤΑΑΥΤΟΥCΤΙ
ΕΝΤΗΟΔΩΔΙΕΛΟΓΙΖΕ
CΘΕΟΙΔΕΕCΙΩΠΩΝΠΡΟC 9:34
ΑΛΛΗΛΟΥCΓΑΡΔΙΕΛΕ
ΧΘΗCΑΝΕΝΤΗΟΔΩΤΙC
ΜΕΙΖΩΝ ΚΑΙΚΑΘΙCΑC 9:35
ΕΦΩΝΗCΕΝΤΟΥCΔΩ
ΔΕΚΑΚΑΙΛΕΓΕΙΑΥΤΟΙC
ΕΙΤΙCΘΕΛΕΙΠΡΩΤΟCΕΙ
ΝΑΙΕCΤΑΙΠΑΝΤΩΝΕ
CΧΑΤΟCΚΑΙΠΑΝΤΩΝ
ΔΙΑΚΟΝΟCΚΑΙΛΑΒΩΝ 9:36
ΠΑΙΔΙΟΝΕCΤΗCΕΝΑΥ
ΤΟΕΝΜΕCΩΑΥΤΩΝΚΑΙ
ΕΝΑΓΚΑΛΙCΑΜΕΝΟCΑΥ

9:37 ΤΟΕΙΠΕΝΑΥΤΟΙΣΟΣΑΝ
ΕΝΤΩΝΤΟΙΟΥΤΩΝΠΑΙ
ΔΙΩΝΔΕΞΗΤΑΙΕΠΙΤΩ
ΟΝΟΜΑΤΙΜΟΥΕΜΕΔΕ
ΧΕΤΑΙΚΑΙΟΣΑΝΕΜΕΔΕ
ΧΗΤΑΙΟΥΚΕΜΕΔΕΧΕΤΑΙ
ΑΛΛΑΤΟΝΑΠΟΣΤΕΙΛΑΝ
9:38 ΤΑΜΕ ΕΦΗΑΥΤΩΟΙΩ
ΑΝΗΣΔΙΔΑΣΚΑΛΕΕΙΔΟΜΕΝ
ΤΙΝΑΕΝΤΩΟΝΟΜΑΤΙΣΟΥ
ΕΚΒΑΛΛΟΝΤΑΔΑΙΜΟΝΙΑ
ΚΑΙΕΚΩΛΥΟΜΕΝΑΥΤΟΝ
ΟΤΙΟΥΚΗΚΟΛΟΥΘΕΙΗ
9:39 ΜΙΝ ΟΔΕΙΣΕΙΠΕΝΜΗ
ΚΩΛΥΕΤΕΑΥΤΟΝΟΥΔΕΙΣ
ΓΑΡΕΣΤΙΝΟΣΠΟΙΗΣΕΙ
ΔΥΝΑΜΙΝΕΠΙΤΩΟΝΟ
ΜΑΤΙΜΟΥ ΚΑΙΔΥΝΗΣΕ
ΤΑΙΤΑΧΥΚΑΚΟΛΟΓΗ
9:40 ΣΑΙΜΕ ΟΣΓΑΡΟΥΚΕΣΤΙΝ
ΚΑΘΗΜΩΝΥΠΕΡΗΜΩΝ
9:41 ΕΣΤΙΝ ΟΣΓΑΡΑΝΠΟΤΙ
ΣΗΥΜΑΣΠΟΤΗΡΙΟΝΥ
ΔΑΤΟΣΕΝΟΝΟΜΑΤΙΟ
ΤΙΧΥΕΣΤΕΑΜΗΝΛΕΓΩ
ΥΜΙΝΟΤΙΟΥΜΗΑΠΟΛΕ
ΣΗΤΟΝΜΙΣΘΟΝΑΥΤΟΥ
9:42 ΚΑΙΟΣΑΝΣΚΑΝΔΑΛΙΣΗ
ΕΝΑΤΩΝΜΕΙΚΡΩΝΤΟΥ
ΤΩΝΤΩΝΠΙΣΤΕΥΟΝ
ΤΩΝΕΙΣΕΜΕΚΑΛΟΝΕ
ΣΤΙΝΑΥΤΩΜΑΛΛΟΝΕΙ
ΠΕΡΙΚΕΙΤΑΙΜΥΛΟΣΟΝΙ
ΚΟΣΠΕΡΙΤΟΝΤΡΑΧΗΛΟΝ
ΑΥΤΟΥΚΑΙΒΕΒΛΗΤΑΙ
9:43 ΕΙΣΤΗΝΘΑΛΑΣΣΑΝΚΑΙ
ΕΑΝΣΚΑΝΔΑΛΙΣΗΣΕΗ
ΧΕΙΡΣΟΥΑΠΟΚΟΨΟΝ
ΑΥΤΗΝΚΑΛΟΝΕΣΤΙΝ
ΣΕΚΥΛΛΟΝΕΙΣΕΛΘΕΙΝ
ΕΙΣΤΗΝΖΩΗΝΗΤΑΣ
ΔΥΟΧΕΙΡΑΣΕΧΟΝΤΑ

ΑΠΕΛΘΕΙΝΕΙϹΤΗΝΓΕ
ΕΝΝΑΝΕΙϹΤΟΠΥΡΤΟ
ΑϹΒΕϹΤΟΝ ΚΑΙΕΑΝΟ 9:45
ΠΟΥϹϹΟΥϹΚΑΝΔΑΛΙΖΗ
ϹΕΑΠΟΚΟΨΟΝΑΥΤΟΝ
ΚΑΛΟΝΕϹΤΙΝϹΕΕΙϹΕΛ
ΘΕΙΝΕΙϹΤΗΝΖΩΗΝΧΩ
ΛΟΝΗΤΟΥϹΔΥΟΠΟΔΑϹ
ΕΧΟΝΤΑΒΛΗΘΗΝΑΙΕΙϹ
ΤΗΝΓΕΕΝΝΑΝ ΚΑΙΕΑ 9:47
ΟΟΦΘΑΛΜΟϹϹΟΥϹΚΑΝ
ΔΑΛΙΖΗϹΕΕΚΒΑΛΕΑΥΤΟ
ΚΑΛΟΝϹΕΕϹΤΙΝΜΟΝΟ
ΦΘΑΛΜΟΝΕΙϹΕΛΘΕΙΝ
ΕΙϹΤΗΝΒΑϹΙΛΕΙΑΝΤΟΥ
ΘΥΗΔΥΟΟΦΘΑΛΜΟΥϹ
ΕΧΟΝΤΑΒΛΗΘΗΝΑΙΕΙϹ
ΓΕΕΝΝΑΝΟΠΟΥΟϹΚΩ 9:48
ΛΗΞΑΥΤΩΝΟΥΤΕΛΕΥΤΑ
ΚΑΙΤΟΠΥΡΟΥϹΒΕΝΝΥ
ΤΑΙΠΑϹΓΑΡΠΥΡΙΑΛΙϹΘΗ 9:49
ϹΕΤΑΙ ΚΑΛΟΝΤΟΑΛΑϹ 9:50
ΕΑΝΔΕΤΟΑΛΑϹΑΝΑΛΟ
ΓΕΝΗΤΑΙΕΝΤΙΝΙΑΥΤΟ
ΑΡΤΥϹΕΤΕΕΧΕΤΕΕΝΕ
ΑΥΤΟΙϹΑΛΑΚΑΙΕΙΡΗΝΕΥ
ΜΑ ΕΤΕΕΝΑΛΛΗΛΟΙϹ ΚΑΙ 10:1
ΕΚΕΙΘΕΝΑΝΑϹΤΑϹΕΡΧΕ
ΤΑΙΕΙϹΤΑΟΡΙΑΤΗϹΙΟΥ
ΔΑΙΑϹΚΑΙΠΕΡΑΝΤΟΥΙ
ΟΡΔΑΝΟΥΚΑΙϹΥΝΠΟΡΕΥ
ΟΝΤΑΙΠΑΛΙΝΟΧΛΟΙΠΡΟϹ
ΑΥΤΟΝΚΑΙΩϹΕΙΩΘΕΙ
ΠΑΛΙΝΕΔΙΔΑϹΚΕΝΑΥΤΟΥϹ
ΚΑΙΠΡΟϹΕΛΘΟΝΤΕϹΦΑ 10:2
ΡΕΙϹΑΙΟΙΕΠΗΡΩΤΩΝΑΥ
ΤΟΝΕΙΕΞΕϹΤΙΝΑΝΔΡΙΓΥ
ΝΑΙΚΑΑΠΟΛΥϹΑΙΠΕΙΡΑ
ΖΟΝΤΕϹΑΥΤΟΝ ΟΔΕΑ 10:3
ΠΟΚΡΙΘΕΙϹΕΙΠΕΝΑΥΤΟΙϹ
ΤΙΥΜΙΝΕΝΕΤΕΙΛΑΤΟΜΩ
ΥϹΗϹ ΟΙΔΕΕΙΠΑΝΕΠΕΤΡΕ 10:4

ΨΕΝΜΩΥCΗCΒΙΒΛΙΟΝ
ΑΠΟCΤΑCΙΟΥΓΡΑΨΑΙϗ
10:5 ΑΠΟΛΥCΑΙΟΔΕΙ̅C̅ΕΙΠΕΝ
ΑΥΤΟΙCΠΡΟCΤΗΝCΚΛΗ
ΡΟΚΑΡΔΙΑΝΥΜΩΝΕΓΡΑ
ΨΕΝΥΜΙΝΤΗΝΕΝΤΟΛΗ
10:6 ΤΑΥΤΗΝΑΠΟΔΕΑΡΧΗC
ΚΤΙCΕΩCΑΡCΕΝΚΑΙΘΗ
ΛΥΕΠΟΙΗCΕΝΑΥΤΟΥC
10:7 ΕΝΕΚΕΝΤΟΥΤΟΥΚΑΤΑ
ΛΙΨΕΙΑΝΘΡΩΠΟCΤΟΝ
ΠΑΤΕΡΑΑΥΤΟΥΚΑΙΤΗΝ
10:8 ΜΗΤΕΡΑΚΑΙΕCΟΝΤΑΙΟΙ
ΔΥΟΕΙCCΑΡΚΑΜΙΑΝΩC
ΤΕΟΥΚΕΤΙΕΙCΙΝΔΥΟΑΛ
10:9 ΛΑΜΙΑCΑΡΞ·ΟΟΥΝΟΘ̅C̅
CΥΝΕΖΕΥΞΕΝΑΝΘΡΩΠΟC
10:10 ΜΗΧΩΡΙΖΕΤΩ ΚΑΙΕΙC
ΤΗΝΟΙΚΙΑΝΠΑΛΙΝΟΙΜΑ
ΘΗΤΑΙΠΕΡΙΤΟΥΤΟΥΕ
10:11 ΠΗΡΩΤΩΝΑΥΤΟΝΚΑΙ
ΛΕΓΕΙΑΥΤΟΙCΟCΑΝΑΠΟ
ΛΥCΗΤΗΝΓΥΝΑΙΚΑΑΥ
ΤΟΥΚΑΙΓΑΜΗCΗΑΛΛΗΝ
10:12 ΜΟΙΧΑΤΑΙΕΠΑΥΤΗΝϗ
ΕΑΝΑΥΤΗΑΠΟΛΥCΑCΑ
ΤΟΝΑΝΔΡΑΑΥΤΗCΓΑΜΗ
CΗΑΛΛΟΝΜΟΙΧΑΤΑΙ
10:13 ΚΑΙΠΡΟCΕΦΕΡΟΝΑΥΤΩ
ΠΑΙΔΙΑΙΝΑΑΥΤΩΝΑΨΗ
ΤΑΙΟΙΔΕΜΑΘΗΤΑΙΕΠΕ
10:14 ΤΕΙΜΗCΑΝΑΥΤΟΙC ΙΔΩ
ΔΕΟΙ̅C̅ΗΓΑΝΑΚΤΗCΕΝϗ
ΕΙΠΕΝΑΥΤΟΙCΑΦΕΤΕ
ΤΑΠΑΙΔΙΑΕΡΧΕCΘΑΙΠΡΟC
ΜΕΜΗΚΩΛΥΕΤΕΑΥΤΑΤΩΝ
ΓΑΡΤΟΙΟΥΤΩΝΕCΤΙΝ
10:15 ΗΒΑCΙΛΕΙΑΤΟΥΘ̅Υ̅ ΑΜΗΝ
ΛΕΓΩΫΜΙΝΟCΑΝΜΗΔΕ
ΞΗΤΑΙΤΗΝΒΑCΙΛΕΙΑΝ
ΤΟΥΘ̅Υ̅ΩCΠΑΙΔΙΟΝΟΥ
ΜΗΕΙCΕΛΘΗΕΙCΑΥΤΗΝ

ΚΑΙΕΝΑΓΚΑΛΙϹΑΜΕΝος 10:16
ΑΥΤΑΚΑΤΕΥΛΟΓΕΙΤΙ
ΘΕΙϹΤΑϹΧΕΙΡΑϹΕΠΑΥΤα
ΜΒ ΚΑΙΕΚΠΟΡΕΥΟΜΕΝΟΥ 10:17
ΑΥΤΟΥΕΙϹΟΔΟΝΠΡΟϹ
ΔΡΑΜΩΝΕΙϹΚΑΙΓΟΝΥΠε
ΤΗϹΑϹΑΥΤΟΝΕΠΗΡΩ
ΤΑΑΥΤΟΝΔΙΔΑϹΚΑΛΕΑ
ΓΑΘΕΤΙΠΟΙΗϹΩΙΝΑΖω
ΗΝΑΙΩΝΙΟΝΚΛΗΡΟΝΟ
ΜΗϹΩ ΟΔΕΙϹΕΙΠΕΝΑΥ 10:18
ΤΩΤΙΜΕΛΕΓΕΙϹΑΓΑΘον
ΟΥΔΕΙϹΑΓΑΘΟϹΕΙΜΗεις
ΟΘϹΤΑϹΕΝΤΟΛΑϹΟΙδας 10:19
ΜΗΦΟΝΕΥϹΗϹΜΗΜΟΙ
ΧΕΥϹΗϹΜΗΚΛΕΨΗϹΜη
ΨΕΥΔΟΜΑΡΤΥΡΗϹΗϹ ΜΗΑΠΟϹΤΕ ΡΗϹΗϹ·
ΤΕΙΜΑΤΟΝΠΑΤΕΡΑϹΟΥ
ΚΑΙΤΗΝΜΗΤΕΡΑ ΟΔΕ 10:20
ΕΦΗΑΥΤΩΔΙΔΑϹΚΑλε
ΤΑΥΤΑΠΑΝΤΑΕΦΥΛΑ
ΞΑΜΗΝΕΚΝΕΟΤΗΤΟϹμου
ΟΔΕΙϹΕΜΒΛΕΨΑϹΑΥΤω 10:21
ΗΓΑΠΗϹΕΝΑΥΤΟΝΚΑΙ
ΕΙΠΕΝΑΥΤΩΕΝϹΕΫϹΤε
ΡΕΙΫΠΑΓΕΟϹΑΕΧΕΙϹΠω
ΛΗϹΟΝΚΑΙΔΟϹΠΤΩΧοις
ΚΑΙΕΞΕΙϹΘΗϹΑΥΡΟΝΕ̅
ΟΥΡΑΝΩΚΑΙΔΕΥΡΟΑΚο
ΛΟΥΘΕΙΜΟΙ ΟΔΕϹΤΥ 10:22
ΓΝΑϹΑϹΕΠΙΤΩΛΟΓΩΑ
ΠΗΛΘΕΝΛΥΠΟΥΜΕΝΟς
ΗΝΓΑΡΕΧΩΝΚΤΗΜΑΤΑ
ΠΟΛΛΑ ΚΑΙΠΕΡΙΒΛΕΨΑ 10:23
ΜΕΝΟϹΟΙϹΛΕΓΕΙΤΟΙϹ
ΜΑΘΗΤΑΙϹΑΥΤΟΥΠΩς
ΔΥϹΚΟΛΩϹΟΙΤΑΧΡΗΜα
ΤΑΕΧΟΝΤΕϹΕΙϹΤΗΝΒα
ϹΙΛΕΙΑΝΤΟΥΘΥΕΙϹΕΛευ
ϹΟΝΤΑΙ ΟΙΔΕΜΑΘΗΤΑΙ 10:24
ΕΘΑΜΒΟΥΝΤΟΕΠΙΤΟΙς
ΛΟΓΟΙϹΑΥΤΟΥ ΟΔΕΙϹ

ΠΑΛΙΝΑΠΟΚΡΙΘΕΙϹΛΕΓΕΙ
ΑΥΤΟΙϹΤΕΚΝΑΠΩϹΔΥ
ϹΚΟΛΟΝΕϹΤΙΝΕΙϹΤΗΝ
ΒΑϹΙΛΕΙΑΝΤΟΥΘΥΕΙϹ
10:25 ΕΛΘΕΙΝΕΥΚΟΠΩΤΕΡΟΝ
ΕϹΤΙΝΚΑΜΗΛΟΝΔΙΑΤΗϹ
ΤΡΥΜΑΛΙΑϹΤΗϹΡΑΦΙ
ΔΟϹΔΙΕΛΘΕΙΝΗΠΛΟΥ
ϹΙΟΝΕΙϹΤΗΝΒΑϹΙΛΕΙΑΝ
10:26 ΤΟΥΘΥΕΙϹΕΛΘΕΙΝ ΟΙΔΕ
ΠΕΡΙϹϹΩϹΕΞΕΠΛΗϹϹΟΝ
ΤΟΛΕΓΟΝΤΕϹΠΡΟϹΑΥ
ΤΟΝΚΑΙΤΙϹΔΥΝΑΤΑΙ
10:27 ϹΩΘΗΝΑΙ ΕΜΒΛΕΨΑϹ
ΑΥΤΟΙϹΟΙϹΛΕΓΕΙΠΑΡΑ
ΑΝΘΡΩΠΟΙϹΑΔΥΝΑΤΟΝ
ΑΛΛΟΥΠΑΡΑΘΩΠΑΝΤΑ
ΓΑΡΔΥΝΑΤΑΠΑΡΑΘΩ
10:28 ΗΡΞΑΤΟΛΕΓΕΙΝΟΠΕΤΡΟϹ
ΑΥΤΩΙΔΟΥΗΜΕΙϹΑΦΗ
ΚΑΜΕΝΠΑΝΤΑΚΑΙΗΚΟ
10:29 ΛΟΥΘΗΚΑΜΕΝϹΟΙ ΕΦΗ
ΟΙϹΑΜΗΝΛΕΓΩΥΜΙΝ
ΟΥΔΕΙϹΕϹΤΙΝΟϹΑΦΗ
ΚΕΝΟΙΚΙΑΝΗΑΔΕΛΦΟΥϹ
ΗΑΔΕΛΦΑϹΗΜΗΤΕΡΑ
ΗΠΑΤΕΡΑΗΤΕΚΝΑΗΑ
ΓΡΟΥϹΕΝΕΚΕΝΕΜΟΥϗ ΕΝΕΚΕΝ
10:30 ΤΟΥΕΥΑΓΓΕΛΙΟΥΕΑΝ
ΜΗΛΑΒΗΕΚΑΤΟΝΤΑΠΛΑ
ϹΙΟΝΑΝΥΝΕΝΤΩΚΑΙΡΩ
ΤΟΥΤΩΟΙΚΙΑϹΚΑΙΑΔΕΛ
ΦΟΥϹΚΑΙΑΔΕΛΦΑϹΚΑΙ
ΜΗΤΕΡΑϹΚΑΙΤΕΚΝΑϗ
ΑΓΡΟΥϹΜΕΤΑΔΙΩΓΜΩΝ
ΚΑΙΕΝΤΩΑΙΩΝΙΤΩΕΡ
ΧΟΜΕΝΩΖΩΗΝΑΙΩΝΙ
10:31 ΑΝΠΟΛΛΟΙΔΕΕϹΟΝΤΑΙ
ΠΡΩΤΟΙΕϹΧΑΤΟΙΚΑΙ
ΟΙΕϹΧΑΤΟΙΠΡΩΤΟΙ
10:32 ΗϹΑΝΔΕΕΝΤΗΟΔΩΑΝΑ
ΒΑΙΝΟΝΤΕϹΕΙϹΙΕΡΟϹΟ

ΛΥΜΑΚΑΙΗΝΠΡΟΑΓΩΝ
ΑΥΤΟΥϹΟΙ̅Ϲ̅ΚΑΙΕΘΑΜ
ΒΟΥΝΤΟΟΙΔΕΑΚΟΛΟΥ
ΘΟΥΝΤΕϹΕΦΟΒΟΥΝΤΟ
ΚΑΙΠΑΡΑΛΑΒΩΝΠΑΛΙΝ
ΤΟΥϹΔΩΔΕΚΑΗΡΞΑΤΟ
ΑΥΤΟΙϹΛΕΓΕΙΝΤΑΜΕΛ
ΛΟΝΤΑΑΥΤΩϹΥΜΒΑΙ
ΝΕΙΝΟΤΙΙΔΟΥΑΝΑΒΑΙ 10:33
ΝΟΜΕΝΕΙϹΪΕΡΟϹΟΛΥΜΑ
ΚΑΙΟΥΙΟϹΤΟΥΑΝΘΡΩ
ΠΟΥΠΑΡΑΔΟΘΗϹΕΤΑΙΤΟΙϹ
ΑΡΧΙΕΡΕΥϹΙΝΚΑΙΤΟΙϹ
ΓΡΑΜΜΑΤΕΥϹΙΝΚΑΙΚΑ
ΤΑΚΡΙΝΟΥϹΙΝΑΥΤΟΝ
ΘΑΝΑΤΩΚΑΙΠΑΡΑΔΩ
ϹΟΥϹΙΝΑΥΤΟΝΤΟΙϹΕ
ΘΝΕϹΙΝΚΑΙΕΜΠΑΙΞΟΥ 10:34
ϹΙΝΑΥΤΩΚΑΙΕΜΠΤΥ
ϹΟΥϹΙΝΑΥΤΩΚΑΙΜΑ
ϹΤΕΙΓΩϹΟΥϹΙΝΑΥΤΟ̅
ΚΑΙΑΠΟΚΤΕΝΟΥϹΙΝϏ
ΜΕΤΑΤΡΕΙϹΗΜΕΡΑϹΑ
ΝΑϹΤΗϹΕΤΑΙ ΚΑΙΠΡΟϹ 10:35
ΠΟΡΕΥΟΝΤΑΙΑΥΤΩΙΑ
ΚΩΒΟϹΚΑΙΙΩΑΝΗϹΟΙΔΥΟ
ΥΙΟΙΖΕΒΕΔΑΙΟΥΛΕΓΟΝ
ΤΕϹΑΥΤΩΔΙΔΑϹΚΑΛΕ
ΘΕΛΟΜΕΝΙΝΑΟΕΑΝΑΙΤΗ
ϹΩΜΕΝϹΕΠΟΙΗϹΗϹΗΜΙ̅
ΟΔΕΕΙΠΕΝΑΥΤΟΙϹΤΙΘΕ 10:36
ΛΕΤΕΜΕΠΟΙΗϹΩΫΜΙΝ
ΟΙΔΕΕΙΠΑΝΑΥΤΩΔΟϹ 10:37
ΗΜΙΝΙΝΑΕΙϹϹΟΥΕΚΔΕ
ΞΙΩΝΚΑΙΕΙϹΕΞΑΡΙϹΤΕ
ΡΩΝΚΑΘΙϹΩΜΕΝΕΝΤΗ
ΔΟΞΗϹΟΥ ΟΔΕΙ̅Ϲ̅ΕΙΠΕ̅ 10:38
ΑΥΤΟΙϹΟΥΚΟΙΔΑΤΕΤΙ
ΑΙΤΕΙϹΘΕΔΥΝΑϹΘΕΠΙ
ΕΙΝΤΟΠΟΤΗΡΙΟΝΟΕ
ΓΩΠΕΙΝΩΗΤΟΒΑΠΤΙ
ϹΜΑΟΕΓΩΒΑΠΤΙΖΟΜΑΙ

10:39 ΒΑΠΤΙCΘΗΝΑΙ ΟΙΔΕΕΙ
ΠΑΝΑΥΤΩΔΥΝΟΜΕΘΑ
ΟΔΕΙ̅C̅ΕΙΠΕΝΑΥΤΟΙCΤΟ
ΠΟΤΗΡΙΟΝΟΕΓΩΠΕΙΝΩ
ΠΙΕCΘΕΚΑΙΤΟΒΑΠΤΙCΜΑ
ΟΕΓΩΒΑΠΤΙΖΟΜΑΙΒΑ
10:40 ΠΤΙCΘΗCΕCΘΕΤΟΔΕΚΑ
ΘΙCΑΙΕΚΔΕΞΙΩΝΜΟΥΗ
ΕΞΕΥΩΝΥΜΩΝΟΥΚΕCΤΙ̅
ΕΜΟΝΔΟΥΝΑΙΑΛΛΟΙCΗ
10:41 ΤΟΙΜΑCΤΑΙ ΚΑΙΑΚΟΥ
CΑΝΤΕCΟΙΔΕΚΑΗΡΞΑΝ
ΤΟΑΓΑΝΑΚΤΕΙΝΠΕΡΙΙ
ΑΚΩΒΟΥΚΑΙΙΩΑΝΟΥ
10:42 ΚΑΙΠΡΟCΚΑΛΕCΑΜΕΝΟC
ΑΥΤΟΥCΟΙ̅C̅ΛΕΓΕΙΑΥΤΟΙC
ΟΙΔΑΤΕΟΤΙΟΙΔΟΚΟΥΝ
ΤΕCΑΡΧΕΙΝΤΩΝΕΘΝΩ̅
ΚΑΤΑΚΥΡΙΕΥΟΥCΙΝΑΥ
ΤΩΝΚΑΙΟΙΜΕΓΑΛΟΙΑΥ
ΤΩΝΚΑΤΕΞΟΥCΙΑΖΟΥ
10:43 CΙΝΑΥΤΩΝ ΟΥΧΟΥΤΩC
ΔΕΕCΤΙΝΕΝΥΜΙΝ ΑΛΛΟC
ΑΝΘΕΛΗΜΕΓΑCΓΕΝΕ
CΘΑΙΕΝΥΜΙΝΕCΤΑΙΥΜΩ̅
10:44 ΔΙΑΚΟΝΟCΚΑΙΟCΑΝΘΕ
ΛΗΕΝΥΜΙΝΕΙΝΑΙΠΡΩ
ΤΟCΕCΤΑΙΠΑΝΤΩΝΔΟΥ
10:45 ΛΟCΚΑΙΓΑΡΟΥΙΟCΤΟΥ
ΑΝΘΡΩΠΟΥΟΥΚΗΛΘΕ̅
ΔΙΑΚΟΝΗΘΗΝΑΙΑΛΛΑ
ΔΙΑΚΟΝΗCΑΙΚΑΙΔΟΥΝΑΙ
ΤΗΝΨΥΧΗΝΑΥΤΟΥΛΥ
10:46 ΤΡΟΝΑΝ ΤΙΠΟΛΛΩ̅ ΚΕΡΧΟΝΤΑΙ ΕΙCΙΕΡΕΙΧΩ
ΡΙΓ ΚΑΙΕΚΠ · ΟΡΕΥΟΜΕΝΟΥ
ΑΥΤΟΥΑΠΟΙΕΡΕΙΧΩϏ
ΤΩΝΜΑΘΗΤΩΝΑΥΤΟΥ
ΚΑΙΟΧΛΟΥΙΚΑΝΟΥΟΥ
ΙΟCΤΕΙΜΑΙΟΥΒΑΡΤΕΙ
ΜΑΙΟCΤΥΦΛΟCΠΡΟC
ΑΙΤΗCΕΚΑΘΗΤΟΠΑΡΑ
10:47 ΤΗΝΟΔΟΝ ΚΑΙΑΚΟΥCΑC

ΟΤΙΙϹΕϹΤΙΝΟΝΑΖΑΡΗ
ΝΟϹΗΡΞΑΤΟΚΡΑΖΕΙΝϏ
ΛΕΓΕΙΝΥΪΕΔΑΥΕΙΔΙΥΕ
ΛΕΗϹΟΝΜΕΚΑΙΕΠΕΤΕΙ 10:48
ΜΩΝΑΥΤΟΙΠΟΛΛΟΙΙΝΑ
ϹΙΩΠΗϹΗΟΔΕΠΟΛΛΩ
ΜΑΛΛΟΝΕΚΡΑΖΕΝΥΪΕ
ΔΑΥΕΙΔΕΛΕΗϹΟΝΜΕϏ 10:49
ϹΤΑϹΟΙϹΕΙΠΕΝΦΩΝΗ
ϹΑΤΕΑΥΤΟΝΚΑΙΦΩ
ΝΟΥϹΙΤΟΝΤΥΦΛΟΝΛΕ
ΓΟΝΤΕϹΑΥΤΩΘΑΡϹΕΙ
ΕΓΕΙΡΕΦΩΝΕΙϹΕΟΔΕ 10:50
ΑΠΟΒΑΛΩΝΤΟΪΜΑΤΙΟ
ΑΥΤΟΥΑΝΑΠΗΔΗϹΑϹ
ΗΛΘΕΝΠΡΟϹΤΟΝΙΝΚΑΙ 10:51
ΑΠΟΚΡΙΘΕΙϹΑΥΤΩΟΙϹ
ΕΙΠΕΝΤΙϹΟΙΘΕΛΕΙϹΠΟΙ
ΗϹΩΟΔΕΤΥΦΛΟϹΕΙΠΕ
ΑΥΤΩΡΑΒΒΟΥΝΕΙΪΝΑΑ
ΝΑΒΛΕΨΩΚΑΙΟΙϹΕΙΠΕ 10:52
ΑΥΤΩΥΠΑΓΕΗΠΙϹΤΙϹ
ϹΟΥϹΕϹΩΚΕΝϹΕΚΑΙΕΥ
ΘΥϹΑΝΕΒΛΕΨΕΝΚΑΙΗ
ΚΟΛΟΥΘΕΙΑΥΤΩΕΝΤΗ
ΜΔ ΟΔΩ ΚΑΙΟΤΕΕΓΓΙΖΟΥ 11:1
ϹΙΝΕΙϹΙΕΡΟϹΟΛΥΜΑΕΙϹ
ΒΗΔΦΑΓΗΚΑΙΒΗΘΑΝΙΑ
ΠΡΟϹΤΟΟΡΟϹ
ΤΟΕΛΑΙΩΝΑΠΟϹΤΕΛΛΕΙ
ΔΥΟΤΩΝΜΑΘΗΤΩΝΑΥ
ΤΟΥΚΑΙΛΕΓΕΙΑΥΤΟΙϹ 11:2
ΥΠΑΓΕΤΕ ΕΙϹΤΗΝΚΩ
ΜΗΝΤΗΝ ΚΑΤΕΝΑ
ΤΙΥΜΩΝΚ ΑΙΕΥΘΥϹ
ΕΙϹΠΟΡΕΥΟΜΕΝΟΙΕΙϹ
ΑΥΤΗΝΕΥΡΗϹΕΤΕΠΩ
ΛΟΝΔΕΔΕΜΕΝΟΝΕΦΟ
ΟΥΔΕΙϹΟΥΠΩΑΝΘΡΩ
ΠΩΝΕΚΑΘΙϹΕΝΛΥϹΑΤΕ
ΑΥΤΟΝΚΑΙΦΕΡΕΤΕϏ 11:3
ΕΑΝΤΙϹΥΜΙΝΕΙΠΗΤΙ

ΠΟΙΕΙΤΕΤΟΥΤΟΕΙΠΑΤΕ
ΟΚΣΑΥΤΟΥΧΡΕΙΑΝΕΧΕΙ
ΚΑΙΕΥΘΥΣΑΠΟΣΤΕΛΛΕΙ
11:4 ΠΑΛΙΝΑΥΤΟΝΩΔΕΚΑΙ
ΑΠΗΛΘΟΝΚΑΙΕΥΡΟΝΠΩ
ΛΟΝΔΕΔΕΜΕΝΟΝΠΡΟΣ
ΘΥΡΑΝΕΞΩΕΠΙΤΟΥΑΜ..
ΦΟΔΟΥΚΑΙΛΥΟΥΣΙΝΑΥ
11:5 ΤΟΝΚΑΙΤΙΝΕΣΤΩΝΕΚΕΙ
ΕΣΤΗΚΟΤΩΝΕΛΕΓΟΝ
ΑΥΤΟΙΣΤΙΠΟΙΕΙΤΕΛΥ
11:6 ΟΝΤΕΣΤΟΝΠΩΛΟΝΟΙ
ΔΕΕΙΠΟΝΑΥΤΟΙΣΚΑΘΩΣ
ΕΙΠΕΝΟΙΣΚΑΙΑΦΗΚΑΝ
11:7 ΑΥΤΟΥΣΚΑΙΦΕΡΟΥΣΙ
ΤΟΝΠΩΛΟΝΠΡΟΣΤΟΝ
ΙΝΚΑΙΕΠΙΒΑΛΛΟΥΣΙΝΑΥ
ΤΩΤΑΙΜΑΤΙΑΕΑΥΤΩΝ
ΚΑΙΕΚΑΘΙΣΕΝΕΠΑΥΤΟΝ
11:8 ΚΑΙΠΟΛΛΟΙΤΑΙΜΑΤΙΑΕ
ΑΥΤΩΝΕΣΤΡΩΣΑΝΕΙΣ
ΤΗΝΟΔΟΝΑΛΛΟΙΔΕΣΤΙΒΑ
ΔΑΣΚΟΨΑΝΤΕΣΕΚΤΩΝ
11:9 ΑΓΡΩΝΚΑΙΟΙΠΡΟΑΓΟΝ
ΤΕΣΚΑΙΟΙΑΚΟΛΟΥΘΟΥ
ΤΕΣΕΚΡΑΖΟΝΩΣΑΝΝΑΕΥ
ΛΟΓΗΜΕΝΟΣΟΕΡΧΟΜΕ
11:10 ΝΟΣΕΝΟΝΟΜΑΤΙΚΥΕΥ
ΛΟΓΗΜΕΝΗΗΕΡΧΟΜΕΝΗ
ΒΑΣΙΛΕΙΑΤΟΥΠΑΤΡΟΣ
ΗΜΩΝΔΑΥΕΙΔΩΣΑΝΝΑ
11:11 ΕΝΤΟΙΣΥΨΙΣΤΟΙΣ ΚΑΙ
ΕΙΣΗΛΘΕΝΕΙΣΪΕΡΟΣΟΛΥ
ΜΑΕΙΣΤΟΙΕΡΟΝΚΑΙΠΕ
ΡΙΒΛΕΨΑΜΕΝΟΣΠΑΝΤΑ
ΟΨΙΑΣΗΔΗΟΥΣΗΣΕΞΗΛ
ΘΕΝΕΙΣΒΗΘΑΝΙΑΝΜΕ
11:12 ΜΕ ΤΑΤΩΝΔΩΔΕΚΑ ΚΑΙ
ΤΗΕΠΑΥΡΙΟΝΕΞΕΛΘΟ
ΤΩΝΑΥΤΩΝΑΠΟΒΗΘΑ
11:13 ΝΙΑΣΕΠΕΙΝΑΣΕΝΚΑΙΙ
ΔΩΝΣΥΚΗΝΑΠΟΜΑΚΡΟ

ΘΕΝΕΧΟΥϹΑΝΦΥΛΛΑ
ΗΑΘΕΝΕΙΑΡΑΤΙΕΥΡΗ
ϹΕΙΕΝΑΥΤΗΚΑΙΕΛΘΩ̄
ΕΠΑΥΤΗΝΟΥΔΕΝΕΥΡΕ̄
ΕΙΜΗΦΥΛΛΑΟΓΑΡΚΑΙ
ΡΟϹΟΥΚΗΝϹΥΚΩΝ
ΚΑΙΑΠΟΚΡΙΘΕΙϹΕΙΠΕ̄ 11:14
ΑΥΤΗΜΗΚΕΤΙΕΙϹΤΟ̄
ΑΙΩΝΑΕΚϹΟΥΜΗΔΕΙϹ
ΚΑΡΠΟΝΦΑΓΟΙΚΑΙΗ
ΚΟΥΟΝΟΙΜΑΘΗΤΑΙΑΥ
ΤΟΥΚΑΙΕΡΧΟΝΤΑΙΕΙϹ 11:15
ΙΕΡΟϹΟΛΥΜΑΚΑΙΕΙϹ
ΕΛΘΩΝΕΙϹΤΟΪΕΡΟΝ
ΗΡΞΑΤΟΕΚΒΑΛΛΕΙΝ
ΤΟΥϹΠΩΛΟΥΝΤΑϹϏ
ΤΟΥϹΑΓΟΡΑΖΟΝΤΑϹ
ΕΝΤΩΙΕΡΩΚΑΙΤΑϹ
ΤΡΑΠΕΖΑϹΤΩΝΚΟΛ
ΛΥΒΙϹΤΩΝΚΑΙΤΑϹΚΑ
ΘΕΔΡΑϹΤΩΝΠΩΛΟῩ
ΤΩΝΤΑϹΠΕΡΙϹΤΕΡΑϹ
ΚΑΤΕϹΤΡΕΨΕΝΚΑΙΟΥ 11:16
ΚΗΦΙΕΝΙΝΑΤΙϹΔΙΕΝΕΓ
ΚΗϹΚΕΥΟϹΔΙΑΤΟΥΙΕ
ΡΟΥΚΑΙΕΔΙΔΑϹΚΕΝϏ 11:17
ΕΛΕΓΕΝΟΥΓΕΓΡΑΠΤΑΙ
ΟΤΙΟΟΙΚΟϹΜΟΥΟΙΚΟϹ
ΠΡΟϹΕΥΧΗϹΚΛΗΘΗϹΕ
ΤΑΙΠΑϹΙΝΤΟΙϹΕΘΝΕ
ϹΙΝΥΜΕΙϹΔΕΠΕΠΟΙΗ
ΚΑΤΕΑΥΤΟΝϹΠΗΛΑΙ
ΟΝΛΗϹΤΩΝ ΚΑΙΗΚΟΥ 11:18
ϹΑΝΟΙΑΡΧΙΕΡΕΙϹΚΑΙ
ΟΙΓΡΑΜΜΑΤΕΙϹΚΑΙΕ
ΖΗΤΟΥΝΠΩϹΑΥΤΟΝ
ΑΠΟΛΕϹΩϹΙΝΕΦΟΒΟῩ
ΤΟΓΑΡΑΥΤΟΝΠΑϹΓΑΡ
ΟΟΧΛΟϹΕΞΕΠΛΗϹϹΕ
ΤΟΕΠΙΤΗΔΙΔΑΧΗΑΥ
ΤΟΥ ΚΑΙΟΤΑΝΟΨΕΕ 11:19
ΓΕΝΕΤΟΕΞΕΠΟΡΕΥΟ̄

ΤΟΕΞΩΤΗΣΠΟΛΕΩΣ
11:20 ΚΑΙΠΑΡΑΠΟΡΕΥΟΜΕ
ΝΟΙΠΡΩΪΕΙΔΟΝΤΗΝ
ΣΥΚΗΝΕΞΗΡΑΜΜΕΝΗ
11:21 ΕΚΡΙΖΩΝΚΑΙΑΝΑΜΝΗ
ΣΘΕΙΣΟΠΕΤΡΟΣΛΕΓΕΙ
ΑΥΤΩΡΑΒΒΕΙΪΔΕΗΣΥ
ΚΗΗΝΚΑΤΗΡΑΣΩΕΞΗ
11:22 ΡΑΝΤΑΙ ΚΑΙΑΠΟΚΡΙ
ΘΕΙΣΟΙΣΛΕΓΕΙΑΥΤΟΙΣ
11:23 ΕΧΕΤΕΠΙΣΤΙΝΘΥΑΜΗ
ΛΕΓΩΥΜΙΝΟΤΙΟΣΑΝ
ΕΙΠΗΤΩΟΡΕΙΤΟΥΤΩ
ΑΡΘΗΤΙΚΑΙΒΛΗΘΗΤΙ
ΕΙΣΤΗΝΘΑΛΑΣΣΑΝΚΑΙ
ΜΗΔΙΑΚΡΙΘΗΕΝΤΗΚΑΡ
ΔΙΑΑΥΤΟΥΑΛΛΑΠΙΣΤΕΥ
ΗΟΤΙΟΛΑΛΕΙΓΕΙΝΕΤΑΙ
11:24 ΕΣΤΑΙΑΥΤΩ ΔΙΑΤΟΥ
ΤΟΛΕΓΩΥΜΙΝΠΑΝΤΑ
ΟΣΑΠΡΟΣΕΥΧΕΣΘΕΚΑΙ
ΑΙΤΕΙΣΘΕΠΙΣΤΕΥΕΤΕ
ΟΤΙΕΛΑΒΕΤΕΚΑΙΕΣΤΑΙ
11:25 ΥΜΙΝ ΚΑΙΟΤΑΝΣΤΗ
ΚΗΤΕΠΡΟΣΕΥΧΟΜΕ
ΝΟΙΑΦΙΕΤΕΕΙΤΙΕΧΕ
ΤΕΚΑΤΑΤΙΝΟΣΙΝΑΚΑΙ
ΟΠΑΤΗΡΥΜΩΝΟΕΝΤΟΙΣ
ΟΥΡΑΝΟΙΣΑΦΗΥΜΙΝ
ΤΑΠΑΡΑΠΤΩΜΑΤΑΥΜΩΝ
11:27 ΚΑΙΕΡΧΟΝΤΑΙΠΑΛΙΝ
ΕΙΣΪΕΡΟΣΟΛΥΜΑΚΑΙΕΝ
ΤΩΪΕΡΩΠΕΡΙΠΑΤΟΥΝ
ΤΟΣΑΥΤΟΥΕΡΧΟΝΤΑΙ
ΠΡΟΣΑΥΤΟΝΟΙΑΡΧΙΕ
ΡΕΙΣΚΑΙΟΙΓΡΑΜΜΑΤΕΙΣ
11:28 ΚΑΙΟΙΠΡΕΣΒΥΤΕΡΟΙΚΑΙ
ΕΛΕΓΟΝΑΥΤΩΕΝΠΟΙΑ
ΕΞΟΥΣΙΑΤΑΥΤΑΠΟΙΕΙΣ
ΗΤΙΣΣΟΙΕΔΩΚΕΝΤΗΝ
ΕΞΟΥΣΙΑΝΤΑΥΤΗΝΪΝΑ
11:29 ΤΑΥΤΑΠΟΙΗΣ ΟΔΕΙΣ

ΕΙΠΕΝΑΥΤΟΙϹΕΠΕΡΩ
ΤΗϹΩΥΜΑϹΕΝΑΛΟΓΟΝ
ΚΑΙΑΠΟΚΡΙΘΗΤΕΜΟΙ
ΚΑΙΕΡΩΥΜΙΝΕΝΠΟΙΑ
ΕΞΟΥϹΙΑΤΑΥΤΑΠΟΙΩ
ΤΟΒΑΠΤΙϹΜΑΤΟΪΩΑ 11:30
ΝΟΥΕΞΟΥΡΑΝΟΥΗΝΗ
ΕΞΑΝΘΡΩΠΩΝΑΠΟΚΡΙ
ΘΗΤΕΜΟΙΚΑΙΔΙΕΛΟΓΙ 11:31
ΖΟΝΤΟΠΡΟϹΕΑΥΤΟΥϹ
ΛΕΓΟΝΤΕϹΕΑΝΕΙΠΩΜΕ
ΕΞΟΥΡΑΝΟΥΕΡΕΙΔΙΑΤΙ
ΟΥΝΟΥΚΕΠΙϹΤΕΥϹΑ
ΤΕΑΥΤΩΑΛΛΑΕΙΠΩΜΕ 11:32
ΕΞΑΝΘΡΩΠΩΝΕΦΟΒΟΥΝ
ΤΟΤΟΝΟΧΛΟΝΑΠΑΝΤΕϹ
ΓΑΡΕΙΧΟΝΤΟΝΪΩΑΝΗ
ΟΝΤΩϹΟΤΙΠΡΟΦΗΤΗϹ
ΗΝ ΚΑΙΑΠΟΚΡΙΘΕΝΤΕϹ 11:33
ΤΩΙΥ̅ΛΕΓΟΥϹΙΝΟΥΚΟΙ
ΔΑΜΕΝ ΚΑΙΟΙ̅Ϲ̅ΛΕΓΕΙ
ΑΥΤΟΙϹΟΥΔΕΕΓΩΛΕΓΩ
ΫΜΙΝΕΝΠΟΙΑΕΞΟΥϹΙΑ
ΤΑΥΤΑΠΟΙΩ ΚΑΙΗΡ 12:1
ΞΑΤΟΑΥΤΟΙϹΕΝΠΑΡΑ
ΒΟΛΑΙϹΛΑΛΕΙΝΑΜΠΕ
ΛΩΝΑΑΝΘΡΩΠΟϹΕΦΥ
ΤΕΥϹΕΝΚΑΙΠΕΡΙΕΘΗΚΕ
ΦΡΑΓΜΟΝΚΑΙΩΡΥΞΕΝ
ΥΠΟΛΗΝΙΟΝΚΑΙΩΚΟ
ΔΟΜΗϹΕΝΠΥΡΓΟΝΚΑΙ
ΕΞΕΔΕΤΟΑΥΤΟΝΓΕΩΡ
ΓΟΙϹΚΑΙΑΠΕΔΗΜΗϹΕΝ
ΚΑΙΑΠΕϹΤΕΙΛΕΝΠΡΟϹ 12:2
ΤΟΥϹΓΕΩΡΓΟΥϹΤΩΚΑΙ
ΡΩΔΟΥΛΟΝΙΝΑΠΑΡΑΤΩ
ΓΕΩΡΓΩΝΛΑΒΗΑΠΟΤΩ
ΚΑΡΠΩΝΤΟΥΑΜΠΕΛΩ
ΝΟϹΚΑΙΛΑΒΟΝΤΕϹΑΥ 12:3
ΤΟΝΕΔΕΙΡΑΝΚΑΙΑΠΕ
ϹΤΕΙΛΑΝΚΕΝΟΝΚΑΙΠΑ 12:4
ΛΙΝΑΠΕϹΤΕΙΛΕΝΠΡΟϹ

ΑΥΤΟΥϹΑΛΛΟΝΔΟΥΛΟ̅
ΚΑΚΕΙΝΟΝΕΚΕΦΑΛΙΩ
12:5 ϹΑΝΚΑΙΗΤΕΙΜΑϹΑΝΚΑΙ
ΑΛΛΟΝΑΠΕϹΤΕΙΛΕΝΚΑ
ΚΕΙΝΟΝΑΠΕΚΤΕΙΝΑΝϏ
ΠΟΛΛΟΥϹΑΛΛΟΥϹΟΥϹ
ΜΕΝΔΕΡΟΝΤΕϹΟΥϹΔΕ
12:6 ΑΠΟΚΤΕΝΝΥΝΤΕϹΕΤΙ
ΕΝΑΕΙΧΕΝΥΙΟΝΑΓΑΠΗ
ΤΟΝΑΠΕϹΤΕΙΛΕΝΑΥΤΟ̅
ΕϹΧΑΤΟΝΠΡΟϹΑΥΤΟΥϹ
ΛΕΓΩΝΟΤΙΕΝΤΡΑΠΗϹΟ̅
12:7 ΤΑΙΤΟΝΥΙΟΝΜΟΥΕΚΕΙ
ΝΟΙΔΕΟΙΓΕΩΡΓΟΙΠΡΟϹ
ΕΑΥΤΟΥϹΕΙΠΑΝΟΤΙΟΥ
ΤΟϹΕϹΤΙΝΟΚΛΗΡΟΝΟ
ΜΟϹΔΕΥΤΕΑΠΟΚΤΕΙΝΩ
ΜΕΝΑΥΤΟΝΚΑΙΗΜΩΝ
12:8 ΕϹΤΑΙΗΚΛΗΡΟΝΟΜΙΑϏ
ΛΑΒΟΝΤΕϹΑΠΕΚΤΕΙΝΑ̅
ΑΥΤΟΝΚΑΙΕΞΕΒΑΛΑΝ
ΑΥΤΟΝΕΞΩΤΟΥΑΜΠΕ
12:9 ΛΩΝΟϹΤΙΠΟΙΗϹΕΙΟΚ̅Ϲ̅
ΤΟΥΑΜΠΕΛΩΝΟϹΕΛΕΥ
ϹΕΤΑΙΚΑΙΑΠΟΛΕϹΕΙΤΟΥϹ
ΓΕΩΡΓΟΥϹΚΑΙΔΩϹΕΙΤΟ̅
12:10 ΑΜΠΕΛΩΝΑΑΛΛΟΙϹ ΟΥ
ΔΕΤΗΝΓΡΑΦΗΝΤΑΥΤΗ̅
ΑΝΕΓΝΩΤΕΛΙΘΟΝΟΝΑ
ΠΕΔΟΚΙΜΑϹΑΝΟΙΟΙΚΟ
ΔΟΜΟΥΝΤΕϹΟΥΤΟϹΕ
ΓΕΝΗΘΗΕΙϹΚΕΦΑΛΗΝ
12:11 ΓΩΝΙΑϹΠΑΡΑΚ̅Υ̅ΕΓΕΝΕ
ΤΟΑΥΤΗΚΑΙΕϹΤΙΝΘΑΥ
ΜΑϹΤΗΕΝΟΦΘΑΛΜΟΙϹ
12:12 ΗΜΩΝ ΚΑΙΕΖΗΤΟΥΝ
ΑΥΤΟΝΚΡΑΤΗϹΑΙΚΑΙΕ
ΦΟΒΗΘΗϹΑΝΤΟΝΟΧΛΟ̅
ΕΓΝΩϹΑΝΓΑΡΟΤΙΠΡΟϹ
ΑΥΤΟΥϹΤΗΝΠΑΡΑΒΟ
ΛΗΝΕΙΠΕΝΚΑΙΑΦΕΝΤΕϹ
ΑΥΤΟΝΑΠΗΛΘΟΝ

ΡΙΖ ΚΑΙΑΠΟϹΤΕΛΛΟΥϹΙΝ 12:13
ΠΡΟϹΑΥΤΟΝΤΙΝΑϹΤΩ̄
ΦΑΡΕΙϹΑΙΩΝΚΑΙΤΩΝ
ΗΡΩΔΙΑΝΩΝΙΝΑΑΥΤΟ̄
ΑΓΡΕΥϹΩϹΙΝΛΟΓΩΚΑΙ 12:14
ΕΛΘΟΝΤΕϹΛΕΓΟΥϹΙΝ
ΑΥΤΩΔΙΔΑϹΚΑΛΕΟΙΔΑ
ΜΕΝΟΤΙΑΛΗΘΗϹΕΙΚΑΙ
ΟΥΜΕΛΕΙϹΟΙΠΕΡΙΟΥΔΕ
ΝΟϹΟΥΓΑΡΒΛΕΠΕΙϹΕΙϹ
ΠΡΟϹΩΠΟΝΑΝΘΡΩΠΩ̄
ΑΛΛΕΠΑΛΗΘΕΙΑϹΤΗΝ
ΟΔΟΝΤΟΥΘ̄ῩΔΙΔΑϹΚΕΙϹ
ΕΞΕϹΤΙΝΔΟΥΝΑΙΚΗΝϹΟ̄
ΚΑΙϹΑΡΙΗΟΥ·ΔΩΜΕΝΗ
ΜΗΔΩΜΕΝ ΟΔΕΕΙΔΩϹ 12:15
ΑΥΤΩΝΤΗΝΥΠΟΚΡΙϹῙ
ΕΙΠΕΝΑΥΤΟΙϹΤΙΜΕΠΕΙ
ΡΑΖΕΤΕΦΕΡΕΤΕΜΟΙ
ΔΗΝΑΡΙΟΝΙΝΑΙΔΩΟΙΔΕ 12:16
ΗΝΕΓΚΑΝΚΑΙΛΕΓΕΙΑΥ
ΤΟΙϹΤΙΝΟϹΗΕΙΚΩΝΑΥ
ΤΗΚΑΙΗΕΠΙΓΡΑΦΗΟΙΔΕ
ΕΙΠΑΝΑΥΤΩΚΑΙϹΑΡΟϹ
ΟΔΕῙϹ̄ΕΙΠΕΝΤΑΚΑΙϹΑ 12:17
ΡΟϹΑΠΟΔΟΤΕΚΑΙϹΑΡΙ
ΚΑΙΤΑΤΟΥΘ̄ῩΤΩΘ̄Ω̄·
ΚΑΙΕΞΕΘΑΥΜΑΖΟΝΕΠΑΥ
ΤΩ ΚΑΙΕΡΧΟΝΤΑΙϹΑΔ 12:18
ΔΟΥΚΑΙΟΙΠΡΟϹΑΥΤΟΝ
ΟΙΤΙΝΕϹΛΕΓΟΥϹΙΝΑΝΑ
ϹΤΑϹΙΝΜΗΕΙΝΑΙΚΑΙΕ
ΠΗΡΩΤΩΝΑΥΤΟΝΛΕΓΟ̄
ΤΕϹΔΙΔΑϹΚΑΛΕΜΩΥϹΗϹ 12:19
ΕΓΡΑΨΕΝΗΜΙΝΟΤΙΕΑΝ
ΤΙΝΟϹΑΔΕΛΦΟϹΑΠΟΘΑ
ΝΗΚΑΙΚΑΤΑΛΙΠΗΓΥΝΑΙ
ΚΑΚΑΙΜΗΑΦΗΤΕΚΝΟΝ
ΙΝΑΛΑΒΗΟΑΔΕΛΦΟϹΑΥ
ΤΟΥΤΗΝΓΥΝΑΙΚΑΚΑΙ
ΕΞΑΝΑϹΤΗϹΗϹΠΕΡΜΑ
ΤΩΑΔΕΛΦΩΑΥΤΟΥΕ 12:20

ΠΤΑΑΔΕΛΦΟΙΗϹΑΝΚΑΙ

ΟΠΡΩΤΟϹΕΛΑΒΕΝΓΥ

ΝΑΙΚΑΚΑΙΑΠΟΘΝΗϹΚΩΝ

ΟΥΚΑΦΗΚΕΝϹΠΕΡΜΑ

12:21 ΚΑΙΟΔΕΥΤΕΡΟϹΕΛΑΒΕΝ

ΑΥΤΗΝΚΑΙΑΠΕΘΑΝΕΝ

ΜΗΚΑΤΑΛΙΠΩΝϹΠΕΡΜΑ

ΚΑΙΟΤΡΙΤΟϹΩϹΑΥΤΩϹ

12:22 ΚΑΙΟΙΕΠΤΑΟΥΚΑΦΗΚΑΝ

ϹΠΕΡΜΑΕϹΧΑΤΟΝΠΑΝ

ΤΩΝΚΑΙΗΓΥΝΗΑΠΕΘΑ

12:23 ΝΕΝΕΝΤΗΑΝΑϹΤΑϹΕΙ

ΤΙΝΟϹΑΥΤΩΝΕϹΤΑΙΓΥ

ΝΗΟΙΓΑΡΕΠΤΑΕϹΧΟΝ

12:24 ΑΥΤΗΝΓΥΝΑΙΚΑ ΕΦΗ

ΑΥΤΟΙϹΟΙϹΟΥΔΙΑΤΟΥ

ΤΟΠΛΑΝΑϹΘΕΜΗΕΙΔΟ

ΤΕϹΤΑϹΓΡΑΦΑϹΜΗΔΕ

12:25 ΤΗΝΔΥΝΑΜΙΝΤΟΥΘΥΟ

ΤΑΝΓΑΡΕΚΝΕΚΡΩΝΑΝΑ

ϹΤΩϹΙΝΟΥΤΕΓΑΜΟΥ

ϹΙΝΟΥΤΕΓΑΜΙΖΟΝΤΑΙ

ΑΛΛΕΙϹΙΝΩϹΟΙΑΓΓΕΛΟΙ

ΟΙΕΝΤΟΙϹΟΥΡΑΝΟΙϹ

12:26 ΠΕΡΙΔΕΤΩΝΝΕΚΡΩΝΟ

ΤΙΕΓΕΙΡΟΝΤΑΙΟΥΚΑΝΕ

ΓΝΩΤΕΕΝΤΗΒΙΒΛΩΜΩ

ΥϹΕΩϹΕΠΙΤΟΥΒΑΤΟΥ

ΠΩϹΕΙΠΕΝΑΥΤΩΟΘϹ

› ΛΕΓΩΝΕΓΩΟΘϹΑΒΡΑΑΜ

› ΚΑΙΘϹΙϹΑΑΚΚΑΙΘϹΙΑ

12:27 › ΚΩΒ'ΟΥΚΕϹΤΙΝΘϹΝΕ

ΚΡΩΝΑΛΛΑΖΩΝΤΩΝΠΟ

12:28 ΛΥΠΛΑΝΑϹΘΕ ΚΑΙΠΡΟϹ

ΕΛΘΩΝΕΙϹΤΩΝΓΡΑΜ

ΜΑΤΕΩΝΑΚΟΥϹΑϹΑΥ

ΤΩΝϹΥΝΖΗΤΟΥΝΤΩΝ

ΕΙΔΩϹΟΤΙΚΑΛΩϹΑΠΕ

ΚΡΙΘΗΑΥΤΟΙϹΕΠΗΡΩ

ΤΗϹΕΝΑΥΤΟΝΠΟΙΑΕ

ϹΤΙΝΕΝΤΟΛΗΠΡΩΤΗ

12:29 ΠΑΝΤΩΝΑΠΕΚΡΙΘΗΟ

Ι̅Ϲ̅ΟΤΙΠΡΩΤΗΕϹΤΙΝ
ΑΚΟΥΕΪϹΡΑΗΛΚ̅Ϲ̅ΟΘ̅Ϲ̅
ΗΜΩΝΚ̅Ϲ̅ΕΙϹΕϹΤΙΝϗ 12:30
ΑΓΑΠΗϹΕΙϹΚ̅Ν̅ΤΟΝΘ̅Ν̅
ϹΟΥΕΞΟΛΗϹΚΑΡΔΙΑϹ
ϹΟΥΚΑΙΕΞΟΛΗϹΨΥΧΗϹ
ϹΟΥΚΑΙΕΞΟΛΗϹΔΙΑΝΟΙ
ΑϹϹΟΥΚΑΙΕΞΟΛΗϹΤΗϹ
ΙϹΧΥΟϹϹΟΥΔΕΥΤΕΡΑ 12:31
ΑΥΤΗΑΓΑΠΗϹΕΙϹΤΟΝ
ΠΛΗϹΙΟΝϹΟΥΩϹϹΕΑΥ
ΤΟΝΜΕΙΖΩΝΤΟΥΤΩ̅
ΑΛΛΗΕΝΤΟΛΗΟΥΚΕϹΤΙ̅
ΕΙΠΕΝΑΥΤΩΟΓΡΑΜΜΑ 12:32
ΤΕΥϹΚΑΛΩϹΔΙΔΑϹΚΑ
ΛΕΕΠΑΛΗΘΕΙΑϹΕΙΠΑϹ
ΟΤΙΕΙϹΕϹΤΙΝΚΑΙΟΥΚ·
ϹΤΙΝΑΛΛΟϹΠΛΗΝΑΥ
ΤΟΥΚΑΙΤΟΑΓΑΠΑΝΑΥ 12:33
ΤΟΝΕΞΟΛΗϹΚΑΡΔΙΑϹ
ΚΑΙΕΞΟΛΗϹΤΗϹϹΥΝΕ
ϹΕΩϹΚΑΙΕΞΟΛΗϹΤΗϹ
ΙϹΧΥΟϹΚΑΙΤΟΑΓΑΠΑ̅
ΤΟΝΠΛΗϹΙΟΝΩϹΕΑΥΤΟ
ΠΕΡΙϹϹΟΤΕΡΟΝΕϹΤΙΝ
ΠΑΝΤΩΝΤΩΝΟΛΟΚΑΥ
ΤΩΜΑΤΩΝΚΑΙΘΥϹΙΩ̅
ΚΑΙΟΙ̅Ϲ̅ΙΔΩΝΑΥΤΟΝΟ 12:34
ΤΙΝΟΥΝΕΧΩϹΑΠΕΚΡΙ
ΘΗΕΙΠΕΝΑΥΤΩΟΥΜΑ
ΚΡΑΝΕΙΑΠΟΤΗϹΒΑϹΙ
ΛΕΙΑϹΤΟΥΘ̅Υ̅ΚΑΙΟΥΔΕΙϹ
ΟΥΚΕΤΙΕΤΟΛΜΑΑΥΤΟ̅
ΕΠΕΡΩΤΗϹΑΙ ΚΑΙΑ 12:35
ΠΟΚΡΙΘΕΙϹΟΙ̅Ϲ̅ΕΛΕΓΕ̅
ΔΙΔΑϹΚΩΝΕΝΤΩΪΕΡΩ
ΠΩϹΛΕΓΟΥϹΙΝΟΙΓΡΑΜ
ΜΑΤΕΙϹΟΤΙΟΧ̅Ϲ̅ΥΙΟϹ
ΔΑΥΕΙΔΕϹΤΙΝΑΥΤΟϹ 12:36
ΔΑΥΕΙΔΕΙΠΕΝΤΩΠ̅Ν̅Ι̅
ΤΩΑΓΙΩΕΙΠΕΝΚ̅Ϲ̅ΤΩ
Κ̅Ω̅ΜΟΥΚΑΘΙϹΟΝΕΚΔΕ

› ΞΙΩΝΜΟΥΕΩϹΑΝΘΩ
› ΤΟΥϹΕΧΘΡΟΥϹϹΟΥΫΠΟ
› ΚΑΤΩΤΩΝΠΟΔΩΝϹΟΥ
12:37 ΑΥΤΟϹΔΑΥΕΙΔΛΕΓΕΙΑΥ
ΤΟΝΚ̅Ν̅ΚΑΙΠΟΘΕΝΑΥΤΟΥ
ΕϹΤΙΝΥΙΟϹ ΚΑΙΟΠΟΛΥϹ
ΟΧΛΟϹΗΚΟΥΕΝΑΥΤΟΥ
12:38 ΗΔΕΩϹ ΚΑΙΕΝΤΗΔΙΔΑ
ΧΗΑΥΤΟΥΕΛΕΓΕΝΒΛΕ
ΠΕΤΕΑΠΟΤΩΝΓΡΑΜΜΑ
ΤΕΩΝΤΩΝΘΕΛΟΝΤΩ̅
ΕΝϹΤΟΛΑΙϹΠΕΡΙΠΑΤΕΙ̅
ΚΑΙΑϹΠΑϹΜΟΥϹΕΝΤΑΙϹ
12:39 ΑΓΟΡΑΙϹΚΑΙΠΡΩΤΟΚΑ
ΘΕΔΡΙΑϹΕΝΤΑΙϹϹΥΝΑ
ΓΩΓΑΙϹΚΑΙΠΡΩΤΟΚΛΙ
ϹΙΑϹΕΝΤΟΙϹΔΕΙΠΝΟΙϹ
12:40 ΟΙΚΑΤΕϹΘΟΝΤΕϹΤΑϹ
ΟΙΚΙΑϹΤΩΝΧΗΡΩΝϗ
ΠΡΟΦΑϹΕΙΜΑΚΡΑΠΡΟϹ
ΕΥΧΟΜΕΝΟΙΟΥΤΟΙΛΗΜ
ΨΟΝΤΑΙΠΕΡΙϹϹΟΤΕΡΟ̅
12:41 ΔΗ ΚΡΙΜΑ ΚΑΙΚΑΘΙϹΑϹΑ
ΠΕΝΑΝΤΙΤΟΥΓΑΖΟΦΥ
ΛΑΚΙΟΥΕΘΕΩΡΕΙΠΩϹ
ΟΟΧΛΟϹΒΑΛΛΕΙΧΑΛΚΟ̅
ΕΙϹΤΟΓΑΖΟΦΥΛΑΚΙΟ̅
ΚΑΙΠΟΛΛΟΙΠΛΟΥϹΙΟΙΕ
12:42 ΒΑΛΛΟΝΠΟΛΛΑΚΑΙΕΛ
ΘΟΥϹΑΜΙΑΧΗΡΑΠΤΩ
ΧΗΕΒΑΛΕΝΛΕΠΤΑΔΥΟ
ΟΕϹΤΙΝΚΟΔΡΑΝΤΗϹ
12:43 ΚΑΙΠΡΟϹΚΑΛΕϹΑΜΕΝΟϹ
ΤΟΥϹΜΑΘΗΤΑϹΑΥΤΟΥ
ΕΙΠΕΝΑΥΤΟΙϹΑΜΗΝΛΕ
ΓΩΫΜΙΝΟΤΙΗΧΗΡΑΑΥ
ΤΗΗΠΤΩΧΗΠΛΕΙΟΝΠΑ̅
ΤΩΝΕΒΑΛΕΝΤΩΝΒΑΛ
ΛΟΝΤΩΝΕΙϹΤΟΓΑΖΟ
12:44 ΦΥΛΑΚΙΟΝΠΑΝΤΕϹΓΑΡ
ΕΚΤΟΥΠΕΡΙϹϹΕΥΟΝ
ΤΟϹΑΥΤΟΙϹΕΒΑΛΟΝΑΥ

ΤΗΔΕΕΚΤΗϹΥϹΤΕΡΗϹΕ
ΩϹΑΥΤΗϹΠΑΝΤΑΟϹΑ
ΕΙΧΕΝΕΒΑΛΕΝΟΛΟΝΤΟ
ΒΙΟΝΑΥΤΗϹ
ΜΘ ΚΑΙΕΚΠΟΡΕΥΟΜΕΝΟΥΑΥ 13:1
ΤΟΥΕΚΤΟΥΙΕΡΟΥΛΕΓΕΙ
ΑΥΤΩΕΙϹΤΩΝΜΑΘΗΤΩ
ΑΥΤΟΥΔΙΔΑϹΚΑΛΕΙΔΕ
ΠΟΤΑΠΟΙΛΙΘΟΙΚΑΙΠΟ
ΤΑΠΑΙΟΙΚΟΔΟΜΑΙ ΚΑΙ 13:2
ΟΙϹΕΙΠΕΝΑΥΤΩΒΛΕΠΕΙϹ
ΤΑΥΤΑϹΤΑϹΜΕΓΑΛΑϹ
ΟΙΚΟΔΟΜΑϹΟΥΜΗΑΦΕ
ΘΗΩΔΕΛΙΘΟϹΕΠΙΛΙΘΟ
ΟϹΟΥΜΗΚΑΤΑΛΥΘΗ
ΚΑΙΚΑΘΗΜΕΝΟΥΑΥΤΟΥ 13:3
ΕΙϹΤΟΟΡΟϹΤΩΝΕΛΑΙΩ
ΚΑΤΕΝΑΝΤΙΤΟΥΙΕΡΟΥ
ΕΠΗΡΩΤΑΑΥΤΟΝΚΑΘΙ
ΔΙΑΝΠΕΤΡΟϹΚΑΙΙΑΚΩ
ΒΟϹΚΑΙΙΩΑΝΗϹΚΑΙΑΝ
ΔΡΕΑϹΕΙΠΟΝΗΜΙΝΠΟ 13:4
ΤΕΤΑΥΤΑΕϹΤΑΙΚΑΙΤΙ
ΤΟϹΗΜΕΙΟΝΟΤΑΝΜΕΛ
ΛΗΤΑΥΤΑϹΥΝΤΕΛΕΙ
ϹΘΑΙΠΑΝΤΑ ΟΔΕΙϹΗΡ 13:5
ΞΑΤΟΛΕΓΕΙΝΑΥΤΟΙϹ
ΒΛΕΠΕΤΕΜΗΤΙϹΥΜΑϹ
ΠΛΑΝΗϹΗΠΟΛΛΟΙΕΛΕΥ 13:6
ϹΟΝΤΑΙΕΠΙΤΩΟΝΟΜΑ
ΤΙΜΟΥΛΕΓΟΝΤΕϹΟΤΙ
ΕΓΩΕΙΜΙΚΑΙΠΟΛΛΟΥϹ
ΠΛΑΝΗϹΟΥϹΙΝΟΤΑΝΔΕ 13:7
ΑΚΟΥΗΤΕΠΟΛΕΜΟΥϹ
ΚΑΙΑΚΟΑϹΠΟΛΕΜΩΝ
ΜΗΘΡΟΕΙϹΘΕΔΕΙΓΕΝΕ
ϹΘΑΙΑΛΛΟΥΠΩΤΟΤΕΛΟϹ
ΕΓΕΡΘΗϹΕΤΑΙΓΑΡΕΘΝΟϹ 13:8
ΕΠΕΘΝΟϹΚΑΙΒΑϹΙΛΕΙΑ
ΕΠΙΒΑϹΙΛΕΙΑΝΕϹΟΝΤΑΙ
ϹΕΙϹΜΟΙΚΑΤΑΤΟΠΟΥϹ
ΕϹΟΝΤΑΙΛΕΙΜΟΙΑΡΧΗ

13:9 ΩΔΕΙΝΩΝΤΑΥΤΑ ΒΛΕ
ΠΕΤΕΔΕΥΜΕΙϹΕΑΥΤΟΥϹ
ΠΑΡΑΔΩϹΟΥϹΙΝΫΜΑϹ
ΕΙϹϹΥΝΕΔΡΙΑΚΑΙΕΙϹϹΥ̅
ΑΓΩΓΑϹΔΑΡΗϹΕϹΘΕΚΑΙ
ΕΠΙΗΓΕΜΟΝΩΝΚΑΙΒΑ
ϹΙΛΕΩΝϹΤΑΘΗϹΕϹΘΕ
ΕΝΕΚΑΕΜΟΥΕΙϹΜΑΡΤΥ
13:10 ΡΙΟΝΑΥΤΟΙϹΚΑΙΕΙϹΠΑ̅
ΤΑΤΑΕΘΝΗΠΡΩΤΟΝΔΕΙ
ΚΗΡΥΧΘΗΝΑΙΤΟΕΥΑΓ
13:11 ΓΕΛΙΟΝΚΑΙΟΤΑΝΑΓΩ
ϹΙΝΥΜΑϹΠΑΡΑΔΙΔΟΝ
ΤΕϹΜΗΠΡΟΜΕΡΙΜΝΑΤΕ
ΤΙΛΑΛΗϹΗΤΕΑΛΛΟΕΑΝ
ΔΟΘΗΫΜΙΝΕΝΕΚΕΙΝΗ
ΤΗΩΡΑΤΟΥΤΟΛΑΛΕΙΤΕ
ΟΥΓΑΡΕϹΤΕΫΜΕΙϹΟΙΛΑ
ΛΟΥΝΤΕϹΑΛΛΑΤΟΠΝΕΥ
13:12 ΜΑΤΟΑΓΙΟΝΚΑΙΠΑΡΑ
ΔΩϹΕΙΑΔΕΛΦΟϹΑΔΕΛ
ΦΟΝΕΙϹΘΑΝΑΤΟΝΚΑΙ
ΠΑΤΗΡΤΕΚΝΟΝΚΑΙΕ
ΠΑΝΑϹΤΗϹΕΤΑΙΤΕ
ΚΝΑΕΠΙΓΟΝΕΙϹΚΑΙΘΑ
ΝΑΤΩϹΟΥϹΙΝΑΥΤΟΥϹ
13:13 ΚΑΙΕϹΕϹΘΕΜΕΙϹΟΥΜΕ
ΝΟΙΥΠΟΠΑΝΤΩΝΔΙΑ
ΤΟΟΝΟΜΑΜΟΥΟΔΕΥΠΟ
ΜΕΙΝΑϹΕΙϹΤΕΛΟϹΟΥ
13:14 ΤΟϹϹΩΘΗϹΕΤΑΙ ΟΤΑΝ
ΔΕΙΔΗΤΕΤΟΒΔΕΛΥΓΜΑ
ΤΗϹΕΡΗΜΩϹΕΩϹΕϹΤΗ
ΚΟΤΑΟΠΟΥΟΥΔΕΙΟΑΝΑ
ΓΙΝΩϹΚΩΝΝΟΕΙΤΩ
ΤΟΤΕΟΙΕΝΤΗΪΟΥΔΑΙΑ
ΦΕΥΓΕΤΩϹΑΝΕΙϹΤΑ
13:15 ΟΡΗΟΕΠΙΤΟΥΔΩΜΑΤΟϹ
ΜΗΚΑΤΑΒΑΤΩΜΗΔΕ
ΕΙϹΕΛΘΕΤΩΤΙΑΡΑΙΕΚ
13:16 ΤΗϹΟΙΚΙΑϹΑΥΤΟΥΚΑΙ
ΟΕΙϹΤΟΝΑΓΡΟΝΜΗΕ

ΠΙϹΤΡΕΨΑΤΩΕΙϹΤΑΟ
ΠΙϹΩΑΡΑΙΤΟΙΜΑΤΙΟΝ
ΑΥΤΟΥ ΟΥΑΙΔΕΤΑΙϹ 13:17
ΕΝΓΑϹΤΡΙΕΧΟΥϹΑΙϹϗ
ΤΑΙϹΘΗΛΑΖΟΥϹΑΙϹΕΝΕ
ΚΕΙΝΑΙϹΤΑΙϹΗΜΕΡΑΙϹ
ΠΡΟϹΕΥΧΕϹΘΕΔΕΙΝΑ 13:18
ΜΗΓΕΝΗΤΑΙΧΕΙΜΩΝΟϹ
ΕϹΟΝΤΑΙΓΑΡΑΙΗΜΕΡΑΙ 13:19
ΕΚΕΙΝΑΙΘΛΕΙΨΙϹΟΙΑ
ΟΥΓΕΓΟΝΕΝΤΟΙΑΥΤΗ
ΑΠΑΡΧΗϹΚΤΙϹΕΩϹΗ̅
ΕΚΤΙϹΕΝΟΘ̅Ϲ̅ΕΩϹΤΟΥ
ΝΥΝΚΑΙΟΥΜΗΓΕΝΗΤΑΙ
ΚΑΙΕΙΜΗΕΚΟΛΟΒΩϹΕ̅ 13:20
Κ̅Ϲ̅ΤΑϹΗΜΕΡΑϹΟΥΚΑΝ
ΕϹΩΘΗΠΑϹΑϹΑΡΞ·ΑΛ
ΛΑΔΙΑΤΟΥϹΕΚΛΕΚΤΟΥϹ
ΟΥϹΕΞΕΛΕΞΑΤΟΕΚΟ
ΛΟΒΩϹΕΝΤΑϹΗΜΕΡΑϹ
ΚΑΙΤΟΤΕΕΑΝΤΙϹΫΜΙ̅ 13:21
ΕΙΠΗΙΔΕΩΔΕΟΧ̅Ϲ̅ΚΑΙ
ΙΔΕΕΚΕΙ ΜΗΠΙϹΤΕΥΕ
ΤΕΕΓΕΡΘΗϹΟΝΤΑΙΓΑΡ 13:22
ΨΕΥΔΟΧΡΕΙϹΤΟΙΚΑΙΨΕΥ
ΔΟΠΡΟΦΗΤΑΙΚΑΙΔΩ
ϹΟΥϹΙΝϹΗΜΕΙΑΚΑΙΤΕ
ΡΑΤΑΠΡΟϹΤΟΑΠΟΠΛΑ
ΝΑΝΕΙΔΥΝΑΤΟΝΤΟΥϹ
ΕΚΛΕΚΤΟΥϹΥΜΕΙϹΔΕ 13:23
ΒΛΕΠΕΤΕΠΡΟΕΙΡΗΚΑ
ΥΜΙΝΠΑΝΤΑΑΛΛΑΕΝΕ 13:24
ΚΕΙΝΑΙϹΤΑΙϹΗΜΕΡΑΙϹ
ΜΕΤΑΤΗΝΘΛΕΙΨΙΝΕ
ΚΕΙΝΗΝΟΗΛΙΟϹϹΚΟΤΙ
ϹΘΗϹΕΤΑΙΚΑΙΗϹΕΛΗ
ΝΗΟΥΔΩϹΕΙΤΟΦΕΓΓΟϹ
ΑΥΤΗϹΚΑΙΟΙΑϹΤΕΡΕϹ 13:25
ΕϹΟΝΤΑΙΕΚΤΟΥΟΥΡΑ
ΝΟΥΠΕΙΠΤΟΝΤΕϹΚΑΙ
ΑΙΔΥΝΑΜΕΙϹΑΙΕΝΤΟΙϹ
ΟΥΡΑΝΟΙϹϹΑΛΕΥΘΗϹΟ̅

13:26 ΤΑΙΚΑΙΤΟΤΕΟΨΟΝΤΑΙ
ΤΟΝΥΙΟΝΤΟΥΑΝΘΡΩ
ΠΟΥΕΡΧΟΜΕΝΟΝΕΝΝΕ
ΦΕΛΑΙϹΜΕΤΑΔΥΝΑΜΕ
ΩϹΠΟΛΛΗϹΚΑΙΔΟΞΗϹ
13:27 ΚΑΙΤΟΤΕΑΠΟϹΤΕΛΕΙ
ΤΟΥϹΑΓΓΕΛΟΥϹΚΑΙΕ
ΠΙϹΥΝΑΞΕΙΤΟΥϹΕΚΛΕ
ΚΤΟΥϹΑΥΤΟΥΕΚΤΩΝ
ΤΕϹϹΑΡΩΝΑΝΕΜΩΝΑΠΑ
ΚΡΟΥΓΗϹΕΩϹΑΚΡΟΥΟΥ
13:28 ΡΑΝΟΥΑΠΟΔΕΤΗϹϹΥ
ΚΗϹΜΑΘΕΤΕΤΗΝΠΑΡΑ
ΒΟΛΗΝΟΤΑΝΗΔΗΟΚΛΑ
ΔΟϹΑΥΤΗϹΑΠΑΛΟϹ
ΓΕΝΗΤΑΙΚΑΙΕΚΦΥΗΤΑ
ΦΥΛΛΑΓΕΙΝΩϹΚΕΤΕ[ΑΙ]Ο
ΤΙΕΓΓΥϹΤΟΘΕΡΟϹΕϹΤΙ̅
13:29 ΟΥΤΩϹΚΑΙΥΜΕΙϹΟΤΑ̅
ΙΔΗΤΕΤΑΥΤΑΓΕΙΝΟΜΕ
ΝΑΓΕΙΝΩϹΚΕΤΕΟΤΙΕΓ
ΓΥϹΕϹΤΙΝΕΠΙΘΥΡΑΙϹ
13:30 ΑΜΗΝΛΕΓΩΥΜΙΝΟΤΙΟΥ
ΜΗΠΑΡΕΛΘΗΗΓΕΝΕΑ
ΑΥΤΗΜΕΧΡΙϹΟΤΟΥΤΑΥ
13:31 ΤΑΠΑΝΤΑΓΕΝΗΤΑΙΟΟΥ
ΡΑΝΟϹΚΑΙΗΓΗΠΑΡΕΛΕΥ
ϹΟΝΤΑΙΟΙΔΕΛΟΓΟΙΜΟΥ
ΟΥΠΑΡΕΛΕΥϹΟΝΤΑΙ
13:32 ΝΖ ΠΕΡΙΔΕΤΗϹΗΜΕΡΑϹΕΚΕΙ
ΝΗϹΗΤΗϹΩΡΑϹΟΥΔΕΙϹ
ΟΙΔΕΝΟΥΔΕΑΓΓΕΛΟϹΕ̅
ΟΥΡΑΝΩΟΥΔΕΟΥΙΟϹΕΙ
13:33 ΜΗΟΠΑΤΗΡ.ΒΛΕΠΕΤΕΑ
ΓΡΥΠΝΕΙΤΕΟΥΚΟΙΔΑΤΕ
ΓΑΡΠΟΤΕΟΚΑΙΡΟϹΕϹΤΙ̅
13:34 ΩϹΑΝΘΡΩΠΟϹΑΠΟΔΗ
ΜΟϹΑΦΕΙϹΤΗΝΟΙΚΙΑ̅
ΕΑΥΤΟΥΚΑΙΔΟΥϹΤΟΙϹ
ΔΟΥΛΟΙϹΕΑΥΤΟΥΤΗΝ
ΕΞΟΥϹΙΑΝΕΚΑϹΤΩΤΟ
ΕΡΓΟΝΑΥΤΟΥΚΑΙΤΩ

ΘΥΡΩΡΩΕΝΕΤΕΙΛΑΤΟ
ΙΝΑΓΡΗΓΟΡΗΓΡΗΓΟΡΕΙ 13:35
ΤΕΟΥΝΟΥΚΟΙΔΑΤΕΓΑΡ
ΠΟΤΕΟΚΥΡΙΟCΤΗCΟΙ
ΚΙΑCΕΡΧΕΤΑΙΗΟΨΕΗ
ΜΕCΑΝΥΚΤΙΟΝΗΑΛΕ
ΚΤΟΡΟΦΩΝΙΑCΗΠΡΩΙ
ΜΗΕΛΘΩΝΕΞΑΙΦΝΗC 13:36
ΕΥΡΗΥΜΑCΚΑΘΕΥΔΟ̅
ΤΑCΟΔΕΥΜΙΝΛΕΓΩΠΑ 13:37
CΙΝΛΕΓΩΓΡΗΓΟΡΕΙΤΕ
ΗΝΔΕΤΟΠΑCΧΑΚΑΙΤΑ 14:1
ΑΖΥΜΑΜΕΤΑΔΥΟΗΜΕ
ΡΑCΚΑΙΕΖΗΤΟΥΝΟΙΑΡ
ΧΙΕΡΕΙCΚΑΙΟΙΓΡΑΜΜΑ
ΤΕΙCΠΩCΑΥΤΟΝΕΝΔΟ
ΛΩΚΡΑΤΗCΑΝΤΕCΑΠΟ
ΚΤΕΙΝΩCΙΝΕΛΕΓΟΝΓΑΡ 14:2
ΜΗΕΝΤΗΕΟΡΤΗΜΗΠΟ
ΤΕΕCΤΑΙΘΟΡΥΒΟCΤΟΥ
ΝΑ̅ ΛΑΟΥ ΚΑΙΟΝΤΟCΑΥΤΟΥ 14:3
ΕΝΒΗΘΑΝΙΑΕΝΤΗΟΙΚΙ
ΑCΙΜΩΝΟCΤΟΥΛΕΠΡΟΥ
ΚΑΤΑΚΕΙΜΕΝΟΥΑΥΤΟΥ
ΗΛΘΕΓΥΝΗΕΧΟΥCΑΑΛΑ
ΒΑCΤΡΟΝΜΥΡΟΥΝΑΡ
ΔΟΥΠΙCΤΙΚΗCΠΟΛΥΤΕ
ΛΟΥCCΥΝΤΡΙΨΑCΑΤΗ̅
ΑΛΑΒΑCΤΡΟΝΚΑΤΕΧΕ
ΕΝΑΥΤΟΥΤΗCΚΕΦΑ
ΛΗCΗCΑΝΔΕΤΙΝΕCΑΓΑ 14:4
ΝΑΚΤΟΥΝΤΕCΠΡΟCΕ
ΑΥΤΟΥCΕΙCΤΙΗΑΠΩ
ΛΕΙΑΑΥΤΗΤΟΥΜΥΡΟΥ
ΓΕΓΟΝΕΝΗΔΥΝΑΤΟΓΑΡ 14:5
ΤΟΥΤΟΤΟΜΥΡΟΝΠΡΑ
ΘΗΝΑΙΕΠΑΝΩΤΡΙΑΚΟ
CΙΩΝΔΗΝΑΡΙΩΝΚΑΙΔΟ
ΘΗΝΑΙΤΟΙCΠΤΩΧΟΙC
ΚΑΙΕΝΕΒΡΕΙΜΩΝΤΟΑΥ
ΤΗ ΟΔΕΙ̅C̅ΕΙΠΕΝΑΦΕ 14:6
ΤΕΑΥΤΗΝΤΙΑΥΤΗΚΟ

ΠΟΥΣΠΑΡΕΧΕΤΕΚΑΛΟ̅
ΕΡΓΟΝΗΡΓΑΣΑΤΟΕΝΕ
14:7 ΜΟΙΠΑΝΤΟΤΕΓΑΡΤΟΥΣ
ΠΤΩΧΟΥΣΕΧΕΤΕΜΕ
ΘΕΑΥΤΩΝΚΑΙΟΤΑΝΘΕ
ΛΗΤΕΔΥΝΑΣΘΕΑΥΤΟΙΣ
ΠΑΝΤΟΤΕΕΥΠΟΙΗΣΑΙ
ΕΜΕΔΕΟΥΠΑΝΤΟΤΕΕ
14:8 ΧΕΤΕΟΕΣΧΕΝΕΠΟΙΗΣΕ̅
ΠΡΟΕΛΑΒΕΝΜΥΡΙΣΑΙΤΟ
ΣΩΜΑΜΟΥΕΙΣΤΟΝΕΝ
14:9 ΤΑΦΙΑΣΜΟΝΑΜΗΝΔΕ
ΛΕΓΩΥΜΙΝΟΠΟΥΕΑΝ
ΚΗΡΥΧΘΗΤΟΕΥΑΓΓΕ
ΛΙΟΝΕΙΣΟΛΟΝΤΟΝΚΟΣ
ΜΟΝΚΑΙΟΕΠΟΙΗΣΕΝΑΥ
ΤΗΛΑΛΗΘΗΣΕΤΑΙΕΙΣ
ΜΝΗΜΟΣΥΝΟΝΑΥΤΗΣ
14:10 ΝΒ ΚΑΙΙΟΥΔΑΣΙΣΚΑΡΙΩΘ
ΟΕΙΣΤΩΝΔΩΔΕΚΑΑΠΗΛ
ΘΕΝΠΡΟΣΤΟΥΣΑΡΧΙΕ
ΡΕΙΣΙΝΑΑΥΤΟΝΠΑΡΑ
14:11 ΔΟΙΑΥΤΟΙΣ ΟΙΔΕΑΚΟΥ
ΣΑΝΤΕΣΕΧΑΡΗΣΑΝΚΑΙ
ΕΠΗΓΓΕΙΛΑΝΤΟΑΥΤΩ
ΑΡΓΥΡΙΟΝΔΟΥΝΑΙΚΑΙ
ΕΖΗΤΕΙΠΩΣΑΥΤΟΝΕΥ
14:12 ΚΑΙΡΩΣΠΑΡΑΔΟΙ ΚΑΙ
ΤΗΠΡΩΤΗΗΜΕΡΑΤΩ̅
ΑΖΥΜΩΝΟΤΕΤΟΠΑ
ΣΧΑΕΘΥΟΝΛΕΓΟΥΣΙΝ
ΑΥΤΩΟΙΜΑΘΗΤΑΙΑΥ
ΤΟΥΠΟΥΘΕΛΕΙΣΑΠΕΛ
ΘΟΝΤΕΣΕΤΟΙΜΑΣΩ
ΜΕΝΙΝΑΦΑΓΗΣΤΟΠΑ
14:13 ΣΧΑ ΚΑΙΑΠΟΣΤΕΛΛΕΙ
ΔΥΟΤΩΝΜΑΘΗΤΩΝ
ΑΥΤΟΥΚΑΙΛΕΓΕΙΑΥΤΟΙΣ
ΥΠΑΓΕΤΕΕΙΣΤΗΝΠΟ
ΛΙΝΚΑΙΑΠΑΝΤΗΣΕΙΥ
ΜΙΝΑΝΘΡΩΠΟΣΚΕΡΑ
ΜΙΟΝΫΔΑΤΟΣΒΑΣΤΑ

ΖΩΝΑΚΟΛΟΥΘΗCΑΤΕ
ΑΥΤΩΚΑΙΟΠΟΥΑΝΕΙC 14:14
ΕΛΘΗΕΙΠΑΤΕΤΕΤΩΟΙΚΟ
ΔΕCΠΟΤΗΟΤΙΟΔΙΔΑ
CΚΑΛΟCΛΕΓΕΙΠΟΥΕCΤΙ
ΤΟΚΑΤΑΛΥΜΑΜΟΥΟΠΟΥ
ΤΟΠΑCΧΑΜΕΤΑΤΩΝ
ΜΑΘΗΤΩΝΜΟΥΦΑΓΩ
ΚΑΙΑΥΤΟCΥΜΙΝΔΕΙΞΕΙ 14:15
ΑΝΑΓΑΙΟΝΜΕΓΑΕCΤΡΩ
ΜΕΝΟΝΕΤΟΙΜΟΝΚΑΙΕ
ΚΕΙΕΤΟΙΜΑCΑΤΕΗΜΙΝ
ΚΑΙΕΞΗΛΘΟΝΟΙΜΑΘΗ 14:16
ΤΑΙΚΑΙΗΛΘΟΝΕΙCΤΗΝ
ΠΟΛΙΝΚΑΙΕΥΡΟΝΚΑΘΩC
ΕΙΠΕΝΑΥΤΟΙCΚΑΙΗΤΟΙ
ΜΑCΑΝΤΟΠΑCΧΑ ΚΑΙ 14:17
ΟΨΙΑCΓΕΝΟΜΕΝΗCΕΡ
ΧΕΤΑΙΜΕΤΑΤΩΝΔΩ
ΔΕΚΑΚΑΙΑΝΑΚΕΙΜΕΝΩ̄ 14:18
ΑΥΤΩΝΚΑΙΕCΘΙΟΝΤΩ̄
ΟΙC̄ΕΙΠΕΝΑΜΗΝΛΕΓΩ
ΫΜΙΝΟΤΙΕΙCΕΞΥΜΩΝ
ΠΑΡΑΔΩCΕΙΜΕΤΩΝΕ
CΘΙΟΝΤΩΝΜΕΤΕΜΟΥ
ΗΡΞΑΝΤΟΛΥΠΕΙCΘΑΙϏ 14:19
ΛΕΓΕΙΝΑΥΤΩΕΙCΚΑΤΑ
ΕΙCΜΗΤΙΕΓΩΟΔΕΕΙΠΕ̄ 14:20
ΑΥΤΟΙCΕΙCΤΩΝΔΩΔΕ
ΚΑΟΕΜΒΑΠΤΟΜΕΝΟC
ΜΕΤΕΜΟΥΕΙCΤΟΕΝΤΡΥ
ΒΛΙΟΝΟΤΙΟΜΕΝΥΙΟC 14:21
ΤΟΥΑΝΘΡΩΠΟΥΫΠΑΓΕΙ
ΚΑΘΩCΓΕΓΡΑΠΤΑΙΠΕ
ΡΙΑΥΤΟΥΟΥΑΙΔΕΤΩᾹ
ΘΡΩΠΩΕΚΕΙΝΩΔΙΟΥ
ΟΥΙΟCΤΟΥΑΝΘΡΩΠΟΥ
ΠΑΡΑΔΙΔΟΤΑΙΚΑΛΟΝ
ΑΥΤΩΕΙΟΥΚΕΓΕΝΝΗΘΗ
ΟΑΝΘΡΩΠΟCΕΚΕΙΝΟC
ΚΑΙΕCΘΙΟΝΤΩΝΑΥΤΩ̄ 14:22
ΛΑΒΩΝΑΡΤΟΝΕΥΛΟΓΗ

ϹΑϹΕΚΛΑϹΕΝΚΑΙΕΔΩ
ΚΕΝΑΥΤΟΙϹΚΑΙΕΙΠΕΝ
ΛΑΒΕΤΕΤΟΥΤΟΕϹΤΙΝ
14:23 ΤΟϹΩΜΑΜΟΥΚΑΙΛΑΒΩ
ΠΟΤΗΡΙΟΝΕΥΧΑΡΙϹΤΗ
ϹΑϹΕΔΩΚΕΝΑΥΤΟΙϹΚ
ΕΠΙΟΝΕΞΑΥΤΟΥΠΑΝ
14:24 ΤΕϹΚΑΙΕΙΠΕΝΤΟΥΤΟ
ΕϹΤΙΝΤΟΑΙΜΑΜΟΥΤΗϹ
ΔΙΑΘΗΚΗϹΤΟΕΚΧΥΝΝΟ
ΜΕΝΟΝΥΠΕΡΠΟΛΛΩΝ
14:25 ΑΜΗΝΛΕΓΩΥΜΙΝΟΤΙ
ΟΥΚΕΤΙΟΥΜΗΠΙΩΕΚΤΟΥ
ΓΕΝΗΜΑΤΟϹΤΗϹΑΜΠΕ
ΛΟΥΕΩϹΤΗϹΗΜΕΡΑϹ
ΕΚΕΙΝΗϹΟΤΑΝΑΥΤΟ
ΠΕΙΝΩΚΑΙΝΟΝΕΝΤΗ
14:26 ΒΑϹΙΛΕΙΑΤΟΥΘΥ ΚΑΙ
ΥΜΝΗϹΑΝΤΕϹΕΞΗΛΘΟΝ
ΕΙϹΤΟΟΡΟϹΤΩΝΕΛΑΙ
14:27 ΝΔ ΩΝΚΑΙΛΕΓΕΙΑΥΤΟΙϹ
ΟΙϹΟΤΙΠΑΝΤΕϹϹΚΑΝ
ΔΑΛΙϹΘΗϹΕϹΘΕΟΤΙΓΕ
ΓΡΑΠΤΑΙΠΑΤΑΞΩΤΟΝ
ΠΟΙΜΕΝΑΚΑΙΤΑΠΡΟΒΑ
ΤΑΔΙΑϹΚΟΡΠΙϹΘΗϹΟΝ
14:28 ΤΑΙΑΛΛΑΜΕΤΑΤΟΕΓΕΡ
ΘΗΝΑΙΜΕΠΡΟΑΞΩΥΜΑϹ
ΕΙϹΤΗΝΓΑΛΕΙΛΑΙΑΝ
14:29 ΟΔΕΠΕΤΡΟϹΕΦΗΑΥΤΩ
ΕΙΚΑΙΠΑΝΤΕϹϹΚΑΝΔΑ
ΛΙϹΘΗϹΟΝΤΑΙΑΛΛΟΥΚΕ
14:30 ΓΩ ΚΑΙΛΕΓΕΙΑΥΤΩΟ
ΙϹΑΜΗΝΛΕΓΩϹΟΙΟΤΙ
ϹΥϹΗΜΕΡΟΝΤΑΥΤΗΤΗ
ΝΥΚΤΙΠΡΙΝΗΔΙϹΑΛΕ
ΚΤΟΡΑΦΩΝΗϹΑΙΤΡΙϹ
14:31 ΜΕΑΠΑΡΝΗϹΗΟΔΕΕΚΠΕ
ΡΙϹϹΩϹΕΛΑΛΕΙΕΑΝΔΕ
ΗΜΕϹΥΝΑΠΟΘΑΝΕΙΝ
ϹΟΙΟΥΜΗϹΕΑΠΑΡΝΗϹΟ
ΜΑΙΩϹΑΥΤΩϹΚΑΙΠΑΝ

ΤΕϹΕΛΕΓΟΝ ΚΑΙΕΡΧΟ 14:32
ΤΑΙΕΙϹΧΩΡΙΟΝΟΥΤΟ
ΝΟΜΑΓΕΤϹΗΜΑΝΕΙΚΑΙ
ΛΕΓΕΙΤΟΙϹΜΑΘΗΤΑΙϹ
ΑΥΤΟΥΚΑΘΙϹΑΤΕΕΩϹ (ωδε)
ΠΡΟϹΕΥΞΩΜΑΙ ΚΑΙΠΑ 14:33
ΡΑΛΑΜΒΑΝΕΙΤΟΝΠΕΤΡΟ
ΚΑΙΤΟΝΙΑΚΩΒΟΝΚΑΙ
ΤΟΝΙΩΑΝΗΝΜΕΤΑΥΤΟΥ
ΚΑΙΗΡΞΑΤΟΕΚΘΑΜΒΕΙ
ϹΘΑΙΚΑΙΑΔΗΜΟΝΕΙΝ
ΚΑΙΛΕΓΕΙΑΥΤΟΙϹΠΕΡΙ 14:34
ΛΥΠΟϹΕϹΤΙΝΗΨΥΧΗ
ΜΟΥΕΩϹΘΑΝΑΤΟΥΜΕΙ
ΝΑΤΕΩΔΕΚΑΙΓΡΗΓΟΡΕΙ
ΤΕ ΚΑΙΠΡΟΕΛΘΩΝΜΕΙ 14:35
ΚΡΟΝΕΠΙΠΤΕΝΕΠΙΤΗϹ
ΓΗϹΚΑΙΠΡΟϹΗΥΧΕΤΟ
ΙΝΑΕΙΔΥΝΑΤΟΝΕϹΤΙ
ΠΑΡΕΛΘΗΑΠΑΥΤΟΥΗ
ΩΡΑ ΚΑΙΕΛΕΓΕΝΑΒΒΑ 14:36
ΟΠΑΤΗΡ·ΠΑΝΤΑΔΥΝΑ
ΤΑϹΟΙΠΑΡΕΝΕΓΚΕΤΟ
ΠΟΤΗΡΙΟΝΤΟΥΤΟΑΠΕ
ΜΟΥΑΛΛΟΥΤΙΕΓΩΘΕ
ΛΩΑΛΛΑΤΙϹΥ ΚΑΙΕΡΧΕ 14:37
ΤΑΙΚΑΙΕΥΡΙϹΚΕΙΑΥΤΟΥϹ
ΚΑΘΕΥΔΟΝΤΑϹΚΑΙΛΕ
ΓΕΙΤΩΠΕΤΡΩϹΙΜΩΝ
ΚΑΘΕΥΔΕΙϹΟΥΚΕΙϹΧΥ
ϹΑϹΜΙΑΝΩΡΑΝΓΡΗΓΟ
ΡΗϹΑΙΓΡΗΓΟΡΕΙΤΕΚΑΙ 14:38
ΠΡΟϹΕΥΧΕϹΘΕΙΝΑΜΗ
ΕΛΘΗΤΕΕΙϹΠΕΙΡΑϹΜΟ
ΤΟΜΕΝΠΝΕΥΜΑΠΡΟΘΥ
ΜΟΝΗΔΕϹΑΡΞ·ΑϹΘΕΝΗϹ
ΚΑΙΠΑΛΙΝΑΠΕΛΘΩΝ 14:39
ΠΡΟϹΗΥΞΑΤΟΤΟΝΑΥΤΟ
ΛΟΓΟΝΕΙΠΩΝΚΑΙΠΑΛΙ 14:40
ΕΛΘΩΝΕΥΡΕΝΑΥΤΟΥϹ
ΚΑΘΕΥΔΟΝΤΑϹΗϹΑΝ
ΓΑΡΑΥΤΩΝΟΙΟΦΘΑΛ

ΜΟΙΚΑΤΑΒΑΡΥΝΟΜΕΝοι
ΚΑΙΟΥΚΗΔΕΙϹΑΝΤΙΑΠο
14:41 ΚΡΙΘΩϹΙΝΑΥΤΩ ΚΑΙ
ΕΡΧΕΤΑΙΤΟΤΡΙΤΟΝϗ
ΛΕΓΕΙΑΥΤΟΙϹΚΑΘΕΥ
ΔΕΤΕΤΟΛΟΙΠΟΝΚΑΙα
ΝΑΠΑΥΕϹΘΕΑΠΕΧΕΙΗΛ
ΘΕΝΗΩΡΑΙΔΟΥΠΑΡΑδι
ΔΟΤΑΙΟΥΙΟϹΤΟΥΑΝθρω
ΠΟΥΕΙϹΤΑϹΧΕΙΡΑϹΤω̅
14:42 ΑΜΑΡΤΩΛΩΝΕΓΕΙΡΕ
ϹΘΕΑΓΩΜΕΝΙΔΟΥΟΠα
ΡΑΔΙΔΟΥϹΜΕΗΓΓΙΚΕΝ
14:43 ΝΕ ΚΑΙΕΥΘΥϹΕΤΙΑΥΤΟΥ
ΛΑΛΟΥΝΤΟϹΠΑΡΑΓΕΙ
ΝΕΤΑΙΟΙΟΥΔΑϹΕΙϹΤΩ̅
ΔΩΔΕΚΑΚΑΙΜΕΤΑΥΤου
ΟΧΛΟϹΜΕΤΑΜΑΧΑΙΡω̅
ΚΑΙΞΥΛΩΝΑΠΟΤΩΝΑρ
ΧΙΕΡΕΩΝΚΑΙΤΩΝΓΡαμ
ΜΑΤΕΩΝΚΑΙΤΩΝΠΡεϲ
14:44 ΒΥΤΕΡΩΝΔΕΔΩΚΕΙΔε
ΟΠΑΡΑΔΙΔΟΥϹΑΥΤΟΝ
ϹΥϹϹΗΜΟΝΑΥΤΟΙϹΛε
ΓΩΝΟΝΑΝΦΙΛΗϹΩΑΥ
ΤΟϹΕϹΤΙΝΚΡΑΤΗϹΑΤε
ΑΥΤΟΝΚΑΙΑΠΑΓΕΤΕΑ
14:45 ϹΦΑΛΩϹΚΑΙΕΛΘΩΝευ
ΘΥϹΠΡΟϹΕΛΘΩΝΑΥΤω
ΛΕΓΕΙΡΑΒΒΕΙΚΑΙΚΑΤΕ
14:46 ΦΙΛΗϹΕΝΑΥΤΟΝΟΙΔΕε
ΠΕΒΑΛΛΑΝΤΑϹΧΕΙΡΑϹαυ
ΤΩΚΑΙΕΚΡΑΤΗϹΑΝΑΥΤο̅
14:47 ΕΙϹΔΕΤΙϹΤΩΝΠΑΡΕϲτη
ΚΟΤΩΝϹΠΑϹΑΜΕΝΟϹ
ΤΗΝΜΑΧΑΙΡΑΝΕΠΑΙϹε̅
ΤΟΝΔΟΥΛΟΝΤΟΥΑΡΧΙ
ΕΡΕΩϹΚΑΙΑΦΕΙΛΕΝΑΥ
14:48 ΤΟΥΤΟΩΤΑΡΙΟΝΚΑΙΑ
ΠΟΚΡΙΘΕΙϹΟΙ̅Ϲ̅ΕΙΠΕΝ
ΑΥΤΟΙϹΩϹΕΠΙΛΗϹΤΗ̅
ΕΞΗΛΘΑΤΕΜΕΤΑΜΑΧαι

ΡΩΝΚΑΙΞΥΛΩΝΣΥΛΛΑ
ΒΕΙΝΜΕΚΑΘΗΜΕΡΑΝΗ 14:49
ΜΗΝΠΡΟΣΥΜΑΣΕΝΤΩ
ΪΕΡΩΔΙΔΑΣΚΩΝΚΑΙΟΥ
ΚΕΚΡΑΤΕΙΜΕΑΛΛΙΝΑ
ΠΛΗΡΩΘΩΣΙΝΑΙΓΡΑΦΑΙ
ΚΑΙΑΦΕΝΤΕΣΑΥΤΟΝ 14:50
ΕΦΥΓΟΝΠΑΝΤΕΣΚΑΙ 14:51
ΝΕΑΝΙΣΚΟΣΤΙΣΣΥΝΗ
ΚΟΛΟΥΘΕΙΑΥΤΩΠΕΡΙ
ΒΕΒΛΗΜΕΝΟΣΣΙΝΔΟΝΑ
ΕΠΙΓΥΜΝΟΥΚΑΙΚΡΑΤΟΥ
ΣΙΝΑΥΤΟΝ ΟΔΕΚΑΤΑ 14:52
ΛΙΠΩΝΤΗΝΣΙΝΔΟΝΑ
ΓΥΜΝΟΣΕΦΥΓΕΝ
ΝϚ ΚΑΙΑΠΗΓΑΓΟΝΤΟΝΙΝ 14:53
ΠΡΟΣΤΟΝΑΡΧΙΕΡΕΑΚΑΙ
ΣΥΝΕΡΧΟΝΤΑΙΑΥΤΩ
ΠΑΝΤΕΣΟΙΑΡΧΙΕΡΕΙΣ
ΚΑΙΟΙΠΡΕΣΒΥΤΕΡΟΙΚΑΙ
ΟΙΓΡΑΜΜΑΤΕΙΣΚΑΙΟΠΕ 14:54
ΤΡΟΣΑΠΟΜΑΚΡΟΘΕΝΗ
ΚΟΛΟΥΘΗΣΕΝΑΥΤΩΕ
ΩΣΕΣΩΕΙΣΤΗΝΑΥΛΗΝ
ΤΟΥΑΡΧΙΕΡΕΩΣΚΑΙΗΝ
ΣΥΝΚΑΘΗΜΕΝΟΣΜΕΤΑ
ΤΩΝΥΠΗΡΕΤΩΝΚΑΙΘΕΡ
ΜΑΙΝΟΜΕΝΟΣΠΡΟΣΤΟ
ΦΩΣ ΟΙΔΕΑΡΧΙΕΡΕΙΣΚ 14:55
ΟΛΟΝΤΟΣΥΝΕΔΡΙΟΝΕ
ΖΗΤΟΥΝΚΑΤΑΤΟΥΙΥ
ΜΑΡΤΥΡΙΑΝΕΙΣΤΟΘΑ
ΝΑΤΩΣΑΙΑΥΤΟΝΚΑΙ
ΟΥΚΗΥΡΙΣΚΟΝΠΟΛΛΟΙ 14:56
ΓΑΡΕΨΕΥΔΟΜΑΡΤΥΡΟΥ
ΚΑΤΑΥΤΟΥΚΑΙΙΣΑΙΑΙ
ΜΑΡΤΥΡΙΑΙΟΥΚΗΣΑΝ
ΚΑΙΤΙΝΕΣΑΝΑΣΤΑΝΤΕΣ 14:57
ΕΨΕΥΔΟΜΑΡΤΥΡΟΥΝ
ΚΑΤΑΥΤΟΥΛΕΓΟΝΤΕΣ
ΟΤΙΗΜΕΙΣΗΚΟΥΣΑΜΕΝ 14:58
ΑΥΤΟΥΛΕΓΟΝΤΟΣΟΤΙ

ΕΓΩΚΑΤΑΛΥϹΩΤΟΝ
ΝΑΟΝΤΟΥΤΟΝΤΟΝΧΕΙ
ΡΟΠΟΙΗΤΟΝΚΑΙΔΙΑΤΡΙ
ΩΝΗΜΕΡΩΝΑΛΛΟΝΑ
ΧΕΙΡΟΠΟΙΗΤΟΝΟΙΚΟΔΟ
14:59 ΜΗϹΩΚΑΙΟΥΔΕΟΥΤΩϹ
ΙϹΗΗΝΗΜΑΡΤΥΡΙΑΑΥΤΩΝ
14:60 ΚΑΙΑΝΑϹΤΑϹΟΑΡΧΙΕ
ΡΕΥϹΕΙϹΜΕϹΟΝΕΠΗΡΩ
ΤΗϹΕΝΤΟΝΙ̅Ν̅ΛΕΓΩΝ
ΟΥΚΑΠΟΚΡΕΙΝΗΟΥΔΕΝ
ΟΤΙΟΥΤΟΙϹΟΥΚΑΤΑΜΑΡ
14:61 ΤΥΡΟΥϹΙΝ ΟΔΕΕϹΙΩΠΑ
ΚΑΙΟΥΚΑΠΕΚΡΕΙΝΑΤΟ
ΟΥΔΕΝ ΠΑΛΙΝ Ο ΑΡΧΙΕ
ΡΕΥϹΕΠΗΡΩΤΑΑΥΤΟΝ
ΚΑΙΛΕΓΕΙΑΥΤΩϹΥΕΙΟ
Χ̅Ϲ̅ΟΥΙΟϹΤΟΥΕΥΛΟΓΗΤΟΥ
14:62 ΟΔΕΙ̅Ϲ̅ΕΙΠΕΝΕΓΩΕΙΜΙϗ
ΟΨΕϹΘΕΤΟΝΥΙΟΝΤΟΥ
ΑΝΘΡΩΠΟΥΕΚΔΕΞΙΩΝ
ΚΑΘΗΜΕΝΟΝΤΗϹΔΥΝΑ
ΜΕΩϹΚΑΙΕΡΧΟΜΕΝΟΝ
ΜΕΤΑΤΩΝΝΕΦΕΛΩΝ
14:63 ΤΟΥΟΥΡΑΝΟΥ ΟΔΕΑΡΧΙ
ΕΡΕΥϹΔΙΑΡΗΞΑϹΤΟΥϹ
ΚΙΤΩΝΑϹΑΥΤΟΥΛΕΓΕΙ
ΤΙΕΤΙΧΡΕΙΑΝΕΧΟΜΕΝ
14:64 ΜΑΡΤΥΡΩΝΗΚΟΥϹΑΤΕ
ΤΗϹΒΛΑϹΦΗΜΙΑϹΤΙΥ
ΜΙΝΦΑΙΝΕΤΑΙΟΙΔΕΠΑ
ΤΕϹΚΑΤΕΚΡΕΙΝΑΝΑΥΤΟΝ
ΕΝΟΧΟΝΕΙΝΑΙΘΑΝΑΤΟΥ
14:65 ΚΑΙΗΡΞΑΝΤΟΤΙΝΕϹΕΜ
ΠΤΥΕΙΝΑΥΤΩΚΑΙΠΕΡΙ
ΚΑΛΥΠΤΕΙΝΑΥΤΟΥΤΟ
ΠΡΟϹΩΠΟΝΚΑΙΚΟΛΑΦΙ
ΖΕΙΝΑΥΤΟΝΚΑΙΛΕΓΕΙΝ
ΑΥΤΩΠΡΟΦΗΤΕΥϹΟΝ
ΚΑΙΟΙΥΠΗΡΕΤΑΙΡΑΠΙϹ
ϹΜΑϹΙΝΑΥΤΟΝΕΛΑΒΟΝ
14:66 ΚΑΙΟΝΤΟϹΤΟΥΠΕΤΡΟΥ

ΚΑΤΩΕΝΤΗΑΥΛΗΕΡΧΕ
ΤΑΙΜΙΑΤΩΝΠΑΙΔΙΣΚΩ̅
ΤΟΥΑΡΧΙΕΡΕΩΣΚΑΙΙΔΟΥ 14:67
ΣΑΤΟΝΠΕΤΡΟΝΘΕΡΜΑΙ
ΝΟΜΕΝΟΝΕΜΒΛΕΨΑΣΑ
ΑΥΤΩΛΕΓΕΙΚΑΙΣΥΜΕΤΑ
ΤΟΥΝΑΖΑΡΗΝΟΥΗΣΘΑ
ΤΟΥΙ̅Υ̅ΟΔΕΗΡΝΗΣΑΤΟΛΕ 14:68
ΓΩΝΟΥΤΕΟΙΔΑΟΥΤΕΕ
ΠΙΣΤΑΜΑΙΣΥΤΙΛΕΓΕΙΣ
ΚΑΙΕΞΗΛΘΕΝΕΞΩΕΙΣΤΟ
ΠΡΟΑΥΛΙΟΝΚΑΙΗΠΑΙΔΙ 14:69
ΣΚΗΙΔΟΥΣΑΑΥΤΟΝΕΙ
ΠΕΝΤΟΙΣΠΑΡΕΣΤΩΣΙΝ
ΟΤΙΟΥΤΟΣΕΞΑΥΤΩΝΕ
ΣΤΙΝΟΔΕΠΑΛΙΝΗΡΝΕΙ 14:70
ΤΟΚΑΙΜΕΤΑΜΕΙΚΡΟΝΠΑ
ΛΙΝΟΙΠΑΡΕΣΤΩΤΕΣΕΛΕ
ΓΟΝΤΩΠΕΤΡΩΑΛΗΘΩΣ
ΕΞΑΥΤΩΝΕΙΚΑΙΓΑΡΓΑ
ΛΕΙΛΑΙΟΣΕΙ ΟΔΕΗΡΞΑΤΟ 14:71
ΑΝΑΘΕΜΑΤΙΖΕΙΝΚΑΙΟ
ΜΝΥΝΑΙΟΤΙΟΥΚΟΙΔΑΤΟ̅
ΑΝΘΡΩΠΟΝΤΟΥΤΟΝΟΝ
ΛΕΓΕΤΕΚΑΙΕΥΘΥΣΕΚΔΕΥ 14:72
ΤΕΡΟΥΑΛΕΚΤΩΡΕΦΩ
ΝΗΣΕΝΚΑΙΑΝΕΜΝΗΣΘΗ
ΟΠΕΤΡΟΣΤΟΡΗΜΑΩΣ
ΕΙΠΕΝΑΥΤΩΟΙ̅Σ̅ΟΤΙΠΡΙ̅
ΑΛΕΚΤΟΡΑΔΙΣΦΩΝΗ
ΣΑΙΤΡΕΙΣΜΕΑΠΑΡΝΗΣΗ
ΝΖ ΚΑΙΕΠΙΒΑΛΩΝΕΚΛΑΙΕ̅
ΚΑΙΕΥΘΥΣΠΡΩΙΣΥΜΒΟΥ 15:1
ΛΙΟΝΠΟΙΗΣΑΝΤΕΣΟΙΑΡ
ΧΙΕΡΕΙΣΜΕΤΑΤΩΝΠΡΕΣ
ΒΥΤΕΡΩΝΚΑΙΓΡΑΜΜΑΤΕ
ΩΝΚΑΙΟΛΟΝΤΟΣΥΝΕ
ΔΡΙΟΝΔΗΣΑΝΤΕΣΤΟΝ
Ι̅Ν̅ΑΠΗΝΕΓΚΑΝΚΑΙΠΑΡΕ
ΔΩΚΑΝΠΕΙΛΑΤΩ ΚΑΙ 15:2
ΕΠΗΡΩΤΗΣΕΝΑΥΤΟΝ
ΟΠΕΙΛΑΤΟΣΣΥΕΙΟΒΑΣΙ

ΛΕΥϹΤΩΝΙΟΥΔΑΙΩΝ
ΟΔΕΑΠΟΚΡΙΘΕΙϹΑΥΤΩ
15:3 ΛΕΓΕΙ ϹΥΛΕΓΕΙϹ ΚΑΙΚΑ
ΤΗΓΟΡΟΥΝΑΥΤΟΥΟΙΑΡ
15:4 ΧΙΕΡΕΙϹΠΟΛΛΑ ΟΔΕΠΕΙ
ΛΑΤΟϹΠΑΛΙΝΕΠΗΡΩΤΑ
ΑΥΤΟΝΛΕΓΩΝ ΟΥΚΑ
ΠΟΚΡΕΙΝΗΙΔΕΠΟϹΑϹΟΥ
15:5 ΚΑΤΗΓΟΡΟΥϹΙΝ ΟΔΕ
Ι̅Ϲ̅ΟΥΚΕΤΙΟΥΔΕΝΑΠΕ
ΚΡΙΘΗΩϹΤΕΘΑΥΜΑΖΕΙ̅
15:6 ΤΟΝΠΕΙΛΑΤΟΝΚΑΤΑΔΕ
ΕΟΡΤΗΝΑΠΕΛΥΕΝΑΥ
ΤΟΙϹΕΝΑΔΕϹΜΙΟΝΟΝ
15:7 ΠΑΡΗΤΟΥΝΤΟΗΝΔΕΟ
ΛΕΓΟΜΕΝΟϹΒΑΡΑΒΒΑϹ
ΜΕΤΑΤΩΝϹΤΑϹΙΑϹΤΩ̅
ΔΕΔΕΜΕΝΟϹΟΙΤΙΝΕϹ
ΕΝΤΗϹΤΑϹΕΙΦΟΝΟΝ
15:8 ΠΕΠΟΙΗΚΕΙϹΑΝΚΑΙΑΝΑ
ΒΑϹΟΟΧΛΟϹΗΡΞΑΤΟΑΙ
ΤΕΙϹΘΑΙΚΑΘΩϹΕΠΟΙΕΙ
15:9 ΑΥΤΟΙϹ ΟΔΕΠΕΙΛΑΤΟϹ
ΑΠΕΚΡΙΘΗΑΥΤΟΙϹΛΕΓΩ̅
ΘΕΛΕΤΕΑΠΟΛΥϹΩΫΜΙ̅
ΤΟΝΒΑϹΙΛΕΑΤΩΝΙΟΥ
15:10 ΔΑΙΩΝΕΓΕΙΝΩϹΚΕΓΑΡ
ΟΤΙΔΙΑΦΘΟΝΟΝΠΑΡΑ
ΔΕΔΩΚΕΙϹΑΝΑΥΤΟΝ
15:11 ΟΙΔΕΑΡΧΙΕΡΕΙϹΑΝΕϹΕΙ
ϹΑΝΤΟΝΟΧΛΟΝΙΝΑΜΑΛ
ΛΟΝΤΟΝΒΑΡΑΒΒΑΝΑΠΟ
15:12 ΛΥϹΗΑΥΤΟΙϹ ΟΔΕΠΕΙ
ΛΑΤΟϹΠΑΛΙΝΑΠΟΚΡΙΘΕΙϹ
ΕΛΕΓΕΝΑΥΤΟΙϹ ΤΙΟΥ̅
ΠΟΙΗϹΩΛΕΓΕΤΕΤΟΝ
ΒΑϹΙΛΕΑΤΩΝΙΟΥΔΑΙΩ̅
15:13 ΟΙΔΕΠΑΛΙΝΕΚΡΑΞΑΝϹΤΑΥ
15:14 ΡΩϹΟΝΑΥΤΟΝ ΟΔΕΠΕΙ
ΛΑΤΟϹΕΛΕΓΕΝΑΥΤΟΙϹ
ΤΙΓΑΡΕΠΟΙΗϹΕΝΚΑΚΟ̅
ΟΙΔΕΠΕΡΙϹϹΩϹΕΚΡΑ

ΞΑΝϹΤΑΥΡѠϹΟΝΑΥΤΟ̅
ΟΔΕΠΕΙΛΑΤΟϹΒΟΥΛΟ 15:15
ΜΕΝΟϹΤѠΟΧΛѠΤΟΙ
ΚΑΝΟΝΠΟΙΕΙΝΑΠΕΛΥ
ϹΕΝΑΥΤΟΙϹΤΟΝΒΑΡΑΒ
ΒΑΝΠΑΡΕΔѠΚΕΝΔΕΤΟ̅
ΙΝ̅ΦΡΑΓΕΛΛѠϹΑϹΙΝΑ
ΝΗ ϹΤΑΥΡѠΘΗ ΟΙΔΕϹΤΡΑ 15:16
ΤΙѠΤΑΙΑΠΗΓΑΓΟΝΑΥ
ΤΟΝΕϹѠΤΗϹΑΥΛΗϹΟ
ΕϹΤΙΝΠΡΑΙΤѠΡΙΟΝ Ϗ
ϹΥΝΚΑΛΟΥϹΙΝΟΛΗΝΤΗ̅
ϹΠΕΙΡΑΝΚΑΙΕΝΔΙΔΥϹΚΟΥ 15:17
ϹΙΝΑΥΤΟΝΠΟΡΦΥΡΑΝ
ΚΑΙΠΕΡΙΤΙΘΕΑϹΙΝΑΥΤѠ
ΠΛΕΞΑΝΤΕϹΑΚΑΝΘΙΝΟ̅
ϹΤΕΦΑΝΟΝΚΑΙΗΡΞΑΝ 15:18
ΤΟΑϹΠΑΖΕϹΘΑΙΑΥΤΟ̅
ΧΑΙΡΕΒΑϹΙΛΕΥΤѠΝΙΟΥ
ΔΑΙѠΝΚΑΙΕΤΥΠΤΟΝ 15:19
ΑΥΤΟΥΤΗΝΚΕΦΑΛΗ̅
ΚΑΛΑΜѠΚΑΙΕΝΕΠΤΥΟ̅
ΑΥΤѠΚΑΙΤΙΘΕΝΤΕϹ
ΤΑΓΟΝΑΤΑΠΡΟϹΕΚΥ
ΝΟΥΝΑΥΤѠΚΑΙΟΤΕΕ 15:20
ΝΕΠΑΙΞΑΝΑΥΤѠΕΞΕ
ΔΥϹΑΝΑΥΤΟΝΤΗΝΠΟΡ
ΦΥΡΑΝΚΑΙΕΝΕΔΥϹΑΝ
ΑΥΤΟΝΤΑΙΜΑΤΙΑΑΥ
ΤΟΥΚΑΙΕΞΑΓΟΥϹΙΝΑΥ
ΤΟΝΙΝΑϹΤΑΥΡѠϹѠϹΙ̅
ΑΥΤΟΝΚΑΙΕΓΓΑΡΕΥΟΥ 15:21
ϹΙΝΠΑΡΑΓΟΝΤΑΤΙΝΑ
ϹΙΜѠΝΑΚΥΡΗΝΑΙΟΝ
ΕΡΧΟΜΕΝΟΝΑΠΑΓΡΟΥ
ΤΟΝΠΑΤΕΡΑΑΛΕΞΑΝ
ΔΡΟΥΚΑΙΡΟΥΦΟΥΙΝΑ
ΑΡΗΤΟΝϹΤΑΥΡΟΝΑΥ
ΤΟΥΚΑΙΦΕΡΟΥϹΙΝΑΥ 15:22
ΤΟΝΕΠΙΤΟΝΓΟΛΓΟΘΑ̅
ΤΟΠΟΝΟΕϹΤΙΝΜΕΘΕΡ
ΜΗΝΕΥΟΜΕΝΟϹΚΡΑΝΙ

15:23 ΟΥΤΟΠΟϹΚΑΙΕΔΙΔΟΥ̅
ΑΥΤΩΕϹΜΥΡΝΙϹΜΕΝΟ̅
ΟΙΝΟΝΟϹΔΕΟΥΚΕΛΑΒΕ̅
15:24 ΝΘ ΚΑΙϹΤΑΥΡΟΥϹΙΝΑΥΤΟ̅
ΚΑΙΔΙΑΜΕΡΙΖΟΝΤΑΙΤΑ
ΙΜΑΤΙΑΑΥΤΟΥΒΑΛΛΟΝ
ΤΕϹΚΛΗΡΟΝΕΠΑΥΤΑΤΙϹ
15:25 ΤΙΑΡΗΗΝΔΕΩΡΑΤΡΙΤΗ
ΚΑΙΕϹΤΑΥΡΩϹΑΝΑΥΤΟ̅
15:26 ΚΑΙΗΝΗΕΠΙΓΡΑΦΗΤΗϹ
ΑΙΤΙΑϹΑΥΤΟΥΕΠΙΓΕ
ΓΡΑΜΜΕΝΗΟΒΑϹΙΛΕΥϹ
15:27 ΤΩΝΙΟΥΔΑΙΩΝΚΑΙϹΥ̅
ΑΥΤΩΕϹΤΑΥΡΩϹΑΝΔΥ
ΟΛΗϹΤΑϹΕΝΑΕΚΔΕΞΙ
ΩΝΚΑΙΕΝΑΕΞΕΥΩΝΥ
15:29 ΜΩΝΑΥΤΟΥΚΑΙΟΙΠΑΡΑ
ΠΟΡΕΥΟΜΕΝΟΙΕΒΛΑϹΦΗ
ΜΟΥΝΑΥΤΟΝΚΕΙΝΟΥΝ
ΤΕϹΤΑϹΚΕΦΑΛΑϹΑΥ
ΤΩΝΚΑΙΛΕΓΟΝΤΕϹΟΥΑ
ΟΚΑΤΑΛΥΩΝΤΟΝΝΑΟΝ
ΚΑΙΟΙΚΟΔΟΜΩΝΕΝΤΡΙ
15:30 ϹΙΝΗΜΕΡΑΙϹϹΩϹΟΝϹΕ
ΑΥΤΟΝΚΑΤΑΒΑϹΑΠΟ
15:31 ΤΟΥϹΤΑΥΡΟΥΟΜΟΙΩϹ
ΚΑΙΟΙΑΡΧΙΕΡΕΙϹΕΜΠΑΙ
ΖΟΝΤΕϹΠΡΟϹΑΛΛΗΛΟΥϹ
ΜΕΤΑΤΩΝΓΡΑΜΜΑΤΕ
ΩΝΕΛΕΓΟΝΑΛΛΟΥϹΕϹΩ
ϹΕΝΕΑΥΤΟΝΟΥΔΥΝΑΤΑΙ
15:32 ϹΩϹΑΙΟΧ̅Ϲ̅ΟΒΑϹΙΛΕΥϹ
ΙϹΡΑΗΛΚΑΤΑΒΑΤΩΝΥ̅
ΑΠΟΤΟΥϹΤΑΥΡΟΥΙΝΑ
ΙΔΩΜΕΝΚΑΙΠΙϹΤΕΥ
ϹΩΜΕΝΚΑΙΟΙϹΥΝΕϹΤΑΥ
ΡΩΜΕΝΟΙϹΥΝΑΥΤΩΩ
15:33 ΝΕΙΔΙΖΟΝΑΥΤΟΝ ΚΑΙ
ΓΕΝΟΜΕΝΗϹΩΡΑϹΕΚΤΗϹ
ϹΚΟΤΟϹΕΓΕΝΕΤΟΕΦΟ
ΛΗΝΤΗΝΓΗΝΕΩϹΩΡΑϹ
15:34 ΕΝΑΤΗϹΚΑΙΤΗΕΝΑΤΗ

ΩΡΑΕΒΟΗϹΕΝΟΙ̅Ϲ̅ΦΩ
ΝΗΜΕΓΑΛΗΕΛΩΪΕΛΩΪ
ΛΑΜΑΖΑΒΑΦΘΑΝΕΙΟ
ΕϹΤΙΝΜΕΘΕΡΜΗΝΕΥΟ
ΜΕΝΟΝΟΘ̅Ϲ̅ΜΟΥΕΙϹΤΙ
ΕΓΚΑΤΕΛΙΠΕϹΜΕ·ΚΑΙ 15:35
ΤΙΝΕϹΤΩΝΕϹΤΗΚΟΤΩ̅
ΑΚΟΥϹΑΝΤΕϹΕΛΕΓΟΝ
ΙΔΕΗΛΕΙΑΝΦΩΝΕΙΔΡΑ 15:36
ΜΩΝΔΕΤΙϹΓΕΜΙϹΑϹ
ϹΠΟΓΓΟΝΟΞΟΥϹΠΕΡΙ
ΘΕΙϹΚΑΛΑΜΩΕΠΟΤΙΖΕ̅
ΑΥΤΟΝΛΕΓΩΝΑΦΕΤΕ
ΙΔΩΜΕΝΕΙΕΡΧΕΤΑΙΗ
ΛΕΙΑϹΚΑΘΕΛΕΙΝΑΥΤΟΝ
ΟΔΕΙ̅Ϲ̅ΑΦΕΙϹΦΩΝΗΝ 15:37
ΜΕΓΑΛΗΝΕΞΕΠΝΕΥϹΕ̅
Ϊ ΚΑΙΤΟΚΑΤΑΠΕΤΑϹΜΑ 15:38
ΤΟΥΝΑΟΥΕϹΧΙϹΘΗΕΙϹ
ΔΥΟΑΠΑΝΩΘΕΝΕΩϹ
ΚΑΤΩ ΙΔΩΝΔΕΟΚΕΝ 15:39
ΤΥΡΙΩΝΟΠΑΡΕϹΤΗΚΩϹ
ΕΞΕΝΑΝΤΙΑϹΑΥΤΟΥ
ΟΤΙΟΥΤΩϹΕΞΕΠΝΕΥ
ϹΕΝΕΙΠΕΝΑΛΗΘΩϹΟΥ
ΤΟϹΟΑΝΘΡΩΠΟϹΥΪΟϹ
Θ̅Υ̅ΗΝ ΗϹΑΝΔΕΚΑΙΓΥ 15:40
ΝΑΙΚΕϹΑΠΟΜΑΚΡΟΘΕ̅
ΘΕΩΡΟΥϹΑΙΕΝΑΙϹΚΑΙ
ΜΑΡΙΑΜΗΜΑΓΔΑΛΗΝΗ
ΚΑΙΜΑΡΙΑΗΙΑΚΩΒΟΥ
ΤΟΥΜΕΙΚΡΟΥΚΑΙΗΙΩ
ϹΗΤΟϹΜΗΤΗΡΚΑΙϹΑ
ΛΩΜΗΑΙΟΤΕΗΝΕΝΤΗ 15:41
ΓΑΛΕΙΛΑΙΑΗΚΟΛΟΥΘΟΥ̅
ΑΥΤΩΚΑΙΔΙΗΚΟΝΟΥ̅
ΑΥΤΩΚΑΙΑΛΛΑΙΠΟΛ
ΛΑΙΑΙϹΥΝΑΝΑΒΑϹΑΙΑΥ
ΤΩΕΙϹΪΕΡΟϹΟΛΥΜΑ
Ι̅Α̅ ΚΑΙΗΔΗΟΨΙΑϹΓΕΝΟΜΕ 15:42
ΝΗϹΕΠΕΙΗΝΠΑΡΑϹΚΕΥ
ΗΟΕϹΤΙΝΠΡΟϹΑΒΒΑΤΟ̅

15:43 ΕΛΘΩΝΙΩϹΗΦΑΠΟΑΡει
ΜΑΘΑΙΑϹΕΥϹΧΗΜΩΝ
ΒΟΥΛΕΥΤΗϹΟϹΚΑΙΑΥ
ΤΟϹΗΝΠΡΟϹΔΕΧΟΜε
ΝΟϹΤΗΝΒΑϹΙΛΕΙΑΝΤου
Θ̅Υ̅ΤΟΛΜΗϹΑϹΕΙϹΗΛ
ΘΕΝΠΡΟϹΤΟΝΠΕΙΛΑ
ΤΟΝΚΑΙΗΤΗϹΑΤΟΤΟ
15:44 ϹΩΜΑΤΟΥΙ̅Υ̅ΟΔΕΠΕΙ
ΛΑΤΟϹΕΘΑΥΜΑϹΕΝΕΙ
ΗΔΗΤΕΘΝΗΚΕΝΚΑΙΠΡος
ΚΑΛΕϹΑΜΕΝΟϹΤΟΝΚε̅
ΤΥΡΙΩΝΑΕΠΗΡΩΤΗϹε̅
ΑΥΤΟΝΕΙΗΔΗΑΠΕΘΑ
15:45 ΝΕΝΚΑΙΓΝΟΥϹΑΠΟΤου
ΚΕΝΤΥΡΙΩΝΟϹΕΔΩ
ΡΗϹΑΤΟΤΟΠΤΩΜΑΤΩ
15:46 ΙΩϹΗ ΚΑΙΑΓΟΡΑϹΑϹϲι̅
ΔΟΝΑΚΑΘΕΛΩΝΑΥΤο
ΕΝΕΙΛΗϹΕΝΤΗϹΙΝΔΟ
ΝΙ·ΚΑΙΕΘΗΚΕΝΑΥΤΟΝ
ΕΝΜΝΗΜΑΤΙΟΗΝΛΕ
ΛΑΤΟΜΗΜΕΝΟΝΕΚΠε
ΤΡΑϹΚΑΙΠΡΟϹΕΚΥΛΙ
ϹΕΝΛΙΘΟΝΕΠΙΤΗΝΘΥ
15:47 ΡΑΝΤΟΥΜΝΗΜΕΙΟΥΗ
ΔΕΜΑΡΙΑΗΜΑΓΔΑΛΗΝη
ΚΑΙΜΑΡΙΑΗΙΩϹΗΤΟϹ
ΕΘΕΩΡΟΥΝΠΟΥΤΕΘει
16:1 Ξ̅Β̅ ΤΑΙ ΚΑΙΔΙΑΓΕΝΟΜΕ
Ν̅ΟΥΤΟΥϹΑΒΒΑΤΟΥΗ
ΜΑΡΙΑΗΜΑΓΔΑΛΗΝΗϏ
ΜΑΡΙΑΗΤΟΥΙΑΚΩΒΟΥ
ΚΑΙϹΑΛΩΜΗΗΓΟΡΑϹα̅
ΑΡΩΜΑΤΑΙΝΑΕΛΘΟΥϹαι
16:2 ΑΛεΙΨΩϹΙΝΑΥΤΟΝ ΚΑΙ
ΛΕΙΑΝΠΡΩΙΜΙΑΤΩΝ
ϹΑΒΒΑΤΩΝΕΡΧΟΝΤΑΙ
ΕΠΙΤΟΜΝΗΜΕΙΟΝΑΝΑ
ΤΕΙΛΑΝΤΟϹΤΟΥΗΛΙου
16:3 ΚΑΙΕΛΕΓΟΝΠΡΟϹΕΑΥ
ΤΑϹΤΙϹΑΠΟΚΥΛΙϹΕΙΗ

ΜΙΝΤΟΝΛΙΘΟΝΕΚΤΗϹ
ΘΥΡΑϹΤΟΥΜΝΗΜΕΙΟΥ
ΚΑΙΑΝΑΒΛΕΨΑϹΑΙΘΕΩ 16:4
ΡΟΥϹΙΝΟΤΙΑΝΑΚΕΚΥ
ΛΙϹΤΑΙΟΛΙΘΟϹΗΝΓΑΡ
ΜΕΓΑϹϹΦΟΔΡΑΚΑΙΕΛ 16:5
ΘΟΥϹΑΙΕΙϹΤΟΜΝΗΜΕΙ
ΟΝΕΙΔΟΝΝΕΑΝΙϹΚΟΝ
ΚΑΘΗΜΕΝΟΝΕΝΤΟΙϹ
ΔΕΞΙΟΙϹΠΕΡΙΒΕΒΛΗΜΕ
ΝΟΝϹΤΟΛΗΝΛΕΥΚΗΝ
ΚΑΙΕΞΕΘΑΜΒΗΘΗϹΑΝ
ΟΔΕΛΕΓΕΙΑΥΤΑΙϹΜΗ 16:6
ΕΚΘΑΜΒΕΙϹΘΕΙ̅Ν̅ΖΗΤΕΙ
ΤΕΤΟΝΝΑΖΑΡΗΝΟΝΤΟ
ΕϹΤΑΥΡΩΜΕΝΟΝΗΓΕΡ
ΘΗΟΥΚΕϹΤΙΝΩΔΕΙΔΕ
ΟΤΟΠΟϹΟΠΟΥΕΘΗΚΑ̅
ΑΥΤΟΝΑΛΛΑΥΠΑΓΕΤΕ 16:7
ΕΙΠΑΤΕΤΟΙϹΜΑΘΗΤΑΙϹ
ΑΥΤΟΥΚΑΙΤΩΠΕΤΡΩ
ΟΤΙΠΡΟΑΓΕΙΫΜΑϹΕΙϹ
ΤΗΝΓΑΛΙΛΑΙΑΝΕΚΕΙΑΥ
ΤΟΝΟΨΕϹΘΕΚΑΘΩϹΕΙ
ΠΕΝΫΜΙΝΚΑΙΕΞΕΛΘΟΥ 16:8
ϹΑΙΕΦΥΓΟΝΑΠΟΤΟΥ
ΜΝΗΜΕΙΟΥΕΙΧΕΝΓΑΡ
ΑΥΤΑϹΤΡΟΜΟϹΚΑΙΕΚ
ϹΤΑϹΙϹΚΑΙΟΥΔΕΝΙΟΥ
ΔΕΝΕΙΠΟΝΕΦΟΒΟΥΝ
ΤΟΓΑΡ:

ΚΑΤΑ
ΜΑΡΚΟΝ

Α ΕΠΕΙΔΗΠΕΡΠΟΛΛΟΙΕΠΕ 1:1
ΧΕΙΡΗϹΑΝΑΝΑΤΑΞΑϹΘΑΙ
ΔΙΗΓΗϹΙΝΠΕΡΙΤΩΝΠΕ
ΠΛΗΡΟΦΟΡΗΜΕΝΩΝ
ΕΝΗΜΙΝΠΡΑΓΜΑΤΩΝ
ΚΑΘΩϹΠΑΡΕΔΟϹΑΝΗΜΙ̅ 1:2
ΟΙΑΠΑΡΧΗϹΑΥΤΟΠΤΑΙ
ΚΑΙΥΠΗΡΕΤΑΙΓΕΝΟΜΕ
ΝΟΙΤΟΥΛΟΓΟΥΕΔΟΞΕ 1:3
ΚΑΜΟΙΠΑΡΗΚΟΛΟΥΘΗ
ΚΟΤΙΑΝΩΘΕΝΠΑϹΙΝΑ
ΚΡΕΙΒΩϹΚΑΘΕΞΗϹϹΟΙ
ΓΡΑΨΑΙΚΡΑΤΙϹΤΕΘΕΟ
ΦΙΛΕΙΝΑΕΠΙΓΝΩϹΠΕ 1:4
ΡΙΩΝΚΑΤΗΧΗΘΗϹΛΟ
ΓΩΝΤΗΝΑϹΦΑΛΕΙΑΝ
Β ΕΓΕΝΕΤΟΕΝΤΑΙϹΗΜΕ 1:5
ΡΑΙϹΗΡΩΔΟΥΒΑϹΙΛΕΩϹ
ΤΗϹΙΟΥΔΑΙΑϹΙΕΡΕΥϹ
ΤΙϹΟΝΟΜΑΤΙΖΑΧΑΡΙΑϹ
ΕΞΕΦΗΜΕΡΕΙΑϹΑΒΙΑϗ
ΓΥΝΗΑΥΤΩΕΚΤΩΝΘΥ
ΓΑΤΕΡΩΝΑΑΡΩΝΚΑΙΤΟ
ΟΝΟΜΑΑΥΤΗϹΕΛΕΙϹΑ
ΒΕΤ ΗϹΑΝΔΕΔΙΚΑΙΟΙ 1:6
ΑΜΦΟΤΕΡΟΙΕΝΑΝΤΙΟ̅
ΤΟΥΘ̅Υ̅ΠΟΡΕΥΟΜΕΝΟΙ
ΕΝΠΑϹΑΙϹΤΑΙϹΕΝΤΟ
ΛΑΙϹΚΑΙΔΙΚΑΙΩΜΑϹΙΝ
ΤΟΥΚ̅Υ̅ΑΜΕΜΠΤΟΙΚΑΙ 1:7
ΟΥΚΗΝΑΥΤΟΙϹΤΕΚΝΟ̅
ΚΑΘΟΤΙΗΝΕΛΕΙϹΑΒΕΤ
ϹΤΕΙΡΑΚΑΙΑΜΦΟΤΕΡΟΙ
ΠΡΟΒΕΒΗΚΟΤΕϹΕΝΤΑΙϹ
ΗΜΕΡΑΙϹΑΥΤΩΝΗϹΑΝ
ΕΓΕΝΕΤΟΔΕΕΝΤΩΙΕΡΑ 1:8
ΤΕΥΕΙΝΑΥΤΟΝΕΝΤΗΤΑ
ΞΕΙΤΗϹΕΦΗΜΕΡΕΙΑϹ
ΑΥΤΟΥΕΝΑΝΤΙΤΟΥΘ̅Υ̅
ΚΑΤΑΤΟΕΘΟϹΤΗϹΪΕΡΑ 1:9
ΤΕΙΑϹΕΛΑΧΕΤΟΥΘΥΜΙ
ΑϹΑΙΕΙϹΕΛΘΩΝΕΙϹΤΟ̅

1:10 ΝΑΟΝΤΟΥΚΥΚΑΙΠΑΝΤΟ
ΠΛΗΘΟϹΗΝΤΟΥΛΑΟΥ
ΠΡΟϹΕΥΧΟΜΕΝΟΝΕΞΩ
ΤΗΩΡΑΤΟΥΘΥΜΙΑΜΑΤΟϹ
1:11 ΩΦΘΗΔΕΑΥΤΩΑΓΓΕ
ΛΟϹΚΥΕϹΤΩϹΕΚΔΕΞΙ
ΩΝΤΟΥΘΥϹΙΑϹΤΗΡΙΟΥ
1:12 ΤΟΥΘΥΜΙΑΜΑΤΟϹΚΑΙ
ΕΤΑΡΑΧΘΗΖΑΧΑΡΙΑϹ
ΙΔΩΝΚΑΙΦΟΒΟϹΕΠΕ
1:13 ΠΕϹΕΝΕΠΑΥΤΟΝ ΕΙΠΕ
ΔΕΠΡΟϹΑΥΤΟΝΟΑΓΓΕ
ΛΟϹΜΗΦΟΒΟΥΖΑΧΑΡΙ
ΑΔΙΟΤΙΕΙϹΗΚΟΥϹΘΗ
ΗΔΕΗϹΙϹϹΟΥΚΑΙΗΓΥΝΗ
ϹΟΥΕΛΕΙϹΑΒΕΤΓΕΝΝΗ
ϹΕΙΥΙΟΝϹΟΙΚΑΙΚΑΛΕ
ϹΕΙϹΤΟΟΝΟΜΑΑΥΤΟΥ
1:14 ΙΩΑΝΝΗΝΚΑΙΕϹΤΑΙΧΑ
ΡΑϹΟΙΚΑΙΑΓΑΛΛΙΑϹΙϹϗ
ΠΟΛΛΟΙΕΠΙΤΗΓΕΝΕϹΕΙ
ΑΥΤΟΥΧΑΡΗϹΟΝΤΑΙ
1:15 ΕϹΤΑΙΓΑΡΜΕΓΑϹΕΝΩ
ΠΙΟΝΤΟΥΚΥΚΑΙΟΙΝΟΝ
ΚΑΙϹΙΚΕΡΑΟΥΜΗΠΙΗϗ
ΠΝΕΥΜΑΤΟϹΑΓΙΟΥΠΛΗ
ϹΘΗϹΕΤΑΙΕΤΙΕΚΚΟΙ
ΛΙΑϹΜΗΤΡΟϹΑΥΤΟΥ
1:16 ΚΑΙΠΟΛΛΟΥϹΤΩΝΥΙΩ
ΙϹΡΑΗΛΕΠΙϹΤΡΕΨΕΙΕ
ΠΙΚΝΤΟΝΘΝΑΥΤΩΝ
1:17 ΚΑΙΑΥΤΟϹΠΡΟϹΕΛΕΥ
ϹΕΤΑΙΕΝΩΠΙΟΝΑΥΤΟΥ
ΕΝΠΝΕΥΜΑΤΙΚΑΙΔΥΝΑ
ΜΕΙΗΛΕΙΑΕΠΙϹΤΡΕΨΑΙ
ΚΑΡΔΙΑϹΠΑΤΕΡΩΝΕΠΙ
ΤΕΚΝΑΚΑΙΑΠΕΙΘΕΙϹΕΝ
ΦΡΟΝΗϹΕΙΔΙΚΑΙΩΝΕ
ΤΟΙΜΑϹΑΙΚΩΛΑΟΝΚΑ
1:18 ΤΕϹΚΕΥΑϹΜΕΝΟΝ ΚΑΙ
ΕΙΠΕΝΖΑΧΑΡΙΑϹΠΡΟϹ
ΤΟΝΑΓΓΕΛΟΝΚΑΤΑΤΙ

ΓΝΩϹΟΜΑΙΤΟΥΤΟΕΓΩ
ΓΑΡΕΙΜΙΠΡΕϹΒΥΤΗϹϗ
Η.ΓΥΝΗΜΟΥΠΡΟΒΕΒΗ
ΚΥΪΑΕΝΤΑΙϹΗΜΕΡΑΙϹ
ΑΥΤΗϹ ΚΑΙΑΠΟΚΡΙΘΕΙϹ 1:19
ΟΑΓΓΕΛΟϹΕΙΠΕΝΑΥΤΩ
ΕΓΩΕΙΜΙΓΑΒΡΙΗΛΟΠΑ
ΡΕϹΤΗΚΩϹΕΝΩΠΙΟΝ
ΤΟΥΘ̅Υ̅ΚΑΙΑΠΕϹΤΑΛΗ̅
ΛΑΛΗϹΑΙΠΡΟϹϹΕΚΑΙ
ΕΥΑΓΓΕΛΙϹΑϹΘΑΙϹΟΙ
ΤΑΥΤΑΚΑΙΪΔΟΥΕϹΗϹΙ 1:20
ΩΠΩΝΚΑΙΜΗΔΥΝΑΜΕ
ΝΟϹΛΑΛΗϹΑΙΑΧΡΙΗϹ
ΗΜΕΡΑϹΓΕΝΗΤΑΙΤΑΥ
ΤΑΑΝΘΩΝΟΥΚΕΠΙϹΤΕΥ
ϹΑϹΤΟΙϹΛΟΓΟΙϹΜΟΥ
ΟΙΤΙΝΕϹΠΛΗΡΩΘΗϹΟ̅
ΤΑΙΕΙϹΤΟΝΚΑΙΡΟΝΑΥ
ΤΩΝ ΚΑΙΗΝΟΛΑΟϹ 1:21
ΠΡΟϹΔΟΚΩΝΤΟΝΖΑ
ΧΑΡΙΑΝΚΑΙΕΘΑΥΜΑΖΟ̅
ΕΝΤΩΧΡΟΝΙΖΕΙΝΕΝ
ΤΩΝΑΩΑΥΤΟΝΕΞΕΛ 1:22
ΘΩΝΔΕΟΥΚΕΔΥΝΑΤΟ
ΛΑΛΗϹΑΙΑΥΤΟΙϹΚΑΙ
ΕΠΕΓΝΩϹΑΝΟΤΙΟΠΤΑ
ϹΙΑΝΕΟΡΑΚΕΝΕΝΤΩΝΑ
Ω· ΚΑΙΑΥΤΟϹΗΝΔΙΑ
ΝΕΥΩΝΑΥΤΟΙϹΚΑΙΔΙ
ΕΜΕΝΕΝΚΩΦΟϹ ΚΑΙ 1:23
ΕΓΕΝΕΤΟΩϹΕΠΛΗϹΘΗ
ϹΑΝΑΙΗΜΕΡΑΙΤΗϹΛΕΙ
ΤΟΥΡΓΙΑϹΑΥΤΟΥΑΠΗΛ
ΘΕΝΕΙϹΤΟΝΟΙΚΟΝΑΥ
ΤΟΥ ΜΕΤΑΔΕΤΑΥΤΑϹ 1:24
ΤΑϹΗΜΕΡΑϹϹΥΝΕΛΑΒΕ̅
ΕΛΕΙϹΑΒΕΤʹΗΓΥΝΗΑΥ
ΤΟΥΚΑΙΠΕΡΙΕΚΡΥΒΕΝ
ΕΑΥΤΗΝΜΗΝΑϹΠΕΝΤΕ
ΛΕΓΟΥϹΑΟΤΙΟΥΤΩϹ 1:25
ΜΟΙΠΕΠΟΙΗΚΕΝΟΚ̅Ϲ̅Ε̅

ΗΜΕΡΑΙϹΑΙϹΕΠΕΙΔΕΝ
ΑΦΕΛΕΙΝΟΝΕΙΔΟϹΜΟΥ
1:26 Γ ΕΝΑΝΘΡΩΠΟΙϹ ΕΝΔΕ
ΤΩΜΗΝΙΤΩΕΚΤΩΑΠΕ
ϹΤΑΛΗΟΑΓΓΕΛΟϹΓΑ
ΒΡΙΗΛΑΠΟΤΟΥΘΥΕΙϹ
ΠΟΛΙΝΤΗϹΓΑΛΕΙΛΑΙ
ΑϹΗΟΝΟΜΑΝΑΖΑΡΕΤ
1:27 ΠΡΟϹΠΑΡΘΕΝΟΝΕΜΝΗ
ϹΤΕΥΜΕΝΗΝΑΝΔΡΙΩ
ΟΝΟΜΑΙΩϹΗΦΕΞΟΙΚΟΥ
ΔΑΥΕΙΔΚΑΙΤΟΟΝΟΜΑ
ΤΗϹΠΑΡΘΕΝΟΥΜΑΡΙΑΜ
1:28 ΚΑΙΕΙϹΕΛΘΩΝΠΡΟϹΑΥ
ΤΗΝΕΙΠΕΝΧΑΙΡΕΚΕΧΑ
ΡΙΤΩΜΕΝΗΟΚϹΜΕΤΑ
1:29 ϹΟΥ ΗΔΕΕΠΙΤΩΛΟΓΩ
ΔΙΕΤΑΡΑΧΘΗΚΑΙΔΙΕ
ΛΟΓΙΖΕΤΟΠΟΤΑΠΟϹ
ΕΙΗΟΑϹΠΑϹΜΟϹΟΥΤΟϹ
1:30 ΚΑΙΕΙΠΕΝΟΑΓΓΕΛΟϹ
ΑΥΤΗΜΗΦΟΒΟΥΜΑΡΙ
ΑΜΕΥΡΕϹΓΑΡΧΑΡΙΝΠΑ
1:31 ΡΑΤΩΘΩΚΑΙΙΔΟΥϹΥΛ
ΛΗΜΨΗΕΝΓΑϹΤΡΙΚΑΙ
ΤΕΞΗΥΙΟΝΚΑΙΚΑΛΕϹΕΙϹ
1:32 ΤΟΟΝΟΜΑΑΥΤΟΥΙΝΟΥ
ΤΟϹΕϹΤΑΙΜΕΓΑϹΚΑΙ
ΥΙΟϹΥΨΙϹΤΟΥΚΛΗΘΗ
ϹΕΤΑΙΚΑΙΔΩϹΕΙΑΥΤΩ
ΚϹΟΘϹΤΟΝΘΡΟΝΟΝ
ΔΑΥΕΙΔΤΟΥΠΑΤΡΟϹ
1:33 ΑΥΤΟΥΚΑΙΒΑϹΙΛΕΥϹΕΙ
ΕΠΙΤΟΝΟΙΚΟΝΙΑΚΩΒ·
ΕΙϹΤΟΥϹΑΙΩΝΑϹΚΑΙ
ΤΗϹΒΑϹΙΛΕΙΑϹΑΥΤΟΥ
1:34 ΟΥΚΕϹΤΑΙΤΕΛΟϹ ΕΙ
ΠΕΝΔΕΜΑΡΙΑΜΠΡΟϹ
ΤΟΝΑΓΓΕΛΟΝΠΩϹΕϹΤΑΙ
ΤΟΥΤΟΕΠΕΙΑΝΔΡΑΟΥ
1:35 ΓΕΙΝΩϹΚΩ ΚΑΙΑΠΟ
ΚΡΙΘΕΙϹΟΑΓΓΕΛΟϹΕΙ

ΠΕΝΑΥΤΗΠΝΕΥΜΑΑ
ΓΙΟΝΕΠΕΛΕΥϹΕΤΑΙΕ
ΠΙϹΕΚΑΙΔΥΝΑΜΕΙϹΥ
ΨΙϹΤΟΥΕΠΙϹΚΙΑϹΕΙϹΟΙ
ΔΙΟΚΑΙΤΟΓΕΝΝΩΜΕ
ΝΟΝΑΓΙΟΝΚΛΗΘΗϹΕΤΑΙ
ΥΙΟϹΘΥΚΑΙΙΔΟΥΕΛΕΙϹΑ 1:36
ΒΕΤΗϹΥΓΓΕΝΙϹϹΟΥϗ
ΑΥΤΗϹΥΝΕΙΛΗΦΕΝΥ
ΙΟΝΕΝΓΗΡΕΙΑΥΤΗϹϗ
ΟΥΤΟϹΜΗΝΕΚΤΟϹΕϹΤΙ
ΑΥΤΗΤΗΚΑΛΟΥΜΕΝΗ
ϹΤΕΙΡΑʹΟΤΙΟΥΚΑΔΥΝΑ 1:37
ʹΤΗϹΕΙʹΟΤΙΟΥΚΑΔΥΝΑ
ΤΗϹΕΙΠΑΡΑΤΟΥΘΥΠΑΝ
ΡΗΜΑ ΕΙΠΕΝΔΕΜΑΡΙ 1:38
ΑΜΙΔΟΥΗΔΟΥΛΗΚΥΓΕ
ΝΟΙΤΟΜΟΙΚΑΤΑΤΟΡΗ
ΜΑϹΟΥΚΑΙΑΠΗΛΘΕΝ
ΑΠΑΥΤΗϹΟΑΓΓΕΛΟϹ
ϛ ΑΝΑϹΤΑϹΑΔΕΜΑΡΙΑΜ 1:39
ΕΝΤΑΙϹΗΜΕΡΑΙϹΤΑΥ
ΤΑΙϹΕΠΟΡΕΥΘΗΕΙϹΤΗΝ
ΟΡΕΙΝΗΝΜΕΤΑϹΠΟΥ
ΔΗϹΕΙϹΠΟΛΙΝΙΟΥΔΑ
ΚΑΙΕΙϹΗΛΘΕΝΕΙϹΤΟΝ 1:40
ΟΙΚΟΝΖΑΧΑΡΙΟΥΚΑΙ
ΗϹΠΑϹΑΤΟΤΗΝΕΛΕΙϹΑ
ΒΕΤ· ΚΑΙΕΓΕΝΕΤΟΩϹ 1:41
ΗΚΟΥϹΕΝΤΟΝΑϹΠΑϹΜΟΝ
ΤΗϹΜΑΡΙΑϹΗΕΛΕΙϹΑ
ΒΕΤ·ΕϹΚΙΡΤΗϹΕΝΤΟ
ΒΡΕΦΟϹΕΝΤΗΚΟΙΛΙΑ
ΑΥΤΗϹΚΑΙΕΠΛΗϹΘΗ
ΠΝΕΥΜΑΤΟϹΑΓΙΟΥΗ
ΕΛΕΙϹΑΒΕΤ·ΚΑΙΑΝΕΦΩ 1:42
ΝΗϹΕΝΚΡΑΥΓΗΜΕΓΑΛΗ
ΚΑΙΕΙΠΕΝ· ΕΥΛΟΓΗΜΕ
ΝΗϹΥΕΝΓΥΝΑΙΞΙΝΚΑΙ
ΕΥΛΟΓΗΜΕΝΟϹΟΚΑΡΠΟϹ
ΤΗϹΚΟΙΛΙΑϹϹΟΥΚΑΙΠΟ 1:43
ΘΕΝΜΟΙΤΟΥΤΟΙΝΑΕΛ

ΘΗΗΜΗΤΗΡΤΟΥΚΥΡΙ
1:44 ΟΥΜΟΥΠΡΟϹΕΜΕΙΔΟΥ
ΓΑΡΩϹΕΓΕΝΕΤΟΗΦΩ
ΝΗΤΟΥΑϹΠΑϹΜΟΥϹΟΥ
ΕΙϹΤΑΩΤΑΜΟΥΕϹΚΙΡ
ΤΗϹΕΝΕΝΑΓΑΛΛΙΑϹΕΙ
ΤΟΒΡΕΦΟϹΕΝΤΗΚΟΙ
1:45 ΛΙΑΜΟΥΚΑΙΜΑΚΑΡΙΑΗ
ΠΙϹΤΕΥϹΑϹΑΟΤΙΕϹΤΑΙ
ΤΕΛΕΙΩϹΙϹΤΟΙϹΛΕΛΑ
ΛΗΜΕΝΟΙϹΑΥΤΗΠΑΡΑ
1:46 Ε ΚΥ ΚΑΙΕΙΠΕΝΜΑΡΙΑΜ
ΜΕΓΑΛΥΝΕΙΗΨΥΧΗΜΟΥ
1:47 ΤΟΝΚΝΚΑΙΗΓΑΛΛΙΑϹΕ
ΤΟΠΝΕΥΜΑΜΟΥΕΠΙΤΩ
1:48 ΘΩΤΩϹΩΤΗΡΙΜΟΥΟ
ΤΙΕΠΕΒΛΕΨΕΝΕΠΙΤΗ
ΤΑΠΕΙΝΩϹΙΝΤΗϹΔΟΥ
ΛΗϹΑΥΤΟΥΙΔΟΥΓΑΡΑ
ΠΟΤΟΥΝΥΝΜΑΚΑΡΙΟΥ
ϹΙΝΜΕΠΑϹΑΙΑΙΓΕΝΕΑΙ
1:49 ΟΤΙΕΠΟΙΗϹΕΝΜΟΙΜΕ
ΓΑΛΑΟΔΥΝΑΤΟϹΚΑΙΑ
ΓΙΟΝΤΟΟΝΟΜΑΑΥΤΟΥ
1:50 ΚΑΙΤΟΕΛΕΟϹΑΥΤΟΥΕΙϹ
ΓΕΝΕΑϹΚΑΙΓΕΝΕΑϹΤΟΙϹ
ΦΟΒΟΥΜΕΝΟΙϹΑΥΤΟΝ
1:51 ΕΠΟΙΗϹΕΝΚΡΑΤΟϹΕΝ
ΒΡΑΧΕΙΟΝΙΑΥΤΟΥΔΙΕ
ϹΚΟΡΠΙϹΕΝΥΠΕΡΗΦΑ
ΝΟΥϹΔΙΑΝΟΙΑΚΑΡΔΙΑϹ
1:52 ΑΥΤΩΝΚΑΘΕΙΛΕΝΔΥ
ΝΑϹΤΑϹΑΠΟΘΡΟΝΩΝ
ΚΑΙΫΨΩϹΕΝΤΑΠΕΙΝΟΥϹ
1:53 ΠΕΙΝΩΝΤΑϹΕΝΕΠΛΗ
ϹΕΝΑΓΑΘΩΝΚΑΙΠΛΟΥ
ΤΟΥΝΤΑϹΕΞΑΠΕϹΤΕΙ
1:54 ΛΕΝΚΕΝΟΥϹΑΝΤΕΛΑ
ΒΕΤΟΙϹΡΑΗΛΠΑΙΔΟϹ
ΑΥΤΟΥΜΝΗϹΘΗΝΑΙΕ
1:55 ΛΕΟΥϹΚΑΘΩϹΕΛΑΛΗ
ϹΕΝΠΡΟϹΤΟΥϹΠΑΤΕ

ΡΑϹΗΜΩΝΤΩΑΒΡΑΑΜ
ΚΑΙΤΩϹΠΕΡΜΑΤΙΑΥΤΟΥ
ΕΙϹΤΟΝΑΙΩΝΑ ΕΜΕΙ 1:56
ΝΕΝΔΕΜΑΡΙΑΜϹΥΝΑΥ
ΤΗΩϹΜΗΝΑϹΤΡΕΙϹΚΑΙ
ΥΠΕϹΤΡΕΨΕΝΕΙϹΤΟΝ
ϛ ΟΙΚΟΝΑΥΤΗϹ ΤΗΔΕ 1:57
ΕΛΕΙϹΑΒΕΤΕΠΛΗϹΘΗ
ΟΧΡΟΝΟϹΤΟΥΤΕΚΕΙ̅
ΑΥΤΗΝΚΑΙΕΓΕΝΝΗϹΕ
ΥΙΟΝ ΚΑΙΗΚΟΥϹΑΝΟΙ 1:58
ΠΕΡΙΟΙΚΟΙΚΑΙΟΙϹΥΓ
ΓΕΝΕΙϹΑΥΤΗϹΟΤΙΕ
ΜΕΓΑΛΥΝΕΝΚ̅Ϲ̅ΤΟΕ
ΛΕΟϹΑΥΤΟΥΜΕΤΑΥΤΗϹ
ΚΑΙϹΥΝΕΧΑΙΡΟΝΑΥΤΗ
ΚΑΙΕΓΕΝΕΤΟΕΝΤΗΗ 1:59
ΜΕΡΑΤΗΟΓΔΟΗΗΛΘΟ̅
ΠΕΡΙΤΕΜΕΙΝΤΟΠΑΙΔΙ
ΟΝΚΑΙΕΚΑΛΟΥΝΑΥΤΟ
ΕΠΙΤΩΟΝΟΜΑΤΙΤΟΥ
ΠΑΤΡΟϹΑΥΤΟΥΖΑΧΑ
ΡΙΑΝ ΚΑΙΑΠΟΚΡΙΘΕΙ 1:60
ϹΑΗΜΗΤΗΡΑΥΤΟΥΕΙ
ΠΕΝΟΥΧΙΑΛΛΑΚΛΗΘΗ
ϹΕΤΑΙΙΩΑΝΝΗϹ ΚΑΙΕΙ 1:61
ΠΟΝΠΡΟϹΑΥΤΗΝΟΤΙ
ΟΥΔΕΙϹΕϹΤΙΝΕΚΤΗϹ
ϹΥΓΓΕΝΕΙΑϹϹΟΥΟϹΚΑ
ΛΕΙΤΑΙΤΩΟΝΟΜΑΤΙ
ΤΟΥΤΩΕΝΕΝΕΥΟΝΔΕ 1:62
ΤΩΠΑΤΡΙΑΥΤΟΥΤΟΤΙ
ΑΝΘΕΛΟΙΚΑΛΕΙϹΘΑΙΑΥ
ΤΟ ΚΑΙΑΙΤΗϹΑϹΠΕΙΝΑ 1:63
ΚΕΙΔΙΟΝΕΓΡΑΨΕΝΛΕΓΩΝ
ΙΩΑΝΝΗϹΕϹΤΙΝΟΝΟ
ΜΑΑΥΤΟΥΚΑΙΕΘΑΥΜΑ
ϹΑΝΠΑΝΤΕϹ ΑΝΕΩ 1:64
ΧΘΗΔΕΤΟϹΤΟΜΑΑΥΤΟΥ
ΠΑΡΑΧΡΗΜΑΚΑΙΗΓΛΩϹ
ϹΑΑΥΤΟΥΚΑΙΕΛΑΛΕΙ
ΕΥΛΟΓΩΝΤΟΝΘ̅Ν̅ΚΑΙ 1:65

ΕΓΕΝΕΤΟΕΠΙΠΑΝΤΑϹ
ΦΟΒΟϹΤΟΥϹΠΕΡΙΟΙΚΟΥ̅
ΤΑϹΑΥΤΟΥϹΚΑΙΕΝΟΛΗ
ΤΗΟΡΕΙΝΗΤΗϹΙΟΥΔΑΙ
ΑϹΔΙΕΛΑΛΕΙΤΟΠΑΝΤΑ
1:66 ΤΑΡΗΜΑΤΑΤΑΥΤΑΚΑΙ
ΕΘΕΝΤΟΠΑΝΤΕϹΟΙΑ
ΚΟΥϹΑΝΤΕϹΕΝΤΗΚΑΡ
ΔΙΑΕΑΥΤΩΝΛΕΓΟΝΤΕϹ
ΤΙΑΡΑΤΟΠΑΙΔΙΟΝΤΟΥ
ΤΟΕϹΤΑΙΚΑΙΓΑΡΧΕΙΡ
Κ̅Υ̅ΗΝΜΕΤΑΥΤΟΥ
1:67 Ζ ΚΑΙΖΑΧΑΡΙΑϹΟΠΑΤΗΡ
ΑΥΤΟΥΕΠΛΗϹΘΗΠΝΕΥ
ΜΑΤΟϹΑΓΙΟΥΚΑΙΕΠΡΟ
1:68 ΦΗΤΕΥϹΕΝΛΕΓΩΝΕΥ
ΛΟΓΗΤΟϹΚ̅Ϲ̅ΟΘ̅Ϲ̅ΤΟΥ
ΙϹΡΑΗΛΟΤΙΕΠΕϹΚΕΨΑ
ΤΟΚΑΙΕΠΟΙΗϹΕΝΛΥΤΡΩ
1:69 ϹΙΝΤΩΛΑΩΑΥΤΟΥϏ
ΗΓΕΙΡΕΝΚΕΡΑϹϹΩΤΗ
ΡΙΑϹΗΜΙΝΕΝΟΙΚΩΔΑΥ
1:70 ΕΙΔΠΑΙΔΟϹΑΥΤΟΥΚΑ
ΘΩϹΕΛΑΛΗϹΕΝΔΙΑϹΤΟ
ΜΑΤΟϹΤΩΝΑΓΙΩΝΑ
ΠΑΙΩΝΟϹΠΡΟΦΗΤΩ̅
1:71 ΑΥΤΟΥϹΩΤΗΡΙΑΝΕΞΕ
ΧΘΡΩΝΗΜΩΝΚΑΙΕΚΧΕΙ
ΡΟϹΠΑΝΤΩΝΤΩΝΜΕΙ
1:72 ϹΟΥΝΤΩΝΗΜΑϹΠΟΙΗ
ϹΑΙΕΛΕΟϹΜΕΤΑΤΩΝ
ΠΑΤΕΡΩΝΗΜΩΝΚΑΙ
ΜΝΗϹΘΗΝΑΙΔΙΑΘΗΚΗϹ
1:73 ΑΓΙΑϹΑΥΤΟΥΟΡΚΟΝΟ̅
ΩΜΟϹΕΝΠΡΟϹΑΒΡΑΑΜ
ΤΟΝΠΑΤΕΡΑΗΜΩΝΤΟΥ
1:74 ΔΟΥΝΑΙΗΜΙΝΑΦΟΒΩϹ
ΕΚΧΕΙΡΟϹΕΧΘΡΩΝΡΥ
ϹΘΕΝΤΑϹΛΑΤΡΕΥΕΙΝ
1:75 ΑΥΤΩΕΝΟϹΙΟΤΗΤΙϏ
ΔΙΚΑΙΟϹΥΝΗΕΝΩΠΙΟ̅
ΑΥΤΟΥΠΑϹΑΙϹΤΑΙϹΗ

ΜΕΡΑΙϹΗΜΩΝ ΚΑΙϹΥ 1:76
ΔΕΠΑΙΔΙΟΝΠΡΟΦΗΤΗϹ
ΫΨΙϹΤΟΥΚΛΗΘΗϹΗΠΡΟ
ΠΟΡΕΥϹΗΓΑΡΕΝΩΠΙΟ̅
ΚΥ̅ΕΤΟΙΜΑϹΑΙΟΔΟΥϹ
ΑΥΤΟΥΤΟΥΔΟΥΝΑΙΓΝΩ 1:77
ϹΙΝϹΩΤΗΡΙΑϹΤΩΛΑΩ
ΑΥΤΟΥΕΝΑΦΕϹΕΙΑ
ΜΑΡΤΙΩΝΑΥΤΩΝΔΙΑ 1:78
ϹΠΛΑΓΧΝΑΕΛΕΟΥϹΘΥ̅
ΗΜΩΝΕΝΟΙϹΕΠΙϹΚΕΨΕ
ΤΑΙΗΜΑϹΑΝΑΤΟΛΗΕΞΥ
ΨΟΥϹΕΠΙΦΑΝΑΙΤΟΙϹ 1:79
ΕΝϹΚΟΤΕΙΚΑΙϹΚΙΑΘΑ
ΝΑΤΟΥΚΑΘΗΜΕΝΟΙϹ
ΤΟΥΚΑΤΕΥΘΥΝΑΙΤΟΥϹ
ΠΟΔΑϹΗΜΩΝΕΙϹΟΔΟΝ
ΕΙΡΗΝΗϹ ΤΟΔΕΠΑΙ 1:80
ΔΙΟΝΗΥΞΑΝΕΚΑΙΕΚΡΑ
ΤΑΙΟΥΤΟΠΝΕΥΜΑΤΙ
ΚΑΙΗΝΕΝΤΑΙϹΕΡΗΜΟΙϹ
ΕΩϹΗΜΕΡΑϹΑΝΑΔΕΙ
ΞΕΩϹΑΥΤΟΥΠΡΟϹΤΟ̅
ΙϹΡΑΗΛ
Η ΕΓΕΝΕΤΟΔΕΕΝΤΑΙϹΗ 2:1
ΜΕΡΑΙϹΕΚΕΙΝΑΙϹΕΞΗΛ
ΘΕΝ ΔΟΓΜΑΠΑΡΑΚΑΙ
ϹΑΡΟϹΑΥΓΟΥϹΤΟΥΑ
ΠΟΓΡΑΦΕϹΘΑΙΠΑϹΑΝ
ΤΗΝΟΙΚΟΥΜΕΝΗΝΑΥ 2:2
ΤΗΑΠΟΓΡΑΦΗΠΡΩΤΗ
ΕΓΕΝΕΤΟΗΓΕΜΟΝΕΥΟ̅
ΤΟϹΤΗϹϹΥΡΙΑϹΚΥΡΕΙ
ΝΟΥΚΑΙΕΠΟΡΕΥΟΝΤΟ 2:3
ΠΑΝΤΕϹΑΠΟΓΡΑΦΕϹΘΑΙ
ΕΚΑϹΤΟϹΕΙϹΤΗΝΕΑΥ
ΤΟΥΠΟΛΙΝΑΝΕΒΗΔΕϏ 2:4
ΙΩϹΗΦΑΠΟΤΗϹΓΑΛΕΙ
ΛΑΙΑϹΕΚΠΟΛΕΩϹΝΑ
ΖΑΡΕΤΕΙϹΤΗΝΙΟΥΔΑΙ
ΑΝΕΙϹΠΟΛΙΝΔΑΥΕΙΔ
ΗΤΙϹΚΑΛΕΙΤΑΙΒΗΘΛΕ

ΕΜΔΙΑΤΟΕΙΝΑΙΑΥΤΟΝ
ΕΞΟΙΚΟΥΚΑΙΠΑΤΡΙΑϹ
2:5 ΔΑΥΕΙΔΑΠΟΓΡΑΨΑϹΘΑΙ
ϹΥΝΜΑΡΙΑΜΤΗΕΜΝΗ
ϹΤΕΥΜΕΝΗΑΥΤΩΟΥ
2:6 ο̅ ϹΗΕΓΓΥΩ ΕΓΕΝΕΤΟ
ΔΕΕΝΤΩΕΙΝΑΙΑΥΤΟΥϹ
ΕΚΕΙΕΠΛΗϹΘΗϹΑΝΑΙΗ
ΜΕΡΑΙΤΟΥΤΕΚΕΙΝΑΥ
2:7 ΤΗΝΚΑΙΕΤΕΚΕΝΤΟΝ
ΥΙΟΝΑΥΤΗϹΤΟΝΠΡΩ
ΤΟΤΟΚΟΝΚΑΙΕϹΠΑΡΓΑ
ΝΩϹΕΝΑΥΤΟΝΚΑΙΑΝΕ
ΚΛΕΙΝΕΝΑΥΤΟΝΕΝΦΑ
ΤΝΗΔΙΟΤΙΟΥΚΗΝΑΥ
ΤΟΙϹΤΟΠΟϹΕΝΤΩΚΑ
2:8 ΤΑΛΥΜΑΤΙΚΑΙΠΟΙΜΕ
ΝΕϹΗϹΑΝΕΝΤΗΧΩΡΑ
ΤΗΑΥΤΗΑΓΡΑΥΛΟΥΝ
ΤΕϹΚΑΙΦΥΛΑϹϹΟΝΤΕϹ
ΦΥΛΑΚΑϹΤΗϹΝΥΚΤΟϹ
ΕΠΙΤΗΝΠΟΙΜΝΗΝΑΥ
2:9 ΤΩΝΚΑΙΑΓΓΕΛΟϹΚΥ̅
ΕΠΕϹΤΗΑΥΤΟΙϹΚΑΙ
ΔΟΞΑΚΥ̅ΠΕΡΙΕΛΑΜΨΕ̅
ΑΥΤΟΥϹΚΑΙΕΦΟΒΗΘΗ
2:10 ϹΑΝϹΦΟΔΡΑ ΚΑΙΕΙΠΕ̅
ΑΥΤΟΙϹΟΑΓΓΕΛΟϹΜΗ
ΦΟΒΕΙϹΘΕΪΔΟΥΓΑΡΕΥ
ΑΓΓΕΛΙΖΟΜΑΙΫΜΙΝΧΑ
ΡΑΝΜΕΓΑΛΗΝΗΤΙϹΕ
ϹΤΑΙΠΑΝΤΙΤΩΛΑΩ
2:11 ΟΤΙΕΤΕΧΘΗΫΜΙΝϹΗ
ΜΕΡΟΝϹΩΤΗΡΟϹΕϹΤΙ̅
ΧϹ̅ ΚϹ̅ΕΝΠΟΛΕΙΔΑΥΕΙΔ
2:12 ΚΑΙΤΟΥΤΟΫΜΙΝϹΗΜΕΙ
ΟΝΕΥΡΗϹΕΤΕΒΡΕΦΟϹ
ΕϹΠΑΡΓΑΝΩΜΕΝΟΝϗ
ΚΕΙΜΕΝΟΝΕΝΦΑΤΝΗ
2:13 ΚΑΙΕΞΑΙΦΝΗϹΕΓΕΝΕ
ΤΟϹΥΝΤΩΑΓΓΕΛΩΠΛΗ
ΘΟϹϹΤΡΑΤΕΙΑϹΟΥΡΑ

ΝΙΟΥΑΙΝΟΥΝΤΩΝΤΟΝ
Θ̅Ν̅ ΚΑΙΛΕΓΟΝΤΩΝΔΟ 2:14
ΞΑΕΝΫΨΙϹΤΟΙϹΘ̅Ω̅ΚϏ
ΕΠΙΓΗϹΕΙΡΗΝΗΕΝΑΝ
ΘΡΩΠΟΙϹΕΥΔΟΚΙΑϹ
Ι ΚΑΙΕΓΕΝΕΤΟΩϹΑΠΗΛ 2:15
ΘΟΝΑΠΑΥΤΩΝΕΙϹΤΟ̅
ΟΥΡΑΝΟΝΟΙΑΓΓΕΛΟΙΟΙ
ΠΟΙΜΕΝΕϹΕΛΑΛΟΥΝΠΡΟϹ
ΑΛΛΗΛΟΥϹΔΙΕΛΘΩΜΕ̅
ΔΗΕΩϹΒΗΘΛΕΕΜΚΑΙΪ
ΔΩΜΕΝΤΟΡΗΜΑΤΟΥ
ΤΟΤΟΓΕΓΟΝΟϹΟΟΚ̅Ϲ̅
ΕΓΝΩΡΙϹΕΝΗΜΙΝ ΚΑΙ 2:16
ΗΛΘΑΝϹΠΕΥϹΑΝΤΕϹ
ΚΑΙΑΝΕΥΡΑ̊ΝΤΗΝΤΕ
ΜΑΡΙΑΜΚΑΙΤΟΝΪΩϹΗΦ
ΚΑΙΤΟΒΡΕΦΟϹΚΕΙΜΕ
ΝΟΝΕΝΤΗΦΑΤΝΗ ΪΔΟ̅ 2:17
ΤΕϹΔΕΕΓΝΩΡΙϹΑΝΠΕ
ΡΙΤΟΥΡΗΜΑΤΟϹΤΟΥ
ΛΑΛΗΘΕΝΤΟϹΑΥΤΟΙϹ
ΠΕΡΙΤΟΥΠΑΙΔΙΟΥΤΟΥ
ΤΟΥ ΚΑΙΠΑΝΤΕϹΟΙΑΚΟΥ 2:18
ϹΑΝΤΕϹΕΘΑΥΜΑϹΑΝ
ΠΕΡΙΤΩΝΛΑΛΗΘΕΝΤΩ̅
ΫΠΟΤΩΝΠΟΙΜΕΝΩΝ
ΠΡΟϹΑΥΤΟΥϹ· ΗΔΕΜΑ 2:19
ΡΙΑΠΑΝΤΑϹΥΝΕΤΗΡΕΙ
ΤΑΡΗΜΑΤΑϹΥΜΒΑΛΛΟΥ
ϹΑΕΝΤΗΚΑΡΔΙΑΑΥΤΗϹ
ΚΑΙΫΠΕϹΤΡΕΨΑΝΟΙΠΟΙ 2:20
ΜΕΝΕϹΔΟΞΑΖΟΝΤΕϹ
ΚΑΙΑΙΝΟΥΝΤΕϹΤΟΝΘ̅Ν̅
ΕΠΙΠΑϹΙΝΟΙϹΗΚΟΥϹΑ̅
ΚΑΙΕΙΔΟΝ ΚΑΘΩϹΕΛΑ
ΛΗΘΗΠΡΟϹΑΥΤΟΥϹ
ΙΑ ΚΑΙΟΤΕΕΠΛΗϹΘΗϹΑΝ 2:21
ΗΜΕΡΑΙΟΚΤΩΤΟΥΠΕ
ΡΙΤΕΜΕΙΝΑΥΤΟΝΚΑΙ
ΕΚΛΗΘΗΤΟΟΝΟΜΑΑΥ
ΤΟΥΙ̅Ϲ̅ΤΟΚΛΗΘΕΝΫΠΟ

ΤΟΥΑΓΓΕΛΟΥΠΡΟΤΟΥ
ϹΥΛΛΗΜΦΘΗΝΑΙΑΥΤΟ
2:22 ΙΒ ΕΝΤΗΚΟΙΛΙΑ ΚΑΙΟΤΕ
ΕΠΛΗϹΘΗϹΑΝΑΙΗΜΕΡΑΙ
ΚΑΘΑΡΙϹΜΟΥΑΥΤΩΝ
ΚΑΤΑΤΟΝΝΟΜΟΝΜΩ
ΫϹΕΩϹΑΝΗΓΑΓΟΝΑΥ
ΤΟΝΕΙϹΪΕΡΟϹΟΛΥΜΑ
2:23 ΠΑΡΑϹΤΗϹΑΙΤΩΚΩΚΑ
ΘΩϹΓΕΓΡΑΠΤΑΙΕΝΝΟ
› ΜΩΚΥΟΤΙΠΑΝΑΡϹΕΝ
› ΔΙΑΝΟΙΓΟΝΜΗΤΡΑΝΑ
› ΓΙΟΝΤΩΚΩΚΛΗΘΗϹΕ
2:24 › ΤΑΙΚΑΙΤΟΥΔΟΥΝΑΙΘΥ
ϹΙΑΝΚΑΤΑΤΟΕΙΡΗΜΕ
ΝΟΝΕΝΤΩΝΟΜΩΚΥΖΕΥ
ΓΟϹΤΡΥΓΟΝΩΝΗΔΥΟ
ΝΟϹϹΟΥϹΠΕΡΙϹΤΕΡΩΝ
2:25 ΙΓ ΚΑΙΪΔΟΥΑΝΘΡΩΠΟϹΗΝ
ΕΝΪΕΡΟΥϹΑΛΗΜΩΟΝΟ
ΜΑϹΥΜΕΩΝΚΑΙΟΑΝΘΡΩ
ΠΟϹΟΥΤΟϹΔΙΚΑΙΟϹϗ
ΕΥΛΑΒΗϹΠΡΟϹΔΕΧΟ
ΜΕΝΟϹΠΑΡΑΚΛΗϹΙΝ
ΤΟΥΪϹΡΑΗΛΚΑΙΠΝΕΥ
ΜΑΗΝΑΓΙΟΝΕΠΑΥΤΟΝ
2:26 ΚΑΙΗΝΑΥΤΩΚΕΧΡΗΜΑ
ΤΙϹΜΕΝΟΝΥΠΟΤΟΥ
ΠΝΕΥΜΑΤΟϹΤΟΥΑΓΙΟΥ
ΜΗΪΔΕΙΝΘΑΝΑΤΟΝΠΡΙΝ
2:27 ΑΝΪΔΗΤΟΝΧΝΚΥΚΑΙ
ΗΛΘΕΝΕΝΤΩΠΝΕΥΜΑ
ΤΙΕΙϹΤΟΪΕΡΟΝΚΑΙΕΝ
ΤΩΕΙϹΑΓΑΓΕΙΝΤΟΥϹ
ΓΟΝΕΙϹΤΟΠΑΙΔΙΟΝΙΝ
ΤΟΥΠΟΙΗϹΑΙΑΥΤΟΥϹ
ΚΑΤΑΤΟΕΙΘΙϹΜΕΝΟΝ
ΤΟΥΝΟΜΟΥΠΕΡΙΑΥΤΟΥ
2:28 ΚΑΙΑΥΤΟϹΕΔΕΞΑΤΟΑΥ
ΤΟΕΙϹΤΑϹΑΓΚΑΛΑϹϗ
ΕΥΛΟΓΗϹΕΝΤΟΝΘΝϗ
2:29 ΕΙΠΕΝΝΥΝΑΠΟΛΥΕΙϹ

ΤΟΝΔΟΥΛΟΝϹΟΥΔΕ
ϹΠΟΤΑΚΑΤΑΤΟΡΗΜΑ
ϹΟΥΕΝΕΙΡΗΝΗΟΤΙΕΙΔΟ̅ 2:30
ΟΙΟΦΘΑΛΜΟΙΜΟΥΤΟ
ϹωΤΗΡΙΟΝϹΟΥΟΗΤΟΙ 2:31
ΜΑϹΑϹΚΑΤΑΠΡΟϹωΠΟ̅
ΠΑΝΤωΝΤωΝΛΑωΝ
ΦωϹΕΙϹΑΠΟΚΑΛΥΨΙΝ 2:32
ΕΘΝωΝΚΑΙΔΟΞΑΝΛΑΟΥ̅
ϹΟΥΪϹΡΑΗΛ ΚΑΙΗΝΟ 2:33
ΠΑΤΗΡΑΥΤΟΥΚΑΙΗΜΗ
ΤΗΡΘΑΥΜΑΖΟΝΤΕϹΕ
ΠΙΤΟΙϹΛΑΛΟΥΜΕΝΟΙϹ
ΠΕΡΙΑΥΤΟΥ ΚΑΙΕΥΛΟ 2:34
ΓΗϹΕΝΑΥΤΟΥϹϹΥΜΕω̅
ΚΑΙΕΙΠΕΝΠΡΟϹΜΑΡΙΑΜ
ΤΗΝΜΗΤΕΡΑΑΥΤΟΥΪ
ΔΟΥΟΥΤΟϹΚΕΙΤΑΙΕΙϹ
ΠΤωϹΙΝΚΑΙΑΝΑϹΤΑ
ϹΙΝΠΟΛΛωΝΕΝΤωΪϹ
ΡΑΗΛΚΑΙΕΙϹϹΗΜΕΙΟΝ
ΑΝΤΙΛΕΓΟΜΕΝΟΝΚΑΙ 2:35
ϹΟΥΑΥΤΗϹΤΗΝΨΥΧΗ̅
ΔΙΕΛΕΥϹΕΤΑΙΡΟΜΦΑΙ
ΑΟΠωϹΑΝΑΠΟΚΑΛΥ
ΦΘωϹΙΝΕΚΠΟΛΛωΝ
ΚΑΡΔΙωΝΔΙΑΛΟΓΙϹΜΟΙ
ΙΔ ΚΑΙΗΝΑΝΝΑΠΡΟΦΗ 2:36
ΤΙϹΘΥΓΑΤΗΡΦΑΝΟΥ
ΗΛΕΚΦΥΛΗϹΑϹΗΡΑΥ
ΤΗΠΡΟΒΕΒΗΚΥΪΑΕΝΗ
ΜΕΡΑΙϹΠΟΛΛΑΙϹΖΗϹΑ
ϹΑΜΕΤΑΑΝΔΡΟϹΕΤΗ
ΕΠΤΑΑΠΟΤΗϹΠΑΡΘΕ
ΝΕΙΑϹΑΥΤΗϹΚΑΙΑΥΤΗ 2:37
ΧΗΡΑΕωϹΕΤωΝΟΓΔΟ
ΗΚΟΝΤΑΤΕϹϹΑΡωΝΗ
ΟΥΚΑΦΕΙϹΤΑ[ΤΟ]ΤΟΥΪΕΡΟΥ
ΝΗϹΤΕΙΑΙϹΚΑΙΔΕΗϹΕ
ϹΙΛΑΤΡΕΥΟΥϹΑΝΥΚΤΑ
ΚΑΙΗΜΕΡΑΝΚΑΙΑΥΤΗ 2:38
ΤΗωΡΑΕΠΙϹΤΑϹΑΑΝ

ΘΩΜΟΛΟΓΕΙΤΟΤΩΘ͞Ω
ΚΑΙΕΛΑΛΕΙΠΕΡΙΑΥΤΟΥ
ΠΑϹΙΤΟΙϹΠΡΟϹΔΕΧΟ
ΜΕΝΟΙϹΛΥΤΡΩϹΙΝΪΕ
2:39 ΙΕ ΡΟΥϹΑΛΗΜ ΚΑΙΩϹΕΤΕ
ΛΕϹΑΝΠΑΝΤΑΤΑΚΑΤΑ
ΤΟΝΝΟΜΟΝΚ͞ΥΕΠΕϹΤΡΕ
ΨΑΝΕΙϹΤΗΝΓΑΛΕΙΛΑΙ
ΑΝΕΙϹΠΟΛΙΝΕΑΥΤΩΝ
2:40 ΝΑΖΑΡΕΘ ΤΟΔΕΠΑΙ
ΔΙΟΝΗΥΞΑΝΕΝΚΑΙΕ
ΚΡΑΤΑΙΟΥΤΟΠΛΗΡΟΥ
ΜΕΝΟΝϹΟΦΙΑΚΑΙΧΑ
2:41 ΡΙϹΘ͞ΥΗΝΕΠΑΥΤΟ ΚΑΙ
ΕΠΟΡΕΥΟΝΤΟΟΙΓΟΝΕΙϹ
ΑΥΤΟΥΚΑΤΕΤΟϹΕΙϹ
ΪΕΡΟΥϹΑΛΗΜΤΗΕΟΡΤΗ
2:42 ΙϚ ΤΟΥΠΑϹΧΑ ΚΑΙΟΤΕΕ
ΓΕΝΕΤΟΕΤΩΝΔΩΔΕΚΑ
ΑΝΑΒΑΙΝΟΝΤΩΝΑΥΤΩΝ
ΚΑΤΑΤΟΕΘΟϹΤΗϹΕΟΡ
2:43 ΤΗϹΚΑΙΤΕΛΕΙΩϹΑΝΤΩΝ
ΤΑϹΗΜΕΡΑϹΕΝΤΩΫΠΟ
ϹΤΡΕΦΕΙΝΑΥΤΟΥϹΫ
ΠΕΜΕΙΝΕΝΙ͞ϹΟΠΑΙϹΕΝ
ΪΕΡΟΥϹΑΛΗΜΚΑΙΟΥΚΕ
ΓΝΩϹΑΝΟΙΓΟΝΕΙϹΑΥΤΟΥ
2:44 ΝΟΜΙϹΑΝΤΕϹΔΕΑΥΤΟΝ
ΕΙΝΑΙΕΝΤΗϹΥΝΟΔΙΑ
ΗΛΘΟΝΗΜΕΡΑϹΟΔΟΝϗ
ΑΝΕΖΗΤΟΥΝΑΥΤΟΝ
ΕΝΤΟΙϹϹΥΓΓΕΝΕΥϹΙΝ
2:45 ΚΑΙΤΟΙϹΓΝΩϹΤΟΙϹϗ
ΜΗΕΥΡΟΝΤΕϹΫΠΕϹΤΡΕ
ΨΑΝΕΙϹΪΕΡΟΥϹΑΛΗΜ
ΑΝΑΖΗΤΟΥΝΤΕϹΑΥΤΟΝ
2:46 ΚΑΙΕΓΕΝΕΤΟΜΕΤΑΗΜΕ
ΡΑϹΤΡΙϹΕΥΡΟΝΑΥΤΟΝ
ΕΝΤΩΪΕΡΩΚΑΘΕΖΟΜΕ
ΝΟΝΕΝΜΕϹΩΤΩΝΔΙ
ΔΑϹΚΑΛΩΝΚΑΙΑΚΟΥ
ΟΝΤΑΑΥΤΩΝΚΑΙΕΠΕ

ΡΩΤΩΝΤΑΑΥΤΟΥϹΕ 2:47
ΞΙϹΤΑΝΤΟΔΕΠΑΝΤΕϹ
ΕΠΙΤΗϹΥΝΕϹΕΙΚΑΙΤΑΙϹ
ΑΠΟΚΡΙϹΕϹΙΝΑΥΤΟΥ
ΚΑΙΪΔΟΝΤΕϹΑΥΤΟΝ 2:48
ΕΞΕΠΛΑΓΗϹΑΝ ΚΑΙΕΙ
ΠΕΝΠΡΟϹΑΥΤΟΝΗΜΗ
ΤΗΡΑΥΤΟΥΤΕΚΝΟΝ
ΤΙΕΠΟΙΗϹΑϹΗΜΙΝΟΥ
ΤΩϹΪΔΟΥΟΠΑΤΗΡϹΟΥ
ΚΑΓΩΟΔΥΝΩΜΕΝΟΙΖΗ
ΤΟΥΜΕΝϹΕ ΚΑΙΕΙΠΕΝ 2:49
ΠΡΟϹΑΥΤΟΥϹΤΙΟΤΙ
ΕΖΗΤΕΙΤΕΜΕΟΥΚΗΔΕΙ
ΤΕΟΤΙΕΝΤΟΙϹΤΟΥΠΑ
ΤΡΟϹΜΟΥΔΕΙΕΙΝΑΙΜΕ
ΚΑΙΑΥΤΟΙΟΥϹΥΝΗΚΑ̅ 2:50
ΤΟΡΗΜΑΟΕΛΑΛΗϹΕΝ
ΑΥΤΟΙϹ ΚΑΙΚΑΤΕΒΗ 2:51
ΜΕΤΑΥΤΩΝΚΑΙΗΛΘΕ̅
ΕΙϹΝΑΖΑΡΕΘΚΑΙΗΝΫ
ΠΟΤΑϹϹΟΜΕΝΟϹΑΥΤΟΙϹ
ΚΑΙΗΜΗΤΗΡΑΥΤΟΥΔΙ
ΕΤΗΡΕΙΠΑΝΤΑΤΑΡΗ
ΜΑΤΑΕΝΤΗΚΑΡΔΙΑΑΥ
ΤΗϹ ΚΑΙΙ̅Ϲ̅ΠΡΟΕΚΟ 2:52
ΠΤΕΝΤΗϹΟΦΙΑΚΑΙΗ
ΛΙΚΙΑΚΑΙΧΑΡΙΤΙΠΑΡΑ
Θ̅Ω̅ΚΑΙΑΝΘΡΩΠΟΙϹ
Ι̅Ζ̅ ΕΝΕΤΕΙΔΕΠΕΝΤΕΚΑΙΔΕ 3:1
ΒΑϹΙΛΕΙΑϹ ΚΑΤΩΤΗϹΗΓΕΜΟΝΙΑϹ
ΤΙΒΕΡΙΟΥΚΑΙϹΑΡΟϹΗ
ΓΕΜΟΝΕΥΟΝΤΟϹΠΟΝ
ΤΙΟΥΠΕΙΛΑΤΟΥΤΗϹ
ΪΟΥΔΑΙΑϹΚΑΙΤΕΤΡΑΡ
ΧΟΥΝΤΟϹΤΗϹΓΑΛΕΙΛΑΙ
ΑϹΗΡΩΔΟΥΦΙΛΙΠΠΟΥ
ΔΕΤΟΥΑΔΕΛΦΟΥΑΥΤΟΥ
ΤΕΤΡΑΡΧΟΥΝΤΟϹΤΗϹ
ΟΡΕΙΝΗϹ ΪΤΟΥΡΑΙΑϹΚΑΙΤΡΑΧΩ
ΝΕΙΤΙΔΟϹΧΩΡΑϹΚΑΙ
ΛΥϹΑΝΙΟΥΤΗϹΑΒΕΙΛΗ

ΝΗϹΤΕΤΡΑΡΧΟΥΝΤΟϹ
3:2 ΕΠΙΑΡΧΙΕΡΕΩϹΑΝΝΑ
ΚΑΙΚΑΙΑΦΑ ΕΓΕΝΕΤΟ
ΡΗΜΑΘ̅Υ̅ΕΠΙΪΩΑΝΗΝ
ΤΟΝΖΑΧΑΡΙΟΥΥΙΟΝΕ̅
3:3 ΤΗΕΡΗΜΩΚΑΙΗΛΘΕΝ
ΕΙϹΠΑϹΑΝΠΕΡΙΧΩΡΟ
ΤΟΥΪΟΡΔΑΝΟΥΚΗΡΥϹ
ϹΩΝΒΑΠΤΙϹΜΑΜΕΤΑ
ΝΟΙΑϹΕΙϹΑΦΕϹΙΝΑΜΑΡ
3:4 ΤΙΩΝΩϹΓΕΓΡΑΠΤΑΙ
ΕΝΒΙΒΛΙΩΛΟΓΩΝΗϹΑ
ΪΟΥΤΟΥΠΡΟΦΗΤΟΥ
› ΦΩΝΗΒΟΩΝΤΟϹΕΝΤΗ
› ΕΡΗΜΩΕΤΟΙΜΑϹΑΤΕ
› ΤΗΝΟΔΟΝΚ̅Υ̅ ΕΥΘΕΙΑϹ
› ΠΟΙΕΙΤΕΤΑϹΤΡΙΒΟΥϹ
3:5 › ΑΥΤΟΥΠΑϹΑΦΑΡΑΓΞ
› ΠΛΗΡΩΘΗϹΕΤΑΙΚΑΙ
› ΠΑΝΟΡΟϹΚΑΙΒΟΥΝΟϹ
› ΤΑΠΕΙΝΩΘΗϹΕΤΑΙΚΑΙ
› ΕϹΤΑΙΤΑϹΚΟΛΙΑΕΙϹΕΥ
› ΘΕΙΑϹΚΑΙΑΙΤΡΑΧΕΙΑΙ
3:6 › ΕΙϹΟΔΟΥϹΛΕΙΑϹΚΑΙΟ
› ΨΕΤΑΙΠΑϹΑϹΑΡΞΤΟϹΩ
3:7 › ΤΗΡΙΟΝΤΟΥΘ̅Υ̅ ΕΛΕ
ΓΕΝΟΥΝΤΟΙϹΕΚΠΟΡΕΥ
ΟΜΕΝΟΙϹΟΧΛΟΙϹΒΑΠΤΙ
ϹΘΗΝΑΙΫΠΑΥΤΟΥΓΕΝ
ΝΗΜΑΤΑΕΧΙΔΝΩΝΤΙϹ
ΫΠΕΔΕΙΞΕΝΫΜΙΝΦΥΓΕΙ̅
ΑΠΟΤΗϹΜΕΛΛΟΥϹΗϹ
3:8 ΟΡΓΗϹΠΟΙΗϹΑΤΕΟΥΝ
ΑΞΙΟΥϹΚΑΡΠΟΥϹΤΗϹ
ΜΕΤΑΝΟΙΑϹΚΑΙΜΗΑΡ
ΞΗϹΘΕΛΕΓΕΙΝΕΝΕΑΥ
ΤΟΙϹΠΑΤΕΡΑΕΧΟΜΕΝ
ΤΟΝΑΒΡΑΑΜ· ΛΕΓΩΓΑΡ
ΥΜΙΝΟΤΙΔΥΝΑΤΑΙΟΘ̅Ϲ̅
ΕΚΤΩΝΛΙΘΩΝΤΟΥΤΩ̅
ΕΓΕΙΡΑΙΤΕΚΝΑΤΩΑΒΡΑ
3:9 ΑΜ ΗΔΗΔΕΚΑΙΗΑΞΕΙ

ΝΗΠΡΟϹΤΗΝΡΙΖΑΝΤΩ̄
ΔΕΝΔΡΩΝΚΕΙΤΑΙΠΑΝ
ΟΥΝΔΕΝΔΡΟΝΜΗΠΟΙΟῩ
ΚΑΡΠΟΝΚΑΛΟΝΕΚΚΟ
ΠΤΕΤΑΙΚΑΙΕΙϹΠΥΡΒΑΛ
ΛΕΤΑΙΚΑΙΕΠΗΡΩΤΩΝ 3:10
ΑΥΤΟΝΟΙΟΧΛΟΙΛΕΓΟΝ
ΤΕϹΤΙΟΥΝΠΟΙΗϹΩΜΕ̄
ΑΠΟΚΡΙΘΕΙϹΔΕΕΛΕΓΕ̄ 3:11
ΑΥΤΟΙϹΟΕΧΩΝΔΥΟΧΙ
ΤΩΝΑϹΜΕΤΑΔΟΤΩΤΩ
ΜΗΕΧΟΝΤΙΚΑΙΟΕΧΩ̄
ΒΡΩΜΑΤΑΟΜΟΙΩϹΠΟΙ
ΙΗ ΕΙΤΩ ΗΛΘΟΝΔΕΚΑΙΤΕ 3:12
ΛΩΝΑΙΒΑΠΤΙϹΘΗΝΑΙ
ΚΑΙΕΙΠΟΝΠΡΟϹΑΥΤΟ̄
ΔΙΔΑϹΚΑΛΕΤΙΠΟΙΗϹΩ
ΜΕΝ ΟΔΕΕΙΠΕΝΠΡΟϹ 3:13
ΑΥΤΟΥϹΜΗΔΕΝΠΛΕΟ̄
ΠΑΡΑΤΟΔΙΑΤΕΤΑΓΜΕ
ΝΟΝΫΜΙΝΠΡΑϹϹΕΤΕ
ΕΠΗΡΩΤΩΝΔΕΑΥΤΟ̄ 3:14
ΚΑΙϹΤΡΑΤΕΥΟΜΕΝΟΙ
ΛΕΓΟΝΤΕϹΤΙΠΟΙΗϹΩ
ΜΕΝΚΑΙΗΜΕΙϹΚΑΙΕΙΠΕ̄
ΑΥΤΟΙϹΜΗΔΕΝΑΔΙΑϹΕΙ
ϹΗΤΕΜΗΔΕϹΥΚΟΦΑΝ
ΤΗϹΗΤΕΚΑΙΑΡΚΕΙϹΘΕ
ΤΟΙϹΟΨΩΝΙΟΙϹΫΜΩ̄
ΙΘ ΠΡΟϹΔΟΚΩΝΤΟϹΔΕΤΟΥ 3:15
ΛΑΟΥΚΑΙΔΙΑΛΟΓΙΖΟΜΕ
ΝΩΝΠΑΝΤΩΝΕΝΤΑΙϹ
ΚΑΡΔΙΑΙϹΑΥΤΩΝΠΕΡΙ
ΤΟΥΪΩΑΝΟΥΜΗΠΟΤΕ
ΑΥΤΟϹΕΙΗΟΧ̅Ϲ̅ ΑΠΕ 3:16
ΚΡΕΙΝΑΤΟΛΕΓΩΝΠΑϹΙ
ΟΪΩΑΝΗϹΕΓΩΜΕΝΥΔΑ
ΤΙΒΑΠΤΙΖΩΫΜΑϹΕΡ
ΧΕΤΑΙΔΕΟΪϹΧΥΡΟΤΕ
ΡΟϹΜΟΥΟΥΟΥΚΕΙΜΙΪ
ΚΑΝΟϹΛΥϹΑΙΤΟΝΪΜΑ
ΤΑΤΩΝΫΠΟΔΗΜΑΤΩ̄

ΑΥΤΟΥΑΥΤΟϹΫΜΑϹΒΑ
ΠΤΙϹΕΙΕΝΠΝΕΥΜΑΤΙ
3:17 ΑΓΙΩΚΑΙΠΥΡΙΟΥΤΟΠΤΥ
ΟΝΕΝΤΗΧΕΙΡΙΑΥΤΟΥ
ΔΙΑΚΑΘΑΡΑΙΤΗΝΑΛΩ
ΝΑΑΥΤΟΥΚΑΙϹΥΝΑΓΑ
ΓΕΙΝΤΟΝϹΕΙΤΟΝΕΙϹ
ΤΗΝΑΠΟΘΗΚΗΝΑΥΤΟΥ
ΤΟΔΕΑΧΥΡΟΝΚΑΤΑΚΑΥ
3:18 ϹΕΙΠΥΡΙΑϹΒΕϹΤΩ ΠΟΛ
ΛΑΜΕΝΟΥΝΚΑΙΕΤΕΡΑ
ΠΑΡΑΚΑΛΩΝΕΥΗΓΓΕ
3:19 ΛΙΖΕΤΟΤΟΝΛΑΟΝ ΟΔΕ
ΗΡΩΔΗϹΟΤΕΤΡΑΡΧΗϹ
ΕΛΕΓΧΟΜΕΝΟϹΥΠΑΥ
ΤΟΥΠΕΡΙΗΡΩΔΙΑΔΟϹ
ΤΗϹΓΥΝΑΙΚΟϹΤΟΥΑ
ΔΕΛΦΟΥΑΥΤΟΥΚΑΙ
ΠΕΡΙΠΑΝΤΩΝΩΝΕΠΟΙ
ΗϹΕΝΠΟΝΗΡΩΝΟΗΡΩ
3:20 ΔΗϹΠΡΟϹΕΘΗΚΕΝΚΑΙ
ΤΟΥΤΟΕΠΙΠΑϹΙΝΚΑΤΕ
ΚΛΕΙϹΕΝΤΟΝΪΩΑΝΗ̄
3:21 Κ ΕΝΦΥΛΑΚΗ ΕΓΕΝΕ
ΤΟΔΕΕΝΤΩΒΑΠΤΙϹΘΗ
ΝΑΙΑΠΑΝΤΑΤΟΝΛΑΟΝ
ΚΑΙΙ̅Υ̅ΒΑΠΤΙϹΘΕΝΤΟϹ
ΚΑΙΠΡΟϹΕΥΧΟΜΕΝΟΥ
ΑΝΕΩΧΘΗΝΑΙΤΟΝΟΥ
3:22 ΡΑΝΟΝΚΑΙΚΑΤΑΒΗΝΑΙ
ΤΟΠΝΕΥΜΑΤΟΑΓΙΟΝ
ϹΩΜΑΤΙΚΩΕΙΔΕΙΩϹ
ΠΕΡΙϹΤΕΡΑΝΕΠΑΥΤΟ̄
ΚΑΙΦΩΝΗΝΕΞΟΥΡΑΝΟΥ
ΓΕΝΕϹΘΑΙϹΥΕΙΟΥΙΟϹΜΟΥ
ΟΑΓΑΠΗΤΟϹΕΝϹΟΙΕΥ
3:23 ΚΑ ΔΟΚΗϹΑ ΚΑΙΑΥΤΟϹ
ΗΝΙ̅Ϲ̅ΑΡΧΟΜΕΝΟϹΩϹΕΙ
ΕΤΩΝΤΡΙΑΚΟΝΤΑΩΝ
ΥΙΟϹΩϹΕΝΟΜΙΖΕΤΟ
ΪΩϹΗΦ ΤΟΥ ΗΛΕΙ
3:24 ΤΟΥ ΜΑΤΘΑΤ

ΤΟΥ ΗΛΕΫΕΙ
ΤΟΥ ΜΕΛΧΕΙ
ΤΟΥ ΪΑΝΝΑΙ
ΤΟΥ ΪΩϹΗΦ
ΤΟΥ ΜΑΘΘΑΘΙΟΥ 3:25
ΤΟΥ ΑΜΩϹ
ΤΟΥ ΝΑΟΥΜ
ΤΟΥ ΕϹΛΕΙ
ΤΟΥ ΝΑΓΓΑΙ
ΤΟΥ ΜΑΑΘ 3:26
ΤΟΥ ΜΑΤΤΑΘΙΟΥ
ΤΟΥ ϹΕΜΕΕΙΝ
ΤΟΥ ΪΩϹΗΧ
ΤΟΥ ΪΩΔΑ
ΤΟΥ ΪΩΑΝΑΝ 3:27
ΤΟΥ ΡΗϹΑ
ΤΟΥ ΖΟΡΟΒΑΒΕΛ
ΚΒ ΤΟΥ ϹΑΛΑΘΙΗΛ
ΤΟΥ ΝΗΡΕΙ
ΤΟΥ ΜΕΛΧΕΙ 3:28
ΤΟΥ ΑΔΔΕΙ
ΤΟΥ ΚΩϹΑΜ
ΤΟΥ ΕΛΜΑΔΑΜ
ΤΟΥ ΗΡ
ΤΟΥ ΪΗϹΟΥ 3:29
ΤΟΥ ΕΛΙΕΖΕΡ
ΤΟΥ ΪΩΡΕΙΜ
ΤΟΥ ΜΑΘΘΑΤ
ΤΟΥ ΛΕΥΕΙ
ΤΟΥ ϹΥΜΕΩΝ 3:30
ΤΟΥ ΪΟΥΔΑ
ΤΟΥ ΪΩϹΗΦ
ΤΟΥ ΪΩΝΑΜ
ΤΟΥ ΕΛΙΑΚΕΙΜ
ΤΟΥ ΜΕΛΕΑ 3:31
ΤΟΥ ΜΕΝΝΑ
ΤΟΥ ΜΕΤΤΑΘΑ
ΚΓ ΤΟΥ ΝΑΘΑΜ
ΤΟΥ ΔΑΥΕΙΔ
ΤΟΥ ΪΕϹϹΑΙ 3:32
ΤΟΥ ΪΩΒΗΛ
ΤΟΥ ΒΟΟϹ

ΤΟΥ ϹΑΛΑ
ΤΟΥ ΝΑΑϹϹΩΝ
3:33 ΤΟΥ ΑΔΜΕΙΝ
ΤΟΥ ΑΡΝΕΙ
ΤΟΥ ΕϹΡΩΝ
ΤΟΥ ΦΑΡΕϹ
ΤΟΥ ΙΟΥΔΑ
3:34 ΤΟΥ ΪΑΚΩΒ
ΤΟΥ ΪϹΑΑΚ
ΚΔ ΤΟΥ ΑΒΡΑΑΜ
ΤΟΥ ΘΑΡΑ
ΤΟΥ ΝΑΧΩΡ
3:35 ΤΟΥ ϹΕΡΟΥΧ
ΤΟΥ ΡΑΓΑΥ
ΤΟΥ ΦΑΛΕΚ
ΤΟΥ ΕΒΕΡ
ΤΟΥ ϹΑΛΑ
3:36 ΤΟΥ ΚΑΪΝΑΜ
ΤΟΥ ΑΡΦΑΞΑΔ
ΤΟΥ ϹΗΜ
ΤΟΥ ΝΩΕ
ΤΟΥ ΛΑΜΕΧ
3:37 ΤΟΥ ΜΑΘΘΟΥϹΑΛΑ
ΤΟΥ ΕΝΩΧ
ΤΟΥ ΪΑΡΕΤ
ΤΟΥ ΜΑΛΕΛΕΗΛ
ΤΟΥ ΚΑΪΝΑΝ
3:38 ΤΟΥ ΕΝΩϹ
ΤΟΥ ϹΗΘ
ΤΟΥ ΑΔΑΜ
ΤΟΥ Θ̄Ῡ
4:1 ΚΕ Ι̅Ϲ̅ΔΕΠΛΗΡΗϹΠΝΕΥΜΑ
ΤΟϹΑΓΙΟΥΫΠΕϹΤΡΕΨΕ̅
ΑΠΟΤΟΥΪΟΡΔΑΝΟΥϏ
ΗΓΕΤΟΕΝΤΩΠΝΕΥΜΑ
4:2 ΤΙΕΝΤΗΕΡΗΜΩΗΜΕΡΑϹ
ΤΕϹϹΕΡΑΚΟΝΤΑΠΕΙΡΑ
ΖΟΜΕΝΟϹΫΠΟΤΟΥΔΙ
ΑΒΟΛΟΥΚΑΙΟΥΚΕΦΑ
ΓΕΝΟΥΔΕΝΕΝΤΑΙϹΗΜΕ
ΡΑΙϹΕΚΕΙΝΑΙϹΚΑΙϹΥΝ
ΤΕΛΕϹΘΕΙϹΩΝΑΥΤΩ̅

ΕΠΕΙΝΑCΕΝ ΕΙΠΕΝΔΕ 4:3
ΑΥΤΩΟΔΙΑΒΟΛΟCΕΙ
ΥΙΟCΕΙΤΟΥΘ̅Υ̅ΕΙΠΕΤΩ
ΛΙΘΩΤΟΥΤΩΪΝΑΓΕΝΗ
ΤΑΙΑΡΤΟC ΚΑΙΑΠΕ 4:4
ΚΡΙΘΗΠΡΟCΑΥΤΟΝΟΙ̅C̅
› ΓΕΓΡΑΠΤΑΙΟΤΙΟΥΚΕ
› ΠΑΡΤΩΜΟΝΩΖΗCΕ
› ΚϚ ΤΑΙΟΑΝΘΡΩΠΟC ΚΑΙ 4:5
ΑΝΑΓΑΓΩΝΑΥΤΟΝΕ
ΔΕΙΞΕΝΑΥΤΩΠΑCΑC
ΤΑCΒΑCΙΛΕΙΑCΤΗCΟΙ
ΚΟΥΜΕΝΗCΕΝCΤΙΓΜΗ
ΧΡΟΝΟΥ ΚΑΙΕΙΠΕΝΑΥ 4:6
ΤΩΟΔΙΑΒΟΛΟCCΟΙΔΩ
CΩΤΗΝΕΞΟΥCΙΑΝΤΑΥ
ΤΗΝΑΠΑCΑΝΚΑΙΤΗΝ
ΔΟΞΑΝΑΥΤΩΝΟΤΙΕΜΟΙ
ΠΑΡΑΔΕΔΟΤΑΙΚΑΙΩ
ΑΝΘΕΛΩΔΙΔΩΜΙΑΥΤΗ̅
CΥΟΥΝΕΑΝΠΡΟCΚΥΝΗ 4:7
CΗCΕΝΩΠΙΟΝΕΜΟΥΕ
CΤΑΙCΟΥΠΑCΑ ΚΑΙ 4:8
ΑΠΟΚΡΙΘΕΙCΑΥΤΩΕΙ
ΠΕΝΙ̅C̅ΓΕΓΡΑΠΤΑΙΚ̅Ν̅
ΤΟΝΘ̅Ν̅CΟΥΠΡΟCΚΥ
ΝΗCΕΙCΚΑΙΑΥΤΩΜΟ
ΚΖ ΝΩΛΑΤΡΕΥCΕΙC ΗΓΑ 4:9
ΓΕΝΔΕΑΥΤΟΝΕΙCΪΕΡΟΥ
CΑΛΗΜΚΑΙΕCΤΗCΕΝ
ΕΠΙΤΟΠΤΕΡΥΓΙΟΝΤΟΥ
ΪΕΡΟΥΚΑΙΕΙΠΕΝΑΥΤΩ
ΕΙΥΙΟCΕΙΤΟΥΘ̅Υ̅ΒΑΛΕ
CΕΑΥΤΟΝΕΝΤΕΥΘΕΝ
ΚΑΤΩΓΕΓΡΑΠΤΑΙΓΑΡ 4:10
› ΟΤΙΤΟΙCΑΓΓΕΛΟΙCΑΥ
› ΤΟΥΕΝΤΕΛΕΙΤΑΙΠΕΡΙ
› CΟΥΤΟΥΔΙΑΦΥΛΑΞΑΙ
› CΕ ΚΑΙΟΤΙΕΠΙΧΕΙΡΩ̅ 4:11
› ΑΡΟΥCΙCΕΜΗΠΟΤΕΠΡΟC
› ΚΟΨΗCΠΡΟCΛΙΘΟΝΤΟ̅
› ΠΟΔΑC ΟΥ ΚΑΙΑΠΟ 4:12

ΚΡΙΘΕΙϹΕΙΠΕΝΑΥΤΩ
› ΟΙϹΟΤΙΕΙΡΗΤΑΙΟΥΚΕΚ
› ΠΕΙΡΑϹΕΙϹΚΝΤΟΝΘΝ
4:13 › ΚΗ ϹΟΥ ΚΑΙϹΥΝΤΕΛΕϹΑϹ
ΠΑΝΤΑΠΕΙΡΑϹΜΟΝΟ
ΔΙΑΒΟΛΟϹΑΠΕϹΤΗΑ
ΠΑΥΤΟΥΑΧΡΙΚΑΙΡΟΥ
4:14 ΚΑΙΥΠΕϹΤΡΕΨΕΝΟΙϹ
ΕΝΤΗΔΥΝΑΜΕΙΤΟΥ
ΠΝΕΥΜΑΤΟϹΕΙϹΤΗΝ
ΓΑΛΕΙΛΑΙΑΝΚΑΙΦΗΜΗ
ΕΞΗΛΘΕΝΚΑΘΟΛΗϹΤΗϹ
ΠΕΡΙΧΩΡΟΥΠΕΡΙΑΥΤΟΥ
4:15 ΚΑΙΑΥΤΟϹΕΔΙΔΑϹΚΕΝ
ΕΝΤΑΙϹϹΥΝΑΓΩΓΑΙϹ
ΑΥΤΩΝΔΟΞΑΖΟΜΕΝΟϹ
4:16 ΚΘ ΥΠΟΠΑΝΤΩΝ ΚΑΙΗΛ
ΘΕΝΕΙϹΝΑΖΑΡΑΟΥΗΝ
ΤΕΘΡΑΜΜΕΝΟϹΚΑΙΕΙϹ
ΗΛΘΕΝΚΑΤΑΤΟΕΙΩΘΟϹ
ΑΥΤΩΕΝΤΗΗΜΕΡΑΤΩ̅
ϹΑΒΒΑΤΩΝΕΙϹΤΗΝϹΥ
ΑΓΩΓΗΝΚΑΙΑΝΕϹΤΗ
4:17 ΑΝΑΓΝΩΝΑΙΚΑΙΕΠΕ
ΔΟΘΗΑΥΤΩΒΙΒΛΙΟΝ
ΤΟΥΠΡΟΦΗΤΟΥΗϹΑΪ
ΟΥΚΑΙΑΝΟΙΞΑϹΤΟΒΙΒΛΙ
ΟΝΕΥΡΕΝΤΟΝΤΟΠΟΝ
ΟΥΗΝΓΕΓΡΑΜΜΕΝΟΝ
4:18 › ΠΝΕΥΜΑΚΥΕΠΕΜΕΟΥ
› ΕΙΝΕΚΕΝΕΧΡΕΙϹΕΝΜΕ
› ΕΥΑΓΓΕΛΙϹΑϹΘΑΙΠΤΩ
› ΧΟΙϹΑΠΕϹΤΑΛΚΕΝΜΕ
› ΚΗΡΥΞΑΙΑΙΧΜΑΛΩΤΟΙϹ
› ΑΦΕϹΙΝΚΑΙΤΥΦΛΟΙϹ
› ΑΝΑΒΛΕΨΙΝΑΠΟϹΤΕΙ
› ΛΑΙΤΕΘΡΑΥϹΜΕΝΟΥϹ
4:19 › ΕΝΑΦΕϹΕΙΚΗΡΥΞΑΙΕ
› ΝΙΑΥΤΟΝΚΥΔΕΚΤΟΝ
4:20 ΚΑΙΠΤΥΞΑϹΤΟΒΙΒΛΙΟ̅
ΑΠΟΔΟΥϹΤΩΥΠΗΡΕΤΗ
ΕΚΑΘΙϹΕΝΚΑΙΠΑΝΤΩ̅

ΟΙΟΦΘΑΛΜΟΙΕΝΤΗϹΥ
ΑΓΩΓΗΗϹΑΝΑΤΕΝΙΖΟ
ΤΕϹΑΥΤΩ ΗΡΞΑΤΟΔΕ 4:21
ΛΕΓΕΙΝΠΡΟϹΑΥΤΟΥϹ
ΟΤΙϹΗΜΕΡΟΝΠΕΠΛΗΡΩ
ΤΑΙΗΓΡΑΦΗΑΥΤΗΕΝ
ΤΟΙϹΩϹΙΝΥΜΩΝΚΑΙΠΑ̅ 4:22
ΤΕϹΕΜΑΡΤΥΡΟΥΝΑΥΤΩ
ΚΑΙΕΘΑΥΜΑΖΟΝΕΠΙΤΟΙϹ
ΛΟΓΟΙϹΤΗϹΧΑΡΙΤΟϹ
ΤΟΙϹΕΚΠΟΡΕΥΟΜΕΝΟΙϹ
ΕΚΤΟΥϹΤΟΜΑΤΟϹΑΥΤΟΥ
ΚΑΙΕΛΕΓΟΝΟΥΧΙΥΙΟϹ
ΕϹΤΙΝΪΩϹΗΦΟΥΤΟϹ
ΚΑΙΕΙΠΕΝΠΡΟϹΑΥΤΟΥϹ 4:23
ΠΑΝΤΩϹΕΡΕΙΤΕΜΟΙΤΗ̅
ΠΑΡΑΒΟΛΗΝΤΑΥΤΗΝ
ΪΑΤΡΕΘΕΡΑΠΕΥϹΟΝϹΕ
ΑΥΤΟΝΟϹΑΗΚΟΥϹΑΜΕ̅
ΓΕΝΟΜΕΝΑΕΙϹΤΗΝΚΑ
ΦΑΡΝΑΟΥΜΠΟΙΗϹΟΝϏ
ΩΔΕΕΝΤΗΠΑΤΡΙΔΙϹΟΥ
ΕΙΠΕΝΔΕΑΜΗΝΛΕΓΩΥ 4:24
ΜΙΝΟΤΙΟΥΔΕΙϹΠΡΟΦΗ
ΤΗϹΔΕΚΤΟϹΕϹΤΙΝΕΝ
ΤΗΠΑΤΡΙΔΙΑΥΤΟΥΕΠΑ 4:25
ΛΗΘΕΙΑϹΔΕΛΕΓΩΫΜΙΝ
ΠΟΛΛΑΙΧΗΡΑΙΗϹΑΝΕΝ
ΤΑΙϹΗΜΕΡΑΙϹΗΛΕΙΟΥΕ̅
ΤΩΙϹΡΑΗΛΟΤΕΕΚΛΕΙ
ϹΘΗΟΟΥΡΑΝΟϹΕΤΗΤΡΙ
ΑΚΑΙΜΗ̣ΝΑϹΕΞΩϹΕΓΕ
ΝΕΤΟΛΕΙΜΟϹΜΕΓΑϹΕ
ΠΙΠΑϹΑΝΤΗΝΓΗΝΚΑΙ 4:26
ΠΡΟϹΟΥΔΕΜΙΑΝΑΥΤΩΝ
ΕΠΕΜΦΘΗΗΛΕΙΑϹΕΙΜΗ
ΕΙϹϹΑΡΕΠΤΑΤΗϹϹΕΙΔΩ
ΝΙΑϹΠΡΟϹΓΥΝΑΙΚΑΧΗΡΑ̅
ΚΑΙΠΟΛΛΟΙΛΕΠΡΟΙΗϹΑ̅ 4:27
ΕΝΤΩΪϹΡΑΗΛΕΠΙΕΛΕΙ
ϹΑΙΟΥΤΟΥΠΡΟΦΗΤΟΥ
ΚΑΙΟΥΔΕΙϹΑΥΤΩΝΕΚΑ

ΘΑΡΙϹΘΗΕΙΜΗΝΑΙΜΑΝ
4:28 ΟϹΥΡΟϹ ΚΑΙΕΠΛΗϹΘΗ
ϹΑΝΠΑΝΤΕϹΘΥΜΟΥΕ̅
ΤΗϹΥΝΑΓΩΓΗΑΚΟΥΟ̅
4:29 ΤΕϹΤΑΥΤΑΚΑΙΑΝΑϹΤΑ̅
ΤΕϹΕΞΕΒΑΛΟΝΑΥΤΟΝ
ΕΞΩΤΗϹΠΟΛΕΩϹΚΑΙ
ΗΓΑΓΟΝΑΥΤΟΝΕΩϹΟ
ΦΡΥΟϹΤΟΥΟΡΟΥϹΕΦΟΥ
ΗΠΟΛΙϹΩΚΟΔΟΜΗΤΟ
ΑΥΤΩΝΩϹΤΕΚΑΤΑΚΡΗ
4:30 ΜΝΙϹΑΙΑΥΤΟΝΑΥΤΟϹ
ΔΕΔΙΕΛΘΩΝΔΙΑΜΕϹΟΥ
ΑΥΤΩΝΕΠΟΡΕΥΕΤΟ
4:31 ΚΑΙΚΑΤΗΛΘΕΝΕΙϹΚΑ
ΦΑΡΝΑΟΥΜ ΠΟΛΙΝΤΗϹ
ΓΑΛΕΙΛΑΙΑϹΚΑΙΗΝΔΙ
ΔΑϹΚΩΝΑΥΤΟΥϹΕΝΤΟΙϹ
4:32 ϹΑΒΒΑϹΙΝΚΑΙΕΞΕΠΛΗϹ
ϹΟΝΤΟΕΠΙΤΗΔΙΔΑΧΗ
ΑΥΤΟΥΟΤΙΕΝΕΞΟΥϹΙ
4:33 ΑΗΝΟΛΟΓΟϹΑΥΤΟΥϗ
ΕΝΤΗϹΥΝΑΓΩΓΗΗΝΑ̅
ΘΡΩΠΟϹΕΧΩΝΠΝΕΥΜΑ
ΔΑΙΜΟΝΙΟΥΑΚΑΘΑΡΤΟΥ
ΚΑΙΑΝΕΚΡΑΞΕΦΩΝΗ
4:34 ΜΕΓΑΛΗΕΑΤΙΗΜΙΝΚΑΙ
ϹΟΙΙ̅Υ̅ΝΑΖΑΡΗΝΕΗΛΘΕϹ
ΑΠΟΛΕϹΑΙΗΜΑϹΟΙΔΑϹΕ
4:35 ΤΙϹΕΙΟΑΓΙΟϹΤΟΥΘ̅Υ̅ΚΑΙ
ΕΠΕΤΕΙΜΗϹΕΝΑΥΤΩΟ
Ι̅Ϲ̅ΛΕΓΩΝΦΕΙΜΩΘΗΤΙ
ΚΑΙΕΞΕΛΘΕΑΠΑΥΤΟΥ
ΚΑΙΡΕΙΨΑΝΑΥΤΟΝΤΟ
ΔΑΙΜΟΝΙΟΝΕΙϹΤΟΜΕ
ϹΟΝΕΞΗΛΘΕΝΑΠΑΥΤΟΥ
ΜΗΔΕΝΒΛΑΨΑΝΑΥΤΟ̅
4:36 ΚΑΙΕΓΕΝΕΤΟΘΑΜΒΟϹ
ΕΠΙΠΑΝΤΑϹΚΑΙϹΥΝΕ
ΛΑΛΟΥΝΠΡΟϹΑΛΛΗΛΟΥϹ
ΛΕΓΟΝΤΕϹΤΙϹΟΛΟΓΟϹ
ΟΥΤΟϹΟΤΙΕΝΕΞΟΥϹΙΑ

ΚΑΙΔΥΝΑΜΕΙΕΠΙΤΑϹ
ϹΕΙΤΟΙϹΑΚΑΘΑΡΤΟΙϹ
ΠΝΕΥΜΑϹΙΝΚΑΙΕΞΕΡ
ΧΟΝΤΑΙ ΚΑΙΕΞΕΠΟΡΕΥ 4:37
ΕΤΟΗΧΟϹΠΕΡΙΑΥΤΟΥ
ΕΙϹΠΑΝΤΑΤΟΠΟΝΤΗϹ
ΠΕΡΙΧΩΡΟΥ
ΛΑ ΑΝΑϹΤΑϹΔΕΑΠΟΤΗϹ 4:38
ϹΥΝΑΓΩΓΗϹΕΙϹΗΛΘΕ̄
ΕΙϹΤΗΝΟΙΚΙΑΝϹΙΜΩ
ΝΟϹΠΕΝΘΕΡΑΔΕΤΟΥ
ϹΙΜΩΝΟϹΗΝϹΥΝΕΧΟ
ΜΕΝΗΠΥΡΕΤΩΜΕΓΑΛΩ
ΚΑΙΗΡΩΤΗϹΑΝΑΥΤΟΝ
ΠΕΡΙΑΥΤΗϹΚΑΙΕΠΙϹΤΑϹ 4:39
ΕΠΑΝΩΑΥΤΗϹΕΠΕΤΕΙ
ΜΗϹΕΝΤΩΠΥΡΕΤΩϏ
ΑΦΗΚΕΝΑΥΤΗΝΠΑΡΑ
ΧΡΗΜΑΔΕΑΝΑϹΤΑϹΑΔΙ
ΛΒ ΗΚΟΝΕΙΑΥΤΟΙϹ ΔΥΝΟ̄ 4:40
ΤΟϹΔΕΤΟΥΗΛΙΟΥΑΠᾹ
ΤΕϹΟϹΟΙΕΙΧΟΝΑϹΘΕ
ΝΟΥΝΤΑϹΝΟϹΟΙϹΠΟΙ
ΚΙΛΑΙϹΗΓΑΓΟΝΑΥΤΟΥϹ
ΠΡΟϹΑΥΤΟΝΟΔΕΕΝΙΕ
ΚΑϹΤΩΑΥΤΩΝΤΑϹΧΕΙ
ΡΑϹΕΠΙΤΙΘΕΙϹΕΘΕΡΑ
ΠΕΥΕΝΑΥΤΟΥϹ ΕΞΗΡ 4:41
ΧΕΤΟΔΕΚΑΙΔΑΙΜΟΝΙΑ
ΑΠΟΠΟΛΛΩΝΚΡΑΖΟΝ
ΤΑΚΑΙΛΕΓΟΝΤΑΟΤΙϹΥ
ΕΙΟΥΙΟϹΤΟΥΘΥ̅ΚΑΙΕ
ΠΙΤΕΙΜΩΝΟΥΚΕΙΑΑΥ
ΤΑΛΑΛΕΙΝΟΤΙΗΔΕΙϹᾹ
ΤΟΝΧ̅Ν̅ΑΥΤΟΝΕΙΝΑΙ
ΛΓ ΓΕΝΟΜΕΝΗϹΔΕΗΜΕΡΑϹ 4:42
ΕΞΕΛΘΩΝΕΠΟΡΕΥΘΗΕΙϹ
ΕΡΗΜΟΝΤΟΠΟΝΚΑΙΟΙ
ΟΧΛΟΙΕΠΕΖΗΤΟΥΝΑΥ
ΤΟΝΚΑΙΗΛΘΟΝΕΩϹΑΥ
ΤΟΥΚΑΙΚΑΤΕΙΧΟΝΑΥ
ΤΟΝΤΟΥΜΗΠΟΡΕΥΕϹΘΑΙ

4:43 ΑΠΑΥΤΩΝ ΟΔΕΕΙΠΕΝ
ΠΡΟCΑΥΤΟΥCΟΤΙΚΑΙ
ΤΑΙCΕΤΕΡΑΙCΠΟΛΕCΙΝ
ΕΥΑΓΓΕΛΙCΑCΘΑΙΔΕΙΜΕ
ΤΗΝΒΑCΙΛΕΙΑΝΤΟΥΘ̅Υ̅
ΟΤΙΕΠΙΤΟΥΤΟΑΠΕCΤΑ
4:44 ΛΔ ΛΗΝ ΚΑΙΗΝΚΗΡΥCCΩ̅
ΕΙCΤΑCCΥΝΑΓΩΓΑCΤΗC
5:1 ΪΟΥΔΑΙΑC ΕΓΕΝΕΤΟ
ΔΕΕΝΤΩΤΟΝΟΧΛΟΝ
ΕΠΙΚΕΙCΘΑΙΑΥΤΩΚΑΙ
ΑΚΟΥΕΙΝΤΟΝΛΟΓΟΝ
ΤΟΥΘ̅Υ̅ΚΑΙΑΥΤΟCΗΝΕ
CΤΩCΠΑΡΑΤΗΝΛΙΜΝΗ
5:2 ΓΕΝΝΗCΑΡΕΤ'ΚΑΙΕΙΔΕ̅
ΠΛΟΙΑΔΥΟΕCΤΩΤΑΠΑ
ΡΑΤΗΝΛΙΜΝΗΝΟΙΔΕΑ
ΛΙΕΙCΑΠΑΥΤΩΝΑΠΟΒΑ̅
ΤΕCΕΠΛΥΝΟΝΤΑΔΙΚΤΥ
5:3 ΑΕΜΒΑCΔΕΕΙCΕΝΤΩΝ
ΠΛΟΙΩΝΟΗΝCΙΜΩΝΟC
ΗΡΩΤΗCΕΝΑΥΤΟΝΑΠΟ
ΤΗCΓΗCΕΠΑΝΑΓΑΓΕΙΝ
ΟΛΙΓΟΝΚΑΘΙCΑCΔΕΕΚ
ΤΟΥΠΛΟΙΟΥΕΔΙΔΑCΚΕ̅
5:4 ΤΟΥCΟΧΛΟΥC ΩCΔΕ
ΕΠΑΥCΑΤΟΛΑΛΩΝΕΙΠΕ̅
ΠΡΟCΤΟΝCΙΜΩΝΑΕΠΑ
ΝΑΓΑΓΕΕΙCΤΟΒΑΘΟC
ΚΑΙΧΑΛΑCΑΤΕΤΑΔΙΚΤΥ
5:5 ΑΫΜΩΝΕΙCΑΓΡΑΝ ΚΑΙ
ΑΠΟΚΡΙΘΕΙCCΙΜΩΝΕΙ
ΠΕΝΕΠΙCΤΑΤΑΔΙΟΛΗC
ΝΥΚΤΟCΚΟΠΙΑCΑΝΤΕC
ΟΥΔΕΝΕΛΑΒΟΜΕΝΕΠΙ
ΔΕΤΩΡΗΜΑΤΙCΟΥΧΑΛΑ
5:6 CΩΤΑΔΙΚΤΥΑΚΑΙΤΟΥ
ΤΟΠΟΙΗCΑΝΤΕCCΥΝΕ
ΚΛΕΙCΑΝΠΛΗΘΟCΪΧΘΥ
ΩΝΠΟΛΥΔΙΕΡΗCCΕΤΟ
ΔΕΤΑΔΙΚΤΥΑΑΥΤΩΝ
5:7 ΚΑΙΚΑΤΕΝΕΥCΑΝΤΟΙC

ΜΕΤΟΧΟΙϹΕΝΤΩΕΤΕ
ΡΩΠΛΟΙΩΤΟΥΕΛΘΟΝ
ΤΑϹϹΥΛΛΑΒΕϹΘΑΙΑΥΤΟΙϹ
ΚΑΙΗΛΘΟΝΚΑΙΕΠΛΗϹΑ̅
ΑΜΦΟΤΕΡΑΤΑΠΛΟΙΑ
ΩϹΤΕΒΥΘΙΖΕϹΘΑΙΑΥΤΑ
ΪΔΩΝΔΕϹΙΜΩΝΠΕΤΡΟϹ 5:8
ΠΡΟϹΕΠΕϹΕΝΤΟΙϹΓΟ
ΝΑϹΙΝΙ̅Υ̅ΛΕΓΩΝΕΞΕΛΘΕ
ΑΠΕΜΟΥΟΤΙΑΝΗΡΑΜΑΡ
ΤΩΛΟϹΕΙΜΙΚ̅Ε̅ΘΑΜΒΟϹ 5:9
ΓΑΡΠΕΡΙΕϹΧΕΝΑΥΤΟΝ
ΚΑΙΠΑΝΤΑϹΤΟΥϹϹΥΝ
ΑΥΤΩΕΠΙΤΗΑΓΡΑΤΩΝ
ΪΧΘΥΩΝΩΝϹΥΝΕΛΑΒΟ̅
ΟΜΟΙΩϹΔΕΚΑΙΪΑΚΩΒΟ̅ 5:10
ΚΑΙΪΩΑΝΗΝΥΙΟΥϹΖΕ
ΒΕΔΑΙΟΥΟΙΗϹΑΝΚΟΙΝΩ
ΝΟΙΤΩϹΙΜΩΝΙ ΚΑΙ
ΕΙΠΕΝΠΡΟϹΤΟΝϹΙΜΩ
ΝΑΙ̅Ϲ̅ΜΗΦΟΒΟΥΑΠΟΤΟΥ
ΝΥΝΑΝΘΡΩΠΟΥϹΕϹΗ
ΖΩΓΡΩΝ ΚΑΙΚΑΤΑΓΑ 5:11
ΓΟΝΤΕϹΤΑΠΛΟΙΑΕΠΙ
ΤΗΝΓΗΝΑΦΕΝΤΕϹΠΑ̅
ΤΑΗΚΟΛΟΥΘΗϹΑΝΑΥΤΩ
ΙΕ ΚΑΙΕΓΕΝΕΤΟΕΝΤΩΕΙΝΑΙ 5:12
ΑΥΤΟΝΕΝΜΙΑΤΩΝΠΟ
ΛΕΩΝΚΑΙΪΔΟΥΑΝΗΡΠΛΗ
ΡΗϹΛΕΠΡΑϹΪΔΩΝΔΕΤΟ̅
Ι̅Ν̅ΠΕϹΩΝΕΠΙΠΡΟϹΩΠΟ̅
ΕΔΕΗΘΗΑΥΤΟΥΛΕΓΩΝ
Κ̅Ε̅ΕΑΝΘΕΛΗϹΔΥΝΑϹΑΙ
ΜΕΚΑΘΑΡΙϹΑΙΚΑΙΕΚΤΕΙ 5:13
ΝΑϹΤΗΝΧΕΙΡΑΗΨΑΤΟ
ΑΥΤΟΥΛΕΓΩΝΘΕΛΩΚΑ
ΘΑΡΙϹΘΗΤΙΚΑΙΕΥΘΕΩϹ
ΗΛΕΠΡΑΑΠΗΛΘΕΝΑΠΑΥ
ΤΟΥΚΑΙΑΥΤΟϹΠΑΡΗΓ 5:14
ΓΕΙΛΕΝΑΥΤΩΜΗΔΕΝΙ
ΕΙΠΕΙΝΑΛΛΑΑΠΕΛΘΩ̅
ΔΕΙΞΟΝϹΕΑΥΤΟΝΤΩΪ

ΕΡΕΙΚΑΙΠΡΟϹΕΝΕΓΚΕ
ΠΕΡΙΤΟΥΚΑΘΑΡΙϹΜΟΥ
ϹΟΥΚΑΘΩϹΠΡΟϹΕΤΑ
ΞΕΝΜΩΫϹΗϹΕΙϹΜΑΡΤΥ
5:15 ΛϚ ΡΙΟΝΑΥΤΟΙϹ ΔΙΗΡΧΕ
ΤΟΔΕΜΑΛΛΟΝΟΛΟΓΟϹ
ΠΕΡΙΑΥΤΟΥΚΑΙϹΥΝ
ΗΡΧΟΝΤΟΟΧΛΟΙΠΟΛ
ΛΟΙΑΚΟΥΕΙΝ·ΚΑΙΘΕΡΑ
ΠΕΥΕϹΘΑΙΑΠΟΤΩΝΑ
5:16 ϹΘΕΝΕΙΩΝΑΥΤΩΝΑΥ
ΤΟϹΔΕΗΝΫΠΟΧΩΡΩΝ
ΕΝΤΑΙϹΕΡΗΜΟΙϹΚΑΙ
ΠΡΟϹΕΥΧΟΜΕΝΟϹ
5:17 ΛΖ ΚΑΙΕΓΕΝΕΤΟΕΝΜΙΑΤΩ
ΗΜΕΡΩΝΚΑΙΑΥΤΟϹΗ̅
ΔΙΔΑϹΚΩΝΚΑΙΗϹΑΝΚΑ
ΘΗΜΕΝΟΙΟΙΦΑΡΕΙϹΑΙ
ΟΙΚΑΙΟΙΝΟΜΟΔΙΔΑϹΚΑ
ΛΟΙΟΙΗϹΑΝΕΛΗΛΥΘΟ
ΤΕϹΕΚΠΑϹΗϹΤΗϹΚΩ
ΜΗϹΤΗϹΓΑΛΕΙΛΑΙΑϹ
ΚΑΙΪΟΥΔΑΙΑϹΚΑΙΪΕΡΟΥ
ϹΑΛΗΜ·ΚΑΙΔΥΝΑΜΙϹΚΥ̅
ΗΝΕΙϹΤΟΪΑϹΘΑΙΑΥΤΟ̅
5:18 ΚΑΙΪΔΟΥΑΝΔΡΕϹΕΦΕ
ΡΟΝΤΕϹΕΠΙΚΛΕΙΝΗϹ
ΑΝΘΡΩΠΟΝΟϹΗΝΠΑΡΑ
ΛΕΛΥΜΕΝΟϹΚΑΙΕΖΗΤΟΥ̅
ΑΥΤΟΝΕΙϹΕΝΕΓΚΕΙΝϏ
ΘΕΙΝΑΙΑΥΤΟΝΕΝΩΠΙ
5:19 ΟΝΑΥΤΟΥΚΑΙΜΗΕΥΡΟ̅
ΤΕϹΠΟΙΑϹΕΙϹΕΝΕΓΚΩ
ϹΙΝΑΥΤΟΝΔΙΑΤΟΝΟ
ΧΛΟΝΑΝΑΒΑΝΤΕϹΕΠΙ
ΤΟΔΩΜΑΔΙΑΤΩΝΚΕΡΑ
ΜΩΝΚΑΘΗΚΑΝΑΥΤΟΝ
ϹΥΝΤΩΚΛΕΙΝΙΔΙΩΕΙϹ
ΤΟΜΕϹΟΝΕΜΠΡΟϹΘΕΝ
5:20 ΠΑΝΤΩΝΚΑΙΪΔΩΝΤΗ̅
ΠΙϹΤΙΝΑΥΤΩΝΕΙΠΕΝ
ΑΝΘΡΩΠΕΑΦΕΩΝΤΑΙ

ϹΟΙΑΙΑΜΑΡΤΙΑΙϹΟΥϏ 5:21
ΗΡΞΑΝΤΟΔΙΑΛΟΓΙΖЄ
ϹΘΑΙΟΙΓΡΑΜΜΑΤЄΙϹϏ
ΟΙΦΑΡЄΙϹΑΙΟΙΛЄΓΟΝ
ΤЄϹΤΙϹЄϹΤΙΝΟΥΤΟϹ
ΟϹΛΑΛЄΙΒΛΑϹΦΗΜΙΑϹ
ΤΙϹΔΥΝΑΤΑΙΑΜΑΡΤΙΑϹ
ΑΦЄΙΝΑΙЄΙΜΗΜΟΝΟϹ
ΟΘ̅Ϲ̅ЄΠΙΓΝΟΥϹΔЄΟΙ̅Ϲ̅ 5:22
ΤΟΥϹΔΙΑΛΟΓΙϹΜΟΥϹ
ΑΥΤΩΝΑΠΟΚΡΙΘЄΙϹЄΙ
ΠЄΝΠΡΟϹΑΥΤΟΥϹΤΙ
ΔΙΑΛΟΓΙΖЄϹΘЄЄΝΤΑΙϹ
ΚΑΡΔΙΑΙϹΥΜΩΝΤΙЄϹΤ̅ 5:23
ЄΥΚΟΠΩΤЄΡΟΝЄΙΠЄΙΝ
ΑΦЄΩΝΤΑΙϹΟΙΑΙΑΜΑΡ
ΤΙΑΙϹΟΥΗЄΙΠЄΙΝЄΓЄΙΡЄ
ΚΑΙΠЄΡΙΠΑΤЄΙΪΝΑΔЄ 5:24
ЄΙΔΗΤЄΟΤΙΟΥΙΟϹΤΟΥ
ΑΝΘΡΩΠΟΥЄΞΟΥϹΙΑΝ
ЄΧЄΙЄΠΙΤΗϹΓΗϹΑΦΙ
ЄΝΑΙΑΜΑΡΤΙΑϹЄΙΠЄΝ
ΤΩΠΑΡΑΛЄΛΥΜЄΝΩ
ϹΟΙΛЄΓΩЄΓЄΙΡЄΚΑΙΑ
ΡΑϹΤΟΚΛЄΙΝΙΔΙΟΝϹΟΥ
ΠΟΡЄΥΟΥЄΙϹΤΟΝΟΙΚΟ̅
ϹΟΥΚΑΙΠΑΡΑΧΡΗΜΑΑ 5:25
ΝΑϹΤΑϹЄΝΩΠΙΟΝΑΥ
ΤΩΝΑΡΑϹЄΦΟΚΑΤЄΚЄΙ
ΤΟΑΠΗΛΘЄΝЄΙϹΤΟΝ
ΟΙΚΟΝΑΥΤΟΥΔΟΞΑΖΩ̅
ΤΟΝΘ̅Ν̅ΚΑΙЄΚϹΤΑϹΙϹ 5:26
ЄΛΑΒЄΝΑΠΑΝΤΑϹΚΑΙ
ЄΔΟΞΑΖΟΝΤΟΝΘ̅Ν̅ΚΑΙ
ЄΠΛΗϹΘΗϹΑΝΦΟΒΟΥ
ΛЄΓΟΝΤЄϹΟΤΙЄΙΔΟΜЄ̅
ΠΑΡΑΔΟΞΑϹΗΜЄΡΟΝ
ΛΗ ΚΑΙΜЄΤΑΥΤΑЄΞΗΛΘЄ̅ 5:27
ΚΑΙЄΘЄΑϹΑΤΟΤЄΛΩ
ΝΗΝΟΝΟΜΑΤΙΛЄΥЄΙ̅
ΚΑΘΗΜЄΝΟΝЄΠΙΤΟΤЄ
ΛΩΝΙΟΝΚΑΙЄΙΠЄΝΑΥ

5:28 ΤΩΑΚΟΛΟΥΘΕΙΜΟΙΚΑΙ
ΚΑΤΑΛΙΠΩΝΠΑΝΤΑΑ
ΝΑΣΤΑΣΗΚΟΛΟΥΘΕΙ
5:29 ΑΥΤΩΚΑΙΕΠΟΙΗΣΕΝ
ΔΟΧΗΝΜΕΓΑΛΗΝΛΕΥ
ΕΙΣΑΥΤΩΕΝΤΗΟΙΚΙΑ
ΑΥΤΟΥ ΚΑΙΗΝΟΧΛΟΣ
ΠΟΛΥΣΤΕΛΩΝΩΝΚΑΙ
ΑΛΛΩΝΟΙΗΣΑΝΜΕΤΑΥ
ΤΩΝ ΚΑΤΑΚΕΙΜΕΝΟΙ
5:30 ΚΑΙΕΓΟΓΓΥΖΑΝΟΙΦΑ
ΡΕΙΣΑΙΟΙΚΑΙΟΙΓΡΑΜΜΑ
ΤΕΙΣΑΥΤΩΝΠΡΟΣΤΟΥΣ
ΜΑΘΗΤΑΣΑΥΤΟΥΛΕΓΟ̅
ΤΕΣΔΙΑΤΙΜΕΤΑΤΩΝ
ΤΕΛΩΝΩΝΚΑΙΑΜΑΡΤΩ
ΛΩΝΕΣΘΙΕΤΕΚΑΙΠΕΙ
5:31 ΝΕΤΕ ΚΑΙΑΠΟΚΡΙΘΕΙΣ
Ι̅Σ̅ΕΙΠΕΝΠΡΟΣΑΥΤΟΥΣ
ΟΥΧΡΕΙΑΝΕΧΟΥΣΙΝΟΙ
ΫΓΙΑΙΝΟΝΤΕΣΪΑΤΡΟΥ
ΑΛΛΑΟΙΚΑΚΩΣΕΧΟΝ
5:32 ΤΕΣΟΥΚΕΛΗΛΥΘΑΚΑΛΕ
ΣΑΙΔΙΚΑΙΟΥΣΑΛΛΑΑΜΑΡ
ΤΩΛΟΥΣΕΙΣΜΕΤΑΝΟΙ
5:33 Λ̅Θ̅ ΑΝ ΟΙΔΕΕΙΠΑΝΠΡΟΣ
ΑΥΤΟΝΟΙΜΑΘΗΤΑΙΪΩ
ΑΝΟΥΝΗΣΤΕΥΟΥΣΙΝ
ΠΥΚΝΑΚΑΙΔΕΗΣΕΙΣΠΟΙ
ΟΥΝΤΑΙΟΜΟΙΩΣΚΑΙΟΙ
ΤΩΝΦΑΡΕΙΣΑΙΩΝΟΙ
ΛΕΣΟΙΕΣΘΕΙΟΥΣΙΝΚΑΙ
5:34 ΠΕΙΝΟΥΣΙΝ ΟΔΕΙ̅Σ̅ΕΙΠΕ̅
ΠΡΟΣΑΥΤΟΥΣΜΗΔΥΝΑ
ΣΘΕΤΟΥΣΥΙΟΥΣΤΟΥ
ΝΥΜΦΩΝΟΣΕΝΩΟΝΥΜ
ΦΙΟΣΜΕΤΑΥΤΩΝΕΣΤΙ̅
ΠΟΙΗΣΑΙΝΗΣΤΕΥΣΑΙ
5:35 ΕΛΕΥΣΟΝΤΑΙΔΕΗΜΕΡΑΙ
ΚΑΙΟΤΑΝΑΠΑΡΘΗΑΠΑΥ
ΤΩΝΟΝΥΜΦΙΟΣΤΟΤΕ
ΝΗΣΤΕΥΣΟΥΣΙΝΕΝΕ

ΚΕΙΝΑΙϹΤΑΙϹΗΜΕΡΑΙϹ
ΕΛΕΓΕΝΔΕΚΑΙΠΑΡΑΒΟ 5:36
ΛΗΝΠΡΟϹΑΥΤΟΥϹΟΤΙ
ΟΥΔΕΙϹΕΠΙΒΛΗΜΑΑΠΟ
ΪΜΑΤΙΟΥΚΑΙΝΟΥϹΧΙ
ϹΑϹΕΠΙΒΑΛΛΕΙΕΠΙΪΜΑ
ΤΙΟΝΠΑΛΑΙΟΝΕΙΔΕΜΗ
ΓΕΚΑΙΤΟΚΑΙΝΟΝϹΧΙ
ϹΕΙΚΑΙΤΩΠΑΛΑΙΩΟΥ
ϹΥΜΦΩΝΗϹΕΙΤΟΕΠΙ
ΒΛΗΜΑΤΟΑΠΟΤΟΥΚΑΙ
ΝΟΥΚΑΙΟΥΔΕΙϹΒΑΛΛΕΙ 5:37
ΟΙΝΟΝΝΕΟΝΕΙϹΑϹΚΟΥϹ
ΠΑΛΑΙΟΥϹΕΙΔΕΜΗΓΕ
ΡΗΞΕΙΟΟΙΝΟϹΟΝΕΟϹ
ΤΟΥϹΑϹΚΟΥϹΚΑΙΑΥΤΟϹ
ΕΚΧΥΘΗϹΕΤΑΙΚΑΙΟΙΑ
ϹΚΟΙΑΠΟΛΟΥΝΤΑΙΑΛΛΟΙ 5:38
ΝΟΝΝΕΟΝΕΙϹΑϹΚΟΥϹ
ΚΑΙΝΟΥϹΒΛΗΤΕΟΝ ΟΥ 5:39
ΔΕΙϹΠΙΩΝΠΑΛΑΙΟΝΘΕ
ΛΕΙΝΕΟΝΛΕΓΕΙΓΑΡΟΠΑ
ΛΑΙΟϹΧΡΗϹΤΟϹΕϹΤΙΝ
Μ̄ ΕΓΕΝΕΤΟΔΕΕΝϹΑΒΒΑΤΩ 6:1
ΔΙΑΠΟΡΕΥΕϹΘΑΙΑΥΤΟ̄
ΔΙΑϹΠΟΡΙΜΩΝΚΑΙΕΤΙΛ
ΛΟΝΟΙΜΑΘΗΤΑΙΑΥΤΟΥ
ΚΑΙΗϹΘΙΟΝΤΟΥϹϹΤΑ
ΧΥΑϹΨΩΧΟΝΤΕϹΤΑΙϹ
ΧΕΡϹΙΝ ΤΙΝΕϹΔΕΤΩΝ 6:2
ΦΑΡΕΙϹΑΙΩΝΕΙΠΟΝΤΙ
ΠΟΙΕΙΤΕΟΟΥΚΕΞΕϹΤῙ
ΤΟΙϹϹΑΒΒΑϹΙΝ ΚΑΙΑΠΟ 6:3
ΚΡΙΘΕΙϹΠΡΟϹΑΥΤΟΥϹ
ΕΙΠΕΝΙ̅Ϲ̅ΟΥΔΕΤΟΥΤΟ
ΑΝΕΓΝΩΤΕΟΕΠΟΙΗϹΕ̄
ΔΑΥΕΙΔΟΤΕΕΠΕΙΝΑϹΕ̄
ΑΥΤΟϹΚΑΙΟΙΜΕΤΑΥΤΟΥ
ΕΙϹΗΛΘΕΝΕΙϹΤΟΝΟΙΚΟ̄ 6:4
ΤΟΥΘ̅Υ̅ΚΑΙΤΟΥϹΑΡΤΟΥϹ
ΤΗϹΠΡΟΘΕϹΕΩϹΛΑΒΩ̄
ΕΦΑΓΕΝΚΑΙΕΔΩΚΕΝ

ΤΟΙϹΜΕΤΑΥΤΟΥΟΥϹ
ΟΥΚΕΞΕϹΤΙΝΦΑΓΕΙΝ
ΕΙΜΗΜΟΝΟΥϹΤΟΥϹΪ
6:5 ΕΡΕΙϹ ΚΑΙΕΛΕΓΕΝΑΥΤΟΙϹ
ΚϹΕϹΤΙΝΤΟΥϹΑΒΒΑΤΟΥ
ΟΥΙΟϹΤΟΥΑΝΘΡΩΠΟΥ
6:6 ΜΑ ΕΓΕΝΕΤΟΔΕΕΝΕΤΕΡΩ
ϹΑΒΒΑΤΩΕΙϹΕΛΘΕΙΝ
ΑΥΤΟΝΕΙϹΤΗΝϹΥΝΑ
ΓΩΓΗΝΚΑΙΔΙΔΑϹΚΕΙΝ
ΚΑΙΗΝΑΝΘΡΩΠΟϹΕΚΕΙ
ΚΑΙΗΧΕΙΡΑΥΤΟΥΗΔΕ
6:7 ΞΙΑΗΝΞΗΡΑΠΑΡΕΤΗΡΟΥ
ΤΟΔΕΑΥΤΟΝΟΙΓΡΑΜΜΑ
ΤΕΙϹΚΑΙΟΙΦΑΡΕΙϹΑΙΟΙ
ΕΙΕΝΤΩϹΑΒΒΑΤΩΘΕΡΑ
ΠΕΥϹΕΙΪΝΑΕΥΡΩϹΙΝ
6:8 ΚΑΤΗΓΟΡΕΙΝΑΥΤΟΥΑΥ
ΤΟϹΔΕΗΔΕΙΤΟΥϹΔΙΑ
ΛΟΓΙϹΜΟΥϹΑΥΤΩΝ
ΕΙΠΕΝΔΕΤΩΑΝΔΡΙΤΩ
ΞΗΡΑΝΕΧΟΝΤΙΤΗΝΧΕΙ
ΡΑΕΓΕΙΡΕΚΑΙϹΤΗΘΙΕΙϹ
ΤΟΜΕϹΟΝ ΚΑΙΑΝΑϹΤΑϹ
6:9 ΕϹΤΗ ΕΙΠΕΝΔΕΙϹΠΡΟϹ
ΑΥΤΟΥϹΕΠΕΡΩΤΩΥΜΑϹ
ΕΙΕΞΕϹΤΙΤΩϹΑΒΒΑΤΩ
ΑΓΑΘΟΠΟΙΗϹΑΙΗΚΑΚΟ
ΠΟΙΗϹΑΙΨΥΧΗΝϹΩϹΑΙ
6:10 ΗΑΠΟΛΕϹΑΙ ΚΑΙΠΕΡΙΒΛΕ
ΨΑΜΕΝΟϹΠΑΝΤΑϹΑΥ
ΤΟΥϹΕΙΠΕΝΑΥΤΩΕΚΤΕΙ
ΝΟΝΤΗΝΧΕΙΡΑϹΟΥΟ
ΔΕΕΠΟΙΗϹΕΝΚΑΙΑΠΟ
ΚΑΤΕϹΤΑΘΗΗΧΕΙΡΑΥ
6:11 ΤΟΥΑΥΤΟΙΔΕΕΠΛΗϹΘΗ
ϹΑΝΑΝΟΙΑϹΚΑΙΔΙΕΛΑ
ΛΟΥΝΠΡΟϹΑΛΛΗΛΟΥϹ
ΤΙΑΝΠΟΙΗϹΑΙΕΝΤΩΙΥ
6:12 ΜΒ ΕΓΕΝΕΤΟΔΕΕΝΤΑΙϹΗΜΕ
ΡΑΙϹΤΑΥΤΑΙϹΕΞΕΛΘΕΙΝ
ΑΥΤΟΝΕΙϹΤΟΟΡΟϹΠΡΟϹ

ΕΥΞΑCΘΑΙ ΚΑΙ ΗΝ ΔΙΑΝΥ
ΚΤΕΡΕΥΩΝ ΕΝ ΤΗ ΠΡΟC
ΕΥΧΗ ΤΟΥ Θ̅Υ̅ ΚΑΙ ΟΤΕ 6:13
ΕΓΕΝΕΤΟ ΗΜΕΡΑ ΠΡΟC
ΕΦΩΝΗCΕΝ ΤΟΥC ΜΑ
ΘΗΤΑC ΑΥΤΟΥ ΚΑΙ ΕΚ
ΛΕΞΑΜΕΝΟC ΑΠ ΑΥΤΩ̅
ΔΩΔΕΚΑ ΟΥC ΚΑΙ ΑΠΟ
CΤΟΛΟΥC ΩΝΟΜΑCΕΝ
CΙΜΩΝΑ ΟΝ ΚΑΙ ΩΝΟΜΑ 6:14
CΕΝ ΠΕΤΡΟΝ ΚΑΙ ΑΝΔΡΕ
ΑΝ ΤΟΝ ΑΔΕΛΦΟΝ ΑΥΤΟΥ
ΚΑΙ ΪΑΚΩΒΟΝ ΚΑΙ ΪΩΑ
ΝΗΝ ΚΑΙ ΦΙΛΙΠΠΟΝ ϗ
ΒΑΡΘΟΛΟΜΑΙΟΝ ΚΑΙ ΜΑΘ 6:15
ΘΑΙΟΝ ΚΑΙ ΘΩΜΑΝ ΪΑ
ΚΩΒΟΝ ΑΛΦΑΙΟΥ ΚΑΙ CΙ
ΜΩΝΑ ΤΟΝ ΚΑΛΟΥΜΕ
ΝΟΝ ΖΗΛΩΤΗΝ ΚΑΙ ΪΟΥ 6:16
ΔΑΝ ΪΑΚΩΒΟΥ ΚΑΙ ΪΟΥ
ΔΑΝ ΪCΚΑΡΙΩΘ ΟC ΕΓΕ
ΝΕΤΟ ΠΡΟΔΟΤΗC ΚΑΙ ΚΑ 6:17
ΤΑΒΑC ΜΕΤ ΑΥΤΩΝ ΕCΤΗ
ΕΠΙ ΤΟΠΟΥ ΠΕΔΙΝΟΥ ϗ
ΟΧΛΟC ΠΟΛΥC ΜΑΘΗΤΩ̅
ΑΥΤΟΥ ΚΑΙ ΠΛΗΘΟC ΠΟ
ΛΥ ΤΟΥ ΛΑΟΥ ΑΠΟ ΠΑCΗC
ΤΗC ΪΟΥΔΑΙΑC ΚΑΙ ΪΕΡΟΥ
CΑΛΗΜ ΚΑΙ ΤΗC ΠΑΡΑΛΙ
ΟΥ ΤΥΡΟΥ ΚΑΙ CΕΙΔΩΝΟC
ΟΙ ΗΛΘΟΝ ΑΚΟΥCΑΙ ΑΥΤΟΥ 6:18
ΚΑΙ ΪΑΘΗΝΑΙ ΑΠΟ ΤΩΝ
ΝΟCΩΝ ΑΥΤΩΝ ΚΑΙ ΟΙ
ΕΝΟΧΛΟΥΜΕΝΟΙ ΑΠΟ
ΠΝΕΥΜΑΤΩΝ ΑΚΑΘΑΡ
ΤΩΝ ΕΘΕΡΑΠΕΥΟΝΤΟ
ΚΑΙ ΠΑC Ο ΟΧΛΟC ΕΖΗ 6:19
ΤΟΥΝ ΑΠΤΕCΘΑΙ ΑΥΤΟΥ
ΟΤΙ ΔΥΝΑΜΙC ΠΑΡ ΑΥΤΟΥ
ΕΞΗΡΧΕΤΟ ΚΑΙ ΪΑΤΟ ΠΑ̅
Μ̅Γ̅ ΤΑC ΚΑΙ ΑΥΤΟC ΕΠΑ 6:20
ΡΑC ΤΟΥC ΟΦΘΑΛΜΟΥC

ΑΥΤΟΥΕΙΣΤΟΥΣΜΑΘΗΤΑΣ
ΑΥΤΟΥΕΛΕΓΕΝΜΑΚΑΡΙ
ΟΙΟΙΠΤΩΧΟΙΟΤΙΥΜΕ
ΤΕΡΑΕΣΤΙΝΗΒΑΣΙΛΕΙΑ
6:21 ΤΟΥΘΥ ΜΑΚΑΡΙΟΙΟΙ
ΠΕΙΝΩΝΤΕΣΝΥΝΟΤΙ
ΧΟΡΤΑΣΘΗΣΕΣΘΕ ΜΑ
ΚΑΡΙΟΙΟΙΚΛΑΙΟΝΤΕΣ
ΝΥΝΟΤΙΓΕΛΑΣΕΤΕ
6:22 ΜΔ ΜΑΚΑΡΙΟΙΕΣΤΕΟΤΑΝ
ΜΕΙΣΗΣΩΣΙΝΥΜΑΣΟΙ
ΑΝΘΡΩΠΟΙΚΑΙΟΤΑΝΑ
ΦΟΡΙΣΩΣΙΝΫΜΑΣΚΑΙ
ΟΝΕΙΔΙΣΩΣΙΝΚΑΙΕΚΒΑ
ΛΩΣΙΝΤΟΟΝΟΜΑΫΜΩΝ
ΩΣΠΟΝΗΡΟΝΕΝΕΚΑΤΟΥ
ΥΙΟΥΤΟΥΑΝΘΡΩΠΟΥ
6:23 ΧΑΡΗΤΕΕΝΕΚΕΙΝΗΤΗ
ΗΜΕΡΑΚΑΙΣΚΙΡΤΗΣΑΤΕ
ΪΔΟΥΓΑΡΟΜΙΣΘΟΣΫΜΩΝ
ΠΟΛΥΣΕΝΤΟΙΣΟΥΡΑΝΟΙΣ
ΚΑΤΑΤΑΑΥΤΑΓΑΡΕΠΟΙ
ΟΥΝΤΟΙΣΠΡΟΦΗΤΑΙΣ
ΟΙΠΑΤΕΡΕΣΑΥΤΩΝ
6:24 ΠΛΗΝΟΥΑΙΫΜΙΝΤΟΙΣ
ΠΛΟΥΣΙΟΙΣΟΤΙΑΠΕΧΕ
ΤΕΤΗΝΠΑΡΑΚΛΗΣΙΝΫ
6:25 ΜΕ ΜΩΝ ΟΥΑΙΫΜΙΝΟΙΕΜ
ΠΕΠΛΗΣΜΕΝΟΙΝΥΝΟ
ΤΙΠΕΙΝΑΣΕΤΕ ΟΥΑΙΟΙ
ΓΕΛΩΝΤΕΣΝΥΝΟΤΙΠΕ
ΘΗΣΕΤΕΚΑΙΚΛΑΥΣΕΤΕ
6:26 ΟΥΑΙΟΤΑΝΫΜΑΣΚΑΛΩΣ
ΕΙΠΩΣΙΝΠΑΝΤΕΣΟΙΑΝ
ΘΡΩΠΟΙΚΑΤΑΤΑΑΥΤΑ
ΓΑΡΕΠΟΙΟΥΝΤΟΙΣΨΕΥ
6:27 ΔΟΠΡΟΦΗΤΑΙΣ ΑΛΛΑ
ΫΜΙΝΛΕΓΩΤΟΙΣΑΚΟΥ
ΟΥΣΙΝΑΓΑΠΑΤΕΤΟΥΣ
ΕΧΘΡΟΥΣΫΜΩΝΚΑΛΩΣ
ΠΟΙΕΙΤΕΤΟΙΣΜΕΙΣΟΥ
6:28 ΜϚ ΣΙΝΫΜΑΣ ΕΥΛΟΓΕΙΤΕ

ΤΟΥϹΚΑΤΑΡΩΜΕΝΟΥϹ
ΥΜΑϹ ΠΡΟϹΕΥΧΕϹΘΕ
ΠΕΡΙΤΩΝΕΠΗΡΕΑΖΟΝ
ΤΩΝΫΜΑϹΤΩΝΤΥΠΤΟ̅ 6:29
ΤΙϹΕΕΠΙΤΗΝϹΙΑΓΟΝΑ
ΠΑΡΕΧΕΚΑΙΤΗΝΑΛΛΗ̅
ΚΑΙΑΠΟΤΟΥΑΙΡΟΝΤΟϹ
ϹΟΥΤΟΪΜΑΤΙΟΝΚΑΙΤΟ̅
ΧΙΤΩΝΑΜΗΚΩΛΥϹΗϹ
ΞΖ ΠΑΝΤΙΑΙΤΟΥΝΤΙϹΕΑΙ 6:30
ΔΟΥΚΑΙΑΠΟΤΟΥΑΙΡΟ̅
ΤΟϹΤΑϹΑΜΗΑΠΑΙΤΕΙ
ΚΑΙΚΑΘΩϹΘΕΛΕΤΕΪΝΑ 6:31
ΠΟΙΩϹΙΝΫΜΙΝΟΙΑΝΘΡΩ
ΠΟΙΠΟΙΕΙΤΕΑΥΤΟΙϹΟ
ΜΟΙΩϹ ΚΑΙΕΙΑΓΑΠΑΤΕ 6:32
ΤΟΥϹΑΓΑΠΩΝΤΑϹΫΜΑϹ
ΠΟΙΑΫΜΙΝΧΑΡΙϹΕϹΤΙ̅
ΚΑΙΓΑΡΟΙΑΜΑΡΤΩΛΟΙ
ΤΟΥϹΑΓΑΠΩΝΤΑϹΑΥΤΟΥϹ
ΑΓΑΠΩϹΙΝΚΑΙΓΑΡΕΑΝ 6:33
ΑΓΑΘΟΠΟΙΗΤΕΤΟΥϹΑ
ΓΑΘΟΠΟΙΟΥΝΤΑϹΫΜΑϹ
ΠΟΙΑΫΜΙΝΧΑΡΙϹΕϹΤΙ̅
ΚΑΙΟΙΑΜΑΡΤΩΛΟΙΤΟ
ΑΥΤΟΠΟΙΟΥϹΙΝ ΚΑΙΕ 6:34
ΑΝΔΑΝ(ε)ΙϹΗΤΕΠΑΡΩΝΕΛ
ΠΙΖΕΤΕΛΑΒΕΙΝΠΟΙΑΫ
ΜΙΝΧΑΡΙϹΚΑΙΑΜΑΡΤΩ
ΛΟΙΑΜΑΡΤΩΛΟΙϹΔΑΝΙ
ΖΟΥϹΙΝΪΝΑΑΠΟΛΑΒΩ
ϹΙΝΤΑΪϹΑΠΛΗΝΑΓΑΠΑ 6:35
ΤΕΤΟΥϹΕΧΘΡΟΥϹΫΜΩ̅
ΚΑΙΑΓΑΘΟΠΟΙΕΙΤΕΚΑΙ
ΔΑΝ(ε)ΙΖΕΤΕΜΗΔΕΝΑΠΕΛ
ΠΙΖΟΝΤΕϹΚΑΙΕϹΤΑΙ
ΟΜΙϹΘΟϹΫΜΩΝΠΟΛΥϹ
ΚΑΙΕϹΕϹΘΕΥΙΟΙΫΨΙϹΤΟΥ
ΟΤΙΑΥΤΟϹΧΡΗϹΤΟϹΕ
ϹΤΙΝΕΠΙΤΟΥϹΑΧΑΡΙ
ϹΤΟΥϹΚΑΙΠΟΝΗΡΟΥϹ
ΞΗ ΓΕΙΝΕϹΘΕΟΙΚΤΕΙΡΜΟ 6:36

ΝΕϹΚΑΘΩϹΟΠΑΤΗΡΫ
ΜΩΝΟΙΚΤΙΡΜΩΝΕϹΤΙ̅
6:37 ΚΑΙΜΗΚΡΕΙΝΕΤΕΚΑΙΟΥ
ΜΗΚΡΙΘΗΤΕΚΑΙΜΗΔΙΚΑ
ΖΕΤΕΚΑΙΟΥΜΗΔΙΚΑϹΘΗ
ΤΕΑΠΟΛΥΕΤΕΚΑΙΑΠΟ
6:38 ΛΥΘΗϹΕϹΘΕΔΙΔΟΤΕϏ
ΔΟΘΗϹΕΤΑΙΫΜΙΝΜΕΤΡΟ̅
ΚΑΛΟΝΠΕΠΙΕϹΜΕΝΟΝ
ϹΕϹΑΛΕΥΜΕΝΟΝΫΠΕΡ
ΕΚΧΥΝΝΟΜΕΝΟΝΔΩ
ϹΟΥϹΙΝΕΙϹΤΟΝΚΟΛΠΟ̅
ΫΜΩΝΩΓΑΡΜΕΤΡΩΜΕ
ΑΝΤΙ
ΤΡΕΙΤΕΜΕΤΡΗΘΗϹΕΤΑΙ
6:39 ΥΜΙΝ ΕΙΠΕΝΔΕΚΑΙΠΑ
ΡΑΒΟΛΗΝΑΥΤΟΙϹΜΗΤΙ
ΔΥΝΑΤΑΙΤΥΦΛΟϹΤΥ
ΦΛΟΝΟΔΗΓΕΙΝΟΥΧΙΑΜ
ΦΟΤΕΡΟΙΕΙϹΒΟΘΥΝΟΝ
6:40 Μ̅Θ̅ ΕΜΠΕϹΟΥΝΤΑΙ ΟΥΚΕ
ϹΤΙΝΜΑΘΗΤΗϹΫΠΕΡ
ΤΟΝΔΙΔΑϹΚΑΛΟΝΚΑΤΗΡ
ΤΙϹΜΕΝΟϹΔΕΠΑϹΕϹΤΑΙ
ΩϹΟΔΙΔΑϹΚΑΛΟϹΑΥΤΟΥ
6:41 ΤΙΔΕΒΛΕΠΕΙϹΤΟΚΑΡΦΟϹ
ΤΟΕΝΤΩΟΦΘΑΛΜΩΤΟΥ
ΑΔΕΛΦΟΥϹΟΥΤΗΝΔΕ
ΔΟΚΟΝΤΗΝΕΝΤΩΪΔΙΩ
ΟΦΘΑΛΜΩΟΥΚΑΤΑΝΟ
6:42 ΕΙϹ ·ΠΩϹΔΥΝΑϹΑΙΛΕΓΕΙ̅
ΤΩΑΔΕΛΦΩϹΟΥΑΔΕΛ
ΦΕΑΦΕϹΕΚΒΑΛΩΤΟ
ΚΑΡΦΟϹΤΟΕΝΤΩΟΦΘΑΛ
ΜΩϹΟΥΑΥΤΟϹΤΗΝΕΝ
ΤΩΟΦΘΑΛΜΩϹΟΥΔΟ
ΚΟΝΟΥΒΛΕΠΩΝΫΠΟ
ΚΡΙΤΑΕΚΒΑΛΕΠΡΩΤΟ̅
ΤΗΝΔΟΚΟΝΕΚΤΟΥΟ
ΦΘΑΛΜΟΥϹΟΥΚΑΙΤΟ
ΤΕΔΙΑΒΛΕΨΕΙϹΤΟΚΑΡ
ΦΟϹΤΟΕΝΤΩΟΦΘΑΛ
ΜΩΤΟΥΑΔΕΛΦΟΥϹΟΥ

ΕΚΒΑΛΛΕΙΝΟΥΓΑΡΕϹΤΙ̅ 6:43
ΔΕΝΔΡΟΝΚΑΛΟΝΠΟΙΟΥ
ΚΑΡΠΟΝϹΑΠΡΟΝΟΥΔΕ
ΠΑΛΙΝΔΕΝΔΡΟΝϹΑΠΡΟ
ΠΟΙΟΥΝΚΑΡΠΟΝΚΑΛΟΝ
ΕΚΑϹΤΟΝΓΑΡΔΕΝΔΡΟΝ 6:44
ΕΚΤΟΥΪΔΙΟΥΚΑΡΠΟΥ
ΓΕΙΝΩϹΚΕΤΑΙΟΥΓΑΡ
ΕΞΑΚΑΝΘΩΝϹΥΛΛΕΓΟΥ
ϹΙΝϹΥΚΑΟΥΔΕΕΚΒΑΤΟΥ
ϹΤΑΦΥΛΗΝΤΡΥΓΩϹΙ̅
ΟΑΓΑΘΟϹΑΝΘΡΩΠΟϹ 6:45
ΕΚΤΟΥΑΓΑΘΟΥΘΗϹΑΥ
ΡΟΥΤΗϹΚΑΡΔΙΑϹΠΡΟ
ΦΕΡΕΙΤΟΑΓΑΘΟΝΚΑΙΟ
ΠΟΝΗΡΟϹΕΚΤΟΥΠΟΝΗ
ΡΟΥΠΡΟΦΕΡΕΙΤΟΠΟ
ΝΗΡΟΝΕΚΓΑΡΠΕΡΙϹϹΕΥ
ΜΑΤΟϹΚΑΡΔΙΑϹΛΑΛΕΙ
ΤΟϹΤΟΜΑΑΥΤΟΥ ΤΙΔΕ 6:46
ΜΕΚΑΛΕΙΤΕΚ̅Ε̅Κ̅Ε̅ΚΑΙΟΥ
Ṅ ΠΟΙΕΙΤΕΟΛΕΓΩ ΠΑϹ 6:47
ΟΕΡΧΟΜΕΝΟϹΠΡΟϹΜΕ
ΚΑΙΑΚΟΥΩΝΜΟΥΤΩΝ
ΛΟΓΩΝΚΑΙΠΟΙΩΝΑΥ
ΤΟΥϹΫΠΟΔΕΙΞΩΫΜΙΝ
ΤΙΝΙΕϹΤΙΝΟΜΟΙΟϹΟ 6:48
ΜΟΙΟϹΕϹΤΙΝΑΝΘΡΩ
ΠΩΟΙΚΟΔΟΜΟΥΝΤΙΟΙ
ΚΙΑΝΟϹΕϹΚΑΨΕΝΚΑΙ
ΕΒΑΘΥΝΕΝΚΑΙΕΘΗΚΕ̅
ΘΕΜΕΛΙΟΝΕΠΙΤΗΝΠΕ
ΤΡΑΝΠΛΗΜΜΥΡΗϹΔΕ
ΓΕΝΟΜΕΝΗϹΠΡΟϹΕΡΡΗ
ΞΕΝΟΠΟΤΑΜΟϹΤΗΟΙ
ΚΙΑΕΚΕΙΝΗΚΑΙΟΥΚΙ
ϹΧΥϹΕΝϹΑΛΕΥϹΑΙΑΥ
ΤΗΝΔΙΑΤΟΚΑΛΩϹΟΙ
ΚΟΔΟΜΗϹΘΑΙΑΥΤΗΝ
ΟΔΕΑΚΟΥϹΑϹΚΑΙΜΗ 6:49
ΠΟΙΗϹΑϹΟΜΟΙΟϹΕϹΤΙ̅
ΑΝΘΡΩΠΩΟΙΚΟΔΟΜΗ

ϹΑΝΤΙΟΙΚΙΑΝΕΠΙΤΗ̅
ΓΗΝΧΩΡΙϹΘΕΜΕΛΙΟΥ
ΗΠΡΟϹΕΡΗΞΕΝΟΠΟΤΑ
ΜΟϹΚΑΙΕΥΘΥϹϹΥΝΕΠΕ
ϹΕΝΚΑΙΕΓΕΝΕΤΟΤΟΡΗ
ΓΜΑΤΗϹΟΙΚΙΑϹΕΚΕΙ
7:1 ΝΑ ΝΗϹΜΕΓΑ ΕΠΕΙΔΗΕ
ΠΛΗΡΩϹΕΝΠΑΝΤΑΤΑ
ΡΗΜΑΤΑΑΥΤΟΥΕΙϹΤΑϹ
ΑΚΟΑϹΤΟΥΛΑΟΥΕΙϹ
ΗΛΘΕΝΕΙϹΚΑΦΑΡΝΑ
7:2 ΟΥΜΕΚΑΤΟΝΤΑΡΧΟΥ
ΔΕΤΙΝΟϹΔΟΥΛΟϹΚΑΚΩϹ
ΕΧΩΝΗΜΕΛΛΕΝΤΕΛΕΥ
ΤΑΝΟϹΗΝΑΥΤΩΕΝΤΕΙ
7:3 ΜΟϹ ΑΚΟΥϹΑϹΔΕΠΕ
ΡΙΤΟΥΙ̅Υ̅ΑΠΕϹΤΕΙΛΕΝ
ΠΡΟϹΑΥΤΟΝΠΡΕϹΒΥΤΕ
ΡΟΥϹΤΩΝΪΟΥΔΑΙΩΝΕ
ΡΩΤΩΝΑΥΤΟΝΟΠΩϹ
ΕΛΘΩΝΔΙΑϹΩϹΗΤΟΝ
7:4 ΔΟΥΛΟΝΑΥΤΟΥ ΟΙΔΕ
ΠΑΡΑΓΕΝΟΜΕΝΟΙΠΡΟϹ
ΤΟΝΙ̅Ν̅ΠΑΡΕΚΑΛΟΥΝ
ΑΥΤΟΝϹΠΟΥΔΑΙΩϹΛΕ
ΓΟΝΤΕϹΟΤΙΑΞΙΟϹΕϹΤΙ
7:5 ΩΠΑΡΕΞΗΤΟΥΤΟΑΓΑ
ΠΑΓΑΡΤΟΕΘΝΟϹΗΜΩ̅
ΚΑΙΤΗΝϹΥΝΑΓΩΓΗΝ
ΑΥΤΟϹΩΚΟΔΟΜΗϹΕΝ
7:6 ΗΜΙΝ ΟΔΕΙ̅Ϲ̅ΕΠΟΡΕΥΕ
ΤΟϹΥΝΑΥΤΟΙϹΗΔΗΔΕ
ΑΥΤΟΥΟΥΜΑΚΡΑΝΑΠΕ
ΧΟΝΤΟϹΑΠΟΤΗϹΟΙΚΙ
ΑϹΕΠΕΜΨΕΝΦΙΛΟΥϹ
ΟΕΚΑΤΟΝΤΑΡΧΗϹΛΕΓΩ̅
ΑΥΤΩΚ̅Ε̅ΜΗϹΚΥΛΛΟΥ
ΟΥΓΑΡΪΚΑΝΟϹΕΙΜΙΪΝΑ
ΫΠΟΤΗΝϹΤΕΓΗΝΜΟΥ
7:7 ΕΙϹΕΛΘΗϹΔΙΟΟΥΔΕΕ
ΜΑΥΤΟΝΗΞΙΩϹΑΠΡΟϹ
ϹΕΕΛΘΕΙΝΑΛΛΑΕΙΠΕΛΟ

ΓΩΚΑΙΪΑΘΗΤΩΟΠΑΙϹ
ΜΟΥΚΑΙΓΑΡΕΓΩΑΝΘΡΩ 7:8
ΠΟϹΕΙΜΙΫΠΟΕΞΟΥϹΙΑ
ΤΑϹϹΟΜΕΝΟϹΕΧΩΝΫ
ΠΕΜΑΥΤΟΝϹΤΡΑΤΙΩ
ΤΑϹΚΑΙΛΕΓΩΤΟΥΤΩ
ΠΟΡΕΥΘΗΤΙΚΑΙΠΟΡΕΥ
ΕΤΑΙΚΑΙΑΛΛΩΕΡΧΟΥ
ΚΑΙΕΡΧΕΤΑΙΚΑΙΤΩΔΟΥ
ΛΩΜΟΥΠΟΙΗϹΟΝΤΟΥ
ΤΟΚΑΙΠΟΙΕΙ ΑΚΟΥϹΑϹ 7:9
ΔΕΤΑΥΤΑΟΙ̅Ϲ̅ΕΘΑΥΜΑ
ϹΕΝΑΥΤΟΝ ΚΑΙϹΤΡΑ
ΦΕΙϹΤΩΑΚΟΛΟΥΘΟΥ̅
ΤΙΑΥΤΩΟΧΛΩΕΙΠΕΝ
ΛΕΓΩΫΜΙΝΟΥΔΕΕΝΤΩ
ΙϹΡΑΗΛΤΟϹΑΥΤΗΝΠΙ
ϹΤΙΝΕΥΡΟΝ ΚΑΙΫΠΟ 7:10
ϹΤΡΕΨΑΝΤΕϹΕΙϹΤΟ̅
ΟΙΚΟΝΟΙΠΕΜΦΘΕΝΤΕϹ
ΕΥΡΟΝΤΟΝΔΟΥΛΟΝΫ
ΝΒ ΓΙΑΙΝΟΝΤΑ ΚΑΙΕΓΕ 7:11
ΝΕΤΟΕΝΤΩΕΞΗϹΕΠΟ
ΡΕΥΘΗΕΙϹΠΟΛΙΝΚΑΛΟΥ
ΜΕΝΗΝΝΑΪΝΚΑΙϹΥΝΕ
ΠΟΡΕΥΟΝΤΟΑΥΤΩΟΙ
ΜΑΘΗΤΑΙΑΥΤΟΥΚΑΙΟ
ΧΛΟϹΠΟΛΥϹΩϹΔΕΗΓΓΙ 7:12
ϹΕΝΤΗΠΥΛΗΤΗϹΠΟΛΕ
ΩϹΚΑΙΪΔΟΥΕΞΕΚΟΜΙ
ΖΕΤΟΤΕΘΝΗΚΩϹΜΟΝΟ
ΓΕΝΗϹΥΙΟϹΤΗΜΗΤΡΙ
ΑΥΤΟΥΚΑΙΑΥΤΗΗΝΧΗ
ΡΑΚΑΙΟΧΛΟϹΤΗϹΠΟ
ΛΕΩϹΪΚΑΝΟϹΗΝϹΥΝ
ΑΥΤΗΚΑΙΪΔΩΝΑΥΤΗΝ 7:13
ΟΚ̅Ϲ̅ΕϹΠΛΑΓΧΝΙϹΘΗΕ
ΠΑΥΤΗΚΑΙΕΙΠΕΝΑΥΤΗ
ΜΗΚΛΑΙΕΚΑΙΠΡΟϹΕΛΘΩ̅ 7:14
ΗΨΑΤΟΤΗϹϹΟΡΟΥΟΙ
ΔΕΒΑϹΤΑΖΟΝΤΕϹΕϹΤΗ
ϹΑΝ ΚΑΙΕΙΠΕΝΝΕΑΝΙϹΚΕ

7:15 ϹΟΙΛΕΓΩΕΓΕΡΘΗΤΙΚΑΙ
ΕΚΑΘΙϹΕΝΟΝΕΚΡΟϹΚΑΙ
ΗΡΞΑΤΟΛΑΛΕΙΝΚΑΙΕΔΩ
ΚΕΝΑΥΤΟΝΤΗΜΗΤΡΙ
7:16 ΑΥΤΟΥΕΛΑΒΕΝΔΕΦΟ
ΒΟϹΠΑΝΤΑϹΚΑΙΕΔΟΞΑ
ΖΟΝΤΟΝΘΝ̅ΛΕΓΟΝΤΕϹ
ΟΤΙΠΡΟΦΗΤΗϹΜΕΓΑϹΗ
ΓΕΡΘΗΕΝΗΜΙΝΚΑΙΟΤΙ
ΕΠΕϹΚΕΨΑΤΟΟΘϹ̅ΤΟ̅
7:17 ΛΑΟΝΑΥΤΟΥ ΚΑΙΕΞΗΛ
ΘΕΝΟΛΟΓΟϹΟΥΤΟϹΕ̅
ΟΛΗΤΗΪΟΥΔΑΙΑΠΕΡΙ
ΑΥΤΟΥΚΑΙΠΑϹΗΤΗΠΕ
7:18 ΝΓ̅ ΡΙΧΩΡΩ ΚΑΙΑΠΗΓΓΕΙ
Η
ΛΑΝΪΩΑΝΕΙΟΙΜΑΘΗΤΑΙ
ΑΥΤΟΥΠΕΡΙΠΑΝΤΩΝ
ΤΟΥΤΩΝΚΑΙΠΡΟϹΚΑ
ΛΕϹΑΜΕΝΟϹΔΥΟΤΙΝΑϹ
ΤΩΝΜΑΘΗΤΩΝΑΥΤΟΥ
7:19 ΟΪΩΑΝΗϹΕΠΕΜΨΕΝ
ΠΡΟϹΤΟΝΚΝ̅ΛΕΓΩΝϹΥ
ΕΙΟΕΡΧΟΜΕΝΟϹΗΕΤΕ
ΡΟΝΠΡΟϹΔΟΚΩΜΕΝ
7:20 ΠΑΡΑΓΕΝΟΜΕΝΟΙΔΕ
ΠΡΟϹΑΥΤΟΝΟΙΑΝΔΡΕϹ
ΕΙΠΑΝΪΩΑΝΗϹΟΒΑΠΤΙ
ϹΤΗϹΑΠΕϹΤΕΙΛΕΝΗ
ΜΑϹΠΡΟϹϹΕΛΕΓΩΝϹΥ
ΕΙΟΕΡΧΟΜΕΝΟϹΗΑΛ
ΛΟΝΠΡΟϹΔΟΚΩΜΕΝ
7:21 ΕΝΕΚΕΙΝΗΤΗΩΡΑΕΘΕ
ΡΑΠΕΥϹΕΝΠΟΛΛΟΥϹΑ
ΠΟΝΟϹΩΝΚΑΙΜΑϹΤΕΙ
ΓΩΝΚΑΙΠΝΕΥΜΑΤΩ̅
ΠΟΝΗΡΩΝΚΑΙΤΥΦΛΟΙϹ
ΠΟΛΛΟΙϹΕΧΑΡΙϹΑΤΟ
7:22 ΒΛΕΠΕΙΝ ΚΑΙΑΠΟΚΡΙ
ΘΕΙϹΕΙΠΕΝΑΥΤΟΙϹΠΟ
ΡΕΥΘΕΝΤΕϹΑΠΑΓΓΕΙ
Η
ΛΑΤΕΪΩΑΝΕΙΑΕΙΔΕΤΕ
ΚΑΙΗΚΟΥϹΑΤΕ ΤΥΦΛΟΙ

ΑΝΑΒΛΕΠΟΥϹΙΝΧΩΛΟΙ
ΠΕΡΙΠΑΤΟΥϹΙΝΛΕΠΡΟΙ
ΚΑΘΑΡΙΖΟΝΤΑΙΚΑΙΚΩ
ΦΟΙΑΚΟΥΟΥϹΙΝΝΕΚΡΟΙ
ΕΓΕΙΡΟΝΤΑΙΠΤΩΧΟΙ
ΕΥΑΓΓΕΛΙΖΟΝΤΑΙΚΑΙ 7:23
ΜΑΚΑΡΙΟϹΕϹΤΙΝΟϹΕᾹ
ΜΗϹΚΑΝΔΑΛΙϹΘΗΕΝΕ
ΝΔ̄ ΜΟΙ ΑΠΕΛΘΟΝΤΩΝΔΕ 7:24
ΤΩΝΑΓΓΕΛΩΝΪΩΑΝΟΥ
ΗΡΞΑΤΟΛΕΓΕΙΝΠΡΟϹ
ΤΟΥϹΟΧΛΟΥϹΠΕΡΙΪΩΑ
ΝΟΥΤΙΕΞΗΛΘΑΤΕΕΙϹ
ΤΗΝΕΡΗΜΟΝΘΕΑϹΑϹΘΑΙ
ΚΑΛΑΜΟΝΫΠΟΑΝΕΜΟΥ
ϹΑΛΕΥΟΜΕΝΑΛΛΑΤΙΕ 7:25
ΞΗΛΘΑΤΕΪΔΕΙΝΑΝΘΡΩ
ΠΟΝΕΝΜΑΛΑΚΟΙϹΪΜΑ
ΤΙΟΙϹΗΜΦΙΕϹΜΕΝΟΝ
ΪΔΟΥΟΙΕΝΪΜΑΤΙϹΜΩ
ΕΝΔΟΞΩΚΑΙΤΡΥΦΗΥ
ΠΑΡΧΟΝΤΕϹΕΝΤΟΙϹΒΑ
ϹΙΛΕΙΟΙϹΕΙϹΙΝΑΛΛΑΤΙ 7:26
ΕΞΗΛΘΑΤΕΪΔΕΙΝΠΡΟ
ΦΗΤΗΝΝΑΙΛΕΓΩΫΜΙΝ
ΚΑΙΠΕΡΙϹϹΟΤΕΡΟΝΠΡΟ
ΦΗΤΟΥΟΥΤΟϹΕϹΤΙΝ 7:27
ΠΕΡΙΟΥΓΕΓΡΑΠΤΑΙΪΔΟΥ
ΑΠΟϹΤΕΛΛΩΤΟΝΑΓΓΕ
ΛΟΝΜΟΥΠΡΟΠΡΟϹΩΠΟΥ
ϹΟΥΟϹΚΑΤΑϹΚΕΥΑϹΕΙ
ΤΗΝΟΔΟΝϹΟΥΕΜΠΡΟϹ
ΘΕΝϹΟΥ ΛΕΓΩΫΜΙΝ 7:28
ΜΕΙΖΩΝΕΝΓΕΝΝΗΤΟΙϹ
ΓΥΝΑΙΚΩΝΪΩΑΝΟΥΟΥ
ΔΕΙϹΕϹΤΙΝΟΔΕΜΕΙΚΡΟ
ΤΕΡΟϹΕΝΤΗΒΑϹΙΛΕΙΑΤΟΥ
Θ̄ῩΜΕΙΖΩΝΑΥΤΟΥΕϹΤΙ
ΚΑΙΠΑϹΟΛΑΟϹΑΚΟΥϹΑϹ 7:29
ΚΑΙΟΙΤΕΛΩΝΑΙΕΔΙΚΑΙ
ΩϹΑΝΤΟΝΘ̄Ν̄ΒΑΠΤΙ
ϹΘΕΝΤΕϹΤΟΒΑΠΤΙϹΜΑ

7:30 ΪΩΑΝΟΥΟΙΔΕΦΑΡΕΙCΑΙ
ΟΙΚΑΙΟΙΝΟΜΙΚΟΙΤΗΝ
ΒΟΥΛΗΝΤΟΥΘΫΗΘΕΤΗ
CΑΝΕΙCΕΑΥΤΟΥCΜΗΒΑ
ΠΤΙCΘΕΝΤΕCΫΠΑΥΤΟΥ
7:31 ΝΕ ΤΙΝΙΟΥΝΟΜΟΙΩCΩΤΟΥC
ΑΝΘΡΩΠΟΥCΤΗCΓΕΝΕ
ΑCΤΑΥΤΗCΚΑΙΤΙΝΙΕΙ
7:32 CΙΝΟΜΟΙΟΙΟΜΟΙΟΙΕΙCΙΝ
ΠΑΙΔΙΟΙCΤΟΙCΕΝΑΓΟ
ΡΑΚΑΘΗΜΕΝΟΙCΚΑΙΠΡΟC
ΦΩΝΟΥCΙΝΑΛΛΗΛΟΙC
ΛΛΕΓΕΙΗΥΛΗCΑΜΕΝΫ
ΜΙΝΚΑΙΟΥΚΩΡΧΗCΑCΘΕ
ΕΘΡΗΝΗCΑΜΕΝΚΑΙΟΥ
7:33 ΚΕΚΛΑΥCΑΤΕΕΛΗΛΥΘΕΝ
ΓΑΡΪΩΑΝΗCΟΒΑΠΤΙCΤΗC
ΜΗΕCΘΩΝΑΡΤΟΝΜΗΤΕ
ΠΕΙΝΩΝΟΙΝΟΝΚΑΙΛΕ
ΓΕΤΕΔΑΙΜΟΝΙΟΝΕΧΕΙ
7:34 ΕΛΗΛΥΘΕΝΟΥΙΟCΤΟΥ
ΑΝΘΡΩΠΟΥΕ͂ΘΙΩΝΚΑΙ
ΠΕΙΝΩΝΚΑΙΛΕΓΕΤΕΪ
ΔΟΥΑΝΘΡΩΠΟCΦΑΓΟC
ΚΑΙΟΙΝΟΠΟΤΗCΦΙΛΟC
ΤΕΛΩΝΩΝΚΑΙΑΜΑΡΤΩ
7:35 ΛΩΝΚΑΙΕΔΙΚΑΙΩΘΗΗCΟ
ΦΙΑΑΠΟΠΑΝΤΩΝΤΩΝ
7:36 Ν5 ΤΕΚΝΩΝΑΥΤΗC ΗΡΩ
ΤΑΔΕΤΙCΑΥΤΟΝΤΩΝ
ΦΑΡΕΙCΑΙΩΝΪΝΑΦΑΓΗ
ΜΕΤΑΥΤΟΥΚΑΙΕΙCΕΛ
ΘΩΝΕΙCΤΟΝΟΙΚΟΝΤΟΥ
ΦΑΡΕΙCΑΙΟΥΚΑΤΕΚΛΙ
7:37 ΘΗΚΑΙΪΔΟΥΓΥΝΗΗΤΙC
ΗΝΕΝΤΗΠΟΛΕΙΑΜΑΡΤΩ
ΛΟCΚΑΙΕΠΙΓΝΟΥCΑΟΤΙ
ΚΑΤΑΚΕΙΤΑΙΕΝΤΗΟΙ
ΚΙΑΤΟΥΦΑΡΕΙCΑΙΟΥ
ΚΟΜΙCΑCΑΑΛΑΒΑCΤΡΟΝ
7:38 ΜΥΡΟΥΚΑΙCΤΑCΑΟΠΙ
CΩΠΑΡΑΤΟΥCΠΟΔΑC

ΑΥΤΟΥΚΛΑΙΟΥϹΑΤΟΙϹ
ΔΑΚΡΥϹΙΝΗΡΞΑΤΟΒΡΕ
ΧΕΙΝΤΟΥϹΠΟΔΑϹΑΥΤΟΥ
ΚΑΙΤΑΙϹΘΡΙΞΙΝΤΗϹΚΕ
ΦΑΛΗϹΑΥΤΗϹΕΞΕΜΑϹ
ϹΕΝΚΑΙΚΑΤΕΦΙΛΕΙ
ΤΟΥϹΠΟΔΑϹΑΥΤΟΥϗ
ΗΛΕΙΦΕΝΤΩΜΥΡΩΪ 7:39
ΔΩΝΔΕΟΦΑΡΕΙϹΑΙΟϹ
ΟΚΑΛΕϹΑϹΑΥΤΟΝΕΙΠΕ̄
ΕΝΕΑΥΤΩΛΕΓΩΝΟΥΤΟϹ
ΕΙΗΝΟΠΡΟΦΗΤΗϹΕΓΕΙ
ΝΩϹΚΕΝΑΝΤΙϹΚΑΙΠΟ
ΤΑΠΗΗΓΥΝΗΗΤΙϹΑΠΤΕ
ΤΑΙΑΥΤΟΥΟΤΙΑΜΑΡΤΩ
ΛΟϹΕϹΤΙΝ ΚΑΙΑΠΟ 7:40
ΚΡΙΘΕΙϹΟΙ̅Ϲ̅ΕΙΠΕΝΠΡΟϹ
ΑΥΤΟΝ ϹΙΜΩΝΕΧΩϹΟΙ
ΤΙΕΙΠΕ'ΝΟΔΕΔΙΔΑϹΚΑ
ΛΕΕΙΠΕΦΗϹΙΝΔΥΟΧΡΕ 7:41
ΟΦΙΛΕΤΑΙΗϹΑΝΔΑΝΙ
ϹΤΗΤΙΝΙΟΕΙϹΩΦΕΙ
ΛΕΝΔΗΝΑΡΙΑΠΕΝΤΑ
ΚΟϹΙΑΟΔ'ΕΤΕΡΟϹΠΕ̄
ΤΗΚΟΝΤΑΜΗΕΧΟΝΤΩ̄ 7:42
ΑΥΤΩΝΑΠΟΔΟΥΝΑΙΑΜ–
ΦΟΤΕΡΟΙϹΕΧΑΡΙϹΑΤΟ
ΤΙϹΟΥΝΑΥΤΩΝΠΛΕΙ
ΟΝΑΓΑΠΗϹΕΙΑΥΤΟΝ
ΑΠΟΚΡΙΘΕΙϹϹΙΜΩΝΕΙ 7:43
ΠΕΝΫΠΟΛΑΜΒΑΝΩΟ
ΤΙΩΤΟΠΛΕΙΟΝΕΧΑΡΙ
ϹΑΤΟ ΟΔΕΕΙΠΕΝΑΥΤΩ
ΟΡΘΩϹΕΚΡΕΙΝΑϹΚΑΙ 7:44
ϹΤΡΑΦΕΙϹΠΡΟϹΤΗΝ
ΓΥΝΑΙΚΑΤΩϹΙΜΩΝΙ
ΕΦΗ ΒΛΕΠΕΙϹΤΑΥΤΗ̄
ΤΗΝΓΥΝΑΙΚΑΕΙϹΗΛΘΟ̄
ϹΟΥΕΙϹΤΗΝΟΙΚΙΑΝΫ
ΔΩΡΜΟΙΕΠΙΠΟΔΑϹΟΥ
ΚΕΔΩΚΑϹΑΥΤΗΔΕΤΟΙϹ
ΔΑΚΡΥϹΙΝΕΒΡΕΞΕΝΜΟΥ

ΤΟΥϹΠΟΔΑϹΚΑΙΤΑΙϹ
ΘΡΙΞΙΝΑΥΤΗϹΕΞΕΜΑ
7:45 ΞΕΝ ΦΙΛΗΜΑΜΟΙΟΥΚΕ
ΔΩΚΑϹΑΥΤΗΔΕΑΦΗϹ
ΕΙϹΗΛΘΟΝΟΥΔΙΕΛΙΠΕ̅
ΚΑΤΑΦΙΛΟΥϹΑΜΟΥΤΟΥϹ
7:46 ΠΟΔΑϹΕΛΑΙΩΤΗΝΚΕ
ΦΑΛΗΝΜΟΥΟΥΚΗΛΕΙ
ΨΑϹ ΑΥΤΗΔΕΜΥΡΩΗ
ΛΕΙΨΕΝΤΟΥϹΠΟΔΑϹΜΟΥ
7:47 ΟΥΧΑΡΙΝΛΕΓΩϹΟΙΑΦΕ
ΩΝΤΑΙΑΙΑΜΑΡΤΙΑΙΑΥ
ΤΗϹΑΙΠΟΛΛΑΙΟΤΙΗΓΑ
ΠΗϹΕΝΠΟΛΥ·ΩΔΕΟΛΙ
ΓΟΝΑΦΙΕΤΑΙΚΑΙΟΛΙΓΟ̅
7:48 ΑΓΑΠΑ· ΕΙΠΕΝΔΕΑΥΤΗ
ΑΦΕΩΝΤΑΙϹΟΥΑΙΑΜΑΡ
7:49 ΤΙΑΙ ΚΑΙΗΡΞΑΝΤΟΟΙ
ϹΥΝΑΝΑΚΕΙΜΕΝΟΙΛΕ
ΓΕΙΝΕΝΕΑΥΤΟΙϹΤΙϹ
ΟΥΤΟϹΕϹΤΙΝΟϹΚΑΙΑ
7:50 ΜΑΡΤΙΑϹΑΦΙΗϹΙΝ ΕΙ
ΠΕΝΔΕΠΡΟϹΤΗΝΓΥΝΑΙ
ΚΑΗΠΙϹΤΙϹϹΟΥϹΕϹΩ
ΚΕΝϹΕΠΟΡΕΥΟΥΕΙϹΕΙ
8:1 ΝΖ ΡΗΝΗΝ ΚΑΙΕΓΕΝΕΤΟ
ΕΝΤΩΚΑΘΕΞΗϹΚΑΙΑΥ
ΤΟϹΔΙΩΔΕΥΕΝΚΑΤΑΠΟ
ΛΙΝΚΑΙΚΩΜΗΝΚΗΡΥϹ
ϹΩΝΚΑΙΕΥΑΓΓΕΛΙΖΟ
ΜΕΝΟϹΤΗΝΒΑϹΙΛΕΙΑΝ
ΤΟΥΘ̅Υ̅ΚΑΙΟΙΔΩΔΕΚΑ
8:2 ϹΥΝΑΥΤΩΚΑΙΓΥΝΑΙΚΕϹ
ΤΙΝΕϹΑΙΗϹΑΝΤΕΘΕΡΑ
ΠΕΥΜΕΝΑΙΑΠΟΠΝΕΥ
ΜΑΤΩΝΠΟΝΗΡΩΝΚΑΙ
ΑϹΘΕΝΕΙΩΝΜΑΡΙΑΗΚΑ
ΛΟΥΜΕΝΗΜΑΓΔΑΛΗΝΗ
ΑΦΗϹΔΑΙΜΟΝΙΑΕΠΤΑ
8:3 ΕΞΕΛΗΛΥΘΕΙΚΑΙΪΩΑΝΑ
ΓΥΝΗΧΟΥΖΑΕΠΙΤΡΟ
ΠΟΥΗΡΩΔΟΥΚΑΙϹΟΥϹΑ̅

ΝΑΚΑΙΕΤΕΡΑΙΠΟΛΛΑΙ
ΑΙΤΙΝΕϹΔΙΗΚΟΝΟΥΝ
ΑΥΤΟΙϹΕΚΤΩΝΫΠΑΡ
ΧΟΝΤΩΝΑΥΤΑΙϹ
ΝΗ ϹΥΝΙΟΝΤΟϹΔΕΟΧΛΟΥ 8:4
ΠΟΛΛΟΥΚΑΙΤΩΝΚΑΤΑ
ΠΟΛΙΝΕΠΙΠΟΡΕΥΟΜΕΝΩ̄
ΠΡΟϹΑΥΤΟΝΕΙΠΕΝΔΙΑ
ΠΑΡΑΒΟΛΗϹΕΞΗΛΘΕΝ 8:5
ΟϹΠΕΙΡΩΝΤΟΥϹΠΕΙΡΑΙ
ΤΟΝϹΠΟΡΟΝΑΥΤΟΥΚΑΙ
ΕΝΤΩϹΠΕΙΡΕΙΝΑΥΤΟ̄
ΑΜΕΝΕΠΕϹΕΝΠΑΡΑΤΗ̄
ΟΔΟΝΚΑΙΚΑΤΕΠΑΤΗ
ΘΗΚΑΙΤΑΠΕΤΕΙΝΑΤΟΥ
ΟΥΡΑΝΟΥΚΑΤΕΦΑΓΕ̄
ΑΥΤΑΚΑΙΕΤΕΡΟΝΚΑΤΕ 8:6
ΠΕϹΕΝΕΠΙΠΕΤΡΑΝΚΑΙ
ΦΥΕΝΕΞΗΡΑΝΘΗΔΙΑ
ΤΟΜΗΕΧΕΙΝΪΚΜΑΔΑϗ 8:7
ΕΤΕΡΟΝΕΠΕϹΕΝΕΝΜΕ
ϹΩΤΩΝΑΚΑΝΘΩΝΚΑΙ
ϹΥΜΦΥΕΙϹΑΙΑΙΑΚΑΝ
ΘΑΙΑΠΕΠΝΙΞΑΝΑΥΤΟ
ΚΑΙΕΤΕΡΟΝΕΠΕϹΕΝΕΙϹ 8:8
ΤΗΝΓΗΝΤΗΝΑΓΑΘΗΝ
ΚΑΙΦΥΕΝΕΠΟΙΗϹΕΝ
ΚΑΡΠΟΝΕΚΑΤΟΝΤΑΠΛΑ
ϹΕΙΟΝΑ ΤΑΥΤΑΛΕΓΩ̄
ΕΦΩΝΕΙΟΕΧΩΝΩΤΑ
ΑΚΟΥΕΙΝΑΚΟΥΕΤΩΕ 8:9
ΠΗΡΩΤΩΝΔΕΑΥΤΟΝ
ΟΙΜΑΘΗΤΑΙΑΥΤΟΥΤΙϹ
ΑΥΤΗΕΙΗΠΑΡΑΒΟΛΗΟ 8:10
ΔΕΕΙΠΕΝΫΜΙΝΔΕΔΟΤΑΙ
ΓΝΩΝΑΙΤΑΜΥϹΤΗΡΙΑ
ΤΗϹΒΑϹΙΛΕΙΑϹΤΟΥΘ̄Ῡ
ΤΟΙϹΔΕΛΟΙΠΟΙϹΕΝΠΑ
ΡΑΒΟΛΑΙϹΪΝΑΒΛΕΠΟΝ
ΤΕϹΜΗΒΛΕΠΩϹΙΝΚΑΙ
ΑΚΟΥΟΝΤΕϹΜΗϹΥΝΙΩ
ϹΙΝΕϹΤΙΝΔΕΑΥΤΗΗΠΑ 8:11

ΡΑΒΟΛΗ ΟϹΠΟΡΟϹΕϹΤΙ̅
8:12 ΟΛΟΓΟϹΤΟΥΘ̅Υ̅ ΟΙΔΕ
ΠΑΡΑΤΗΝΟΔΟΝΕΙϹΙΝ
ΟΙΑΚΟΥϹΑΝΤΕϹΕΙΤΑ
ΕΡΧΕΤΑΙΟΔΙΑΒΟΛΟϹ
ΚΑΙΑΙΡΕΙΤΟΝΛΟΓΟΝ
ΑΠΟΤΗϹΚΑΡΔΙΑϹΑΥΤΩ̅
ΪΝΑΜΗΠΙϹΤΕΥϹΑΝΤΕϹ
8:13 ϹΩΘΩϹΙΝ ΟΙΔΕΠΙΤΗϹ
ΠΕΤΡΑϹΟΙΟΤΑΝΑΚΟΥ
ϹΩϹΙΝΜΕΤΑΧΑΡΑϹΔΕ
ΧΟΝΤΑΙΤΟΝΛΟΓΟΝϏ
ΑΥΤΟΙΡΙΖΑΝΟΥΚΕΧΟΥ
ϹΙΝΟΙΠΡΟϹΚΑΙΡΟΝΠΙ
ϹΤΕΥΟΥϹΙΝΚΑΙΕΝΚΑΙ
ΡΩΠΕΙΡΑϹΜΟΥΑΦΙϹΤΑ̅
8:14 ΤΑΙΤΟΔΕΕΙϹΤΑϹΑΚΑΝ
ΘΑϹΠΕϹΟΝΟΥΤΟΙΕΙϹΙ̅
ΟΙΑΚΟΥϹΑΝΤΕϹΚΑΙΥ
ΠΟΜΕΡΙΜΝΩΝΚΑΙΠΛΟΥ
ΤΟΥΚΑΙΗΔΟΝΩΝΤΟΥ
ΒΙΟΥΠΟΡΕΥΟΜΕΝΟΙϹΥ̅
ΠΝΕΙΓΟΝΤΑΙΚΑΙΟΥΤΕ
8:15 ΛΕϹΦΟΡΟΥϹΙΝΤΟΔΕ
ΕΝΤΗΚΑΛΗΓΗΟΥΤΟΙ
ΕΙϹΙΝΟΙΤΙΝΕϹΕΝΚΑΡ
ΔΙΑΚΑΛΗΚΑΙΑΓΑΘΗΑ
ΚΟΥϹΑΝΤΕϹΤΟΝΛΟΓΟ̅
ΚΑΤΕΧΟΥϹΙΝΚΑΙΚΑΡ
ΠΟΦΟΡΟΥϹΙΝΕΝΫΠΟ
8:16 ΜΟΝΗ ΟΥΔΕΙϹΔΕΛΥ
ΧΝΟΝΑΨΑϹΚΑΛΥΠΤΕΙ
ΑΥΤΟΝϹΚΕΥΕΙΗΫΠΟ
ΚΑΤΩΚΛΕΙΝΗϹΤΙΘΗ
ϹΙΝΑΛΛΕΠΙΛΥΧΝΙΑϹ
8:17 ΤΙΘΗϹΙΝΟΥΓΑΡΕϹΤΙΝ
ΚΡΥΠΤΟΝΟΟΥΦΑΝΕ
ΡΟΝΓΕΝΗϹΕΤΑΙΟΥΔΕ
ΑΠΟΚΡΥΦΟΝΟΟΥΜΗ
ΓΝΩϹΘΗΚΑΙΕΙϹΦΑΝΕ
8:18 ΡΟΝΕΛΘΗ ΒΛΕΠΕΤΕΟΥ̅
ΠΩϹΑΚΟΥΕΤΕΟϹΑΝ

ΓΑΡΕΧΗΔΟΘΗϹΕΤΑΙΑΥ
ΤΩΚΑΙΟϹΑΝΜΗΕΧΗΚΑΙ
ΟΔΟΚΕΙΕΧΕΙΝΑΡΘΗϹΕ
ΝΘ ΤΑΙΑΠΑΥΤΟΥ ΠΑΡΕΓΕ 8:19
ΝΕΤΟΔΕΠΡΟϹΑΥΤΟΝ
ΗΜΗΤΗΡΚΑΙΟΙΑΔΕΛΦΟΙ
ΑΥΤΟΥΚΑΙΟΥΚΗΔΥΝᾹ
ΤΟϹΥΝΤΥΧΕΙΝΑΥΤΩ
ΔΙΑΤΟΝΟΧΛΟΝΑΠΗΓΓΕ 8:20
ΛΗΔΕΑΥΤΩΗΜΗΤΗΡ
ϹΟΥΚΑΙΟΙΑΔΕΛΦΟΙϹΟΥ
ΕϹΤΗΚΑϹΙΝΕΞΩΙΔΕῙ
ΘΕΛΟΝΤΕϹϹΕ ΟΔΕΑΠΟ 8:21
ΚΡΙΘΕΙϹΕΙΠΕΝΠΡΟϹΑΥ
ΤΟΥϹΜΗΤΗΡΜΟΥΚΑΙΑ
ΔΕΛΦΟΙΜΟΥΟΥΤΟΙΕΙ
ϹΙΝΟΙΤΟΝΛΟΓΟΝΤΟΥ
Θ̅Υ̅ΑΚΟΥΟΝΤΕϹΚΑΙΠΟΙ
Ξ ΟΥΝΤΕϹ ΕΓΕΝΕΤΟ 8:22
ΔΕΕΝΜΙΑΤΩΝΗΜΕΡΩΝ
ΚΑΙΑΥΤΟϹΕΝΕΒΗΕΙϹ
ΠΛΟΙΟΝΚΑΙΟΙΜΑΘΗΤΑΙ
ΑΥΤΟΥΚΑΙΕΙΠΕΝΠΡΟϹ
ΑΥΤΟΥϹΔΙΕΛΘΩΜΕΝ
ΕΙϹΤΟΠΕΡΑΝΤΗϹΛΙΜΝΗϹ
ΚΑΙΑΝΗΧΘΗϹΑΝΠΛΕΟ̄ 8:23
ΤΩΝΔΕΑΥΤΩΝΑΦΥΠΝΩ
ϹΕΝΚΑΙΚΑΤΕΒΗΛΑΙΛΑΨ
ΕΙϹΤΗΝΛΙΜΝΗΝΑΝΕΜΟΥ
ΚΑΙϹΥΝΕΠΛΗΡΟΥΝΤΟ
ΚΑΙΕΚΙΝΔΥΝΕΥΟΝΠΡΟϹ 8:24
ΕΛΘΟΝΤΕϹΔΕΔΙΗΓΕΙΡᾹ
ΑΥΤΟΝΛΕΓΟΝΤΕϹΕΠΙϹΤΑ
ΤΑΕΠΙϹΤΑΤΑΑΠΟΛΛΥ
ΜΕΘΑΟΔΕΔΙΕΓΕΡΘΕΙϹΕ
ΠΕΤΕΙΜΗϹΕΝΤΩΑΝΕΜΩ
ΚΑΙΤΩΚΛΥΔΩΝΙΤΟΥΫ
ΔΑΤΟϹΚΑΙΕΠΑΥϹΑΝΤΟ
ΚΑΙΕΓΕΝΕΤΟΓΑΛΗΝΗ
ΕΙΠΕΝΔΕΑΥΤΟΙϹΠΟΥ 8:25
ΗΠΙϹΤΙϹΫΜΩΝ· ΦΟΒΗ
ΘΕΝΤΕϹΔΕΕΘΑΥΜΑϹᾹ

ΛΕΓΟΝΤΕϹΠΡΟϹΑΛΛΗ
ΛΟΥϹΤΙϹΑΡΑΟΥΤΟϹΕ
ϹΤΙΝΟΤΙΚΑΙΤΟΙϹΑΝΕ
ΜΟΙϹΕΠΙΤΑϹϹΕΙΚΑΙΤΩ
8:26 ΫΔΑΤΙΚΑΙΚΑΤΕΠΛΕΥ
ϹΑΝΕΙϹΤΗΝΧΩΡΑΝΤΩ̄
ΓΕΡΑϹΗΝΩΝΗΤΙϹΕϹΤῙ
ΑΝΤΙΠΕΡΑΤΗϹΓΑΛΕΙ
8:27 ΙΑ ΛΑΙΑϹ ΕΞΕΛΘΟΝΤΙΔΕ
ΑΥΤΩΕΠΙΤΗΝΓΗΝΫΠΗ
ΤΗϹΕΝΤΙϹΑΝΗΡΕΚΤΗϹ
ΠΟΛΕΩϹΕΧΩΝΔΑΙΜΟ
ΝΙΑΚΑΙΧΡΟΝΩΪΚΑΝΩ
ΟΥΚΕΝΕΔΥϹΑΤΟΪΜΑΤΙ
ΟΝΚΑΙΕΝΟΙΚΙΑΟΥΚΕΜΕ
ΝΕΝΑΛΛΕΝΤΟΙϹΜΝΗ
8:28 ΜΑϹΙΝΪΔΩΝΔΕΤΟΝΙΝ̄
ΑΝΑΚΡΑΞΑϹΠΡΟϹΕΠΕ
ϹΕΝΑΥΤΩΚΑΙΦΩΝΗ
ΜΕΓΑΛΗΕΙΠΕΝΤΙΕΜΟΙ
ΚΑΙϹΟΙῙῩ ΥΙΕΤΟΥΘ̄Ῡ ΤΟΥ
ΫΨΙϹΤΟΥΔΕΟΜΑΙϹΟΥ
8:29 ΜΗΜΕΒΑϹΑΝΙϹΗϹ ΠΑΡΗΓ
ΓΕΙΛΕΝΓΑΡΤΩΠΝΕΥΜΑ
ΤΙΤΩΑΚΑΘΑΡΤΩΕΞΕΛ
ΘΕΙΝΑΠΟΤΟΥΑΝΘΡΩΠΟΥ
ΠΟΛΛΟΙϹΓΑΡΧΡΟΝΟΙϹ
ϹΥΝΗΡΠΑΚΕΙΑΥΤΟΝϗ
ΕΔΕϹΜΕΥΕΤΟΑΛΥϹΕϹῙ
ΚΑΙΠΕΔΑΙϹΦΥΛΑϹϹΟ
ΜΕΝΟϹΚΑΙΔΙΑΡΡΗϹϹΩ̄
ΤΑΔΕϹΜΑΗΛΑΥΝΕΤΟΑ
ΠΟΤΟΥΔΑΙΜΟΝΙΟΥΕΙϹ
8:30 ΤΑϹΕΡΗΜΟΥϹΕΠΗΡΩΤΗ
ϹΕΝΔΕΑΥΤΟΝΟῙϹ̄ΤΙϹΟΙ
ΟΝΟΜΑΕϹΤΙΝΟΔΕΕΙΠΕ̄
ΛΕΓΕΙΩΝΟΤΙΕΙϹΗΛΘΕ̄
ΔΑΙΜΟΝΙΑΠΟΛΛΑΕΙϹΑΥ
8:31 ΤΟΝ.ΚΑΙΠΑΡΕΚΑΛΟΥΝ
ΑΥΤΟΝΪΝΑΜΗΕΠΙΤΑ
ΞΗΑΥΤΟΙϹΕΙϹΤΗΝΑ
8:32 ΒΥϹϹΟΝΑΠΕΛΘΕΙΝΗΝ

ΔΕΕΚΕΙΑΓΕΛΗΧΟΙΡΩΝ
ΪΚΑΝΩΝΒΟϹΚΟΜΕΝΗ
ΕΝΤΩΟΡΕΙΚΑΙΠΑΡΕΚΑ
ΛΕϹΑΝΑΥΤΟΝΪΝΑΕΠΙ
ΤΡΕΨΗΑΥΤΟΙϹΕΙϹΕΚΕΙ
ΝΟΥϹΕΙϹΕΛΘΕΙΝΚΑΙΕ
ΠΕΤΡΕΨΕΝΑΥΤΟΙϹ
ΕΞΕΛΘΟΝΤΑΔΕΤΑΔΑΙ 8:33
ΜΟΝΙΑΑΠΟΤΟΥΑΝΘΡΩ
ΠΟΥΕΙϹΗΛΘΟΝΕΙϹΤΟΥϹ
ΧΟΙΡΟΥϹΚΑΙΩΡΜΗϹΕ̄
ΗΑΓΕΛΗΚΑΤΑΤΟΥΚΡΗ
ΜΝΟΥΕΙϹΤΗΝΛΙΜΝΗ̄
ΚΑΙΑΠΕΠΝΙΓΗΪΔΟΝΤΕϹ 8:34
ΔΕΟΙΒΟϹΚΟΝΤΕϹΤΟΓΕ
ΓΟΝΟϹΕΦΥΓΟΝΚΑΙΑ
ΠΗΓΓΕΙΛΑΝΕΙϹΤΗΝ
ΠΟΛΙΝΚΑΙΕΙϹΤΟΥϹΑ
ΓΡΟΥϹΕΞΗΛΘΟΝΔΕΪΔΕῙ 8:35
ΤΟΓΕΓΟΝΟϹΚΑΙΗΛΘΑΝ
ΠΡΟϹΤΟΝΙ̅Ν̅ΚΑΙΕΥΡᾹ
ΚΑΘΗΜΕΝΟΝΤΟΝΑΝ
ΘΡΩΠΟΝΑΦΟΥΤΑΔΑΙ
ΜΟΝΙΑΕΞΗΛΘΕΝΕΙΜΑ
ΤΙϹΜΕΝΟΝΚΑΙϹΩΦΡΟ
ΝΟΥΝΤΑΠΑΡΑΤΟΥϹΠΟ
ΔΑϹΙ̅Υ̅ΚΑΙΕΦΟΒΗΘΗ
ϹΑΝΑΠΗΓΓΕΙΛΑΝΔΕΑΥ 8:36
ΤΟΙϹΟΙΪΔΟΝΤΕϹΠΩϹ
ΕϹΩΘΗΟΔΑΙΜΟΝΙϹΘΕΙϹ
ΚΑΙΗΡΩΤΗϹΕΝΑΥΤΟΝ 8:37
ΑΠΑΝΤΟΠΛΗΘΟϹΤΗϹ
ΠΕΡΙΧΩΡΟΥΤΩΝΓΕΡΑ
ϹΗΝΩΝΑΠΕΛΘΕΙΝΑΠΑΥ
ΤΩΝΟΤΙΦΟΒΩΜΕΓΑΛΩ
ΙΒ̄ ϹΥΝΕΙΧΟΝΤΟΑΥΤΟϹ
ΔΕΕΜΒΑϹΕΙϹΠΛΟΙΟΝΫ
ΠΕϹΤΡΕΨΕΝΕΔΕΙΤΟ 8:38
ΔΕΑΥΤΟΥΟΑΝΗΡΑΦΟΥ
ΕΞΕΛΗΛΥΘΕΙΤΑΔΑΙΜΟ
ΝΙΑΕΙΝΑΙϹΥΝΑΥΤΩΑ
ΠΕΛΥϹΕΝΔΕΑΥΤΟΝΛΕ

8:39 ΓΩΝΫΠΟϹΤΡΕΦΕΕΙϹ
ΤΟΝΟΙΚΟΝϹΟΥΚΑΙΔΙΗ
ΓΟΥΟϹΑϹΟΙΕΠΟΙΗϹΕΝ
ΟΘ̅Ϲ̅ΚΑΙΑΠΗΛΘΕΝΚΑΘΟ
ΛΗΝΤΗΝΠΟΛΙΝΚΗΡΥϹ
ϹΩΝΟϹΑΕΠΟΙΗϹΕΝΑΥ
8:40 ΙΓ ΤΩΟΙ̅Ϲ̅ ΕΝΔΕΤΩΫΠΟ
ϹΤΡΕΦΕΙΝΤΟΝΙ̅Ν̅ΑΠΕ
ΛΕΞΑΤΟΑΥΤΟΝΟΟΧΛΟϹ
ΗϹΑΝΓΑΡΠΑΝΤΕϹΠΡΟϹ
8:41 ΔΟΚΩΝΤΕϹΑΥΤΟΝ ΚΑΙ
ΪΔΟΥΗΛΘΕΝΑΝΗΡΩΝΟ
ΜΑΪΑΕΙΡΟϹΚΑΙΟΥΤΟϹ
ΑΡΧΩΝΤΗϹϹΥΝΑΓΩΓΗϹ
ΫΠΗΡΧΕΝΚΑΙΠΕϹΩΝΠΑ
ΡΑΤΟΥϹΠΟΔΑϹΙ̅Ϋ̅ΠΑΡΕ
ΚΑΛΕΙΑΥΤΟΝΕΙϹΕΛΘΕΙ̅
ΕΙϹΤΟΝΟΙΚΟΝΑΥΤΟΥ
8:42 ΟΤΙΘΥΓΑΤΗΡΜΟΝΟΓΕ
ΝΗϹΗΝΑΥΤΩΩϹΕΤΩ̅
ΔΩΔΕΚΑΚΑΙΑΥΤΗΑΠΕ
ΘΝΗϹΚΕΝ ΕΝΔΕΤΩΫΠΑ
ΓΕΙΝΑΥΤΟΝΟΙΟΧΛΟΙ
ϹΥΝΕΠΝΕΙΓΟΝΑΥΤΟΝ
8:43 ΚΑΙΓΥΝΗΟΥϹΑΕΝΡΥϹΕΙ
ΑΙΜΑΤΟϹΑΠΟΕΤΩΝΔΩ
ΔΕΚΑΗΤΙϹΟΥΚΙϹΧΥϹΕ̅
ΑΠΟΥΔΕΝΟϹΘΕΡΑΠΕΥ
8:44 ΘΗΝΑΙΠΡΟϹΕΛΘΟΥϹΑ
ΟΠΙϹΘΕΝΗΨΑΤΟΤΟΥ
ΚΡΑϹΠΕΔΟΥΤΟΥΪΜΑΤΙ
ΟΥΑΥΤΟΥΚΑΙΠΑΡΑΧΡΗ
ΜΑΕϹΤΗΗΡΥϹΙϹΤΟΥΑΙ
8:45 ΜΑΤΟϹΑΥΤΗϹ ΚΑΙΕΙ
ΠΕΝΟΙ̅Ϲ̅ΤΙϹΟΑΨΑΜΕΝΟϹ
ΜΟΥΑΡΝΟΥΜΕΝΩΝΔΕ
ΠΑΝΤΩΝΕΙΠΕΝΟΠΕΤΡΟϹ
ΕΠΙϹΤΑΤΑΟΙΟΧΛΟΙϹΥ̅
ΕΧΟΥϹΙϹΕΚΑΙΑΠΟΘΛΕΙ
8:46 ΒΟΥϹΙΝ ΟΔΕΙ̅Ϲ̅ΕΙΠΕΝ
ΗΨΑΤΟΜΟΥΤΙϹΕΓΩ
ΓΑΡΕΓΝΩΝΔΥΝΑΜΙΝΕ

ΞΕΛΗΛΥΘΥΙΑΝΑΠΕΜΟΥ
ΪΔΟΥϹΑΔΕΗΓΥΝΗΟΤΙΟΥ 8:47
ΚΕΛΑΘΕΝΤΡΕΜΟΥϹΑΗΛ
ΘΕΝΚΑΙΠΡΟϹΠΕϹΟΥϹΑ
ΑΥΤΩΔΙΗΝΑΙΤΙΑΝΗΨΑ
ΤΟΑΥΤΟΥΑΠΗΓΓΕΙΛΕ̅
ΕΝΩΠΙΟΝΠΑΝΤΟϹΤΟΥ
ΛΑΟΥΚΑΙΩϹΪΑΘΗΠΑΡΑ
ΧΡΗΜΑ ΟΔΕΕΙΠΕΝΑΥΤΗ 8:48
ΘΥΓΑΤΗΡΗΠΙϹΤΙϹϹΟΥ
ϹΕϹΩΚΕΝϹΕΠΟΡΕΥΟΥ
ΕΙϹΕΙΡΗΝΗΝ ΕΤΙΑΥΤΟΥ 8:49
ΛΑΛΟΥΝΤΟϹΕΡΧΕΤΑΙ
ΤΙϹΠΑΡΑΤΟΥΑΡΧΙϹΥΝ
ΑΓΩΓΟΥΛΕΓΩΝΟΤΙΤΕ
ΘΝΗΚΕΝΗΘΥΓΑΤΗΡϹΟΥ
ΜΗΚΕΤΙϹΚΥΛΛΕΤΟΝ
ΔΙΔΑϹΚΑΛΟΝΟΔΕΙ̅Ϲ̅ΑΚΟΥ 8:50
ϹΑϹΑΠΕΚΡΙΘΗΑΥΤΩΜΗ
ΦΟΒΟΥΜΟΝΟΝΠΙϹΤΕΥ
ϹΟΝΚΑΙϹΩΘΗϹΕΤΑΙ
ΕΛΘΩΝΔΕΕΙϹΤΗΝΟΙΚΙ 8:51
ΑΝΟΥΚΑΦΗΚΕΝΕΙϹΕΛ
ΘΕΙΝΤΙΝΑϹΥΝΑΥΤΩΕΙ
ΜΗΠΕΤΡΟΝΚΑΙΪΩΑΝΗ̅
ΚΑΙΪΑΚΩΒΟΝΚΑΙΤΟΝ
ΠΑΤΕΡΑΤΗϹΠΑΙΔΟϹϗ
ΤΗΝΜΗΤΕΡΑΕΚΛΑΙΟΝ 8:52
ΔΕΠΑΝΤΕϹΚΑΙΕΚΟΠΤΟ̅
ΤΟΑΥΤΗΝ ΟΔΕΕΙΠΕΝ
ΜΗΚΛΑΙΕΤΕΟΥΓΑΡΑΠΕ
ΘΑΝΕΝΑΛΛΑΚΑΘΕΥΔΕΙ
ΚΑΙΚΑΤΕΓΕΛΩΝΑΥΤΟΥ 8:53
ΕΙΔΟΤΕϹΟΤΙΑΠΕΘΑΝΕ̅
ΑΥΤΟϹΔΕΚΡΑΤΗϹΑϹ 8:54
ΤΗϹΧΕΙΡΟϹΑΥΤΗϹΕΦΩ
ΝΗϹΕΝΛΕΓΩΝΗΠΑΙϹΕ
ΓΕΙΡΕΚΑΙΕΠΕϹΤΡΕΨΕ̅ 8:55
ΤΟΠΝΕΥΜΑΑΥΤΗϹΚΑΙ
ΑΝΕϹΤΗΠΑΡΑΧΡΗΜΑ
ΚΑΙΔΙΕΤΑΞΕΝΑΥΤΗΔΟ
ΘΗΝΑΙΦΑΓΕΙΝΚΑΙΕΞΕ 8:56

ϹΤΗϹΑΝΟΙΓΟΝΕΙϹΑΥ
ΤΗϹΟΔΕΠΑΡΗΓΓΕΙΛΕ̄
ΑΥΤΟΙϹΜΗΔΕΝΙΕΙΠΕῙ
9:1 ΙΑ ΤΟΓΕΓΟΝΟϹ ϹΥΓΚΑ
ΛΕϹΑΜΕΝΟϹΔΕΤΟΥϹ
ΔΩΔΕΚΑΕΔΩΚΕΝΔΥΝΑ
ΜΙΝΑΥΤΟΙϹΚΑΙΕΞΟΥ
ϹΙΑΝΕΠΙΠΑΝΤΑΤΑΔΑΙ
ΜΟΝΙΑΚΑΙΝΟϹΟΥϹΘΕ
9:2 ΡΑΠΕΥΕΙΝΚΑΙΑΠΕϹΤΕΙ
ΛΕΝΑΥΤΟΥϹΚΗΡΥϹϹΕῙ
ΤΗΝΒΑϹΙΛΕΙΑΝΤΟΥΘ̅Υ̅
9:3 ΚΑΙΪΑϹΘΑΙ ΚΑΙΕΙΠΕΝ
ΠΡΟϹΑΥΤΟΥϹΜΗΔΕΝ
ΑΙΡΕΤΕΕΙϹΤΗΝΟΔΟΝ
ΜΗΤΕΡΑΒΔΟΝΜΗΤΕΠΗ
ΡΑΝΜΗΤΕΑΡΤΟΝΜΗΤΕ
ΑΡΓΥΡΙΟΝΜΗΤΕΔΥΟ
9:4 ΧΙΤΩΝΑϹΕΧΕΙΝ ΚΑΙΕΙϹ
ΗΝΑΝΟΙΚΙΑΝΕΙϹΕΛΘΗ
ΤΕΕΚΕΙΜΕΝΕΤΕΚΑΙΕ
9:5 ΚΕΙΘΕΝΕΞΕΡΧΕϹΘΕΚΑΙ
ΟϹΟΙΑΝΜΗΔΕΧΩΝΤΑΙ
ΫΜΑϹΕΞΕΡΧΟΜΕΝΟΙΑ
ΠΟΤΗϹΠΟΛΕΩϹΕΚΕΙΝΗϹ
ΤΟΝΚΟΝΙΟΡΤΟΝΑΠΟΤΩ
ΠΟΔΩΝΫΜΩΝΑΠΟΤΙ
ΝΑϹϹΕΤΕΕΙϹΜΑΡΤΥΡΙ
9:6 ΟΝΕΠΑΥΤΟΥϹΕΞΕΡΧΟ
ΜΕΝΟΙΔΕΔΙΗΡΧΟΝΤΟ
ΚΑΤΑΤΑϹΚΩΜΑϹΕΥΑΓ
ΓΕΛΙΖΟΜΕΝΟΙΚΑΙΘΕΡΑ
ΠΕΥΟΝΤΕϹΠΑΝΤΑΧΟΥ
9:7 ΗΚΟΥϹΕΝΔΕΗΡΩΔΗϹ
ΟΤΕΤΡΑΡΧΗϹΤΑΓΕΙΝΟ
ΜΕΝΑΠΑΝΤΑΚΑΙΔΙΗΠΟ
ΡΕΙΔΙΑΤΟΛΕΓΕϹΘΑΙΫΠΟ
ΤΙΝΩΝΟΤΙΪΩΑΝΗϹΗΓΕΡ
9:8 ΘΗΕΚΝΕΚΡΩΝΫΠΟΤΙ
ΝΩΝΔΕΟΤΙΗΛΕΙΑϹΕΦΑ
ΝΗΑΛΛΩΝΔΕΟΤΙΠΡΟΦΗ
ΤΗϹΤΙϹΤΩΝΑΡΧΑΙΩΝ

ΑΝΕϹΤΗ ΕΙΠΕΝΔΕΟ 9:9
ΗΡΩΔΗϹΪΩΑΝΗΝΕΓΩ
ΑΠΕΚΕΦΑΛΙϹΑΤΙϹΔΕ
ΕϹΤΙΝΟΥΤΟϹΠΕΡΙΟΥ
ΑΚΟΥΩΤΟΙΑΥΤΑΚΑΙΕ
ΙϚ ΖΗΤΕΙΪΔΕΙΝΑΥΤΟΝΚΑΙ 9:10
ΥΠΟϹΤΡΕΨΑΝΤΕϹΟΙΑ
ΠΟϹΤΟΛΟΙΔΙΗΓΗϹΑΝΤΟ
ΑΥΤΩΟϹΑΕΠΟΙΗϹΑΝϗ
ΠΑΡΑΛΑΒΩΝΑΥΤΟΥϹΥ
ΠΕΧΩΡΗϹΕΝΚΑΤΙΔΙΑΝ
ΕΙϹΠΟΛΙΝΚΑΛΟΥΜΕΝΗΝ
ΒΗΘϹΑΪΔΑΟΙΔΕΟΧΛΟΙ 9:11
ΓΝΟΝΤΕϹΗΚΟΛΟΥΘΗ
ϹΑΝΑΥΤΩΚΑΙΑΠΟΔΕΞΑ
ΜΕΝΟϹΑΥΤΟΥϹΕΛΑΛΕΙ
ΑΥΤΟΙϹΠΕΡΙΤΗϹΒΑϹΙΛΕΙ
ΑϹΤΟΥΘΥΚΑΙΤΟΥϹΧΡΕΙ
ΑΝΕΧΟΝΤΑϹΘΕΡΑΠΕΙ
ΙΖ ΑϹΪΑΤΟ ΗΔΗΗΜΕΡΑΗΡ 9:12
ΞΑΤΟΚΛΕΙΝΕΙΝ ΠΡΟϹ
ΕΛΘΟΝΤΕϹΔΕΟΙΔΩΔΕ
ΚΑΕΙΠΟΝΑΥΤΩΑΠΟΛΥ
ϹΟΝΤΟΝΟΧΛΟΝΪΝΑΠΟ
ΡΕΥΘΕΝΤΕϹΕΙϹΤΑϹΚΥ
ΚΛΩΚΩΜΑϹΚΑΙΑΓΡΟΥϹ
ΚΑΤΑΛΥϹΩϹΙΝΚΑΙΕΥ
ΡΩϹΙΝΕΠΙϹΕΙΤΙϹΜΟΝ
ΟΤΙΩΔΕΕΝΕΡΗΜΩΤΟ
ΠΩΕϹΜΕΝ ΕΙΠΕΝΔΕ 9:13
ΠΡΟϹΑΥΤΟΥϹΔΟΤΕΑΥ
ΤΟΙϹΦΑΓΕΙΝΫΜΕΙϹΟΙ
ΔΕΕΙΠΑΝΟΥΚΕΙϹΙΝΗΜΙΝ
ΠΛΕΙΟΝΗΑΡΤΟΙΠΕΝΤΕ
ΚΑΙΪΧΘΥΕϹΔΥΟΕΙΜΗ
ΤΙΠΟΡΕΥΘΕΝΤΕϹΗΜΕΙϹ
ΑΓΟΡΑϹΩΜΕΝΕΙϹΠΑΝ
ΤΑΤΟΝΛΑΟΝΤΟΥΤΟΝ
ΒΡΩΜΑΤΑΗϹΑΝΓΑΡΩϹ 9:14
ΕΙΑΝΔΡΕϹΠΕΝΤΑΚΙϹ
ΧΕΙΛΙΟΙ ΕΙΠΕΝΔΕΠΡΟϹ
ΤΟΥϹΜΑΘΗΤΑϹΑΥΤΟΥ

ΚΑΤΑΚΛΕΙΝΑΤΕΑΥΤΟΥϹ
ΚΑΙϹΙΑϹΩϹΕΙΑΝΑΠΕΝ
9:15 ΤΗΚΟΝΤΑΚΑΙΕΠΟΙΗϹΑ̅
ΟΥΤΩϹΚΑΙΚΑΤΕΚΛΕΙ
9:16 ΝΑΝΑΠΑΝΤΑϹΛΑΒΩΝ
ΔΕΤΟΥϹΠΕΝΤΕΑΡΤΟΥϹ
ΚΑΙΤΟΥϹΔΥΟΪΧΘΥΑϹ
ΑΝΑΒΛΕΨΑϹΕΙϹΤΟΝΟΥ
ΡΑΝΟΝΕΥΛΟΓΗϹΕΝΑΥ
ΤΟΥϹΚΑΙΚΑΤΕΚΛΑϹΕΝ
ΚΑΙΕΔΙΔΟΥΤΟΙϹΜΑΘΗ
ΤΑΙϹΠΑΡΑΘΕΙΝΑΙΤΩΟ
9:17 ΧΛΩΚΑΙΕΦΑΓΟΝΚΑΙΕ
ΧΟΡΤΑϹΘΗϹΑΝΠΑΝΤΕϹ
ΚΑΙΗΡΘΗΤΟΠΕΡΙϹϹΕΥ
ϹΑΝΑΥΤΟΙϹΚΛΑϹΜΑΤΩ̅
ΚΟΦΙΝΟΙΔΩΔΕΚΑ
9:18 ΞΗ̅ ΚΑΙΕΓΕΝΕΤΟΕΝΤΩΕΙΝΑΙ
ΑΥΤΟΝΠΡΟϹΕΥΧΟΜΕ
ΝΟΝΚΑΤΑΜΟΝΑϹϹΥΝ
ΗΝΤΗϹΑΝΑΥΤΩΟΙΜΑ
ΘΗΤΑΙΚΑΙΕΠΗΡΩΤΗ
ϹΕΝΑΥΤΟΥϹΛΕΓΩΝΤΙ
ΝΑΜΕΟΙΟΧΛΟΙΛΕΓΟΥ
9:19 ϹΙΝΕΙΝΑΙΟΙΔΕΑΠΟΚΡΙ
ΘΕΝΤΕϹΕΙΠΑΝΪΩΑΝΗ̅
ΤΟΝΒΑΠΤΙϹΤΗΝΑΛΛΟΙ
ΔΕΗΛΕΙΑΝΑΛΛΟΙΔΕΟ
ΤΙΠΡΟΦΗΤΗϹΤΙϹΤΩ̅
9:20 ΑΡΧΑΙΩΝΑΝΕϹΤΗ ΕΙ
ΠΕΝΔΕΑΥΤΟΙϹΫΜΕΙϹ
ΔΕΤΙΝΑΜΕΛΕΓΕΤΕΕΙΝΑΙ
ΠΕΤΡΟϹΔΕΑΠΟΚΡΙΘΕΙϹ
ΕΙΠΕΝΤΟΝΧ̅Ν̅ΤΟΥΘ̅Υ̅
9:21 ΟΔΕΕΠΙΤΙΜΗϹΑϹΑΥΤΟΙϹ
ΠΑΡΗΓΓΕΙΛΕΝΜΗΔΕΝΙ
9:22 ΛΕΓΕΙΝΤΟΥΤΟΕΙΠΩΝ
ΟΤΙΔΕΙΤΟΝΥΙΟΝΤΟΥ
ΑΝΘΡΩΠΟΥΠΟΛΛΑΠΑ
ΘΕΙΝΚΑΙΑΠΟΔΟΚΙΜΑ
ϹΘΗΝΑΙΑΠΟΤΩΝΠΡΕϹ
ΒΥΤΕΡΩΝΚΑΙΑΡΧΙΕΡΕΩΝ

ΚΑΙΓΡΑΜΜΑΤΕΩΝΚΑΙ
ΑΠΟΚΤΑΝΘΗΝΑΙΚΑΙΤΗ
ΤΡΙΤΗΗΜΕΡΑΕΓΕΡΘΗ
ΝΑΙΕΛΕΓΕΝΔΕΠΡΟϹΠᾹ 9:23
ΙΘ ΤΑϹΕΙΤΙϹΘΕΛΕΙΟΠΙϹΩ
ΜΟΥΕΡΧΕϹΘΑΙΑΠΑΡΝΗ
ϹΑϹΘΩΕΑΥΤΟΝΚΑΙΑΡΑ
ΤΩΤΟΝϹΤΑΥΡΟΝΑΥ
ΤΟΥΚΑΘΗΜΕΡΑΝΚΑΙΑ
ΚΟΛΟΥΘΕΙΤΩΜΟΙΟϹ 9:24
ΓΑΡΑΝΘΕΛΗΤΗΝΨΥΧΗΝ
ΑΥΤΟΥϹΩϹΑΙΑΠΟΛΕ
ϹΕΙΑΥΤΗΝΟϹΔΑΝΑΠΟ
ΛΕϹΗΤΗΝΨΥΧΗΝΑΥΤΟΥ
ΕΝΕΚΕΝΕΜΟΥΟΥΤΟϹ
ϹΩϹΕΙΑΥΤΗΝΤΙΓΑΡΩ 9:25
ΦΕΛΕΙΤΑΙΑΝΘΡΩΠΟϹ
ΚΕΡΔΗϹΑϹΤΟΝΚΟϹΜΟΝ
ΟΛΟΝΕΑΥΤΟΝΔΕΑΠΟ
ΛΕϹΑϹΗΖΗΜΙΩΘΕΙϹ
ΟϹΓΑΡΑΝΕΠΑΙϹΧΥΝΘΗ 9:26
ΜΕΚΑΙΤΟΥϹΕΜΟΥϹΛΟ
ΓΟΥϹΤΟΥΤΟΝΟΥΙΟϹ
ΤΟΥΑΝΘΡΩΠΟΥΕΠΑΙ
ϹΧΥΝΘΗϹΕΤΑΙΟΤΑΝ
ΕΛΘΗΕΝΤΗΔΟΞΗΑΥΤΟΥ
ΚΑΙΤΟΥΠΑΤΡΟϹΚΑΙΤΩΝ
ΑΓΙΩΝΑΓΓΕΛΩΝΛΕΓΩ 9:27
ΔΕΫΜΙΝΑΛΗΘΩϹΕΙϹΙΝ
ΤΙΝΕϹΤΩΝΑΥΤΟΥΕϹΤΗ
ΚΟΤΩΝΟΙΟΥΜΗΓΕΥϹΩΝ
ΤΑΙΘΑΝΑΤΟΥΕΩϹΑΝ
ΪΔΩϹΙΝΤΗΝΒΑϹΙΛΕΙΑΝ
Κ ΤΟΥΘΥ ΕΓΕΝΕΤΟΔΕ 9:28
ΜΕΤΑΤΟΥϹΛΟΓΟΥϹ
ΤΟΥΤΟΥϹΩϹΕΙΗΜΕΡΑΙ
ΟΚΤΩΠΑΡΑΛΑΒΩΝΠΕ
ΤΡΟΝΚΑΙΪΩΑΝΗΝΚΑΙ
ΪΑΚΩΒΟΝΑΝΕΒΗΕΙϹ
ΤΟΟΡΟϹΠΡΟϹΕΥΞΑϹΘΑΙ
ΚΑΙΕΓΕΝΕΤΟΕΝΤΩ 9:29
ΠΡΟϹΕΥΧΕϹΘΑΙΑΥΤΟΝ

ΤΟΕΙΔΟΣΤΟΥΠΡΟΣΩ
ΠΟΥΑΥΤΟΥΕΤΕΡΟΝΚ
ΟΪΜΑΤΙΣΜΟΣΑΥΤΟΥ
ΛΕΥΚΟΣΕΞΑΣΤΡΑΠΤΩΝ
9:30 ΚΑΙΪΔΟΥΑΝΔΡΕΣΔΥΟ
ΣΥΝΕΛΑΛΟΥΝΑΥΤΩ
ΟΙΤΙΝΕΣΗΣΑΝΜΩΫΣΗΣ
9:31 ΚΑΙΗΛΕΙΑΣΟΙΟΦΘΕΝ
ΤΕΣΕΝΔΟΞΗΕΛΕΓΟΝ
ΤΗΝΕΞΟΔΟΝΑΥΤΟΥΗΝΕ
ΜΕΛΛΕΝΠΛΗΡΟΥΝΕΝΪ
9:32 ΕΡΟΥΣΑΛΗΜ ΟΔΕΠΕΤΡΟΣ
ΚΑΙΟΙΣΥΝΑΥΤΩΗΣΑΝ
ΒΕΒΑΡΗΜΕΝΟΙΫΠΝΩ
ΔΙΑΓΡΗΓΟΡΗΣΑΝΤΕΣΔΕ
ΕΙΔΟΝΤΗΝΔΟΞΑΝΑΥΤΟΥ
ΚΑΙΤΟΥΣΔΥΟΑΝΔΡΑΣ
ΤΟΥΣΣΥΝΕΣΤΩΤΑΣΑΥ
9:33 ΤΩ ΚΑΙΕΓΕΝΕΤΟΕΝ
ΤΩΔΙΑΧΩΡΙΖΕΣΘΑΙΑΥ
ΤΟΥΣΑΠΑΥΤΟΥΕΙΠΕΝ
ΟΠΕΤΡΟΣΠΡΟΣΤΟΝΙΝ
ΕΠΙΣΤΑΤΑΚΑΛΟΝΕΣΤΙ
ΗΜΑΣΩΔΕΕΙΝΑΙΚΑΙΠΟΙ
ΗΣΩΜΕΝΣΚΗΝΑΣΤΡΙΣ
ΜΙΑΝΣΟΙΚΑΙΜΙΑΝΜΩΫ
ΣΕΙΚΑΙΜΙΑΝΗΛΕΙΑΜΗ
9:34 ΕΙΔΩΣΟΛΕΓΕΙΤΑΥΤΑ
ΔΕΑΥΤΟΥΛΕΓΟΝΤΟΣΕΓΕ
ΝΕΤΟΝΕΦΕΛΗΚΑΙΕΠΕ
ΣΚΙΑΖΕΝΑΥΤΟΥΣΕΦΟ
ΒΗΘΗΣΑΝΔΕΕΝΤΩΕΙΣ
ΕΛΘΕΙΝΑΥΤΟΥΣΕΙΣΤΗΝ
9:35 ΝΕΦΕΛΗΝΚΑΙΦΩΝΗ
ΕΓΕΝΕΤΟΕΚΤΗΣΝΕΦΕ
ΛΗΣΛΕΓΟΥΣΑΟΥΤΟΣΕ
ΣΤΙΝΟΥΙΟΣΜΟΥΟΕΚ
ΛΕΛΕΓΜΕΝΟΣΑΥΤΟΥΑ
9:36 ΚΟΥΕΤΕ ΚΑΙΕΝΤΩΓΕ
ΝΕΣΘΑΙΤΗΝΦΩΝΗΝ
ΕΥΡΕΘΗΙΣΜΟΝΟΣΚΑΙΑΥ
ΤΟΙΕΣΕΙΓΗΣΑΝΚΑΙΟΥΔΕ

ΝΙΑΠΗΓΓΕΙΛΑΝΕΝΕΚΕΙ
ΝΑΙΣΤΑΙΣΗΜΕΡΑΙΣΟΥ
ΔΕΝΩΝΕΩΡΑΚΑΝ
ΟΑ ΕΓΕΝΕΤΟΔΕΤΗΕΞΗΣ 9:37
ΗΜΕΡΑΚΑΤΕΛΘΟΝΤΩΝ
ΑΥΤΩΝΑΠΟΤΟΥΟΡΟΥΣ
ΣΥΝΗΝΤΗΣΕΝΑΥΤΩ
ΟΧΛΟΣΠΟΛΥΣΚΑΙΪΔΟΥ 9:38
ΑΝΗΡΑΠΟΤΟΥΟΧΛΟΥ
ΕΒΟΗΣΕΝΛΕΓΩΝΔΙΔΑ
ΣΚΑΛΕΔΕΟΜΑΙΣΟΥΕΠΙ
ΒΛΕΨΑΙΕΠΙΤΟΝΥΙΟΝ
ΜΟΥΟΤΙΜΟΝΟΓΕΝΗΣ
ΜΟΙΕΣΤΙΝΚΑΙΪΔΟΥΠΝΕΥ 9:39
ΜΑΛΑΜΒΑΝΕΙΑΥΤΟΝΚΑΙΕ
ΞΑΙΦΝΗΣΚΡΑΖΕΙΚΑΙ
ΣΠΑΡΑΣΣΕΙΑΥΤΟΝΜΕ
ΤΑΑΦΡΟΥΚΑΙΜΟΛΙΣΑ
ΠΟΧΩΡΕΙΑΠΑΥΤΟΥΣΥΝ
ΤΡΕΙΒΟΝΑΥΤΟΝΚΑΙΕΔΕ 9:40
ΗΘΗΝΤΩΝΜΑΘΗΤΩΝ
ΣΟΥΪΝΑΕΚΒΑΛΩΣΙΝΑΥ
ΤΟΚΑΙΟΥΚΗΔΥΝΗΘΗΣΑΝ
ΑΠΟΚΡΙΘΕΙΣΔΕΟΙΣΕΙΠΕΝ 9:41
ΩΓΕΝΕΑΑΠΙΣΤΟΣΚΑΙ
ΔΙΕΣΤΡΑΜΜΕΝΗΕΩΣ
ΠΟΤΕΕΣΟΜΑΙΠΡΟΣΥΜΑΣ
ΚΑΙΑΝΕΞΟΜΑΙΫΜΩΝ
ΠΡΟΣΑΓΑΓΕΩΔΕΤΟΝΥΙ
ΟΝΣΟΥΕΤΙΔΕΠΡΟΣΕΡ 9:42
ΧΟΜΕΝΟΥΑΥΤΟΥΕΡΡΗ
ΞΕΝΑΥΤΟΝΤΟΔΑΙΜΟ
ΝΙΟΝΚΑΙΣΥΝΕΣΠΑΡΑΞΕΝ
ΕΠΕΤΕΙΜΗΣΕΝΔΕΟΙΣΤΩ
ΠΝΕΥΜΑΤΙΤΩΑΚΑΘΑΡ
ΤΩΚΑΙΪΑΣΑΤΟΤΟΝΠΑΙ
ΔΑΚΑΙΑΠΕΔΩΚΕΝΑΥ
ΤΟΝΤΩΠΑΤΡΙΑΥΤΟΥ
ΕΞΕΠΛΗΣΣΟΝΤΟΔΕΠΑΝ 9:43
ΤΕΣΕΠΙΤΗΜΕΓΑΛΕΙΟ
ΤΗΤΙΤΟΥΘΥ
ΟΒ ΠΑΝΤΩΝΔΕΘΑΥΜΑΖΟΝ

ΤΩΝΕΠΙΠΑCΙΝΟΙCΕΠΟΙ
ΕΙΕΙΠΕΝΠΡΟCΤΟΥCΜΑ
9:44 ΘΗΤΑCΑΥΤΟΥΘΕCΘΕ
ΥΜΕΙCΕΙCΤΑΩΤΑΫΜΩ̄
ΤΟΥCΛΟΓΟΥCΤΟΥΤΟΥC
ΟΓΑΡΥΙΟCΤΟΥΑΝΘΡΩ
ΠΟΥΜΕΛΛΕΙΠΑΡΑΔΙΔΟ
CΘΑΙΕΙCΧΕΙΡΑCΑΝΘΡΩ
9:45 ΠΩΝΟΙΔΕΗΓΝΟΟΥΝΤΟ
ΡΗΜΑΤΟΥΤΟΚΑΙΗΝΠΑ
ΡΑΚΕΚΑΛΥΜΜΕΝΟΝΑΠΑΥ
ΤΩΝΪΝΑΜΗΑΙCΘΩΝΤΑΙ
ΑΥΤΟΚΑΙΕΦΟΒΟΥΝΤΟ
ΕΡΩΤΗCΑΙΑΥΤΟΝΠΕ
ΡΙΤΟΥΡΗΜΑΤΟCΤΟΥΤΟΥ
9:46 ΕΙCΗΛΘΕΝΔΕΔΙΑΛΟΓΙ
CΜΟCΕΝΑΥΤΟΙCΤΟΤΙC
ΑΝΕΙΗΜΕΙΖΩΝΑΥΤΩ̄
9:47 ΟΔΕΙ̅C̅ΕΙΔΩCΤΟΝΔΙΑΛΟ
ΓΙCΜΟΝΤΗCΚΑΡΔΙΑCΑΥ
ΤΩΝΕΠΙΛΑΒΟΜΕΝΟC
ΠΑΙΔΙΟΝΕCΤΗCΕΝΑΥ
9:48 ΤΟΠΑΡΕΑΥΤΩΚΑΙΕΙΠΕ̄
ΑΥΤΟΙCΟCΕΑΝΔΕΞΗΤΑΙ
ΤΟΥΤΟΤΟΠΑΙΔΙΟΝΕΠΙ
ΤΩΟΝΟΜΑΤΙΜΟΥΕΜΕ
ΔΕΧΕΤΑΙΚΑΙΟCΑΝΕΜΕ
ΔΕΞΗΤΑΙΔΕΧΕΤΑΙΤΟ̄
ΑΠΟCΤΕΙΛΑΝΤΑΜΕΟ
ΓΑΡΜΕΙΚΡΟΤΕΡΟCΕΝΠΑCῙ
ΫΜΙΝΫΠΑΡΧΩΝΟΥΤΟC
9:49 ΕCΤΙΝΜΕΓΑC ΑΠΟΚΡΙ
ΘΕΙCΔΕΪΩΑΝΗCΕΙΠΕΝ
ΕΠΙCΤΑΤΑΕΙΔΟΜΕΝΤΙ
ΝΑΕΝΤΩΟΝΟΜΑΤΙCΟΥ
ΕΚΒΑΛΛΟΝΤΑΔΑΙΜΟΝΙ
ΑΚΑΙΕΚΩΛΥΟΜΕΝΑΥΤΟ
ΟΤΙΟΥΚΑΚΟΛΟΥΘΕΙΜΕ
9:50 ΘΗΜΩΝ ΕΙΠΕΝΔΕΠΡΟC
ΑΥΤΟΝΙ̅C̅ΜΗΚΩΛΥΕΤΕ
ΟCΓΑΡΟΥΚΕCΤΙΝΚΑΘΥ
ΜΩΝΥΠΕΡΫΜΩΝΕCΤῙ

ΟΓ ΕΓΕΝΕΤΟΔΕΕΝΤΩϹΥΜ 9:51
ΠΛΗΡΟΥϹΘΑΙΤΑϹΗΜΕ
ΡΑϹΤΗϹΑΝΑΛΗΜΨΕΩϹ
ΑΥΤΟΥΚΑΙΑΥΤΟϹΤΟ
ΠΡΟϹΩΠΟΝΕϹΤΗΡΙϹΕ
ΤΟΥΠΟΡΕΥΕϹΘΑΙΕΙϹΪΕ
ΡΟΥϹΑΛΗΜΚΑΙΑΠΕϹΤΕΙ 9:52
ΛΕΝΑΓΓΕΛΟΥϹΠΡΟΠΡΟ
ϹΩΠΟΥΑΥΤΟΥΚΑΙΠΟ
ΡΕΥΘΕΝΤΕϹΕΙϹΗΛΘΟ
ΕΙϹΚΩΜΗΝϹΑΜΑΡΕΙΤΩ
ΩϹΕΤΟΙΜΑϹΑΙΑΥΤΩ
ΚΑΙΟΥΚΕΔΕΞΑΝΤΟΑΥ 9:53
ΤΟΝΟΤΙΤΟΠΡΟϹΩΠΟΝ
ΑΥΤΟΥΗΝΠΟΡΕΥΟΜΕ
ΝΟΝΕΙϹΙΕΡΟΥϹΑΛΗΜ
ΪΔΟΝΤΕϹΔΕΟΙΜΑΘΗ 9:54
ΤΑΙΪΑΚΩΒΟϹΚΑΙΪΩΑΝΗϹ
ΕΙΠΑΝΚΕΘΕΛΕΙϹΕΙΠΩ
ΜΕΝΠΥΡΚΑΤΑΒΗΝΑΙΑ
ΠΟΤΟΥΟΥΡΑΝΟΥΚΑΙΑ
ΝΑΛΩϹΑΙΑΥΤΟΥϹϹΤΡΑ 9:55
ΦΕΙϹΔΕΕΠΕΤΕΙΜΗϹΕ
ΑΥΤΟΙϹΚΑΙΕΠΟΡΕΥΘΗ 9:56
ϹΑΝΕΙϹΕΤΕΡΑΝΚΩΜΗ
ΟΔ ΚΑΙΠΟΡΕΥΟΜΕΝΩΝΑΥ 9:57
ΤΩΝΕΝΤΗΟΔΩΕΙΠΕΝ
ΤΙϹΠΡΟϹΑΥΤΟΝΑΚΟΛΟΥ
ΘΗϹΩϹΟΙΟΠΟΥΕΑΝΑΠΕΡ
ΧΗ ΚΑΙΕΙΠΕΝΑΥΤΩΙΚ 9:58
ΑΙΑΛΩΠΕΚΕϹΦΩΛΕ
ΟΥϹΕΧΟΥϹΙΝΚΑΙΤΑΠΕ
ΤΕΙΝΑΤΟΥΟΥΡΑΝΟΥΚΑ
ΤΑϹΚΗΝΩϹΕΙϹΟΔΕΥΙΟϹ
ΤΟΥΑΝΘΡΩΠΟΥΟΥΚΕ
ΧΕΙΠΟΥΤΗΝΚΕΦΑΛΗ
ΚΛΕΙΝΗ ΕΙΠΕΝΔΕΠΡΟϹ 9:59
ΕΤΕΡΟΝΑΚΟΛΟΥΘΕΙ
ΜΟΙΟΔΕΕΙΠΕΝΚΕΕΠΙΤΡΕ
ΨΟΝΜΟΙΠΡΩΤΟΝΑΠΕΛ
ΘΟΝΤΙΘΑΨΑΙΤΟΝΠΑ
ΤΕΡΑΜΟΥ ΕΙΠΕΝΔΕΑΥ 9:60

ΤΩΑΦΕΣΤΟΥΣΝΕΚΡΟΥΣ
ΘΑΨΑΙΤΟΥΣΕΑΥΤΩΝ
ΝΕΚΡΟΥΣΣΥΔΕΑΠΕΛ
ΘΩΝΔΙΑΓΓΕΛΛΕΤΗΝ
9:61 ΒΑΣΙΛΕΙΑΝΤΟΥΘΥΕΙΠΕ
ΔΕΚΑΙΕΤΕΡΟΣΑΚΟΛΟΥ
ΘΗΣΩΣΟΙΚΕΠΡΩΤΟΝ
ΔΕΕΠΙΤΡΕΨΟΝΜΟΙΑΠΟ
ΤΑΞΑΣΘΑΙΤΟΙΣΕΙΣΤΟ
9:62 ΟΙΚΟΝΜΟΥ ΕΙΠΕΝΔΕ
ΟΙΣΟΥΔΕΙΣΕΠΙΒΑΛΛΩΝ
ΤΗΝΧΕΙΡΑΕΠΑΡΟΤΡΟ
ΚΑΙΒΛΕΠΩΝΕΙΣΤΑΟΠΙ
ΣΩΕΥΘΕΤΟΣΕΣΤΙΝΤΗ
10:1 ΟΕ ΒΑΣΙΛΕΙΑΤΟΥΘΥ ΜΕ
ΤΑΔΕΤΑΥΤΑΑΝΕΔΕΙ
ΞΕΝΟΚΣΕΤΕΡΟΥΣΕΒΔΟ
ΜΗΚΟΝΤΑΔΥΟΚΑΙΑΠΕ
ΣΤΕΙΛΕΝΑΝΑΔΥΟΔΥΟ
ΠΡΟΠΡΟΣΩΠΟΥΑΥΤΟΥ
ΕΙΣΠΑΣΑΝΠΟΛΙΝΚΑΙ
ΤΟΠΟΝΟΥΗΜΕΛΛΕΝΑΥ
10:2 ΤΟΣΕΡΧΕΣΘΑΙ ΕΛΕΓΕΝ
ΔΕΠΡΟΣΑΥΤΟΥΣΟΜΕ
ΘΕΡΙΣΜΟΣΠΟΛΥΣΟΙΔΕ
ΕΡΓΑΤΑΙΟΛΙΓΟΙΔΕΗΘΗ
ΤΕΟΥΝΤΟΥΚΥΤΟΥΘΕ
ΡΙΣΜΟΥΟΠΩΣΕΡΓΑΤΑΣ
ΕΚΒΑΛΗΕΙΣΤΟΝΘΕΡΙΣΜΟ
10:3 ΑΥΤΟΥ ΥΠΑΓΕΤΕΙΔΟΥ
ΑΠΟΣΤΕΛΛΩΥΜΑΣ
ΩΣΑΡΝΑΣΕΝΜ ΕΣΩ
10:4 ΛΥΚΩΝΜΗΒΑΣ ΤΑΖΕ
ΤΕΒΑΛΛΑΝΤΙΟΝΜΗΠΗ
ΡΑΝΜΗΥΠΟΔΗΜΑΤΑΚΣ
ΜΗΔΕΝΑΚΑΤΑΤΗΝΟΔΟ
10:5 ΑΣΠΑΣΗΣΘΕΕΙΣΗΝΔΑΝ
ΕΙΣΕΛΘΗΤΕΟΙΚΙΑΝΠΡΩ
ΤΟΝΛΕΓΕΤΕΕΙΡΗΝΗΤΩ
10:6 ΟΙΚΩΤΟΥΤΩΚΑΙΕΑΝ
ΕΚΕΙΗΥΙΟΣΕΙΡΗΝΗΣ
ΕΠΑΝΑΠΑΗΣΕΤΑΙΕΠΑΥ

ΤΟΝΗΕΙΡΗΝΗΫΜΩΝΕΙ
ΔΕΜΗΓΕΕΦΥΜΑϹΑΝΑ
ΚΑΜΨΕΙΕΝΑΥΤΗΔΕΤΗ 10:7
ΟΙΚΙΑΜΕΝΕΤΕΕϹΘΟΝ
ΤΕϹΚΑΙΠΕΙΝΟΝΤΕϹΤΑ
ΠΑΡΑΥΤΩΝΑΞΙΟϹΓΑΡ
ΟΕΡΓΑΤΗϹΤΟΥΜΙϹΘΟΥ
ΟϹ̄ Α̱ΥΤΟΥ ΜΗΜΕΤΑΒΑΙ
ΝΕΤΕΕΞΟΙΚΙΑϹΕΙϹΟΙ
ΚΙΑΝΚΑΙΕΙϹΗΝΑΝΠΟ 10:8
ΛΙΝΕΙϹΕΡΧΗϹΘΕΚΑΙΔΕ
ΧΩΝΤΑΙΫΜΑϹΕϹΘΙΕ
ΤΕΤΑΠΑΡΑΤΙΘΕΜΕΝΑ
ΫΜΙΝΚΑΙΘΕΡΑΠΕΥΕΤΕ 10:9
ΤΟΥϹΕΝΑΥΤΗΑϹΘΕ
ΝΕΙϹΚΑΙΛΕΓΕΤΕΑΥΤΟΙϹ
ΗΓΓΙΚΕΝΕΦΥΜΑϹΗΒΑ
ϹΙΛΕΙΑΤΟΥΘ͞ΥΕΙϹΗΝ 10:10
ΔΑΝΠΟΛΙΝΕΙϹΕΛΘΗΤΕ
ΚΑΙΜΗΔΕΧΩΝΤΑΙΫΜΑϹ
ΕΞΕΛΘΟΝΤΕϹΕΙϹΤΑϹ
ΠΛΑΤΕΙΑϹΑΥΤΗϹΕΙΠΑ
ΤΕΚΑΙΤΟΝΚΟΝΙΟΡΤΟΝ 10:11
ΤΟΝΚΟΛΛΗΘΕΝΤΑΗΜΙ͞
ΕΚΤΗϹΠΟΛΕΩϹΫΜΩ͞
ΕΙϹΤΟΥϹΠΟΔΑϹΑΠΟ
ΜΑϹϹΟΜΕΘΑΫΜΙΝΠΛΗ
ΤΟΥΤΟΓΕΙΝΩϹΚΕΤΕ
ΟΤΙΗΓΓΙΚΕΝΗΒΑϹΙΛΕΙ
ΑΤΟΥΘ͞Υ ΛΕΓΩΥΜΙΝ 10:12
ΟΤΙϹΟΔΟΜΟΙϹΕΝΤΗ
ΗΜΕ ΡΑΕΚΕΙΝΗΑΝΕ
ΚΤΟ ΤΕΡΟΝΕϹΤΑΙΗ
Τ̱ΗΠΟΛΕΙΕΚΕΙΝΗ ΟΥ 10:13
ΑΙϹΟΙΧΟΡΑΖΕΙΝΟΥΑΙ
ϹΟΙΒΗΘϹΑΪΔΑΟΤΙΕΙΕ͞
ΤΥΡΩΚΑΙϹΕΙΔΩΝΙΕΓΕ
ΝΗΘΗϹΑΝΑΙΔΥΝΑΜΕΙϹ
ΑΙΓΕΝΟΜΕΝΑΙΕΝΫΜΙΝ
ΠΑΛΑΙΑΝΕΝϹΑΚΚΩΚΑΙ
ϹΠΟΔΩΚΑΘΗΜΕΝΟΙΜΕ
ΤΕΝΟΗϹΑΝΠΛΗΝΤΥΡΩ 10:14

ΚΑΙϹΕΙΔΩΝΙΑΝΕΚΤΟ
ΤΕΡΟΝΕϹΤΑΙΕΝΤΗΚΡΙ
10:15 ϹΕΙΗΥΜΙΝΚΑΙϹΥΚΑΦΑΡ
ΝΑΟΥΜΜΗΕΩϹ[ΤΟΥ]ΟΥΡΑ
ΝΟΥΥΨΩΘΗϹΗΕΩϹΤΟΥ
10:16 ΑΔΟΥΚΑΤΑΒΗϹΗ ΟΑ
ΚΟΥΩΝΥΜΩΝΕΜΟΥΑ
ΚΟΥΕΙΚΑΙΟΑΘΕΤΩΝΥ
ΜΑϹΕΜΕΑΘΕΤΕΙΟΔΕΕ
ΜΕΑΘΕΤΩΝΑΘΕΤΕΙΤΟ
ΑΠΟϹΤΕΙΛΑΝΤΑΜΕ
10:17 ΟΖ ΥΠΕϹΤΡΕΨΑΝΔΕΟΙΕΒΔΟ
ΜΗΚΟΝΤΑΔΥΟΜΕΤΑΧΑ
ΡΑϹΛΕΓΟΝΤΕϹΚΕΚΑΙΤΑ
ΔΑΙΜΟΝΙΑΥΠΟΤΑϹϹΕ
ΤΑΙΗΜΙΝΕΝΤΩΟΝΟΜΑ
10:18 ΤΙϹΟΥ ΕΙΠΕΝΔΕΑΥΤΟΙϹ
ΕΘΕΩΡΟΥΝΤΟΝϹΑΤΑ
ΝΑΝΕΚΤΟΥΟΥΡΑΝΟΥΩϹ
ΑϹΤΡΑΠΗΝΠΕϹΟΝΤΑ
10:19 ΙΔΟΥΔΕΔΩΚΑΥΜΙΝΤΗ
ΕΞΟΥϹΙΑΝΤΟΥΠΑΤΕΙΝ
ΕΠΑΝΩΟΦΕΩΝΚΑΙϹΚΟΡ
ΠΙΩΝΚΑΙΕΠΙΠΑϹΑΝΤΗ
ΔΥΝΑΜΙΝΤΗΝΤΟΥΕΧΘΡΟΥ
ΚΑΙΟΥΔΕΝΥΜΑϹΟΥΜΗ
10:20 ΑΔΙΚΗϹΗΠΛΗΝΕΝΤΟΥ
ΤΩΜΗΧΑΙΡΕΤΕΟΤΙΤΑ
ΠΝΕΥΜΑΤΑΥΜΙΝΥΠΟ
ΤΑϹϹΕΤΕΧΑΙΡΕΤΕΔΕ
ΟΤΙΤΑΟΝΟΜΑΤΑΥΜΩΝ
ΕΝΓΕΓΡΑΠΤΑΙΕΝΤΟΙϹ
10:21 ΟΗ ΟΥΡΑΝΟΙϹ ΕΝΑΥΤΗ
ΤΗΩΡΑΗΓΑΛΛΙΑϹΑΤΟΤΩ
ΠΝΕΥΜΑΤΙΤΩΑΓΙΩϗ
ΕΙΠΕΝΕΞΟΜΟΛΟΓΟΥΜΑΙ
ϹΟΙΠΑΤΕΡΚΕΤΟΥΟΥΡΑ
ΝΟΥΚΑΙΤΗϹΓΗϹΟΤΙΑ
ΠΕΚΡΥΨΑϹΤΑΥΤΑΑΠΟ
ϹΟΦΩΝΚΑΙϹΥΝΕΤΩΝ
ΚΑΙΑΠΕΚΑΛΥΨΑϹΑΥΤΑ
ΝΗΠΙΟΙϹΝΑΙΟΠΑΤΗΡΟ

ΤΙΟΥΤΩϹΕΥΔΟΚΙΑΕΓΕ
ΝΕΤΟΕΜΠΡΟϹΘΕΝϹΟΥ
ΠΑΝΤΑΜΟΙΠΑΡΕΔΟΘΗ 10:22
ΫΠΟΤΟΥΠΑΤΡΟϹΜΟΥΚ
ΟΥΔΕΙϹΓΕΙΝΩϹΚΕΙΤΙϹ
ΕϹΤΙΝΟΥΙΟϹΕΙΜΗΟΠΑ
ΤΗΡΚΑΙΤΙϹΕϹΤΙΝΟΠΑ
ΤΗΡΕΙΜΗΟΥΙΟϹΚΑΙΩΑ̅
ΒΟΥΛΗΤΑΙΟΥΙΟϹΑΠΟΚΑ
ΛΥΨΑΙ ΚΑΙϹΤΡΑΦΕΙϹ 10:23
ΠΡΟϹΤΟΥϹΜΑΘΗΤΑϹ
ΚΑΤΙΔΙΑΝΕΙΠΕΝΜΑΚΑ
ΡΙΟΙΟΙΟΦΘΑΛΜΟΙΟΙ
ΒΛΕΠΟΝΤΕϹΑΒΛΕΠΕΤΕ
ΛΕΓΩΓΑΡΫΜΙΝΟΤΙΠΟΛ 10:24
ΛΟΙΠΡΟΦΗΤΑΙΚΑΙΒΑϹΙ
ΛΕΙϹΗΘΕΛΗϹΑΝΪΔΕΙΝ
ΑΫΜΕΙϹΒΛΕΠΕΤΕΚΑΙΟΥ
ΚΕΙΔΑΝΚΑΙΑΚΟΥϹΑΙΙΙΟΥ
ΑΑΚΟΥΕΤΕΚΑΙΟΥΚΗΚΟΥ
ΘΘ ϹΑΝ ΚΑΙΪΔΟΥΝΟΜΙΚΟϹ 10:25
ΤΙϹΑΝΕϹΤΗΕΚΠΕΙΡΑΖΩ̅
ΑΥΤΟΝΛΕΓΩΝΔΙΔΑϹΚΑ
ΛΕΤΙΠΟΙΗϹΑϹΖΩΗΝ
ΑΙΩΝΙΟΝΚΛΗΡΟΝΟΜΗ
ϹΩ ΟΔΕΕΙΠΕΝΠΡΟϹΑΥ 10:26
ΤΟΝΕΝΤΩΝΟΜΩΤΙΓΕ
ΓΡΑΠΤΑΙΠΩϹΑΝΑΓΕΙ
ΝΩϹΚΕΙϹ ΟΔΕΑΠΟΚΡΙ 10:27
> ΘΕΙϹΕΙΠΕΝΑΓΑΠΗϹΕΙϹ
> Κ̅Ν̅ΤΟΝΘ̅Ν̅ϹΟΥΕΞΟΛΗϹΚΑΡ
> ΔΙΑϹϹΟΥΕΝΟΛΗΤΗΨΥ
> ΧΗϹΟΥΚΑΙΕΝΟΛΗΤΗΪ
> ϹΧΥΪϹΟΥΚΑΙΕΝΟΛΗΤΗ
> ΔΙΑΝΟΙΑϹΟΥΚΑΙΤΟΝΠΛΗ
> ϹΙΟΝϹΟΥΩϹϹΕΑΥΤΟΝ
ΕΙΠΕΝΔΕΑΥΤΩΟΡΘΩϹ 10:28
ΑΠΕΚΡΙΘΗϹΤΟΥΤΟΠΟΙ
ΕΙΚΑΙΖΗϹΗ ΟΔΕΘΕΛΩ̅ 10:29
ΔΙΚΑΙΩϹΑΙΕΑΥΤΟΝΕΙ
ΠΕΝΠΡΟϹΤΟΝΙ̅Ν̅ΚΑΙΤΙϹ
ΕϹΤΙΝΜΟΥΠΛΗϹΙΟΝ

10:30 ΫΠΟΛΑΒΩΝΟΙ͞CΕΙΠΕΝ
ΑΝΘΡΩΠΟCΤΙCΚΑΤΕ
ΒΑΙΝΕΝΑΠΟΪΕΡΟΥCΑΛΗΜ
ΕΙCΙΕΡΕΙΧΩΚΑΙΛΗCΤΑΙC
ΠΕΡΙΕΠΕCΕΝΟΙΚΑΙΕΚ
ΔΥCΑΝΤΕCΑΥΤΟΝΚΑΙ
ΠΛΗΓΑCΕΠΙΘΕΝΤΕCΑ
ΠΗΛΘΟΝΑΦΕΝΤΕCΗ
10:31 ΜΙΘΑΝΗ ΚΑΤΑCΥΓΚΥ
ΡΙΑΝΔΕΪΕΡΕΥCΤΙCΚΑ
ΤΑΒΑΙΝΕΝΤΗΟΔΩΕΚΕΙ
ΝΗΚΑΙΪΔΩΝΑΥΤΟΝΑ͞
10:32 ΤΙΠΑΡΗΛΘΕΝ ΟΜΟΙΩC
ΔΕΚΑΙΛΕΥΕΙΤΗCΚΑΤΑ
ΤΟΝΤΟΠΟΝΕΛΘΩΝϗ
ΪΔΩΝΑΝΤΙΠΑΡΗΛΘΕΝ
10:33 CΑΜΑΡΕΙΤΗCΔΕΤΙCΟ
ΔΕΥΩΝΗΛΘΕΝΚΑΤΑΥ
ΤΟΝΚΑΙΪΔΩΝΕCΠΛΑΓ
10:34 ΧΝΙCΘΗΚΑΙΠΡΟCΕΛΘΩ͞
ΚΑΤΕΔΗCΕΤΑΤΡΑΥΜΑ
ΤΑΑΥΤΟΥΕΠΙΧΕΩΝΕ
ΛΑΙΟΝΚΑΙΟΙΝΟΝΕΠΙΒΙ
ΒΑCΑCΔΕΑΥΤΟΝΕΠΙΤΟ
ΪΔΙΟΝΚΤΗΝΟCΗΓΑΓΕ͞
ΑΥΤΟΝΕΙCΠΑΝΔΟΧΕΙ
ΕΠ
ΟΝΚΑΙΕΜΕΜΕΛΗΘΗΑΥ
10:35 ΤΟΥΚΑΙΕΠΙΤΗΝΑΥΡΙΟ͞
ΕΚΒΑΛΩΝΕΔΩΚΕΝΔΥ
ΟΔΗΝΑΡΙΑΤΩΠΑΝΔΟ
ΧΕΙΚΑΙΕΙΠΕΝΕΠΙΜΕ
ΛΗΘΗΤΙΑΥΤΟΥΚΑΙΟΤΙ
ΕΑΝΠΡΟCΔΑΠΑΝΗCΗC
ΕΓΩΕΝΤΩΕΠΑΝΕΡΧΕ
CΘΑΙΜΕΑΠΟΔΩCΩCΟΙ
10:36 ΤΙCΤΟΥΤΩΝΤΩΝΤΡΙ
ΩΝΠΛΗCΙΟΝΔΟΚΕΙCΟΙ
ΓΕΓΟΝΕΝΑΙΤΟΥΕΜΠΕ
CΟΝΤΟCΕΙCΤΟΥCΛΗ
10:37 CΤΑCΟΔΕΕΙΠΕΝΟΠΟΙ
ΗCΑCΤΟΕΛΕΟCΜΕΤΑΥ
ΤΟΥ ΕΙΠΕΝΔΕΑΥΤΩ

ΙC̅ΠΟΡΕΥΟΥΚΑΙCΥΠΟΙ
π̅ ΕΙΟΜΟΙΩC ΕΝΔΕΤΩ 10:38
ΠΟΡΕΥΕCΘΑΙΑΥΤΟΥC
ΑΥΤΟCΕΙCΗΛΘΕΝΕΙC
ΚΩΜΗΝΤΙΝΑΓΥΝΗΔΕ
ΤΙCΟΝΟΜΑΤΙΜΑΡΘΑΥ
ΠΕΔΕΞΑΤΟΑΥΤΟΝΚΑΙ 10:39
ΤΗΔΕΗΝΑΔΕΛΦΗΚΑ
ΛΟΥΜΕΝΗΜΑΡΙΑΗΚΑΙ
ΠΑΡΑΚΑΘΕCΘΕΙCΑΠΡΟC
ΤΟΥCΠΟΔΑCΤΟΥΚΥ̅Η
ΚΟΥΕΝΤΟΝΛΟΓΟΝΑΥ
ΤΟΥ ΗΔΕΜΑΡΘΑΠΕΡΙΕ 10:40
CΠΑΤΟΠΕΡΙΠΟΛΛΗΝ
ΔΙΑΚΟΝΙΑΝ ΕΠΙCΤΑCΑ
ΔΕΕΙΠΕΝΚΕ̅ΟΥΜΕΛΕΙ
CΟΙΟΤΙΗΑΔΕΛΦΗΜΟΥ
ΜΟΝΗΝΜΕΚΑΤΕΛΕΙΠΕ
ΔΙΑΚΟΝΕΙΝ ΕΙΠΕΟΥΝ
ΑΥΤΗΙΝΑΜΟΙCΥΝΑΝ
ΤΙΛΑΒΗΤΑΙ ΑΠΟΚΡΙΘΕΙC 10:41
ΔΕΕΙΠΕΝΑΥΤΗΟΚC̅ΜΑΡ
ΘΑΜΑΡΘΑΜΕΡΙΜΝΑCϏ
ΘΟΡΥΒΑΖΗΠΕΡΙΠΟΛΛΑ
ΟΛΙΓΩΝΔΕΧΡΕΙΑΕCΤΙΝ 10:42
ΗΕΝΟCΜΑΡΙΑΜΓΑΡΤΗΝΑ
ΓΑΘΗΝΜΕΡΙΔΑΕΞΕΛΕ
ΞΑΤΟΗΤΙCΟΥΚΑΦΑΙΡΕ
ΘΗCΕΤΑΙΑΥΤΗC
π̅α̅ ΚΑΙΕΓΕΝΕΤΟΕΝΤΩΕΙΝΑΙ 11:1
ΑΥΤΟΝΕΝΤΟΠΩΤΙΝΙ
ΠΡΟCΕΥΧΟΜΕΝΟΝΩC
ΕΠΑΥCΑΤΟΕΙΠΕΝΤΙC
ΤΩΝΜΑΘΗΤΩΝΑΥΤΟΥ
ΠΡΟCΑΥΤΟΝΚΕ̅ΔΙΔΑΞΟ
ΗΜΑCΠΡΟCΕΥΧΕCΘΑΙ
ΚΑΘΩCΚΑΙΪΩΑΝΗCΕΔΙ
ΔΑΞΕΤΟΥCΜΑΘΗΤΑCΑΥ
ΤΟΥ ΕΙΠΕΝΔΕΑΥΤΟΙC 11:2
ΟΤΑΝΠΡΟCΕΥΧΗCΘΕ
ΛΕΓΕΤΕΠΑΤΕΡΑΓΙΑCΘΗ
ΤΩΤΟΟΝΟΜΑCΟΥΕΛΘΕ

11:3 ΤΩΗΒΑCΙΛΕΙΑCΟΥΤΟ̄
ΑΡΤΟΝΗΜΩΝΤΟΝΕΠΙ
ΟΥCΙΟΝΔΙΔΟΥΗΜΕΙΝ
11:4 ΤΟΚΑΘΗΜΕΡΑΝΚΑΙΑΦΕC
ΗΜΙΝΤΑCΑΜΑΡΤΙΑCΗ
ΜΩΝΚΑΙΓΑΡΑΥΤΟΙΑΦΕΙ
ΟΜΕΝΠΑΝΤΙΟΦΕΙΛΟΝ
ΤΙΗΜΙΝΚΑΙΜΗΕΙCΕΝΕΓ
ΚΗCΗΜΑCΕΙCΠΕΙΡΑCΜΟ̄
11:5 ΚΑΙΕΙΠΕΝΠΡΟCΑΥΤΟΥC
ΤΙCΕΞΥΜΩΝΕΞΕΙΦΙΛΟ̄
ΚΑΙΠΟΡΕΥCΕΤΑΙΠΡΟC
ΑΥΤΟΝΜΕCΟΝΥΚΤΙΟΥ
ΚΑΙΕΙΠΗΑΥΤΩΦΙΛΕ
ΧΡΗCΟΝΜΟΙΤΡΕΙCΑΡΤΟΥC
11:6 ΕΠΕΙΔΗΦΙΛΟCΜΟΥΠΑ
ΡΕΓΕΝΕΤΟΕΞΟΔΟΥΠΡΟC
ΜΕΚΑΙΟΥΚΕΧΩΟΠΑΡΑ
11:7 ΘΗCΩΑΥΤΩΚΑΚΕΙΝΟC
ΕCΩΘΕΝΑΠΟΚΡΙΘΕΙC
ΕΙΠΗΜΗΜΟΙΚΟΠΟΥCΠΑ
ΡΕΧΕΗΔΗΗΘΥΡΑΚΕΚΛΕΙ
CΤΑΙΚΑΙΤΑΠΑΙΔΙΑΜΟΥ
ΜΕΤΕΜΟΥΕΙCΤΗΝΚΟΙ
ΤΗΝΕΙCΙΝΟΥΔΥΝΑΜΑΙ
ΑΝΑCΤΑCΔΟΥΝΑΙCΟΙ
11:8 ΛΕΓΩΥΜΙΝΕΙΚΑΙΟΥΔΩ
CΕΙΑΥΤΩΑΝΑCΤΑCΔΙ
ΑΤΟΕΙΝΑΙΦΙΛΟΝΑΥΤΟΥ
ΔΙΑΓΕΤΗΝΑΝΑΙΔΕΙΑΝ
ΑΥΤΟΥΕΓΕΡΘΕΙCΔΩCΕΙ
11:9 ΑΥΤΩΟCΩΝΧΡΗΖΕΙΚΑ
ΓΩΥΜΙΝΛ·ΕΓΩΥΜΙΝΛΕ
ΑΙΤΕΙΤΕΚΑΙΔΟΘΗCΕΤΑΙ
ΥΜΙΝΖΗΤΕΙΤΕΚΑΙΕΥ
ΡΗCΕΤΕΚΡΟΥΕΤΕΚΑΙΑ
11:10 ΝΟΙΓΗCΕΤΑΙΫΜΙΝΠΑC
ΓΑΡΟΑΙΤΩΝΛΑΜΒΑΝΕΙ
ΚΑΙΟΖΗΤΩΝΕΥΡΙCΚΕΙ
ΚΑΙΤΩΚΡΟΥΟΝΤΙΑΝΟΙ
11:11 ΓΕΤΑΙ ΤΙΝΑΔΕΕΞΥΜΩ̄
ΑΙΤΗCΕΙΤΟΝΠΑΤΕΡΑ

ΟΥΙΟϹΪΧΘΥΝΚΑΙΑΝΤΙ
ΪΧΘΥΟϹΟΦΙΝΑΥΤΩΕ
ΠΙΔΩϹΕΙΗΚΑΙΑΙΤΗϹΕΙ 11:12
ΩΟΝΕΠΙΔΩϹΕΙΑΥΤΩ
ϹΚΟΡΠΙΟΝΕΙΟΥΝΥΜΕΙϹ 11:13
ΠΟΝΗΡΟΙΫΠΑΡΧΟΝΤΕϹ
ΟΙΔΑΤΕΔΟΜΑΤΑΑΓΑΘΑ
ΔΙΔΟΝΑΙΤΟΙϹΤΕΚΝΟΙϹ
ΫΜΩΝΠΟϹΩΜΑΛΛΟΝ
ΟΠΑΤΗΡΟΕΞΟΥΡΑΝΟΥ
ΔΩϹΕΙΠΝΑΑΓΙΟΝΤΟΙϹ
ΑΙΤΟΥϹΙΝΑΥΤΟΝ
ΠΒ ΚΑΙΗΝΕΚΒΑΛΛΩΝΔΑΙ 11:14
ΜΟΝΙΟΝΚΩΦΟΝΕΓΕ
ΝΕΤΟΔΕΤΟΥΔΑΙΜΟΝΙ
ΟΥΕΞΕΛΘΟΝΤΟϹΕΛΑ
ΛΗϹΕΝΟΚΩΦΟϹΚΑΙΕ
ΘΑΥΜΑϹΑΝΟΙΟΧΛΟΙ
ΤΙΝΕϹΔΕΕΞΑΥΤΩΝΕΙ 11:15
ΠΑΝΕΝΒΕΕΖΕΒΟΥΛΤΩ
ΑΡΧΟΝΤΙΤΩΝΔΑΙΜΟ
ΝΙΩΝΕΚΒΑΛΛΕΙΤΑΔΑΙ
ΜΟΝΙΑ ΕΤΕΡΟΙΔΕΠΕΙ 11:16
ΡΑΖΟΝΤΕϹϹΗΜΕΙΟΥ
ΕΞΟΥΡΑΝΟΥΕΖΗΤΟΥ
ΠΑΡΑΥΤΟΥΑΥΤΟϹΔΕ 11:17
ΕΙΔΩϹΑΥΤΩΝΤΑΔΙΑ
ΝΟΗΜΑΤΑΕΙΠΕΝΑΥΤΟΙϹ
ΠΑϹΑΒΑϹΙΛΕΙΑΕΦΕΑΥ
ΤΗΝΔΙΑΜΕΡΙϹΘΕΙϹΑΕ
ΡΗΜΟΥΤΑΙΚΑΙΟΙΚΟϹ
ΕΠΙΟΙΚΟΝΠΕΙΠΤΕΙΕΙ 11:18
ΔΕΚΑΙΟϹΑΤΑΝΑϹΕΦΕ
ΑΥΤΟΝΔΙΕΜΕΡΙϹΘΗ
ΠΩϹϹΤΑΘΗϹΕΤΑΙΗ
ΒΑϹΙΛΕΙΑΑΥΤΟΥΟΤΙ
ΛΕΓΕΤΕΕΕΝΒΕΕΖΕΒΟΥΛ
ΕΚΒΑΛΛΕΙΝΜΕΤΑΔΑΙ
ΜΟΝΙΑΕΙΔΕΕΓΩΕΝΒΕ 11:19
ΕΖΕΒΟΥΛΕΚΒΑΛΛΩΤΑ
ΔΑΙΜΟΝΙΑΟΙΥΙΟΙΥΜΩΝ
ΕΝΤΙΝΙΕΚΒΑΛΛΟΥϹΙΝ

ΔΙΑΤΟΥΤΟΑΥΤΟΙΫΜΩ
11:20 ΚΡΙΤΑΙΕϹΟΝΤΑΙΕΙΔΕ
ΕΝΔΑΚΤΥΛΩΘΥ̅ΕΓΩ
ΕΚΒΑΛΛΩΤΑΔΑΙΜΟΝΙ
ΑΑΡΑΕΦΘΑϹΕΝΕΦΥ
ΜΑϹΗΒΑϹΙΛΕΙΑΤΟΥΘΥ̅
11:21 ΟΤΑΝΟΙϹΧΥΡΟϹΚΑΘΩ
ΠΛΙϹΜΕΝΟϹΦΥΛΑϹϹΗ
ΤΗΝΕΑΥΤΟΥΑΥΛΗΝΕΝ
ΕΙΡΗΝΗΕϹΤΙΝΤΑΥΠΑΡ
11:22 ΧΟΝΤΑΑΥΤΟΥΕΠΑΝΔΕ
ΪϹΧΥΡΟΤΕΡΟϹΑΥΤΟΥ
ΕΠΕΛΘΩΝΝΙΚΗϹΗΑΥ
ΤΟΝΤΗΝΠΑΝΟΠΛΕΙΑΝ
ΑΥΤΟΥΑΙΡΕΙΕΦΗΕΠΕ
ΠΟΙΘΕΙΚΑΙΤΑϹΚΥΛΑΑΥ
11:23 ΤΟΥΔΙΑΔΙΔΩϹΙΝ ΟΜΗ
ΩΝΜΕΤΕΜΟΥΚΑΤΕΜΟΥ
ΕϹΤΙΝΚΑΙΟΜΗϹΥΝΑΓΩ̅
ΜΕΤΕΜΟΥϹΚΟΡΠΙΖΕΙ
11:24 ΟΤΑΝΤΟΑΚΑΘΑΡΤΟΝ
ΠΝΕΥΜΑΕΞΕΛΘΗΑΠΟ
ΤΟΥΑΝΘΡΩΠΟΥΔΙΕΡΧΕ
ΤΑΙΔΙΑΝΥΔΡΩΝΤΟΠΩ̅
ΖΗΤΟΥΝΑΝΑΠΑΥϹΙΝ
ΚΑΙΜΗΕΥΡΙϹΚΟΝΤΟΤΕ
ΛΕΓΕΙΫΠΟϹΤΡΕΨΩΕΙϹ
ΤΟΝΟΙΚΟΝΜΟΥΟΘΕΝΕ
11:25 ΞΗΛΘΟΝΚΑΙΕΛΘΟΝΕΥ
ΡΙϹΚΕΙϹΧΟΛΑΖΟΝΤΑ
ϹΕϹΑΡΩΜΕΝΟΝΚΑΙΚΕ
11:26 ΚΟϹΜΗΜΕΝΟΝΤΟΤΕΠΟ
ΡΕΥΕΤΑΙΚΑΙΠΑΡΑΛΑΜ
ΒΑΝΕΙΕΤΕΡΑΠΝΕΥΜΑ
ΤΑΠΟΝΗΡΟΤΕΡΑΕΑΥΤΟΥ
ΕΠΤΑΚΑΙΕΙϹΕΛΘΟΝΤΑ
ΚΑΤΟΙΚΕΙΕΚΕΙΚΑΙΓΕΙ
ΝΕΤΑΙΤΑΕϹΧΑΤΑΤΟΥ
ΑΝΘΡΩΠΟΥΕΚΕΙΝΟΥ
ΧΕΙΡΟΝΑΤΩΝΠΡΩΤΩΝ
11:27 ΕΓΕΝΕΤΟΔΕΕΝΤΩΛΕΓΕΙΝ
ΑΥΤΟΝΤΑΥΤΑΕΠΑΡΑϹΑ

ΤΙϹΦΩΝΗΝΓΥΝΗΕΚΤΟΥ
ΟΧΛΟΥΕΙΠΕΝΑΥΤΩΜΑ
ΚΑΡΙΑΗΚΟΙΛΙΑΗΒΑϹΤΑ
ϹΑϹΕΚΑΙΜΑϹΤΟΙΟΥϹΕ
ΘΗΛΑϹΑϹΑΥΤΟϹΔΕΕΙ 11:28
ΠΕΝΜΕΝΟΥΝΜΑΚΑΡΙΟΙ
ΟΙΑΚΟΥΟΝΤΕϹΤΟΝΛΟ
ΓΟΝΤΟΥΘΥΚΑΙΦΥΛΑϹ
ΠΓ ϹΟΝΤΕϹ ΤΩΝΔΕΟΧΛΩΝ 11:29
ΕΠΑΘΡΟΙΖΟΜΕΝΩΝΗΡ
ΞΑΤΟΛΕΓΕΙΝΗΓΕΝΕΑΑΥ
ΤΗΓΕΝΕΑΠΟΝΗΡΑΕϹΤΙ
ϹΗΜΕΙΟΝΖΗΤΕΙΚΑΙϹΗ
ΜΕΙΟΝΟΥΔΟΘΗϹΕΤΑΙ
ΑΥΤΗΕΙΜΗΤΟϹΗΜΕΙΟΝ
ΪΩΝΑΚΑΘΩϹΓΑΡΕΓΕΝΕ 11:30
ΤΟΟΪΩΝΑϹΤΟΙϹΝΙΝΕΥ
ΕΙΤΑΙϹϹΗΜΕΙΟΝΟΥΤΩϹ
ΕϹΤΑΙΚΑΙΟΥΙΟϹΤΟΥΑΝ
ΘΡΩΠΟΥΤΗΓΕΝΕΑΤΑΥ
ΤΗΒΑϹΙΛΙϹϹΑΝΟΤΟΥΕ 11:31
ΓΕΡΘΗϹΕΤΑΙΕΝΤΗΚΡΙ
ϹΕΙΜΕΤΑΤΩΝΑΝΔΡΩΝ
ΤΗϹΓΕΝΕΑϹΤΑΥΤΗϹΚΑΙ
ΚΑΤΑΚΡΙΝΕΙΑΥΤΟΥϹ
ΟΤΙΗΛΘΕΝΕΚΤΩΝΠΕΡΑ
ΤΩΝΤΗϹΓΗϹΑΚΟΥϹΑΙ
ΤΗΝϹΟΦΙΑΝϹΟΛΟΜΩ
ΝΟϹΚΑΙΪΔΟΥΠΛΕΙΟΝϹΟ
ΛΟΜΩΝΟϹΩΔΕΑΝΔΡΕϹ 11:32
ΝΙΝΕΥΕΙΤΑΙΑΝΑϹΤΗ
ϹΟΝΤΑΙΕΝΤΗΚΡΙϹΕΙΜΕ
ΤΑΤΗϹΓΕΝΕΑϹΤΑΥΤΗϹ
ΚΑΙΚΑΤΑΚΡΙΝΟΥϹΙΝΑΥ
ΤΗΝΟΤΙΜΕΤΕΝΟΗϹΑΝ
ΕΙϹΤΟΚΗΡΥΓΜΑΪΩΝΑ
ΚΑΙΪΔΟΥΠΛΕΙΟΝΪΩΝΑ
ΠΔ ΩΔΕ ΟΥΔΕΙϹΛΥΧΝΟΝ 11:33
ΑΨΑϹΕΙϹΚΡΥΠΤΗΝΤΙ
ΘΗϹΙΝΟΥΔΕΥΠΟΤΟΝ
ΜΟΔΙΟΝΑΛΛΕΠΙΤΗΝ
ΛΥΧΝΙΑΝΪΝΑΟΙΕΙϹΠΟ

ΡΕΥΟΜΕΝΟΙΤΟΦΩCΒΛΕ
11:34 ΠΩCΙΝ ΟΛΥΧΝΟCΤΟΥ
CΩΜΑΤΟCΕCΤΙΝΟΟΦΘΑΛ
ΜΟCCΟΥΟΤΑΝΟΟΦΘΑΛ
ΜΟCCΟΥΑΠΛΟΥCΗΚΑΙ
ΟΛΟΝΤΟCΩΜΑCΟΥΦΩ
ΤΕΙΝΟΝΕCΤΙΝΕΠΑΝΔΕ
ΠΟΝΗΡΟCΗΚΑΙΤΟCΩΜΑ
11:35 CΟΥCΚΟΤΕΙΝΟΝCΚΟΠΕΙ
ΟΥΝΜΗΤΟΦΩCΤΟΕΝ
11:36 CΟΙCΚΟΤΟCΕCΤΙΝΕΙΟΥ
ΤΟCΩΜΑCΟΥΟΛΟΝΦΩ
ΤΕΙΝΟΝΜΗΕΧΟΝΜΕΡΟC
ΤΙCΚΟΤΕΙΝΟΝΕCΤΑΙΦΩ
ΤΕΙΝΟΝΟΛΟΝΩCΟΤΑΝ
ΟΛΥΧΝΟCΕΝΤΗΑCΤΡΑ
11:37 ΠΕ ΠΗΦΩΤΙΖΗCΕ ΕΝΔΕ
ΤΩΛΑΛΗCΑΙΕΡΩΤΑΑΥ
ΤΟΝΦΑΡΕΙCΑΙΟCΟΠΩC
ΑΡΙCΤΗCΗΠΑΡΑΥΤΩΕΙC
11:38 ΕΛΘΩΝΔΕΑΝΕΠΕCΕΝΟ
ΔΕΦΑΡΕΙCΑΙΟCΪΔΩΝΕ
ΘΑΥΜΑCΕΝΟΤΙΟΥΠΡΩ
ΤΟΝΕΒΑΠΤΙCΘΗΠΡΟΤΟΥ
11:39 ΑΡΙCΤΟΥ ΕΙΠΕΝΔΕΟΚC
ΠΡΟCΑΥΤΟΝΝΥΝΫΜΕΙC
ΟΙΦΑΡΕΙCΑΙΟΙΤΟΕΞΩ
ΘΕΝΤΟΥΠΟΤΗΡΙΟΥΚΑΙ
ΤΟΥΠΙΝΑΚΟCΚΑΘΑΡΙ
ΖΕΤΕΤΟΔΕΕCΩΘΕΝΫ
ΜΩΝΓΕΜΕΙΑΡΠΑΓΗCϏ
11:40 ΠΟΝΗΡΙΑCΑΦΡΟΝΕC
ΟΥΚΟΠΟΙΗCΑCΤΟΕΞΩ
ΘΕΝΚΑΙΤΟΕCΩΘΕΝΕΠΟΙ
11:41 ΗCΕΝΠΛΗΝΤΑΕΝΟΝΤΑ
ΔΟΤΕΕΛΕΗΜΟCΥΝΗΝ
ΚΑΙΪΔΟΥΠΑΝΤΑΚΑΘΑ
11:42 ΡΑΥΜΙΝΕCΤΙΝ ΑΛΛΑ
ΟΥΑΙΥΜΙΝΤΟΙCΦΑΡΕΙ
CΑΙΟΙCΟΤΙΑΠΟΔΕΚΑΤΟΥ
ΤΕΤΟΗΔΥΟCΜΟΝΚΑΙΤΟ
ΠΗΓΑΝΟΝΚΑΙΠΑΝΛΑ

ΧΑΝΟΝΚΑΙΠΑΡΕΡΧΕϹΘΕ
ΤΗΝΚΡΙϹΙΝΚΑΙΤΗΝΑΓΑ
ΠΗΝ ΤΟΥΘ̅Υ̅ ΤΑΥΤΑΔΕΕΔΕΙΠΟΙ
ΗϹΑΙΚΑΚΕΙΝΑΜΗΠΑΡΕΙ
ΠϚ ΝΑΙ ΟΥΑΙΥΜΙΝΤΟΙϹ 11:43
ΦΑΡΕΙϹΑΙΟΙϹΟΤΙΑΓΑ
ΠΑΤΕΤΗΝΠΡΩΤΟΚΑΘΕ
ΔΡΙΑΝΕΝΤΑΙϹϹΥΝΑΓΩ
ΓΑΙϹΚΑΙΤΟΥϹΑϹΠΑϹΜΟΥϹ
ΕΝΤΑΙϹΑΓΟΡΑΙϹ ΟΥ 11:44
ΑΙΥΜΙΝΟΤΙΕϹΤΕΩϹΤΑ
ΜΝΗΜΕΙΑΤΑΑΔΗΛΑΚΑΙ
ΟΙΑΝΘΡΩΠΟΙΟΙΠΕΡΙΠΑ
ΤΟΥΝΤΕϹΕΠΑΝΩΟΥΚΟΙ
ΔΑϹΙΝ ΑΠΟΚΡΙΘΕΙϹΔΕ 11:45
ΤΙϹΤΩΝΝΟΜΙΚΩΝΛΕ
ΓΕΙΑΥΤΩΔΙΔΑϹΚΑΛΕΤΑΥ
ΤΑΛΕΓΩΝΚΑΙΗΜΑϹΥΒΡΙ
ΖΕΙϹ ΟΔΕΕΙΠΕΝΚΑΙΥ 11:46
ΜΙΝΤΟΙϹΝΟΜΙΚΟΙϹΟΥ
ΑΙΟΤΙΦΟΡΤΙΖΕ(ΤΕ)ΤΟΥϹ
ΑΝΘΡΩΠΟΥϹΦΟΡΤΙΑ
ΔΥϹΒΑϹΤΑΚΤΑΚΑΙΑΥΤΟΙ
ΥΜΕΙϹΕΝΙΤΩΝΔΑΚΤΥ
ΛΩΝΥΜΩΝΟΥΠΡΟϹΨΑΥ
ΕΤΕΤΟΙϹΦΟΡΤΙΟΙϹ
ΠΖ ΟΥΑΙΥΜΙΝΟΤΙΟΙΚΟΔΟ 11:47
ΜΕΙΤΕΤΑΜΝΗΜΕΙΑΤΩ̅
ΠΡΟΦΗΤΩΝΟΙΔΕΠΑΤΕ
ΡΕϹΥΜΩΝΑΠΕΚΤΕΙΝΑ̅
ΑΥΤΟΥϹΑΡΑΜΑΡΤΥΡΕϹ 11:48
ΕϹΤΕΚΑΙϹΥΝΕΥΔΟΚΕΙ
ΤΕΤΟΙϹΕΡΓΟΙϹΤΩΝΠΑ
ΤΕΡΩΝΥΜΩΝΟΤΙΑΥΤΟΙ
ΜΕΝΑΠΕΚΤΕΙΝΑΝΑΥΤΟΥϹ
ΥΜΕΙϹΔΕΟΙΚΟΔΟΜΕΙΤΕ
ΔΙΑΤΟΥΤΟΚΑΙΗϹΟΦΙ 11:49
ΑΤΟΥΘ̅Υ̅ΕΙΠΕΝΑΠΟϹΤΕ
ΛΩΕΙϹΑΥΤΟΥϹΠΡΟΦΗ
ΤΑϹΚΑΙΑΠΟϹΤΟΛΟΥϹ
ΚΑΙΕΞΑΥΤΩΝΑΠΟΚΤΕ
ΝΟΥϹΙΝΚΑΙΔΙΩΞΟΥϹΙ

11:50 ΪΝΑΕΚΖΗΤΗΘΗΤΟΑΙΜΑ
ΠΑΝΤΩΝΤΩΝΠΡΟΦΗ
ΤΩΝΤΟΕΚΚΕΧΥΜΕΝΟ̅
ΑΠΟΚΑΤΑΒΟΛΗCΚΟCΜΟΥ
ΑΠΟΤΗCΓΕΝΕΑCΤΑΥΤΗC
11:51 ΑΠΟΑΙΜΑΤΟCΑΒΕΛΕΩC
ΑΙΜΑΤΟCΖΑΧΑΡΙΟΥΤΟΥ
ΑΠΟΛΟΜΕΝΟΥΜΕΤΑΞΥ
ΤΟΥΘΥCΙΑCΤΗΡΙΟΥΚΑΙ
ΤΟΥΟΙΚΟΥΝΑΙΛΕΓΩΫ
ΜΙΝΕΚΖΗΤΗΘΗCΕΤΑΙ
ΑΠΟΤΗCΓΕΝΕΑCΤΑΥ
11:52 ΠΗ ΤΗC ΟΥΑΙΥΜΙΝΤΟΙC
ΝΟΜΙΚΟΙCΟΤΙΗΡΑΤΕΤΗ̅
ΚΛΕΙΔΑΤΗCΓΝΩCΕΩC
ΑΥΤΟΙΟΥΚΕΙCΗΛΘΑΤΕ
ΚΑΙΤΟΥCΕΙCΕΡΧΟΜΕΝΟΥC
11:53 ΕΚΩΛΥCΑΤΕ ΚΑΚΕΙ
ΘΕΝΕΞΕΛΘΟΝΤΟCΑΥΤΟΥ
ΗΡΞΑΝΤΟΟΙΓΡΑΜΜΑΤΕΙC
ΚΑΙΟΙΦΑΡΕΙCΑΙΟΙΔΕΙ
ΝΩCΕΝΕΧΕΙΝΚΑΙΑΠΟ
CΤΟΜΑΤΙΖΕΙΝΑΥΤΟΝ
11:54 ΠΕΡΙΠΛΕΙΟΝΩΝΕΝΕ
ΔΡΕΥΟΝΤΕCΑΥΤΟΝΘΗ
ΡΕΥCΑΙΤΙΕΚΤΟΥCΤΟ
12:1 ΜΑΤΟCΑΥΤΟΥΕΝΟΙC
ΕΠΙCΥΝΑΧΘΕΙCΩΝΤΩ̅
ΜΥΡΙΑΔΩΝΤΟΥΟΧΛΟΥ
ΩCΤΕΚΑΤΑΠΑΤΕΙΝΑΛ
ΛΗΛΟΥC ΗΡΞΑΤΟΛΕΓΕΙ̅
ΠΡΟCΤΟΥCΜΑΘΗΤΑC
ΑΥΤΟΥΠΡΩΤΟΝΠΡΟC
ΕΧΕΤΕΕΑΥΤΟΙCΑΠΟ
ΤΗCΖΥΜΗCΗΤΙCΕCΤΙ̅
ΥΠΟΚΡΙCΙCΤΩΝΦΑΡΕΙ
12:2 CΑΙΩΝΟΥΔΕΝΔΕCΥΓΚΕ
ΚΑΛΥΜΜΕΝΟΝΕCΤΙΝ
ΟΟΥΚΑΠΟΚΑΛΥΦΘΗCΕ
ΤΑΙΚΑΙΚΡΥΠΤΟΝΟΟΥ
12:3 ΓΝΩCΘΗCΕΤΑΙΑΝΘΩ̅
ΟCΑΕΝΤΗCΚΟΤΙΑΕΙ

ΠΑΤΕΕΝΤΩΦΩΤΙΑ
ΚΟΥϹΘΗϹΕΤΑΙΚΑΙΟΠΡΟϹ
ΤΟΟΥϹΕΛΑΛΗϹΑΤΕΕΝ
ΤΟΙϹΤΑΜΕΙΟΙϹΚΗΡΥ
ΚΘΗϹΕΤΑΙΕΠΙΤΩΝΔΩ
ΜΑΤΩΝ ΛΕΓΩΔΕΫΜΙ̅ 12:4
ΤΟΙϹΦΙΛΟΙϹΜΟΥΜΗ
ΦΟΒΗΘΗΤΕΑΠΟΤΩΝ
ΑΠΟΚΤΕΙΝΟΝΤΩΝΤΟ
ϹΩΜΑΚΑΙΜΕΤΑΤΑΥΤΑ
ΜΗΕΧΟΝΤΩΝΠΕΡΙϹϹΟ
ΤΕΡΟΝΤΙΠΟΙΗϹΑΙΫΠΟ 12:5
ΔΕΙΞΩΔΕΫΜΙΝΤΙΝΑΦΟ
ΒΗΘΗΤΕΦΟΒΗΘΗΤΕ
ΤΟΝΜΕΤΑΤΟΑΠΟΚΤΕΙ
ΝΑΙΕΧΟΝΤΑΕΞΟΥϹΙΑ̅
ΕΜΒΑΛΕΙΝΕΙϹΤΗΝΓΕ
ΕΝΝΑΝΝΑΙΛΕΓΩΫΜΙΝ
ΤΟΥΤΟΝΦΟΒΗΘΗΤΕ
ΟΥΧΙΠΕΝΤΕϹΤΡΟΥΘΙ 12:6
ΑΠΩΛΟΥΝΤΑΙΑϹϹΑΡΙ
ΩΝΔΥΟΚΑΙΕΝΕΞΑΥΤΩ̅
ΟΥΚΕϹΤΙΝΕΠΙΛΕΛΗϹ
ΜΕΝΟΝΕΝΩΠΙΟΝΤΟΥ
Θ̅Υ̅ΑΛΛΑΚΑΙ ΑΙΤΡΙΧΕϹ 12:7
ΤΗϹΚΕΦΑΛΗϹΥΜΩΝ
ΠΑϹΑΙΗΡΙΘΜΗΝΤΑΙΜΗ
ΦΟΒΕΙϹΘΕΠΟΛΛΩΝϹΤΡΟΥ
ΘΙΩΝΔΙΑΦΕΡΕΤΕ
ΛΕΓΩΔΕΫΜΙΝΠΑϹΟϹ 12:8
ΑΝΟΜΟΛΟΓΗϹΕΙΕΝΕΜΟΙ
ΕΜΠΡΟϹΘΕΝΤΩΝΑΝ
ΘΡΩΠΩΝΚΑΙΟΥΙΟϹΤΟΥ
ΑΝΘΡΩΠΟΥΟΜΟΛΟΓΗ
ϹΕΙΕΝΑΥΤΩΕΜΠΡΟϹΘΕ̅
ΤΩΝΑΓΓΕΛΩΝΤΟΥΘ̅Υ̅
ΟΔΕΑΡΝΗϹΑΜΕΝΟϹΜΕ 12:9
ΕΝΩΠΙΟΝΤΩΝΑΝΘΡΩ
ΠΩΝΑΠΑΡΝΗΘΗϹΕΤΑΙ
ΕΝΩΠΙΟΝΤΩΝΑΓΓΕ
ΛΩΝΤΟΥΘ̅Υ̅ ΚΑΙΠΑϹ 12:10
ΟϹΕΡΕΙΛΟΓΟΝΕΙϹΤΟΝ

ΫΙΟΝΤΟΥΑΝΘΡΩΠΟΥ
ΑΦΕΘΗϹΕΤΑΙΑΥΤΩ
ΤΩΔΕΕΙϹΤΟΑΓΙΟΝΠΝΕΥ
ΜΑΒΛΑϹΦΗΜΗϹΑΝΤΙ
12:11 ΟΥΚΑΦΕΘΗϹΕΤΑΙ ΟΤᾹ
ΔΕΕΙϹΦΕΡΩϹΙΝΫΜΑϹ
ΕΠΙΤΑϹϹΥΝΑΓΩΓΑϹ
ΚΑΙΤΑϹΑΡΧΑϹΚΑΙΤΑϹ
ΕΞΟΥϹΙΑϹΜΗΜΕΡΙΜΝΗ
ϹΗΤΕΠΩϹΗΤΙΑΠΟΛΟ
ΓΗϹΗϹΘΕΗΤΙΕΙΠΗΤΕ
12:12 ΤΟΓΑΡΑΓΙΟΝΠΝΕΥΜΑ
ΔΙΔΑΞΕΙΫΜΑϹΕΝΑΥΤΗ
ΤΗΩΡΑΑΔΕΙΕΙΠΕΙΝ
12:13 ΠΘ̄ ΕΙΠΕΝΔΕΤΙϹΕΚΤΟΥΟ
ΧΛΟΥΑΥΤΩΔΙΔΑϹΚΑΛΕ
ΕΙΠΕΤΩΑΔΕΛΦΩΜΟΥ
ΜΕΡΙϹΑϹΘΑΙΜΕΤΕΜΟΥ
12:14 ΤΗΝΚΛΗΡΟΝΟΜΙΑΝΟΔΕ
ΕΙΠΕΝΑΥΤΩΑΝΘΡΩΠΕ
ΤΙϹΜΕΚΑΤΕϹΤΗϹΕΝΚΡΙ
ΤΗΝΗΜΕΡΙϹΤΗΝΕΦΥ
12:15 ΜΑϹ ΕΙΠΕΝΔΕΠΡΟϹΑΥ
ΤΟΥϹΟΡΑΤΕΚΑΙΦΥΛΑϹ
ϹΕϹΘΕΑΠΟΠΑϹΗϹΠΛΕ
ΟΝΕΞΙΑϹΟΤΙΟΥΚΕΝΤΩ
ΠΕΡΙϹϹΕΥΕΙΝΤΙΝΙΗΖΩ
ΗΑΥΤΟΥΕϹΤΙΝΕΚΤΩ̄
ΫΠΑΡΧΟΝΤΩΝΑΥΤΩ
12:16 Ϙ̄ ΕΙΠΕΝΔΕΠΑΡΑΒΟΛΗΝ
ΠΡΟϹΑΥΤΟΥϹΛΕΓΩΝ
ΑΝΘΡΩΠΟΥΤΙΝΟϹΠΛΟΥ
ϹΙΟΥΕΥΦΟΡΗϹΕΝΗΧΩ
12:17 ΡΑΚΑΙΔΙΕΛΟΓΙΖΕΤΟΕΝ
ΑΥΤΩΛΕΓΩΝΤΙΠΟΙΗ
ϹΩΟΤΙΟΥΚΕΧΩΠΟΥϹῩ
ΑΞΩΤΟΥϹΚΑΡΠΟΥϹ.ΜΟΥ
12:18 ΚΑΙΕΙΠΕΝΤΟΥΤΟΠΟΙ
ΗϹΩΚΑΘΕΛΩΜΟΥΤΑϹ
ΑΠΟΘΗΚΑϹΚΑΙΜΕΙΖΟ
ΝΑϹΟΙΚΟΔΟΜΗϹΩΚΑΙ
ϹΥΝΑΞΩΕΚΕΙΠΑΝΤΑ

ΤΟΝϹΕΙΤΟΝΚΑΙΤΑΑΓΑ
ΘΑΜΟΥΚΑΙΕΡΩΤΗΨΥ 12:19
ΧΗΜΟΥΨΥΧΗΕΧΕΙϹΠΟΛ
ΛΑΑΓΑΘΑΚΕΙΜΕΝΑΕΙϹ
ΕΤΗΠΟΛΛΑΑΝΑΠΑΥΟΥ
ΦΑΓΕΠΙΕΕΥΦΡΑΙΝΟΥ
ΕΙΠΕΝΔΕΑΥΤΩΟΘ̅Ϲ̅Α 12:20
ΦΡΩΝΤΑΥΤΗΤΗΝΥΚΤΙ
ΤΗΝΨΥΧΗΝϹΟΥΑΙΤΟΥ
ϹΙΝΑΠΟϹΟΥΑΔΕΗΤΟΙΜΑ
ϹΑϹΤΙΝΙΕϹΤΑΙΟΥΤΩϹ 12:21
ΟΘΗϹΑΥΡΙΖΩΝΑΥΤΩ
ΚΑΙΜΗΕΙϹΘ̅Ν̅ΠΛΟΥΤΩ̅
ΕΙΠΕΝΔΕΠΡΟϹΤΟΥϹΜΑ 12:22
ΘΗΤΑϹΔΙΑΤΟΥΤΟΛΕΓΩ
ΫΜΙΝΜΗΜΕΡΙΜΝΑΤΕ
ΤΗΨΥΧΗΤΙΦΑΓΗΤΕ
ΜΗΔΕΤΩϹΩΜΑΤΙΫΜΩ̅
ΤΙΕΝΔΥϹΗϹΘΕΗΓΑΡΨΥ 12:23
ΧΗΠΛΕΙΟΝΕϹΤΙΝΤΗϹ
ΤΡΟΦΗϹΚΑΙΤΟϹΩΜΑ
ΤΟΥΕΝΔΥΜΑΤΟϹΚΑΤΑ 12:24
ΝΟΗϹΑΤΕΤΟΥϹΚΟΡΑΚΑϹ
ΟΤΙΟΥϹΠΕΙΡΟΥϹΙΝΟΥ
ΔΕΘΕΡΙΖΟΥϹΙΝΟΙϹΟΥ
ΚΕϹΤΙΝΤΑΜΕΙΟΝΟΥΔΕ
ΑΠΟΘΗΚΗΚΑΙΟΘ̅Ϲ̅ΤΡΕ
ΦΕΙΑΥΤΟΥϹΠΟϹΩΜΑΛ
ΛΟΝΫΜΕΙϹΔΙΑΦΕΡΕΤΕ
ΤΩΝΠΕΤΕΙΝΩΝ ΤΙϹΔΕ 12:25
ΕΞΥΜΩΝΜΕΡΙΜΝΩΝ
ΔΥΝΑΤΑΙΕΠΙΤΗΝΗΛΙ
ΚΙΑΝΑΥΤΟΥΠΡΟϹΘΕΙΝΑΙ
ΠΗΧΥΝΕΙΟΥΝΟΥΔΕΕ 12:26
ΛΑΧΙϹΤΟΝΔΥΝΑϹΘΕΤΙ
ΠΕΡΙΤΩΝΛΟΙΠΩΝΜΕ
ΡΙΜΝΑΤΕΚΑΤΑΝΟΗϹΑ 12:27
ΤΕΤΑΚΡΙΝΑΠΩϹΑΥΞΑ
ΝΕΙΟΥΚΟΠΙΑΟΥΔΕΝΗ
ΘΕΙΛΕΓΩΔΕΫΜΙΝΟΥΔΕ
ϹΟΛΟΜΩΝΕΝΠΑϹΗΤΗ
ΔΟΞΗΑΥΤΟΥΠΕΡΙΕΒΑ

ΛΕΤΟΩϹΕΝΤΟΥΤΩΝ
12:28 ΕΙΔΕΕΝΑΓΡΩΤΟΝΧΟΡ
ΤΟΝΟΝΤΑϹΗΜΕΡΟΝΚΑΙ
ΑΥΡΙΟΝΕΙϹΚΛΕΙΒΑΝΟΝ
ΒΑΛΛΟΜΕΝΟΝΟΘ͞Ϲ͞ΟΥΤΩϹ
ΑΜΦΙΑΖΕΙΠΟϹΩΜΑΛ
ΛΟΝΥΜΑϹΟΛΙΓΟΠΙϹΤΟΙ
12:29 ΚΑΙΫΜΕΙϹΜΗΖΗΤΕΙΤΕ
ΤΙΦΑΓΗΤΕΚΑΙΤΙΠΙΗ
ΤΕΚΑΙΜΗΜΕΤΕΩΡΙΖΕ
12:30 ϹΘΕΤΑΥΤΑΓΑΡΠΑΝΤΑ
ΤΑΕΘΝΗΤΟΥΚΟϹΜΟΥΕ
ΠΙΖΗΤΟΥϹΙΝΫΜΩΝΔΕ
ΟΠΑΤΗΡΟΙΔΕΝΟΤΙΧΡΗ
12:31 ΖΕΤΕΤΟΥΤΩΝΠΛΗΝ
ΖΗΤΕΙΤΕΤΗΝΒΑϹΙΛΕΙ
ΑΝΑΥΤΟΥΚΑΙΤΑΥΤΑ
ΠΡΟϹΤΕΘΗϹΕΤΑΙΫΜΙ͞
12:32 ϙΑ ΜΗΦΟΒΟΥΤΟΜΕΙΚΡΟ͞
ΠΟΙΜΝΙΟΝΟΤΙΕΥΔΟΚΗ
ϹΕΝΟΠΑΤΗΡΫΜΩΝΔΟΥ
ΝΑΙΫΜΙΝΤΗΝΒΑϹΙΛΕΙΑ͞
12:33 ΠΩΛΗϹΑΤΕΤΑΫΠΑΡΧΟ͞
ΤΑΫΜΩΝΚΑΙΔΟΤΕΕΛΕ
ΗΜΟϹΥΝΗΝΠΟΙΗϹΑΤΕ
ΕΑΥΤΟΙϹΒΑΛΛΑΝΤΙΑ
ΜΗΠΑΛΑΙΟΥΜΕΝΑΘΗ
ϹΑΥΡΟΝΑΝΕΚΛΕΙΠΤΟ͞
ΕΝΤΟΙϹΟΥΡΑΝΟΙϹΟΠΟΥ
ΚΛΕΠΤΗϹΟΥΚΕΓΓΙΖΕΙ
ΟΥΔΕϹΗϹΔΙΑΦΘΕΙΡΕΙ
12:34 ΟΠΟΥΓΑΡΕϹΤΙΝΟΘΗ
ϹΑΥΡΟϹΫΜΩΝΕΚΕΙΚΑΙ
ΗΚΑΡΔΙΑΫΜΩΝΕϹΤΑΙ
12:35 ϙΒ ΕϹΤΩϹΑΝΫΜΩΝΑΙΟ
ϹΦΥΑΙϹΠΕΡΙΕΖΩϹΜΕ
ΝΑΙΚΑΙΟΙΛΥΧΝΟΙΚΑΙΟ
12:36 ΜΕΝΟΙΚΑΙΫΜΕΙϹΟΜΟΙ
ΟΙΑΝΘΡΩΠΟΙϹΠΡΟϹΔΕ
ΧΟΜΕΝΟΙϹΤΟΝΚ͞Ν͞ΕΑΥ
ΤΩΝΠΟΤΕΑΝΑΛΥϹΗΕΚ
ΤΩΝΓΑΜΩΝΪΝΑΕΛΘΟΝ

ΤΟϹΚΑΙΚΡΟΥϹΑΝΤΟϹ
ΕΥΘΕΩϹΑΝΟΙΞΩϹΙΝΑΥ
ΤΩ ΜΑΚΑΡΙΟΙΟΙΔΟΥ 12:37
ΛΟΙΕΚΕΙΝΟΙΟΥϹΕΛΘΩ̅
ΟΚϹ̅ΕΥΡΗϹΕΙΓΡΗΓΟΡΟΥ
ΤΑϹΑΜΗΝΛΕΓΩΫΜΙΝ
ΟΤΙΠΕΡΙΖΩϹΕΤΑΙΚΑΙ
ΑΝΑΚΛΙΝΕΙΑΥΤΟΥϹϗ
ΠΑΡΕΛΘΩΝΔΙΑΚΟΝΗϹΕΙ
ΑΥΤΟΙϹ ΚΑΝΕΝΤΗΔΕΥ 12:38
ΤΕΡΑΚΑΝΕΝΤΗΤΡΙΤΗ
ΦΥΛΑΚΗΕΛΘΗΚΑΙΕΥΡΗ
ΟΥΤΩϹΜΑΚΑΡΙΟΙΕΙϹΙ̅
ΕΚΕΙΝΟΙ ΤΟΥΤΟΔΕΓΕΙ 12:39
ΝΩϹΚΕΤΕΟΤΙΕΙΗΔΕΙ
ΟΟΙΚΟΔΕϹΠΟΤΗϹΠΟΙΑ
ΩΡΑΟΚΛΕΠΤΗϹΕΡΧΕ
ΤΑΙΕΓΡΗΓΟΡΗϹΕΝΑΝϗ
ΟΥΚΑΦΗΚΕΝΔΙΟΡΥΧΘΗ
ΝΑΙΤΟΝΟΙΚΟΝΑΥΤΟΥ
ΚΑΙΫΜΕΙϹΓΕΙΝΕϹΘΕΕΤΟΙ 12:40
ΜΟΙΟΤΙΗΩΡΑΟΥΔΟΚΕΙ
ΤΕΟΥΙΟϹΤΟΥΑΝΘΡΩΠΟΥ
ΕΡΧΕΤΑΙ ΕΙΠΕΝΔΕΟ 12:41
ΠΕΤΡΟϹΚΕ̅ΠΡΟϹΗΜΑϹ
ΤΗΝΠΑΡΑΒΟΛΗΝΤΑΥΤΗ̅
ΛΕΓΕΙϹΗΚΑΙΠΡΟϹΠΑΝ
ϥΓ ΤΑϹ ΚΑΙΕΙΠΕΝΟΚϹ̅ΤΙϹ 12:42
ΑΡΑΕϹΤΙΝΟΠΙϹΤΟϹΟΙ
ΚΟΝΟΜΟϹΟΦΡΟΝΙΜΟϹ
ΟΝΚΑΤΑϹΤΗϹΕΙΟΚϹ̅Ε
ΠΙΤΗϹΘΕΡΑΠΕΙΑϹΑΥΤΟΥ
ΤΟΥΔΙΔΟΝΑΙΕΝΚΑΙΡΩ
ϹΕΙΤΟΜΕΤΡΙΟΝΜΑΚΑ 12:43
ΡΙΟϹΟΔΟΥΛΟϹΕΚΕΙΝΟϹ
ΟΝΕΛΘΩΝΟΚϹ̅ΑΥΤΟΥ
ΕΥΡΗϹΕΙΠΟΙΟΥΝΤΑΟΥ
ΤΩϹΑΛΗΘΩϹΛΕΓΩΫΜΙ 12:44
ΟΤΙΕΠΙΠΑϹΙΝΤΟΙϹΫ
ΠΑΡΧΟΥϹΙΝΑΥΤΟΥΚΑ
ΤΑϹΤΗϹΕΙΑΥΤΟΝ ΕΑΝ 12:45
ΔΕΕΙΠΗΟΔΟΥΛΟϹΕΚΕΙ

ΝΟϹΕΝΤΗΚΑΡΔΙΑΑΥΤΟΥ
ΧΡΟΝΙΖΕΙΟΚ͞Ϲ͞ΜΟΥΕΡ
ΧΕϹΘΑΙΚΑΙΑΡΞΗΤΑΙΤΥ
ΠΤΕΙΝΤΟΥϹΠΑΙΔΑϹϗ
ΤΑϹΠΑΙΔΙϹΚΑϹΕϹΘΙΕΙΝ
ΤΕΚΑΙΠΕΙΝΕΙΝΚΑΙΜΕ
12:46 ΘΥϹΚΕϹΘΑΙΗΞΕΙΟΚ͞Ϲ͞ΤΟΥ
ΔΟΥΛΟΥΕΚΕΙΝΟΥΕΝΗ
ΜΕΡΑΗΟΥΠΡΟϹΔΟΚΑϗ
ΕΝΩΡΑΗΟΥΓΕΙΝΩϹΚΕΙ
ΚΑΙΔΙΧΟΤΟΜΗϹΕΙΑΥ
ΤΟΝΚΑΙΤΟΜΕΡΟϹΑΥΤΟΥ
ΜΕΤΑΤΩΝΑΠΙϹΤΩΝ
12:47 ΘΗϹΕΙ ΕΚΕΙΝΟϹΔΕΟΔΟΥ
ΛΟϹΟΓΝΟΥϹΤΟΘΕΛΗΜΑ
ΤΟΥΚ͞Υ͞ΑΥΤΟΥΚΑΙΜΗΕ
ΤΟΙΜΑϹΑϹΗΠΟΙΗϹΑϹ
ΠΡΟϹΤΟΘΕΛΗΜΑΑΥΤΟΥ
12:48 ΔΑΡΗϹΕΤΑΙΠΟΛΛΑϹΟ
ΔΕΜΗΓΝΟΥϹΠΟΙΗϹΑϹ
ΔΕΑΞΙΑΠΛΗΓΩΝΔΑΡΗ
ϹΕΤΑΙΟΛΙΓΑϹΠΑΝΤΙΔΕ
ΩΕΔΟΘΗΠΟΛΥΠΟΛΥΖΗ
ΤΗΘΗϹΕΤΑΙΠΑΡΑΥΤΟΥ
ΚΑΙΩΠΑΡΕΘΕΝΤΟΠΟΛΥ
ΠΕΡΙϹϹΟΤΕΡΟΝΑΙΤΗϹΟΥ
12:49 ϘΑ ϹΙΝΑΥΤΟΝ ΠΥΡΗΛΘΟΝ
ΒΑΛΕΙΝΕΠΙΤΗΝΓΗΝΚΑΙ
ΤΙΘΕΛΩΕΙΗΔΗΑΝΗΦΘΗ
12:50 ΒΑΠΤΙϹΜΑΔΕΕΧΩΒΑ
ΠΤΙϹΘΗΝΑΙΚΑΙΠΩϹϹΥΝ
ΕΧΟΜΑΙΕΩϹΟΤΟΥΤΕ
12:51 ΛΕϹΘΗΔΟΚΕΙΤΕΟΤΙΕΙ
ΡΗΝΗΝΠΑΡΕΓΕΝΟΜΗΝ
ΔΟΥΝΑΙΕΝΤΗΓΗΟΥΧΙ
ΛΕΓΩΫΜΙΝΑΛΛΗΔΙΑΜΕ
12:52 ΡΙϹΜΟΝ ΕϹΟΝΤΑΙΓΑΡ
ΑΠΟΤΟΥΝΥΝΠΕΝΤΕ
ΕΝΕΝΙΟΙΚΩΔΙΑΜΕΜΕ
ΡΙϹΜΕΝΟΙΤΡΕΙϹΕΠΙΔΥϹΙΝ
12:53 ΚΑΙΔΥΟΕΠΙΤΡΙϹΙΝΔΙ
ΑΜΕΡΙϹΘΗϹΟΝΤΑΙΠΑ

ΤΗΡΕΠΙΥΙΩΚΑΙΥΙΟϹΕ
ΠΙΠΑΤΡΙΜΗΤΗΡΕΠΙΘΥ
ΓΑΤΕΡΑΚΑΙΘΥΓΑΤΗΡΕ
ΠΙΤΗΝΜΗΤΕΡΑΠΕΝΘΕ
ΡΑΕΠΙΤΗΝΝΥΜΦΗΝΑΥ
ΤΗϹΚΑΙΝΥΜΦΗΕΠΙΤΗ̄
ϥε ΠΕΝΘΕΡΑΝ ΕΛΕΓΕΝ 12:54
ΔΕΚΑΙΤΟΙϹΟΧΛΟΙϹΟ
ΤΑΝΪΔΗΤΕΝΕΦΕΛΗΝ
ΑΝΑΤΕΛΛΟΥϹΑΝΕΠΙ
ΔΥϹΜΩΝΕΥΘΕΩϹΛΕΓΕ
ΤΕΟΤΙΟΜΒΡΟϹΕΡΧΕΤΑΙ
ΚΑΙΓΕΙΝΕΤΑΙΟΥΤΩϹ
ΚΑΙΟΤΑΝΝΟΤΟΝΠΝΕ 12:55
ΟΝΤΑΛΕΓΕΤΕΟΤΙΚΑΥ
ϹΩΝΕϹΤΑΙ ΚΑΙΓΕΙΝΕ
ΤΑΙΫΠΟΚΡΙΤΑΙ ΤΟΠΡΟ 12:56
ϹΩΠΟΝΤΗϹΓΗϹΚΑΙΤΟΥ
ΟΥΡΑΝΟΥΟΙΔΑΤΕΔΟΚΙ
ΜΑΖΕΙΝΤΟΝΚΑΙΡΟΝ
ΔΕΤΟΥΤΟΝΠΩϹΟΥΚΟΙ
ΔΑΤΕΔΟΚΙΜΑΖΕΙΝ
ΤΙΔΕΚΑΙΑΦΕΑΥΤΩΝ 12:57
ΟΥΚΡΕΙΝΕΤΕΤΟΔΙΚΑΙ
ΟΝΩϹΓΑΡΫΠΑΓΕΙϹΜΕ 12:58
ΤΑΤΟΥΑΝΤΙΔΙΚΟΥϹΟΥ
ΕΠΑΡΧΟΝΤΑΕΝΤΗΟ
ΔΩΔΟϹΕΡΓΑϹΙΑΝΑΠΗΛ
ΛΑΧΘΑΙΑΥΤΟΥΜΗΠΟ
ΤΕΚΑΤΑϹΥΡΗϹΕΠΡΟϹΤΟ
ΚΡΙΤΗΝΚΑΙΟΚΡΙΤΗϹ
ϹΕΠΑΡΑΔΩϹΕΙΤΩΠΡΑ
ΚΤΟΡΙΚΑΙΟΠΡΑΚΤΩΡϹΕ
ΒΑΛΕΙΕΙϹΦΥΛΑΚΗΝΛΕ 12:59
ΓΩϹΟΙΟΥΜΗΕΞΕΛΘΗϹ
ΕΚΕΙΘΕΝΕΩϹΚΑΙΤΟΕ
ϹΧΑΤΟΝΛΕΠΤΟΝΑΠΟ
ϥϛ ΔΩϹ ΠΑΡΗϹΑΝΔΕΤΙ 13:1
ΝΕϹΕΝΑΥΤΩΤΩΚΑΙΡΩ
ΑΠΑΓΓΕΛΛΟΝΤΕϹΑΥΤΩ
ΠΕΡΙΤΩΝΓΑΛΕΙΛΑΙΩ̄
ΩΝΤΟΑΙΜΑΠΕΙΛΑΤΟϹ

ΕΜΕΙΞΕΝΜΕΤΑΤΩΝΘΥ
13:2 CΙΩΝΑΥΤΩΝ ΚΑΙΑΠΟ
ΚΡΙΘΕΙCΕΙΠΕΝΑΥΤΟΙC
ΔΟΚΕΙΤΕΟΤΙΟΙΓΑΛΕΙΛΑΙ
ΟΙΟΥΤΟΙΑΜΑΡΤΩΛΟΙ
ΠΑΡΑΠΑΝΤΑCΤΟΥCΓΑ
ΛΕΙΛΑΙΟΥCΕΓΕΝΟΝΤΟ
ΟΤΙΤΑΥΤΑΠΕΠΟΝΘΑ
13:3 CΙΝΟΥΧΙΛΕΓΩΫΜΙΝΑΛΛΕ
ΑΝΜΗΜΕΤΑΝΟΗΤΕΠᾹ
ΤΕCΟΜΟΙΩCΑΠΟΛΕΙCΘΕ
13:4 ΗΕΚΕΙΝΟΙΟΙΔΕΚΑΟΚΤΩ
ΕΦΟΥCΕΠΕCΕΝΟΠΥΡ
ΓΟCΕΝΤΩCΙΛΩΑΜΚΑΙ
ΑΠΕΚΤΕΙΝΕΝΑΥΤΟΥC
ΔΟΚΕΙΤΕΟΤΙΑΥΤΟΙΟ
ΦΕΙΛΕΤΑΙΕΓΕΝΟΝΤΟ
ΠΑΡΑΠΑΝΤΑCΤΟΥCΑΝ
ΘΡΩΠΟΥCΤΟΥCΚΑΤΟΙ
ΚΟΥΝΤΑCΪΕΡΟΥCΑΛΗΜ
13:5 ΟΥΧΙΛΕΓΩΫΜΙΝΑΛΛ'Ε
ΑΝΜΗΜΕΤΑΝΟΗΤΕΠΑ
ΤΕCΩCΑΥΤΩCΑΠΟΛΕΙ
13:6 CΘΕ ΕΛΕΓΕΝΔΕΤΑΥΤΗ̄
ΤΗΝΠΑΡΑΒΟΛΗΝCΥΚΗ̄
ΕΙΧΕΝΤΙCΠΕΦΥΤΕΥ
ΜΕΝΗΝΕΝΤΩΑΜΠΕΛΩ
ΝΙΑΥΤΟΥΚΑΙΗΛΘΕΝ
ΖΗΤΩΝΚΑΡΠΟΝΕΝΑΥ
13:7 ΤΗΚΑΙΟΥΧΕΥΡΕΝΕΙΠΕ̄
ΔΕΠΡΟCΤΟΝΑΜΠΕΛΟΥΡ
ΓΟΝΪΔΟΥΤΡΙΑΕΤΗΑ
Φ'ΟΥΕΡΧΟΜΑΙΖΗΤΩΝ
ΚΑΡΠΟΝΕΝΤΗCΥΚΗ
ΤΑΥΤΗΚΑΙΟΥΧΕΥΡΙCΚΩ
ΕΚΚΟΨΟΝΑΥΤΗΝΪΝΑ
Η ΓΗΝ
ΤΙΚΑΙΤΟΝΤΟΠΟΝΚΑΤΑΡ
13:8 ΓΕΙ ΟΔΕΑΠΟΚΡΙΘΕΙC
ΛΕΓΕΙΑΥΤΩΚΕ̄ΑΦΕC
ΑΥΤΗΝΚΑΙΤΟΥΤΟΤΟ
ΕΤΟCΕΩCΟΤΟΥCΚΑΨΩ
ΠΕΡΙΑΥΤΗΝΚΑΙΒΑΛΩ

ΚΟΠΡΙΑΚΑΝΜΕΝΠΟΙΗ 13:9
ϹΗΚΑΡΠΟΝΕΙϹΤΟΜΕΛ
ΛΟΝΕΙΔΕΜΗΓΕΕΚΚΟ
ϙζ ΨΕΙϹΑΥΤΗΝ ΗΝΔΕ 13:10
ΔΙΔΑϹΚΩΝΕΝΜΙΑΤΩ̅
ϹΥΝΑΓΩΓΩΝΕΝΤΟΙϹ
ϹΑΒΒΑϹΙΝΚΑΙΪΔΟΥΓΥ 13:11
ΝΗΠΝΕΥΜΑΕΧΟΥϹΑΑ
ΕΙΗ
ϹΘΕΝΕΙΑϹΔΕΚΑΟΚΤΩ
ΚΑΙΗΝϹΥΓΚΥΠΤΟΥϹΑ
ΚΑΙΜΗΔΥΝΑΜΕΝΗΑΝΑ
ΚΥΨΑΙΕΙϹΤΟΠΑΝΤΕ
ΛΕϹΪΔΩΝΔΕΑΥΤΗΝΟ 13:12
ΙϹ̅ΠΡΟϹΕΦΩΝΗϹΕΝ
ΚΑΙΕΙΠΕΝΑΥΤΗΓΥΝΑΙ
ΑΠΟΛΕΛΥϹΑΙΤΗϹΑϹΘΕ
ΝΕΙΑϹϹΟΥΚΑΙΕΠΕΘΗ 13:13
ΚΕΝΑΥΤΗΤΑϹΧΕΙΡΑϹ
ΚΑΙΠΑΡΑΧΡΗΜΑΑΝΟΡ
ΘΩΘΗΚΑΙΕΔΟΞΑΖΕΝΤΟ̅
ΘΝ̅ ΑΠΟΚΡΙΘΕΙϹΔΕΟΑΡ 13:14
ΧΙϹΥΝΑΓΩΓΟϹΑΓΑΝΑΚΤΩ
ΟΤΙΤΩϹΑΒΒΑΤΩΕΘΕ
ΡΑΠΕΥϹΕΝΟΙϹ̅ΕΛΕΓΕΝ
ΤΩΟΧΛΩΟΤΙΕΞΗΜΕΡΑΙ
ΕΝΑΙϹ
ΕΙϹΙΝΔΕΙΕΡΓΑΖΕϹΘΑΙ
ΕΝΑΥΤΑΙϹΟΥΝΕΡΧΟΜΕ
ΝΟΙΘΕΡΑΠΕΥΕϹΘΕΚΑΙ
ΜΗΤΗΗΜΕΡΑΤΟΥϹΑΒ
ΒΑΤΟΥ ΑΠΕΚΡΙΘΗΔΕ 13:15
ΑΥΤΩΟΚϹ̅ΚΑΙΕΙΠΕΝ
ΥΠΟΚΡΙΤΑΙΕΚΑϹΤΟϹΫ
ΜΩΝΤΩϹΑΒΒΑΤΩΟΥ
ΛΥΕΙΤΟΝΒΟΥΝΑΥΤΟΥ
ΗΤΟΝΟΝΟΝΑΠΟΤΗϹΦΑ
ΓΑ
ΤΝΗϹΚΑΙΑΠΑΓΩΝΠΟΤΙ
ΖΕΙΤΑΥΤΗΝΔΕΘΥΓΑ 13:16
ΤΕΡΑΑΒΡΑΑΜΟΥϹΑΝΗΝ
ΕΔΗϹΕΝΟϹΑΤΑΝΑϹΪΔΟΥ
ΔΕΚΑΚΑΙΟΚΤΩΕΤΗΟΥ
ΚΕΔΕΙΛΥΘΗΝΑΙΑΠΟΤΟΥ
ΔΕϹΜΟΥΤΟΥΤΟΥΤΗΗ

13:17 ΜΕΡΑΤΟΥϹΑΒΒΑΤΟΥϗ
ΤΑΥΤΑΛΕΓΟΝΤΟϹΑΥΤΟΥ
ΚΑΤΗϹΧΥΝΟΝΤΟΠΑΝ
ΤΕϹΟΙΑΝΤΙΚΕΙΜΕΝΟΙ
ΑΥΤΩΚΑΙΠΑϹΟΟΧΛΟϹ
ΕΧΑΙΡΕΝΕΠΙΠΑϹΙΝΤΟΙϹ
ΕΝΔΟΞΟΙϹΤΟΙϹΓΕΝΟΜΕ
13:18 ϞΗ ΝΟΙϹΫΠΑΥΤΟΥ ΕΛΕ
ΓΕΝΟΥΝΤΙΝΙΟΜΟΙΑΕ
ϹΤΙΝΗΒΑϹΙΛΕΙΑΤΟΥΘ̄Ῡ
ΚΑΙΤΙΝΙΟΜΟΙΩϹΩΑΥ
13:19 ΤΗΝΟΜΟΙΑΕϹΤΙΝΚΟΚ
ΚΩϹΙΝΑΠΕΩϹΟΝΛΑΒΩ̄
ΑΝΘΡΩΠΟϹΕΒΑΛΕΝΕΙϹ
ΚΗΠΟΝΕΑΥΤΟΥΚΑΙΗΥ
ΞΗϹΕΝΚΑΙΕΓΕΝΕΤΟΕΙϹ
ΔΕΝΔΡΟΝΚΑΙΤΑΠΕΤΕΙ
ΝΑΤΟΥΟΥΡΑΝΟΥΚΑΤΕ
ϹΚΗΝΩϹΕΝΕΝΤΟΙϹΚΛΑ
13:20 ΔΟΙϹΑΥΤΟΥ ΚΑΙΠΑΛῙ
ΕΙΠΕΝΤΙΝΙΟΜΟΙΩϹΩ
ΤΗΝΒΑϹΙΛΕΙΑΝΤΟΥΘ̄Ῡ
13:21 ΟΜΟΙΑΕϹΤΙΝΖΥΜΗΗΝ
ΛΑΒΟΥϹΑΓΥΝΗΕΚΡΥΨΕ̄
ΕΙϹΑΛΕΥΡΟΥϹΑΤΑΤΡΙΑ
ΕΩϹΟΥΕΖΥΜΩΘΗΟΛΟ̄
13:22 ϞΘ ΚΑΙΔΙΕΠΟΡΕΥΕΤΟΚΑ
ΤΑΠΟΛΕΙϹΚΑΙΚΩΜΑϹ
ΔΙΔΑϹΚΩΝΚΑΙΠΟΡΕΙᾹ
Π̇Ο̇Ρ̇Ε̇Ι̇Α̇Ν̇ΠΟΙΟΥΜΕΝΟϹ
13:23 ΕΙϹΪΕΡΟϹΟΛΥΜΑ ΕΙΠΕΝ
ΔΕΤΙϹΑΥΤΩΚ̄Ε̄ΕΙΟΛΙ
ΓΟΙΟΙϹΩΖΟΜΕΝΟΙΟΔΕ
13:24 ΕΙΠΕΝΠΡΟϹΑΥΤΟΥϹΑ
ΓΩΝΙΖΕϹΘΕΕΙϹΕΛΘΕῙ
ΔΙΑΤΗϹϹΤΕΝΗϹΘΥ
ΡΑϹΟΤΙΠΟΛΛΟΙΛΕΓΩΫ
ΜΙΝΖΗΤΗϹΟΥϹΙΝΕΙϹ
ΕΛΘΕΙΝΚΑΙΟΥΚΙϹΧΥϹΟΥ
13:25 ϹΙΝΑΦΟΥΑΝΕΓΕΡΘΗΟ
ΟΙΚΟΔΕϹΠΟΤΗϹΚΑΙΑ
ΠΟΚΛΕΙϹΗΤΗΝΘΥΡΑΝ

ΚΑΙΑΡΞΗϹΘΕΕΞΩΕϹΤΑ
ΝΑΙΚΑΙΚΡΟΥΕΙΝΤΗΝΘΥ
ΡΑΝΛΕΓΟΝΤΕϹΚΕΑΝΟΙ
ΞΟΝΗΜΙΝ ΚΑΙΑΠΟΚΡΙΘΕΙϹ
ΕΡΕΙΫΜΙΝΟΥΚΟΙΔΑΫΜΑϹ
ΠΟΘΕΝΕϹΤΕ ΤΟΤΕΑΡ 13:26
ΞΕϹΘΕΛΕΓΕΙΝΕΦΑΓΟ
ΜΕΝΕΝΩΠΙΟΝϹΟΥΚΑΙ
ΕΠΙΟΜΕΝ ΚΑΙΕΝΤΑΙϹΠΛΑ
ΤΕΙΑΙϹΗΜΩΝΕΔΙΔΑΞΑϹ
ΚΑΙΕΡΕΙΛΕΓΩΝΫΜΙΝΟΥ 13:27
ΚΟΙΔΑΠΟΘΕΝΕϹΤΕΑΠΟ
ϹΤΗΤΕΑΠΕΜΟΥΠΑΝΤΕϹ
ΕΡΓΑΤΑΙΑΔΙΚΙΑϹΕΚΕΙ 13:28
ΕϹΤΑΙΟΚΛΑΥΘΜΟϹΚΑΙ
ΟΒΡΥΓΜΟϹΤΩΝΟΔΟΝΤΩ
Η
ΟΤΑΝΟΨΕϹΘΕ ΑΒΡΑΑΜ
ΚΑΙΪϹΑΑΚΚΑΙΪΑΚΩΒϏ
ΠΑΝΤΑϹΤΟΥϹΠΡΟΦΗ
ΤΑϹΕΝΤΗΒΑϹΙΛΕΙΑΤΟΥΘΥ
ΫΜΑϹΔΕΕΚΒΑΛΛΟΜΕΝΟΥϹ
ΕΞΩΚΑΙΗΞΟΥϹΙΝΑΠΟ 13:29
ΑΝΑΤΟΛΩΝΚΑΙΔΥϹΜΩ
ΚΑΙΑΠΟΒΟΡΡΑΚΑΙΝΟΤΟΥ
ΚΑΙΑΝΑΚΛΙΘΗϹΟΝΤΑΙ
ΕΝΤΗΒΑϹΙΛΕΙΑΤΟΥΘΥ
ΚΑΙΪΔΟΥΕΙϹΙΝΕϹΧΑΤΟΙ 13:30
ΟΙΕϹΟΝΤΑΙΠΡΩΤΟΙ ΚΑΙ
ΕΙϹΙΝΠΡΩΤΟΙΟΙΕϹΟΝ
Ρ ΤΑΙΕϹΧΑΤΟΙ ΕΝΑΥ 13:31
ΗΜΕ
ΤΗΤΗΩΡΑΠΡΟϹΗΛΘΑΝ
ΤΙΝΕϹΦΑΡΕΙϹΑΙΟΙΛΕΓΟ
ΤΕϹΑΥΤΩΕΞΕΛΘΕΚΑΙ
ΠΟΡΕΥΟΥΕΝΤΕΥΘΕΝΟ
ΤΙΗΡΩΔΗϹΘΕΛΕΙϹΕΑΠΟ
ΚΤΕΙΝΑΙ ΚΑΙΕΙΠΕΝΑΥ 13:32
ΤΟΙϹΠΟΡΕΥΘΕΝΤΕϹΕΙ
ΠΑΤΕΤΗΑΛΩΠΕΚΙΤΑΥ
ΤΗΪΔΟΥΕΚΒΑΛΛΩΔΑΙ
ΜΟΝΙΑΚΑΙΪΑϹΕΙϹΑΠΟ
ΤΕΛΩϹΗΜΕΡΟΝΚΑΙΑΥ
ΡΙΟΝΚΑΙΤΗΤΡΙΤΗΗΜΕ

13:33 ΡΑΤΕΛΕΙΟΥΜΑΙΠΛΗΝ
ΔΕΙΜΕϹΗΜΕΡΟΝΚΑΙΑΥ
ΡΙΟΝΚΑΙΤΗΕΧΟΜΕΝΗ
ΠΟΡΕΥΕϹΘΑΙΟΤΙΟΥΚΕ̅
ΔΕΧΕΤΑΙΠΡΟΦΗΤΗΝ
ΑΠΟΛΕϹΘΑΙΕΞΩΪΕΡΟΥ
13:34 ϹΑΛΗΜ ΪΕΡΟΥϹΑΛΗΜ
ΪΕΡΟΥϹΑΛΗΜΗΑΠΟΚΤΕΙ
ΝΟΥϹΑΤΟΥϹΠΡΟΦΗΤΑϹ
ΚΑΙΛΙΘΟΒΟΛΟΥϹΑΤΟΥϹ
ΑΠΕϹΤΑΛΜΕΝΟΥϹΠΡΟϹ
ΑΥΤΗΝΠΟϹΑΚΙϹΗΘΕ
ΛΗϹΑΕΠΙϹΥΝΑΞΑΙΤΑΤΕ
ΚΝΑϹΟΥΟΝΤΡΟΠΟΝΟΡ
ΝΙϹΤΗΝΕΑΥΤΗϹΝΟϹ
ϹΙΑΝΫΠΟΤΑϹΠΤΕΡΥΓΑϹ
13:35 ΚΑΙΟΥΚΗΘΕΛΗϹΑΤΕΪΔΟΥΑ
ΦΙΕΤΑΙΫΜΙΝΟΟΙΚΟϹΫΜΩ̅
ΛΕΓΩΔΕΫΜΙΝΟΥΜΗΪ
ΔΗΤΕΜΕΕΩϹΕΙΠΗΤΕ
ΕΥΛΟΓΗΜΕΝΟϹΟΕΡΧΟ
ΜΕΝΟϹΕΝΟΝΟΜΑΤΙΚ̅Ϋ̅
14:1 ΡΑ ΚΑΙΕΓΕΝΕΤΟΕΝΤΩΕΛ
ΘΕΙΝΑΥΤΟΝΕΙϹΟΙΚΟΝ
ΤΙΝΟϹΤΩΝΑΡΧΟΝΤΩ̅
ΦΑΡΕΙϹΑΙΩΝϹΑΒΒΑΤΩ
ΦΑΓΕΙΝΑΡΤΟΝΚΑΙΑΥΤΟΙ
ΗϹΑΝΠΑΡΑΤΗΡΟΥΜΕΝΟΙ
14:2 ΑΥΤΟΝΚΑΙΪΔΟΥΑΝΘΡΩ
ΠΟϹΤΙϹΗΝΫΔΡΩΠΙΚΟϹ
ΕΜΠΡΟϹΘΕΝΑΥΤΟΥ
14:3 ΚΑΙΑΠΟΚΡΙΘΕΙϹΟΙ̅Ϲ̅ΕΙ
ΠΕΝΠΡΟϹΤΟΥϹΝΟΜΙ
ΚΟΥϹΚΑΙΦΑΡΕΙϹΑΙΟΥϹ
ΛΕΓΩΝΕΞΕϹΤΙ[ΙΝ]ΤΩϹΑΒΒΑ
ΤΩΘΕΡΑΠΕΥϹΑΙΗΟΥ
14:4 ΟΙΔΕΗϹΥΧΑϹΑΝΚΑΙΕ
ΠΙΛΑΒΟΜΕΝΟϹΪΑϹΑΤΟ
ΑΥΤΟΝΚΑΙΑΠΕΛΥϹΕΝ
14:5 ΚΑΙΠΡΟϹΑΥΤΟΥϹΕΙΠΕ̅
ΤΙΝΟϹΫΜΩΝΫΙΟϹΗΒΟΥϹ
ΕΙϹΦΡΕΑΡΠΕϹΕΙΤΑΙϗ

ΟΥΚΕΥΘΕΩϹΑΝΑϹΠΑ
ϹΕΙΑΥΤΟΝΕΝΗΜΕΡΑΤΟΥ
ϹΑΒΒΑΤΟΥΚΑΙΟΥΚΙϹΧΥ 14:6
ϹΑΝΑΝΤΑΠΟΚΡΙΘΗΝΑΙ
ΡΒ ΠΡΟϹΤΑΥΤΑ ΕΛΕΓΕΝ 14:7
ΔΕΠΡΟϹΤΟΥϹΚΕΚΛΗΜΕ
ΝΟΥϹΠΑΡΑΒΟΛΗΝΕΠΕ
ΧΩΝΠΩϹΤΑϹΠΡΩΤΟ
ΚΛΙϹΙΑϹΕΞΕΛΕΓΟΝΤΟ
ΛΕΓΩΝΠΡΟϹΑΥΤΟΥϹ
ΟΤΑΝΚΛΗΘΗϹΫΠΟΤΙ 14:8
ΝΟϹΕΙϹΓΑΜΟΥϹΜΗΚΑ
ΤΑΚΛΙΘΗϹΕΙϹΤΗΝΠΡΩ
ΤΟΚΛΙϹΙΑΝΜΗΠΟΤΕΕΝ
ΤΕΙΜΟΤΕΡΟϹϹΟΥΗΚΕ
ΚΛΗΜΕΝΟϹΫΠΑΥΤΟΥ
ΚΑΙΕΛΘΩΝΟϹΕΚΑΙΑΥΤΟΝ 14:9
ΚΑΛΕϹΑϹΕΡΕΙϹΟΙΔΟϹ
ΤΟΥΤΩΤΟΠΟΝΚΑΙΤΟ
ΤΕΑΡΞΗΜΕΤΑΑΙϹΧΥΝΗϹ
ΤΟΝΕϹΧΑΤΟΝΤΟΠΟΝ
ΚΑΤΕΧΕΙΝ ΑΛΛΟΤΑΝ 14:10
ΚΛΗΘΕΙϹΠΟΡΕΥΘΕΙϹΑ
ΝΑΠΕϹΕΕΙϹΤΟΝΕϹΧΑ
ΤΟΝΤΟΠΟΝΪΝΑΟΤΑΝ
ΕΛΘΗΟΚΕΚΛΗΚΩϹϹΕ
ΕΡΕΙϹΟΙΦΙΛΕΠΡΟϹΑΝΑ
ΝΩΤΕΡΟΝ ΒΗΘΙΑΤΟΤΕΕϹΤΑΙϹΟΙ
ΔΟΞΑΕΝΩΠΙΟΝΠΑΝΤΩΝ
ΤΩΝϹΥΝΑΝΑΚΕΙΜΕ
ΝΩΝϹΟΙΟΤΙΠΑϹΟΫ 14:11
ΨΩΝΕΑΥΤΟΝΤΑΠΕΙΝΩ
ΘΗϹΕΤΑΙΚΑΙΟΤΑΠΕΙΝΩΝ
ΕΑΥΤΟΝΫΨΩΘΗϹΕΤΑΙ
ΕΛΕΓΕΝΔΕΚΑΙΤΩΚΕΚΛΗ 14:12
ΚΟΤΙΑΥΤΟΝΟΤΑΝΠΟΙ
ΗϹΑΡΙϹΤΟΝΗΔΕΙΠΝΟΝ
ΜΗΦΩΝΕΙΤΟΥϹΦΙΛΟΥϹ
ϹΟΥΜΗΔΕΤΟΥϹΑΔΕΛ
ΦΟΥϹϹΟΥΜΗΔΕΤΟΥϹ
ϹΥΓΓΕΝΕΙϹϹΟΥΜΗΓΕΙΤΟ
ΝΑϹΠΛΟΥϹΙΟΥϹΜΗΠΟ

ΤΕΚΑΙΑΥΤΟΙΑΝΤΙΚΑΛΕ
ϹΩϹΙΝϹΕΚΑΙΓΕΝΗΤΑΙ
14:13 ΑΝΤΑΠΟΔΟΜΑϹΟΙ ΑΛΛΟ
ΤΑΝΔΟΧΗΝΠΟΙΗϹΚΑΛΕΙ
ΠΤΩΧΟΥϹΑΝΑΠΕΙΡΟΥϹ
14:14 ΧΩΛΟΥϹΤΥΦΛΟΥϹΚΑΙ
ΜΑΚΑΡΙΟϹΕϹΗΟΤΙΟΥΚΕ
ΧΟΥϹΙΝΑΝΤΑΠΟΔΟΥΝΑΙ
ϹΟΙΑΝΤΑΠΟΔΟΘΗϹΕΤΑΙ
ΓΑΡϹΟΙΕΝΤΗΑΝΑϹΤΑϹΕΙ
14:15 ΤΩΝΔΙΚΑΙΩΝ ΑΚΟΥ
ϹΑϹΔΕΤΙϹΤΩΝϹΥΝΑ
ΝΑΚΕΙΜΕΝΩΝΤΑΥΤΑΕΙ
ΠΕΝΑΥΤΩΜΑΚΑΡΙΟϹ
ΟϹΤΙϹΦΑΓΕΤΑΙΑΡΤΟ̄
ΕΝΤΗΒΑϹΙΛΕΙΑΤΟΥΘ̄Ῡ
14:16 ΟΔΕΕΙΠΕΝΑΥΤΩΑΝΘΡΩ
ΠΟϹΤΙϹΕΠΟΙΕΙΔΕΙΠΝΟ̄
Ν
ΜΕΓΑΚΑΙΕΚΑΛΕϹΕΝΠΟΛ
14:17 ΛΟΥϹΚΑΙΑΠΕϹΤΕΙΛΕΝ
ΤΟΝΔΟΥΛΟΝΑΥΤΟΥΤΗ
ΩΡΑΤΟΥΔΕΙΠΝΟΥΕΙΠΕΙ
ΤΟΙϹΚΕΚΛΗΜΕΝΟΙϹΕΡ
ΧΕϹΘΕΟΤΙΗΔΗΕΤΟΙΜΑ
14:18 ΕϹΤΙΝ ΚΑΙΗΡΞΑΝΤΟΑ
ΠΟΜΙΑϹΠΑΝΤΕϹΠΑΡΑΙ
ΤΕΙϹΘΑΙ ΟΠΡΩΤΟϹΕΙΠΕ̄
ΑΥΤΩΑΓΡΟΝΗΓΟΡΑϹΑ
ΚΑΙΕΧΩΑΝΑΓΚΗΕΞΕΛ
ΘΩΝΪΔΕΙΝΑΥΤΟΝΕΡΩ
ΤΩϹΕΕΧΕΜΕΠΑΡΗΤΗΜΕ
14:19 ΝΟΝΚΑΙΕΤΕΡΟϹΕΙΠΕΝ
ΖΕΥΓΗΒΟΩΝΗΓΟΡΑϹΑ
ΠΕΝΤΕΚΑΙΠΟΡΕΥΟΜΑΙ
ΔΟΚΙΜΑϹΑΙΑΥΤΑΕΡΩΤΩ
ϹΕΕΧΕΜΕΠΑΡΗΤΗΜΕΝΟ̄
14:20 ΚΑΙΕΤΕΡΟϹΕΙΠΕΝΓΥΝΑΙ
ΚΑΕΓΗΜΑΚΑΙΔΙΑΤΟΥΤΟ
14:21 ΟΥΔΥΝΑΜΑΙΕΛΘΕΙΝΚΑΙ
ΠΑΡΑΓΕΝΟΜΕΝΟϹΟΔΟΥ
ΛΟϹΑΠΗΓΓΕΙΛΕΝΤΩΚ̄Ω̄
ΑΥΤΟΥΤΑΥΤΑ ΤΟΤΕΟΡ

ΓΙCΘΕΙCΟΟΙΚΟΔΕCΠΟΤΗC
ΕΙΠΕΤΩΔΟΥΛΩΑΥΤΟΥ
ΕΞΕΛΘΕΤΑΧΕΩCΕΙCΤΑC
ΠΛΑΤΕΙΑCΚΑΙΡΥΜΑCΤΗC
ΠΟΛΕΩCΚΑΙΤΟΥCΠΤΩ
ΧΟΥCΚΑΙΑΝΑΠΕΙΡΟΥCϏ
ΤΥΦΛΟΥCΚΑΙΧΩΛΟΥC
ΕΙCΑΓΑΓΕΩΔΕΚΑΙΕΙΠΕΝ 14:22
ΟΔΟΥΛΟCΚΕ̅ΓΕΓΟΝΕΝ
ΟΕΠΕΤΑΞΑCΚΑΙΕΤΙΤΟ
ΠΟCΕCΤΙΝ ΚΑΙΕΙΠΕΝΟ 14:23
Κ̅C̅ΠΡΟCΤΟΝΔΟΥΛΟΝ
ΕΞΕΛΘΕΕΙCΤΑCΟΔΟΥC
ΚΑΙΦΡΑΓΜΟΥCΚΑΙΑΝΑΓ
ΚΑCΟΝΕΙCΕΛΘΕΙΝΪΝΑΓΕ
ΜΙCΘΗΜΟΥΟΟΙΚΟCΛΕΓΩ 14:24
ΓΑΡΫΜΙΝΟΤΙΟΥΔΕΙCΤΩ̅
ΑΝΔΡΩΝΕΚΕΙΝΩΝΤΩΝ
ΚΕΚΛΗΜΕΝΩΝΓΕΥCΕΤΑΙ
ΜΟΥΤΟΥΔΕΙΠΝΟΥ
ΙΓ CΥΝΕΠΟΡΕΥΟΝΤΟΔΕΑΥ 14:25
ΤΩΟΧΛΟΙΠΟΛΛΟΙΚΑΙ
CΤΡΑΦΕΙCΕΙΠΕΝΠΡΟC
ΑΥΤΟΥCΕΙΤΙCΕΡΧΕΤΑΙ 14:26
ΠΡΟCΜΕΚΑΙΟΥΜΕΙCΕΙ
ΤΟΝΠΑΤΕΡΑΕΑΥΤΟΥϏ
Η ΤΗΝΜΗΤΕΡΑΚΑΙΤΗΝΓΥ
ΝΑΙΚΑΚΑΙΤΑΤΕΚΝΑΚΑΙ
ΤΟΥCΑΔΕΛΦΟΥCΚΑΙΤΑC
ΑΔΕΛΦΑCΕΤΙΤΕΚΑΙΤΗΝ
ΨΥΧΗΝΕΑΥΤΟΥΟΥΔΥΝΑ
ΤΑΙΕΙΝΑΙΜΟΥΜΑΘΗΤΗC
ΟCΤΙCΟΥΝ[ΟΥ]ΒΑCΤΑΖΕΙ 14:27
ΤΟΝCΤΑΥΡΟΝΕΑΥΤΟΥ
ΚΑΙΕΡΧΕΤΑΙΟΠΙCΩΜΟΥ
ΟΥΔΥΝΑΤΑΙΕΙΝΑΙΜΟΥ
ΜΑΘΗΤΗC ΤΙCΓΑΡΕΞΫ 14:28
ΜΩΝΘΕΛΩΝΠΥΡΓΟΝΟΙ
ΚΟΔΟΜΗCΑΙΟΥΧΙΠΡΩ
ΤΟΝΚΑΘΙCΑCΨΗΦΙΖΕΙ
ΤΗΝΔΑΠΑΝΗΝΕΙΕΧΕΙ
ΕΙCΑΠΑΡΤΙCΜΟΝΪΝΑ 14:29

ΜΗΠΟΤΕΘΕΝΤΟϹΑΥΤΟΥ
ΘΕΜΕΛΙΟΝΚΑΙΜΗΪϹΧΥ
ΟΝΤΟϹΕΚΤΕΛΕϹΑΙΠΑΝ
ΤΕϹΟΙΘΕΩΡΟΥΝΤΑΙϹΑΡ
ΞΩΝΤΑΙΑΥΤΩΕΜΠΑΙΖΕΙ
14:30 ΛΕΓΟΝΤΕϹΟΤΙΟΥΤΟϹ
ΟΑΝΘΡΩΠΟϹΗΡΞΑΤΟΟΙ
ΚΟΔΟΜΕΙΝΚΑΙΟΥΚΙϹΧΥ
14:31 ϹΕΝΕΚΤΕΛΕϹΑΙ ΗΤΙϹ
ΒΑϹΙΛΕΥϹΠΟΡΕΥΟΜΕΝΟϹ
ΕΤΕΡΩΒΑϹΙΛΕΙϹΥΜΒΑ
ΛΕΙΝΕΙϹΠΟΛΕΜΟΝΟΥΧΙ
ΚΑΘΙϹΑϹΠΡΩΤΟΝΒΟΥ
ΛΕΥϹΕΤΑΙΕΙΔΥΝΑΤΟϹΕ
ϹΙΝΕΝΔΕΚΑΧΕΙΛΙΑϹΙΝ
ΥΠΑΝΤΗϹΑΙΤΩΜΕΤΑ
ΕΙΚΟϹΙΧΕΙΛΙΑΔΩΝΕΡΧΟ
14:32 ΜΕΝΩΕΠΑΥΤΟΝΕΙΔΕΜΗ
ΓΕΕΤΙΑΥΤΟΥΠΟΡΡΩΟΝ
ΤΟϹΠΡΕϹΒΕΙΑΝΑΠΟϹΤΕΙ
ΛΑϹΕΡΩΤΑΕΙϹΕΙΡΗΝΗΝ
14:33 ΟΥΤΩϹΟΥΝΠΑϹΕΞΥΜΩΝ
ΟϹΟΥΚΑΠΟΤΑϹϹΕΤΑΙ
ΠΑϹΙΝΤΟΙϹΕΑΥΤΟΥΥ
ΠΑΡΧΟΥϹΙΝΟΥΔΥΝΑΤΑΙ
ΕΙΝΑΙΜΟΥΜΑΘΗΤΗϹ
14:34 ΚΑΛΟΝΟΥΝΤΟΑΛΑϹΕΑΝ
ΔΕΚΑΙΤΟΑΛΑϹΜΩΡΑΝ
ΘΗΕΝΤΙΝΙΑΡΤΥΘΗϹΕ
14:35 ΤΑΙΟΥΤΕΕΙϹΓΗΝΟΥΤΕ
ΕΙϹΚΟΠΡΙΑΝΕΥΘΕΤΟΝ
ΕϹΤΙΝΕΞΩΒΑΛΛΟΥϹΙΝ
ΑΥΤΟΟΕΧΩΝΩΤΑΑΚΟΥ
15:1 ΡΔ ΕΙΝΑΚΟΥΕΤΩ ΗϹΑΝ
ΔΕΑΥΤΩΕΓΓΙΖΟΝΤΕϹ
ΠΑΝΤΕϹΟΙΤΕΛΩΝΑΙΚΑΙΟΙ
ΑΜΑΡΤΩΛΟΙΑΚΟΥΕΙΝΑΥ
15:2 ΤΟΥΚΑΙΔΙΕΓΟΓΓΥΖΟΝ
ΟΙΤΕΦΑΡΕΙϹΑΙΟΙΚΑΙΟΙ
ΓΡΑΜΜΑΤΕΙϹΛΕΓΟΝΤΕϹ
ΟΤΙΟΥΤΟϹΑΜΑΡΤΩΛΟΥϹ
ΠΡΟϹΔΕΧΕΤΑΙΚΑΙϹΥΝ

ΕϹΘΙΕΙΑΥΤΟΙϹ ΕΙΠΕΝΔΕ 15:3
ΠΡΟϹΑΥΤΟΥϹΤΗΝΠΑΡΑ
ΒΟΛΗΝΤΑΥΤΗΝΛΕΓΩΝ
ΤΙϹΑΝΘΡΩΠΟϹΕΞΥΜΩ̄ 15:4
ΕΧΩΝΕΚΑΤΟΝΠΡΟΒΑΤΑ
ΑϹ
ΚΑΙΑΠΟΛΕϹΗΕΞΑΥΤΩ̄
ΕΝΟΥΚΑΤΑΛΕΙΠΕΙΤΑΕ
ΝΕΝΗΚΟΝΤΑΕΝΝΕΑΕΝ
ΤΗΕΡΗΜΩΚΑΙΠΟΡΕΥΕ
ΤΑΙΕΠΙΤΟΑΠΟΛΩΛΟϹΕ
ΩϹΕΥΡΗΑΥΤΟΚΑΙΕΥΡΩ̄ 15:5
ΕΠΙΤΙΘΗϹΙΝΕΠΙΤΟΥϹΩ
ΜΟΥϹΑΥΤΟΥΧΑΙΡΩΝϗ 15:6
ΕΛΘΩΝΕΙϹΤΟΝΟΙΚΟΝϹΥΓ
ΚΑΛΕΙΤΟΥϹΦΙΛΟΥϹΚΑΙ
ΤΟΥϹΓΕΙΤΟΝΑϹΛΕΓΩΝΑΥ
ΤΟΙϹϹΥΓΧΑΡΗΤΕΜΟΙΟ
ΤΙΕΥΡΟΝΤΟΠΡΟΒΑΤΟΝ
ΜΟΥΤΟΑΠΟΛΩΛΟϹ ΛΕΓΩ 15:7
ΫΜΙΝΟΤΙΟΥΤΩϹΧΑΡΑ
ΕΝΤΩΟΥΡΑΝΩΕϹΤΑΙΕ
ΠΙΕΝΙΑΜΑΡΤΩΛΩΜΕΤΑ
ΝΟΟΥΝΤΙΗΕΠΙΕΝΕΝΗΚΟ̄
ΤΑΕΝΝΕΑΔΙΚΑΙΟΙϹΟΙΤΙ
ΝΕϹΟΥΧΡΕΙΑΝΕΧΟΥϹῙ
ΜΕΤΑΝΟΙΑϹ ΗΤΙϹΓΥΝΗ 15:8
ΔΡΑΧΜΑϹΕΧΟΥϹΑΔΕΚΑ
ΕΑΝΑΠΟΛΕϹΗΔΡΑΧΜΗΝ
ΜΙΑΝΟΥΧΙΑΠΤΕΙΛΥΧΝΟ̄
ΚΑΙϹΑΡΟΙΤΗΝΟΙΚΙΑΝϗ
ΖΗΤΕΙΕΠΙΜΕΛΩϹΕΩϹ
ΟΥΕΥΡΗΚΑΙΕΥΡΟΥϹΑϹΥΓ 15:9
ΚΑΛΕΙΤΑϹΦΙΛΑϹΚΑΙΓΕΙ
ΤΟΝΑϹΛΕΓΟΥϹΑϹΥΓΧΑ
ΡΗΤΕΜΟΙΟΤΙΕΥΡΟΝΤΗ̄
ΔΡΑΧΜΗΝΗΝΑΠΩΛΕϹΑ
ΟΥΤΩϹΛΕΓΩΫΜΙΝΓΕΙ 15:10
ΝΕΤΑΙΧΑΡΑΕΝΩΠΙΟΝ
Ε
ΑΓΓΕΛΩΝΤΟΥΘῩΕΠΙΑΝΙ
ΑΜΑΡΤΩΛΩΜΕΤΑΝΟΟῩ
ΡΕ ΤΙ ΕΙΠΕΝΔΕΑΝΘΡΩΠΟϹ 15:11
ΤΙϹΕΙΧΕΝΔΥΟΫΙΟΥϹΚΑΙ 15:12

ΕΙΠΕΝΟΝΕΩΤΕΡΟϹΑΥΤΩ̄
ΤΩΠΑΤΡΙΠΑΤΕΡΔΟϹΜΟΙ
ΤΟΕΠΙΒΑΛΛΟΝΜΕΡΟϹΤΗϹ
ΟΥϹΙΑϹΟΔΕΔΙΕΙΛΕΝΑΥ
15:13 ΤΟΙϹΤΟΝΒΙΟΝΚΑΙΜΕΤΟΥ
ΠΟΛΛΑϹΗΜΕΡΑϹϹΥΝΑΓΑ
ΓΩΝΠΑΝΤΑΟΝΕΩΤΕΡΟϹ
ΫΙΟϹΑΠΕΔΗΜΗϹΕΝΕΙϹ
ΧΩΡΑΝΜΑΚΡΑΝΚΑΙΕΚΕΙ
ΔΙΕϹΚΟΡΠΙϹΕΝΤΗΝΟΥ
ϹΙΑΝΑΥΤΟΥΖΩΝΑϹΩ
15:14 ΤΩϹΔΑΠΑΝΗϹΑΝΤΟϹ
ΔΕΑΥΤΟΥΠΑΝΤΑΕΓΕ
ΝΕΤΟΛΕΙΜΟϹΪϹΧΥΡΑ
ΚΑΤΑΤΗΝΧΩΡΑΝΕΚΕΙ
ΝΗΝΚΑΙΑΥΤΟϹΗΡΞΑΤΟ
15:15 ΫϹΤΕΡΕΙϹΘΑΙΚΑΙΠΟΡΕΥ
ΘΕΙϹΕΚΟΛΛΗΘΗΕΝΙΤΩ̄
ΠΟΛΕΙΤΩΝΤΗϹΧΩΡΑϹ
ΕΚΕΙΝΗϹΚΑΙΕΠΕΜΨΕΝ
ΑΥΤΟΝΕΙϹΤΟΥϹΑΓΡΟΥϹ
ΑΥΤΟΥΒΟϹΚΕΙΝΧΟΙΡΟΥϹ
15:16 ΚΑΙΕΠΕΘΥΜΕΙΧΟΡΤΑϹΘΗ
ΝΑΙΕΚΤΩΝΚΕΡΑΤΙΩΝ
ΩΝΗϹΘΙΟΝΟΙΧΟΙΡΟΙϗ
ΟΥΔΕΙϹΕΔΙΔΟΥΑΥΤΩ
15:17 ΕΙϹΕΑΥΤΟΝΔΕΕΛΘΩΝ
ΕΦΗΠΟϹΟΙΜΙϹΘΙΟΙΤΟΥ
ΠΑΤΡΟϹΜΟΥΠΕΡΙϹϹΕΥ
ΟΝΤΑΙΑΡΤΩΝΕΓΩΔΕ
ΛΕΙΜΩΩΔΕΑΠΟΛΛΥΜΑΙ
15:18 ΑΝΑϹΤΑϹΠΟΡΕΥϹΟΜΑΙ
ΠΡΟϹΤΟΝΠΑΤΕΡΑΜΟΥ
ΚΑΙΕΡΩΑΥΤΩΠΑΤΕΡ
ΗΜΑΡΤΟΝΕΙϹΤΟΝΟΥ
ΡΑΝΟΝΚΑΙΕΝΩΠΙΟΝϹΟΥ
15:19 ΟΥΚΕΤΙΕΙΜΙΑΞΙΟϹΚΛΗ
ΘΗΝΑΙΥΙΟϹϹΟΥΠΟΙΗϹΟ̄
ΜΕΩϹΕΝΑΤΩΝΜΙϹΘΙΩ̄
15:20 ϹΟΥΚΑΙΑΝΑϹΤΑϹΗΛΘΕ̄
ΠΡΟϹΤΟΝΠΑΤΕΡΑΕΑΥ
ΤΟΥΕΤΙΔΕΑΥΤΟΥΜΑΚΡᾹ

ΑΠΕΧΟΝΤΟϹΕΙΔΕΝΑΥΤΟ̄
ΟΠΑΤΗΡΑΥΤΟΥΚΑΙΕϹΠΛΑΓ
ΧΝΙϹΘΗΚΑΙΔΡΑΜΩΝΕ
ΠΕΠΕϹΕΝΕΠΙΤΟΝΤΡΑ
ΧΗΛΟΝΑΥΤΟΥΚΑΙΚΑΤΕ
ΦΙΛΗϹΕΝΑΥΤΟΝ ΕΙΠΕ̄ 15:21
ΔΕΟΥΙΟϹΑΥΤΩΠΑΤΕΡ
ΗΜΑΡΤΟΝΕΙϹΤΟΝΟΥΡΑ
ΝΟΝΚΑΙΕΝΩΠΙΟΝϹΟΥ
ΟΥΚΕΤΙΕΙΜΙΑΞΙΟϹΚΛΗ
ΘΗΝΑΙΥΙΟϹϹΟΥΠΟΙΗϹΟ̄
ΜΕΩϹΕΝΑΤΩΝΜΙϹΘΙΩ̄
ϹΟΥ ΕΙΠΕΝΔΕΟΠΑΤΗΡ 15:22
ΠΡΟϹΤΟΥϹΔΟΥΛΟΥϹΑΥ
ΤΟΥΤΑΧΥΕΞΕΝΕΓΚΑΤΕ
ϹΤΟΛΗΝΤΗΝΠΡΩΤΗΝ
ΚΑΙΕΝΔΥϹΑΤΕΑΥΤΟΝ
ΚΑΙΔΟΤΕΔΑΚΤΥΛΙΟΝ
ΕΙϹΤΗΝΧΕΙΡΑΑΥΤΟΥ
ΚΑΙΫΠΟΔΗΜΑΤΑΕΙϹΤΟΥϹ
ΠΟΔΑϹΚΑΙΦΕΡΕΤΕΤΟ̄ 15:23
ΜΟϹΧΟΝΤΟΝϹΕΙΤΕΥΤΟ̄
ΘΥϹΑΤΕΚΑΙΦΑΓΟΝΤΕϹ
ΕΥΦΡΑΝΘΩΜΕΝΟΤΙ 15:24
ΟΥΤΟϹΟΥΙΟϹΜΟΥΝΕ
ΚΡΟϹΗΝΚΑΙΕΖΗϹΕΝΗ̄
ΑΠΟΛΩΛΩϹΚΑΙΕΥΡΕΘΗ
ΚΑΙΗΡΞΑΝΤΟΕΥΦΡΑΙ
ΝΕϹΘΑΙ ΗΝΔΕΟΥΙΟϹ 15:25
ΑΥΤΟΥΟΠΡΕϹΒΥΤΕΡΟϹ
ΕΝΑΓΡΩΚΑΙΩϹΕΡΧΟ
ΜΕΝΟϹΗΓΓΙϹΕΝΤΗΟΙ
ΚΙΑΗΚΟΥϹΕΝϹΥΜΦΩ
ΝΙΑϹΚΑΙΧΟΡΩΝΚΑΙΠΡΟϹ 15:26
ΚΑΛΕϹΑΜΕΝΟϹΕΝΑΤΩ̄
ΠΑΙΔΩΝΕΠΥΝΘΑΝΕΤΟ
ΤΙΑΝΕΙΗΤΑΥΤΑΟΔΕΕΙ 15:27
ΠΕΝΑΥΤΩΟΤΙΟΑΔΕΛ
ΦΟϹϹΟΥΗΚΕΙΚΑΙΕΘΥ
ϹΕΝΟΠΑΤΗΡϹΟΥΤΟΝ
ΜΟϹΧΟΝΤΟΝϹΙΤΕΥΤΟ̄
ΟΤΙΫΓΙΑΙΝΟΝΤΑΑΥΤΟ̄

15:28 ΑΠΕΛΑΒΕΝ ΩΡΓΙϹΘΗΔΕ
ΚΑΙΟΥΚΗΘΕΛΕΝΕΙϹΕΛΘΕῙ
ΟΔΕΠΑΤΗΡΑΥΤΟΥΕΞΕΛ
ΘΩΝ ΠΑΡΕΚΑΛΕΙΑΥΤΟ̄
15:29 ΟΔΕΑΠΟΚΡΙΘΕΙϹΕΙΠΕΝ
ΤΩΠΑΤΡΙΑΥΤΟΥΪΔΟΥ
ΤΟϹΑΥΤΑΕΤΗΔΟΥΛΕΥ
ΩϹΟΙΚΑΙΟΥΔΕΠΟΤΕΕ̄
ΤΟΛΗΝϹΟΥΠΑΡΗΛΘΟΝ
ΚΑΙΕΜΟΙΟΥΔΕΠΟΤΕΕ
ΔΩΚΑϹΕΡΙΦΙΟΝΪΝΑΜΕ
ΤΑΤΩΝΦΙΛΩΝΜΟΥΕΥ
15:30 ΦΡΑΝΘΩΟΤΕΔΕΟΥΙΟϹ
ϹΟΥΟΥΤΟϹΟΚΑΤΑΦΑ
ΓΩΝϹΟΥΤΟΝΒΙΟΝΜΕΤΑ
ΠΟΡΝΩΝΗΛΘΕΝΕΘΥϹΑϹ
ΑΥΤΩΤΟΝϹΕΙΤΕΥΤΟ̄
15:31 ΜΟϹΧΟΝ ΟΔΕΕΙΠΕΝ
ΑΥΤΩΤΕΚΝΟΝϹΥΠΑΝ
ΤΟΤΕΜΕΤΕΜΟΥΕΙΚΑΙ
ΠΑΝΤΑΤΑΕΜΑϹΑΕϹΤῙ
15:32 ΕΥΦΡΑΝΘΗΝΑΙΔΕΚΑΙ
ΧΑΡΗΝΑΙΕΔΕΙΟΤΙΟΑΔΕΛ
ΦΟϹϹΟΥΟΥΤΟϹΝΕΚΡΟϹ
ΗΝΚΑΙΕΖΗϹΕΝΚΑΙΑΠΟ
ΛΩΛΩϹΚΑΙΕΥΡΕΘΗ
16:1 ΙϚ ΕΛΕΓΕΝΔΕΚΑΙΠΡΟϹΤΟΥϹ
ΜΑΘΗΤΑϹΑΝΘΡΩΠΟϹ
ΤΙϹΗΝΠΛΟΥϹΙΟϹΟϹΕΙ
Ν
ΧΕΝΟΙΚΟΝΟΜΟΥϹΚΑΙΟΥ
ΤΟϹΔΙΕΒΛΗΘΗΑΥΤΩΩϹ
ΔΙΑϹΚΟΡΠΙΖΩΝΤΑΫΠΑΡΧΟ
ΤΑΑΥΤΟΥ
16:2 ΚΑΙΦΩΝΗϹΑϹΑΥΤΟΝ
ΕΙΠΕΝΑΥΤΩΤΙΤΟΥΤΟ
ΑΚΟΥΩΠΕΡΙϹΟΥΑΠΟΔΟϹ
ΤΟΝΛΟΓΟΝΤΗϹΟΙΚΟΝΟ
ΜΙΑϹϹΟΥΟΥΓΑΡΔΥΝΗϹ
16:3 ΤΙΟΙΚΟΝΟΜΕΙΝ ΕΙΠΕΝ
ΔΕΕΝΕΑΥΤΩΟΟΙΚΟΝΟ
ΜΟϹΤΙΠΟΙΗϹΩΟΤΙΟΚϹ
ΜΟΥΑΦΑΙΡΕΙΤΑΙΤΗΝ
ΟΙΚΟΝΟΜΙΑΝΑΠΕΜΟΥ

ϹΚΑΠΤΕΙΝΟΥΚΪϹΧΥω
ΚΑΙΕΠΑΙΤΕΙΝΑΙϹΧΥΝο
ΜΑΙΕΓΝΩΝΤΙΠΟΙΗϹΩ 16:4
ΪΝΑΟΤΑΝΜΕΤΑϹΤΑθω
ΕΚΤΗϹΟΙΚΟΝΟΜΙΑϹ
ΔΕΞΩΝΤΑΙΜΕΕΙϹΤΟΥϹ
ΟΙΚΟΥϹΕΑΥΤΩΝΚΑΙ 16:5
ΠΡΟϹΚΑΛΕϹΑΜΕΝΟϹΕ
ΝΑΕΚΑϹΤΟΝΤΩΝΧΡΕ
ΟΦΕΙΛΕΤΩΝΤΟΥΚΥΡΙ
ΟΥΕΑΥΤΟΥΕΛΕΓΕΝΤΩ
ΠΡΩΤΩΠΟϹΟΝΟΦΕΙΛΕΙϹ
ΤΩΚΩ̅ΜΟΥΟΔΕΕΙΠΕΝ 16:6
ΕΚΑΤΟΝΒΑΤΟΥϹΕΛΑΙΟΥ
ΟΔΕΕΙΠΕΝΑΥΤΩΔΕΞΑΙ
ϹΟΥΤΑΓΡΑΜΜΑΤΑΚΑΙ
ΚΑΘΙϹΑϹΓΡΑΨΟΝΤΑΧΕ
ΩϹΠΕΝΤΗΚΟΝΤΑ·ΕΠΕΙ 16:7
ΤΑΕΤΕΡΩΕΙΠΕΝϹΥΔΕ
ΠΟϹΟΝΟΦΕΙΛΕΙϹΟΔΕ
ΕΙΠΕΝΕΚΑΤΟΝΚΟΡΟΥϹ
ϹΙΤΟΥΛΕΓΕΙΑΥΤΩΔΕ
ΞΑΙϹΟΥΤΑΓΡΑΜΜΑΤΑ
ΚΑΙΓΡΑΨΟΝΟΓΔΟΗΚΟΝ
ΤΑ ΚΑΙΕΠΗΝΕϹΕΝΟΚϹ̅ 16:8
ΤΟΝΟΙΚΟΝΟΜΟΝΤΗϹΑ
ΔΙΚΙΑϹΟΤΙΦΡΟΝΙΜΩϹ
ΕΠΟΙΗϹΕΝΟΤΙΟΙΥΙΟΙΤΟΥ
ΑΙΩΝΟϹΤΟΥΤΟΥΦΡΟ
ΝΙΜΩΤΕΡΟΙΫΠΕΡΤΟΥϹ
ΥΙΟΥϹΤΟΥΦΩΤΟϹΕΙϹ
ΤΗΝΓΕΝΕΑΝΤΗΝΕΑΥΤΩ
ΕΙϹΙΝ ΚΑΙΕΓΩΫΜΙΝΛΕ 16:9
ΓΩΕΑΥΤΟΙϹΠΟΙΗϹΑΤΕ
ΦΙΛΟΥϹΕΚΤΟΥΜΑΜΩ
ΝΑΤΗϹΑΔΙΚΙΑϹΪΝΑΟΤΑ̅Ν
ΕΚΛΙΠΗΔΕΞΩΝΤΑΙΫΜΑϹ
ΕΙϹΤΑϹΑΙΩΝΙΟΥϹϹΚΗ
ΝΑϹ ΟΠΙϹΤΟϹΕΝΕΛΑ 16:10
ΧΙϹΤΩΚΑΙΕΝΠΟΛΛΩΠΙ
ϹΤΟϹΕϹΤΙΝΚΑΙΟΕΝΕ
ΛΑΧΙϹΤΩΑΔΙΚΟϹΚΑΙΕ̅Ν

ΠΟΛΛΩΑΔΙΚΟϹΕϹΤΙΝ
16:11 ΕΙΟΥΝΕΝΤΩΑΔΙΚΩΜΑ
ΜΩΝΑΠΙϹΤΟΙΟΥΚΕΓΕ
ΝΕϹΘΕΤΟΑΛΗΘΙΝΟΝΤΙϹ
16:12 ΫΜΙΝΠΙϹΤΕΥϹΕΙΚΑΙΕΙ
ΕΝΤΩΑΛΛΟΤΡΙΩΠΙϹΤΟΙ
ΟΥΚΕΓΕΝΕϹΘΑΙΤΟΗΜΕ
ΤΕΡΟΝΤΙϹΫΜΙΝΔΩϹΕΙ
16:13 ΡΖ ΟΥΔΕΙϹΟΙΚΕΤΗϹΔΥΝΑ
ΤΑΙΔΥϹΙΚΥΡΙΟΙϹΔΟΥΛΕΥ
ΕΙΝΗΓΑΡΤΟΝΕΝΑΜΕΙ
ϹΗϹΕΙΚΑΙΤΟΝΕΤΕΡΟΝ
ΑΓΑΠΗϹΕΙΗΕΝΟϹΑΝΘΕ
ΞΕΤΑΙΚΑΙΤΟΥΕΤΕΡΟΥ
ΚΑΤΑΦΡΟΝΗϹΕΙΟΥΔΥ
ΝΑϹΘΕΘΩΔΟΥΛΕΥΕΙΝ
16:14 ΚΑΙΜΑΜΩΝΑ ΗΚΟΥΟ
ΔΕΤΑΥΤΑΠΑΝΤΑΟΙΦΑ
ΡΕΙϹΑΙΟΙΦΙΛΑΡΓΥΡΟΙ
ΥΠΑΡΧΟΝΤΕϹΚΑΙΕΞΕ
16:15 ΜΥΚΤΗΡΙΖΟΝΑΥΤΟΝΚ
ΕΙΠΕΝΑΥΤΟΙϹΫΜΕΙϹΕ
ϹΤΕΟΙΔΙΚΑΙΟΥΝΤΕϹΕ
ΑΥΤΟΥϹΕΝΩΠΙΟΝΤΩΝ
ΑΝΘΡΩΠΩΝΟΔΕΘϹΓΕΙ
ΝΩϹΚΕΙΤΑϹΚΑΡΔΙΑϹΫ
ΜΩΝΟΤΙΤΟΕΝΑΝΘΡΩ
ΠΩΫΨΗΛΟΝΒΔΕΛΥΓΜΑ
16:16 ΡΗ ΕΝΩΠΙΟΝΚΥ ΟΝΟΜΟϹ
ΚΑΙΟΙΠΡΟΦΗΤΑΙΜΕΧΡΙ
ΪΩΑΝΟΥΑΠΟΤΟΤΕΗΒΑ
ϹΙΛΕΙΑΤΟΥΘΥΕΥΑΓΓΕ
ΛΙΖΕΤΑΙΚΑΙΠΑϹΕΙϹΑΥ
16:17 ΤΗΝΒΙΑΖΕΤΑΙΕΥΚΟΠΩ
ΤΕΡΟΝΔΕΕϹΤΙΝΤΟΝΟΥ
ΡΑΝΟΝΚΑΙΤΗΝΓΗΝΠΑ
ΡΕΛΘΕΙΝΗΤΟΥΝΟΜΟΥ
ΚΕΡΕΑΝΜΙΑΝΠΕϹΕΙΝ
16:18 ΠΑϹΟΑΠΟΛΥΩΝΤΗΝΓΥ
ΝΑΙΚΑΑΥΤΟΥΚΑΙΓΑΜΩΝ
ΕΤΕΡΑΝΜΟΙΧΕΥΕΙΚΑΙ
ΟΑΠΟΛΕΛΥΜΕΝΗΝΑΠΟ

ΑΝΔΡΟϹΓΑΜΩΝΜΟΙΧΕΥΕΙ
ΡΘ ΑΝΘΡΩΠΟϹΔΕΤΙϹΗΝΠΛΟΥ 16:19
ϹΙΟϹΚΑΙΕΝΕΔΙΔΥϹΚΕΤΟ
ΠΟΡΦΥΡΑΝΚΑΙΒΥϹϹΟ̅
ΕΥΦΡΑΙΝΟΜΕΝΟϹΚΑΘΗ
ΜΕΡΑΝΛΑΜΠΡΩϹΠΤΩ 16:20
ΧΟϹΔΕΤΙϹΟΝΟΜΑΤΙΛΑ
ΖΑΡΟϹΕΒΕΒΛΗΤΟΠΡΟϹ
ΤΟΝΠΥΛΩΝΑΑΥΤΟΥΕΙΛ
ΚΩΜΕΝΟϹΚΑΙΕΠΙΘΥΜΩ̅ 16:21
ΧΟΡΤΑϹΘΗΝΑΙΑΠΟΤΩ̅
ΠΕΙΠΤΟΝΤΩΝΑΠΟΤΗϹ
ΤΡΑΠΕΖΗϹΤΟΥΠΛΟΥ
ϹΙΟΥΑΛΛΑΚΑΙΟΙΚΥΝΕϹ
ΕΡΧΟΜΕΝΟΙΕΠΕΛΕΙΧΟ̅
ΤΑΕΛΚΗΑΥΤΟΥ ΕΓΕΝΕ 16:22
ΤΟΔΕΑΠΟΘΑΝΕΙΝΤΟΝ
ΠΤΩΧΟΝΚΑΙΑΠΕΝΕ
ΧΘΗΝΑΙΑΥΤΟΝΫΠΟΤΩ̅
ΑΓΓΕΛΩΝΕΙϹΤΟΝΚΟΛ
ΠΟΝΑΒΡΑΑΜΑΠΕΘΑΝΕ̅
ΔΕΚΑΙΟΠΛΟΥϹΙΟϹΚΑΙΕ
ΤΑΦΗΚΑΙΕΝΤΩΑΔΗΕ 16:23
ΠΑΡΑϹΤΟΥϹΟΦΘΑΛΜΟΥϹ
ΑΥΤΟΥΫΠΑΡΧΩΝΕΝΒΑ
ϹΑΝΟΙϹΟΡΑΑΒΡΑΑΜΑΠΟ
ΜΑΚΡΟΘΕΝΚΑΙΛΑΖΑΡΟ̅
ΕΝΤΟΙϹΚΟΛΠΟΙϹΑΥΤΟΥ
ΚΑΙΑΥΤΟϹΦΩΝΗϹΑϹ 16:24
ΕΙΠΕΝΠΑΤΕΡΑΒΡΑΑΜΕ
ΛΕΗϹΟΝΜΕΚΑΙΠΕΜΨΟ̅
ΛΑΖΑΡΟΝΪΝΑΒΑΨΗΤΟ
ΑΚΡΟΝΤΟΥΔΑΚΤΥΛΟΥ
ΑΥΤΟΥΫΔΑΤΟϹΚΑΙΚΑ
ΤΑΨΥΞΗΤΗΝΓΛΩϹϹΑ̅
ΜΟΥΟΤΙΟΔΥΝΩΜΑΙΕΝ
ΤΗΦΛΟΓΙΤΑΥΤΗ ΕΙΠΕ̅ 16:25
ΔΕΑΒΡΑΑΜΤΕΚΝΟΝΜΝΗ
ϹΘΗΤΙΟΤΙΑΠΕΛΑΒΕϹΤΑ
ΑΓΑΘΑϹΟΥΕΝΤΗΖΩΗϹΟΥ
ΚΑΙΛΑΖΑΡΟϹΟΜΟΙΩϹΤΑ
ΚΑΚΑΝΥΝΔΕΩΔΕΠΑΡΑ

ΚΑΛΕΙΤΑΙϹΥΔΕΟΔΥΝΑ
16:26 ϹΑΙΚΑΙΕΝΠΑϹΙΤΟΥΤΟΙϹ
ΜΕΤΑΞΥΗΜΩΝΚΑΙΥΜΩΝ
ΧΑϹΜΑΜΕΓΑΕϹΤΗΡΙΚΤΑΙ
ΟΠΩϹΟΙΘΕΛΟΝΤΕϹΔΙΑ
ΒΗΝΑΙΕΝΘΕΝΠΡΟϹΥΜΑϹ
ΜΗΔΥΝΩΝΤΑΙΜΗΔΕΕ
ΚΕΙΘΕΝΠΡΟϹΗΜΑϹΔΙΑ
16:27 ΠΕΡΩϹΙΝ ΕΙΠΕΝΔΕΕΡΩ
ΤΩϹΕΟΥΝΠΑΤΕΡΙΝΑΠΕΜ
ΨΗϹΑΥΤΟΝΕΙϹΤΟΝΟΙ
ΚΟΝΤΟΥΠΑΤΡΟϹΜΟΥ
16:28 ΕΧΩΓΑΡΠΕΝΤΕΑΔΕΛΦΟΥϹ
ΟΠΩϹΔΙΑΜΑΡΤΥΡΗΤΑΙ
ΑΥΤΟΙϹΙΝΑΜΗΚΑΙΑΥ
ΤΟΙΕΛΘΩϹΙΝΕΙϹΤΟΝΤΟ
ΠΟΝΤΟΥΤΟΝΤΗϹΒΑϹΑ
16:29 ΝΟΥ ΛΕΓΕΙΔΕΑΒΡΑΑΜ
ΕΧΟΥϹΙΜΩΥϹΕΑΚΑΙΤΟΥϹ
ΠΡΟΦΗΤΑϹΑΚΟΥϹΑΤΩ
16:30 ϹΑΝΑΥΤΩΝ ΟΔΕΕΙΠΕΝ
ΟΥΧΙΠΑΤΕΡΑΒΡΑΑΜΑΛ
ΛΕΑΝΤΙϹΑΠΟΝΕΚΡΩΝ
ΠΟΡΕΥΘΗΠΡΟϹΑΥΤΟΥϹ
16:31 ΜΕΤΑΝΟΗϹΟΥϹΙΝ ΕΙΠΕΝ
ΔΕΑΥΤΩΕΙΜΩϹΕΩϹΚΑΙ
ΤΩΝΠΡΟΦΗΤΩΝΟΥΚΑ
ΚΟΥΟΥϹΙΝΟΥΔΕΑΝΤΙϹ
ΕΚΝΕΚΡΩΝΑΝΑϹΤΗΠΕΙ
17:1 ΡΙ ϹΘΗϹΟΝΤΑΙ ΕΙΠΕΝΔΕ
ΠΡΟϹΤΟΥϹΜΑΘΗΤΑϹ
ΑΥΤΟΥΑΝΕΝΔΕΚΤΟΝ
ΕϹΤΙΝΤΟΥΤΑϹΚΑΝΔΑ
ΛΑΜΗΕΛΘΕΙΝΠΛΗΝΟΥ
17:2 ΑΙΔΙΟΥΕΡΧΕΤΑΙΛΥϹΙ
ΤΕΛΕΙΑΥΤΩΕΙΛΙΘΟϹ
ΜΥΛΙΚΟϹΠΕΡΙΚΕΙΤΑΙ
ΠΕΡΙΤΟΝΤΡΑΧΗΛΟΝΑΥ
ΤΟΥΚΑΙΕΡΡΕΙΠΤΑΙΕΙϹ
ΤΗΝΘΑΛΑϹϹΑΝΗΙΝΑ
ϹΚΑΝΔΑΛΙϹΗΤΩΝΜΕΙ
ΚΡΩΝΤΟΥΤΩΝΕΝΑ

ΠΡΟϹΕΧΕΤΕΕΑΥΤΟΙϹΕ 17:3
ΑΝΑΜΑΡΤΗΟΑΔΕΛΦΟϹ
ϹΟΥΕΠΙΤΙΜΗϹΟΝΑΥΤΩ
ΚΑΙΕΑΝΜΕΤΑΝΟΗϹΗΑ
ΦΕϹΑΥΤΩΚΑΙΕΑΝΕΠΤΑ 17:4
ΚΙϹΤΗϹΗΜΕΡΑϹΑΜΑΡ
ΤΗϹΗΕΙϹϹΕΚΑΙΕΠΤΑΚΙϹ
ΕΠΙϹΤΡΕΨΗΠΡΟϹϹΕΛΕ
ΓΩΝΜΕΤΑΝΟΩΑΦΗ
ΡΙΑ ϹΕΙϹΑΥΤΩ ΚΑΙΕΙΠΑ̅ 17:5
ΟΙΑΠΟϹΤΟΛΟΙΤΩΚ̅Ω̅
ΠΡΟϹΘΕϹΗΜΙΝΠΙϹΤΙΝ
ΕΙΠΕΝΔΕΟΚ̅Ϲ̅ΕΙΕΧΕΤΕ 17:6
ΠΙϹΤΙΝΩϹΚΟΚΚΟΝϹΙ
ΝΑΠΕΩϹΕΛΕΓΕΤΕΑΝ
ΤΗϹΥΚΑΜΕΙΝΩΤΑΥΤΗ
ΕΚΡΙΖΩΘΗΤΙΚΑΙΦΥ
ΤΕΥΘΗΤΙΕΝΤΗΘΑΛΑϹ
ϹΗΚΑΙΫΠΗΚΟΥϹΕΝΑΝ
ΫΜΙΝ ΤΙϹΔΕΕΞΥΜΩΝ 17:7
ΔΟΥΛΟΝΕΧΩΝΑΡΟΤΡΙ
ΩΝΤΑΗΠΟΙΜΑΙΝΟΝΤΑ
ΟϹΕΙϹΕΛΘΟΝΤΙΕΚΤΟΥ
ΑΓΡΟΥΕΡΕΙΑΥΤΩΕΥΘΕ
ΩϹΠΑΡΕΛΘΩΝΑΝΑΠΕ
ϹΕΑΛΛΟΥΧΙΕΡΕΙΑΥΤΩ 17:8
ΕΤΟΙΜΑϹΟΝΤΙΔΕΙΠΝΗ
ϹΩΚΑΙΠΕΡΙΖΩϹΑΜΕΝΟϹ
ΔΙΑΚΟΝΕΙΜΟΙΕΩϹΦΑ
ΓΩΚΑΙΠΙΩΚΑΙΜΕΤΑΤΑΥ
ΤΑΦΑΓΕϹΑΙΚΑΙΠΙΕϹΑΙ
ϹΥΜΗΕΧΕΙΧΑΡΙΝΤΩ 17:9
ΔΟΥΛΩΟΤΙΕΠΟΙΗϹΕΝ
ΤΑΔΙΑΤΑΧΘΕΝΤΑΟΥ 17:10
ΤΩϹΚΑΙΫΜΕΙϹΟΤΑΝΠΟΙ
ΗϹΗΤΕΠΑΝΤΑΤΑΔΙΑΤΑ
ΧΘΕΝΤΑΫΜΙΝΛΕΓΕΤΕ
ΟΤΙΔΟΥΛΟΙΑΧΡΕΙΟΙΕϹΜΕ̅
ΟΩΦΕΙΛΟΜΕΝΠΟΙΗϹΑΙ
ΠΕΠΟΙΗΚΑΜΕΝ
ΡΙΒ ΚΑΙΕΓΕΝΕΤΟΕΝΤΩΠΟ 17:11
ΡΕΥΕϹΘΑΙΕΙϹΪΕΡΟΥϹΑ

ΛΗΜΚΑΙΑΥΤΟϹΔΙΗΡΧΕ
ΤΟΔΙΑΜΕϹΟΝϹΑΜΑΡΙΑϹ
17:12 ΚΑΙΓΑΛΕΙΛΑΙΑϹΚΑΙΕΙϹ
ΕΡΧΟΜΕΝΟΥΑΥΤΟΥΕΙϹ
ΤΙΝΑΚΩΜΗΝΑΠΗΝΤΗ
ϹΑΝΔΕΚΑΛΕΠΡΟΙΑΝΔΡΕϹ
ΟΙΑΝΕϹΤΗϹΑΝΠΟΡΡΩ
17:13 ΘΕΝΚΑΙΑΥΤΟΙΗΡΑΝΦΩ
ΝΗΝΛΕΓΟΝΤΕϹΙ̅Υ̅ΕΠΙ
ϹΤΑΤΑΕΛΕΗϹΟΝΗΜΑϹ
17:14 ΚΑΙΪΔΩΝΕΙΠΕΝΑΥΤΟΙϹ
ΠΟΡΕΥΘΕΝΤΕϹΕΠΙΔΕΙ
ΞΑΤΕΕΑΥΤΟΥϹΤΟΙϹΪ
ΕΡΕΥϹΙΝΚΑΙΕΓΕΝΕΤΟ
ΕΝΤΩΫΠΑΓΕΙΝΑΥΤΟΥϹ
17:15 ΕΚΑΘΑΡΙϹΘΗϹΑΝΕΙϹΔΕ
ΕΞΑΥΤΩΝΪΔΩΝΟΤΙΪΑ
ΘΗΫΠΕϹΤΡΕΨΕΝΜΕΤΑ
ΦΩΝΗϹΜΕΓΑΛΗϹΔΟΞΑ
17:16 ΖΩΝΤΟΝΘ̅Ν̅ΚΑΙΕΠΕϹΕ̅
ΕΠΙΠΡΟϹΩΠΟΝΠΑΡΑΤΟΥϹ
ΠΟΔΑϹΑΥΤΟΥΕΥΧΑΡΙϹΤΩ̅
ΑΥΤΩΚΑΙΑΥΤΟϹΗΝϹΑ
17:17 ΜΑΡΕΙΤΗϹΑΠΟΚΡΙΘΕΙϹ
ΔΕΟΙ̅Ϲ̅ΕΙΠΕΝΟΥΧΟΙΔΕ
ΚΑΕΚΑΘΑΡΙϹΘΗϹΑΝΟΙΔΕ
17:18 ΕΝΝΕΑΠΟΥΟΥΧΕΥΡΕΘΗ
ϹΑΝΫΠΟϹΤΡΕΨΑΝΤΕϹ
ΔΟΥΝΑΙΔΟΞΑΝΤΩΘ̅Ω̅ΕΙ
ΜΗΟΑΛΛΟΓΕΝΗϹΟΥΤΟϹ
17:19 ΚΑΙΕΙΠΕΝΑΥΤΩΑΝΑϹΤΑϹ
17:20 ΡΙΓ ΠΟΡΕΥΟΥ ΕΠΕΡΩΤΗ
ΘΕΙϹΔΕΫΠΟΤΩΝΦΑΡΕΙ
ϹΑΙΩΝΠΟΤΕΕΡΧΕΤΑΙΗ
ΒΑϹΙΛΕΙΑΤΟΥΘ̅Υ̅ΑΠΕΚΡΙ
ΘΗΑΥΤΟΙϹΚΑΙΕΙΠΕΝΟΥ
Κ'ΕΡΧΕΤΑΙΗΒΑϹΙΛΕΙΑΤΟΥ
Θ̅Υ̅ΜΕΤΑΠΑΡΑΤΗΡΗϹΕ
17:21 ΩϹΟΥΔΕΕΡΟΥϹΙΝΪΔΟΥ
ΩΔΕΗΕΚΕΙΪΔΟΥΓΑΡΗΒΑ
ϹΙΛΕΙΑΤΟΥΘ̅Υ̅ΕΝΤΟϹΫ
17:22 ΜΩΝΕϹΤΙΝ ΕΙΠΕΝΔΕ

ΠΡΟΣΤΟΥΣΜΑΘΗΤΑΣ
ΕΛΕΥΣΟΝΤΑΙΗΜΕΡΑΙΟ
ΤΕΕΠΙΘΥΜΗΣΗΤΑΙΜΙΑ
ΤΩΝΗΜΕΡΩΝΤΟΥΥΙΟΥ
ΤΟΥΑΝΘΡΩΠΟΥΪΔΕΙΝΚ
ΟΥΚΟΨΕΣΘΕΚΑΙΕΡΟΥ 17:23
ΣΙΝΫΜΙΝΪΔΟΥΕΚΕΙΗΪΔΟΥ
ΩΔΕΜΗΑΙΩΞΗΤΕΩΣΠΕΡ 17:24
ΓΑΡΗΑΣΤΡΑΠΗΑΣΤΡΑΠΤΟΥ
ΣΑΕΚΤΗΣΫΠΟΤΟΝΟΥΡΑ
ΝΟΝΕΙΣΤΗΝΫΠΟΥΡΑΝΟ̄
ΛΑΜΠΕΙΟΥΤΩΣΕΣΤΑΙ
ΟΥΙΟΣΤΟΥΑΝΘΡΩΠΟΥ
ΠΡΩΤΟΝΔΕΔΕΙΑΥΤΟΝ 17:25
ΠΟΛΛΑΠΑΘΕΙΝΚΑΙΑΠΟ
ΔΟΚΙΜΑΣΘΗΝΑΙΑΠΟΤΗΣ
ΓΕΝΕΑΣΤΑΥΤΗΣΚΑΙΚΑ 17:26
ΘΩΣΕΓΕΝΕΤΟΕΝΤΑΙΣ
ΗΜΕΡΑΙΣΝΩΕΟΥΤΩΣΕ
ΣΤΑΙΚΑΙΕΝΤΑΙΣΗΜΕ
ΡΑΙΣΤΟΥΫΙΟΥΤΟΥΑΝΘΡΩ
ΠΟΥΗΣΘΙΟΝΕΠΕΙΝΟΝ 17:27
ΕΓΑΜΟΥΝΕΓΑΜΙΖΟΝΤΟ
ΑΧΡΙΗΣΗΜΕΡΑΣΕΙΣΗΛ
ΘΕΝΝΩΕΕΙΣΤΗΝΚΕΙΒΩ
ΤΟΝΚΑΙΗΛΘΕΝΟΚΑΤΑ
ΚΛΥΣΜΟΣΚΑΙΑΠΩΛΕ
ΣΕΝΠΑΝΤΑΣΟΜΟΙΩΣΚΑ 17:28
ΘΩΣΕΓΕΝΕΤΟΕΝΤΑΙΣ
ΗΜΕΡΑΙΣΛΩΤΗΣΘΙΟΝ
ΕΠΕΙΝΟΝΗΓΟΡΑΖΟΝΕΠΩ
ΛΟΥΝΕΦΥΤΕΥΟΝΟΙΚΟ
ΔΟΜΟΥΝΗΔΕΗΜΕΡΑΕΞΗΛ 17:29
ΘΕΝΛΩΤ'ΑΠΟΣΟΔΟΜΩ̄
ΕΒΡΕΞΕΝΠΥΡΚΑΙΘΕΙΟΝ
ΑΠΟΥΡΑΝΟΥΚΑΙΑΠΩΛΕ
ΣΕΝΠΑΝΤΑΣΚΑΤΑΤΑΑΥ 17:30
ΤΑΕΣΤΑΙΗΗΜΕΡΑΟΥΙΟΣ
ΤΟΥΑΝΘΡΩΠΟΥΑΠΟΚΑ
ΛΥΠΤΗΤΑΙ ΕΝΕΚΕΙΝΗ 17:31
ΤΗΗΜΕΡΑΟΣΕΣΤΑΙΕΠΙ
ΤΟΥΔΩΜΑΤΟΣΚΑΙΤΑ

ϹΚΕΥΗΑΥΤΟΥΕΝΤΗΟΙ
ΚΙΑΜΗΚΑΤΑΒΑΤΩΑΡΑΙ
ΑΥΤΑΚΑΙΟΕΝΑΓΡΩΟΜΟΙ
ΩϹΜΗΕΠΙϹΤΡΕΨΑΤΩ
17:32 ΕΙϹΤΑΟΠΙϹΩΜΝΗΜΟ
ΝΕΥΕΤΕΤΗϹΓΥΝΑΙΚΟϹ
17:33 ΛΩΤ·ΟϹΕΑΝΖΗΤΗϹΗ
ΤΗΝΨΥΧΗΝΑΥΤΟΥΠΕ
ΡΙΠΟΙΗϹΑϹΘΑΙΑΠΟΛΕ
ϹΕΙΑΥΤΗΝΟϹΔΑΝΑΠΟ
ΛΕϹΗΖΩΟΓΟΝΗϹΕΙΑΥ
17:34 ΤΗΝ ΛΕΓΩΫΜΙΝΤΑΥΤΗ
ΤΗΝΥΚΤΙΕϹΟΝΤΑΙΔΥΟ
ΕΠΙΚΛΕΙΝΗϹΟΕΙϹΠΑΡΑ
ΛΗΜΦΘΗϹΕΤΑΙΚΑΙΟ
ΕΤΕΡΟϹΑΦΕΘΗϹΕΤΑΙ
17:35 ΕϹΟΝΤΑΙΔΥΟΑΛΗΘΟΥ
ϹΑΙΕΠΙΤΟΑΥΤΟΗΜΙΑ
ΠΑΡΑΛΗΜΦΘΗϹΕΤΑΙ
ΗΔΕΕΤΕΡΑΑΦΕΘΗϹΕΤΑΙ
17:37 ΚΑΙΑΠΟΚΡΙΘΕΝΤΕϹΛΕ
ΓΟΥϹΙΝΑΥΤΩΠΟΥΚΕ
ΟΔΕΕΙΠΕΝΑΥΤΟΙϹΟΠΟΥ
ΤΟϹΩΜΑΕΚΕΙΚΑΙΟΙΑΕΤΟΙ
ΕΠΙϹΥΝΑΧΘΗϹΟΝΤΑΙ
18:1 ΡΙΔ ΕΛΕΓΕΝΔΕΠΑΡΑΒΟΛΗΝ
ΑΥΤΟΙϹΠΡΟϹΤΟΔΕΙΝ
ΠΑΝΤΟΤΕΠΡΟϹΕΥΧΕ
ϹΘΑΙΑΥΤΟΥϹΚΑΙΜΗ
18:2 ΕΓΚΑΚΕΙΝΛΕΓΩΝΚΡΙ
ΤΗϹΤΙϹΗΝΕΝΤΙΝΙΠΟ
ΛΕΙΤΟΝΘΝΜΗΦΟΒΟΥ
ΜΕΝΟϹΚΑΙΑΝΘΡΩΠΟΝ
18:3 ΜΗΕΝΤΡΕΠΟΜΕΝΟϹΧΗ
ΡΑΔΕΗΝΕΝΤΗΠΟΛΕΙΕ
ΚΕΙΝΗΚΑΙΗΡΧΕΤΟΠΡΟϹ
ΑΥΤΟΝΛΕΓΟΥϹΑΕΚΔΙ
ΚΗϹΟΝΜΕΑΠΟΤΟΥΑΝ
18:4 ΤΙΔΙΚΟΥΜΟΥΚΑΙΟΥΚΗ
ΘΕΛΕΝΕΠΙΧΡΟΝΟΝΜΕ
ΤΑΤΑΥΤΑΔΕΕΙΠΕΝΕΝΕ
ΑΥΤΩΕΙΚΑΙΤΟΝΘΝΟΥ

ΦΟΒΟΥΜΑΙΟΥΔΕΑΝΘΡΩ
ΠΟΝΕΝΤΡΕΠΟΜΑΙΔΙΑΓΕ 18:5
ΤΟΠΑΡΕΧΕΙΝΜΟΙΚΟΠΟ̅
ΤΗΝΧΗΡΑΝΤΑΥΤΗΝΕΚ
ΔΙΚΗϹΩΑΥΤΗΝΪΝΑΜΗ
ΕΙϹΤΕΛΟϹΕΡΧΟΜΕΝΗ
ΫΠΩΠΙΑΖΗΜΕ ΕΙΠΕΝΔΕ 18:6
ΟΚ̅Ϲ̅ΑΚΟΥϹΑΤΕΤΙΟΚΡΙ
ΤΗϹΤΗϹΑΔΙΚΙΑϹΛΕΓΕΙ
ΟΔΕΘ̅Ϲ̅ΟΥΜΗΠΟΙΗϹΗΤΗΝ 18:7
ΕΚΔΙΚΗϹΙΝΤΩΝΕΚΛΕ
ΚΤΩΝΑΥΤΟΥΤΩΝΒΟ
ΩΝΤΩΝΑΥΤΩΗΜΕΡΑϹ
ΚΑΙΝΥΚΤΟϹΚΑΙΜΑΚΡΟ
ΘΥΜΕΙΕΠΑΥΤΟΙϹΛΕΓΩ 18:8
ΫΜΙΝΟΤΙΠΟΙΗϹΕΙΤΗΝ
ΕΚΔΙΚΗϹΙΝΑΥΤΩΝΕΝ
ΤΑΧΕΙ ΠΛΗΝΟΥΙΟϹΤΟΥ
ΑΝΘΡΩΠΟΥΕΛΘΩΝΑΡΑ
ΕΥΡΗϹΕΙΤΗΝΠΙϹΤΙΝΕ
ΡΙΕ ΠΙΤΗϹΓΗϹ ΕΙΠΕΝΔΕΚΑΙ 18:9
ΠΡΟϹΤΙΝΑϹΤΟΥϹΠΕΠΟΙ
ΘΟΤΑϹΕΦΕΑΥΤΟΙϹΟΤΙ
ΕΙϹΙΝΔΙΚΑΙΟΙΚΑΙΕΞΟΥ
ΘΕΝΟΥΝΤΕϹΤΟΥϹΛΟΙ
ΠΟΥϹΤΗΝΠΑΡΑΒΟΛΗΝ
ΤΑΥΤΗΝΑΝΘΡΩΠΟΙΔΥΟ 18:10
ΑΝΕΒΗϹΑΝΕΙϹΤΟΪΕΡΟ̅
ΠΡΟϹΕΥΞΑϹΘΑΙΕΙϹΦΑ
ΡΕΙϹΑΙΟϹΚΑΙΟΕΤΕΡΟϹ
ΤΕΛΩΝΗϹΟΦΑΡΕΙϹΑΙΟϹ 18:11
ϹΤΑΘΕΙϹΤΑΥΤΑΠΡΟϹ
ΕΑΥΤΟΝΠΡΟϹΗΥΧΕΤΟ
ΟΘ̅Ϲ̅ΕΥΧΑΡΙϹΤΩϹΟΙΟΤΙ
ΟΥΚΕΙΜΙΩϹΠΕΡΟΙΛΟΙ
ΠΟΙΤΩΝΑΝΘΡΩΠΩΝΑΡ
ΠΑΓΕϹΑΔΙΚΟΙΜΟΙΧΟΙΗ
ΚΑΙΩϹΟΥΤΟϹΟΤΕΛΩ
ΝΗϹΝΗϹΤΕΥΩΔΙϹΤΟΥ 18:12
ϹΑΒΒΑΤΟΥΑΠΟΔΕΚΑΤΕΥ
ΩΠΑΝΤΑΟϹΑΚΤΩΜΑΙ
ΟΔΕΤΕΛΩΝΗϹΜΑΚΡΟ 18:13

ΘΕΝΕϹΤΩϹΟΥΚΗΘΕΛΕ̄
ΟΥΔΕΤΟΥϹΟΦΘΑΛΜΟΥϹ
ΕΠΑΡΑΙΕΙϹΤΟΝΟΥΡΑΝΟ̄
ΑΛΛΕΤΥΠΤΕΤΟϹΤΗΘΟϹ
ΕΑΥΤΟΥΛΕΓΩΝΟΘ̅Ϲ̅ΕΙ
ΛΑϹΘΗΤΙΜΟΙΤΩΑΜΑΡ
18:14 ΤΩΛΩ ΛΕΓΩΫΜΙΝΚΑΤΕ
ΒΗΟΥΤΟϹΔΕΔΙΚΑΙΩΜΕ
ΝΟϹΕΙϹΤΟΝΟΙΚΟΝΕΑΥ
ΤΟΥΠΑΡΕΚΕΙΝΟΝΟΤΙ
ΠΑϹΟΫΨΩΝΕΑΥΤΟΝΤΑ
ΠΕΙΝΩΘΗϹΕΤΑΙΟΔΕΤΑ
ΠΕΙΝΩΝΕΑΥΤΟΝΫΨΩ
18:15 ΡΙϚ ΘΗϹΕΤΑΙ ΠΡΟϹΕΦΕ
ΡΟΝΔΕΑΥΤΩΚΑΙΤΑΒΡΕ
ΑΥΤΩΝ
ΦΗΪΝΑΑΠΤΗΤΑΙΪΔΟΝ
ΤΕϹΔΕΟΙΜΑΘΗΤΑΙΕΠΕ
18:16 ΤΕΙΜΩΝΑΥΤΟΙϹΟΔΕΙ̅Ϲ̅
ΠΡΟϹΕΚΑΛΕϹΑΤΟΛΕΓΩ̄
ΑΦΕΤΕΤΑΠΑΙΔΙΑΕΡΧΕ
ϹΘΑΙΠΡΟϹΜΕΚΑΙΜΗΚΩ
ΛΥΕΤΕΑΥΤΑΤΩΝΓΑΡΤΟΙ
ΟΥΤΩΝΕϹΤΙΝΗΒΑϹΙΛΕΙ
18:17 ΑΤΟΥΘ̅Υ̅ΑΜΗΝΛΕΓΩΫ
ΜΙΝΟϹΑΝΜΗΔΕΞΗΤΑΙ
ΤΗΝΒΑϹΙΛΕΙΑΝΤΟΥΘ̅Υ̅
ΩϹΠΑΙΔΙΟΝΟΥΜΗΕΙϹ
18:18 ΡΙΖ ΕΛΘΗΕΙϹΑΥΤΗΝ ΚΑΙ
ΕΠΗΡΩΤΗϹΕΝΤ ΙϹΑΥΤΟ
ΑΡΧΩΝΛΕΓΩΝΔΙΔΑϹΚΑ
ΛΕΑΓΑΘΕΤΙΠΟΙΗϹΑϹΖΩ
ΗΝΑΙΩΝΙΟΝΚΛΗΡΟΝΟ
18:19 ΜΗϹΩΕΙΠΕΝΔΕΑΥΤΩΟ
Ι̅Ϲ̅ΤΙΜΕΛΕΓΕΙϹΑΓΑΘΟΝ
ΟΥΔΕΙϹΑΓΑΘΟϹΕΙΜΗΕΙϹΟ
18:20 Θ̅Ϲ̅ΤΑϹΕΝΤΟΛΑϹΟΙΔΑϹ
› ΜΗΜΟΙΧΕΥϹΗϹΜΗΦΟ
› ΝΕΥϹΗϹΜΗΚΛΕΨΗϹΜΗ
› ΨΕΥΔΟΜΑΡΤΥΡΗϹΤΙΜΑ
› ΤΟΝΠΑΤΕΡΑϹΟΥΚΑΙΤΗΝ
18:21 › ΜΗΤΕΡΑΟΔΕΕΙΠΕΝΤΑΥ
ΤΑΠΑΝΤΑΕΦΥΛΑΞΑΕΚ

ΝΕΟΤΗΤΟϹ ΑΚΟΥϹΑϹ 18:22
ΔΕΟΙ͞ϹΕΙΠΕΝΑΥΤΩΕΤΙ
ΕΝϹΟΙΛΕΙΠΕΙΠΑΝΤΑΟ
ϹΑΕΧΕΙϹΠΩΛΗϹΟΝΚΑΙ
ΔΙΑΔΟϹΠΤΩΧΟΙϹΚΑΙΕ
ΞΕΙϹΘΗϹΑΥΡΟΝΕΝΤΟΙϹ
ΟΥΡΑΝΟΙϹΚΑΙΔΕΥΡΟΑ
ΚΟΛΟΥΘΕΙΜΟΙ ΟΔΕΑΚΟΥ 18:23
ϹΑϹΤΑΥΤΑΠΕΡΙΛΥΠΟϹ
ΕΓΕΝΗΘΗΗΝΓΑΡΠΛΟΥ
ϹΙΟϹϹΦΟΔΡΑ ΪΔΩΝΔΕ 18:24
ΑΥΤΟΝΙ͞ϹΕΙΠΕΝΠΩϹΔΥ
ϹΚΟΛΩϹΟΙΤΑΧΡΗΜΑΤΑ
ΕΧΟΝΤΕϹΕΙϹΤΗΝΒΑϹΙ
ΛΕΙΑΝΤΟΥ͞Θ͞ΥΕΙϹΠΟΡΕΥ
ΟΝΤΑΙΕΥΚΟΠΩΤΕΡΟΝ 18:25
ΓΑΡΕϹΤΙΝΚΑΜΗΛΟΝΔΙ
ΑΤΡΗΜΑΤΟϹΒΕΛΟΝΗϹ
ΕΙϹΕΛΘΕΙΝΗΠΛΟΥϹΙΟΝ
ΕΙϹΤΗΝΒΑϹΙΛΕΙΑΝΤΟΥ
͞Θ͞ΥΕΙϹΕΛΘΕΙΝΕΙΠΟΝΔΕ 18:26
ΟΙΑΚΟΥϹΑΝΤΕϹΚΑΙΤΙϹ
ΔΥΝΑΤΑΙϹΩΘΗΝΑΙΟΔΕ 18:27
ΕΙΠΕΝΤΑΑΔΥΝΑΤΑΠΑ
ΡΑΑΝΘΡΩΠΟΙϹΔΥΝΑΤΑ
ΠΑΡΑΤΩ͞Θ͞ΩΕϹΤΙΝ ΕΙ 18:28
ΠΕΝΔΕΟΠΕΤΡΟϹΪΔΟΥΗ
ΜΕΙϹΑΦΕΝΤΕϹΤΑΪΔΙ
ΑΗΚ ΟΛΟΥΘΗϹΑΜΕΝϹΟΙ
ΟΔΕΕΙΠΕΝΑΥΤΟΙϹΑΜΗ͞Ν 18:29
ΛΕΓΩΫΜΙΝΟΤΙΟΥΔΕΙϹ
ΕϹΤΙΝΟϹΑΦΗΚΕΝΟΙΚΙ
ΑΝΗΓΥΝΑΙΚΑΗΑΔΕΛΦΟΥϹ
ΗΓΟΝΕΙϹΗΤΕΚΝΑΕΙΝΕ
ΚΕΝΤΗϹΒΑϹΙΛΕΙΑϹΤΟΥ
͞Θ͞ΥΟϹΟΥΧΙΜΗΛΑΒΗΠΟΛ 18:30
ΛΑΠΛΑϹΙΟΝΑΕΝΤΩΚΑΙ
ΡΩΤΟΥΤΩΚΑΙΕΝΤΩΑΙ
ΩΝΙΤΩΕΡΧΟΜΕΝΩΖΩ
ΗΝΑΙΩΝΙΟΝ
ΡΠΗ ΠΑΡΑΛΑΒΩΝΔΕΤΟΥϹΔΩ 18:31
ΔΕΚΑΕΙΠΕΝΠΡΟϹΑΥΤΟΥϹ

ΪΔΟΥΑΝΑΒΑΙΝΟΜΕΝΕΙϹ
ΪΕΡΟΥϹΑΛΗΜΚΑΙΤΕΛΕ
ϹΘΗϹΕΤΑΙΠΑΝΤΑΤΑΓΕ
ΓΡΑΜΜΕΝΑΔΙΑΤΩΝΠΡΟ
ΦΗΤΩΝΤΩΥΙΩΤΟΥΑΝ
18:32 ΘΡΩΠΟΥΠΑΡΑΔΟΘΗϹΕ
ΤΑΙΓΑΡΤΟΙϹΕΘΝΕϹΙΝϗ
ΕΜΠΑΙΧΘΗϹΕΤΑΙΚΑΙΫ
ΒΡΙϹΘΗϹΕΤΑΙΚΑΙΕΜΠΤΥ
18:33 ϹΘΗϹΕΤΑΙΚΑΙΜΑϹΤΕΙ
ΓΩϹΑΝΤΕϹΑΠΟΚΤΕΝΟΥ
ϹΙΝΑΥΤΟΝΚΑΙΤΗΗΜΕ
ΡΑΤΗΤΡΙΤΗΑΝΑϹΤΗϹΕ
18:34 ΤΑΙΚΑΙΑΥΤΟΙΟΥΔΕΝΤΟΥ
ΤΩΝϹΥΝΗΚΑΝΚΑΙΗΝΤΟ
ΡΗΜΑΤΟΥΤΟΚΕΚΡΥΜ
ΜΕΝΟΝΑΠΑΥΤΩΝΚΑΙ
ΟΥΚΕΓΕΙΝΩϹΚΟΝΤΑΛΕ
18:35 ΡΙΘ ΓΟΜΕΝΑ ΕΓΕΝΕΤΟΔΕ
ΕΝΤΩΕΓΓΙΖΕΙΝΑΥΤΟΝ
ΕΙϹΪΕΡΕΙΧΩΤΥΦΛΟϹ
ΤΙϹΕΚΑΘΗΤΟΠΑΡΑΤΗΝ
18:36 ΟΔΟΝΕΠΑΙΤΩΝΑΚΟΥ
ϹΑϹΔΕΟΧΛΟΥΔΙΑΠΟΡΕΥ
ΟΜΕΝΟΥΕΠΥΝΘΑΝΕΤΟ
18:37 ΤΙΕΙΗΤΟΥΤΟΑΠΗΓΓΕΙ
ΛΑΝΔΕΑΥΤΩΟΤΙΙϹΟΝΑ
ΖΩΡΑΙΟϹΠΑΡΕΡΧΕΤΑΙ
18:38 ΚΑΙΕΒΟΗϹΕΝΛΕΓΩΝΙΥ
ΥΙΕΔΑΥΕΙΔΕΛΕΗϹΟΝΜΕ
18:39 ΚΑΙΟΙΠΡΟΑΓΟΝΤΕϹΕΠΕ
ΤΕΙΜΩΝΑΥΤΩΪΝΑϹΕΙ
ΓΗϹΗ ΑΥΤΟϹΔΕΠΟΛΛΩ
ΜΑΛΛΟΝΕΚΡΑΖΕΝΥΙΕ
ΔΑΥΕΙΔΕΛΕΗϹΟΝΜΕ
18:40 ϹΤΑΘΕΙϹΔΕΙϹΕΚΕΛΕΥϹΕΝ
ΑΥΤΟΝΑΧΘΗΝΑΙΠΡΟϹ
ΑΥΤΟΝΕΓΓΙϹΑΝΤΟϹΔΕ
ΑΥΤΟΥΕΠΗΡΩΤΗϹΕΝ
18:41 ΑΥΤΟΝΤΙϹΟΙΘΕΛΕΙϹΠΟΙ
ΗϹΩ ΟΔΕΕΙΠΕΝΚΕΪΝΑΑ
18:42 ΝΑΒΛΕΨΩΚΑΙΟΙϹΕΙΠΕΝ

ΑΥΤΩΑΝΑΒΛΕΨΟΝΗΠΙ
ϹΤΙϹϹΟΥϹΕϹΩΚΕΝϹΕ
ΚΑΙΠΑΡΑΧΡΗΜΑΑΝΕΒΛΕ 18:43
ΨΕΝΚΑΙΗΚΟΛΟΥΘΕΙΑΥΤΩΔΟ
ΞΑΖΩΝΤΟΝΘ̅Ν̅ ΚΑΙΠΑϹ
ΟΛΑΟϹΪΔΩΝΕΔΩΚΕΝ
Ρ̅Κ̅ ΑΙΝΟΝΤΩΘ̅Ω̅ ΚΑΙΕΙϹ 19:1
ΕΛΘΩΝΔΙΗΡΧΕΤΟΤΗΝ
ΪΕΡΕΙΧΩΚΑΙΪΔΟΥΑΝΗΡ 19:2
ΟΝΟΜΑΤΙΚΑΛΟΥΜΕΝΟϹ
ΖΑΚΧΑΙΟϹΚΑΙΑΥΤΟϹ
ΗΝΑΡΧΙΤΕΛΩΝΗϹΚΑΙ
ΑΥΤΟϹΠΛΟΥϹΙΟϹΚΑΙΕ 19:3
ΖΗΤΕΙΪΔΕΙΝΤΟΝΙ̅Ν̅ΤΙϹ
ΕϹΤΙΝΚΑΙΟΥΚΕΔΥΝΑΤΟ
ΑΠΟΤΟΥΟΧΛΟΥΟΤΙΤΗ
ΗΛΙΚΙΑΜΕΙΚΡΟϹΗΝΚΑΙ 19:4
ΠΡΟΔΡΑΜΩΝΕΙϹΤΟΕΜ
ΠΡΟϹΘΕΝΑΝΕΒΗΕΠΙϹΥ
ΚΟΜΟΡΕΑΝΪΝΑΪΔΗΑΥ
ΤΟΝΟΤΙΕΚΕΙΝΗϹΗΜΕΛ
ΛΕΝΔΙΕΡΧΕϹΘΑΙΚΑΙΩϹ 19:5
ΗΛΘΕΝΕΠΙΤΟΝΤΟΠΟΝ
ΑΝΑΒΛΕΨΑϹΙ̅Ϲ̅ΕΙΠΕΝΠΡΟϹ
ΑΥΤΟΝΖΑΚΧΑΙΕϹΠΕΥ
ϹΑϹΚΑΤΑΒΗΘΙϹΗΜΕΡΟ̅
ΓΑΡΕΝΤΩΟΙΚΩϹΟΥΔΕΙ
ΜΕΜΕΙΝΑΙΚΑΙϹΠΕΥϹΑϹ 19:6
ΚΑΤΕΒΗΚΑΙΫΠΕΔΕΞΑΤΟ
ΑΥΤΟΝΧΑΙΡΩΝΚΑΙΪΔΟ̅ 19:7
ΤΕϹΠΑΝΤΕϹΔΙΕΓΟΓΓΥ
ΖΟΝΛΕΓΟΝΤΕϹΟΤΙΠΑ
ΡΑΑΜΑΡΤΩΛΩΑΝΔΡΙΕΙϹ
ΗΛΘΕΝΚΑΤΑΛΥϹΑΙ ϹΤΑ 19:8
ΘΕΙϹΔΕΖΑΚΧΑΙΟϹΕΙΠΕ̅
ΠΡΟϹΤΟΝΚ̅Ν̅ΪΔΟΥΤΑΗΜΙ
ϹΕΙΑΜΟΥΤΩΝΫΠΑΡΧΟΝ
ΤΩΝΚ̅Ε̅ΠΤΩΧΟΙϹΔΙΔΩ
ΜΙΚΑΙΕΙΤΙΝΟϹΤΙΕϹΥ
ΚΟΦΑΝΤΗϹΑΑΠΟΔΙΔΩ
ΜΙΤΕΤΡΑΠΛΟΥΝ ΕΙΠΕ̅ 19:9
ΔΕΠΡΟϹΑΥΤΟΝΙ̅Ϲ̅ΟΤΙϹΗ

ΜΕΡΟΝϹΩΤΗΡΙΑΤΩΟΙΚΩ
ΤΟΥΤΩΕΓΕΝΕΤΟΚΑΘΟ
ΤΙΚΑΙΑΥΤΟϹΥΙΟϹΑΒΡΑ
19:10 ΑΜΕϹΤΙΝΗΛΘΕΝΓΑΡΟ
ΥΙΟϹΤΟΥΑΝΘΡΩΠΟΥΖΗ
ΤΗϹΑΙΚΑΙϹΩϹΑΙΤΟΑΠΟ
19:11 ΡΚΑ ΛΩΛΟϹ ΑΚΟΥΟΝΤΩΝ
ΔΕΑΥΤΩΝΤΑΥΤΑΠΡΟϹ
ΘΕΙϹΕΙΠΕΝΠΑΡΑΒΟΛΗ̅
ΔΙΑΤΟΕΓΓΥϹΕΙΝΑΙΪΕΡΟΥ
ϹΑΛΗΜΑΥΤΟΝΚΑΙΔΟΚΕΙ̅
ΑΥΤΟΥϹΟΤΙΠΑΡΑΧΡΗ
ΜΑΜΕΛΛΕΙΗΒΑϹΙΛΕΙΑ
ΤΟΥΘ̅Υ̅ΑΝΑΦΑΙΝΕϹΘΑΙ
19:12 ΕΙΠΕΝΟΥΝΑΝΘΡΩΠΟϹ
ΤΙϹΕΥΓΕΝΗϹΕΠΟΡΕΥΘΗ
ΕΙϹΧΩΡΑΝΜΑΚΡΑΝΛΑ
ΒΕΙΝΕΑΥΤΩΒΑϹΙΛΕΙΑΝ
19:13 ΚΑΙΫΠΟϹΤΡΕΨΑΙΚΑΛΕ
ϹΑϹΔΕΔΕΚΑΔΟΥΛΟΥϹ
ΕΑΥΤΟΥΕΔΩΚΕΝΑΥΤΟΙϹ
ΔΕΚΑΜΝΑϹΚΑΙΕΙΠΕΝ
ΠΡΟϹΑΥΤΟΥϹΠΡΑΓΜΑ
ΤΕΥϹΑϹΘΕΕΝΩΕΡΧΟ
19:14 ΜΑΙΟΙΔΕΠΟΛΕΙΤΑΙΑΥ
ΤΟΥΕΜΕΙϹΟΥΝΑΥΤΟΝ
ΚΑΙΑΠΕϹΤΕΙΛΑΝΠΡΕϹΒΕΙ
ΑΝΟΠΙϹΩΑΥΤΟΥΛΕΓΟ̅
ΤΕϹΟΥΘΕΛΟΜΕΝΤΟΥΤΟ
ΒΑϹΙΛΕΥϹΑΙΕΦΗΜΑϹ
19:15 ΚΑΙΕΓΕΝΕΤΟΕΝΤΩΕΠΑ
ΝΕΛΘΕΙΝΑΥΤΟΝΛΑΒΟΝ
ΤΑΤΗΝΒΑϹΙΛΕΙΑΝΚΑΙΕΙ
ΠΕΝΦΩΝΗΘΗΝΑΙΑΥΤΩ
ΤΟΥϹΔΟΥΛΟΥϹΤΟΥΤΟΥϹ
ΟΙϹΔΕΔΩΚΕΙΤΟΑΡΓΥΡΙ
ΟΝΪΝΑΓΝΟΙΤΙΔΙΕΠΡΑ
19:16 ΓΜΑΤΕΥϹΑΝΤΟ ΠΑΡΕ
ΓΕΝΕΤΟΔΕΟΠΡΩΤΟϹΛΕ
ΓΩΝΚ̅Ε̅ΗΜΝΑϹΟΥΔΕΚΑ
ΕΙ
ΠΡΟϹΗΡΓΑϹΑΤΟΜΝΑϹ
19:17 ΚΑΙΕΙΠΕΝΑΥΤΩΕΥΓΕ

ΑΓΑΘΕΔΟΥΛΕΟΤΙΕΝΕ
ΛΑΧΙϹΤΩΠΙϹΤΟϹΕΓΕ
ΝΟΥΪϹΘΙΕΞΟΥϹΙΑΝΕΧΩ̄
ΕΠΑΝΩΔΕΚΑΠΟΛΕΩΝ
ΚΑΙΗΛΘΕΝΟΔΕΥΤΕΡΟϹ 19:18
ΛΕΓΩΝΗΜΝΑϹΟΥΚ̄Ε̄ΕΠΟΙ
ΗϹΕΝΠΕΝΤΕΜΝΑϹΕΙΠΕ̄ 19:19
ΔΕΚΑΙΤΟΥΤΩΚΑΙϹΥΕ
ΠΑΝΩΓΕΙΝΟΥΠΕΝΤΕΠΟ
ΛΕΩΝΚΑΙΟΕΤΕΡΟϹΗΛ 19:20
ΘΕΝΛΕΓΩΝΚΥΡΙΕΪΔΟΥ
ΗΜΝΑϹΟΥΗΝΕΙΧΟΝΑ
ΠΟΚΕΙΜΕΝΗΝΕΝϹΟΥΔΑ
ΡΙΩΕΦΟΒΟΥΜΗΝΓΑΡϹΕ 19:21
ΟΤΙΑΝΘΡΩΠΟϹΑΥϹΤΗ
ΡΟϹΕΙΑΙΡΕΙϹΟΟΥΚΕΘΗ
ΚΑϹΚΑΙΘΕΡΙΖΕΙϹΟΟΥΚΕ
ϹΠΕΙΡΑϹ ΛΕΓΕΙΑΥΤΩ 19:22
ΕΚΤΟΥϹΤΟΜΑΤΟϹϹΟΥ
ΚΡΙΝΩϹΕΠΟΝΗΡΕΔΟΥ
ΛΕΗΔΕΙϹΟΤΙΕΓΩΑΝΘΡΩ
ΠΟϹΑΥϹΤΗΡΟϹΕΙΜΙΑΙ
ΡΩΝΟΟΥΚΕΘΗΚΑΚΑΙΘΕ
ΡΙΖΩΝΟΟΥΚΕϹΠΕΙΡΑϗ 19:23
ΔΙΑΤΙΟΥΚΕΔΩΚΑϹΜΟΥ
ΤΟΑΡΓΥΡΙΟΝΕΠΙΤΡΑΠΕ
ΖΑΝΚΑΓΩΕΛΘΩΝϹΥΝ
ΤΟΚΩΑΝΑΥΤΟΕΠΡΑΞΑ
ΚΑΙΤΟΙϹΠΑΡΕϹΤΩϹΙΝΕΙ 19:24
ΠΕΝΑΡΑΤΕΑΠΑΥΤΟΥΤΗ̄
ΜΝΑΝΚΑΙΔΟΤΕΤΩΤΑϹ
ΔΕΚΑΜΝΑϹΕΧΟΝΤΙΚΑΙ 19:25
ΕΙΠΑΝΑΥΤΩΚ̄Ε̄ΕΧΕΙΔΕΚΑ
ΜΝΑϹ ΛΕΓΩΫΜΙΝΟΤΙΠᾹ 19:26
ΤΙΤΩΕΧΟΝΤΙΔΟΘΗϹΕ
ΤΑΙΑΠΟΔΕΤΟΥΜΗΕΧΟ̄
ΤΟϹΚΑΙΟΕΧΕΙΑΡΘΗϹΕ
ΤΑΙ ΠΛΗΝΤΟΥϹΕΧΘΡΟΥϹ 19:27
ΜΟΥΤΟΥΤΟΥϹΤΟΥϹΜΗ
ΘΕΛΗϹΑΝΤΑϹΜΕΒΑϹΙ
ΛΕΥϹΑΙΕΠΑΥΤΟΥϹΑΓΑ
ΓΕΤΕΩΔΕΚΑΙΚΑΤΑϹΦΑ

ΞΑΤΕΑΥΤΟΥϹΕΜΠΡΟϹ
19:28 ΡΚΒ ΘΕΝΜΟΥ ΚΑΙΕΙΠΩΝ
ΤΑΥΤΑΕΠΟΡΕΥΕΤΟΕΜ
ΠΡΟϹΘΕΝΑΝΑΒΑΙΝΩΝ
19:29 ΕΙϹΪΕΡΟϹΟΛΥΜΑΚΑΙΕ
ΝΕ
ΓΕΤΟΩϹΗΓΓΙϹΕΝΕΙϹΒΗΘ
ϹϹ ΦΑΓΗΚΑΙΒΗΘΑΝΙΑΠΡΟϹ
ΤΟΟΡΟϹΤΟΚΑΛΟΥΜΕΝΟΕΛΑΙΩ̅
ΑΠΕϹΤΕΙΛΕΝΔΥΟΤΩΝ
19:30 ΜΑΘΗΤΩΝΛΕΓΩΝΫΠΑ
ΓΕΤΕΕΙϹΤΗΝΚΑΤΕΝΑ̅
ΤΙΚΩΜΗΝΕΝΗΕΙϹΠΟΡΕΥ
ΟΜΕΝΟΙΕΥΡΗϹΕΤΕΠΩ
ΛΟΝΔΕΔΕΜΕΝΟΝΕΦΟ̅
ΟΥΔΕΙϹΠΩΠΟΤΕΑΝΘΡΩ
ΠΩΝΕΚΑΘΙϹΕΝΚΑΙΛΥ
ϹΑΝΤΕϹΑΥΤΟΝΑΓΑΓΕ
19:31 ΤΕΚΑΙΕΑΝΤΙϹΫΜΑϹΕ
ΡΩΤΑΔΙΑΤΙΛΥΕΤΕΟΥ
ΤΩϹΕΡΕΙΤΕΟΤΙΟΚ̅Ϲ̅ΑΥΤΟΥ
19:32 ΧΡΕΙΑΝΕΧΕΙΑΠΕΛΘΟΝ
ΤΕϹΔΕΟΙΑΠΕϹΤΑΛΜΕΝΟΙ
ΕΥΡΟΝΚΑΘΩϹΕΙΠΕΝΑΥ
19:33 ΤΟΙϹΛΥΟΝΤΩΝΔΕΑΥΤΩ̅
ΤΟΝΠΩΛΟΝΕΙΠΑΝΟΙΚΥ
ΡΙΟΙΑΥΤΟΥΠΡΟϹΑΥΤΟΥϹ
ΤΙΛΥΕΤΕΤΟΝΠΩΛΟΝ
19:34 ΟΙΔΕΕΙΠΑΝΟΤΙΟΚ̅Ϲ̅ΑΥ
19:35 ΤΟΥΧΡΕΙΑΝΕΧΕΙΚΑΙΗ
ΓΑΓΟΝΑΥΤΟΝΠΡΟϹΤΟ̅
Ι̅Ν̅ΚΑΙΕΠΙΡΙΨΑΝΤΕϹΑΥ
ΤΩΝΤΑΪΜΑΤΙΑΕΠΙΤΟΝ
ΠΩΛΟΝΕΠΕΒΙϹΑΝΤΟΝ
19:36 Ι̅Ν̅ΠΟΡΕΥΟΜΕΝΟΥΔΕ
ΑΥΤΟΥΫΠΕϹΤΡΩΝΝΥ
ΟΝΤΑΪΜΑΤΙΑΕΑΥΤΩ̅
19:37 ΕΝΤΗΟΔΩΕΓΓΙΖΟΝΤΟϹ
ΔΕΑΥΤΟΥΗΔΗΠΡΟϹΤΗ
ΚΑΤΑΒΑϹΕΙΤΟΥΟΡΟΥϹ
ΤΩΝΕΛΑΙΩΝΗΡΞΑΝΤΟ
ΑΠΑΝΤΟΠΛΗΘΟϹΤΩΝ
ΜΑΘΗΤΩΝΧΑΙΡΟΝΤΕϹ

ΑΙΝΕΙΝΤΟΝΘ̅Ν̅ΦΩΝΗΜΕ
ΓΑΛΗΠΕΡΙΠΑΝΤΩΝΩΝ
ΕΙΔΟΝΔΥΝΑΜΕΩΝΛΕΓΟ̅ 19:38
ΤΕϹΕΥΛΟΓΗΜΕΝΟϹΟΕΡ
ΧΟΜΕΝΟϹΟΒΑϹΙΛΕΥϹΕΝ
ΟΝΟΜΑΤΙΚ̅Υ̅ΕΝΟΥΡΑΝΩ
ΕΙΡΗΝΗΚΑΙΔΟΞΑΕΝΥ̅Ψ̅Ι
ϹΤΟΙϹΚΑΙΤΙΝΕϹΤΩΝ 19:39
ΦΑΡΕΙϹΑΙΩΝΑΠΟΤΟΥΟ
ΧΛΟΥΕΙΠΑΝΠΡΟϹΑΥΤΟ̅
ΔΙΔΑϹΚΑΛΕΕΠΙΤΙΜΗϹΟ̅
ΤΟΙϹΜΑΘΗΤΑΙϹϹΟΥΚΑΙ 19:40
ΑΠΟΚΡΙΘΕΙϹΕΙΠΕΝΛΕΓΩ̅
ΟΤΙ
ΥΜΙΝΕΑΝΟΥΤΟΙϹΙΩΠΗ
ϹΟΥϹΙΝΟΙΛΙΘΟΙΚΡΑΞΟΥ
ΡΚΓ ϹΙΝ ΚΑΙΩϹΗΓΓΙϹΕΝΪ 19:41
ΔΩΝΤΗΝΠΟΛΙΝΕΚΛΑΥ
ϹΕΝΕΠΑΥΤΗΝΛΕΓΩΝΟ 19:42
ΤΙΕΙΕΓΝΩϹΕΝΤΗΗΜΕΡΑ
ΤΑΥΤΗΚΑΙϹΥΤΑΠΡΟϹΕΙ
ΡΗΝΗΝΝΥΝΔΕΕΚΡΥΒΗ
ΑΠΟΟΦΘΑΛΜΩΝϹΟΥΟ 19:43
ΤΙΗΞΟΥϹΙΝΗΜΕΡΑΙΕΠΙϹΕ
ΚΑΙΠΕΡΙΒΑΛΟΥϹΙΝΟΙΕ
ΧΘΡΟΙϹΟΥΧΑΡΑΚΑϹΟΙϗ
ΠΕΡΙΚΥΚΛΩϹΟΥϹΙϹΕϗ
ϹΥΝΕΞΟΥϹΙΝϹΕΠΑΝΤΟ
ΘΕΝΚΑΙΕΔΑΦΙΟΥϹΙΝϹΕ 19:44
ΚΑΙΤΑΤΕΚΝΑϹΟΥΕΝϹΟΙ
ΚΑΙΟΥΚΑΦΗϹΟΥϹΙΝΛΙ
ΘΟΝΕΠΙΛΙΘΟΝΕΝϹΟΙΑΝ
ΘΩΝΟΥΚΕΓΝΩϹΤΟΝϗ
ΡΟΝΤΗϹΕΠΙϹΚΟΠΗϹϹΟΥ
ΚΑΙΕΙϹΕΛΘΩΝΕΙϹΤΟΪΕ 19:45
ΡΟΝΗΡΞΑΤΟΕΚΒΑΛΛΕΙ̅
ΤΟΥϹΠΩΛΟΥΝΤΑϹΛΕΓΩ̅ 19:46
ΑΥΤΟΙϹΓΕΓΡΑΠΤΑΙΚΑΙ
› ΕϹΤΑΙΟΟΙΚΟϹΜΟΥΟΙΚΟϹ
› ΠΡΟϹΕΥΧΗϹΫΜΕΙϹΔΕ
Ε
ΑΥΤΟΝΕΠΟΙΗϹΑΤΑΙϹΠΗ
ΛΑΙΟΝΛΗϹΤΩΝΚΑΙΗΝ 19:47
ΔΙΔΑϹΚΩΝΤΟΚΑΘΗΜΕ

ΡΑΝΕΝΤΩΪΕΡΩΟΙΔΕΑΡ
ΧΙΕΡΕΙϹΚΑΙΟΙΓΡΑΜΜΑ
ΤΕΙϹΕΖΗΤΟΥΝΑΥΤΟΝ
ΑΠΟΛΕϹΑΙΚΑΙΟΙΠΡΩΤΟΙ
19:48 ΤΟΥΛΑΟΥΚΑΙΟΥΧΕΥΡΙ
ϹΚΟΝΤΟΤΙΠΟΙΗϹΩϹΙ̅
ΟΛΑΟϹΓΑΡΑΠΑϹΕΞΕΚΡΕ
ΜΕΤΟΑΥΤΟΥΑΚΟΥΩΝ
20:1 ΡΚΔ ΚΑΙΕΓΕΝΕΤΟΕΝΜΙΑΤΩ̅
ΗΜΕΡΩΝΔΙΔΑϹΚΟΝΤΟϹ
ΑΥΤΟΥΤΟΝΛΑΟΝΕΝΤΩ
ΪΕΡΩΚΑΙΕΥΑΓΓΕΛΙΖΟ
ΜΕΝΟΥΕΠΕϹΤΗϹΑΝΟΙ
ΑΡΧΙΕΡΕΙϹΚΑΙΟΙΓΡΑΜ
ΜΑΤΕΙϹϹΥΝΤΟΙϹΠΡΕϹ
20:2 ΒΥΤΕΡΟΙϹΚΑΙΕΙΠΑΝΛΕ
ΓΟΝΤΕϹΠΡΟϹΑΥΤΟΝΕΙ
ΠΟΝΗΜΙΝΕΝΠΟΙΑΕΞΟΥ
ϹΙΑΤΑΥΤΑΠΟΙΕΙϹΗΤΙϹ
ΕϹΤΙΝΟΔΟΥϹϹΟΙΤΗΝ
ΕΞΟΥϹΙΑΝΤΑΥΤΗΝ
20:3 ΑΠΟΚΡΙΘΕΙϹΔΕΕΙΠΕΝ
ΠΡΟϹΑΥΤΟΥϹΕΡΩΤΗϹΩ
ΫΜΑϹΚΑΓΩΛΟΓΟΝΚΑΙΕΙ
20:4 ΠΑΤΕΜΟΙΤΟΒΑΠΤΙϹΜΑ
ΪΩΑΝΟΥΕΞΟΥΡΑΝΟΥΗ̅
20:5 ΗΕΞΑΝΘΡΩΠΩΝΟΙΔΕ
ϹΥΝΕΛΟΓΙϹΑΝΤΟΠΡΟϹ
ΕΑΥΤΟΥϹΛΕΓΟΝΤΕϹΟ
ΤΙΕΑΝΕΙΠΩΜΕΝΕΞΟΥΡΑ
ΝΟΥΕΡΕΙΔΙΑΤΙΟΥΚΕΠΙ
20:6 ϹΤΕΥϹΑΤΕΑΥΤΩΕΑΝ
ΔΕΕΙΠΩΜΕΝΕΞΑΝΘΡΩ
ΠΩΝΟΛΑΟϹΑΠΑϹΚΑΤΑ
ΛΙΘΑϹΕΙΗΜΑϹΠΕΠΕΙϹΜΕ
ΝΟϹΓΑΡΕϹΤΙΝΪΩΑΝΗ̅
20:7 ΠΡΟΦΗΤΗΝΕΙΝΑΙΚΑΙ
ΑΠΕΚΡΙΘΗϹΑΝΜΗΕΙΔΕ
20:8 ΝΑΙΠΟΘΕΝΚΑΙΟΙ̅Ϲ̅ΕΙΠΕ̅
ΑΥΤΟΙϹΟΥΔΕΕΓΩΛΕΓΩ
ΫΜΙΝΕΝΠΟΙΑΕΞΟΥϹΙΑ
20:9 ΡΚΕ ΤΑΥΤΑΠΟΙΩ ΗΡΞΑΤΟ

ΔΕΠΡΟϹΤΟΝΛΑΟΝΛΕΓΕΙ
ΤΗΝΠΑΡΑΒΟΛΗΝΤΑΥΤΗ̅
ΑΝΘΡΩΠΟϹΕΦΥΤΕΥϹΕ̅
ΑΜΠΕΛΩΝΑΚΑΙΕΞΕΔΕ
ΤΟΑΥΤΟΝΓΕΩΡΓΟΙϹϏ
ΑΠΕΔΗΜΗϹΕΝΧΡΟΝΟΥϹ ΙΚΑΝΟΥϹ
ΚΑΙΚΑΙΡΩΑΠΕϹΤΕΙΛΕΝ 20:10
ΠΡΟϹΤΟΥϹΓΕΩΡΓΟΥϹ
ΔΟΥΛΟΝΪΝΑΑΠΟΤΟΥΚΑΡ
ΠΟΥΤΟΥΑΜΠΕΛΩΝΟϹ
ΔΩϹΟΥϹΙΝΑΥΤΩΟΙΔΕ
ΓΕΩΡΓΟΙΕΞΑΠΕϹΤΕΙΛΑ̅
ΑΥΤΟΝΔΕΙΡΑΝΤΕϹΚΕ
ΝΟΝ·ΚΑΙΠΡΟϹΕΘΕΤΟΕ 20:11
ΤΕΡΟΝΠΕΜΨΑΙΔΟΥΛΟΝ
ΟΙΔΕΚΑΚΕΙΝΟΝΔΕΙΡΑΝ
ΤΕϹΚΑΙΑΤΕΙΜΑϹΑΝΤΕϹ
ΕΞΑΠΕϹΤΕΙΛΑΝΚΕΝΟΝ
ΚΑΙΠΡΟϹΕΘΕΤΟΤΡΙΤΟ̅ 20:12
ΠΕΜΨΑΙΟΙΔΕΚΑΙΤΟΥΤΟ̅
ΤΡΑΥΜΑΤΙϹΑΝΤΕϹΕΞΕ
ΒΑΛΟΝ ΕΙΠΕΝΔΕΟΚ̅Ϲ̅ ΤΙΠΟΙΗϹΩ 20:13
ΤΟΥΑΜΠΕΛΩΝΟϹΠΕΜ
ΨΩΤΟΝΥΙΟΝΜΟΥΤΟΝ
ΑΓΑΠΗΤΟΝΪϹΩϹΤΟΥ
ΤΟΝΕΝΤΡΑΠΗϹΟΝΤΑΙ
ΪΔΟΝΤΕϹΔΕΑΥΤΟΝΟΙΓΕ 20:14
ΩΡΓΟΙΔΙΕΛΟΓΙΖΟΝΤΟ
ΠΡΟϹΑΛΛΗΛΟΥϹΛΕΓΟΝ
ΤΕϹΟΥΤΟϹΕϹΤΙΝΟΚΛΗ
ΡΟΝΟΜΟϹΑΠΟΚΤΕΙΝΩ
ΜΕΝΑΥΤΟΝΪΝΑΗΜΩ̅
ΓΕΝΗΤΑΙΗΚΛΗΡΟΝΟΜΙ
ΑΚΑΙΕΚΒΑΛΟΝΤΕϹΑΥΤΟ̅ 20:15
ΕΞΩΤΟΥΑΜΠΕΛΩΝΟϹ
ΑΠΕΚΤΕΙΝΑΝΤΙΟΥΝΠΟΙ
ΗϹΕΙΑΥΤΟΙϹΟΚ̅Ϲ̅ΤΟΥΑΜ
ΠΕΛΩΝΟϹΕΛΕΥϹΕΤΑΙ 20:16
ΚΑΙΑΠΟΛΕϹΕΙΤΟΥϹΓΕ
ΩΡΓΟΥϹΤΟΥΤΟΥϹΚΑΙ
ΔΩϹΕΙΤΟΝΑΜΠΕΛΩΝΑ
ΑΛΛΟΙϹ ΑΚΟΥϹΑΝΤΕϹ

ΔΕΕΙΠΑΝΜΗΓΕΝΟΙΤΟ
20:17 ΟΔΕΕΜΒΛΕΨΑϹΑΥΤΟΙϹ
ΕΙΠΕΝΤΙΟΥΝΕϹΤΙΝΤΟ
ΓΕΓΡΑΜΜΕΝΟΝΤΟΥΤΟ
› ΛΙΘΟΝΟΝΑΠΕΔΟΚΙΜΑϹΑ̅
› ΟΙΟΙΚΟΔΟΜΟΥΝΤΕϹΟΥ
› ΤΟϹΕΓΕΝΗΘΗΕΙϹΚΕΦΑ
20:18 › ΛΗΝΓΩΝΙΑϹΠΑϹΟΠΕ
› ϹΩΝΕΠΕΚΕΙΝΟΝΤΟΝ
› ΛΙΘΟΝϹΥΝΘΛΑϹΘΗϹΕΤΑΙ
› ΕΦΟΝΔΑΝΠΕϹΗΛΙΚΜΗ
20:19 › ϹΕΙΑΥΤΟΝ ΚΑΙΕΖΗΤΗ
ϹΑΝΟΙΓΡΑΜΜΑΤΕΙϹϏ
ΟΙΑΡΧΙΕΡΕΙϹΕΠΙΒΑΛΕΙΝ
ΕΠΑΥΤΟΝΤΑϹΧΕΙΡΑϹ
ΕΝΑΥΤΗΤΗΩΡΑΚΑΙΕ
ΦΟΒΗΘΗϹΑΝΤΟΝΛΑΟΝ
ΕΓΝΩϹΑΝΓΑΡΟΤΙΠΡΟϹ
ΑΥΤΟΥϹΕΙΠΕΝΤΗΝΠΑ
20:20 ΡΑΒΟΛΗΝΤΑΥΤΗΝΚΑΙ
ΡΚϚ ΠΑΡΑΤΗΡΗϹΑΝΤΕϹΑ
ΠΕϹΤΕΙΛΑΝΕΓΚΑΘΕΤΟΥϹ
ΫΠΟΚΡΙΝΟΜΕΝΟΥϹΕΑΥ
ΤΟΥϹΔΙΚΑΙΟΥϹΕΙΝΑΙΪ
ΝΑΕΠΙΛΑΒΩΝΤΑΙΑΥΤΟΥ
ΛΟΓΟΥΩϹΤΕΠΑΡΑΔΟΥ
ΝΑΙΑΥΤΟΝΤΗΑΡΧΗΚΑΙ
ΤΗΕΞΟΥϹΙΑΤΟΥΗΓΕΜΟ
20:21 ΝΟϹΚΑΙΕΠΗΡΩΤΗϹΑΝ
ΑΥΤΟΝΛΕΓΟΝΤΕϹΔΙ
ΔΑϹΚΑΛΕΟΙΔΑΜΕΝΟΤΙ
ΟΡΘΩϹΛΕΓΕΙϹΚΑΙΔΙΔΑ
ϹΚΕΙϹΚΑΙΟΥΛΑΜΒΑΝΕΙϹ
ΠΡΟϹΩΠΟΝΑΛΛΕΠΑΛΗ
ΘΕΙΑϹΤΗΝΟΔΟΝΤΟΥ
20:22 Θ̅Υ̅ΔΙΔΑϹΚΕΙϹΕΞΕϹΤΙΝ
ΗΜΑϹΚΑΙϹΑΡΙΦΟΡΟΝ
20:23 ΔΟΥΝΑΙΗΟΥ ΚΑΤΑΝΟ
ΗϹΑϹΔΕΑΥΤΩΝΤΗΝΠΑ
ΝΟΥΡΓΙΑΝΕΙΠΕΝΠΡΟϹ
20:24 ΑΥΤΟΥϹΔΕΙΞΑΤΕΜΟΙ
ΔΗΝΑΡΙΟΝΤΙΝΟϹΕΧΕΙ

ΕΙΚΟΝΑΚΑΙΕΠΙΓΡΑΦΗ̅
ΟΙΔΕΕΙΠΑΝΚΑΙCΑΡΟC
ΟΔΕΕΙΠΕΝΠΡΟCΑΥΤΟΥC 20:25
ΤΟΙΝΥΝΑΠΟΔΟΤΕΤΑΚΑΙ
CΑΡΟCΚΑΙCΑΡΙΚΑΙΤΑΤΟΥ
Θ̅Υ̅ΤΩΘ̅Ω̅ΚΑΙΟΥΚΙCΧΥ 20:26
CΑΝΕΠΙΛΑΒΕCΘΑΙΤΟΥ
ΡΗΜΑΤΟCΕΝΑΝΤΙΟΝΤΟΥ
ΛΑΟΥΚΑΙΘΑΥΜΑCΑΝΤΕC
ΕΠΙΤΗΑΠΟΚΡΙCΕΙΑΥΤΟΥ
ΡΚΖ ΕCΕΙΓΗCΑΝ ΠΡΟCΕΛ 20:27
ΘΟΝΤΕCΔΕΤΙΝΕCΤΩΝ
CΑΔΔΟΥΚΑΙΩΝΟΙΛΕΓΟ̅
ΤΕCΑΝΑCΤΑCΙΝΜΗΕΙΝΑΙ
ΕΠΗΡΩΤΩΝΑΥΤΟΝΛΕ 20:28
ΓΟΝΤΕCΔΙΔΑCΚΑΛΕΜΩ
ΫCΗCΕΓΡΑΨΕΝΗΜΙΝΕ
ΑΝΤΙΝΟCΑΔΕΛΦΟCΑΠΟ
ΘΑΝΗΕΧΩΝΓΥΝΑΙΚΑ
ΚΑΙΟΥΤΟCΑΤΕΚΝΟCΗ
ΪΝΑΛΑΒΗΟΑΔΕΛΦΟCΑΥ
ΤΟΥΤΗΝΓΥΝΑΙΚΑΚΑΙΕ
ΞΑΝΑCΤΗCΗCΠΕΡΜΑΤΩ
ΑΔΕΛΦΩΑΥΤΟΥΕΠΤΑ 20:29
ΟΥΝΑΔΕΛΦΟΙΗCΑΝΚΑΙ
ΟΠΡΩΤΟCΛΑΒΩΝΓΥΝΑΙ
ΚΑΑΠΕΘΑΝΕΝΑΤΕΚΝΟC
ΚΑΙΟΔΕΥΤΕΡΟCΚΑΙΟΤΡΙ 20:30/31
ΤΟCΕΛΑΒΕΝΑΥΤΗΝΩC
ΑΥΤΩCΔΕΚΑΙΟΙΕΠΤΑ
ΟΥΚΑΤΕΛΙΠΟΝΤΕΚΝΑ
ΚΑΙΑΠΕΘΑΝΟΝΫCΤΕΡΟ̅ 20:32
ΚΑΙΗΓΥΝΗΑΠΕΘΑΝΕΝ
ΗΓΥΝΗΟΥΝΕΝΤΗΑΝΑ 20:33
CΤΑCΕΙΤΙΝΟCΑΥΤΩΝ
ΓΕΙΝΕΤΑΙΓΥΝΗΟΙΓΑΡ
ΕΠΤΑΕCΧΟΝΑΥΤΗΝΓΥ
ΝΑΙΚΑ ΚΑΙΕΙΠΕΝΑΥΤΟΙC 20:34
Ο̅Ι̅C̅ΟΙΥΙΟΙΤΟΥΑΙΩΝΟC
ΤΟΥΤΟΥΓΑΜΟΥCΙΝΚΑΙ
ΓΑΜΙCΚΟΝΤΑΙΟΙΔΕΚΑ 20:35
ΤΑΞΙΩΘΕΝΤΕCΤΟΥΑΙΩ

ΝΟϹΕΚΕΙΝΟΥΤΥΧΕΙΝ
ΚΑΙΤΗϹΑΝΑϹΤΑϹΕΩϹ
ΤΗϹΕΚΝΕΚΡΩΝΟΥΤΕΓΑ
ΜΟΥϹΙΝΟΥΤΕΓΑΜΙϹΚΟ
20:36 ΤΑΙΟΥΔΕΓΑΡΑΠΟΘΑΝΕΙ
ΕΤΙΔΥΝΑΝΤΑΙΪϹΑΓΓΕ
ΛΟΙΓΑΡΕΙϹΙΝΚΑΙΥΙΟΙΕΙ
ϹΙΝΘΥΤΗϹΑΝΑϹΤΑϹΕΩϹ
20:37 ΥΙΟΙΟΝΤΕϹΟΤΙΔΕΕΓΕΙ
ΡΟΝΤΑΙΟΙΝΕΚΡΟΙΚΑΙΜΩ
ΫϹΗϹΕΜΗΝΥϹΕΝΕΠΙΤΗϹ
ΒΑΤΟΥΩϹΛΕΓΕΙΚΝΤΟΝ
ΘΝΑΒΡΑΑΜΚΑΙΘΝΙϹΑΑΚ
20:38 ΚΑΙΘΝΪΑΚΩΒΘϹΔΕΟΥΚΕ
ϹΤΙΝΝΕΚΡΩΝΑΛΛΑΖΩΝ
ΤΩΝΠΑΝΤΕϹΓΑΡΑΥΤΩ
20:39 ΖΩϹΙΝ ΑΠΟΚΡΙΘΕΝΤΕϹ
ΔΕΤΙΝΕϹΤΩΝΓΡΑΜΜΑ
ΤΕΩΝΕΙΠΑΝΔΙΔΑϹΚΑΛΕ
20:40 ΚΑΛΩϹΕΙΠΑϹΟΥΚΕΤΙΓΑΡ
ΕΤΟΛΜΩΝΕΠΕΡΩΤΑΝ
20:41 ΡΚΗ ΑΥΤΟΝΟΥΔΕΝ ΕΙΠΕΝ
ΔΕΠΡΟϹΑΥΤΟΥϹΠΩϹΛΕ
ΓΟΥϹΙΝΤΟΝΧΝΕΙΝΑΙΔΑΥ
20:42 ΕΙΔΥΙΟΝΑΥΤΟϹΓΑΡΔΑΥ
ΕΙΔΛΕΓΕΙΕΝΒΙΒΛΩΨΑΛ
ΜΩΝΕΙΠΕΝΚϹΤΩΚΩΜΟΥ
ΚΑΘΟΥΕΚΔΕΞΙΩΝΜΟΥ
20:43 ΕΩϹΑΝΘΩΤΟΥϹΕΧΘΡΟΥϹ
ϹΟΥΫΠΟΠΟΔΙΟΝΤΩΝΠΟ
20:44 ΔΩΝϹΟΥΔΑΥΕΙΔΟΥΝΑΥ
ΤΟΝΚΝΚΑΛΕΙΚΑΙΠΩϹΑΥ
20:45 ΤΟΥΥΙΟϹΕϹΤΙΝ ΑΚΟΥ
ΟΝΤΟϹΔΕΠΑΝΤΟϹΤΟΥ
ΛΑΟΥΕΙΠΕΝΤΟΙϹΜΑΘΗ
20:46 ΤΑΙϹΠΡΟϹΕΧΕΤΕΑΠΟ
ΤΩΝΓΡΑΜΜΑΤΕΩΝΤΩΝ
ΘΕΛΟΝΤΩΝΠΕΡΙΠΑΤΕΙΝ
ΕΝϹΤΟΛΑΙϹΚΑΙΦΙΛΟΥ
ΤΩΝΑϹΠΑϹΜΟΥϹΕΝΤΑΙϹ
ΑΓΟΡΑΙϹΚΑΙΠΡΩΤΟΚΑ
ΘΕΔΡΙΑϹΕΝΤΑΙϹϹΥΝΑ

ΓΩΓΑΙϹΚΑΙΠΡΩΤΟΚΛΙ
ϹΙΑϹΕΝΤΟΙϹΔΕΙΠΝΟΙϹ
ΟΙΚΑΤΕϹΘΙΟΥϹΙΝΤΑϹ 20:47
ΟΙΚΙΑϹΤΩΝΧΗΡΩΝϗ
ΠΡΟΦΑϹΕΙΜΑΚΡΑΠΡΟϹ
ΕΥΧΟΝΤΑΙΟΥΤΟΙΛΗΜ
ΨΟΝΤΑΙΠΕΡΙϹϹΟΤΕΡΟΝ
ρκθ ΚΡΙΜΑ ΑΝΑΒΛΕΨΑϹ 21:1
ΔΕΕΙΔΕΝΤΟΥϹΒΑΛΛΟ̅
ΤΑϹΕΙϹΤΟΓΑΖΟΦΥΛΑ
ΚΙΟΝΤΑΔΩΡΑΑΥΤΩΝ
ΠΛΟΥϹΙΟΥϹ ΕΙΔΕΝΔΕ 21:2
ΤΙΝΑΧΗΡΑΝΠΕΝΙΧΡΑΝ
ΒΑΛΛΟΥϹΑΝΕΚΕΙΛΕΠΤΑ
ΔΥΟ ΚΑΙΕΙΠΕΝΑΛΗ 21:3
ΘΩϹΛΕΓΩΥΜΙΝΟΤΙΗ
ΧΗΡΑΑΥΤΗΗΠΤΩΧΗ
ΠΛΕΙΟΝΠΑΝΤΩΝΕΒΑ
ΛΕΝΠΑΝΤΕϹΓΑΡΟΥΤΟΙ 21:4
ΕΚΤΟΥΠΕΡΙϹϹΕΥΟΝΤΟϹ
ΑΥΤΟΙϹΕΒΑΛΟΝΕΙϹΤΑ
ΔΩΡΑΑΥΤΗΔΕΕΚΤΟΥ
ΫϹΤΕΡΗΜΑΤΟϹΑΥΤΗϹ
ΠΑΝΤΑΤΟΝΒΙΟΝΟΝΕΙ
ρλ ΧΕΝΕΒΑΛΕΝ ΚΑΙΤΙΝΩΝ 21:5
ΛΕΓΟΝΤΩΝΠΕΡΙΤΟΥΪ
ΕΡΟΥΟΤΙΛΙΘΟΙϹΚΑΛΟΙϹ
ΚΑΙΑΝΑΘΗΜΑϹΙΝΚΕΚΟϹ
ΜΗΤΑΙΕΙΠΕΝΤΑΥΤΑΑ 21:6
ΘΕΩΡΕΙΤΕΕΛΕΥϹΟΝΤΑΙ
ΗΜΕΡΑΙΕΝΑΙϹΟΥΚΑΦΕ
ΘΗϹΕΤΑΙΛΙΘΟϹΕΠΙΛΙ
ΘΩΩΔΕΟϹΟΥΚΑΤΑΛΥ
ΘΗϹΕΤΑΙ ΕΠΗΡΩΤΗ 21:7
ϹΑΝΔΕΑΥΤΟΝΛΕΓΟΝ
ΤΕϹΔΙΔΑϹΚΑΛΕΠΟΤΕ
ΟΥΝΤΑΥΤΑΕϹΤΑΙΚΑΙ
ΤΙΤΟϹΗΜΕΙΟΝΟΤΑΝΜΕΛ
ΛΗΤΑΥΤΑΓΕΙΝΕϹΘΑΙ
ΟΔΕΕΙΠΕΝΒΛΕΠΕΤΕΜΗ 21:8
ΠΛΑΝΗΘΗΤΕΠΟΛΛΟΙ
ΓΑΡΕΛΕΥϹΟΝΤΑΙΕΠΙΤΩ

ΟΝΟΜΑΤΙΜΟΥΛΕΓΟΝ
ΤΕϹΕΓΩΕΙΜΙΚΑΙΟΚΑΙ
ΡΟϹΗΓΓΙΚΕΝΜΗΠΟΡΕΥ
ΘΗΤΕΟΠΙϹΩΑΥΤΩΝ
21:9 ΟΤΑΝΔΕΑΚΟΥϹΗΤΕΠΟ
ΛΕΜΟΥϹΚΑΙΑΚΑΤΑϹΤΑ
ϹΙΑϹΜΗΠΤΟΗΘΗΤΕΔΕΙ
ΓΑΡΤΑΥΤΑΓΕΝΕϹΘΑΙ
ΠΡΩΤΟΝΑΛΛΟΥΚΕΥΘΕ
21:10 ΩϹΤΟΤΕΛΟϹ ΤΟΤΕΕ
ΛΕΓΕΝΑΥΤΟΙϹΕΓΕΡΘΗ
ϹΕΤΑΙΕΘΝΟϹΕΠΙΕΘΝΟϹ
ΚΑΙΒΑϹΙΛΕΙΑΕΠΙΒΑϹΙ
21:11 ΛΕΙΑΝϹΕΙϹΜΟΙΤΕΜΕΓΑ
ΛΟΙΚΑΙΚΑΤΑΤΟΠΟΥϹ
ΛΟΙΜΟΙΚΑΙΛΕΙΜΟΙΕϹΟ̅
ΤΑΙΦΟΒΗΘΡΑΤΕΚΑΙΑ
ΠΟΥΡΑΝΟΥϹΗΜΕΙΑΜΕ
21:12 ΓΑΛΑΕϹΤΑΙ ΠΡΟΔΕΤΟΥ
ΤΩΝΠΑΝΤΩΝΕΠΙΒΑΛΟΥ
ϹΙΝΕΦΥΜΑϹΤΑϹΧΕΙ
ΡΑϹΑΥΤΩΝΚΑΙΔΙΩΞΟΥ
ϹΙΝΠΑΡΑΔΙΔΟΝΤΕϹΕΙϹ
ΤΑϹϹΥΝΑΓΩΓΑϹΚΑΙΦΥ
ΛΑΚΑϹΑΠΑΓΟΜΕΝΟΥϹ
ΕΙ
ΕΠΙΒΑΛΕΙϹΚΑΙΗΓΕΜΟ
ΝΑϹΕΝΕΚΕΝΤΟΥΟΝΟ
21:13 ΜΑΤΟϹΜΟΥΑΠΟΒΗϹΕ
ΤΑΙΫΜΙΝΕΙϹΜΑΡΤΥΡΙΟ̅
ϹΘ
21:14 ΘΕΤΕΟΥΝΕΝΤΑΙϹΚΑΡ
ΔΙΑΙϹΫΜΩΝΜΗΠΡΟΜΕ
ΛΕΤΑΝΑΠΟΛΟΓΗΘΗΝΑΙ
21:15 ΕΓΩΓΑΡΔΩϹΩΫΜΙΝϹΤΟ
ΜΑΚΑΙϹΟΦΙΑΝΗΟΥΔΥ
ΝΗϹΟΝΤΑΙΑΝΤΙϹΤΗ
ΝΑΙΗΑΝΤΕΙΠΕΙΝΑΠΑΝ
ΤΕϹΟΙΑΝΤΙΚΕΙΜΕΝΟΙ
21:16 ΫΜΙΝ ΠΑΡΑΔΟΘΗϹΕϹΘΕ
ΔΕΚΑΙΫΠΟΓΟΝΕΩΝΚΑΙ
ΑΔΕΛΦΩΝΚΑΙϹΥΓΓΕ
ΝΩΝΚΑΙΦΙΛΩΝΚΑΙΘΑ
ΝΑΤΩϹΟΥϹΙΝΕΞΥΜΩ̅

ΚΑΙΕϹΕϹΘΕΜΕΙϹΟΥΜΕ 21:17
ΝΟΙΫΠΟΠΑΝΤΩΝΔΙΑ
ΤΟΟΝΟΜΑΜΟΥΚΑΙΘΡΙΞ· 21:18
ΕΚΤΗϹΚΕΦΑΛΗϹΫΜΩ̄
ΟΥΜΗΑΠΟΛΗΤΑΙΕΝΤΗ 21:19
ΫΠΟΜΟΝΗΫΜΩΝΚΤΗ
ϹΕϹΘΕΤΑϹΨΥΧΑϹΫΜΩ̄
ΡΛΑ ΟΤΑΝΔΕΪΔΗΤΕΚΥΚΛΟΥ 21:20
ΜΕΝΗΝΫΠΟϹΤΡΑΤΟΠΕ
ΔΩΝΪΕΡΟΥϹΑΛΗΜΤΟ
ΤΕΓΝΩΤΕΟΤΙΗΓΓΙΚΕ̄
ΗΕΡΗΜΩϹΙϹΑΥΤΗϹΤΟ 21:21
ΤΕΟΙΕΝΤΗΪΟΥΔΑΙΑΦΕΥ
ΓΕΤΩϹΑΝΕΙϹΤΑΟΡΗϗ
ΟΙΕΝΜΕϹΩΑΥΤΗϹΕΚ
ΧΩΡΕΙΤΩϹΑΝΚΑΙΟΙΕΝ
ΤΑΙϹΧΩΡΑΙϹΜΗΕΙϹΕΡ
ΧΕϹΘΩϹΑΝΕΙϹΑΥΤΗΝ
ΟΤΙΗΜΕΡΑΙΕΚΔΙΚΗϹΕ 21:22
ΩϹΑΥΤΑΙΕΙϹΙΝΤΟΥΠΛΗ
ϹΘΗΝΑΙΠΑΝΤΑΤΑΓΕ
ΓΡΑΜΜΕΝΑ ΟΥΑΙΤΑΙϹ 21:23
ΕΝΓΑϹΤΡΙΕΧΟΥϹΑΙϹϗ
ΤΑΙϹΘΗΛΑΖΟΥϹΑΙϹΕΝΕ
ΚΕΙΝΑΙϹΤΑΙϹΗΜΕΡΑΙϹ
ΕϹΤΑΙΓΑΡΑΝΑΓΚΗΜΕ
ΓΑΛΗΕΠΙΤΗϹΓΗϹΚΑΙΟΡ
ΓΗΤΩΛΑΩΤΟΥΤΩΚΑΙ 21:24
ΠΕϹΟΥΝΤΑΙϹΤΟΜΑΤΙ
ΜΑΧΑΙΡΗϹΚΑΙΑΙΧΜΑ
ΛΩΤΙϹΘΗϹΟΝΤΑΙΕΙϹ
ΤΑΕΘΝΗΠΑΝΤΑΚΑΙΪΕ
ΡΟΥϹΑΛΗΜΕϹΤΑΙΠΑΤΟΥ
ΜΕΝΗΫΠΟΕΘΝΩΝΑΧΡΙ
ΟΥΠΛΗΡΩΘΩϹΙΝΚΑΙΕ
ϹΟΝΤΑΙΚΑΙΡΟΙΕΘΝΩΝ
ΚΑΙΕϹΟΝΤΑΙϹΗΜΕΙΑΕ̄ 21:25
ΗΛΙΩΚΑΙϹΕΛΗΝΗΚΑΙΑ
ϹΤΡΟΙϹΚΑΙΕΠΙΤΗϹΓΗϹ
ϹΥΝΟΧΗΕΘΝΩΝΕΝΑΠΟ
ΡΙΑΗΧΟΥϹΘΑΛΑϹϹΗϹ
ΚΑΙϹΑΛΟΥΑΠΟΨΥΧΟΝ 21:26

ΤΩΝΑΝΘΡΩΠΩΝΑΠΟ
ΦΟΒΟΥΚΑΙΠΡΟCΔΟΚΙΑC
ΤΩΝΕΠΕΡΧΟΜΕΝΩΝΤΗ
ΟΙΚΟΥΜΕΝΗΑΙΓΑΡΔΥ
ΝΑΜΕΙCΤΩΝΟΥΡΑΝΩ̅
21:27 CΑΛΕΥΘΗCΟΝΤΑΙΚΑΙΤΟ
ΤΕΟΨΟΝΤΑΙΤΟΝΥΙΟΝ
ΤΟΥΑΝΘΡΩΠΟΥΕΡΧΟΜΕ
ΝΟΝΕΝΝΕΦΕΛΗΜΕΤΑ
ΔΥΝΑΜΕΩCΚΑΙΔΟΞΗC
21:28 ΠΟΛΛΗC ΑΡΧΟΜΕΝΩ̅
ΔΕΤΟΥΤΩΝΓΕΙΝΕCΘΑΙ
ΑΝΑΚΥΨΑΤΕΚΑΙΕΠΑΡΑ
ΤΕΤΑCΚΕΦΑΛΑCΫΜΩ̅
ΔΙΟΤΙΕΓΓΙΖΕΙΗΑΠΟΛΥ
21:29 ΤΡΩCΙCΫΜΩΝ ΚΑΙΕΙ
ΠΕΝΠΑΡΑΒΟΛΗΝΑΥΤΟΙC
ΪΔΕΤΕΤΗΝCΥΚΗΝΚΑΙ
21:30 ΠΑΝΤΑΤΑΔΕΝΔΡΑΟΤΑ̅
ΠΡΟΒΑΛΩCΙΝΗΔΗΒΛΕΠΟ̅
ΤΕCΑΦΕΑΥΤΩΝΓΕΙΝΩ
CΚΕΤΕΟΤΙΗΔΗΕΓΓΥC
21:31 ΤΟΘΕΡΟCΕCΤΙΝΟΥΤΩC
ΚΑΙΫΜΕΙCΟΤΑΝΪΔΗΤΕ
ΤΑΥΤΑΓΕΙΝΟΜΕΝΑΓΕΙ
ΝΩCΚΕΤΑΙΟΤΙΕΓΓΥC
ΕCΤΙΝΗΒΑCΙΛΕΙΑΤΟΥΘ̅Υ̅
21:32 ΑΜΗΝΛΕΓΩΫΜΙΝΟΤΙ
ΟΥΜΗΠΑΡΕΛΘΗΗΓΕΝΕ
ΑΑΥΤΗΕΩCΑΝΠΑΝΤΑΓΕ
21:33 ΝΗΤΑΙΟΟΥΡΑΝΟCΚΑΙΗ
ΓΗΠΑΡΕΛΕΥCΟΝΤΑΙΟΙΔΕ
ΛΟΓΟΙΜΟΥΟΥΜΗΠΑΡΕ
21:34 ΛΕΥCΟΝΤΑΙ ΠΡΟCΕΧΕ
ΤΕΔΕΕΑΥΤΟΙCΜΗΠΟΤΕ
ΒΑΡΗΘΩCΙΝΑΙΚΑΡΔΙΑΙΫ
ΜΩΝΕΝΚΡΕΠΑΛΗΚΑΙΜΕ
ΘΗΚΑΙΜΕΡΙΜΝΑΙCΒΙΩ
ΤΙΚΑΙCΚΑΙΕΠΙCΤΗΕΦΥ
ΜΑCΑΙΦΝΙΔΙΟCΗΗΜΕΡΑ
21:35 ΕΚΕΙΝΗΩCΠΑΓΙCΕΠΙCΕ
ΛΕΥCΕΤΑΙΓΑΡΕΠΙΠΑΝΤΑC

ΤΟΥCΚΑΘΗΜΕΝΟΥCΕΠΙ
ΠΡΟCΩΠΟΝΠΑCΗCΤΗC
ΓΗCΑΓΡΥΠΝΕΙΤΕΔΕΕΝ 21:36
ΠΑΝΤΙΚΑΙΡΩΔΕΟΜΕΝΟΙ
ΙΝΑΚΑΤΙCΧΥCΗΤΑΙΕΚ
ΦΥΓΕΙΝΤΑΥΤΑΠΑΝΤΑ
ΤΑΜΕΛΛΟΝΤΑΓΕΙΝΕCΘΑΙ
ΚΑΙCΤΑΘΗΝΑΙΕΜΠΡΟC
ΘΕΝΤΟΥΥΙΟΥΤΟΥΑΝΘΡΩ
ΡΛ̄Β̄ ΠΟΥ ΗΝΔΕΤΑCΗΜΕΡΑC 21:37
ΔΙΔΑCΚΩΝΕΝΤΩΪΕΡΩ
ΤΑCΔΕΝΥΚΤΑCΕΞΕΡΧΟ
ΜΕΝΟCΗΥΛΙΖΕΤΟΕΙCΤΟ
ΟΡΟCΤΟΚΑΛΟΥΜΕΝΟΝ
ΕΛΑΙΩΝΚΑΙΠΑCΟΛΑΟC 21:38
ΩΡΘΡΙΖΕΝΠΡΟCΑΥΤΟΝ
ΕΝΤΩΪΕΡΩΑΚΟΥΕΙΝΑΥ
ΤΟΥ ΗΓΓΙΖΕΝΔΕΗΕΟΡ 22:1
ΤΗΤΩΝΑΖΥΜΩΝΗΛΕΓΟ
ΜΕΝΗΠΑCΧΑΚΑΙΕΖΗΤΟῩ 22:2
ΟΙΑΡΧΙΕΡΕΙCΚΑΙΟΙΓΡΑΜ
ΜΑΤΕΙCΤΟΠΩCΑΝΕΛΩ
CΙΝΑΥΤΟΝΕΦΟΒΟΥΝΤΟ
ΓΑΡΤΟΝΛΑΟΝ ΕΙCΗΛΘΕ̄ 22:3
ΔΕCΑΤΑΝΑCΕΙCΪΟΥΔΑΝ
ΤΟΝΚΑΛΟΥΜΕΝΟΝΪCΚΑ
ΡΙΩΤΗΝΟΝΤΑΕΚΤΟΥΑ
ΡΙΘΜΟΥΤΩΝΔΩΔΕΚΑϏ 22:4
ΑΠΕΛΘΩΝCΥΝΕΛΑΛΗCΕ̄
ΤΟΙCΑΡΧΙΕΡΕΥCΙΝΚΑΙ
CΤΡΑΤΗΓΟΙCΤΟΠΩCΑΥ
ΤΟΙCΠΑΡΑΔΩΑΥΤΟΝΚΑΙ 22:5
ΕΧΑΡΗCΑΝΚΑΙCΥΝΕΘΕΝ
ΤΟΑΥΤΩΑΡΓΥΡΙΟΝΔΟΥ
ΝΑΙΚΑΙΕΞΩΜΟΛΟΓΗCΕ̄ 22:6
ΚΑΙΕΖΗΤΕΙΕΥΚΑΙΡΙΑΝ
ΤΟΥΠΑΡΑΔΟΥΝΑΙΑΥΤΟ̄
ΑΤΕΡΟΧΛΟΥΑΥΤΟΙC
ΡΛ̄Γ̄ ΗΛΘΕΝΔΕΗΗΜΕΡΑΤΩΝ 22:7
ΑΖΥΜΩΝΗΕΔΕΙΘΥΕCΘΑΙ
ΤΟΠΑCΧΑΚΑΙΑΠΕCΤΕΙ 22:8
ΛΕΝΠΕΤΡΟΝΚΑΙΪΩΑΝΗ̄

ΕΙΠΩΝΠΟΡΕΥΘΕΝΤΑ^Ε^ΙC
ΕΤΟΙΜΑCΑΤΕΗΜΙΝΤΟ
ΠΑCΧΑΪΝΑΦΑΓΩΜΕΝ
22:9 ΟΙΔΕΕΙΠΑΝΑΥΤΩΠΟΥ
ΘΕΛΕΙCΕΤΟΙΜΑCΩΜΕ̄
CΟΙΦΑΓΙΝΤΟΠΑCΧΑ
22:10 ΟΔΕΕΙΠΕΝΑΥΤΟΙCΪΔΟΥ
ΕΙCΕΛΘΟΝΤΩΝΫΜΩΝ
ΕΙCΤΗΝΠΟΛΙΝCΥΝΑΝΤΗ
CΕΙΫΜΙΝΑΝΘΡΩΠΟCΚΕ
ΡΑΜΙΟΝΫΔΑΤΟCΒΑCΤΑ
ΖΩΝΑΚΟΛΟΥΘΗCΑΤΕΑΥ
ΤΩΕΙCΤΗΝΟΙΚΙΑΝΕΙCΗ̄
22:11 ΕΙCΠΟΡΕΥΕΤΑΙΚΑΙΕΡΕΙ
ΤΕΤΩΟΙΚΟΔΕCΠΟΤΗΤΗC
ΟΙΚΙΑCΛΕΓΕΙCΟΙΟΔΙΔΑ
CΚΑΛΟCΠΟΥΕCΤΙΝΤΟ
ΚΑΤΑΛΥΜΑΟΠΟΥΤΟΠΑ
CΧΑΜΕΤΑΤΩΝΜΑΘΗΤΩ̄
22:12 ΜΟΥΦΑΓΩΚΑΚΕΙΝΟC
ΫΜΙΝΔΕΙΞΕΙΑΝΑΓΑΙΟΝ
ΜΕΓΑΕCΤΡΩΜΕΝΟΝΕΚΕΙ
22:13 ΕΤΟΙΜΑCΑΤΕ ΑΠΕΛΘΟ̄
ΤΕCΔΕΕΥΡΟΝ ΚΑΘΩCΕΙ
ΡΗΚΕΙΑΥΤΟΙCΚΑΙΗΤΟΙ
22:14 ΓΛΔ ΜΑCΑΝΤΟΠΑCΧΑ ΚΑΙ
ΟΤΕΕΓΕΝΕΤΟΗΩΡΑΑΝΕ
ΠΕCΕΝ ΚΑΙΟΙΑΠΟCΤΟΛΟΙ
22:15 CΥΝΑΥΤΩ ΚΑΙΕΙΠΕΝ
ΠΡΟCΑΥΤΟΥCΕΠΙΘΥΜΙΑ
ΕΠΕΘΥΜΗCΑΤΟΥΤΟΤΟ
ΠΑCΧΑΦΑΓΕΙΝΜΕΘΥ
ΜΩΝΠΡΟΤΟΥΜΕΠΑΘΕῙ
22:16 ΛΕΓΩΓΑΡΫΜΙΝΟΤΙΟΥΜΗ
ΦΑΓΩΑΥΤΟΕΩCΟΤΟΥ
ΠΛΗΡΩΘΗΕΝΤΗΒΑCΙΛΕΙ
22:17 ΑΤΟΥΘΥ ΚΑΙΔΕΞΑΜΕΝΟC
ΠΟΤΗΡΙΟΝΕΥΧΑΡΙCΤΗ
CΑCΕΙΠΕΝΛΑΒΕΤΕΤΟΥ
ΤΟΚΑΙΔΙΑΜΕΡΙCΑΤΕΕΙC
22:18 ΕΑΥΤΟΥC ΛΕΓΩΓΑΡΫ
ΜΙΝΟΥΜΗΠΙΩΑΠΟΤΟΥ

ΝΥΝΑΠΟΤΟΥΓΕΝΗΜΑ
ΤΟϹΤΗϹΑΜΠΕΛΟΥΕΩϹ
ΟΥΗΒΑϹΙΛΕΙΑΤΟΥΘΥΕΛ
ΘΗ ΚΑΙΛΑΒΩΝΑΡΤΟΝ 22:19
ΕΥΧΑΡΙϹΤΗϹΑϹΕΚΛΑ
ϹΕΝΚΑΙΕΔΩΚΕΝΑΥΤΟΙϹ
ΛΕΓΩΝΤΟΥΤΟΕϹΤΙΝ
ΤΟϹΩΜΑΜΟΥΤΟΥΠΕΡ
ΥΜΩΝΔΙΔΟΜΕΝΟΝΤΟΥ
ΤΟΠΟΙΕΙΤΕ ΕΙϹ ΤΗΝΕΜΗΝ
ΑΝΑΜΝΗϹΙΝ ΚΑΙΤΟΠΟ 22:20
ΤΗΡΙΟΝΩϹΑΥΤΩϹΜΕ
ΤΑΤΟΔΕΙΠΝΗϹΑΙΛΕΓΩΝ
ΤΟΥΤΟΤΟΠΟΤΗΡΙΟΝ
ΗΚΑΙΝΗΔΙΑΘΗΚΗΕΝΤΩ
ΑΙΜΑΤΙΜΟΥΤΟΥΠΕΡΥ
ΜΩΝΕΚΧΥΝΝΟΜΕΝΟΝ
ΠΛΗΝΙΔΟΥΗΧΕΙΡΤΟΥ 22:21
ΠΑΡΑΔΙΔΟΝΤΟϹΜΕΜΕ
ΤΕΜΟΥΕΠΙΤΗϹΤΡΑΠΕ
ΖΗϹΟΤΙΟΥΙΟϹΜΕΝΤΟΥ 22:22
ΑΝΘΡΩΠΟΥΚΑΤΑΤΟΩ
ΡΙϹΜΕΝΟΝΠΟΡΕΥΕΤΑΙ
ΠΛΗΝΟΥΑΙΤΩΑΝΘΡΩ
ΠΩΕΚΕΙΝΩΔΙΟΥΠΑΡΑ
ΔΙΔΟΤΑΙ ΚΑΙΑΥΤΟΙΗΡ 22:23
ΞΑΝΤΟϹΥΝΖΗΤΕΙΝΠΡΟϹ
ΕΑΥΤΟΥϹΤΟΤΙϹΑΡΑΕΙ
ΗΕΞΑΥΤΩΝΟΤΟΥΤΟ
ΜΕΛΛΩΝΠΡΑϹϹΕΙΝ
ΡΛΕ ΕΓΕΝΕΤΟΔΕΚΑΙΦΙΛΟ 22:24
ΝΙΚΙΑΕΝΑΥΤΟΙϹΤΟΤΙϹ
ΑΥΤΩΝΔΟΚΕΙΕΙΝΑΙΜΕΙ
ΖΩΝ ΟΔΕΕΙΠΕΝΑΥΤΟΙϹ 22:25
ΟΙΒΑϹΙΛΕΙϹΤΩΝΕΘΝΩΝ
ΚΥΡΙΕΥΟΥϹΙΝΑΥΤΩΝ
ΚΑΙΟΙΕΞΟΥϹΙΑΖΟΝΤΕϹ
ΑΥΤΩΝΕΥΕΡΓΕΤΑΙΚΑ
ΛΟΥΝΤΑΙ ΥΜΕΙϹΔΕΟΥ 22:26
ΧΟΥΤΩϹΑΛΛΟΜΕΙΖΩΝ
ΕΝΥΜΙΝΓΕΙΝΕϹΘΩΩϹ
ΟΝΕΩΤΕΡΟϹΚΑΙΟΗΓΟΥ

ΜΕΝΟϹΩϹΟΔΙΑΚΟΝΩΝ
22:27 ΤΙϹΓΑΡΜΕΙΖΩΝΟΑΝΑ
ΚΕΙΜΕΝΟϹΗΟΔΙΑΚΟΝΩ̅
ΟΥΧΕΙΟΑΝΑΚΕΙΜΕΝΟϹ
ΕΓΩΔΕΕΝΜΕϹΩΫΜΩ̅
ΕΙΜΙΩϹΟΔΙΑΚΟΝΩΝ
22:28 ΫΜΕΙϹΔΕΕϹΤΕΟΙΔΙΑΜΕ
ΜΕΝΗΚΟΤΕϹΜΕΤΕΜΟΥ
ΕΝΤΟΙϹΠΕΙΡΑϹΜΟΙϹΜΟΥ
22:29 ΚΑΓΩΔΙΑΤΙΘΕΜΑΙΫΜΙ̅
ΚΑΘΩϹΔΙΕΘΕΤΟΜΟΙΟ
ΠΑΤΗΡΜΟΥΒΑϹΙΛΕΙΑΝ
22:30 ΪΝΑΕϹΘΗΤΕΚΑΙΠΕΙΝΗ
ΤΕΕΠΙΤΗϹΤΡΑΠΕΖΗϹ
ΜΟΥΕΝΤΗΒΑϹΙΛΕΙΑΜΟΥ
ϹΕ ΑΙ
ΚΑΙΚΑΘΗϹΘΕΕΠΙΘΡΟ
ΝΩΝΤΑϹΔΩΔΕΚΑΦΥ
ΛΑϹΚΡΕΙΝΟΝΤΕϹΤΟΥΙϹ
22:31 ΡΑΣ ΡΑΗΛ· ϹΙΜΩΝϹΙΜΩΝ
ΪΔΟΥΟϹΑΤΑΝΑϹΕΞΗΤΗ
ϹΑΤΟΫΜΑϹΤΟΥϹΕΙΝΙΑ
22:32 ϹΑΙΩϹΤΟΝϹΙΤΟΝΕΓΩ
ΔΕΕΔΕΗΘΗΝΠΕΡΙϹΟΥ
ΪΝΑΜΗΕΚΛΙΠΗΗΠΙϹΤΙϹ
ϹΟΥΚΑΙϹΥΠΟΤΕΕΠΙϹΤΡΕ
ΨΑϹϹΤΗΡΙϹΟΝΤΟΥϹΑ
22:33 ΔΕΛΦΟΥϹϹΟΥ ΟΔΕΕΙ
ΠΕΝΑΥΤΩΚΕ̅ΜΕΤΑϹΟΥ
ΕΤΟΙΜΟϹΕΙΜΙΚΑΙΕΙϹ
ΦΥΛΑΚΗΝΚΑΙΕΙϹΘΑΝΑ
22:34 ΤΟΝΠΟΡΕΥΕϹΘΑΙ ΟΔΕ
ΕΙΠΕΝΛΕΓΩϹΟΙΠΕΤΡΕ
ΟΥΦΩΝΗϹΕΙϹΗΜΕΡΟ̅
ΑΛΕΚΤΩΡΕΩϹΤΡΙϹΜΕ
22:35 ΑΠΑΡΝΗϹΗΕΙΔΕΝΑΙ Ϗ
ΕΙΠΕΝΑΥΤΟΙϹΟΤΕΑΠΕ
ϹΤΕΙΛΑΫΜΑϹΑΤΕΡΒΑΛ
ΛΑΝΤΙΟΥΚΑΙΠΗΡΑϹΚΑΙ
ΫΠΟΔΗΜΑΤΩΝΜΗΤΙΝΟϹ
ΫϹΤΕΡΗϹΑΤΕΟΙΔΕΕΙΠΑ̅
22:36 ΟΥΘΕΝΟϹ ΕΙΠΕΝΔΕΑΥ
ΤΟΙϹΑΛΛΑΝΥΝΟΕΧΩΝ

ΒΑΛΛΑΝΤΙΟΝΑΡΑΤΩΟ
ΜΟΙΩϹΚΑΙΠΗΡΑΝΚΑΙΟ
ΜΗΕΧΩΝΠΩΛΗϹΑΤΩ
ΤΟΪΜΑΤΙΟΝΑΥΤΟΥΚΑΙ
ΑΓΟΡΑϹΑΤΩΜΑΧΑΙΡΑ̅
ΛΕΓΩΓΑΡΫΜΙΝΟΤΙΤΟΥ 22:37
ΤΟΤΟΓΕΓΡΑΜΜΕΝΟΝΔΕΙ
ΤΕΛΕϹΘΗΝΑΙΕΝΕΜΟΙ
ΤΟΚΑΙΜΕΤΑΑΝΟΜΩΝ
ΕΛΟΓΙϹΘΗΚΑΙΓΑΡΤΟΠΕ
ΡΙΕΜΟΥΤΕΛΟϹΕΧΕΙ ΟΙ 22:38
ΔΕΕΙΠΑΝΚΕ̅ΪΔΟΥΜΑΧΑΙ
ΡΑΙΩΔΕΔΥΟΟΔΕΕΙΠΕΝ
ΑΥΤΟΙϹΪΚΑΝΟΝΕϹΤΙ̅
ΡΛΖ ΚΑΙΕΞΕΛΘΩΝΕΠΟΡΕΥ 22:39
ΘΗΚΑΤΑΤΟΕΘΟϹΕΙϹΤΟ
ΟΡΟϹΤΩΝΕΛΑΙΩΝΗΚΟ
ΛΟΥΘΗϹΑΝΔΕΑΥΤΩΟΙ
ΜΑΘΗΤΑΙ ΓΕΝΟΜΕΝΟϹ 22:40
ΔΕΕΠΙΤΟΥΤΟΠΟΥΕΙΠΕ̅
ΑΥΤΟΙϹΠΡΟϹΕΥΧΕϹΘΕ
ΕΙϹΕΛΘΕΙΝ
ΜΗΕΙϹΠΕΙΡΑϹΜΟΝΚΑΙ 22:41
ΑΥΤΟϹΑΠΕϹΠΑϹΘΗΑ
ΠΑΥΤΩΝΩϹΕΙΛΙΘΟΥ
ΒΟΛΗΝΚΑΙΘΕΙϹΤΑΓΟΝΑ
ΤΑΠΡΟϹΗΥΧΕΤΟΛΕΓΩ̅ 22:42
ΠΑΤΕΡΕΙΒΟΥΛΕΙΠΑΡΕ
ΝΕΓΚΕΤΟΥΤΟΤΟΠΟΤΗ
ΡΙΟΝΑΠΕΜΟΥΠΛΗΝΜΗ
ΤΟΘΕΛΗΜΑΜΟΥΑΛΛΑΤΟ
ϹΟΝΓΕΙΝΕϹΘΩ ΚΑΙΑΝΑ 22:45
ϹΤΑϹΑΠΟΤΗϹΠΡΟϹΕΥ
ΧΗϹΕΛΘΩΝΠΡΟϹΤΟΥϹ
ΜΑΘΗΤΑϹΕΥΡΕΝΚΟΙΜΩ
ΜΕΝΟΥϹΑΥΤΟΥϹΑΠΟ
ΤΗϹΛΥΠΗϹΚΑΙΕΙΠΕΝΑΥ 22:46
ΤΟΙϹΤΙΚΑΘΕΥΔΕΤΕΑΝΑ
ϹΤΑΝΤΕϹΠΡΟϹΕΥΧΕϹΘΕ
ΪΝΑΜΗΕΙϹΕΛΘΗΤΕΕΙϹ
ΡΛΗ ΠΕΙΡΑϹΜΟΝ ΕΤΙΑΥΤΟΥ 22:47
ΛΑΛΟΥΝΤΟϹΪΔΟΥΟΧΛΟϹ
ΚΑΙΟΛΕΓΟΜΕΝΟϹΪΟΥΔΑϹ

ΕΙϹΤΩΝΔΩΔΕΚΑΠΡΟ
ΗΡΧΕΤΟΑΥΤΟΥϹΚΑΙΗΓ
ΓΙϹΕΝΤΩΙ̅Υ̅ΦΙΛΗϹΑΙ
22:48 ΑΥΤΟΝ Ι̅Ϲ̅ΔΕΕΙΠΕΝΑΥ
ΤΩΪΟΥΔΑΦΙΛΗΜΑΤΙ
ΤΟΝΫΙΟΝΤΟΥΑΝΘΡΩ
22:49 ΠΟΥΠΑΡΑΔΙΔΩϹ ΪΔΟΝ
ΤΕϹΔΕΟΙΠΕΡΙΑΥΤΟΝΤΟ
ΕϹΟΜΕΝΟΝΕΙΠΑΝΚ̅Ε̅ΕΙ
ΠΑΤΑΞΟΜΕΝΕΝΜΑΧΑΙ
22:50 ΡΗ ΚΑΙΕΠΑΤΑΞΕΝΕΙϹΤΙϹ
ΕΞΑΥΤΩΝΤΟΥΑΡΧΙΕΡΕ
ΩϹΤΟΝΔΟΥΛΟΝΚΑΙΑ
ΦΕΙΛΕΤΟΟΥϹΑΥΤΟΥΤΟ
22:51 ΔΕΞΙΟΝ ΑΠΟΚΡΙΘΕΙϹ
ΔΕΙ̅Ϲ̅ΕΙΠΕΝΕΑΤΕΕΩϹ
ΤΟΥΤΟΥΚΑΙΑΨΑΜΕΝΟϹ
ΤΟΥΩΤΙΟΥΪΑϹΑΤΟΑΥ
22:52 ΤΟΝ ΕΙΠΕΝΔΕΙ̅Ϲ̅ΠΡΟϹ
ΤΟΥϹΠΑΡΑΓΕΝΟΜΕΝΟΥϹ
ΕΠΑΥΤΟΝΑΡΧΙΕΡΕΙϹϏ
ϹΤΡΑΤΗΓΟΥϹΤΟΥΪΕ
ΡΟΥΚΑΙΠΡΕϹΒΥΤΕΡΟΥϹ
ΩϹΕΠΙΛΗϹΤΗΝΕΞΗΛ
ΘΑΤΕΜΕΤΑΜΑΧΑΙΡΩ̅
22:53 ΚΑΙΞΥΛΩΝΚΑΘΗΜΕΡΑ̅
ΟΝΤΟϹΜΟΥΜΕΘΥΜΩ̅
ΕΝΤΩΪΕΡΩΟΥΚΕΞΕΤΕΙ
ΝΑΤΕΤΑϹΧΕΙΡΑϹΕΠΕ
ΜΕΑΛΛΑΥΤΗΕϹΤΙΝΫ
ΜΩΝΗΩΡΑΚΑΙΗΕΞΟΥ
22:54 ϹΙΑΤΟΥϹΚΟΤΟΥϹ ϹΥΛ
ΛΑΒΟΝΤΕϹΔΕΑΥΤΟΝΗ
ΓΑΓΟΝΚΑΙΕΙϹΗΓΑΓΟΝ
ΕΙϹΤΗΝΟΙΚΙΑΝΤΟΥΑΡ
ΧΙΕΡΕΩϹΟΔΕΠΕΤΡΟϹ
ΗΚΟΛΟΥΘΕΙΜΑΚΡΟΘΕ̅
22:55 ΠΕΡΙΑΨΑΝΤΩΝΔΕΠΥΡ
ΕΝΜΕϹΩΤΗϹΑΥΛΗϹϏ
ϹΥΓΚΑΘΙϹΑΝΤΩΝΕΚΑ
ΘΗΤΟΟΠΕΤΡΟϹΜΕϹΟϹ
22:56 ΑΥΤΩΝ ΪΔΟΥϹΑΔΕΑΥ

ΤΟΝΠΑΙΔΙΣΚΗΤΙΣΚΑΘΗ
ΜΕΝΟΝΠΡΟΣΤΟΦΩΣ
ΚΑΙΑΤΕΝΙΣΑΣΑΑΥΤΩ
ΕΙΠΕΝΚΑΙΟΥΤΟΣΣΥΝ
ΑΥΤΩΗΝΟΔΕΗΡΝΗΣΑ 22:57
ΤΟΛΕΓΩΝΟΥΚΟΙΔΑΑΥ
ΤΟΝΓΥΝΑΙ ΚΑΙΜΕΤΑ 22:58
ΒΡΑΧΥΕΤΕΡΟΣΪΔΩΝΑΥ
ΤΟΝΕΦΗΚΑΙΣΥΕΞΑΥ
ΤΩΝΕΙ ΟΔΕΠΕΤΡΟΣΕ
ΦΗΑΝΘΡΩΠΕΟΥΚΕΙΜΙ
ΚΑΙΔΙΑΣΤΑΣΗΣΩΣΕΙΩ 22:59
ΡΑΣΜΙΑΣΑΛΛΟΣΤΙΣΔΙ
ΪΣΧΥΡΙΖΕΤΟΛΕΓΩΝ
ΕΠΑΛΗΘΕΙΑΣΚΑΙΟΥΤΟΣ
ΜΕΤΑΥΤΟΥΗΝΚΑΙΓΑΡ
ΓΑΛΕΙΛΑΙΟΣΕΣΤΙΝ ΕΙ 22:60
ΠΕΝΔΕΟΠΕΤΡΟΣΑΝΘΡΩ
ΠΕΟΥΚΟΙΔΑΟΛΕΓΕΙΣΚΑΙ
ΠΑΡΑΧΡΗΜΑΕΤΙΛΑΛΟΥ
ΤΟΣΑΥΤΟΥΕΦΩΝΗΣΕ
ΑΛΕΚΤΩΡΚΑΙΣΤΡΑΦΕΙΣ 22:61
ΟΚ̅Σ̅ΕΝΕΒΛΕΨΕΤΩΠΕ
ΤΡΩΚΑΙΫΠΕΜΝΗΣΘΗ
ΟΠΕΤΡΟΣΤΟΥΡΗΜΑΤΟΣ
ΤΟΥΚ̅Υ̅ΩΣΕΙΠΕΝΑΥΤΩ
ΟΤΙΠΡΙΝΗΑΛΕΚΤΟΡΑΦΩ
ΝΗΣΑΙΣΗΜΕΡΟΝΑΠΑΡ
ΝΗΣΗΜΕΤΡΙΣ ΚΑΙΕΞΕΛ 22:62
ΘΩΝΕΞΩΕΚΛΑΥΣΕΝΠΙ
ΚΡΩΣ ΚΑΙΟΙΑΝΔΡΕΣΟΙ 22:63
ΣΥΝΕΧΟΝΤΕΣΑΥΤΟΝ
ΕΝΕΠΑΙΖΟΝΑΥΤΩΔΕΡΟ
ΤΕΣΚΑΙΠΕΡΙΚΑΛΥΨΑΝ 22:64
ΤΕΣΑΥΤΟΝΕΠΗΡΩΤΩ
ΛΕΓΟΝΤΕΣΠΡΟΦΗΤΕΥ
ΣΟΝΤΙΣΕΣΤΙΝΟΠΑΙΣΑΣ
ΣΕΚΑΙΕΤΕΡΑΠΟΛΛΑΒΛΑ 22:65
ΣΦΗΜΟΥΝΤΕΣΕΛΕΓΟΝ
ΡΠ̅ ΕΙΣΑΥΤΟΝ ΚΑΙΩΣΕ 22:66
ΓΕΝΕΤΟΗΜΕΡΑΣΥΝΗΧΘΗ
ΤΟΠΡΕΣΒΥΤΕΡΕΙΟΝΤΟΥ

ΛΑΟΥΑΡΧΙΕΡΕΙΣΤΕΚΑΙ
ΓΡΑΜΜΑΤΕΙΣΚΑΙΑΠΗΓΑ
ΓΟΝΑΥΤΟΝΕΙΣΤΟΣΥΝ
22:67 ΕΔΡΙΟΝΑΥΤΩΝΛΕΓΟΝΤΕΣ
ΕΙΣΥΕΙΟΧ̅Σ̅ΕΙΠΟΝΗΜΙΝ
ΕΙΠΕΝΔΕΑΥΤΟΙΣΕΑΝΫ
ΜΙΝΕΙΠΩΟΥΜΗΠΙΣΤΕΥ
22:68 ΣΗΤΕΕΑΝΔΕΕΡΩΤΗΣΩ
22:69 ΟΥΜΗΑΠΟΚΡΙΘΗΤΕΑΠΟ
ΤΟΥΝΥΝΔΕΕΣΤΑΙΟΥΙΟΣ
ΤΟΥΑΝΘΡΩΠΟΥΚΑΘΗΜΕ
ΝΟΣΕΚΔΕΞΙΩΝΤΗΣΔΥ
22:70 ΝΑΜΕΩΣΤΟΥΘ̅Υ̅ ΕΙΠΑΝ
ΔΕΠΑΝΤΕΣΣΥΟΥΝΕΙΟ
ΥΙΟΣΤΟΥΘ̅Υ̅ ΟΔΕΠΡΟΣ
ΑΥΤΟΥΣΕΦΗΫΜΕΙΣΛΕ
22:71 ΓΕΤΕΟΤΙΕΓΩΕΙΜΙΟΙΔΕ
ΕΙΠΑΝΤΙΕΤΙΕΧΟΜΕΝΜΑΡ
ΤΥΡΙΑΣΧΡΕΙΑΝΑΥΤΟΙΓΑΡ
ΗΚΟΥΣΑΜΕΝΑΠΟΤΟΥΣΤΟ
23:1 ΜΑΤΟΣΑΥΤΟΥΚΑΙΑΝΑ
ΣΤΑΝΑΠΑΝΤΟΠΛΗΘΟΣ
ΑΥΤΩΝΗΓΑΓΟΝΑΥΤΟΝ
23:2 Ρ̅Ι̅Α̅ ΕΠΙΤΟΝΠΕΙΛΑΤΟΝ ΗΡΞΑ̅
ΤΟΔΕΚΑΤΗΓΟΡΕΙΝΑΥΤΟΥ
ΛΕΓΟΝΤΕΣΤΟΥΤΟΝΕΥ
ΡΑΜΕΝΔΙΑΣΤΡΕΦΟΝΤΑ
ΤΟΕΘΝΟΣΗΜΩΝΚΑΙΚΩ
ΛΥΟΝΤΑΦΟΡΟΥΣΚΑΙΣΑ
ΡΙΔΙΔΟΝΑΙΚΑΙΛΕΓΟΝΤΑ
ΑΥΤΟΝΧ̅Ν̅ ΒΑΣΙΛΕΑΕΙΝΑΙ
23:3 ΟΔΕΠΕΙΛΑΤΟΣΗΡΩΤΗ
ΣΕΝΑΥΤΟΝΛΕΓΩΝΣΥΕΙ
ΟΒΑΣΙΛΕΥΣΤΩΝΪΟΥΔΑΙ
ΩΝΟΔΕΑΠΟΚΡΙΘΕΙΣΑΥ
23:4 ΤΩΕΦΗΣΥΛΕΓΕΙΣΟΔΕ
ΠΕΙΛΑΤΟΣΕΙΠΕΝΠΡΟΣ
ΤΟΥΣΑΡΧΙΕΡΕΙΣΚΑΙΤΟΥΣ
ΟΧΛΟΥΣΟΥΔΕΝΕΥΡΙΣΚΩ
ΑΙΤΙΟΝΕΝΤΩΑΝΘΡΩΠΩ
23:5 ΤΟΥΤΩΟΙΔΕΕΠΙΣΧΥΟ̅
ΛΕΓΟΝΤΕΣΟΤΙΑΝΑΣΕΙ

ΕΙΤΟΝΛΑΟΝΔΙΔΑϹΚΩΝ
ΚΑΘΟΛΗϹΤΗϹΪΟΥΔΑΙΑϹ
ΚΑΙΑΡΞΑΜΕΝΟϹΑΠΟΤΗϹ
ΓΑΛΕΙΛΑΙΑϹΕΩϹΩΔΕ
ΠΕΙΛΑΤΟϹΔΕΑΚΟΥϹΑϹ 23:6
ΕΠΗΡΩΤΗϹΕΝΕΙΟΑΝΘΡΩ
ΠΟϹΓΑΛΕΙΛΑΙΟϹΕϹΤΙΝ
ΚΑΙΕΠΙΓΝΟΥϹΟΤΙΕΚΤΗϹ 23:7
ΕΞΟΥϹΙΑϹΗΡΩΔΟΥΕϹΤΙ̅
ΑΝΕΠΕΜΨΕΝΑΥΤΟΝΠΡΟϹ
ΤΟΝΗΡΩΔΗΝΟΝΤΑΚΑΙ
ΑΥΤΟΝΕΝΙΕΡΟϹΟΛΥΜΟΙϹ
ΕΝΤΑΥΤΑΙϹΤΑΙϹΗΜΕ
ρμβ ΡΑΙϹ ΟΔΕΗΡΩΔΗϹΪΔΩ̅ 23:8
ΤΟΝΙ̅Ν̅ΕΧΑΡΗΛΕΙΑΝΗΝ
ΓΑΡΕΞΙΚΑΝΩΝΧΡΟΝΩ̅
ΘΕΛΩΝΪΔΕΙΝΑΥΤΟΝΔΙ
ΑΤΟΑΚΟΥΕΙΝΠΕΡΙΑΥΤΟΥ
ΚΑΙΗΛΠΙΖΕΝΤΙϹΗΜΕΙΟ̅
ΪΔΕΙΝΫΠΟΑΥΤΟΥΓΕΙΝΟ
ΜΕΝΟΝ ΕΠΗΡΩΤΑΔΕΑΥ 23:9
ΤΟΝΕΝΛΟΓΟΙϹΪΚΑΝΟΙϹ
ΑΥΤΟϹΔΕΟΥΔΕΝΑΠΕΚΡΕΙ
ΝΑΤΟΑΥΤΩΕΪϹΤΗΚΕΙ 23:10
ϹΑΝΔΕΟΙΑΡΧΙΕΡΕΙϹΚΑΙ
ΟΙΓΡΑΜΜΑΤΕΙϹΕΥΤΟ
ΝΩϹΚΑΤΗΓΟΡΟΥΝΤΕϹ
ΑΥΤΟΥΕΞΟΥΘΕΝΗϹΑϹ 23:11
ΔΕΑΥΤΟΝΟΗΡΩΔΗϹϹΥ̅
ΤΟΙϹϹΤΡΑΤΕΥΜΑϹΙΝΑΥ
ΤΟΥΚΑΙΕΜΠΑΙΞΑϹΠΕ
ΡΙΒΑΛΩΝΑΙϹΘΗΤΑΛΑΜ
ΠΡΑΝΑΝΕΠΕΜΨΕΝΑΥ
ΤΟΝΤΩΠΕΙΛΑΤΩΕΓΕ 23:12
ΝΟΝΤΟΔΕΦΙΛΟΙΟΤΕΗ
ΡΩΔΗϹΚΑΙΟΠΕΙΛΑΤΟϹ
ΕΝΑΥΤΗΤΗΗΜΕΡΑΜΕ
ΤΑΛΛΗΛΩΝΠΡΟΫΠΗΡΧΟ̅
ΓΑΡΕΝΕΧΘΡΑΟΝΤΕϹΠΡΟϹ
ρμγ ΑΥΤΟΥϹ ΠΕΙΛΑΤΟϹΔΕ 23:13
ϹΥΝΚΑΛΕϹΑΜΕΝΟϹΤΟΥϹ
ΑΡΧΙΕΡΕΙϹΚΑΙΤΟΥϹΑΡ

ΧΟΝΤΑΣΚΑΙΤΟΝΛΑΟΝ
23:14 ΕΙΠΕΝΠΡΟΣΑΥΤΟΥΣΠΡΟΣ
ΗΝΕΓΚΑΤΕΜΟΙΤΟΝΑΝ
ΘΡΩΠΟΝΤΟΥΤΟΝΩΣΑ
ΠΟΣΤΡΕΦΟΝΤΑΤΟΝΛΑ
ΟΝΚΑΙΪΔΟΥΕΓΩΕΝΩΠΙ
ΟΝΥΜΩΝΑΝΑΚΡΕΙΝΑΣ
ΟΥΘΕΝΕΥΡΟΝΕΝΤΩΑΝ
ΘΡΩΠΩΤΟΥΤΩΑΙΤΙΟΝ
ΩΝΚΑΤΗΓΟΡΕΙΤΕΚΑΤΑΥ
23:15 ΤΟΥΑΛΛΟΥΔΕΗΡΩΔΗΣ
ΑΝΕΠΕΜΨΕΝΓΑΡΑΥΤΟΝ
ΠΡΟΣΗΜΑΣΚΑΙΪΔΟΥΟΥ
ΔΕΝΑΞΙΟΝΘΑΝΑΤΟΥΕ
ΣΤΙΝΠΕΠΡΑΓΜΕΝΟΝΑΥ
23:16 ΤΩΠΑΙΔΕΥΣΑΣΟΥΝΑΥ
23:18 ΤΟΝΑΠΟΛΥΣΩΑΝΕΚΡΑΓΟΝ
ΔΕΠΑΜΠΛΗΘΕΙΛΕΓΟΝΤΕΣ
ΑΙΡΕΤΟΥΤΟΝΑΠΟΛΥΣΟΝ
ΔΕΗΜΙΝΤΟΝΒΑΡΑΒΒΑΝ
23:19 ΟΣΤΙΣΗΝΔΙΑΣΤΑΣΙΝΤΙ
ΝΑΓΕΝΟΜΕΝΗΝΕΝΤΗΠΟ
ΛΕΙΚΑΙΦΟΝΟΝΒΛΗΘΕΙΣ
23:20 ΓΠΑ ΕΝΤΗΦΥΛΑΚΗ ΠΑΛΙΝ
ΔΕΟΠΕΙΛΑΤΟΣΠΡΟΣΕΦΩ
ΝΗΣΕΝΑΥΤΟΙΣΘΕΛΩΝ
23:21 ΑΠΟΛΥΣΑΙΤΟΝΙΝΟΙΔΕ
ΕΠΕΦΩΝΟΥΝΛΕΓΟΝΤΕΣ
ΣΤΑΥΡΟΥΣΤΑΥΡΟΥΑΥΤΟΝ
23:22 ΟΔΕΤΡΙΤΟΝΕΙΠΕΝΠΡΟΣ
ΑΥΤΟΥΣΤΙΓΑΡΚΑΚΟΝΕ
ΠΟΙΗΣΕΝΟΥΤΟΣΟΥΔΕΝ
ΑΙΤΙΟΝΘΑΝΑΤΟΥΕΥΡΟΝ
ΕΝΑΥΤΩΠΑΙΔΕΥΣΑΣΟΥΝ
23:23 ΑΥΤΟΝΑΠΟΛΥΣΩΟΙΔΕ
ΕΠΕΚΕΙΝΤΟΦΩΝΑΙΣ
ΜΕΓΑΛΑΙΣΑΙΤΟΥΜΕΝΟΙ
ΑΥΤΟΝΣΤΑΥΡΩΣΑΙΚΑΙ
ΚΑΤΙΣΧΥΟΝΑΙΦΩΝΑΙ
23:24 ΑΥΤΩΝΚΑΙΠΕΙΛΑΤΟΣ.
ΕΠΕΚΡΕΙΝΕΝΓΕΝΕΣΘΑΙ
23:25 ΤΟΑΙΤΗΜΑΑΥΤΩΝΑΠΕ

ΛΥϹΕΝΔΕΤΟΝΔΙΑϹΤΑ
ϹΙΝΚΑΙΦΟΝΟΝΒΕΒΛΗ
ΜΕΝΟΝΕΙϹΦΥΛΑΚΗΝ
ΟΝΗΤΟΥΝΤΟΤΟΝΔΕ
Ι̅Ν̅ΠΑΡΕΔΩΚΕΝΤΩΘΕ
ρπε ΛΗΜΑΤΙΑΥΤΩΝ ΚΑΙ 23:26
ΩϹΑΠΗΓΟΝΑΥΤΟΝΕ
ΠΙΛΑΒΟΜΕΝΟΙϹΙΜΩΝΑ
ΤΙΝΑΚΥΡΗΝΑΙΟΝΕΡΧΟ
ΜΕΝΟΝΑΠΑΓΡΟΥΕΠΕ
ΘΗΚΑΝΑΥΤΩΤΟΝϹΤΑΥ
ΡΟΝΦΕΡΕΙΝΟΠΙϹΘΕΝ
ΤΟΥΙ̅Υ̅ΗΚΟΛΟΥΘΕΙΔΕ 23:27
ΑΥΤΩΠΟΛΥΠΛΗΘΟϹ
ΤΟΥΛΑΟΥΚΑΙΓΥΝΑΙΚΩ̅
ΑΙΕΚΟΠΤΟΝΤΟΚΑΙΕ
ΘΡΗΝΟΥΝΑΥΤΟΝ ϹΤΡΑ 23:28
ΦΕΙϹΔΕΠΡΟϹΑΥΤΑϹΙ̅Ϲ̅
ΕΙΠΕΝΘΥΓΑΤΕΡΑΙϹΪΕ
ΡΟΥϹΑΛΗΜΜΗΚΛΑΙΕΤΕ
ΕΠΕΜΕΠΛΗΝΕΦΕΑΥ
ΤΑϹΚΛΑΙΕΤΕΚΑΙΕΠΙ
ΤΑΤΕΚΝΑΫΜΩΝΟΤΙΪ 23:29
ΔΟΥΕΡΧΟΝΤΑΙΗΜΕΡΑΙ
ΕΝΑΙϹΕΡΟΥϹΙΝΜΑΚΑΡΙ
ΑΙΑΙϹΤΕΙΡΑΙΚΑΙΑΙΚΟΙ
ΛΙΑΙΑΙΟΥΚΕΓΕΝΝΗϹΑ̅
ΚΑΙΜΑϹΤΟΙΟΙΟΥΚΕΘΡΕ
ΨΑΝ ΤΟΤΕΑΡΞΟΝΤΑΙΛΕ 23:30
ΓΕΙΝΤΟΙϹΟΡΕϹΙΝΠΕϹΕ
ΤΕΕΦΗΜΑϹΚΑΙΤΟΙϹΒΟΥ
ΝΟΙϹΚΑΛΥΨΑΤΕΗΜΑϹ
ΟΤΙΕΙΕΝΫΓΡΩΞΥΛΩ 23:31
ΤΑΥΤΑΠΟΙΟΥϹΙΝΕΝΤΩ
ρπϛ ΞΗΡΩΤΙΓΕΝΗΤΑΙ ΗΓΟ̅ 23:32
ΤΟΔΕΚΑΙΕΤΕΡΟΙΚΑΚΟΥΡ
ΓΟΙΔΥΟϹΥΝΑΥΤΩΑΝΑΙ
ΡΕΘΗΝΑΙΚΑΙΟΤΕΗΛΘΟ̅ 23:33
ΕΠΙΤΟΝΤΟΠΟΝΤΟΝΚΑ
ΛΟΥΜΕΝΟΝΚΡΑΝΙΟΝΕ
ΚΕΙΕϹΤΑΥΡΩϹΑΝΑΥΤΟ̅
ΚΑΙΤΟΥϹΚΑΚΟΥΡΓΟΥϹ

ΟΝΜΕΝΕΚΔΕΞΙΩΝΟΝ
23:34 ΔΕΕΞΑΡΙϹΤΕΡΩΝΔΙΑΜΕ
ΡΙΖΟΜΕΝΟΙΔΕΤΑΪΜΑΤΙ
ΑΑΥΤΟΥΕΒΑΛΟΝΚΛΗΡΟ̅
23:35 ΚΑΙΕΙϹΤΗΚΕΙΟΛΑΟϹΘΕ
ΩΡΩΝΕΞΕΜΥΚΤΗΡΙΖΟ̅
ΔΕΚΑΙΟΙΑΡΧΟΝΤΕϹΛΕ
ΓΟΝΤΕϹΑΛΛΟΥϹΕϹΩ
ϹΕΝϹΩϹΑΤΩΕΑΥΤΟΝ
ΕΙΥΙΟϹΕϹΤΙΝΟΧ̅Ϲ̅ΤΟΥ
23:36 Θ̅Υ̅ΟΕΚΛΕΚΤΟϹΕΝΕΠΑΙ
ΞΑΝΔΕΑΥΤΩΚΑΙΟΙϹΤΡΑ
ΤΙΩΤΑΙΠΡΟϹΕΡΧΟΜΕ
ΝΟΙΟΞΟϹΠΡΟϹΦΕΡΟΝ
23:37 ΤΕϹΑΥΤΩΚΑΙΛΕΓΟΝΤΕϹ
ΕΙϹΥΕΙΟΒΑϹΙΛΕΥϹΤΩ̅
ΪΟΥΔΑΙΩΝϹΩϹΟΝϹΕ
23:38 ΑΥΤΟΝΗΝΔΕΚΑΙΕΠΙΓΡΑ
ΦΗΕΠΑΥΤΩΟΒΑϹΙΛΕΥϹ
ΤΩΝΪΟΥΔΑΙΩΝΟΥΤΟϹ
23:39 ρμζ ΕΙϹΔΕΤΩΝΚΡΕΜΑϹΘΕ̅
ΤΩΝΚΑΚΟΥΡΓΩΝΕΒΛΑ
ϹΦΗΜΕΙΑΥΤΟΝΟΥΧΙ
ϹΥΕΙΟΧ̅Ϲ̅ϹΩϹΟΝϹΕΑΥ
23:40 ΤΟΝΚΑΙΗΜΑϹ ΑΠΟΚΡΙ
ΘΕΙϹΔΕΟΕΤΕΡΟϹΕΠΙ
ΤΙΜΩΝΑΥΤΩΕΦΗΟΥ
ΔΕΦΟΒΗϹΥΤΟΝΘ̅Ν̅ΟΤΙ
ΕΝΤΩΑΥΤΩΚΡΙΜΑΤΙΕΙ
23:41 ΚΑΙΗΜΕΙϹΜΕΝΔΙΚΑΙΩϹ
ΑΞΙΑΓΑΡΩΝΕΠΡΑΞΑΜΕ̅
ΑΠΟΛΑΜΒΑΝΟΜΕΝΟΥ
ΤΟϹΔΕΟΥΔΕΝΑΤΟΠΟΝ
23:42 ΕΠΡΑΞΕΝ ΚΑΙΕΛΕΓΕΝΙ̅Υ̅
ΜΝΗϹΘΗΤΙΜΟΥΟΤΑΝ
ΕΛΘΗϹΕΙϹΤΗΝΒΑϹΙΛΕΙ
23:43 ΑΝϹΟΥ ΚΑΙΕΙΠΕΝΑΥ
ΤΩΑΜΗΝϹΟΙΛΕΓΩϹΗ
ΜΕΡΟΝΜΕΤΕΜΟΥΕϹΗ
23:44 ρμη ΕΝΤΩΠΑΡΑΔΕΙϹΩ ΚΑΙ
ΗΝΗΔΗΩϹΕΙΩΡΑΕΚΤΗ
ΚΑΙϹΚΟΤΟϹΕΓΕΝΕΤΟ

ΕΦΟΛΗΝΤΗΝΓΗΝΕΩϹ
ΩΡΑϹΕΝΑΤΗϹΤΟΥΗΛΙΟΥ 23:45
ΕΚΛΕΙΠΟΝΤΟϹΕϹΧΙϹΘΗ
ΔΕΤΟΚΑΤΑΠΕΤΑϹΜΑ
ΤΟΥΝΑΟΥΜΕϹΟΝΚΑΙΦΩ 23:46
ΝΗϹΑϹΦΩΝΗΜΕΓΑΛΗ
ΟΙ̅Ϲ̅ΕΙΠΕΝΠΑΤΕΡΕΙϹΧΕΙ
ΡΑϹϹΟΥΠΑΡΑΤΙΘΕΜΑΙ
ΤΟΠΝΕΥΜΑΜΟΥΤΟΥΤΟ
ΔΕΕΙΠΩΝΕΞΕΠΝΕΥϹΕ̅
ΪΔΩΝΔΕΟΕΚΑΤΟΝΤΑΡ 23:47
ΧΗϹΤΟΓΕΝΟΜΕΝΟΝΕ
ΔΟΞΑΖΕΝΤΟΝΘ̅Ν̅ΛΕΓΩ̅
ΟΝΤΩϹΟΑΝΘΡΩΠΟϹΟΥ
ΤΟϹΔΙΚΑΙΟϹΗΝΚΑΙΠΑ̅ 23:48
ΤΕϹΟΙϹΥΝ̅ΠΑΡΑΓΕΝΟΜΕ
ΝΟΙΟΧΛΟΙΕΠΙΤΗΝΘΕΩ
ΡΙΑΝΤΑΥΤΗΝΘΕΩΡΗϹΑ̅
ΤΕϹΤΑΓΕΝΟΜΕΝΑΤΥ
ΠΤΟΝΤΕϹΤΑϹΤΗΘΗΫ
ΠΕϹΤΡΕΦΟΝ ΕΙϹΤΗ 23:49
ΚΕΙϹΑΝΔΕΠΑΝΤΕϹΟΙΓΝΩ
ϹΤΟΙΑΥΤΩΑΠΟΜΑΚΡΟ
ΘΕΝΚΑΙΑΙΓΥΝΑΙΚΕϹΑΙ
ϹΥΝΑΚΟΛΟΥΘΟΥϹΑΙΑΥ
ΤΩΑΠΟΤΗϹΓΑΛΕΙΛΑΙΑϹ
ΡΜΘ ΟΡΩϹΑΙΤΑΥΤΑ ΚΑΙΪ 23:50
ΔΟΥΑΝΗΡΟΝΟΜΑΤΙΪΩ
ϹΗΦΒΟΥΛΕΥΤΗϹΫΠΑΡ
ΧΩΝΑΝΗΡΑΓΑΘΟϹΔΙΚΑΙ
ΟϹΟΥΤΟϹΟΥΚΗΝϹΥΝ 23:51
ΚΑΤΑΤΕΘΕΙΜΕΝΟϹΤΗ
ΒΟΥΛΗΚΑΙΤΗΠΡΑΞΕΙΑΥ
ΤΩΝΑΠΟΑΡΕΙΜΑΘΑΙΑϹ
ΠΟΛΕΩϹΤΩΝΪΟΥΔΑΙΩ̅
ΟϹΠΡΟϹΕΔΕΧΕΤΟΤΗΝ
ΒΑϹΙΛΕΙΑΝΤΟΥΘ̅Υ̅ΟΥΤΟϹ 23:52
ΠΡΟϹΕΛΘΩΝΤΩΠΕΙΛΑ
ΤΩΗΤΗϹΑΤΟΤΟϹΩΜΑ
ΤΟΥΙ̅Υ̅ΚΑΙΚΑΘΕΛΩΝΕ 23:53
ΝΕΤΥΛΙΞΕΝΑΥΤΟϹΙΝ
ΔΟΝΙΚΑΙΕΘΗΚΕΝΑΥΤΟ̅

ΕΝΜΝΗΜΑΤΙΛΑΞΕΥΤΩ
ΟΥΟΥΚΗΝΟΥΔΕΙϹΟΥΠΩ
23:54 ΚΕΙΜΕΝΟϹΚΑΙΗΜΕΡΑ
ΗΝΠΑΡΑϹΚΕΥΗϹΚΑΙϹΑΒ
ΒΑΤΟΝΕΠΕΦΩϹΚΕΝ
23:55 ΚΑΤΑΚΟΛΟΥΘΗϹΑϹΑΙ
ΔΕΑΙΓΥΝΑΙΚΕϹΑΙΤΙΝΕϹ
ΗϹΑΝϹΥΝΕΛΗΛΥΘΥΙΑΙ
ΕΚΤΗϹΓΑΛΕΙΛΑΙΑϹΑΥ
ΤΩΕΘΕΑϹΑΝΤΟΤΟΜΝΗ
ΜΕΙΟΝΚΑΙΩϹΕΤΕΘΗΤΟ
23:56 ϹΩΜΑΑΥΤΟΥΫΠΟϹΤΡΕ
ΨΑϹΑΙΔΕΗΤΟΙΜΑϹΑΝΑ
ΡΩΜΑΤΑΚΑΙΜΥΡΑΚΑΙ
ΤΟΜΕΝϹΑΒΒΑΤΟΝΗϹΥ
ΧΑϹΑΝΚΑΤΑΤΗΝΕΝΤΟ
24:1 ΡΝ ΛΗΝ ΤΗΔΕΜΙΑΤΩΝ
ϹΑΒΒΑΤΩΝΟΡΘΡΟΥΒΑ
ΘΕΩϹΕΠΙΤΟΜΝΗΜΑΗΛ
ΘΑΝΦΕΡΟΥϹΑΙΑΗΤΟΙ
24:2 ΜΑϹΑΝΑΡΩΜΑΤΑΕΥΡΟΝ
ΔΕΤΟΝΛΙΘΟΝΑΠΟΚΕΚΥ
ΛΙϹΜΕΝΟΝΑΠΟΤΟΥΜΝΗ
24:3 ΜΕΙΟΥΕΙϹΕΛΘΟΥϹΑΙΔΕ
ΟΥΧΕΥΡΟΝΤΟϹΩΜΑΤΟΥ
24:4 ΚΥ ΙΥ ΚΑΙΕΓΕΝΕΤΟΕΝ
ΤΩΑΠΟΡΕΙϹΘΑΙΑΥΤΑϹ
ΠΕΡΙΤΟΥΤΟΥΚΑΙΪΔΟΥ
ΑΝΔΡΕϹΔΥΟΕΠΕϹΤΗ
ϹΑΝΑΥΤΑΙϹΕΝΕϹΘΗΤΙ
24:5 ΑϹΤΡΑΠΤΟΥϹΗΕΝΦΟ
ΒΩΝΔΕΓΕΝΟΜΕΝΩΝΑΥ
ΤΩΝΚΑΙΚΛΕΙΝΟΥϹΩΝ
ΤΑΠΡΟϹΩΠΑΕΙϹΤΗΝΓΗΝ
ΕΙΠΑΝΠΡΟϹΑΥΤΑϹΤΙ
ΖΗΤΕΙΤΕΤΟΝΖΩΝΤΑ
24:6 ΜΕΤΑΤΩΝΝΕΚΡΩΝΟΥ
ΚΕϹΤΙΝΩΔΕΑΛΛΑΗΓΕΡ
ΘΗΜΝΗϹΘΗΤΕΩϹΕΛΑ
ΛΗϹΕΝΫΜΙΝΕΤΙΩΝΕΝ
24:7 ΤΗΓΑΛΕΙΛΑΙΑΛΕΓΩΝΤΟΝ
ΥΙΟΝΤΟΥΑΝΘΡΩΠΟΥ

ΟΤΙΔΕΙΠΑΡΑΔΟΘΗΝΑΙ
ΕΙϹΧΕΙΡΑϹΑΝΘΡΩΠΩ̅
ΑΜΑΡΤΩΛΩΝΚΑΙϹΤΑΥ
ΡΩΘΗΝΑΙ ΚΑΙΤΗΤΡΙ
ΤΗΗΜΕΡΑΑΝΑϹΤΗΝΑΙ
ΚΑΙΕΜΝΗϹΘΗϹΑΝΤΩΝ 24:8
ΡΗΜΑΤΩΝΑΥΤΟΥΚΑΙ 24:9
ΫΠΟϹΤΡΕΨΑϹΑΙΑΠΟΤΟΥ
ΜΝΗΜΕΙΟΥΑΠΗΓΓΕΙΛΑ̅
ΤΑΥΤΑΠΑΝΤΑΤΟΙϹΕΝ
ΔΕΚΑΚΑΙΠΑϹΙΤΟΙϹΛΟΙ
ΠΟΙϹ ΗϹΑΝΔΕΗΜΑΓΔΑ 24:10
ΛΗΝΗΜΑΡΙΑΚΑΙΪΩΑΝΝΑ
ΚΑΙΜΑΡΙΑΗΪΑΚΩΒΟΥ
ΚΑΙΑΙΛΟΙΠΑΙϹΥΝΑΥΤΑΙϹ
ΕΛΕΓΟΝΠΡΟϹΤΟΥϹΑΠΟ
ϹΤΟΛΟΥϹΤΑΥΤΑΚΑΙΕ 24:11
ΦΑΝΗϹΑΝΕΝΩΠΙΟΝΑΥ
ΤΩΝΩϹΕΙΛΗΡΟϹΤΑΡΗ
ΜΑΤΑΤΑΥΤΑΚΑΙΗΠΙϹΤΟΥ̅
ΑΥΤΑΙϹ ΟΔΕΠΕΤΡΟϹ 24:12
ΑΝΑϹΤΑϹΕΔΡΑΜΕΝΕΠΙ
ΤΟΜΝΗΜΕΙΟΝΚΑΙΠΑΡΑ
ΚΥΨΑϹΒΛΕΠΕΙΤΑΟΘΟ
ΝΙΑΜΟΝΑΚΑΙΑΠΗΛΘΕ̅
ΠΡΟϹΑΥΤΟΝΘΑΥΜΑΖΩ̅
ΓΝΑ ΤΟΓΕΓΟΝΟϹ ΚΑΙΪΔΟΥ 24:13
ΔΥΟΕΞΑΥΤΩΝΕΝΑΥΤΗ
ΤΗΗΜΕΡΑΗϹΑΝΠΟΡΕΥΟ
ΜΕΝΟΙΕΙϹΚΩΜΗΝΑΠΕ
ΧΟΥϹΑΝϹΤΑΔΙΟΥϹΕΞΗ
ΚΟΝΤΑΑΠΟΪΕΡΟΥϹΑΛΗΜ
ΗΟΝΟΜΑΕΜΜΑΟΥϹΚΑΙ 24:14
ΑΥΤΟΙΩΜΕΙΛΟΥΝΠΡΟϹ
ΑΛΛΗΛΟΥϹΠΕΡΙΠΑΝΤΩ̅
ΤΩΝϹΥΜΒΕΒΗΚΟΤΩΝ
ΤΟΥΤΩΝ ΚΑΙΕΓΕΝΕΤΟ 24:15
ΕΝΤΩΟΜΕΙΛΕΙΝΑΥΤΟΥϹ
ΚΑΙϹΥΝΖΗΤΕΙΝΑΥΤΟΥϹ
Ι̅Ϲ̅ΕΓΓΙϹΑϹϹΥΝΕΠΟΡΕΥ
ΕΤΟΑΥΤΟΙϹΟΙΔΕΟΦΘΑΛ 24:16
ΜΟΙΑΥΤΩΝΕΚΡΑΤΟΥΝ

ΤΟΤΟΥΜΗЄΠΙΓΝΩΝΑΙ
24:17 ΑΥΤΟΝ ЄΙΠЄΝΔЄΠΡΟϹ
ΑΥΤΟΥϹΤΙΝЄϹΟΙΛΟΓΟΙ
ΟΥΤΟΙΟΥϹΑΝΤΙΒΑΛΛЄ
ΤΑΙΠΡΟϹΑΛΛΗΛΟΥϹΠЄ
ΡΙΠΑΤΟΥΝΤΑΙϹΚΑΙЄϹΤΑ
24:18 ΘΗϹΑΝϹΚΥΘΡΩΠΟΙΑΠΟ
ΚΡΙΘЄΙϹΔЄЄΙϹΟΝΟΜΑΤΙ
ΚΛЄΟΠΑϹЄΙΠЄΝΠΡΟϹ
ΑΥΤΟΝϹΥΜΟΝΟϹΠΑΡΟΙ
ΚЄΙϹΪЄΡΟΥϹΑΛΗΜΚΑΙ
ΟΥΚЄΓΝΩϹΤΑΓЄΝΟΜЄ
ΝΑЄΝΑΥΤΗЄΝΤΑΙϹΗΜЄ
24:19 ΡΑΙϹΤΑΥΤΑΙϹ ΚΑΙЄΙΠЄ̄
ΑΥΤΟΙϹΠΟΙΑ ΟΙΔЄЄΙΠᾹ
ΑΥΤΩΤΑΠЄΡΙΙ̅Υ̅ΤΟΥΝΑ
ΖΑΡΗΝΟΥΟϹЄΓЄΝЄΤΟ
ΑΝΗΡΠΡΟΦΗΤΗϹΔΥΝΑ
ΤΟϹЄΝЄΡΓΩΚΑΙΛΟΓΩЄ
ΝΑΝΤΙΟΝΤΟΥΘ̅Υ̅ΚΑΙΠᾹ
24:20 ΤΟϹΤΟΥΛΑΟΥΟΠΩϹΤЄ
ΠΑΡЄΔΩΚΑΝΑΥΤΟΝΟΙ
ΑΡΧΙЄΡЄΙϹΚΑΙΟΙΑΡΧΟΝ
ΤЄϹΗΜΩΝЄΙϹΚΡΙΜΑΘΑ
ΝΑΤΟΥΚΑΙЄϹΤΑΥΡΩϹᾹ
24:21 ΑΥΤΟΝ ΗΜЄΙϹΔЄΗΛΠΙΖᾹ
ΜЄΝΟΤΙΑΥΤΟϹЄϹΤΙΝΟ
ΜЄΛΛΩΝΛΥΤΡΟΥϹΘΑΙ
ΤΟΝΪϹΡΑΗΛΑΛΛΑΓЄΚΑΙ
ϹΥΝΠΑϹΙΝΤΟΥΤΟΙϹΤΡΙ
ΤΗΝΤΑΥΤΗΝΗΜЄΡΑΝΑ
ΓЄΙΑΦΟΥΤΑΥΤΑЄΓЄΝЄ
24:22 ΤΟΑΛΛΑΚΑΙΓΥΝΑΙΚЄϹ
ΤΙΝЄϹЄΞΗΜΩΝЄΞЄϹΤΗ
ϹΑΝΗΜΑϹΓЄΝΑΜЄΝΑΙΟΡ
ΘΡΙΝΑΙЄΠΙΤΟΜΝΗΜЄΙΟ̄
24:23 ΚΑΙΜΗЄΥΡΟΥϹΑΙΤΟϹΩ
ΜΑΑΥΤΟΥΗΛΘΑΝΛЄΓΟΥ
ϹΑΙΚΑΙΟΠΤΑϹΙΑΝΑΓΓЄΛΩ̄
ЄΩΡΑΚЄΝΑΙΟΙΛЄΓΟΥϹΙΝ
24:24 ΑΥΤΟΝΖΗΝΚΑΙΑΠΗΛΘΟ̄
ΤΙΝЄϹΤΩΝϹΥΝΗΜΙΝЄ

ΠΙΤΟΜΝΗΜΕΙΟΝΚΑΙΕΥ
ΡΟΝΟΥΤΩϹΚΑΘΩϹΑΙΓΥ
ΝΑΙΚΕϹΕΙΠΟΝΑΥΤΟΝΔΕ
ΟΥΚΕΙΔΟΝ ΚΑΙΑΥΤΟϹ 24:25
ΕΙΠΕΝΠΡΟϹΑΥΤΟΥϹΩ
ΑΝΟΗΤΟΙΚΑΙΒΡΑΔΕΙϹΤΗ
ΚΑΡΔΙΑΤΟΥΠΙϹΤΕΥΕΙΝ
ΕΠΙΠΑϹΙΝΟΙϹΕΛΑΛΗϹΑΝ
ΟΙΠΡΟΦΗΤΑΙΟΥΧΙΤΑΥ 24:26
ΤΑΕΔΕΙΠΑΘΕΙΝΤΟΝΧΝ
ΚΑΙΕΙϹΕΛΘΕΙΝΕΙϹΤΗΝ
ΔΟΞΑΝΑΥΤΟΥ ΚΑΙΑΡΞΑ 24:27
ΜΕΝΟϹΑΠΟΜΩΫϹΕΩϹ
ΚΑΙΑΠΟΠΑΝΤΩΝΤΩΝ
ΠΡΟΦΗΤΩΝΔΙΕΡΜΗΝΕΥ
ϹΕΝΑΥΤΟΙϹΕΝΠΑϹΑΙϹ
ΤΑΙϹΓΡΑΦΑΙϹΤΑΠΕΡΙΕ
ΑΥΤΟΥ ΚΑΙΗΓΓΙΚΑΝΕΙϹ 24:28
ΤΗΝΚΩΜΗΝΟΥΕΠΟΡΕΥΟΝ
ΤΟΚΑΙΑΥΤΟϹΠΡΟϹΕΠΟΙ
ΗϹΑΤΟΠΟΡΡΩΤΕΡΟΝΠΟ
ΡΕΥΕϹΘΑΙΚΑΙΠΑΡΕΒΙΑ 24:29
ϹΑΝΤΟΑΥΤΟΝΛΕΓΟΝΤΕϹ
ΜΕΙΝΟΝΜΕΘΗΜΩΝΟΤΙ
ΠΡΟϹΕϹΠΕΡΑΝΕϹΤΙΝΚΑΙ
ΚΕΚΛΙΚΕΝΗΔΗΗΗΜΕΡΑ
ΚΑΙΕΙϹΗΛΘΕΝΤΟΥΜΕΙ
ΝΑΙϹΥΝΑΥΤΟΙϹ ΚΑΙΕΓΕ 24:30
ΝΕΤΟΕΝΤΩΚΑΤΑΚΛΙΘΗ
ΝΑΙΑΥΤΟΝΜΕΤΑΥΤΩΝ
ΛΑΒΩΝΤΟΝΑΡΤΟΝΕΥΛΟ
ΓΗϹΕΝΚΑΙΚΛΑϹΑϹΕΠΕ
ΔΙΔΟΥΑΥΤΟΙϹΑΥΤΩΝ 24:31
ΔΕΔΙΗΝΟΙΧΘΗϹΑΝΟΙΟ
ΦΘΑΛΜΟΙΚΑΙΕΠΕΓΝΩ
ϹΑΝΑΥΤΟΝΚΑΙΑΥΤΟϹ
ΑΦΑΝΤΟϹΕΓΕΝΕΤΟΑ
ΠΑΥΤΩΝΚΑΙΕΙΠΑΝΠΡΟϹ 24:32
ΑΛΛΗΛΟΥϹΟΥΧΙΗΚΑΡΔΙ
ΑΗΜΩΝΚΑΙΟΜΕΝΗΗΝ
ΩϹΕΛΑΛΕΙΗΜΙΝΕΝΤΗ
ΟΔΩΩϹΔΙΗΝΟΙΓΕΝΗΜΙΝ

24:33 ΓΝΒ ΤΑϹΓΡΑΦΑϹ ΚΑΙΑΝΑ
ϹΤΑΝΤΕϹΑΥΤΗΤΗΩΡΑ
ΫΠΕϹΤΡΕΨΑΝΕΙϹΪΕΡΟΥ
ϹΑΛΗΜΚΑΙΕΥΡΟΝΗΘΡΟΙϹ
ΜΕΝΟΥϹΤΟΥϹΕΝΔΕΚΑ
24:34 ΚΑΙΤΟΥϹϹΥΝΑΥΤΟΙϹΛΕ
ΓΟΝΤΑϹΟΤΙΟΝΤΩϹΗΓΕΡ
ΘΗΟΚΣΚΑΙΩΦΘΗϹΙΜΩ
24:35 ΝΙΚΑΙΑΥΤΟΙΕΞΗΓΟΥΝΤΟ
ΤΑΕΝΤΗΟΔΩΚΑΙΩϹΕΓΝΩ
ϹΘΗΑΥΤΟΙϹΕΝΤΗΚΛΑ
24:36 ϹΕΙΤΟΥΑΡΤΟΥΤΑΥΤΑ
ΔΕΑΥΤΩΝΛΑΛΟΥΝΤΩΝ
ΑΥΤΟϹΕϹΤΗΕΝΜΕϹΩΑΥ
ΤΩΝΚΑΙΛΕΓΕΙΑΥΤΟΙϹΕΙ
24:37 ΡΗΝΗΫΜΙΝ ΘΡΟΗΘΕΝΤΕϹ
ΔΕΚΑΙΕΜΦΟΒΟΙΓΕΝΟΜΕ
ΝΟΙ ΕΔΟΚΟΥΝΠΝΕΥΜΑ
24:38 ΘΕΩΡΕΙΝΚΑΙΕΙΠΕΝΑΥΤΟΙϹ
ΤΙΤΕΤΑΡΑΓΜΕΝΟΙΕϹΤΕ
ΚΑΙΤΙΔΙΑΛΟΓΙϹΜΟΙΑΝΑ
ΒΑΙΝΟΥϹΙΝΕΝΤΗΚΑΡΔΙ
24:39 ΑΫΜΩΝΪΔΕΤΕΤΑϹΧΕΙ
ΡΑϹΜΟΥΚΑΙΤΟΥϹΠΟΔΑϹ
ΜΟΥΟΤΙΕΓΩΕΙΜΙΑΥΤΟϹ
ΨΗΛΑΦΗϹΑΤΕΜΕΚΑΙΪ
ΔΕΤΕΟΤΙΠΝΕΥΜΑΚΑΙ
ϹΑΡΚΑΚΑΙΟϹΤΕΑΟΥΚΕ
ΧΕΙΚΑΘΩϹΕΜΕΘΕΩΡΕΙ
24:40 ΤΕΕΧΟΝΤΑ ΚΑΙΤΟΥΤΟ
ΕΙΠΩΝΕΔΕΙΞΕΝΑΥΤΟΙϹ
ΤΑϹΧΕΙΡΑϹΚΑΙΤΟΥϹΠΟ
24:41 ΔΑϹΕΤΙΔΕΑΠΙϹΤΟΥΝΤΩΝ
ΑΥΤΩΝΑΠΟΤΗϹΧΑΡΑϹ
ΚΑΙΘΑΥΜΑΖΟΝΤΩΝΕΙΠΕΝ
ΑΥΤΟΙϹΕΧΕΤΕΤΙΒΡΩϹΙ
24:42 ΜΟΝΕΝΘΑΔΕ ΟΙΔΕΕΠΕ
ΔΩΚΑΝΑΥΤΩΪΧΘΥΟϹ
24:43 ΟΠΤΟΥΜΕΡΟϹΚΑΙΛΑΒΩΝ
ΕΝΩΠΙΟΝΑΥΤΩΝΕΦΑ
24:44 ΓΕΝ ΕΙΠΕΝΔΕΠΡΟϹΑΥ
ΤΟΥϹΟΥΤΟΙΟΙΛΟΓΟΙΜΟΥ

ΟΥϹΕΛΑΛΗϹΑΠΡΟϹΥΜΑϹ
ΕΤΙΩΝϹΥΝΫΜΙΝΟΤΙΔΕΙ
ΠΛΗΡΩΘΗΝΑΙΑΠΑΝΤΑ
ΤΑΓΕΓΡΑΜΜΕΝΑΕΝΤΩ
ΝΟΜΩΜΩΫϹΕΩϹΚΑΙΤΟΙϹ
ΠΡΟΦΗΤΑΙϹΚΑΙΨΑΛΜΟΙϹ
ΠΕΡΙΕΜΟΥ ΤΟΤΕΔΙΗΝΟΙ 24:45
ΞΕΝΑΥΤΩΝΤΟΝΝΟΥΝ
ΤΟΥϹΥΝΙΕΙΝΑΙΤΑϹΓΡΑ
ΦΑϹ ΚΑΙΕΙΠΕΝΑΥΤΟΙϹ 24:46
ΟΤΙΟΥΤΩϹΓΕΓΡΑΠΤΑΙ
ΠΑΘΕΙΝΤΟΝΧΝΚΑΙΑΝΑ
ϹΤΗΝΑΙΕΚΝΕΚΡΩΝΤΗ
ΤΡΙΤΗΗΜΕΡΑΚΑΙΚΗΡΥ 24:47
ΧΘΗΝΑΙΕΠΙΤΩΟΝΟΜΑ
ΤΙΑΥΤΟΥΜΕΤΑΝΟΙΑΝ
ΕΙϹΑΦΕϹΙΝΑΜΑΡΤΙΩΝ
ΕΙϹΠΑΝΤΑΤΑΕΘΝΗΑΡ
ΞΑΜΕΝΟΙΑΠΟΪΕΡΟΥϹΑ
ΛΗΜΫΜΕΙϹΜΑΡΤΥΡΕϹ 24:48
ΤΟΥΤΩΝ ΚΑΙΪΔΟΥΕΓΩ 24:49
ΕΞΑΠΟϹΤΕΛΛΩΤΗΝΕ
ΠΑΓΓΕΛΕΙΑΝΤΟΥΠΑΤΡΟϹ
ΜΟΥΕΦΥΜΑϹΫΜΕΙϹΔΕ
ΚΑΘΙϹΑΤΕΕΝΤΗΠΟΛΕΙ
ΕΩϹΟΥΕΝΔΥϹΗϹΘΕΕΞΥ
ΨΟΥϹΔΥΝΑΜΙΝ ΕΞΗΓΑ 24:50
ΓΕΝΔΕΑΥΤΟΥϹΕΩϹΠΡΟϹ
ΒΗΘΑΝΙΑΝΚΑΙΕΠΑΡΑϹ
ΤΑϹΧΕΙΡΑϹΑΥΤΟΥΕΥΛΟ
ΓΗϹΕΝΑΥΤΟΥϹΚΑΙΕΓΕ 24:51
ΝΕΤΟΕΝΤΩΕΥΛΟΓΕΙΝ
ΑΥΤΟΝΑΥΤΟΥϹΔΙΕϹΤΗ
ΑΠΑΥΤΩΝΚΑΙΑΝΕΦΕ
ΡΕΤΟΕΙϹΤΟΝΟΥΡΑΝΟΝΚ 24:52
ΑΥΤΟΙΠΡΟϹΚΥΝΗϹΑΝ
ΤΕϹΑΥΤΟΝΫΠΕϹΤΡΕΨΑ
ΕΙϹΪΕΡΟΥϹΑΛΗΜΜΕΤΑ
ΧΑΡΑϹΚΑΙΗϹΑΝΔΙΑΠΑΝΤΟϹ 24:53
ΕΝΤΩΪΕΡΩΕΥΛΟΓΟΥΝ ΜΕΓΑΛΗϹ
ΤΕϹΤΟΝΘΝΑΜΗΝ

ΚΑΤΑ ΛΟΥΚΑΝ

ΚΑΤΑ ΪΩΑΝΗΝ

1:1 Α ΕΝΑΡΧΗΗΝΟΛΟΓΟϹΚΑΙ
ΟΛΟΓΟϹΗΝΠΡΟϹΤΟΝΘ̅Ν̅
1:2 ΚΑΙΘ̅Ϲ̅ΗΝΟΛΟΓΟϹ ΟΥΤΟϹ
ΗΝΕΝΑΡΧΗΠΡΟϹΤΟΝΘ̅Ν̅
1:3 ΠΑΝΤΑΔΙΑΥΤΟΥΕΓΕΝΕ
ΤΟΚΑΙΧΩΡΙϹΑΥΤΟΥΕΓΕ
ΝΕΤΟΟΥΔΕΕΝΟΓΕΓΟΝΕ̅
1:4 ΕΝΑΥΤΩΖΩΗΗΝΚΑΙΗ
1:5 ΖΩΗΗΝΤΟΦΩϹΚΑΙΤΟ ΤΩΝΑΝΘΡΩΠΩΝ
ΦΩϹΕΝΤΗϹΚΟΤΙΑΦΑΙ
ΝΕΙΚΑΙΗϹΚΟΤΙΑΑΥΤΟ
1:6 Β ΟΥΚΑΤΕΛΑΒΕΝ ΕΓΕΝΕ
ΤΟΑΝΘΡΩΠΟϹΑΠΕϹΤΑΛ
ΜΕΝΟϹΠΑΡΑΘ̅Υ̅ΟΝΟΜΑ
1:7 ΑΥΤΩΪΩΑΝΗϹΟΥΤΟϹ
ΗΛΘΕΝΕΙϹΜΑΡΤΥΡΙΑΝ
ΪΝΑΜΑΡΤΥΡΗϹΗΠΕΡΙΤΟΥ
ΦΩΤΟϹΪΝΑΠΑΝΤΕϹΠΙ
ϹΤΕΥϹΩϹΙΝΔΙΑΥΤΟΥ
1:8 ΟΥΚΗΝΕΚΕΙΝΟϹΤΟΦΩϹ
ΑΛΛΙΝΑΜΑΡΤΥΡΗϹΗΠΕ
1:9 ΡΙΤΟΥΦΩΤΟϹ ΗΝΤΟΦΩϹ
ΤΟΑΛΗΘΕΙΝΟΝΟΦΩΤΙ
ΖΕΙΠΑΝΤΑΑΝΘΡΩΠΟΝ
ΕΡΧΟΜΕΝΟΝΕΙϹΤΟΝΚΟϹ
1:10 ΜΟΝ ΕΝΤΩΚΟϹΜΩΗΝ
ΚΑΙΟΚΟϹΜΟϹΔΙΑΥΤΟΥ
ΕΓΕΝΕΤΟΚΑΙΟΚΟϹΜΟϹ
1:11 ΑΥΤΟΝΟΥΚΕΓΝΩΕΙϹ
ΤΑЇΔΙΑΗΛΘΕΝΚΑΙΟΙЇΔΙ
ΟΙΑΥΤΟΝΟΥΠΑΡΕΛΑΒΟ̅
1:12 ΟϹΟΙΔΕΕΛΑΒΑΝΑΥΤΟΝ
ΕΔΩΚΕΝΑΥΤΟΙϹΕΞΟΥ
ϹΙΑΝΤΕΚΝΑΘ̅Υ̅ΓΕΝΕϹΘΑΙ
ΤΟΙϹΠΙϹΤΕΥΟΥϹΙΝΕΙϹ
1:13 ΤΟΟΝΟΜΑΑΥΤΟΥΟΙΟΥ
ΚΕΞΑΙΜΑΤΩΝΟΥΔΕΕΚ
ΘΕΛΗΜΑΤΟϹϹΑΡΚΟϹ ΟΥΔΕΕΚΘΕΛΗΜΑ
ΑΛΛΕΚΘ̅Υ̅ΕΓΕΝΗΘΗϹΑ̅ ΤΟϹΑΝΔΡΟϹ
1:14 ΚΑΙΟΛΟΓΟϹϹΑΡΞΕΓΕΝΕ
ΤΟΚΑΙΕϹΚΗΝΩϹΕΝΕΝΗ
ΜΙΝΚΑΙΕΘΕΑϹΑΜΕΘΑ

ΤΗΝΔΟΞΑΝΑΥΤΟΥΔΟ
ΞΑΝΩCΜΟΝΟΓΕΝΟΥC
ΠΑΡΑΠΑΤΡΟCΠΛΗΡΗC
ΧΑΡΙΤΟCΑΛΗΘΕΙΑC
ΪΩΑΝΗCΜΑΡΤΥΡΕΙΠΕ 1:15
ΡΙΑΥΤΟΥΚΑΙΚΕΚΡΑΓΕ̅
ΛΕΓΩΝΟΥΤΟCΗΝΟΕΙΠΩ̅
ΟΟΠΙCΩΜΟΥΕΡΧΟΜΕ
ΝΟCΕΜΠΡΟCΘΕΝΜΟΥ
ΓΕΓΟΝΕΝΟΤΙΠΡΩΤΟC
ΜΟΥΗΝΟΤΙΕΚΤΟΥΠΛΗ 1:16
ΡΩΜΑΤΟCΑΥΤΟΥΗΜΕΙC
ΠΑΝΤΕCΕΛΑΒΟΜΕΝΚΑΙ
ΧΑΡΙΝΑΝΤΙΧΑΡΙΤΟC
ΟΤΙΟΝΟΜΟCΔΙΑΜΩΫ 1:17
CΕΩCΕΔΟΘΗΗΧΑΡΙCϏ
ΗΑΛΗΘΕΙΑΔΙΑΙΥ̅ΧΥ̅ΕΓΕ
Γ ΝΕΤΟ ΘΝ̅ΟΥΔΕΙCΕΟ 1:18
ΡΑΚΕΝΠΩΠΟΤΕΜΟΝΟ
ΓΕΝΗCΘC̅ΟΩΝΕΙCΤΟΝ
ΚΟΛΠΟΝΤΟΥΠΑΤΡΟC
ΕΚΕΙΝΟCΕΞΗΓΗCΑΤΟ
ΚΑΙΑΥΤΗΕCΤΙΝΗΜΑΡ 1:19
ΤΥΡΙΑΤΟΥΪΩΑΝΟΥΟΤΕ
ΑΠΕCΤΕΙΛΑΝΠΡΟCΑΥΤΟ̅
ΟΙΪΟΥΔΑΙΟΙΕΞΪΕΡΟCΟ
ΛΥΜΩΝΪΕΡΕΙCΚΑΙΛΕΥ
ΕΙΤΑCΪΝΑΕΡΩΤΗCΩCΙ
ΑΥΤΟΝCΥΤΙCΕΙΚΑΙΩ 1:20
ΜΟΛΟΓΗCΕΝΚΑΙΟΥΚΗΡ
ΝΗCΑΤΟΚΑΙΩΜΟΛΟΓΗ
CΕΝΟΤΙΕΓΩΟΥΚΕΙΜΙΟ
ΧC̅ΚΑΙΗΡΩΤΗCΑΝΑΥΤΟ̅ 1:21
CΥΟΥΝΤΙΗΛΕΙΑCΕΙΚΑΙ
ΛΕΓΕΙΟΥΚΕΙΜΙΟΠΡΟΦΗ
ΤΗCΕΙCΥΚΑΙΑΠΕΚΡΙΘΗ
ΟΥΕΙΠΑΝΟΥΝΑΥΤΩΤΙC 1:22
ΕΙΪΝΑΑΠΟΚΡΙCΙΝΔΩΜΕ̅
ΤΟΙCΠΕΜΨΑCΙΝΗΜΑC
ΤΙΛΕΓΕΙCΠΕΡΙCΕΑΥΤΟΥ
› ΕΦΕΙ ΕΓΩΦΩΝΗΒΟΩ̅ 1:23
› ΤΟCΕΝΤΗΕΡΗΜΩΕΥΘΥ

ΝΑΤΕΤΗΝΟΔΟΝΚΥ̅ΚΑ
ΘΩϹΕΙΠΕΝΗϹΑΪΑϹΟΠΡο
1:24 ΦΗΤΗϹΚΑΙΑΠΕϹΤΑΛΜΕ
ΝΟΙΗϹΑΝΕΚΤΩΝΦΑΡει
1:25 ϹΑΙΩΝΚΑΙΗΡΩΤΗϹΑΝ
ΑΥΤΟΝΚΑΙΕΙΠΑΝΑΥΤΩ
ΤΙΟΥΝΒΑΠΤΙΖΕΙϹΕΙϹΥ
ΟΥΚΕΙΟΧ̅Ϲ̅ΟΥΔΕΗΛΕΙΑϲ
1:26 ΟΥΔΕΟΠΡΟΦΗΤΗϹ Α
ΠΕΚΡΙΘΗΑΥΤΟΙϹΟΪΩΑ
ΝΗϹΛΕΓΩΝΕΓΩΒΑΠΤΙ
ΖΩΕΝΫΔΑΤΙΜΕϹΟϹΫΜω̅
·ϹΤΗΚΕΙΟΝΫΜΕΙϹΟΥΚοι
1:27 ΔΑΤΕΟΠΙϹΩΜΟΥΕΡΧΟ
ΜΕΝΟϹΟΥΟΥΚΕΙΜΙΕΓω
ΑΞΙΟϹΪΝΑΛΥϹΩΑΥΤΟΥ
ΤΟΝΪΜΑΝΤΑΤΟΥΫΠΟΔη
1:28 ΜΑΤΟϹΤΑΥΤΑΕΝΒΗΘΑ
ΝΙΑΕΓΕΝΕΤΟΠΕΡΑΝΤου
ΪΟΡΔΑΝΟΥΟΠΟΥΗΝΟΪω
ΑΝΗϹΒΑΠΤΙΖΩΝ
1:29 Δ ΤΗΕΠΑΥΡΙΟΝΒΛΕΠΕΙΤο̅
Ι̅Ν̅ΕΡΧΟΜΕΝΟΝΠΡΟϹΑΥ
ΤΟΝΚΑΙΛΕΓΕΙΪΔΕΟΑΜΝοϲ
ΤΟΥΘ̅Υ̅ΟΑΙΡΩΝΤΗΝΑ
ΜΑΡΤΙΑΝΤΟΥΚΟϹΜΟΥ
1:30 ΟΥΤΟϹΕϹΤΙΝΫΠΕΡΟΥ
ΕΓΩΕΙΠΟΝΟΠΙϹΩΜΟΥ
ΕΡΧΕΤΑΙΑΝΗΡΟϹΕΜΠΡοϲ
ΘΕΝΜΟΥΓΕΓΟΝΕΝΟΤΙ
1:31 ΠΡΩΤΟϹΜΟΥΗΝΚΑΓΩ
ΟΥΚΗΔΕΙΝΑΥΤΟΝΑΛΛΪ
ΝΑΦΑΝΕΡΩΘΗΤΩΪϹΡΑ
ΗΛΔΙΑΤΟΥΤΟΗΛΘΟΝε
ΓΩΕΝΫΔΑΤΙΒΑΠΤΙΖΩ̅
1:32 ΚΑΙΕΜΑΡΤΥΡΗϹΕΝΪΩΑ
ΝΗϹΛΕΓΩΝΟΤΙΤΕΘΕΑ
ΜΑΙΤΟΠΝΕΥΜΑΚΑΤΑΒαι
ΝΟΝΩϹΠΕΡΙϹΤΕΡΑΝ
ΕΞΟΥΡΑΝΟΥΚΑΙΕΜΕΙΝε̅
1:33 ΕΠΑΥΤΟΝΚΑΓΩΟΥΚΗ
ΔΕΙΝΑΥΤΟΝΑΛΛΟΠΕΜ

ΨΑϹΜΕΒΑΠΤΙΖΕΙΝΕΝ
ΫΔΑΤΙΕΚΕΙΝΟϹΜΟΙΕΙΠΕ̄
ΕΦΟΝΑΝΪΔΗϹΤΟΠΝΕΥ
ΜΑΚΑΤΑΒΑΙΝΟΝΚΑΙΜΕ
ΝΟΝΕΠΑΥΤΟΝΟΥΤΟϹ
ΕϹΤΙΝΟΒΑΠΤΙΖΩΝΕ̄
ΠΝΕΥΜΑΤΙΑΓΙΩΚΑΓΩ 1:34
ΕΩΡΑΚΑΚΑΙΜΕΜΑΡΤΥ
ΡΗΚΑΟΤΙΟΥΤΟϹΕϹΤῙ
ε ΟΥΙΟϹΤΟΥΘ̅Υ̅ ΤΗΕΠΑΥ 1:35
ΡΙΟΝΠΑΛΙΝΕΙϹΤΗΚΕΙ
ЇΩΑΝΗϹΚΑΙΕΚΤΩΝΜΑ
ΘΗΤΩΝΑΥΤΟΥΔΥΟΚΑΙ 1:36
ΕΜΒΛΕΨΑϹΤΩΙ̅Υ̅ΠΕΡΙ
ΠΑΤΟΥΝΤΙΛΕΓΕΙЇΔΕΟ
ΑΜΝΟϹΤΟΥΘ̅Υ̅ΚΑΙΗΚΟΥ 1:37
ϹΑΝΟΙΔΥΟΜΑΘΗΤΑΙΑΥ
ΤΟΥΛΑΛΟΥΝΤΟϹΚΑΙΗ
ΚΟΛΟΥΘΗϹΑΝΤΩΙ̅Υ̅ϹΤΡΑ 1:38
ΦΕΙϹΔΕΟΙ̅Ϲ̅ΚΑΙΘΕΑϹΑ
ΜΕΝΟϹΑΥΤΟΥϹΑΚΟ
ΛΟΥΘΟΥΝΤΑϹΛΕΓΕΙΑΥ
ΤΟΙϹΤΙΖΗΤΕΙΤΕ ΟΙΔΕ
ΕΙΠΑΝΑΥΤΩΡΑΒΒΕΙΟΛΕ
ΓΕΤΑΙΜΕΘΕΡΜΗΝΕΥΟ
ΜΕΝΟΝΔΙΔΑϹΚΑΛΕΠΟΥ
ΜΕΝΕΙϹΛΕΓΕΙΑΥΤΟΙϹ 1:39
ΕΡΧΕϹΘΕΚΑΙΟΨΕϹΘΕ
ΗΛΘΑΝΟΥΝΚΑΙΕΙΔΑΝ
ΠΟΥΜΕΝΕΙΚΑΙΠΑΡΑΥΤΩ
ΕΜΕΙΝΑΝΤΗΝΗΜΕΡᾹ
ΕΚΕΙΝΗΝΩΡΑΗΝΩϹΔΕ
ΚΑΤΗΗΝΑΝΔΡΕΑϹΟΑ 1:40
ΔΕΛΦΟϹϹΙΜΩΝΟϹΠΕ
ΤΡΟΥΕΙϹΕΚΤΩΝΔΥΟΤΩ̄
ΑΚΟΥϹΑΝΤΩΝΠΑΡΑЇΩ
ΑΝΟΥΚΑΙΑΚΟΛΟΥΘΗϹᾹ
ΤΩΝΑΥΤΩ ΕΥΡΕϹΚΕΙ 1:41
ΟΥΤΟϹΠΡΩΤΟΝΤΟΝΑ
ΔΕΛΦΟΝΤΟΝЇΔΙΟΝϹΙ
ΜΩΝΑΚΑΙΛΕΓΕΙΑΥΤΩ
ΕΥΡΗΚΑΜΕΝΤΟΝΜΕϹ

ϹΙΑΝΟΕϹΤΙΝΜΕΘΕΡΜΗ
1:42 ΝΕΥΟΜΕΝΟΝΧϹΗΓΑΓΕ
ΑΥΤΟΝΠΡΟϹΤΟΝΙΝΕΜ
ΒΛΕΨΑϹΑΥΤΩΟΙϹΕΙ
ΠΕΝϹΥΕΙϹΙΜΩΝΟΥΙΟϹ
ΪΩΑΝΟΥϹΥΚΛΗΘΗϹΗ
ΚΗΦΑϹΟΕΡΜΗΝΕΥΕ
1:43 Ϛ ΤΑΙΠΕΤΡΟϹ ΤΗΕΠΑΥ
ΡΙΟΝΗΘΕΛΗϹΕΝΕΞΕΛ
ΘΕΙΝΕΙϹΤΗΝΓΑΛΕΙΛΑΙ
ΑΝΚΑΙΕΥΡΙϹΚΕΙΦΙΛΙΠ
ΠΟΝΚΑΙΛΕΓΕΙΑΥΤΩΟ
1:44 ΙϹΑΚΟΛΟΥΘΕΙΜΟΙ ΗΝ
ΔΕΟΦΙΛΙΠΠΟϹΑΠΟΒΗΘ'
ϹΑΪΔΑΕΚΤΗϹΠΟΛΕΩϹ
ΑΝΔΡΕΟΥΚΑΙΠΕΤΡΟΥ
1:45 ΕΥΡΙϹΚΕΙΦΙΛΙΠΠΟϹ
ΤΟΝΝΑΘΑΝΑΗΛΚΑΙΛΕ
ΓΕΙΑΥΤΩΟΝΕΓΡΑΨΕΝ
ΜΩΫϹΗϹΕΝΤΩΝΟΜΩ
ΚΑΙΟΙΠΡΟΦΗΤΑΙΕΥΡΗ
ΚΑΜΕΝΙΝΥΙΟΝΤΟΥΪ
ΩϹΗΦΤΟΝΑΠΟΝΑΖΑ
1:46 ΡΕΤ'ΚΑΙΕΙΠΕΝΑΥΤΩ
ΝΑΘΑΝΑΗΛΕΚΝΑΖΑΡΕΤ
ΔΥΝΑΤΑΙΤΙΑΓΑΘΟΝΕΙ
ΝΑΙ ΛΕΓΕΙΑΥΤΩΟΦΙ
ΛΙΠΠΟϹΕΡΧΟΥΚΑΙΪΔΕ
1:47 ΕΙΔΕΝΙϹΤΟΝΝΑΘΑΝΑ
ΗΛΕΡΧΟΜΕΝΟΝΠΡΟϹΑΥ
ΤΟΝΚΑΙΛΕΓΕΙΠΕΡΙΑΥΤΟΥ
ΪΔΕΑΛΗΘΩϹΙϹΡΑΗΛΕΙ
ΤΗϹΕΝΩΔΟΛΟϹΟΥΚΕ
1:48 ϹΤΙΝ ΛΕΓΕΙΑΥΤΩΝΑ
ΘΑΝΑΗΛΠΟΘΕΝΜΕΓΕΙ
ΝΩϹΚΕΙϹ ΑΠΕΚΡΙΘΗΙϹ
ΚΑΙΕΙΠΕΝΑΥΤΩΠΡΟΤΟΥ
ϹΑΙΦΙΛΙΠΠΟΝΦΩΝΗ
ϹΑΙΟΝΤΑΫΠΟΤΗΝϹΥ
1:49 ΚΗΝΕΙΔΟΝϹΕ ΑΠΕΚΡΙ
ΘΗΑΥΤΩΝΑΘΑΝΑΗΛ
ΡΑΒΒΕΙϹΥΕΙΟΥΙΟϹΤΟΥ

ΘΥϹΥΒΑϹΙΛΕΥϹΕΙΤΟΥΙϹ
ΡΑΗΛ· ΑΠΕΚΡΙΘΗΙϹΚΑΙ 1:50
ΕΙΠΕΝΑΥΤΩΟΤΙΕΙΠΟΝ
ϹΟΙΟΤΙΕΙΔΟΝϹΕΥΠΟΚΑ
ΤΩΤΗϹϹΥΚΗϹΠΙϹΤΕΥ
ΕΙϹΜΕΙΖΩΤΟΥΤΩΝΟΨΗ
ΚΑΙΛΕΓΕΙΑΥΤΩΑΜΗΝ 1:51
ΑΜΗΝΛΕΓΩΥΜΙΝΟΨΕ
ϹΘΕΤΟΝΟΥΡΑΝΟΝΑΝΕ
ΩΓΟΤΑΚΑΙΤΟΥϹΑΓΓΕ
ΛΟΥϹΤΟΥΘΥΑΝΑΒΑΙΝΟ
ΤΑϹΚΑΙΚΑΤΑΒΑΙΝΟΝ
ΤΑϹΕΠΙΤΟΝΥΙΟΝΤΟΥ
Ζ ΑΝΘΡΩΠΟΥ ΚΑΙΤΗΤΡΙ 2:1
ΤΗΗΜΕΡΑΓΑΜΟϹΕΓΕΝΕ
ΤΟΕΝΚΑΝΑΤΗϹΓΑΛΕΙΛΑΙ
ΑϹΚΑΙΗΝΗΜΗΤΗΡΤΟΥ
ΙΥΕΚΕΙΕΚΛΗΘΗΔΕΚΑΙΟ 2:2
ΙϹΚΑΙΟΙΜΑΘΗΤΑΙΑΥΤΟΥ
ΕΙϹΤΟΝΓΑΜΟΝΚΑΙΥϹΤΕ 2:3
ΡΗϹΑΝΤΟϹΟΙΝΟΥΛΕΓΕΙ
ΗΜΗΤΗΡΤΟΥΙΥΠΡΟϹΑΥ
ΤΟΝΟΙΝΟΝΟΥΚΕΧΟΥϹΙ
ΚΑΙΛΕΓΕΙΑΥΤΗΟΙϹΤΙΕ 2:4
ΜΟΙΚΑΙϹΟΙΓΥΝΑΙΟΥΠΩ
ΗΚΕΙΗΩΡΑΜΟΥΛΕΓΕΙΗ 2:5
ΜΗΤΗΡΑΥΤΟΥΤΟΙϹΔΙΑ
ΚΟΝΟΙϹΟΤΙΑΝΛΕΓΗΥΜΙ
ΠΟΙΗϹΑΤΕΗϹΑΝΔΕΕΚΕΙ 2:6
ΛΙΘΙΝΑΙΥΔΡΙΑΙΕΞ ΚΑΤΑ
ΤΟΝΚΑΘΑΡΙϹΜΟΝΤΩΝ
ΙΟΥΔΑΙΩΝΚΕΙΜΕΝΑΙΧΩ
ΡΟΥϹΑΙΑΝΑΜΕΤΡΗΤΑϹ
ΔΥΟΗΤΡΕΙϹ ΛΕΓΕΙΑΥΤΟΙϹ 2:7
ΟΙϹΓΕΜΙϹΑΤΕΤΑϹΥΔΡΙ
ΑϹΥΔΑΤΟϹΚΑΙΕΓΕΜΙϹΑΝ
ΑΥΤΑϹΕΩϹΑΝΩΚΑΙΛΕ 2:8
ΓΕΙΑΥΤΟΙϹΑΝΤΛΗϹΑΤΕ
ΝΥΝΚΑΙΦΕΡΕΤΕΤΩΑΡ
ΧΙΤΡΙΚΛΕΙΝΩΟΙΔΕΗΝΕΓ
ΚΑΝΩϹΔΕΕΓΕΥϹΑΤΟΟ 2:9
ΑΡΧΙΤΡΙΚΛΕΙΝΟϹΤΟΥ

ΔΩΡΟΙΝΟΝΓΕΓΕΝΗΜΕ
ΝΟΝΚΑΙΟΥΚΗΔΕΙΠΟΘΕ̄
ΕϹΤΙΝΟΙΔΕΔΙΑΚΟΝΟΙ
ΗΔΕΙϹΑΝΟΙΗΝΤΛΗΚΟ
ΤΕϹΤΟΫΔΩΡΦΩΝΕΙΤΟ̄
ΝΥΜΦΙΟΝΟΑΡΧΙΤΡΙΚΛΕΙ
2:10 ΝΟϹΚΑΙΛΕΓΕΙΑΥΤΩΠΑϹ
ΑΝΘΡΩΠΟϹΠΡΩΤΟΝΤΟ̄
ΚΑΛΟΝΟΙΝΟΝΤΙΘΗϹΙΝ
ΚΑΙΟΤΑΝΜΕΘΥϹΘΩϹΙ
ΤΟΝΕΛΑϹϹΩϹΥΤΕΤΗ
ΡΗΚΑϹΤΟΝΚΑΛΟΝΟΙΝΟ̄
2:11 ΕΩϹΑΡΤΙΤΑΥΤΗΝΕΠΟΙ
ΗϹΕΝΑΡΧΗΝΤΩΝϹΗΜΕΙ
ΩΝΟΙ̅Ϲ̅ΕΝΚΑΝΑΤΗϹΓΑ
ΛΕΙΛΑΙΑϹΚΑΙΕΦΑΝΕΡΩ
ϹΕΝΤΗΝΔΟΞΑΝΑΥΤΟΥ
ΚΑΙΕΠΙϹΤΕΥϹΑΝΕΙϹΑΥ
Η ΤΟΝΟΙΜΑΘΗΤΑΙΑΥΤΟΥ
2:12 ΜΕΤΑΤΟΥΤΟΚΑΤΕΒΗ
ΕΙϹΚΑΦΑΡΝΑΟΥΜΑΥΤΟϹ
ΚΑΙΗΜΗΤΗΡΑΥΤΟΥϗ
ΟΙΑΔΕΛΦΟΙΚΑΙΟΙΜΑ
ΘΗΤΑΙΑΥΤΟΥΚΑΙΕΚΕΙ
ΕΜΕΙΝΑΝΟΥΠΟΛΛΑϹΗ
2:13 ΜΕΡΑϹ ΚΑΙΕΓΓΥϹΗΝΤΟ
ΠΑϹΧΑΤΩΝΪΟΥΔΑΙΩ̄
ΚΑΙΑΝΕΒΗΕΙϹΪΕΡΟϹΟ
2:14 ΛΥΜΑΟΙ̅Ϲ̅ΚΑΙΕΥΡΕΝΕΝ
ΤΩΪΕΡΩΤΟΥϹΠΩΛΟῩ
ΤΑϹΒΟΑϹΚΑΙΠΡΟΒΑΤΑϗ
ΠΕΡΙϹΤΕΡΑϹΚΑΙΤΟΥϹ
ΚΕΡΜΑΤΙϹΤΑϹΚΑΘΗΜΕ
2:15 ΝΟΥϹΚΑΙΠΟΙΗϹΑϹΦΡΑ
ΓΕΛΛΙΟΝΕΚϹΧΟΙΝΙΩΝ
ΠΑΝΤΑϹΕΞΕΒΑΛΕΝΕΚΤΟΥ
ΪΕΡΟΥΤΑΤΕΠΡΟΒΑΤΑϗ
ΤΟΥϹΒΟΑϹΚΑΙΤΩΝΚΟΛ
ΛΥΒΙϹΤΩΝΕΞΕΧΕΕΝΤΑ
ΚΕΡΜΑΤΑΚΑΙΤΑϹΤΡΑ
2:16 ΠΕΖΑϹΑΝΕΤΡΕΨΕΝϗ
ΤΟΙϹΤΑϹΠΕΡΙϹΤΕΡΑϹ

ΠΩΛΟΥϹΙΝΕΙΠΕΝΑΡΑ
ΤΕΤΑΥΤΑΕΝΤΕΥΘΕΝ
ΜΗΠΟΙΕΙΤΕΤΟΝΟΙΚΟ̅
ΤΟΥΠΑΤΡΟϹΜΟΥΟΙΚΟ̅
ΕΜΠΟΡΙΟΥ ΕΜΝΗϹΘΗ 2:17
ϹΑΝΟΙΜΑΘΗΤΑΙΑΥΤΟΥ
ΟΤΙΕϹΤΙΝΓΕΓΡΑΜΜΕ
› ΝΟΝΟΖΗΛΟϹΤΟΥΟΙΚΟΥ
› ϹΟΥΚΑΤΑΦΑΓΕΤΑΙΜΕ
ΑΠΕΚΡΙΘΗϹΑΝΟΥΝΟΙ 2:18
ΪΟΥΔΑΙΟΙΚΑΙΕΙΠΑΝΑΥ
ΤΩΤΙϹΗΜΕΙΟΝΔΕΙΚΝΥ
ΕΙϹΗΜΙΝΟΤΙΤΑΥΤΑΠΟΙ
ΕΙϹ ΑΠΕΚΡΙΘΗΙ̅Ϲ̅ΚΑΙ 2:19
ΕΙΠΕΝΑΥΤΟΙϹΛΥϹΑΤΕ
ΤΟΝΝΑΟΝΤΟΥΤΟΝΚΑΙ
ΤΡΙϹΙΝΗΜΕΡΑΙϹΕΓΕΡΩ
ΑΥΤΟΝ ΕΙΠΑΝΟΥΝΟΙ 2:20
ΪΟΥΔΑΙΟΙΤΕϹϹΕΡΑΚΟΝ
ΤΑΚΑΙΕΞΕΤΕϹΙΝΟΙΚΟ
ΔΟΜΗΘΗΟΝΑΟϹΟΥΤΟϹ
ΚΑΙϹΥΕΝΤΡΙϹΙΝΗΜΕ
ΡΑΙϹΕΓΕΡΕΙϹΑΥΤΟΝΕ 2:21
ΚΕΙΝΟϹΔΕΕΛΕΓΕΝΠΕΡΙ
ΤΟΥΝΑΟΥΤΟΥϹΩΜΑΤΟϹ
ΑΥΤΟΥΟΤΕΟΥΝΗΓΕΡΘΗ 2:22
ΕΚΝΕΚΡΩΝΕΜΝΗϹΘΗϹΑ̅
ΟΙΜΑΘΗΤΑΙΑΥΤΟΥΟΤΙ
ΤΟΥΤΟΕΛΕΓΕΝΚΑΙΕΠΙ
ϹΤΕΥϹΑΝΤΗΓΡΑΦΗϗ
θ̅ ΤΩΛΟΓΩΟΝΕΙΠΕΝΟΙ̅Ϲ̅
ΩϹΔΕΗΝΕΝΤΟΙϹΪΕΡΟ 2:23
ϹΟΛΥΜΟΙϹΕΝΤΩΠΑϹΧΑ
ΤΗΕΟΡΤΗΠΟΛΛΟΙΕΠΙ
ϹΤΕΥϹΑΝΕΙϹΤΟΟΝΟΜΑ
ΑΥΤΟΥΘΕΩΡΟΥΝΤΕϹ
ΑΥΤΟΥΤΑϹΗΜΕΙΑΑΕ
ΠΟΙΕΙΑΥΤΟϹΔΕΙ̅Ϲ̅ΟΥΚΕ 2:24
ΠΙϹΤΕΥΕΝΑΥΤΟΝΑΥΤΟΙϹ
ΔΙΑΤΟΑΥΤΟΝΓΙΝΩϹΚΕΙ̅
ΠΑΝΤΑϹΚΑΙΟΤΙΟΥΧΡΕΙ 2:25
ΑΝΕΙΧΕΝΪΝΑΤΙϹΜΑΡΤΥ

ΡΗCΗΠΕΡΙΤΟΥΑΝΘΡΩ
ΠΟΥΑΥΤΟCΓΑΡΕΓΙΝΩ
CΚΕΝΤΙΗΝΕΝΤΩΑΝΘΡΩ
3:1 ΠΩ ΗΝΔΕΑΝΘΡΩΠΟC
ΕΚΤΩΝΦΑΡΕΙCΑΙΩΝ
ΝΙΚΟΔΗΜΟCΟΝΟΜΑΑΥ
ΤΩΑΡΧΩΝΤΩΝΪΟΥΔΑΙ
3:2 ΩΝΟΥΤΟCΗΛΘΕΝΠΡΟC
ΑΥΤΟΝΝΥΚΤΟCΚΑΙΕΙΠΕ̅
ΑΥΤΩΡΑΒΒΕΙΟΙΔΑΜΕΝ
ΟΤΙΑΠΟΘ̅Υ̅ΕΛΗΛΥΘΑC
ΔΙΔΑCΚΑΛΟCΟΥΔΕΙCΓΑΡ
ΔΥΝΑΤΑΙΤΑΥΤΑΤΑCΗ
ΜΕΙΑΠΟΙΕΙΝΑCΥΠΟΙΕΙC
ΕΑΝΜΗΗΟΘ̅C̅ΜΕΤΑΥΤΟΥ
3:3 ΑΠΕΚΡΙΘΗΙ̅C̅ΚΑΙΕΙΠΕΝ
ΑΥΤΩΑΜΗΝΑΜΗΝΛΕΓΩ
CΟΙΕΑΝΜΗΤΙCΓΕΝΝΗΘΗ
ΑΝΩΘΕΝΟΥΔΥΝΑΤΑΙΪ
ΔΕΙΝΤΗΝΒΑCΙΛΕΙΑΝΤΟΥ
3:4 Θ̅Υ̅ ΛΕΓΕΙΠΡΟCΑΥΤΟΝ
ΝΕΙΚΟΔΗΜΟCΠΩCΔΥ
ΝΑΤΑΙΑΝΘΡΩΠΟCΓΕΝΝΗ
ΘΗΝΑΙΓΕΡΩΝΩΝΜΗΔΥ
ΝΑΤΑΙΕΙCΤΗΝΚΟΙΛΙΑΝ
ΤΗCΜΗΤΡΟCΑΥΤΟΥΔΕΥ
ΤΕΡΟΝΕΙCΕΛΘΕΙΝΚΑΙΓΕ̅
3:5 ΝΗΘΗΝΑΙ ΑΠΕΚΡΙΘΗΟ
Ι̅C̅ΑΜΗΝΑΜΗΝΛΕΓΩCΟΙ
ΕΑΝΜΗΤΙCΓΕΝΝΗΘΗΕΞΫ
ΔΑΤΟCΚΑΙΠΝΕΥΜΑΤΟC
ΟΥΔΥΝΑΤΑΙΕΙCΕΛΘΕΙΝ
ΕΙCΤΗΝΒΑCΙΛΕΙΑΝΤΟΥ
3:6 Θ̅Υ̅ ΤΟΓΕΓΕΝΝΗΜΕΝΟΝ
ΕΚΤΗCCΑΡΚΟCCΑΡΞΕCΤΙ̅
ΚΑΙΤΟΓΕΓΕΝΝΗΜΕΝΟΝ
ΕΚΤΟΥΠΝΕΥΜΑΤΟCΠΝΕΥ
3:7 ΜΑΕCΤΙΝ ΜΗΘΑΥΜΑCΗC
ΟΤΙΕΙΠΟΝCΟΙΔΕΙΫΜΑC
ΓΕΝΝΗΘΗΝΑΙΑΝΩΘΕΝ
3:8 ΤΟΠΝΕΥΜΑΟΠΟΥΘΕΛΕΙ
ΠΝΕΙΚΑΙΤΗΝΦΩΝΗΝ

ΑΥΤΟΥΑΚΟΥΕΙCΑΛΛΑ
ΟΥΚΟΙΔΑCΠΟΘΕΝΕΡΧΕ
ΤΑΙΚΑΙΠΟΥΫΠΑΓΕΙΟΥ
ΤΩCΕCΤΙΝΠΑCΟΓΕΓΕ̄
ΝΗΜΕΝΟCΕΚΤΟΥΠΝΕΥ
ΜΑΤΟC ΑΠΕΚΡΙΘΗΝΕΙ 3:9
ΚΟΔΗΜΟCΚΑΙΕΙΠΕΝΑΥ
ΤΩΠΩCΔΥΝΑΤΑΙΤΑΥΤΑ
ΓΕΝΕCΘΑΙ ΑΠΕΚΡΙΘΗ 3:10
ΙC̄ΚΑΙΕΙΠΕΝΑΥΤΩCΥ
ΕΙΟΔΙΔΑCΚΑΛΟCΤΟΥ
ΙCΡΑΗΛΚΑΙΤΑΥΤΑΟΥΓΕΙ
ΝΩCΚΕΙCΑΜΗΝΑΜΗΝ 3:11
ΛΕΓΩCΟΙΟΤΙΟΟΙΔΑΜΕ̄
ΛΑΛΟΥΜΕΝΚΑΙΟΕΩΡΑΚΑ
ΜΕΝΜΑΡΤΥΡΟΥΜΕΝΚ/
ΤΗΝΜΑΡΤΥΡΙΑΝΗΜΩΝ
ΟΥΛΑΜΒΑΝΕΤΕΕΙΤΑΕ 3:12
ΠΙΓΕΙΑΕΙΠΟΝΫΜΙΝΚΑΙ
ΟΥΠΙCΤΕΥΕΤΕΠΩCΕ
ΑΝΕΙΠΩΫΜΙΝΤΑΕΠΟΥ
ΡΑΝΙΑΠΙCΤΕΥCΕΤΕΚΑΙ 3:13
ΟΥΔΕΙCΑΝΑΒΕΒΗΚΕΝΕΙC
ΤΟΝΟΥΡΑΝΟΝΕΙΜΗΟΕΚ
ΤΟΥΟΥΡΑΝΟΥΚΑΤΑΒΑC
ΟΥΙΟCΤΟΥΑΝΘΡΩΠΟΥ
ΚΑΙΚΑΘΩCΜΩΫCΗCΫ 3:14
ΨΩCΕΝΤΟΝΟΦΙΝΕΝΤΗ
ΕΡΗΜΩΟΥΤΩCΫΨΩΘΗ
ΝΑΙΔΕΙΤΟΝΥΙΟΝΤΟΥΑΝ
ΘΡΩΠΟΥΪΝΑΠΑCΟΠΙCΤΕΥ 3:15
ΩΝΕΝΑΥΤΩΕΧΗΖΩΗ̄
ΑΙΩΝΙΟΝΟΥΤΩCΓΑΡΗ 3:16
ΓΑΠΗCΕΝΟΘC̄ΤΟΝΚΟCΜΟ̄
ΩCΤΕΤΟΝΥΙΟΝΤΟΝΜΟ
ΝΟΓΕΝΗΕΔΩΚΕΝΪΝΑ
ΠΑCΟΠΙCΤΕΥΩΝΕΙCΑΥ
ΤΟΝΜΗΑΠΟΛΗΤΑΙΑΛΛΑ
ΕΧΗΖΩΗΝΑΙΩΝΙΟΝ
ΟΥΓΑΡΑΠΕCΤΕΙΛΕΝΟΘC̄ 3:17
ΤΟΝΥΙΟΝΕΙCΤΟΝΚΟCΜΟ̄
ΪΝΑΚΡΕΙΝΗΤΟΝΚΟCΜΟ̄

ΑΛΛΙΝΑΣΩΘΗΟΚΟΣΜΟΣ
3:18 ΔΙΑΥΤΟΥΟΠΙΣΤΕΥΩΝ
ΕΙΣΑΥΤΟΝΟΥΚΡΕΙΝΕΤΑΙ
ΟΜΗΠΙΣΤΕΥΩΝΗΔΗΚΕ
ΚΡΙΤΑΙΟΤΙΜΗΠΕΠΙΣΤΕΥ
ΚΕΝΕΙΣΤΟΟΝΟΜΑΤΟΥ
ΜΟΝΟΓΕΝΟΥΣΥΙΟΥΤΟΥ
3:19 Θ̅Υ̅ΑΥΤΗΔΕΕΣΤΙΝΗΚΡΙ
ΣΙΣΟΤΙΤΟΦΩΣΕΛΗΛΥ
ΘΕΝΕΙΣΤΟΝΚΟΣΜΟΝϏ
ΗΓΑΠΗΣΑΝΟΙΑΝΘΡΩΠΟΙ
ΜΑΛΛΟΝΤΟΣΚΟΤΟΣΗ
ΤΟΦΩΣΗΝΓΑΡΑΥΤΩΝ
3:20 ΠΟΝΗΡΑΤΑΕΡΓΑΠΑΣΓΑΡ
ΟΦΑΥΛΑΠΡΑΣΣΩΝΜΕΙ
ΣΕΙΤΟΦΩΣΚΑΙΟΥΚΕΡ
ΧΕΤΑΙΠΡΟΣΤΟΦΩΣΪΝΑ
ΜΗΕΛΕΓΧΘΗΤΑΕΡΓΑΑΥ
3:21 ΤΟΥΟΔΕΠΟΙΩΝΤΗΝΑΛΗ
ΘΕΙΑΝΕΡΧΕΤΑΙΠΡΟΣΤΟ
ΦΩΣΪΝΑΦΑΝΕΡΩΘΗΑΥ
ΤΟΥΤΑΕΡΓΑΟΤΙΕΝΘ̅Ω̅Ε
3:22 ΙΑ ΣΤΙΝΕΙΡΓΑΣΜΕΝΑ ΜΕ
ΤΑΤΑΥΤΑΗΛΘΕΝΟΙ̅Σ̅ΚΑΙ
ΟΙΜΑΘΗΤΑΙΑΥΤΟΥΕΙΣ
ΤΗΝΪΟΥΔΑΙΑΝΓΗΝΚΑΙΕ
ΚΕΙΔΙΕΤΡΕΙΒΕΝΜΕΤΑΥΤΩ̅
3:23 ΚΑΙΕΒΑΠΤΙΖΕΝΗΝΔΕΚΑΙ
ΟΪΩΑΝΗΣΒΑΠΤΙΖΩΝΕΝ
ΑΙΝΩΝΕΓΓΥΣΤΟΥΣΑΛΕΙΜ
ΟΤΙΥΔΑΤΑΠΟΛΛΑΗΝΕ
ΚΕΙΚΑΙΠΑΡΕΓΕΙΝΟΝΤΟ
3:24 ΚΑΙΕΒΑΠΤΙΖΟΝΤΟΟΥΠΩ
ΓΑΡΗΝΒΕΒΛΗΜΕΝΟΣΕΙΣ
ΤΗΝΦΥΛΑΚΗΝΪΩΑΝΗΣ
3:25 ΕΓΕΝΕΤΟΟΥΝΖΗΤΗΣΙΣ
ΕΚΤΩΝΜΑΘΗΤΩΝΤΩ̅
ΪΩΑΝΟΥΜΕΤΑΪΟΥΔΑΙΟΥ
3:26 ΠΕΡΙΚΑΘΑΡΙΣΜΟΥΚΑΙΗΛ
ΘΑΝΠΡΟΣΤΟΝΪΩΑΝΗΝ
ΚΑΙΕΙΠΑΝΑΥΤΩΡΑΒΒΕΙ
ΟΣΗΝΜΕΤΑΣΟΥΠΕΡΑΝ

ΤΟΥΪΟΡΔΑΝΟΥΩϹΥΜΕ
ΜΑΡΤΥΡΗΚΑϹΪΔΕΟΥΤΟϹ
ΒΑΠΤΙΖΕΙΚΑΙΠΑΝΤΕϹ
ΕΡΧΟΝΤΑΙΠΡΟϹΑΥΤΟ̅
ΑΠΕΚΡΙΘΗΪΩΑΝΗϹΚΑΙ 3:27
ΕΙΠΕΝΟΥΔΥΝΑΤΑΙΑΝΘΡΩ
ΠΟϹΛΑΜΒΑΝΕΙΝΟΥΔΕ
ΕΝΑΝΜΗΗΔΕΔΟΜΕΝΟΝ
ΑΥΤΩΕΚΤΟΥΟΥΡΑΝΟΥ
ΑΥΤΟΙΫΜΕΙϹΜΟΙΜΑΡΤΥ 3:28
ΡΕΙΤΕΟΤΙΕΙΠΟΝΕΓΩΟΥ
ΚΕΙΜΙΕΓΩΟΧ̅Ϲ̅ΑΛΛΟΤΙ
ΑΠΕϹΤΑΛΜΕΝΟϹΕΙΜΙΕΜ
ΠΡΟϹΘΕΝΕΚΕΙΝΟΥ ΟΕ 3:29
ΧΩΝΤΗΝΝΥΜΦΗΝΝΥΜ
ΦΙΟϹΕϹΤΙΝΟΔΕΦΙΛΟϹ
ΤΟΥΝΥΜΦΙΟΥΟΕϹΤΗ
ΚΩϹΚΑΙΑΚΟΥΩΝΑΥΤΟΥ
ΧΑΡΑΧΑΙΡΕΙΔΙΑΤΗΝΦΩ
ΝΗΝΤΟΥΝΥΜΦΙΟΥΑΥ
ΤΗΟΥΝΗΧΑΡΑΗΕΜΗΠΕ
ΠΛΗΡΩΤΑΙΕΚΕΙΝΟΝΔΕΙ 3:30
ΑΥΞΑΝΕΙΝΕΜΕΔΕΕΛΑΤ
ΤΟΥϹΘΑΙ ΟΑΝΩΘΕΝΕΡ 3:31
ΧΟΜΕΝΟϹΕΠΑΝΩΠΑΝΤΩ̅
ΕϹΤΙΝΟΩΝΕΚΤΗϹΓΗϹ
ΕΚΤΗϹΓΗϹΕϹΤΙΝΚΑΙΕΚ
ΤΗϹΓΗϹΛΑΛΕΙΟΕΚΤΟΥ
ΟΥΡΑΝΟΥΕΡΧΟΜΕΝΟϹ
ΕΠΑΝΩΠΑΝΤΩΝΕϹΤΙΝ
ΟΕΩΡΑΚΕΝΚΑΙΗΚΟΥϹΕ̅ 3:32
ΤΟΥΤΟΜΑΡΤΥΡΕΙΚΑΙΤΗ̅
ΜΑΡΤΥΡΙΑΝΑΥΤΟΥΟΥΔΕΙϹ
ΛΑΜΒΑΝΕΙ ΟΛΑΒΩΝΑΥΤΟΥ 3:33
ΤΗΝΜΑΡΤΥΡΙΑΝΕϹΦΡΑ
ΓΙϹΕΝΟΤΙΟΘ̅Ϲ̅ΑΛΗΘΗϹΕ
ϹΤΙΝΟΝΓΑΡΑΠΕϹΤΕΙΛΕ̅ 3:34
ΟΘ̅Ϲ̅ΤΑΡΗΜΑΤΑΤΟΥΘ̅Υ̅ΛΑ
ΛΕΙΟΥΓΑΡΕΚΜΕΤΡΟΥΔΙ
ˣ ΤΟΠ̅Ν̅Α ΔΩϹΙΝˣ ΟΠΑΤΗΡΑΓΑΠΑ 3:35
ΤΟΝΥΙΟΝΚΑΙΠΑΝΤΑΔΕ
ΔΩΚΕΝΕΝΤΗΧΕΙΡΙΑΥΤΟΥ

3:36 ΟΠΙϹΤΕΥωΝΕΙϹΤΟΝΥΙ̅Ο̅
ΕΧΕΙΖωΗΝΑΙωΝΙΟΝΟ
ΔΕΑΠΕΙΘωΝΤωΥΪωΟΥ
ΚΟΨΕΤΑΙΖωΗΝΑΛΛΗΟΡ
ΓΗΤΟΥΘ̅Υ̅ΜΕΝΕΙΕΠΑΥΤΟ̅
4:1 Ι̅Β̅ ωϹΟΥΝΕΓΝωΟΚ̅Ϲ̅ΟΤΙΗ
ΚΟΥϹΑΝΟΙΦΑΡΕΙϹΑΙΟΙΟ
ΤΙΙ̅Ϲ̅ΠΛΕΙΟΝΑϹΜΑΘΗΤΑϹ
ΠΟΙΕΙΚΑΙΒΑΠΤΙΖΕΙ[Η]ΪωΑ
4:2 ΝΗϹΚΑΙΤΟΙΓΕΙ̅Ϲ̅ΑΥΤΟϹ
ΟΥΚΕΒΑΠΤΙΖΕΝΑΛΛΟΙ
4:3 ΜΑΘΗΤΑΙΑΥΤΟΥΑΦΗΚΕ̅
ΤΗΝΪΟΥΔΑΙΑΝΚΑΙΑΠΗΛ
ΘΕΝ×ΕΙϹΤΗΝΓΑΛΕΙΛΑΙΑΝ ×ΠΑΛΙΝ
4:4 ΕΔΕΙΔΕΑΥΤΟΝΔΙΕΡΧΕ
ϹΘΑΙΔΙΑΤΗϹϹΑΜΑΡΕΙΑϹ
4:5 ΕΡΧΕΤΑΙΟΥΝΕΙϹΠΟΛΙΝ
ΤΗϹϹΑΜΑΡΕΙΑϹΛΕΓΟΜΕ
ΝΗΝϹΥΧΑΡΠΛΗϹΙΟΝΤΟΥ
ΧωΡΙΟΥΟΕΔωΚΕΝΪΑΚωΒ·
ΤωΪωϹΗΦ'ΤωΥΪωΑΥΤΟΥ
4:6 ΗΝΔΕΕΚΕΙΠΗΓΗΤΟΥΪΑ
ΚωΒ· ΟΟΥΝΙ̅Ϲ̅ΚΕΚΟΠΙΑΚωϹ
ΕΚΤΗϹΟΔΟΙΠΟΡΕΙΑϹΕΚΑ
ΘΕΖΕΤΟΟΥΤωΕΠΙΤΗΠΗ
4:7 ΓΗωΡΑΗΝωϹΕΚΤΗ ΕΡ
ΧΕΤΑΙΓΥΝΗΕΚΤΗϹϹΑΜΑ
ΡΕΙΑϹΑΝΤΛΗϹΑΙΫΔωΡ
ΛΕΓΕΙΑΥΤΗΟΙ̅Ϲ̅ΔΟϹΜΟΙ
4:8 Π'ΕΙΝΟΙΓΑΡΜΑΘΗΤΑΙΑΥ
ΤΟΥΑΠΕΛΗΛΥΘΕΙϹΑΝΕΙϹ
ΤΗΝΠΟΛΙΝΪΝΑΤΡΟΦΑϹ
4:9 ΑΓΟΡΑϹωϹΙΝΛΕΓΕΙΟΥΝ
ΑΥΤωΗΓΥΝΗΗϹΑΜΑΡΕΙ
ΤΙϹΠωϹϹΥΪΟΥΔΑΙΟϹω̅
ΠΑΡΕΜΟΥΠ'ΕΙΝΑΙΤΕΙϹΓΥ
ΝΑΙΚΟϹϹΑΜΑΡΕΙΤΙΔΟϹ
ΟΥϹΗϹΟΥΓΑΡϹΥ[Γ]ΝΧΡωΝ
ΤΑΙΪΟΥΔΑΙΟΙϹϹΑΜΑΡΕΙ
4:10 ΤΑΙϹΑΠΕΚΡΙΘΗΙ̅Ϲ̅ΚΑΙΕΙ
ΠΕΝΑΥΤΗΕΙΗΔΕΙϹΤΗΝ
ΔωΡΕΑΝΤΟΥΘ̅Υ̅ΚΑΙΤΙϹ

ΕϹΤΙΝΟΛΕΓΩΝϹΟΙΔΟϹ
ΜΟΙΠ'ΕΙΝϹΥΑΝΗΤΗϹΑϹ
ΑΥΤΟΝΚΑΙΕΔΩΚΕΝΑΝ
ϹΟΙΫΔΩΡΖΩΝ ΛΕΓΕΙΑΥ 4:11
ΤΩΚ̅Ε̅ΟΥΤΕΑΝΤΛΗΜΑ
ΕΧΕΙϹΚΑΙΤΟΦΡΕΑΡΕϹΤΙ̅
ΒΑΘΥΠΟΘΕΝΟΥΝΕΧΕΙϹ
ΤΟΫΔΩΡΤΟΖΩΝΜΗϹΥ 4:12
ΜΕΙΖΩΝΕΙΤΟΥΠΑΤΡΟϹ
ΗΜΩΝΪΑΚΩΒΟϹΕΔΩΚΕ̅
ΗΜΙΝΤΟΦΡΕΑΡΚΑΙΑΥ
ΤΟϹΕΞΑΥΤΟΥΕΠΙΕΝΚΑΙ
ΟΙΥΙΟΙΑΥΤΟΥΚΑΙΤΑ
ΘΡΕΜΜΑΤΑΑΥΤΟΥ ΑΠΕ 4:13
ΚΡΙΘΗΙ̅Ϲ̅ΚΑΙΕΙΠΕΝΑΥΤΗ
ΠΑϹΟΠΕΙΝΩΝΕΚΤΟΥΫ
ΔΑΤΟϹΤΟΥΤΟΥΔΙΨΗ
ϹΕΙΠΑΛΙΝΟϹΔΑΝΠΙΗΕΚ 4:14
ΤΟΥΫΔΑΤΟϹΟΥΕΓΩΔΩ
ϹΩΑΥΤΩΟΥΜΗΔΙΨΗϹΕΙ
ΕΙϹΤΟΝΑΙΩΝΑΑΛΛΑΤΟ
ΫΔΩΡΟΔΩϹΩΑΥΤΩΓΕ
ΝΗϹΕΤΑΙΕΝΑΥΤΩΠΗΓΗ
ΫΔΑΤΟϹΑΛΛΟΜΕΝΟΥΕΙϹ
ΖΩΗΝΑΙΩΝΙΟΝΛΕΓΕΙ 4:15
ΠΡΟϹΑΥΤΟΝΗΓΥΝΗΚ̅Ε̅
ΔΟϹΜΟΙΤΟΥΤΟΤΟΫΔΩΡ
ΪΝΑΜΗΔΙΨΩΜΗΔΕΔΙΕΡ
ΧΟΜΑΙΕΝΘΑΔΕΑΝΤΛΕΙ̅
ΛΕΓΕΙΑΥΤΗΫΠΑΓΕΦΩ 4:16
ΝΗϹΟΝϹΟΥΤΟΝΑΝΔΡΑ
ΚΑΙΕΛΘΕΕΝΘΑΔΕ ΑΠΕ 4:17
ΚΡΙΘΗΗΓΥΝΗΚΑΙΕΙΠΕ̅
ΑΥΤΩΟΥΚΕΧΩΑΝΔΡΑ
ΛΕΓΕΙΑΥΤΗΟΙ̅Ϲ̅ΚΑΛΩϹ
ΕΙΠΕ̂ϹΟΤΙΑΝΔΡΑΟΥΚΕ
ΧΩΠΕΝΤΕΓΑΡΑΝΔΡΑϹΕ 4:18
ϹΧΕϹΚΑΙΝΥΝΟΝΕΧΕΙϹ
ΟΥΚΕϹΤΙΝϹΟΥΑΝΗΡΤΟΥ
ΤΟΑΛΗΘΕϹΕΙΡΗΚΑϹ ΛΕ 4:19
ΓΕΙΑΥΤΩΗΓΥΝΗΚ̅Ε̅ΘΕ
ΩΡΩΟΤΙΠΡΟΦΗΤΗϹ

4:20 ΕΙϹΥ ΟΙΠΑΤΕΡΕϹΗΜΩ̅
ΕΝΤΩΟΡΕΙΤΟΥΤΩΠΡΟϹ
ΕΚΥΝΗϹΑΝΚΑΙΫΜΕΙϹΛΕ
ΓΕΤΕΟΤΙΕΝΪΕΡΟϹΟΛΥ
ΜΟΙϹΕϹΤΙΝΟΤΟΠΟϹΟΠΟΥ
4:21 ΠΡΟϹΚΥΝΕΙΝΔΕΙ ΛΕΓΕΙ
ΑΥΤΗΟΙ̅Ϲ̅ΠΙϹΤΕΥΕΜΟΙ
ΓΥΝΑΙΟΤΙΕΡΧΕΤΑΙΩΡΑ
ΟΤΕΟΥΤΕΕΝΤΩΟΡΕΙΤΟΥ
ΤΩΟΥΤΕΕΝΪΕΡΟϹΟΛΥΜΟΙϹ
ΠΡΟϹΚΥΝΗϹΕΤΕΤΩΠΑ
4:22 ΤΡΙ ΫΜΕΙϹΠΡΟϹΚΥΝΕΙ
ΤΕΟΟΥΚΟΙΔΑΤΕΗΜΕΙϹ
ΠΡΟϹΚΥΝΟΥΜΕΝΟΟΙΔΑ
ΜΕΝΟΤΙΗϹΩΤΗΡΙΑΕΚΤΩ̅
4:23 ΪΟΥΔΑΙΩΝΕϹΤΙΝΑΛΛΑ
ΕΡΧΕΤΑΙΩΡΑΚΑΙΝΥΝΕ
ϹΤΙΝΟΤΕΟΙΑΛΗΘΙΝΟΙ
ΠΡΟϹΚΥΝΗΤΑΙΠΡΟϹΚΥ
ΝΗϹΟΥϹΙΝΤΩΠΑΤΡΙΕΝ
ΠΝΕΥΜΑΤΙΚΑΙΑΛΗΘΕΙΑ
ΚΑΙΓΑΡΟΠΑΤΗΡΤΟΙΟΥ
ΤΟΥϹΖΗΤΕΙΤΟΥϹΠΡΟϹ
ΚΥΝΟΥΝΤΑϹΑΥΤΟΝ ›
4:24 ΠΝΕΥΜΑΟΘ̅Ϲ̅ΚΑΙΤΟΥϹ
ΠΡΟϹΚΥΝΟΥΝΤΑϹΑΥΤΟΝ
ΕΝΠΝΕΥΜΑΤΙΚΑΙΑΛΗ
ΘΕΙΑΔΕΙΠΡΟϹΚΥΝΕΙΝ
4:25 ΛΕΓΕΙΑΥΤΩΗΓΥΝΗΟΙΔΑ
ΟΤΙΜΕϹϹΙΑϹΕΡΧΕΤΑΙΟ
ΛΕΓΟΜΕΝΟϹΧ̅Ϲ̅ΟΤΑΝ
ΕΛΘΗΕΚΕΙΝΟϹΑΝΑΓΓΕ
4:26 ΛΕΙΗΜΙΝΑΠΑΝΤΑ ΛΕΓΕΙ
ΑΥΤΗΟΙ̅Ϲ̅ΕΓΩΕΙΜΙΟΛΑ
4:27 ΛΩΝϹΟΙ ΚΑΙΕΠΙΤΟΥΤΩ
ΗΛΘΑ̊ΝΟΙΜΑΘΗΤΑΙΑΥΤΟΥ
ΚΑΙΕΘΑΥΜΑΖΟΝΟΤΙΜΕ
ΤΑΓΥΝΑΙΚΟϹΕΛΑΛΕΙΟΥ
ΔΕΙϹΜΕΝΤΟΙΕΙΠΕΤΙΖΗ
ΤΕΙϹΗΤΙΛΑΛΕΙϹΜΕΤΑΥ
4:28 ΤΗϹ ΑΦΗΚΕΝΟΥΝΤΗ̅
ΫΔΡΙΑΝΑΥΤΗϹΗΓΥΝΗΚ

ΑΠΗΛΘΕΝΕΙϹΤΗΝΠΟ
ΛΙΝΚΑΙΛΕΓΕΙΤΟΙϹΑΝΘΡΩ
ΠΟΙϹΔΕΥΤΕΪΔΕΤΕΑΝ 4:29
ΘΡΩΠΟΝΟϹΕΙΠΕΜΟΙΠΑ̅
ΤΑΑΕΠΟΙΗϹΑΜΗΤΙΟΥΤΟϹ
ΕϹΤΙΝΟΧ̅Ϲ̅ΕΞΗΛΘΟΝΕΚ 4:30
ΤΗϹΠΟΛΕΩϹΚΑΙΗΡΧΟΝ
ΙΙ ΤΟΠΡΟϹΑΥΤΟΝ ΕΝΤΩ 4:31
ΜΕΤΑΞΥΗΡΩΤΩΝΑΥΤΟ̅
ΟΙΜΑΘΗΤΑΙΛΕΓΟΝΤΕϹ
ΡΑΒΒΕΙΦΑΓΕ ΟΔΕΕΙΠΕ̅ 4:32
ΑΥΤΟΙϹΕΓΩΒΡΩϹΙΝΕΧΩ
ΦΑΓΕΙΝΗΝΫΜΕΙϹΟΥΚΟΙ
ΔΑΤΕΕΛΕΓΟΝΟΥΝΟΙΜΑ 4:33
ΘΗΤΑΙΠΡΟϹΑΛΛΗΛΟΥϹ
ΜΗΤΙϹΗΝΕΓΚΕΝΑΥΤΩ
ΦΑΓΕΙΝΛΕΓΕΙΑΥΤΟΙϹΟ 4:34
Ι̅Ϲ̅ΕΜΟΝΒΡΩΜΑΕϹΤΙΝ
ΪΝΑΠΟΙΗϹΩΤΟΘΕΛΗΜΑ
ΤΟΥΠΕΜΨΑΝΤΟϹΜΕΚΑΙ
ΤΕΛΕΙΩϹΩΑΥΤΟΥΤΟ
ΕΡΓΟΝ ΟΥΧΥΜΕΙϹΛΕΓΕ 4:35
ΤΕΟΤΙΕΤΙΤΕΤΡΑΜΗΝΟϹ
ΕϹΤΙΝΚΑΙΟΘΕΡΙϹΜΟϹ
ΕΡΧΕΤΑΙΪΔΟΥΛΕΓΩΫΜΙ̅
ΕΠΑΡΑΤΕΤΟΥϹΟΦΘΑΛ
ΜΟΥϹΫΜΩΝΚΑΙΘΕΑϹΑ
ϹΘΕΤΑϹΧΩΡΑϹΟΤΙΛΕΥ
ΚΑΙΕΙϹΙΝΠΡΟϹΘΕΡΙϹΜΟ̅
ΗΔΗΟΘΕΡΙΖΩΝΜΙϹΘΟΝ 4:36
ΛΑΜΒΑΝΕΙΚΑΙϹΥΝΑΓΕΙ
ΚΑΡΠΟΝΕΙϹΖΩΗΝΑΙΩΝΙ
ΟΝΪΝΑΟϹΠΕΙΡΩΝΟΜΟΥ
ΧΑΙΡΗΚΑΙΟΘΕΡΙΖΩΝΕΝ 4:37
ΓΑΡΤΟΥΤΩΟΛΟΓΟϹΕϹΤΙ̅
ΑΛΗΘΙΝΟϹΟΤΙΑΛΛΟϹΕ
ϹΤΙΝΟϹΠΕΙΡΩΝΚΑΙΑΛΛΟϹ
ΟΘΕΡΙΖΩΝΕΓΩΑΠΕϹΤΕΙ 4:38
ΛΑΫΜΑϹΘΕΡΙΖΕΙΝΟΟΥΧΫ
ΜΕΙϹΚΕΚΟΠΙΑΚΑΤΕΑΛΛΟΙ
ΚΕΚΟΠΙΑΚΑϹΙΝΚΑΙΫΜΕΙϹ
ΕΙϹΤΟΝΚΟΠΟΝΑΥΤΩ̅

4:39 ΕΙCΕΛΗΛΥΘΑΤΕ ΕΚΔΕ
ΤΗCΠΟΛΕΩCΕΚΕΙΝΗC
ΠΟΛΛΟΙΕΠΙCΤΕΥCΑΝΕΙC
ΑΥΤΟΝΤΩΝCΑΜΑΡΕΙΤΩ̄
ΔΙΑΤΟΝΛΟΓΟΝΤΗCΓΥ
ΝΑΙΚΟCΜΑΡΤΥΡΟΥCΗC
ΟΤΙΕΙΠΕΝΜΟΙΠΑΝΤΑΑ
4:40 ΕΠΟΙΗCΑΟΥΝΗΛΘΟΝΟῩ
ΠΡΟCΑΥΤΟΝΟΙCΑΜΑΡΕΙ
ΤΑΙΗΡΩΤΩΝΑΥΤΟΝΜΕΙ
ΝΑΙΠΑΡΑΥΤΟΙCΚΑΙΕΜΕΙ
4:41 ΝΕΝΕΚΕΙΔΥΟΗΜΕΡΑCϏ
ΠΟΛΛΩΠΛΕΙΟΥCΕΠΙCΤΕΥ
CΑΝΔΙΑΤΟΝΛΟΓΟΝΑΥΤΟΥ
4:42 ΤΗΤΕΓΥΝΑΙΚΙΕΛΕΓΟΝ
ΟΥΚΕΤΙΔΙΑΤΗΝΛΑΛΙᾹ
CΟΥΠΙCΤΕΥΟΜΕΝΑΥΤΟΙ
ΓΑΡΑΚΗΚΟΑΜΕΝΚΑΙΟΙ
ΔΑΜΕΝΟΤΙΟΥΤΟCΕCΤῙ
ΑΛΗΘΩCΟCΩΤΗΡΤΟΥ
4:43 ΙΔ ΚΟCΜΟΥ ΜΕΤΑΔΕΤΑC
ΔΥΟΗΜΕΡΑCΕΞΗΛΘΕΝΕ
ΚΕΙΘΕΝΕΙCΤΗΝΓΑΛΕΙΛΑΙ
4:44 ΑΝΑΥΤΟCΓΑΡΙ̅C̅ΕΜΑΡΤΥ
ΡΗCΕΝΟΤΙΠΡΟΦΗΤΗC
ΕΝΤΗΪΔΙΑΠΑΤΡΙΔΙΤΕΙ
4:45 ΜΗΝΟΥΚΕΧΕΙ ΟΤΕΟῩ
ΗΛΘΕΝΕΙCΤΗΝΓΑΛΕΙΛΑΙ
ΑΝΕΔΕΞΑΝΤΟΑΥΤΟΝΟΙ
ΓΑΛΕΙΛΑΙΟΙΠΑΝΤΑΕΩ
ΡΑΚΟΤΕCΟCΑΕΠΟΙΗCΕ̄
ΕΝΪΕΡΟCΟΛΥΜΟΙCΕΝΤΗ
ΕΟΡΤΗΚΑΙΑΥΤΟΙΓΑΡΗΛ
ΘΟΝΕΙCΤΗΝΕΟΡΤΗΝ
4:46 ΗΛΘΕΝΟΥΝΠΑΛΙΝΕΝΚΑ
ΝΑΤΗCΓΑΛΕΙΛΑΙΑCΟΠΟΥ
ΕΠΟΙΗCΕΝΤΟΫΔΩΡΟΙΝΟ̄
ΚΑΙΗΝΤΙCΒΑCΙΛΙΚΟCΟΥ
ΥΙΟCΗCΘΕΝΕΙΕΝΚΑΦΑΡ
4:47 ΝΑΟΥΜΟΥΤΟCΑΚΟΥCΑC
ΟΤΙΙ̅C̅ΗΚΕΙΕΚΤΗCΪΟΥ
ΔΑΙΑCΕΙCΤΗΝΓΑΛΕΙΛΑΙ

ΑΝΑΠΗΛΘΕΝΠΡΟϹΑΥΤΟ̄
ΚΑΙΗΡΩΤΑΪΝΑΚΑΤΑΒΗ
ΚΑΙΪΑϹΗΤΑΙΑΥΤΟΥΤΟΝ
ΥΙΟΝΗΜΕΛΛΕΝΓΑΡΑΠΟ
ΘΝΗϹΚΕΙΝ ΕΙΠΕΝΟΥΝ 4:48
ΟΙ̅Ϲ̅ΠΡΟϹΑΥΤΟΝΕΑΝΜΗ
ϹΗΜΕΙΑΚΑΙΤΕΡΑΤΑΪΔΗ
ΤΕΟΥΜΗΠΙϹΤΕΥϹΗΤΕ
ΛΕΓΕΙΠΡΟϹΑΥΤΟΝΟΒΑϹΙ 4:49
ΛΙΚΟϹΚ̅Ε̅ΚΑΤΑΒΗΘΙΠΡῙ
ΑΠΟΘΑΝΕΙΝΤΟΠΑΙΔΙΟ̄
ΜΟΥ ΛΕΓΕΙΑΥΤΩΟΙ̅Ϲ̅ 4:50
ΠΟΡΕΥΟΥΟΥΙΟϹϹΟΥΖΗ
ΕΠΙϹΤΕΥϹΕΝΟΑΝΘΡΩ
ΠΟϹΤΩΛΟΓΩΟΝΕΙΠΕΝ
ΑΥΤΩΟΙ̅Ϲ̅ΚΑΙΕΠΟΡΕΥΕΤΟ
ΗΔΗΔΕΑΥΤΟΥ·ΚΑΤΑΒΑΙ 4:51
ΝΟΝΤΟϹΟΙΔΟΥΛΟΙΑΥΤΟΥ
ΫΠΗΝΤΗϹΑΝΑΥΤΩΛΕ
Ε
ΓΟΝΤΑΙϹΟΤΙΟΠΑΙϹΑΥ
ΤΟΥΖΗ ΕΠΥΘΕΤΟΟΥΝ 4:52
ΤΗΝΩΡΑΝΕΚΕΙΝΗΗΝΕΝΗ
ΚΟΜΨΟΤΕΡΟΝΕϹΧΕΝ
ΕΙΠΟΝΟΥΝΑΥΤΩΟΤΙΕ
ΧΘΕϹΩΡΑΝΕΒΔΟΜΗΝΑ
ΦΗΚΕΝΑΥΤΗΝΟΠΥΡΕ
ΤΟϹ ΕΓΝΩΟΥΝΟΠΑΤΗΡ 4:53
ΟΤΙΕΚΕΙΝΗΤΗΩΡΑΕΝΗ
ΕΙΠΕΝΑΥΤΩΟΙ̅Ϲ̅ΟΥΙΟϹ
ϹΟΥΖΗ ΚΑΙΕΠΙϹΤΕΥϹΕ̄
ΑΥΤΟϹΚΑΙΗΟΙΚΙΑΑΥΤΟΥ
ΟΛΗ ΤΟΥΤΟΔΕΠΑΛΙΝ 4:54
ΔΕΥΤΕΡΟΝϹΗΜΕΙΟΝΕΠΟΙ
ΗϹΕΝΟΙ̅Ϲ̅ΕΛΘΩΝΕΚΤΗϹ
ΪΟΥΔΑΙΑϹΕΙϹΤΗΝΓΑΛΕΙ
ΙΕ ΛΑΙΑΝ ΜΕΤΑΤΑΥΤΑ 5:1
ΗΝΕΟΡΤΗΤΩΝΪΟΥΔΑΙ
ΩΝΚΑΙΑΝΕΒΗΙ̅Ϲ̅ΕΙϹΪΕΡΟ
ϹΟΛΥΜΑΕϹΤΙΝΔΕΕΝΤΟΙϹ 5:2
ΪΕΡΟϹΟΛΥΜΟΙϹΕΠΙΤΗ
ΠΡΟΒΑΤΙΚΗΚΟΛΥΜΒΗ
ΘΡΑΗΕΠΙΛΕΓΟΜΕΝΗΕ

ΒΡΑΪϹΤΙΒΗΘϹΑΪΔΑΠΕΝ
5:3 ΤΕϹΤΟΑϹΕΧΟΥϹΑΕΝΤΑΥ
ΤΑΙϹΚΑΤΕΚΕΙΤΟΠΛΗΘΟϹ
ΤΩΝΑϹΘΕΝΟΥΝΤΩΝ
ΤΥΦΛΩΝ ΧΩΛΩΝ
5:5 ΞΗΡΩΝ ΗΝΔΕΤΙϹΑΝ
ΘΡΩΠΟϹΕΚΕΙΤΡΙΑΚΟΝΤΑ
ΟΚΤΩΕΤΗΕΧΩΝΕΝΤΗ
5:6 ΑϹΘΕΝΕΙΑΑΥΤΟΥΤΟΥΤΟ̄
ΪΔΩΝΟΙ̅Ϲ̅ΚΑΤΑΚΕΙΜΕ
ΝΟΝΚΑΙΓΝΟΥϹΟΤΙΠΟ
ΛΥΝΗΔΗΧΡΟΝΟΝΕΧΕΙ
ΛΕΓΕΙΑΥΤΩΘΕΛΕΙϹΫΓΙ
5:7 ΗϹΓΕΝΕϹΘΑΙΑΠΕΚΡΙΘΗ
ΑΥΤΩΟΑϹΘΕΝΩΝΚ̅Ε̅ΑΝ
ΘΡΩΠΟΝΟΥΚΕΧΩΪΝΑ
ΟΤΑΝΤΑΡΑΧΘΗΤΟΫΔΩΡ
ΒΑΛΗΜΕΕΙϹΤΗΝΚΟΛΥΜ
ΒΗΘΡΑΝΕΝΩΔΕΕΡΧΟΜΑΙ
ΕΓΩΑΛΛΟϹΠΡΟϹΕΜΟΥ
5:8 ΚΑΤΑΒΑΙΝΕΙ ΛΕΓΕΙΑΥΤΩ
ΟΙ̅Ϲ̅ΕΓΕΙΡΕΑΡΟΝΤΟΝΚΡΑΒ
ΒΑΤΤΟΝϹΟΥΚΑΙΠΕΡΙΠΑ
5:9 ΤΕΙΚΑΙΕΥΘΕΩϹΕΓΕΝΕ
ΤΟΫΓΙΗϹΟΑΝΘΡΩΠΟϹϏ
ΗΡΕΤΟΝΚΡΑ[Β]ΒΑΤΤΟΝΑΥ
ΤΟΥΚΑΙΠΕΡΙΕΠΑΤΕΙΗΝ
ΔΕϹΑΒΒΑΤΟΝΕΝΕΚΕΙΝΗ
5:10 ΤΗΗΜΕΡΑ ΕΛΕΓΟΝΟΥΝ
ΟΙΪΟΥΔΑΙΟΙΤΩΤΕΘΕΡΑ
ΠΕΥΜΕΝΩ ϹΑΒΒΑΤΟΝ
ΕϹΤΙΝΚΑΙΟΥΚΕΞΕϹΤῙ
ϹΟΙΑΡΑΙΤΟΝΚΡΑ[Β]ΒΑΤΤΟ̄
5:11 ΟϹΔΕΑΠΕΚΡΙΘΗΑΥΤΟΙϹ
ΟΠΟΙΗϹΑϹΜΕΫΓΙΗΕΚΕΙ
ΝΟϹΜΟΙΕΙΠΕΝΑΡΟΝΤΟΝ
ΚΡΑ[Β]ΒΑΤΤΟΝϹΟΥΚΑΙΠΕ
5:12 ΡΙΠΑΤΕΙ ΗΡΩΤΗϹΑΝΑΥ
ΤΟΝΤΙϹΕϹΤΙΝΟΑΝΘΡΩ
ΠΟϹΟΕΙΠΩΝϹΟΙΑΡΟΝϏ
5:13 ΠΕΡΙΠΑΤΕΙΟΔΕΪΑΘΕΙϹ
ΟΥΚΗΔΕΙΤΙϹΕϹΤΙΝΟΓΑΡ

ΙϹΕΞΕΝΕΥϹΕΝΟΧΛΟΥᵒ
ΤΟϹΕΝΤΩΤΟΠΩ ΜΕΤΑ 5:14
ΤΑΥΤΑΕΥΡΙϹΚΕΙΑΥΤΟ̅
ΙϹΕΝΤΩΪΕΡΩΚΑΙΕΙΠΕ
ΑΥΤΩΪΔΕΫΓΙΗϹΓΕΓΟ
ΝΑϹΜΗΚΕΤΙΑΜΑΡΤΑ
ΝΕΙΝΑΜΗΧΕΙΡΟΝϹΟΙ
ΤΙΓΕΝΗΤΑΙ ΑΠΗΛΘΕ̅ 5:15
ΟΑΝΘΡΩΠΟϹΚΑΙΑΝΗΓ
ΓΕΙΛΕΝΤΟΙϹΪΟΥΔΑΙΟΙϹ
ΟΤΙΙϹΕϹΤΙΝΟΠΟΙΗϹΑϹ
ΑΥΤΟΝΫΓΙΗΚΑΙΔΙΑΤΟΥ 5:16
ΤΟΕΔΙΩΚΟΝΟΙΪΟΥΔΑΙΟΙ
ΤΟΝΙ̅Ν̅ΟΤΙΤΑΥΤΑΕΠΟΙ
ΕΙΕΝϹΑΒΒΑΤΩ ΟΔΕΑ 5:17
ΠΕΚΡΕΙΝΑΤΟΑΥΤΟΙϹΟ
ΠΑΤΗΡΜΟΥΕΩϹΑΡΤΙΕΡ
ΓΑΖΕΤΑΙΚΑΓΩΕΡΓΑΖΟ
ΜΑΙΔΙΑΤΟΥΤΟΟΥΝΜΑΛ 5:18
ΛΟΝΕΖΗΤΟΥΝΑΥΤΟΝ
ΟΙΪΟΥΔΑΙΟΙΑΠΟΚΤΕΙ
ΝΑΙΟΤΙΟΥΜΟΝΟΝΕΛΥ
ΕΤΟϹΑΒΒΑΤΟΝΑΛΛΑϗ
ΠΑΤΕΡΑΪΔΙΟΝΕΛΕΓΕΝ
ΤΟΝΘ̅Ν̅ΪϹΟΝΕΑΥΤΟΝΠΟΙ
ΩΝΤΩΘ̅Ω̅ΑΠΕΚΡΙΝΑΤΟ 5:19
ΟΥΝΚΑΙΕΛΕΓΕΝΑΥΤΟΙϹ
ΑΜΗΝΑΜΗΝΛΕΓΩΫΜΙ̅
ΟΥΔΥΝΑΤΑΙΟΥΙΟϹΠΟΙ
ΕΙΝΑΦΕΑΥΤΟΥΟΥΔΕΝ
ΑΝΜΗΤΙΒΛΕΠΗΤΟΝΠΑ
ΤΕΡΑΠΟΙΟΥΝΤΑΑΓΑΡΑ̅
ΕΚΕΙΝΟϹΠΟΙΗΤΑΥΤΑϗ
ΟΥΙΟϹΟΜΟΙΩϹΠΟΙΕΙ
ΟΓΑΡΠΑΤΗΡΦΙΛΕΙΤΟΝ 5:20
ΥΙΟΝΚΑΙΠΑΝΤΑΔΕΙΚΝΥ
ϹΙΝΑΥΤΩΑΑΥΤΟϹΠΟΙ
ΕΙΚΑΙΜΕΙΖΟΝΑΤΟΥΤΩ̅
ΔΕΙΞΕΙΑΥΤΩΕΡΓΑΪΝΑ
ΫΜΕΙϹΘΑΥΜΑΖΗΤΕΩϹ 5:21
ΠΕΡΓΑΡΟΠΑΤΗΡΕΓΕΙΡΕΙ
ΤΟΥϹΝΕΚΡΟΥϹΚΑΙΖΩΟ

ΠΟΙΕΙΟΥΤΩϹΚΑΙΟΥΙΟϹ
5:22 ΟΥϹΘΕΛΕΙΖΩΟΠΟΙΕΙΟΥ
ΔΕΓΑΡΟΠΑΤΗΡΚΡΙΝΕΙ
ΟΥΔΕΝΑΑΛΛΑΤΗΝΚΡΙ
ϹΙΝΠΑϹΑΝΔΕΔΩΚΕΝΤΩ
5:23 ΥΙΩΪΝΑΠΑΝΤΕϹΤΕΙΜΩ
ϹΙΤΟΝΥΙΟΝΚΑΘΩϹΤΕΙ
ΜΩϹΙΤΟΝΠΑΤΕΡΑΟΜΗ
ΤΕΙΜΩΝΤΟΝΥΙΟΝΟΥΤΕΙ
ΜΑΤΟΝΠΑΤΕΡΑΤΟΝΠΕΜ
5:24 ΨΑΝΤΑΑΥΤΟΝ ΑΜΗΝ
ΑΜΗΝΛΕΓΩΫΜΙΝΟΤΙΟ
ΤΟΝΛΟΓΟΝΜΟΥΑΚΟΥΩ̄
ΚΑΙΠΙϹΤΕΥΩΝΤΩΠΕΜ
ΨΑΝΤΙΜΕΕΧΕΙΖΩΗΝΑΙ
ΩΝΙΟΝΚΑΙΕΙϹΚΡΙϹΙΝ
ΟΥΚΕΡΧΕΤΑΙΑΛΛΑΜΕ
ΤΑΒΕΒΗΚΕΝΕΚΤΟΥΘΑ
ΝΑΤΟΥΕΙϹΤΗΝΖΩΗΝ
5:25 ΑΜΗΝΑΜΗΝΛΕΓΩΫΜΓ
ΟΤΙΕΡΧΕΤΑΙΩΡΑΚΑΙΝῩ
ΕϹΤΙΝΟΤΕΟΙΝΕΚΡΟΙ
ΑΚΟΥϹΟΥϹΙΝΤΗϹΦΩ
ΝΗϹΤΟΥΥΙΟΥΤΟΥΘ̄Ῡ
ΚΑΙΟΙΑΚΟΥϹΑΝΤΕϹΖΗ
5:26 ϹΟΥϹΙΝΩϹΠΕΡΓΑΡΟΠΑ
ΤΗΡΕΧΕΙΖΩΗΝΕΝΕΑΥ
ΤΩΟΥΤΩϹΚΑΙΤΩΥΙΩ
ΕΔΩΚΕΝΖΩΗΝΕΧΕΙΝ
5:27 ΕΝΕΑΥΤΩΚΑΙΕΞΟΥϹΙᾹ
ΕΔΩΚΕΝΑΥΤΩΚΡΙϹΙΝ
ΠΟΙΕΙΝΟΤΙΥΙΟϹΑΝΘΡΩ
5:28 ΠΟΥΕϹΤΙΝ ΜΗΘΑΥΜΑ
ΖΕΤΕΤΟΥΤΟΟΤΙΕΡΧΕ
ΤΑΙΩΡΑΕΝΗΠΑΝΤΕϹΟΙ
ΕΝΤΟΙϹΜΝΗΜΕΙΟΙϹΑ
ΚΟΥϹΟΥϹΙΝΤΗϹΦΩ
5:29 ΝΗϹΑΥΤΟΥΚΑΙΕΚΠΟΡΕΥ
ϹΟΝΤΑΙΟΙΤΑΑΓΑΘΑΠΟΙ
ΗϹΑΝΤΕϹΕΙϹΑΝΑϹΤΑ
ϹΙΝΖΩΗϹΟΙΤΑΦΑΥΛΑ
ΠΡΑΞΑΝΤΕϹΕΙϹΑΝΑϹΤΑ

ϹΙΝΚΡΙϹΕΩϹ ΟΥΔΥΝΑ 5:30
ΜΑΙΕΓΩΠΟΙΕΙΝΑΠΕΜΑΥ
ΤΟΥΟΥΔΕΝΚΑΘΩϹΑΚΟΥ
ΩΚΡΕΙΝΩΚΑΙΗΚΡΙϹΙϹ
ΗΕΜΗΔΙΚΑΙΑΕϹΤΙΝΟ
ΤΙΟΥΖΗΤΩΤΟΘΕΛΗΜΑ
ΤΟΕΜΟΝΑΛΛΑΤΟΘΕΛΗ
ΜΑΤΟΥΠΕΜΨΑΝΤΟϹ
ΜΕ ΕΑΝΕΓΩΜΑΡΤΥΡΩ 5:31
ΠΕΡΙΕΜΑΥΤΟΥΗΜΑΡ
ΤΥΡΙΑΜΟΥΟΥΚΕϹΤΙΝ
ΑΛΗΘΗϹ ΑΛΛΟϹΕϹΤΙΝ 5:32
ΟΜΑΡΤΥΡΩΝΠΕΡΙΕΜΟΥ
ΚΑΙΟΙΔΑΟΤΙΑΛΗΘΗϹ
ΕϹΤΙΝΗΜΑΡΤΥΡΙΑΗΝ
ΜΑΡΤΥΡΕΙΠΕΡΙΕΜΟΥ
ΫΜΕΙϹΑΠΕϹΤΑΛΚΑΤΕ 5:33
ΠΡΟϹΪΩΑΝΗΝΚΑΙΜΕ
ΜΑΡΤΥΡΗΚΕΤΗΑΛΗΘΕΙ
Α ΕΓΩΔΕΟΥΠΑΡΑΑΝΘΡΩ 5:34
ΠΟΥΤΗΝΜΑΡΤΥΡΙΑΝ
ΛΑΜΒΑΝΩΑΛΛΑΤΑΥΤΑ
ΛΕΓΩΪΝΑΫΜΕΙϹϹΩΘΗ
ΤΕ ΕΚΕΙΝΟϹΗΝΟΛΥΧΝΟϹ 5:35
ΟΚΑΙΟΜΕΝΟϹΚΑΙΦΑΙ
ΝΩΝΫΜΕΙϹΔΕΗΘΕΛΗ
ϹΑΤΕΑΓΑΛΛΙΑΘΗΝΑΙ
ΠΡΟϹΩΡΑΝΕΝΤΩΦΩ
ΤΙΑΥΤΟΥ ΕΓΩΔΕΕΧΩ 5:36
ΤΗΝΜΑΡΤΥΡΙΑΝΜΕΙΖΩ̄
ΤΟΥΪΩΑΝΟΥ ΤΑΓΑΡΕΡ
ΓΑΑΔΕΔΩΚΕΝΜΟΙΟΠΑ
ΤΗΡΪΝΑΤΕΛΕΙΩϹΩΑΥ
ΤΑΑΥΤΑΤΑΕΡΓΑΑΠΟΙΩ
ΜΑΡΤΥΡΕΙΠΕΡΙΕΜΟΥΟ
ΤΙΟΠΑΤΗΡΜΕΑΠΕϹΤΑΛ
ΚΕΝ ΚΑΙΟΠΕΜΨΑϹΜΕ 5:37
ΠΑΤΗΡΕΚΕΙΝΟϹΜΕΜΑΡ
ΤΥΡΗΚΕΝΠΕΡΙΕΜΟΥΟΥ
ΤΕΦΩΝΗΝΑΥΤΟΥΠΩ
ΠΟΤΕΑΚΗΚΟΑΤΕΟΥΤΕ
ΕΙΔΟϹΑΥΤΟΥΕΩΡΑΚΑΤΕ

5:38 ΚΑΙΤΟΝΛΟΓΟΝΑΥΤΟΥ
ΟΥΚΕΧΕΤΕΕΝΫΜΙΝΜΕ
ΝΟΝΤΑ·ΟΤΙΟΝΑΠΕϹΤΕΙ
ΛΕΝΕΚΕΙΝΟϹΤΟΥΤΩ
ΫΜΕΙϹΟΥΠΙϹΤΕΥΕΤΕ
5:39 ΕΡΑΥΝΑΤΕΤΑϹΓΡΑΦΑϹ
ΟΤΙΫΜΕΙϹΔΟΚΕΙΤΕΕΝ
ΑΥΤΑΙϹΖΩΗΝΑΙΩΝΙΟ̅
ΕΧΕΙΝΚΑΙΕΚΕΙΝΑΙΕΙϹΙ̅
ΑΙΜΑΡΤΥΡΟΥϹΑΙΠΕΡΙΕ
5:40 ΜΟΥΚΑΙΟΥΘΕΛΕΤΕΕΛ
ΘΕΙΝΠΡΟϹΜΕΪΝΑΖΩΗ̅
5:41 ΕΧΗΤΕ ΔΟΞΑΝΠΑΡΑΑΝ
ΘΡΩΠΩΝΟΥΛΑΜΒΑΝΩ
5:42 ΑΛΛΑΕΓΝΩΚΑΫΜΑϹΟΤΙ
ΤΗΝΑΓΑΠΗΝΤΟΥΘ̅Υ̅ΟΥ
5:43 ΚΕΧΕΤΕΕΝΕΑΥΤΟΙϹΕ
ΓΩΕΛΗΛΥΘΑΕΝΤΩΟΝΟ
ΜΑΤΙΤΟΥΠΑΤΡΟϹΜΟΥ
ΚΑΙΟΥΛΑΜΒΑΝΕΤΕΜΕ
ΕΑΝΑΛΛΟϹΕΛΘΗΕΝΤΩ
ΟΝΟΜΑΤΙΤΩΪΔΙΩΕΚΕΙ
5:44 ΝΟΝΛΗΜΨΕϹΘΕΠΩϹ
ΔΥΝΑϹΘΕΫΜΕΙϹΠΙϹΤΕΥ
ϹΑΙΔΟΞΑΝΠΑΡΑΑΛΛΗΛΩ̅
ΛΑΜΒΑΝΟΝΤΕϹΚΑΙΤΗ̅
ΔΟΞΑΝΤΗΝΠΑΡΑΤΟΥΜΟ
5:45 ΝΟΥΟΥΖΗΤΕΙΤΕΜΗΔΟ
ΚΕΙΤΕΟΤΙΕΓΩΚΑΤΗΓΟ
ΡΗϹΩΫΜΩΝΠΡΟϹΤΟΝ
ΠΑΤΕΡΑΕϹΤΙΝΟΚΑΤΗ
ΓΟΡΩΝΫΜΩΝΠΡΟϹΤΟ̅
ΠΑΤΕΡΑΜΩΫϹΗϹΕΙϹΟΝ
5:46 ΫΜΕΙϹΗΛΠΙΚΑΤΕΕΙΓΑΡ
ΕΠΙϹΤΕΥΕΤΕΜΩΫϹΕΙ
ΕΠΙϹΤΕΥΕΤΕΑΝΕΜΟΙ
ΠΕΡΙΓΑΡΕΜΟΥΕΚΕΙΝΟϹ
5:47 ΕΓΡΑΨΕΝΕΙΔΕΤΟΙϹΕΚΕΙ
ΝΟΥΓΡΑΜΜΑϹΙΝΟΥΠΙ
ϹΤΕΥΕΤΕΠΩϹΤΟΙϹΕΜΟΙϹ
ΡΗΜΑϹΙΝΠΙϹΤΕΥΕΤΕ
6:1 ιϛ ΜΕΤΑΤΑΥΤΑΑΠΗΛΘΕΝ

ΟῙϹ̄ΠΕΡΑΝΤΗϹΘΑΛΑϹϹΗϹ
ΤΗϹΓΑΛΕΙΛΑΙΑϹΤΗϹΤΙ
ΒΕΡΙΑΔΟϹΗΚΟΛΟΥΘΕΙΔΕ 6:2
ΑΥΤΩΟΧΛΟϹΠΟΛΥϹΟΤΙ
ΕΘΕΩΡΟΥΝΤΑϹΗΜΕΙΑΑ
ΕΠΟΙΕΙΕΠΙΤΩΝΑϹΘΕΝΟῩ
ΤΩΝ ΑΝΗΛΘΕΝΔΕΕΙϹ 6:3
ΤΟΟΡΟϹῙϹ̄ΚΑΙΕΚΕΙΕΚΑ
ΘΗΤΟΜΕΤΑΤΩΝΜΑΘΗ
ΤΩΝΑΥΤΟΥ ΗΝΔΕΕΓΓΥϹ 6:4
ΤΟΠΑϹΧΑΗΕΟΡΤΗΤΩΝ
ΪΟΥΔΑΙΩΝΕΠΑΡΑϹΟΥΝ 6:5
ΤΟΥϹΟΦΘΑΛΜΟΥϹΟῙϹ̄
ΚΑΙΘΕΑϹΑΜΕΝΟϹΟΤΙ
ΠΟΛΥϹΟΧΛΟϹΕΡΧΕΤΑΙ
ΠΡΟϹΑΥΤΟΝΛΕΓΕΙΠΡΟϹ
ΦΙΛΙΠΠΟΝΠΟΘΕΝΑΓΟ
ΡΑϹΩΜΕΝΑΡΤΟΥϹΪΝΑΦΑ
ΓΩϹΙΝΟΥΤΟΙ ΤΟΥΤΟΔΕ 6:6
ΕΛΕΓΕΝΠΕΙΡΑΖΩΝΑΥΤΟ̄
ΑΥΤΟϹΓΑΡΗΔΕΙΤΙΕΜΕΛ
ΛΕΝΠΟΙΕΙΝ ΑΠΕΚΡΙΘΗ 6:7
ΑΥΤΩΦΙΛΙΠΠΟϹΔΙΑΚΟ
ϹΙΩΝΔΗΝΑΡΙΩΝΑΡΤΟΙ
ΟΥΚΑΡΚΟΥϹΙΝΑΥΤΟΙϹΪ
ΝΑΕΚΑϹΤΟϹΒΡΑΧΥΛΑΒΗ
ΛΕΓΕΙΑΥΤΩΕΙϹΕΚΤΩΝ 6:8
ΜΑΘΗΤΩΝΑΥΤΟΥΑΝΔΡΕ
ΑϹΟΑΔΕΛΦΟϹϹΙΜΩΝΟϹ
ΠΕΤΡΟΥΕϹΤΙΝΠΑΙΔΑΡΙ 6:9
ΟΝΩΔΕΟϹΕΧΕΙΠΕΝΤΕΑΡ
ΤΟΥϹΚΡΙΘΙΝΟΥϹΚΑΙΔΥΟ
ΟΨΑΡΙΑΑΛΛΑΤΑΥΤΑΤΙΕ
ϹΤΙΝΕΙϹΤΟϹΟΥΤΟΥϹ
ΕΙΠΕΝΟῙϹ̄ΠΟΙΗϹΑΤΕΤΟΥϹ 6:10
ΑΝΘΡΩΠΟΥϹΑΝΑΠΕϹΕΙΝ
ΗΝΔΕΧΟΡΤΟϹΠΟΛΥϹΕΝ
ΤΩΤΟΠΩΑΝΕΠΕϹΑΝΟῩ
ΟΙΑΝΔΡΕϹΤΟΝΑΡΙΘΜΟΝ
ΟϹΠΕΝΤΑΚΙϹΧΕΙΛΙΟΙ
ΕΛΑΒΕΝΟΥΝΤΟΥϹΑΡΤΟΥϹ 6:11
ΟῙϹ̄ΚΑΙΕΥΧΑΡΙϹΤΗϹΑϹ

ΔΙΕΔΩΚΕΝΤΟΙΣΑΝΑΚΕΙ
ΜΕΝΟΙΣΟΜΟΙΩΣΚΑΙΕΚΤΩ̅
ΟΨΑΡΙΩΝΟΣΟΝΗΘΕΛΟΝ
6:12 ΩΣΔΕΕΝΕΠΛΗΣΘΗΣΑΝ
ΛΕΓΕΙΤΟΙΣΜΑΘΗΤΑΙΣΑΥ
ΤΟΥΣΥΝΑΓΑΓΕΤΕΤΑΠΕ
ΡΙΣΣΕΥΟΝΤΑΚΛΑΣΜΑΤΑ
6:13 ΪΝΑΜΗΤΙΑΠΟΛΗΤΑΙΣΥ̅
ΗΓΑΓΟΝΟΥΝΚΑΙΕΓΕΜΙ
ΣΑΝΔΩΔΕΚΑΚΟΦΙΝΟΥΣ
ΚΛΑΣΜΑΤΩΝΕΚΤΩΝΠΕ̅
ΤΕΑΡΤΩΝΤΩΝΚΡΕΙΘΙΝΩ̅
ΛΕΠΕΡΙΣΣΕΥΣΑΝΤΟΙΣΒΕ
6:14 ΒΡΩΚΟΣΙΝ ΟΙΟΥΝΑΝΘΡΩ
ΠΟΙΪΔΟΝΤΕΣΑΕΠΟΙΗΣΕ̅
ΣΗΜΕΙΑΕΛΕΓΟΝΟΤΙΟΥ
ΤΟΣΕΣΤΙΝΑΛΗΘΩΣΟΠΡΟ
ΦΗΤΗΣΟΕΡΧΟΜΕΝΟΣ
6:15 ΙΖ ΕΙΣΤΟΝΚΟΣΜΟΝ Ι̅Σ̅ΟΥ̅
ΓΝΟΥΣΟΤΙΜΕΛΛΟΥΣΙΝ
ΕΡΧΕΣΘΕΚΑΙΑΡΠΑΖΕΙΝ
ΑΥΤΟΝΪΝΑΠΟΙΗΣΩΣΙΒΑ
ΣΙΛΕΑΑΝΕΧΩΡΗΣΕΠΑ
ΛΙΝΕΙΣΤΟΟΡΟΣΑΥΤΟΣ
6:16 ΜΟΝΟΣ ΩΣΔΕΟΨΙΑΕ
ΓΕΝΕΤΟΚΑΤΕΒΗΣΑΝΟΙ
ΜΑΘΗΤΑΙΑΥΤΟΥΕΠΙΤΗ̅
6:17 ΘΑΛΑΣΣΑΝΚΑΙΕΜΒΑΝΤΕΣ
ΕΙΣΠΛΟΙΟΝΗΡΧΟΝΤΟ
ΠΕΡΑΝΤΗΣΘΑΛΑΣΣΗΣ
ΕΙΣΚΑΦΑΡΝΑΟΥΜΚΑΙ
ΣΚΟΤΙΑΗΔΗΕΓΕΓΟΝΕΙ
ΚΑΙΟΥΠΩΠΡΟΣΑΥΤΟΥΣ
6:18 ΕΛΗΛΥΘΕΙΟΙ̅Σ̅ΗΤΕΘΑΛΑΣ
ΣΑΑΝΕΜΟΥΜΕΓΑΛΟΥΠΝΕ
6:19 ΟΝΤΟΣΔΙΕΓΕΙΡΕΤΟΕΛΗ
ΛΑΚΟΤΕΣΟΥΝΩΣΣΤΑΔΙ
ΟΥΣΕΙΚΟΣΙΠΕΝΤΕΗΤΡΙ
ΑΚΟΝΤΑΘΕΩΡΟΥΣΙΤΟΝ
Ι̅Ν̅ΠΕΡΙΠΑΤΟΥΝΤΑΕΠΙ
ΤΗΣΘΑΛΑΣΣΗΣΚΑΙΕΓΓΥΣ
ΤΟΥΠΛΟΙΟΥΓΕΙΝΟΜΕΝΟ̅

ΚΑΙΕΦΟΒΗΘΗϹΑΝΟΔΕ 6:20
ΛΕΓΕΙΑΥΤΟΙϹΕΓΩΕΙΜΙ
ΜΗΦΟΒΕΙϹΘΕΗΘΕΛΟΝ 6:21
ΟΥΝΛΑΒΕΙΝΑΥΤΟΝΕΙϹ
ΤΟΠΛΟΙΟΝΚΑΙΕΥΘΕΩϹ
ΕΓΕΝΕΤΟΤΟΠΛΟΙΟΝΕΠΙ
ΤΗϹΓΗϹΕΙϹΗΝΫΠΗΓΟΝ
ΙΗ ΤΗΕΠΑΥΡΙΟΝΟΟΧΛΟϹ 6:22
ΟΕϹΤΗΚΩϹΠΕΡΑΝΤΗϹΘΑ
ΛΑϹϹΗϹΕΙΔΟΝΟΤΙΠΛΟΙ
ΑΡΙΟΝΑΛΛΟΟΥΚΗΝΕΚΕΙ
ΕΙΜΗΕΝΚΑΙΟΤΙΟΥϹΥΝ
ΕΙϹΗΛΘΕΝΤΟΙϹΜΑΘΗ
ΤΑΙϹΑΥΤΟΥΟΙϹΕΙϹΤΟ
ΠΛΟΙΟΝΑΛΛΑΜΟΝΟΙΟΙ
ΜΑΘΗΤΑΙΑΥΤΟΥΑΠΗΛΘΟ
ΑΛΛΑΗΛΘΕΝΠΛΟΙΑΕΚΤΗϹ 6:23
ΤΙΒΕΡΙΑΔΟϹΕΓΓΥϹΤΟΥ
ΤΟΠΟΥΟΠΟΥΕΦΑΓΟΝ
ΤΟΝΑΡΤΟΝΕΥΧΑΡΙϹΤΗ
ϹΑΝΤΟϹΤΟΥΚΥΟΤΕΟΥ 6:24
ΕΙΔΕΝΟΟΧΛΟϹΟΤΙΙϹΟΥ
ΚΕϹΤΙΝΕΚΕΙΟΥΔΕΟΙΜΑ
ΘΗΤΑΙΑΥΤΟΥΕΝΕΒΗϹΑ
ΑΥΤΟΙΕΙϹΤΑΠΛΟΙΑΡΙΑ
ΚΑΙΗΛΘΟΝΕΙϹΚΑΦΑΡΝΑ
ΟΥΜΖΗΤΟΥΝΤΕϹΤΟΝ
ΙΝΚΑΙΜΗΕΥΡΟΝΤΕϹΑΥ 6:25
ΤΟΝΠΕΡΑΝΤΗϹΘΑΛΑϹ
ϹΗϹΕΙΠΟΝΑΥΤΩΡΑΒΒΕΙ
ΠΟΤΕΩΔΕΓΕΓΟΝΑϹ Α 6:26
ΠΕΚΡΙΘΗΑΥΤΟΙϹΟΙϹΚΑΙ
ΕΙΠΕΝΑΜΗΝΑΜΗΝΛΕΓΩ
ΫΜΙΝΖΗΤΕΙΤΕΜΕΟΥΧΟ
ΤΙΕΪΔΕΤΕϹΗΜΕΙΑΑΛΛΟ
ΤΙΕΦΑΓΕΤΕΕΚΤΩΝΑΡΤΩ
ΚΑΙΕΧΟΡΤΑϹΘΗΤΕΕΡΓΑ 6:27
ΖΕϹΘΕΜΗΤΗΝΒΡΩϹΙΝ
ΤΗΝΑΠΟΛΛΥΜΕΝΗΝΑΛ
ΛΑΤΗΝΒΡΩϹΙΝΤΗΝΜΕ
ΝΟΥϹΑΝΕΙϹΖΩΗΝΑΙΩΝΙ
ΟΝΗΝΟΥΙΟϹΤΟΥΑΝΘΡΩ

ΠΟΥΫΜΙΝΔΩCΕΙΤΟΥΤΟΝ
ΓΑΡΟΠΑΤΗΡΕCΦΡΑΓΙCΕ̄
6:28 Ο Θ̄C̄ ΕΙΠΟΝΟΥΝΠΡΟCΑΥ
ΤΟΝΤΙΠΟΙΩΜΕΝΪΝΑΕΡ
ΓΑΖΩΜΕΘΑΤΑΕΡΓΑΤΟΥ
6:29 Θ̄Ῡ ΑΠΕΚΡΙΘΗΟῙC̄ΚΑΙΕΙ
ΠΕΝΑΥΤΟΙCΤΟΥΤΟΕCΤῙ
ΤΟΕΡΓΟΝΤΟΥΘ̄ῩΪΝΑΠΙ
CΤΕΥΗΤΕΕΙCΟΝΑΠΕCΤΕΙ
6:30 ΛΕΝΕΚΕΙΝΟC ΕΙΠΟΝΟῩ
ΑΥΤΩΤΙΟΥΝΠΟΙΕΙCCΥ
CΗΜΕΙΟΝΪΝΑΕΙΔΩΜΕΝ
ΚΑΙΠΙCΤΕΥCΩΜΕΝCΟΙ
6:31 ΤΙΕΡΓΑΖΗ ΟΙΠΑΤΕΡΕC
ΗΜΩΝΤΟΜΑΝΝΑΕΦΑΓΟ̄
ΕΝΤΗΕΡΗΜΩΚΑΘΩCΕ
CΤΙΝΓΕΓΡΑΜΜΕΝΟΝΑΡ
ΤΟΝΕΚΤΟΥΟΥΡΑΝΟΥΕ
ΔΩΚΕΝΑΥΤΟΙCΦΑΓΕῙ
6:32 ΕΙΠΕΝΟΥΝΑΥΤΟΙCΟῙC̄
ΑΜΗΝΑΜΗΝΛΕΓΩΫΜΙΝ
ΟΥΜΩΫCΗCΕΔΩΚΕΝΫ
ΜΙΝΤΟΝΑΡΤΟΝΕΚΤΟΥ
ΟΥΡΑΝΟΥΑΛΛΟΠΑΤΗΡ
ΜΟΥΔΙΔΩCΙΝΫΜΙΝΤΟ̄
ΑΡΤΟΝΕΚΤΟΥΟΥΡΑΝΟΥ
6:33 ΤΟΝΑΛΗΘΙΝΟΝΟΓΑΡΑΡ
ΤΟCΤΟΥΘ̄ῩΕCΤΙΝΟΚΑ
ΤΑΒΑΙΝΩΝΕΚΤΟΥΟΥΡΑ
ΝΟΥΚΑΙΖΩΗΝΔΙΔΟΥC
6:34 ΤΩΚΟCΜΩ ΕΙΠΟΝΟΥΝ
ΠΡΟCΑΥΤΟΝΚ̄Ε̄ΠΑΝΤΟ
ΤΕΔΟCΗΜΙΝΤΟΝΑΡΤΟ̄
6:35 ΤΟΥΤΟΝ ΕΙΠΕΝΑΥΤΟΙC
ΟῙC̄ΕΓΩΕΙΜΙΟΑΡΤΟCΤΗC
ΖΩΗCΟΕΡΧΟΜΕΝΟCΠΡΟC
ΕΜΕΟΥΜΗΠΕΙΝΑCΗΚΑΙ
ΟΠΙCΤΕΥΩΝΕΙCΕΜΕΟΥ
ΜΗΔΙΨΗCΕΙ ΠΩΠΟΤΕ
6:36 ΑΛΛΕΙΠΟΝΫΜΙΝΟΤΙΚΑΙ
ΕΩΡΑΚΑΤΕΜΕΚΑΙΟΥΠΙ
6:37 CΤΕΥΕΤΕ ΠΑΝΟΔΙΔΩ

ϹΙΝΜΟΙΟΠΑΤΗΡΠΡΟϹΕ
ΜΕΗΞΕΙΚΑΙΤΟΝΕΡΧΟ
ΜΕΝΟΝΠΡΟϹΜΕΟΥΜΗ
ΕΚΒΑΛΩΕΞΩΟΤΙΚΑΤΑ 6:38
ΒΕΒΗΚΑΑΠΟΤΟΥΟΥΡΑ
ΝΟΥΟΥΧΙΝΑΠΟΙΩΤΟΘΕ
ΛΗΜΑΤΟΕΜΟΝΑΛΛΑΤΟ
ΘΕΛΗΜΑΤΟΥΠΕΜΨΑΝ
ΤΟϹΜΕΤΟΥΤΟΔΕΕϹΤΙΝ 6:39
ΤΟΘΕΛΗΜΑΤΟΥΠΕΜΨΑ̅
ΤΟϹΜΕΪΝΑΠΑΝΟΔΕΔΩ
ΚΕΝΜΟΙΜΗΑΠΟΛΕϹΩΕ
ΞΑΥΤΟΥΑΛΛΑΑΝΑϹΤΗ
ϹΩΑΥΤΟΤΗΕϹΧΑΤΗ
ΗΜΕΡΑΤΟΥΤΟΓΑΡΕϹΤΙ̅ 6:40
ΤΟΘΕΛΗΜΑΤΟΥΠΑΤΡΟϹ
ΜΟΥΪΝΑΠΑϹΟΘΕΩΡΩΝ
ΤΟΝΫΙΟΝΚΑΙΠΙϹΤΕΥΩ̅
ΕΙϹΑΥΤΟΝΕΧΗΖΩΗΝ
ΑΙΩΝΙΟΝΚΑΙΑΝΑϹΤΗ
ϹΩΑΥΤΟΝΕΓΩΤΗΕϹΧΑ
ιθ ΤΗΗΜΕΡΑ ΕΓΟΓΓΥΖΟ̅ 6:41
ΟΥΝΟΙΪΟΥΔΑΙΟΙΠΕΡΙΑΥ
ΤΟΥΟΤΙΕΙΠΕΝΕΓΩΕΙΜΙ
ΟΑΡΤΟϹΟΚΑΤΑΒΑϹΕΚΤΟΥ
ΟΥΡΑΝΟΥΚΑΙΕΛΕΓΟΝ 6:42
ΟΥΧΙΟΥΤΟϹΕϹΤΙΝΙ̅Ϲ̅Ο
ΫΙΟϹΪΩϹΗΦΟΥΗΜΕΙϹ
ΟΙΔΑΜΕΝΤΟΝΠΑΤΕΡΑ
ΚΑΙΤΗΝΜΗΤΕΡΑΠΩϹΝΥ̅
ΛΕΓΕΙΟΤΙΕΚΤΟΥΟΥΡΑ
ΝΟΥΚΑΤΑΒΕΒΗΚΑ ΑΠΕ 6:43
ΚΡΙΘΗΙ̅Ϲ̅ΚΑΙΕΙΠΕΝΑΥΤΟΙϹ
ΜΗΓΟΓΓΥΖΕΤΕΜΕΤΑΛ
ΛΗΛΩΝΟΥΔΕΙϹΔΥΝΑΤΑΙ 6:44
ΕΛΘΕΙΝΠΡΟϹΜΕΕΑΝΜΗ
ΟΠΑΤΗΡΟΠΕΜΨΑϹΜΕ
ΕΛΚΥϹΗΑΥΤΟΝΚΑΓΩ
ΑΝΑϹΤΗϹΩΑΥΤΟΝΕΝ
ΤΗΕϹΧΑΤΗΗΜΕΡΑΕϹΤΙ̅ 6:45
ΓΕΓΡΑΜΜΕΝΟΝΕΝΤΟΙϹ
ΠΡΟΦΗΤΑΙϹΚΑΙΕϹΟΝ

ΤΑΙΠΑΝΤΕϹΔΙΔΑΚΤΟΙ
Θ̄Ῡ ΠΑϹΟΑΚΟΥϹΑϹΠΑΡΑ
ΤΟΥΠΑΤΡΟϹΚΑΙΜΑΘΩ̄
6:46 ΕΡΧΕΤΑΙΠΡΟϹΕΜΕΟΥ
ΧΟΤΙΤΟΝΠΑΤΕΡΑΕΟΡΑ
ΚΕΤΙϹΕΙΜΗΟΩΝΠΑΡΑ
Θ̄Ῡ ΟΥΤΟϹΕΟΡΑΚΕΝΤΟ̄
6:47 ΠΑΤΕΡΑ ΑΜΗΝΑΜΗΝ
ΛΕΓΩΥΜΙΝΟΠΙϹΤΕΥΩ̄
ΕΧΕΙΖΩΗΝΑΙΩΝΙΟΝ
6:48 ΕΓΩΕΙΜΙΟΑΡΤΟϹΤΗϹ
6:49 ΖΩΗϹΟΙΠΑΤΕΡΕϹΫΜΩ̄
ΕΦΑΓΟΝΕΝΤΗΕΡΗΜΩ
ΤΟΜΑΝΝΑΚΑΙΑΠΕΘΑΝΟ̄
6:50 ΟΥΤΟϹΕϹΤΙΝΟΑΡΤΟϹ
ΟΕΚΤΟΥΟΥΡΑΝΟΥΚΑ
ΤΑΒΑΙΝΩΝΪΝΑΤΙϹΕΞΑΥ
ΤΟΥΦΑΓΗΚΑΙΜΗΑΠΟ
6:51 ΘΝΗϹΚΗ ΕΓΩΕΙΜΙΟ
ΑΡΤΟϹΟΖΩΝΟΕΚΤΟΥ
ΟΥΡΑΝΟΥΚΑΤΑΒΑϹΕᾹ
ΤΙϹΦΑΓΗΕΚΤΟΥΤΟΥ
ΤΟΥΑΡΤΟΥΖΗϹΕΤΑΙΕΙϹ
ΤΟΝΑΙΩΝΑΚΑΙΟΑΡΤΟϹ
ΔΕΟΝΕΓΩΔΩϹΩΗϹΑΡΞ
ΜΟΥΕϹΤΙΝΫΠΕΡΤΗϹ
ΤΟΥΚΟϹΜΟΥΖΩΗϹ
6:52 Κ̄ ΕΜΑΧΟΝΤΟΟΥΝΠΡΟϹ
ΑΛΛΗΛΟΥϹΟΙΪΟΥΔΑΙΟΙ
ΛΕΓΟΝΤΕϹΠΩϹΔΥΝΑΤΑΙ
ΟΥΤΟϹΗΜΙΝΔΟΥΝΑΙΤΗ̄
ϹΑΡΚΑΑΥΤΟΥΦΑΓΕΙΝ
6:53 ΕΙΠΕΝΟΥΝΑΥΤΟΙϹῙϹ̄
ΑΜΗΝΑΜΗΝΛΕΓΩΫΜῙ
ΕΑΝΜΗΦΑΓΗΤΑΙ(Ε)ΤΗΝ
ϹΑΡΚΑΤΟΥΫΙΟΥΤΟΥᾹ
ΘΡΩΠΟΥΚΑΙΠΙΗΤΕΑΥ
ΤΟΥΤΟΑΙΜΑΟΥΚΕΧΕ
ΤΕΖΩΗΝΕΝΕΑΥΤΟΙϹ
6:54 ΟΤΡΩΓΩΝΜΟΥΤΗΝϹΑΡ
ΚΑΚΑΙΠΕΙΝΩΝΜΟΥΤΟ
ΑΙΜΑΕΧΕΙΖΩΗΝΑΙΩΝΙ

ΟΝΚΑΓΩΑΝΑϹΤΗϹΩΑΥ
ΤΟΝΤΗΕϹΧΑΤΗΗΜΕΡΑ
ΗΓΑΡϹΑΡΞΜΟΥΑΛΗΘΗϹ 6:55
ΕϹΤΙΝΒΡΩϹΙϹΚΑΙΤΟΑΙ
ΜΑΜΟΥΑΛΗΘΗϹΕϹΤΙΝ
ΠΟϹΙϹΟΤΡΩΓΩΝΜΟΥ 6:56
ΤΗΝϹΑΡΚΑΚΑΙΠΕΙΝΩΝ
ΜΟΥΤΟΑΙΜΑΕΝΕΜΟΙΜΕ
ΝΕΙΚΑΓΩΕΝΑΥΤΩΚΑ 6:57
ΘΩϹΑΠΕϹΤΕΙΛΕΝΜΕ
ΟΖΩΝΠΑΤΗΡΚΑΓΩΖΩ
ΔΙΑΤΟΝΠΑΤΕΡΑΚΑΙΟ
ΤΡΩΓΩΝΜΕΚΑΚΕΙΝΟϹ
ΖΗϹΕΙΔΙΕΜΕΟΥΤΟϹΕϹΤΙ 6:58
ΟΑΡΤΟϹΟΕΞΟΥΡΑΝΟΥ
ΚΑΤΑΒΑϹΟΥΚΑΘΩϹΕ
ΦΑΓΟΝΟΙΠΑΤΕΡΕϹΚΑΙ
ΑΠΕΘΑΝΟΝΟΤΡΩΓΩΝ
ΤΟΥΤΟΝΤΟΝΑΡΤΟΝΖΗ
ϹΕΙΕΙϹΤΟΝΑΙΩΝΑ ΤΑΥ 6:59
ΤΑΕΙΠΕΝΕΝϹΥΝΑΓΩΓΗ
ΔΙΔΑϹΚΩΝΕΝΚΑΦΑΡ
ΝΑΟΥΜ ΠΟΛΛΟΙΟΥΝΑ 6:60
ΚΟΥϹΑΝΤΕϹΕΚΤΩΝΜΑ
ΘΗΤΩΝΑΥΤΟΥΕΙΠΟΝ
ϹΚΛΗΡΟϹΕϹΤΙΝΟΛΟΓΟϹ
ΟΥΤΟϹΤΙϹΔΥΝΑΤΑΙΑΥ
ΤΟΥΑΚΟΥΕΙΝ ΕΙΔΩϹΔΕ 6:61
ΟΙ̅Ϲ̅ΕΝΕΑΥΤΩΟΤΙΓΟΓΓΥ
ΖΟΥϹΙΝΠΕΡΙΤΟΥΤΟΥ
ΟΙΜΑΘΗΤΑΙΑΥΤΟΥΕΙΠΕ
ΑΥΤΟΙϹΤΟΥΤΟΫΜΑϹϹΚΑΝ
ΔΑΛΙΖΕΙΕΑΝΟΥΝΘΕΩ 6:62
ΡΗΤΕΤΟΝΥΙΟΝΤΟΥΑΝ
ΘΡΩΠΟΥΑΝΑΒΑΙΝΟΝΤΑ
ΟΠΟΥΗΝΤΟΠΡΟΤΕΡΟΝ
ΤΟΠΝΕΥΜΑΕϹΤΙΝΤΟΖΩ 6:63
ΟΠΟΙΟΥΝΗϹΑΡΞΟΥΚΩ
ΦΕΛΕΙΟΥΔΕΝΤΑΡΗΜΑ
ΤΑΑΕΓΩΛΕΛΑΛΗΚΑΫΜΙΝ
ΠΝΕΥΜΑΕϹΤΙΝΚΑΙΖΩΗ
ΕϹΤΙΝΑΛΛΕΙϹΙΝΕΞΥΜΩΝ 6:64

ΤΙΝΕϹΟΙΟΥΠΙϹΤΕΥΟΥϹΙΝ
ΗΔΕΙΓΑΡΕΞΑΡΧΗϹΟΙ̅Ϲ̅ΤΙ
ΝΕϹΕΙϹΙΝΟΙΜΗΠΙϹΤΕΥ
ΟΝΤΕϹΚΑΙΤΙϹΕϹΤΙΝΟ
6:65 ΠΑΡΑΔΩϹΩΝΑΥΤΟΝ ΚΑΙ
ΕΛΕΓΕΝΔΙΑΤΟΥΤΟΕΙΡΗ
ΚΑΫΜΙΝΟΤΙΟΥΔΕΙϹΔΥ
ΝΑΤΑΙΕΛΘΕΙΝΠΡΟϹΜΕ
ΕΑΝΜΗΗΔΕΔΟΜΕΝΟΝ
ΑΥΤΩΕΚΤΟΥΠΑΤΡΟϹ
6:66 ΕΚΤΟΥΤΟΥΠΟΛΛΟΙΕΚΤΩΝ
ΜΑΘΗΤΩΝΑΥΤΟΥΑΠΗΛ
ΘΟΝΕΙϹΤΑΟΠΙϹΩΚΑΙΟΥ
ΚΕΤΙΜΕΤΑΥΤΟΥΠΕΡΙΕ
6:67 ΠΑΤΟΥΝ ΕΙΠΕΝΟΥΝΟΙ̅Ϲ̅
ΤΟΙϹΔΩΔΕΚΑΜΗΚΑΙΫΜΕΙϹ
6:68 ΘΕΛΕΤΕΫΠΑΓΕΙΝ ΑΠΕ
ΚΡΙΘΗΑΥΤΩϹΙΜΩΝΠΕΤΡΟϹ
Κ̅Ε̅ΠΡΟϹΤΙΝΑΑΠΕΛΕΥϹΟ
ΜΕ ΘΑΡΗΜΑΤΑΖΩΗϹΑΙ
6:69 ΩΝΙΟΥΕΧΕΙϹΚΑΙΗΜΕΙϹ
ΠΕΠΙϹΤΕΥΚΑΜΕΝΚΑΙΕ
ΓΝΩΚΑΜΕΝΟΤΙϹΥΕΙΟΑ
6:70 ΓΙΟϹΤΟΥΘ̅Υ̅ΑΠΕΚΡΙΘΗ
ΑΥΤΟΙϹΟΙ̅Ϲ̅ΟΥΚΕΓΩΥΜΑϹ
ΤΟΥϹΔΩΔΕΚΑΕΞΕΛΕΞΑΜΗΝ
ΚΑΙΕΞΥΜΩΝΕΙϹΔΙΑΒΟ
6:71 ΛΟϹΕϹΤΙΝΕΛΕΓΕΝΔΕΤΟΝ
ΪΟΥΔΑΝϹΙΜΩΝΟϹΪϹΚΑ
ΡΙΩΤΟΥΟΥΤΟϹΓΑΡΕΜΕΛ
ΛΕΝΠΑΡΑΔΙΔΟΝΑΙΑΥΤΟΝ
ΕΙϹΕΚΤΩΝΔΩΔΕΚΑ
7:1 ΚΑ ΚΑΙΜΕΤΑΤΑΥΤΑΠΕΡΙΕ
ΠΑΤΕΙΙ̅Ϲ̅ΕΝΤΗΓΑΛΕΙΛΑΙ
ΑΟΥΓΑΡΗΘΕΛΕΝΕΝΤΗ
ΪΟΥΔΑΙΑΠΕΡΙΠΑΤΕΙΝΟ
ΤΙΕΖΗΤΟΥΝΑΥΤΟΝΟΙ
ΪΟΥΔΑΙΟΙΑΠΟΚΤΕΙΝΑΙ
7:2 ΗΝΔΕΕΓΓΥϹΗΕΟΡΤΗΤΩΝ
ΪΟΥΔΑΙΩΝΗϹΚΗΝΟΠΗ
7:3 ΓΙΑΕΙΠΟΝΟΥΝΠΡΟϹ
ΑΥΤΟΝΟΙΑΔΕΛΦΟΙΑΥΤΟΥ

ΜΕΤΑΒΗΘΙΕΝΤΕΥΘΕΝϏ
ΫΠΑΓΕΕΙΣΤΗΝΪΟΥΔΑΙΑ̅
ΪΝΑΚΑΙΟΙΜΑΘΗΤΑΙΣΟΥ
ω
ΘΕΩΡΗΣΟΥΣΙΝΣΟΥΤΑΕΡ
ΓΑΑΠΟΙΕΙΣΟΥΔΕΙΣΓΑΡΤΙ 7:4
ΕΝΚΡΥΠΤΩΠΟΙΕΙΚΑΙΖΗ
ΤΕΙΑΥΤΟΕΝΠΑΡΡΗΣΙΑΕΙ
ΝΑΙΕΙΤΑΥΤΑΠΟΙΕΙΣΦΑ
ΝΕΡΩΣΟΝΣΕΑΥΤΟΝΤΩ
ΚΟΣΜΩΟΥΔΕΓΑΡΟΙΑΔΕΛ 7:5
ΦΟΙΑΥΤΟΥΕΠΙΣΤΕΥΟΝ
ΕΙΣΑΥΤΟΝ ΛΕΓΕΙΟΥΝ 7:6
ΑΥΤΟΙΣΟΙ̅Σ̅ΟΚΑΙΡΟΣΟΕ
ΜΟΣΟΥΠΩΠΑΡΕΣΤΙΝ
ΟΔΕΚΑΙΡΟΣΟΫΜΕΤΕΡΟΣ
ΠΑΝΤΟΤΕΠΑΡΕΣΤΙΝΕ
ΤΟΙΜΟΣΟΥΔΥΝΑΤΑΙΟΚΟΣ 7:7
ε
ΜΟΣΜΕΙΣΙΝΫΜΑΣΕΜΕΔΕ
ΜΕΙΣΕΙΟΤΙΕΓΩΜΑΡΤΥΡΩ
ΠΕΡΙΑΥΤΟΥΟΤΙΤΑ ΕΡΓΑ
ΑΥΤΟΥΠΟΝΗΡΑΕΣΤΙΝ
ΫΜΕΙΣΑΝΑΒΗΤΕΕΙΣΤΗΝ 7:8
ΕΟΡΤΗΝΕΓΩΟΥΠΩΑΝΑ
ΒΑΙΝΩΕΙΣΤΗΝΕΟΡΤΗΝ
ΤΑΥΤΗΝΟΤΙΟΕΜΟΣΚΑΙ
ΡΟΣΟΥΠΩΠΕΠΛΗΡΩΤΑΙ
ΤΑΥΤΑΔΕΕΙΠΩΝΑΥΤΟΙΣ 7:9
ΕΜΕΙΝΕΝΕΝΤΗΓΑΛΕΙΛΑΙ
Κ̅Β̅ Α ΩΣΔΕΑΝΕΒΗΣΑΝΟΙΑ 7:10
ΔΕΛΦΟΙΑΥΤΟΥΕΙΣΤΗΝ
ΕΟΡΤΗΝΤΟΤΕΚΑΙΑΥΤΟΣ
ΑΝΕΒΗΟΥΦΑΝΕΡΩΣΑΛ
ΛΑΩΣΕΝΚΡΥΠΤΩ ΟΙΟΥΝ 7:11
ΪΟΥΔΑΙΟΙΕΖΗΤΟΥΝΑΥΤΟ
ΕΝΤΗΕΟΡΤΗΚΑΙΕΛΕΓΟΝ
ΠΟΥΕΣΤΙΝΕΚΕΙΝΟΣΚΑΙ 7:12
ΓΟΓΓΥΣΜΟΣΠΕΡΙΑΥΤΟΥ
ΗΝΠΟΛΥΣΕΝΤΟΙΣΟΧΛΟΙΣ
ΟΙΜΕΝΕΛΕΓΟΝΟΤΙΑΓΑΘΟΣ
ΕΣΤΙΝΑΛΛΟΙΔΕΕΛΕΓΟΝ
ΟΥΑΛΛΑΠΛΑΝΑΤΟΝΟ
ΧΛΟΝΟΥΔΕΙΣΜΕΝΤΟΙΠΑΡ 7:13

ΡΗϹΙΑΕΛΑΛΕΙΠΕΡΙΑΥΤΟΥ
ΔΙΑΤΟΝΦΟΒΟΝΤΩΝΪ
7:14 ΚΓ ΟΥΔΑΙΩΝ ΗΔΗΔΕΤΗϹ
ΕΟΡΤΗϹΜΕϹΟΥϹΗϹΑΝΕ
ΒΗΙ̅Ϲ̅ΕΙϹΤΟΪΕΡΟΝΚΑΙΕ
7:15 ΔΙΔΑϹΚΕΝΕΘΑΥΜΑΖΟΝ
ΟΥΝΟΙΪΟΥΔΑΙΟΙΛΕΓΟΝ
ΤΕϹΠΩϹΟΥΤΟϹΓΡΑΜΜΑ
ΤΑΟΙΔΕΝΜΗΜΕΜΑΘΗΚΩϹ
7:16 ΑΠΕΚΡΙΘΗΟΥΝΑΥΤΟΙϹ
Ι̅Ϲ̅ΚΑΙΕΙΠΕΝΗΕΜΗΔΙΔΑ
ΧΗΟΥΚΕϹΤΙΝΕΜΗΑΛΛΑ
7:17 ΤΟΥΠΕΜΨΑΝΤΟϹΜΕΕ
ΑΝΤΙϹΘΕΛΗΤΟΘΕΛΗΜΑ
ΑΥΤΟΥΠΟΙΕΙΝΓΝΩϹΕ
ΤΑΙΠΕΡΙΤΗϹΔΙΔΑΧΗϹ
ΠΟΤΕΡΟΝΕΚΤΟΥΘ̅Υ̅ΕϹΤΙ̅
ΗΕΓΩΑΠΕΜΑΥΤΟΥΛΑΛΩ
7:18 ΟΑΦΕΑΥΤΟΥΛΑΛΩΝΤΗ̅
ΔΟΞΑΝΤΗΝΪΔΙΑΝΖΗΤΕΙ
ΟΔΕΖΗΤΩΝΤΗΝΔΟΞΑΝ
ΤΟΥΠΕΜΨΑΝΤΟϹΑΥΤΟ̅
ΟΥΤΟϹΑΛΗΘΗϹΕϹΤΙΝ
ΚΑΙΑΔΙΚΙΑΕΝΑΥΤΩΟΥΚΕ
7:19 ϹΤΙΝ ΟΥΜΩΫϹΗϹΕΔΩ
ΚΕΝΫΜΙΝΤΟΝΝΟΜΟΝ
ΚΑΙΟΥΔΕΙϹΕΞΥΜΩΝΠΟΙ
ΕΙΤΟΝΝΟΜΟΝΤΙΜΕΖΗ
7:20 ΤΕΙΤΕΑΠΟΚΤΕΙΝΑΙΑΠΕ
ΚΡΙΘΗΟΟΧΛΟϹΔΑΙΜΟΝΙΟ̅
ΕΧΕΙϹΤΙϹϹΕΖΗΤΕΙΑΠΟ
7:21 ΚΤΕΙΝΑΙ ΑΠΕΚΡΙΘΗΙ̅Ϲ̅
ΚΑΙΕΙΠΕΝΑΥΤΟΙϹΕΝΕΡ
ΓΟΝΕΠΟΙΗϹΑΚΑΙΠΑΝΤΕϹ
7:22 ΘΑΥΜΑΖΕΤΕΔΙΑΤΟΥΤΟ
ΜΩΫϹΗϹΔΕΔΩΚΕΝΫΜΙ̅
ΤΗΝΠΕΡΙΤΟΜΗΝΟΥΚΟ
ΤΙΕΚΤΟΥΜΩΫϹΕΩϹΕϹΤΙ̅
ΑΛΛΕΚΤΩΝΠΑΤΕΡΩΝ
ΚΑΙϹΑΒΒΑΤΩΠΕΡΙΤΕΜΝΕ
7:23 ΤΕΑΝΘΡΩΠΟΝΕΙΠΕΡΙΤΟ
ΜΗΝΛΑΜΒΑΝΕΙΟΑΝΘΡΩ

ΠΟϹΕΝϹΑΒΒΑΤΩΪΝΑΜΗ
ΛΥΘΗΟΝΟΜΟϹΜΩΫϹΕΩϹ
ΕΜΟΙΧΟΛΑΤΑΙΟΤΙΟΛΟΝ
ΑΝΘΡΩΠΟΝΫΓΙΗΕΠΟΙΗ
ϹΑΕΝϹΑΒΒΑΤΩΜΗΚΡΕΙ 7:24
ΝΕΤΕΚΑΤΟΨΙΝΑΛΛΑΤΗΝ
ΔΙΚΑΙΑΝΚΡΙϹΙΝΚΡΙΝΕΤΕ
ΕΛΕΓΟΝΟΥΝΤΙΝΕϹΕΚΤΩΝ 7:25
ΪΕΡΟϹΟΛΥΜΕΙΤΩΝΟΥΧΟΥ
ΤΟϹΕϹΤΙΝΟΝΖΗΤΟΥϹΙ̅
ΑΠΟΚΤΕΙΝΑΙΚΑΙΪΔΕΠΑΡ 7:26
ΡΗϹΙΑΛΑΛΕΙΚΑΙΟΥΔΕΝ
ΑΥΤΩΛΕΓΟΥϹΙΝΜΗΠΟ
ΤΕΑΛΗΘΩϹΕΓΝΩϹΑΝΟΙ
ΑΡΧΟΝΤΕϹΟΤΙΟΥΤΟϹ
ΕϹΤΙΝΟΧ̅Ϲ̅ΑΛΛΑΤΟΥΤΟ̅ 7:27
ΟΙΔΑΜΕΝΠΟΘΕΝΕϹΤΙΝ
ΟΔΕΧ̅Ϲ̅ΟΤΑΝΕΡΧΗΤΑΙ
ΟΥΔΕΙϹΓΕΙΝΩϹΚΕΙΠΟ
ΘΕΝΕϹΤΙΝ ΕΚΡΑΞΕΝΟΥ̅ 7:28
ΕΝΤΩΪΕΡΩΔΙΔΑϹΚΩΝ
ΟΙ̅Ϲ̅ΚΑΙΛΕΓΩΝΚΑΜΕΟΙ
ΔΑΤΕΚΑΙΟΙΔΑΤΕΠΟΘΕΝ
ΕΙΜΙΚΑΙΑΠΕΜΑΥΤΟΥΟΥ
ΚΕΛΗΛΥΘΑΑΛΛΕϹΤΙΝΑ
ΛΗΘΙΝΟϹΟΠΕΜΨΑϹΜΕ
ΟΝΫΜΕΙϹΟΥΚΟΙΔΑΤΕΕΓΩ 7:29
ΟΙΔΑΑΥΤΟΝΟΤΙΠΑΡΑΥΤΟΥ
ΕΙΜΙΚΑΚΕΙΝΟϹΜΕΑΠΕ
ϹΤΕΙΛΕΝ ΕΖΗΤΟΥΝΟΥ̅ 7:30
ΑΥΤΟΝΠΙΑϹΑΙΚΑΙΟΥΔΕΙϹ
ΕΠΕΒΑΛΕΝΕΠΑΥΤΟΝΤΗ̅
ΧΕΙΡΑΟΤΙΟΥΠΩΕΛΗΛΥ
ΘΕΙΗΩΡΑΑΥΤΟΥ ΕΚΤΟΥ 7:31
ΚΔ ΟΧΛΟΥΔΕΠΟΛΛΟΙΕΠΙϹΤΕΥ
ϹΑΝΕΙϹΑΥΤΟΝΚΑΙΕΛΕ
ΓΟΝΟΧ̅Ϲ̅ΟΤΑΝΕΛΘΗΜΗ
ΠΛΕΙΟΝΑϹΗΜΕΙΑΠΟΙΗ
ϹΕΙΩΝΟΥΤΟϹΕΠΟΙΗϹΕ̅
ΗΚΟΥϹΑΝΟΙΦΑΡΕΙϹΑΙΟΙ 7:32
ΤΟΥΟΧΛΟΥΓΟΓΓΥΖΟΝ
ΤΟϹΠΕΡΙΑΥΤΟΥΤΑΥΤΑ

ΚΑΙΑΠΕΣΤΕΙΛΑΝΟΙΑΡΧΙ
ΕΡΕΙΣΚΑΙΟΙΦΑΡΕΙΣΑΙΟΙ
ΫΠΗΡΕΤΑΣΪΝΑΠΙΑΣΩΣΙ
7:33 ΑΥΤΟΝ ΕΙΠΕΝΟΥΝΟΙΣ
ΕΤΙΧΡΟΝΟΝΜΕΙΚΡΟΝΜΕ
ΘΥΜΩΝΕΙΜΙΚΑΙΫΠΑΓΩ
ΠΡΟΣΤΟΝΠΕΜΨΑΝΤΑΜΕ
7:34 ΖΗΤΗΣΕΤΕΜΕΚΑΙΟΥΧΕΥ
ΡΗΣΕΤΕΜΕΚΑΙΟΠΟΥΕΙ
ΜΙΕΓΩΫΜΕΙΣΟΥΔΥΝΑ
7:35 ΣΘΕΕΛΘΕΙΝΕΚΕΙ ΕΙΠΟΝ
ΟΥΝΟΙΪΟΥΔΑΙΟΙΠΡΟΣΕ
ΑΥΤΟΥΣΠΟΥΟΥΤΟΣΜΕΛ
ΛΕΙΠΟΡΕΥΕΣΘΑΙΟΤΙΗΜΕΙΣ
ΟΥΧΕΥΡΗΣΟΜΕΝΑΥΤΟΝ
ΜΗΕΙΣΤΗΝΔΙΑΣΠΟΡΑΝ
ΤΩΝΕΛΛΗΝΩΝΜΕΛΛΕΙ
ΠΟΡΕΥΕΣ ΑΙΚΑΙΔΙΔΑΣΚΕΙΝ
7:36 ΤΟΥΣΕΛΛΗΝΑΣΤΙΣΕΣΤΙΝ
ΟΛΟΓΟΣΟΥΤΟΣΟΝΕΙΠΕ
ΖΗΤΗΣΕΤΕΜΕΚΑΙΟΥΧΕΥ
ΡΗΣΕΤΕΜΕΚΑΙΟΠΟΥΕΙΜΙ
ΕΓΩΫΜΕΙΣΟΥΔΥΝΑΣΘΕ
7:37 ΚΕ ΕΛΘΕΙΝ ΕΝΔΕΤΗΕ
ΣΧΑΤΗΗΜΕΡΑΤΗΜΕΓΑ
ΛΗΤΗΣΕΟΡΤΗΣΕΪΣΤΗΚΕΙ
ΟΙΣ ΚΑΙΕΚΡΑΞΕΛΕΓΩΝ
ΕΑΝΤΙΣΔΙΨΑΕΡΧΕΣΘΩ
ΠΡΟΣΕΜΕΚΑΙΠΕΙΝΕΤΩ
7:38 ΟΠΙΣΤΕΥΩΝΕΙΣΕΜΕΚΑΘΩΣ
> ΕΙΠΕΝΗΓΡΑΦΗΠΟΤΑ
> ΜΟΙΕΚΤΗΣΚΟΙΛΙΑΣΑΥΤΟΥ
> ΡΕΥΣΟΥΣΙΝΫΔΑΤΟΣΖΩΝ
7:39 > ΤΟΣ ΤΟΥΤΟΔΕΕΙΠΕΝ
ΠΕΡΙΤΟΥΠΝΕΥΜΑΤΟΣΟ
ΕΜΕΛΛΟΝΛΑΜΒΑΝΕΙΝΟΙ
ΠΙΣΤΕΥΣΑΝΤΕΣΕΙΣΑΥΤΟΝ
ΟΥΠΩΓΑΡΗΝΠΝΕΥΜΑΑ
ΓΙΟΝΔΕΔΟΜΕΝΟΝΟΤΙΙΣ
7:40 ΟΥΠΩΕΔΟΞΑΣΘΗΕΚΤΟΥ
ΟΧΛΟΥΟΥΝΑΚΟΥΣΑΝΤΕΣ
ΤΩΝΛΟΓΩΝΤΟΥΤΩΝΕ

ΛΕΓΟΝΟΤΙΟΥΤΟCΕCΤΙ̅
ΑΛΗΘΩCΟΠΡΟΦΗΤΗC
ΑΛΛΟΙΕΛΕΓΟΝΟΥΤΟCΕ 7:41
CΤΙΝΟΧ̅C̅ΟΙΔΕΕΛΕΓΟΝ
ΜΗΓΑΡΕΚΤΗCΓΑΛΕΙΛΑΙ
ΑCΟΧ̅C̅ΕΡΧΕΤΑΙΟΥΚ(Χ)ΗΓΡΑ 7:42
ΦΗΕΙΠΕΝΟΤΙΕΚΤΟΥCΠΕΡ
› ΜΑΤΟCΔΑΥΕΙΔΚΑΙΑΠΟ
› ΒΗΘΛΕΕΜΤΗCΚΩΜΗC
ΟΠΟΥΗΝΔΑΥΕΙΔΕΡΧΕΤΑΙ
ΟΧ̅C̅ CΧΙ(Ε)ΜΑΟΥΝΕΓΕΝΕ 7:43
ΤΟΕΝΤΩΟΧΛΩΔΙΑΥΤΟ̅
ΤΙΝΕCΔΕΗΘΕΛΟΝΕΞΑΥΤΩ̅ 7:44
ΠΙΑCΑΙΑΥΤΟΝΑΛΛΟΥΔΕΙC
ΕΒΑΛΕΝΕΠΑΥΤΟΝΤΑC
Κ̅Ϛ̅ ΧΕΙΡΑC ΗΛΘΟΝΟΥΝΟΙ 7:45
ΫΠΗΡΕΤΑΙΠΡΟCΤΟΥCΑΡ
ΧΙΕΡΕΙCΚΑΙΦΑΡΕΙCΑΙΟΥC
ΚΑΙΕΙΠΟΝΑΥΤΟΙCΕΚΕΙ
ΝΟΙΔΙΑΤΙΟΥΚΗΓΑΓΕΤΕ
ΑΥΤΟΝ ΑΠΕΚΡΙΘΗCΑΝ 7:46
ΟΙΫΠΗΡΕΤΑΙΟΥΔΕΠΟΤΕ
ΕΛΑΛΗCΕΝΟΥΤΩCΑΝΘΡΩ
ΠΟC ΑΠΕΚΡΙΘΗCΑΝΟΥ̅ 7:47
ΟΙΦΑΡΕΙCΑΙΟΙΜΗΚΑΙΫ
ΜΕΙCΠΕΠΛΑΝΗCΘΕΜΗ 7:48
ΤΙCΕΚΤΩΝΑΡΧΟΝΤΩΝ
ΕΠΙCΤΕΥCΕΝΕΙCΑΥΤΟΝ
ΗΕΚΤΩΝΦΑΡΕΙCΑΙΩΝ
ΑΛΛΑΟΟΧΛΟCΟΥΤΟCΟ 7:49
ΜΗΓΕΙΝΩCΚΩΝΤΟΝΝΟ
ΜΟΝΕΠΑΡΑΤΟΙΕΙCΙΝΛΕ 7:50
ΓΕΙΝΕΙΚΟΔΗΜΟCΠΡΟC
ΑΥΤΟΥCΟΕΛΘΩΝΠΡΟC
ΑΥΤΟΝΠΡΟΤΕΡΟΝΕΙCΩ̅
ΕΞΑΥΤΩΝΜΗΟΝΟΜΟC 7:51
ΗΜΩΝΚΡΙΝΕΙΤΟΝΑΝΘΡΩ
ΠΟΝΕΑΝΜΗΑΚΟΥCΗΠΡΩ
ΤΟΝΠΑΡΑΥΤΟΥΚΑΙΓΝΩ
ΤΙΠΟΙΕΙ ΑΠΕΚΡΙΘΗCΑΝ 7:52
ΚΑΙΕΙΠΑΝΑΥΤΩΜΗΚΑΙ
CΥΕΚΤΗCΓΑΛΕΙΛΑΙΑCΕΙ

ΕΡΑΥΝΗϹΟΝΚΑΙΪΔΕΟΤΙ
ΕΚΤΗϹΓΑΛΕΙΛΑΙΑϹΠΡΟ
ΦΗΤΗϹΟΥΚΕΓΕΙΡΕΤΑΙ
8:12 ΚΖ ΠΑΛΙΝΟΥΝΑΥΤΟΙϹΕΛΑΛΗ
ϹΕΝΙ̅Ϲ̅ΛΕΓΩΝΕΓΩΕΙΜΙ
ΤΟΦΩϹΤΟΥΚΟϹΜΟΥΟ
ΑΚΟΛΟΥΘΩΝΜΟΙΟΥΜΗ
ΠΕΡΙΠΑΤΗϹΗΕΝΤΗϹΚΟ
ΤΙΑΑΛΛΕΞΕΙΤΟΦΩϹΤΗϹ
8:13 ΖΩΗϹ ΕΙΠΟΝΟΥΝΑΥ
ΤΩΟΙΦΑΡΕΙϹΑΙΟΙϹΥΠΕ
ΡΙϹΕΑΥΤΟΥΜΑΡΤΥΡΕΙϹ
ΗΜΑΡΤΥΡΙΑϹΟΥΟΥΚΕϹΤΙ̅
8:14 ΑΛΗΘΗϹ ΑΠΕΚΡΙΘΗΙ̅Ϲ̅
ΚΑΙΕΙΠΕΝΑΥΤΟΙϹΚΑΝΕ
ΓΩΜΑΡΤΥΡΩΠΕΡΙΕΜΑΥ
ΤΟΥΗΜΑΡΤΥΡΙΑΜΟΥΑΛΗ
ΘΗϹΕϹΤΙΝΟΤΙΟΙΔΑΠΟ
ΘΕΝΗΛΘΟΝΚΑΙΠΟΥΫΠΑ
ΓΩΫΜΕΙϹΔΕΟΥΚΟΙΔΑΤΕ
ΠΟΘΕΝΕΡΧΟΜΑΙΗΠΟΥΫ
8:15 ΠΑΓΩΫΜΕΙϹΚΑΤΑΤΑΤΗ̅
ϹΑΡΚΑΚΡΕΙΝΕΤΕΕΓΩΟΥ
8:16 ΚΡΕΙΝΩΟΥΔΕΝΑΚΑΙΕΑΝ
ΚΡΕΙΝΩΔΕΕΓΩΗΚΡΙϹΙϹ
ΗΕΜΗΑΛΗΘΙΝΗΕϹΤΙΝ
ΟΤΙΜΟΝΟϹΟΥΚΕΙΜΙΑΛΛΕ
ΓΩΚΑΙΟΠΕΜΨΑϹΜΕΠΑ
8:17 ΤΗΡ ΚΑΙΕΝΤΩΝΟΜΩ
ΔΕΤΩΫΜΕΤΕΡΩΓΕΓΡΑ
ΠΤΑΙΟΤΙΔΥΟΑΝΘΡΩΠΩ̅
ΗΜΑΡΤΥΡΙΑΑΛΗΘΗϹΕ
8:18 ϹΤΙΝ ΕΓΩΕΙΜΙΟΜΑΡΤΥ
ΡΩΝΠΕΡΙΕΜΑΥΤΟΥΚΑΙ
ΜΑΡΤΥΡΕΙΠΕΡΙΕΜΟΥΟ
8:19 ΠΕΜΨΑϹΜΕΠΑΤΗΡ ΕΛΕ
ΓΟΝΟΥΝΑΥΤΩΠΟΥΕϹΤΙ̅
ΟΠΑΤΗΡϹΟΥ ΑΠΕΚΡΙΘΗ
Ι̅Ϲ̅ΟΥΤΕΕΜΕΟΙΔΑΤΕΟΥ
ΤΕΤΟΝΠΑΤΕΡΑΜΟΥΕΙ
ΕΜΕΗΔΕΙΤΕΚΑΙΤΟΝΠΑ
ΤΕΡΑΜΟΥΑΝΗΔΕΙΤΕ

ΤΑΥΤΑΤΑΡΗΜΑΤΑΕΛΑΛΗ 8:20
ϹΕΝΕΝΤΩΓΑΖΟΦΥΛΑΚΙ
ΩΔΙΔΑϹΚΩΝΕΝΤΩΪΕΡΩ
ΚΑΙΟΥΔΕΙϹΕΠΙΑϹΕΝΑΥ
ΤΟΝΟΤΙΟΥΠΩΕΛΗΛΥΘΕΙ
ΚΗ ΗΩΡΑΑΥΤΟΥ ΕΙΠΕΝ 8:21
ΟΥΝΠΑΛΙΝΑΥΤΟΙϹΕΓΩ
ΫΠΑΓΩΚΑΙΖΗΤΗϹΕΤΕ
ΜΕΚΑΙΕΝΤΗΑΜΑΡΤΙΑΫ
ΜΩΝΑΠΟΘΑΝΕΙϹΘΕΟΠΟΥ
ΕΓΩΫΠΑΓΩΫΜΕΙϹΟΥ
ΔΥΝΑϹΘΕΕΛΘΕΙΝ ΕΛΕ 8:22
ΓΟΝΟΥΝΟΙΪΟΥΔΑΙΟΙΜΗ
ΤΙΑΠΟΚΤΕΝΕΙΕΑΥΤΟΝ
ΟΤΙΛΕΓΕΙΟΠΟΥΕΓΩΫ
ΠΑΓΩΫΜΕΙϹΟΥΔΥΝΑ
ϹΘΕΕΛΘΕΙΝ ΚΑΙΕΛΕΓΕ̄ 8:23
ΑΥΤΟΙϹΫΜΕΙϹΕΚΤΩΝ
ΚΑΤΩΕϹΤΕΕΓΩΕΚΤΩ̄
ΑΝΩΕΙΜΙΫΜΕΙϹΕΚΤΟΥ
ΤΟΥΤΟΥΚΟϹΜΟΥΕϹΤΕ
ΕΓΩΟΥΚΕΙΜΙΕΚΤΟΥΚΟϹ
ΜΟΥΤΟΥΤΟΥΕΙΠΟΝΟῩ 8:24
ΫΜΕΙΝΟΤΙΑΠΟΘΑΝΕΙϹΘΕ
ΕΝΤΑΙϹΑΜΑΡΤΙΑΙϹΫΜΩ̄
ΕΑΝΓΑΡΜΗΠΙϹΤΕΥϹΗΤΕ
ΟΤΙΕΓΩΕΙΜΙΑΠΟΘΑΝΕΙ
ϹΘΕΕΝΤΑΙϹΑΜΑΡΤΙΑΙϹΫ
ΜΩΝΕΛΕΓΟΝΟΥΝΑΥΤΩ 8:25
ϹΥΤΙϹΕΙ ΕΙΠΕΝΑΥΤΟΙϹ
ΙϹ̄ΤΗΝΑΡΧΗΝΟΤΙΚΑΙΛΑ
ΛΩΫΜΙΝΠΟΛΛΑΕΧΩΠΕ 8:26
ΡΙΫΜΩΝΛΑΛΕΙΝΚΑΙΚΡΕΙ
ΝΕΙΝΑΛΛΟΠΕΜΨΑϹΜΕ
ΑΛΗΘΗϹΕϹΤΙΝΚΑΓΩΑ
ΗΚΟΥϹΑΠΑΡΑΥΤΟΥΤΑΥ
ΤΑΛΑΛΩΕΙϹΤΟΝΚΟϹΜΟΝ
ΟΥΚΕΓΝΩϹΑΝΟΤΙΤΟΝ 8:27
ΠΑΤΕΡΑΑΥΤΟΙϹΕΛΕΓΕΝ
ΕΙΠΕΝΟΥΝΟΙϹ̄ΟΤΙΟΤΑΝ 8:28
ΫΨΩϹΗΤΕΤΟΝΥΙΟΝΤΟΥ
ΑΝΘΡΩΠΟΥΤΟΤΕΓΝΩ

ϹΕϹΘΕΟΤΙΕΓΩΕΙΜΙΚΑΙ
ΑΠΕΜΑΥΤΟΥΠΟΙΩΟΥΔΕ
ΑΛΛΑΚΑΘΩϹΕΔΙΔΑΞΕΝ
ΜΕΟΠΑΤΗΡΜΟΥΤΑΥΤΑ
8:29 ΛΑΛΩΚΑΙΟΠΕΜΨΑϹΜΕ
ΜΕΤΕΜΟΥΕϹΤΙΝΟΥΚΑ
ΦΗΚΕΝΜΕΜΟΝΟΝΟΤΙ
ΕΓΩΤΑΑΡΕϹΤΑΑΥΤΩΠΟΙ
8:30 ΩΠΑΝΤΟΤΕΤΑΥΤΑΑΥΤΟΥ
ΛΑΛΟΥΝΤΟϹΠΟΛΛΟΙΕ
ΠΙϹΤΕΥϹΑΝΕΙϹΑΥΤΟΝ
8:31 ΚΘ ΕΛΕΓΕΝΟΥΝΟΙ̅Ϲ̅ΠΡΟϹΤΟΥϹ
ΠΕΠΙϹΤΕΥΚΟΤΑϹΑΥΤΩ
ΪΟΥΔΑΙΟΥϹΕΑΝΫΜΕΙϹ
ΜΕΙΝΗΤΕΕΝΤΩΛΟΓΩΤΩ
ΕΜΩΑΛΗΘΩϹΜΑΘΗΤΑΙ
8:32 ΜΟΥΕϹΤΕΚΑΙΓΝΩϹΕϹΘΕ
ΤΗΝΑΛΗΘΕΙΑΝΚΑΙΗΑΛΗ
ΘΕΙΑΕΛΕΥΘΕΡΩϹΕΙΫΜΑϹ
8:33 ΑΠΕΚΡΙΘΗϹΑΝΠΡΟϹΑΥ
ΤΟΝϹΠΕΡΜΑΑΒΡΑΑΜΕ
ϹΜΕΝΚΑΙΟΥΔΕΝΙΔΕΔΟΥ
ΛΕΥΚΑΜΕΝΠΩΠΟΤΕΠΩϹ
ϹΥΛΕΓΕΙϹΟΤΙΕΛΕΥΘΕΡΟΙ
8:34 ΓΕΝΗϹΕϹΘΕΑΠΕΚΡΙΘΗ
ΑΥΤΟΙϹΙ̅Ϲ̅ΑΜΗΝΑΜΗΝΛΕ
ΓΩΫΜΙΝΟΤΙΠΑϹΟΠΟΙΩ̅
ΤΗΝΑΜΑΡΤΙΑΝΔΟΥΛΟϹ
8:35 ΕϹΤΙΝΤΗϹΑΜΑΡΤΙΑϹΟ
ΔΕΔΟΥΛΟϹΟΥΜΕΝΕΙΕΝ
ΤΗΟΙΚΙΑΕΙϹΤΟΝΑΙΩΝΑ
ΟΥΙΟϹΜΕΝΕΙΕΙϹΤΟΝΑΙΩ
8:36 ΝΑΕΑΝΟΥΝΟΥΙΟϹΫΜΑϹ
ΕΛΕΥΘΕΡΩϹΗΟΝΤΩϹΕ
8:37 ΛΕΥΘΕΡΟΙΕϹΕϹΘΕΟΙΔΑ
ΤΙϹΠΕΡΜΑΑΒΡΑΑΜΕϹΤΕ
ΑΛΛΑΖΗΤΕΙΤΕΜΕΑΠΟ
ΚΤΕΙΝΑΙΟΤΙΟΛΟΓΟϹΟΕ
ΜΟϹΟΥΧΩΡΕΙΕΝΫΜΙΝ
8:38 ΛΕΓΩΕΩΡΑΚΑΠΑΡΑΤΩ
ΠΑΤΡΙΛΑΛΩΚΑΙΫΜΕΙϹ
ΟΥΝΑΗΚΟΥϹΑΤΕΠΑΡΑΤΟΥ

ΠΑΤΡΟΣΠΟΙΕΙΤΕ ΑΠΕ 8:39
ΚΡΙΘΗΣΑΝΚΑΙΕΙΠΑΝΑΥ
ΤΩΟΠΑΤΗΡΗΜΩΝΑΒΡΑ
ΑΜΕΣΤΙΝ ΛΕΓΕΙΑΥΤΟΙΣ
ΙΣΕΙΤΕΚΝΑΤΟΥΑΒΡΑΑΜ
ΕΣΤΕΤΑΕΡΓΑΤΟΥΑΒΡΑΑΜ
ΕΠΟΙΕΙΤΕΝΥΝΔΕΖΗΤΕΙ 8:40
ΤΕΜΕΑΠΟΚΤΕΙΝΑΙΑΝ
ΘΡΩΠΟΝΟΣΤΗΝΑΛΗΘΕΙ
ΑΝΫΜΙΝΛΕΛΑΛΗΚΑΗΝ
ΗΚΟΥΣΑΠΑΡΑΤΟΥΘΥΤΟΥ
ΤΟΑΒΡΑΑΜΟΥΚΕΠΟΙΗΣΕΝ
ΫΜΕΙΣΠΟΙΕΙΤΕΤΑΕΡΓΑ 8:41
ΤΟΥΠΑΤΡΟΣΫΜΩΝ ΕΙΠΟΝ
ΑΥΤΩΗΜΕΙΣΕΚΠΟΡΝΕΙ
ΑΣΟΥΚΕΓΕΝΝΗΘΗΜΕΝ
ΕΝΑΠΑΤΕΡΑΕΧΟΜΕΝΤΟΝ
.ΘΝ ΕΙΠΕΝΑΥΤΟΙΣΙΣΕΙΟ 8:42
ΘΣΟΠΑΤΗΡΫΜΩΝΗΝΗ
ΓΑΠΑΤΕΑΝΕΜΕΕΓΩΓΑΡ
ΕΚΤΟΥΘΥΕΞΗΛΘΟΝΚΑΙ
ΗΚΩΟΥΔΕΓΑΡΑΠΕΜΑΥ
ΤΟΥΕΛΗΛΥΘΑΛΛΑΕΚΕΙ
ΝΟΣΜΕΑΠΕΣΤΕΙΛΕΝΔΙ 8:43
ΑΤΙΤΗΝΛΑΛΙΑΝΤΗΝΕ
ΜΗΝΟΥΓΕΙΝΩΣΚΕΤΕΟ
ΤΙΟΥΔΥΝΑΣΘΕΑΚΟΥΕΙΝ
ΤΟΝΛΟΓΟΝΤΟΝΕΜΟΝ
ΫΜΕΙΣΕΚΤΟΥΠΑΤΡΟΣ 8:44
ΤΟΥΔΙΑΒΟΛΟΥΕΣΤΕΚΑΙ
ΤΑΣΕΠΙΘΥΜΙΑΣΤΟΥΠΑ
ΤΡΟΣΫΜΩΝΘΕΛΕΤΕΠΟΙ
ΕΙΝΕΚΕΙΝΟΣΑΝΘΡΩΠΟ
ΚΤΟΝΟΣΗΝΑΠΑΡΧΗΣΚΑΙ
ΕΝΤΗΑΛΗΘΕΙΑΟΥΚΕΣΤΗ
ΚΕΝΟΤΙΟΥΚΕΣΤΙΝΑΛΗ
ΘΕΙΑΕΝΑΥΤΩΟΤΑΝΛΑ
ΛΗΤΟΨΕΥΔΟΣΕΚΤΩΝ
ΪΔΙΩΝΛΑΛΕΙΟΤΙΨΕΥΣΤΗΣ
ΕΣΤΙΝΚΑΙΟΠΑΤΗΡΑΥΤΟΥ
ΕΓΩΔΕΟΤΙΤΗΝΑΛΗΘΕΙ 8:45
ΑΝΛΕΓΩΟΥΠΙΣΤΕΥΕΤΕ

8:46 ΜΟΙΤΙϹΕΞΥΜΩΝΕΛΕΓ
ΧΕΙΜΕΠΕΡΙΑΜΑΡΤΙΑϹ
ΕΙΑΛΗΘΕΙΑΝΛΕΓΩΔΙΑ
ΤΙΫΜΕΙϹΟΥΠΙϹΤΕΥΕΤΕ
8:47 ΜΟΙ ΟΩΝΕΚΤΟΥΘ͞Υ͞ΤΑ
ΡΗΜΑΤΑΤΟΥΘ͞Υ͞ΑΚΟΥΕΙ
ΔΙΑΤΟΥΤΟΥΜΕΙϹΟΥΚΑ
ΚΟΥΕΤΕΟΤΙΕΚΤΟΥΘ͞Υ͞
8:48 ΟΥΚΕϹΤΕ ΑΠΕΚΡΙΘΗ
ϹΑΝΟΙΪΟΥΔΑΙΟΙΚΑΙΕΙ
ΠΑΝΑΥΤΩΟΥΚΑΛΩϹ
ΛΕΓΟΜΕΝΗΜΕΙϹΟΤΙϹΑ
ΜΑΡΕΙΤΗϹΕΙϹΥΚΑΙΔΑΙ
8:49 ΜΟΝΙΟΝΕΧΕΙϹ ΑΠΕΚΡΙ
ΘΗΙ͞Ϲ͞ΕΓΩΔΑΙΜΟΝΙΟΝ
ΟΥΚΕΧΩΑΛΛΑΤΕΙΜΩ
ΤΟΝΠΑΤΕΡΑΜΟΥΚΑΙΫ
ΜΕΙϹΑΤΕΙΜΑΖΕΤΕΜΕ
8:50 ΕΓΩΔΕΟΥΖΗΤΩΤΗΝ
ΔΟΞΑΝΜΟΥΕϹΤΙΝΟΖΗ
8:51 ΤΩΝΚΑΙΚΡΕΙΝΩΝ ΑΜΗ͞Ν͞
ΑΜΗΝΛΕΓΩΫΜΙΝΕΑΝ
ΤΙϹΤΟΝΕΜΟΝΛΟΓΟΝ
ΤΗΡΗϹΗΘΑΝΑΤΟΝΟΥ
ΜΗΘΕΩΡΗϹΗΕΙϹΤΟΝ
8:52 ΑΙΩΝΑ ΕΙΠΟΝΑΥΤΩ
ΟΙΪΟΥΔΑΙΟΙΝΥΝΕΓΝΩ
ΚΑΜΕΝΟΤΙΔΑΙΜΟΝΙΟΝ
ΕΧΕΙϹΑΒΡΑΑΜΑΠΕΘΑΝΕ͞
ΚΑΙΟΙΠΡΟΦΗΤΑΙΚΑΙϹΥ
ΛΕΓΕΙϹΕΑΝΤΙϹΤΟΝΛΟ
ΓΟΝΜΟΥΤΗΡΗϹΗΘΑΝΑ
ΤΟΝΟΥΜΗΘΕΩΡΗϹΗΕΙϹ
8:53 ΤΟΝΑΙΩΝΑΜΗϹΥΜΕΙΖΩ͞
ΕΙΤΟΥΠΑΤΡΟϹΗΜΩΝΑ
ΒΡΑΑΜ· ΟϹΤΙϹΑΠΕΘΑΝΕ͞
ΚΑΙΟΙΠΡΟΦΗΤΑΙΑΠΕΘΑ
ΝΟΝΤΙΝΑϹΕΑΥΤΟΝΠΟΙ
8:54 ΕΙϹ ΑΠΕΚΡΙΘΗΙ͞Ϲ͞ΕΑΝ
ΕΓΩΔΟΞΑϹΩΕΜΑΥΤΟ͞
ΗΔΟΞΑΜΟΥΟΥΔΕΝΕϹΤΙ͞
ΕϹΤΙΝΟΠΑΤΗΡΜΟΥΟ

ΔΟΞΑΖΩΝΜΕΟΝΫΜΕΙC
ΛΕΓΕΤΕΟΤΙΘ̅C̅[Η]ΫΜΩΝΕ
CΤΙΝ ΚΑΙΟΥΚΕΓΝΩΚΑ 8:55
ΤΕΑΥΤΟΝΕΓΩΔΕΟΙΔΑΑΥ
ΤΟΝ ΚΑΝΕΙΠΩΟΤΙΟΥΚΟΙ
ΔΑΑΥΤΟΝΕCΟΜΑΙΟΜΟΙ
ΟCΫΜΙΝΨΕΥCΤΗCΑΛΛΑ
ΟΙΔΑΑΥΤΟΝΚΑΙΤΟΝΛΟ
ΓΟΝΑΥΤΟΥΤΗΡΩ ΑΒΡΑ 8:56
ΑΜΟΠΑΤΗΡΫΜΩΝΗΓΑΛ
ΛΙΑCΑΤΟΪΝΑΕΪΔΗΤΗΝ
ΗΜΕΡΑΝΤΗΝΕΜΗΝΚΑΙ
ΕΙΔΕΝΚΑΙΕΧΑΡΗ ΕΙΠΟ̅ 8:57
ΟΥΝΟΙΪΟΥΔΑΙΟΙΠΡΟC
ΑΥΤΟΝΠΕΝΤΗΚΟΝΤΑ
ΕΤΗΟΥΠΩΕΧΕΙCΚΑΙΑ
ΒΡΑΑΜΕΟΡΑΚΕC ΕΙΠΕ̅ 8:58
ΑΥΤΟΙCΙ̅C̅ΑΜΗΝΑΜΗΝ
ΛΕΓΩΫΜΙΝΠΡΙΝΑΒΡΑΑΜ
ΓΕΝΕCΘΑΙΕΓΩΕΙΜΙ Η 8:59
ΡΑΝΟΥΝΛΙΘΟΥCΪΝΑΒΑ
ΛΩCΙΝΕΠΑΥΤΟΝΙ̅C̅Ε
ΚΡΥΒΗΚΑΙΕΞΗΛΘΕΝΕΚ
Λ ΤΟΥΪΕΡΟΥ ΚΑΙΠΑΡΑΓΩ̅ 9:1
ΕΙΔΕΝΑΝΘΡΩΠΟΝΤΥ
ΦΛΟΝΕΚΓΕΝΕΤΗCΚΑΙ 9:2
ΗΡΩΤΗCΑΝΑΥΤΟΝΟΙ
ΜΑΘΗΤΑΙΑΥΤΟΥΛΕΓΟ̅
ΤΕCΡΑΒΒΕΙΤΙCΗΜΑΡΤΕ̅
ΟΥΤΟCΗΟΙΟΙΓΟΝΕΙCΑΥ
ΤΟΥΪΝΑΤΥΦΛΟCΓΕΝ
ΝΗΘΗ ΑΠΕΚΡΙΘΗΙ̅C̅ΟΥ 9:3
ΤΕΟΥΤΟCΗΜΑΡΤΕΝΟΥ
ΤΕΟΙΓΟΝΕΙCΑΥΤΟΥΑΛ
ΛΙΝΑΦΑΝΕΡΩΘΗΤΑΕΡ
ΓΑΤΟΥΘ̅Υ̅ΕΝΑΥΤ[ΑΙ]ΩΗΜΑC 9:4
ΔΕΙΕΡΓΑΖΕCΘΕΤΑΕΡΓΑ
ΤΟΥΠΕΜΨΑΝΤΟCΜΕ
ΕΩCΗΜΕΡΑΕCΤΙΝΕΡΧΕ
ΤΑΙΝΥΞΟΤΕΟΥΔΕΙCΔΥ
ΝΑΤΑΙΕΡΓΑΖΕCΘΑΙΟ 9:5
ΤΑΝΕΝΤΩΚΟCΜΩΩΦΩC

9:6 ΕΙΜΙΤΟΥΚΟϹΜΟΥΤΑΥ
ΤΑΕΙΠΩΝΕΠΤΥϹΕΝΧΑ
ΜΑΙΚΑΙΕΠΟΙΗϹΕΝΠΗ
ΛΟΝΕΚΤΟΥΠΤΥϹΜΑΤΟϹ
ΚΑΙΕΠΕΘΗΚΕΝΑΥΤΟΥ
ΤΟΝΠΗΛΟΝΕΠΙΤΟΥϹ
9:7 ΟΦΘΑΛΜΟΥϹΚΑΙΕΙΠΕ̅
ΑΥΤΩΫΠΑΓΕΝΙΨΑΙΕΙϹ
ΤΗΝΚΟΛΥΜΒΗΘΡΑΝΤΟΥ
ϹΙΛΩΑΜΟΕΡΜΗΝΕΥΕ
ΤΕΑΠΕϹΤΑΛΜΕΝΟϹΑ
9:8 ΠΗΛΘΕΝΒΛΕΠΩΝΟΙΟΥ̅
ΓΕΙΤΟΝΕϹΚΑΙΟΙΘΕΩΡΟΥ̅
ΤΕϹΑΥΤΟΝΤΟΠΡΟΤΕΡΟ̅
ΟΤΙΠΡΟϹΑΙΤΗϹΗΝΕΛΕ
ΓΟΝΟΥΧΟΥΤΟϹΕϹΤΙΝ
ΟΚΑΘΗΜΕΝΟϹΚΑΙΠΡΟϹ
9:9 ΑΙΤΩΝΑΛΛΟΙΕΛΕΓΟΝ
ΟΤΙΟΥΤΟϹΕϹΤΙΝΑΛΛΟΙ
ΕΛΕΓΟΝΟΥΧΙΑΛΛΑΟΜΟΙ
ΟϹΑΥΤΩΕϹΤΙΝΕΚΕΙΝΟϹ
ΕΛΕΓΕΝΟΤΙΕΓΩΕΙΜΙ
9:10 ΕΛΕΓΟΝΟΥΝΑΥΤΩΠΩϹ
ΗΝΕΩΧΘΗϹΑΝϹΟΥΟΙ
9:11 ΟΦΘΑΛΜΟΙΑΠΕΚΡΙΘΗ
ΕΚΕΙΝΟϹΟΑΝΘΡΩΠΟϹ
ΟΛΕΓΟΜΕΝΟϹΙ̅Ϲ̅ΠΗΛΟ̅
ΕΠΟΙΗϹΕΝΚΑΙΕΠΕΧΡΕΙ
ϹΕΝΜΟΥΤΟΥϹΟΦΘΑΛ
ΜΟΥϹΚΑΙΕΙΠΕΝΜΟΙΟ
ΤΙΥΠΑΓΕΕΙϹΤΟΝϹΕΙΛΩ
ΑΜΚΑΙΝΙΨΑΙΑΠΕΛΘΩ̅
ΟΥΝΚΑΙΝΙΨΑΜΕΝΟϹΑ
9:12 ΝΕΒΛΕΨΑΚΑΙΕΙΠΑΝΑΥ
ΤΩΠΟΥΕϹΤΙΝΕΚΕΙΝΟϹ
9:13 ΛΕΓΕΙΟΥΚΟΙΔΑΑΓΟΥϹΙ̅
ΑΥΤΟΝΠΡΟϹΤΟΥϹΦΑ
ΡΕΙϹΑΙΟΥϹΤΟΝΠΟΤΕΤΥ
9:14 ΦΛΟΝΗΝΔΕϹΑΒΒΑΤΟΝ
ΕΝΗΗΜΕΡΑΤΟΝΠΗΛΟΝ
ΕΠΟΙΗϹΕΝΟΙ̅Ϲ̅ΚΑΙΑΝΕ
ΩΞΕΝΑΥΤΟΥΤΟΥϹΟΦΘΑΛ

ΜΟΥϹ ΠΑΛΙΝΟΥΝΗΡΩ 9:15
ΤΩΝΑΥΤΟΝΚΑΙΟΙΦΑ
ΡΕΙϹΑΙΟΙΠΩϹΑΝΕΒΛΕ
ΨΕΝ ΟΔΕΕΙΠΕΝΑΥΤΟΙϹ
ΠΗΛΟΝΕΠΕΘΗΚΕΝΜΟΥ
ΕΠΙΤΟΥϹΟΦΘΑΛΜΟΥϹ
ΚΑΙΕΝΙΨΑΜΗΝΚΑΙΒΛΕ
ΠΩ ΕΛΕΓΟΝΟΥΝΕΚΤΩ̄ 9:16
ΦΑΡΕΙϹΑΙΩΝΤΙΝΕϹΟΥ
ΚΕϹΤΙΝΟΥΤΟϹΠΑΡΑΘῩ
ΟΑΝΘΡΩΠΟϹΟΤΙΤΟϹΑΒ
ΒΑΤΟΝΟΥΤΗΡΕΙΑΛΛΟΙ
ΔΕΕΛΕΓΟΝΠΩϹΔΥΝΑ
ΤΑΙΑΝΘΡΩΠΟϹΑΜΑΡΤΩ
ΛΟϹΤΟΙΑΥΤΑϹΗΜΕΙΑ
ΠΟΙΕΙΝΚΑΙϹΧΙϹΜΑΗΝ
ΕΝΑΥΤΟΙϹ ΛΕΓΟΥϹΙΝ 9:17
ΟΥΝΤΩΤΥΦΛΩΠΑΛῙ
ΤΙϹΥΛΕΓΕΙϹΠΕΡΙΑΥΤΟΥ
ΟΤΙΗΝΕΩΞΕΝϹΟΥΤΟΥϹ
ΟΦΘΑΛΜΟΥϹΟΔΕΕΙΠΕ̄
ΟΤΙΠΡΟΦΗΤΗϹΕϹΤΙΝ
ΟΥΚΕΠΙϹΤΕΥϹΑΝΟΥΝ 9:18
ΟΙΪΟΥΔΑΙΟΙΠΕΡΙΑΥΤΟΥ
ΟΤΙΗΝΤΥΦΛΟϹΚΑΙΑ
ΝΕΒΛΕΨΕΝΕΩϹΟΤΟΥ
ΕΦΩΝΗϹΑΝΤΟΥϹΓΟ
ΝΕΙϹΑΥΤΟΥΤΟΥΑΝΑ
ΒΛΕΨΑΝΤΟϹΚΑΙΗΡΩ 9:19
ΤΗϹΑΝΑΥΤΟΥϹΛΕΓΟΝ
ΤΕϹΟΥΤΟϹΕϹΤΙΝΟΥΙΟϹ
ΫΜΩΝΟΝΫΜΕΙϹΛΕΓΕ
ΤΕΟΤΙΤΥΦΛΟϹΕΓΕΝ
ΝΗΘΗΠΩϹΟΥΝΒΛΕΠΕΙ
ΑΡΤΙ ΑΠΕΚΡΙΘΗϹΑΝ 9:20
ΟΥΝΟΙΓΟΝΕΙϹΑΥΤΟΥϏ
ΕΙΠΑΝΟΙΔΑΜΕΝΟΤΙΟΥ
ΤΟϹΕϹΤΙΝΟΥΙΟϹΗΜΩ̄
ΚΑΙΟΤΙΤΥΦΛΟϹΕΓΕΝ
ΝΗΘΗΠΩϹΔΕΝΥΝΒΛΕ 9:21
ΠΕΙΟΥΚΟΙΔΑΜΕΝΗΤΙϹ
ΗΝΟΙΞΕΝΑΥΤΟΥΤΟΥϹ

ΟΦΘΑΛΜΟΥϹΗΜΕΙϹΟΥ
ΚΟΙΔΑΜΕΝΑΥΤΟΝΕΡΩ
ΤΗϹΑΤΕΗΛΙΚΙΑΝΕΧΕΙΑΥ
ΤΟϹΠΕΡΙΕΑΥΤΟΥΛΑΛΗ
9:22 ϹΕΙ ΤΑΥΤΑΕΙΠΟΝΟΙΓΟ
ΝΕΙϹΑΥΤΟΥΟΤΙΕΦΟΒΟΥ͞
ΤΟΤΟΥϹΪΟΥΔΑΙΟΥϹΗ
ΔΗΓΑΡϹΥΝΕΤΕΘΕΙΝΤΟ
ΟΙΪΟΥΔΑΙΟΙΪΝΑΕΑΝΤΙϹ
ΑΥΤΟΝΟΜΟΛΟΓΗϹΗΧ͞Ν
ΑΠΟϹΥΝΑΓΩΓΟϹΓΕΝΗ
9:23 ΤΑΙΔΙΑΤΟΥΤΟΟΙΓΟΝΕΙϹ
ΑΥΤΟΥΕΙΠΑΝΟΤΙΗΛΙΚΙ
ΑΝΕΧΕΙΑΥΤΟΝΕΠΕΡΩ
9:24 ΛΑ ΤΗϹΑΤΕ ΕΦΩΝΗϹΑ͞
ΟΥΝΤΟΝΑΝΘΡΩΠΟΝΕΚ
ΛΕΥΤΕΡΟΥΟϹΗΝΤΥΦΛΟϹ
ΚΑΙΕΙΠΑΝΑΥΤΩΔΟϹΔΟ
ΞΑΝΤΩΘ͞ΩΗΜΕΙϹΟΙΔΑ
ΜΕΝΟΤΙΟΥΤΟϹΟΑΝΘΡΩ
ΠΟϹΑΜΑΡΤΩΛΟϹΕϹΤΙ͞
9:25 ΑΠΕΚΡΙΘΗΟΥΝΕΚΕΙΝΟϹ
ΕΙΑΜΑΡΤΩΛΟϹΕϹΤΙΝ
ΟΥΚΟΙΔΑΕΝΟΙΔΑΟΤΙΤΥ
ΦΛΟϹΩΝΑΡΤΙΒΛΕΠΩ
9:26 ΕΙΠΟΝΟΥΝΑΥΤΩΤΙΕ
ΠΟΙΗϹΕΝϹΟΙΠΩϹΗΝΟΙ
ΞΕΝϹΟΥΤΟΥϹΟΦΘΑΛ
9:27 ΜΟΥϹ ΑΠΕΚΡΙΘΗΑΥΤΟΙϹ
ΕΙΠΟΝΫΜΙΝΗΔΗΚΑΙΟΥ
ΚΗΚΟΥϹΑΤΕΤΙΟΥΝΠΑ
ΛΙΝΘΕΛΕΤΕΑΚΟΥΕΙΝ
ΜΗΚΑΙΫΜΕΙϹΘΕΛΕΤΕ
ΑΥΤΟΥΜΑΘΗΤΑΙΓΕΝΕ
9:28 ϹΘΑΙ ΚΑΙΕΛΟΙΔΟΡΗϹΑΝ
ΑΥΤΟΝ ΚΑΙΕΙΠΟΝϹΥΜΑ
ΘΗΤΗϹΕΙΕΚΕΙΝΟΥΗΜΕΙϹ
ΔΕΤΟΥΜΩϹΕΩϹΕϹΜΕ͞
9:29 ΜΑΘΗΤΑΙ ΗΜΕΙϹΟΙΔΑ
ΜΕΝΟΤΙΜΩΫϹΕΙΛΕΛΑΛΗ
ΚΕΝΟΘ͞ϹΤΟΥΤΟΝΔΕΟΥ
ΚΟΙΔΑΜΕΝΠΟΘΕΝΕϹΤΙ͞

ΑΠΕΚΡΙΘΗΟΑΝΘΡΩΠΟC 9:30
ΚΑΙΕΙΠΕΝΑΥΤΟΙCΕΝ
ΤΟΥΤΩΓΑΡΤΟΘΑΥΜΑ
CΤΟΝΕCΤΙΝΟΤΙΫΜΕΙC
ΟΥΚΟΙΔΑΤΕΠΟΘΕΝΕCΤΙ̅
ΚΑΙΗΝΟΙΞΕΝΜΟΥΤΟΥC
ΟΦΘΑΛΜΟΥCΟΙΔΑΜΕ̅ 9:31
ΟΤΙΟΘ̅C̅ΑΜΑΡΤΩΛΩΝ
ΟΥΚΑΚΟΥΕΙΑΛΛΑΕΑΝ
ΤΙCΘΕΟCΕΒΗCΗΚΑΙΤΟ
ΘΕΛΗΜΑΑΥΤΟΥΠΟΙΗ
ΤΟΥΤΟΥΑΚΟΥΕΙΕΚΤΟΥ 9:32
ΑΙΩΝΟCΟΥΚΗΚΟΥCΘΗ
ΟΤΙΗΝΕΩΞΕΝΤΙCΟΦΘΑΛ
ΜΟΥCΤΥΦΛΟΥΓΕΓΕΝ
ΝΗΜΕΝΟΥΕΙΜΗΗΝΟΥΤΟC 9:33
ΠΑΡΑΘ̅Υ̅ΟΥΚΗΔΥΝΑΤΟ
ΠΟΙΕΙΝΟΥΔΕΝ ΑΠΕΚΡΙ 9:34
ΘΗCΑΝΚΑΙΕΙΠΑΝΑΥΤΩ
ΕΝΑΜΑΡΤΙΑΙCCΥΕΓΕΝ
ΝΗΘΗCΟΛΟCΚΑΙCΥΔΙ
ΔΑCΚΕΙCΗΜΑC ΚΑΙΕΞΕ
ΒΑΛΟΝΑΥΤΟΝΕΞΩ ΗΚΟΥ 9:35
CΕΝΙ̅C̅ΟΤΙΕΞΕΒΑΛΟΝΑΥ
ΤΟΝΕΞΩΚΑΙΕΥΡΩΝΑΥ
ΤΟΝΕΙΠΕΝ CΥΠΙCΤΕΥ
ΕΙCΕΙCΤΟΝΫΙΟΝΤΟΥ
ΑΝΘΡΩΠΟΥΚΑΙΤΙCΕCΤΙ̅ 9:36
ΕΦΗΚ̅Ε̅ΪΝΑΠΙCΤΕΥCΩ
ΕΙCΑΥΤΟΝ ΕΙΠΕΝΑΥΤΩ 9:37
ΟΙ̅C̅ΚΑΙΕΩΡΑΚΑCΑΥΤΟΝ
ΚΑΙΟΛΑΛΩΝΜΕΤΑCΟΥ
ΕΚΕΙΝΟCΕCΤΙΝ ΟΔΕΕ 9:38
ΦΗΠΙCΤΕΥΩΚ̅Ε̅ΚΑΙΠΡΟC
ΕΚΥΝΗCΕΝΑΥΤΩ ΚΑΙ 9:39
ΕΙΠΕΝΟΙ̅C̅ ΕΙCΚΡΙΜΑΕ
ΓΩΕΙCΤΟΝΚΟCΜΟΝΤΟΥ
ΤΟΝΗΛΘΟΝΪΝΑΟΙΜΗΒΛΕ
ΠΟΝΤΕCΒΛΕΠΩCΙΝϏ
ΟΙΒΛΕΠΟΝΤΕCΤΥΦΛΟΙ
ΓΕΝΩΝΤΑΙ ΗΚΟΥCΑΝ 9:40
ΕΚΤΩΝΦΑΡΕΙCΑΙΩΝ

ΤΑΥΤΑΟΙΜΕΤΑΥΤΟΥΟ̄
ΤΕϹΚΑΙΕΙΠΟΝΑΥΤΩΜΗ
ΚΑΙΗΜΕΙϹΤΥΦΛΟΙΕϹΜΕ̄
9:41 ΕΙΠΕΝΑΥΤΟΙϹΙ̅Ϲ̅ΕΙΤΥ
ΦΛΟΙΗΤΕΟΥΚΑΝΕΙΧΕΤΕ
ΑΜΑΡΤΙΑΝΝΥΝΔΕΛΕΓΕ
ΤΕΟΤΙΒΛΕΠΟΜΕΝΗΑΜΑΡ
10:1 ΤΙΑΫΜΩΝΜΕΝΕΙΑΜΗΝ
ΑΜΗΝΫΜΙΝΛΕΓΩΟΜΗ
ΕΙϹΕΡΧΟΜΕΝΟϹΔΙΑΤΗϹ
ΘΥΡΑϹΕΙϹΤΗΝΑΥΛΗΝ
ΤΩΝΠΡΟΒΑΤΩΝΑΛΛΑΑ
ΝΑΒΑΙΝΩΝΑΛΛΑΧΟΘΕ̄
ΕΚΕΙΝΟϹΚΛΕΠΤΗϹΕϹΤῙ
10:2 ΚΑΙΛΗϹΤΗϹ ΟΔΕΕΙϹΕΡ
ΧΟΜΕΝΟϹΔΙΑΤΗϹΘΥΡΑϹ
ΠΟΙΜΗΝΕϹΤΙΝΤΩΝΠΡΟ
10:3 ΒΑΤΩΝΤΟΥΤΩΟΘΥΡΩ
ΡΟϹΑΝΟΙΓΕΙΚΑΙΤΑΠΡΟ
ΒΑΤΑΤΗϹΦΩΝΗϹΑΥΤΟΥ
ΑΚΟΥΕΙΚΑΙΤΑΪΔΙΑΠΡΟ
ΒΑΤΑΦΩΝΕΙΚΑΤΟΝΟ
10:4 ΜΑΚΑΙΕΞΑΓΕΙΑΥΤΑΟΤᾹ
ΤΑΪΔΙΑΠΑΝΤΑΕΚΒΑΛΗ
ΕΜΠΡΟϹΘΕΝΑΥΤΩΝΠΟ
ΡΕΥΕΤΑΙΚΑΙΤΑΠΡΟΒΑΤΑ
ΑΥΤΩΑΚΟΛΟΥΘΕΙΟΤΙ
ΟΙΔΑϹΙΤΗΝΦΩΝΗΝΑΥ
10:5 ΤΟΥΑΛΛΟΤΡΙΩΔΕΟΥΜΗ
ΑΚΟΛΟΥΘΗϹΟΥϹΙΝΑΛ
ΛΑΦΕΥΞΟΝΤΑΙΑΠΑΥΤΟΥ
ΟΤΙΟΥΚΟΙΔΑϹΙΤΩΝΑΛ
ΛΟΤΡΙΩΝΤΗΝΦΩΝΗ̄
10:6 ΤΑΥΤΗΝΤΗΝΠΑΡΟΙΜΙ
ΑΝΕΙΠΕΝΑΥΤΟΙϹΟΙ̅Ϲ̅Ε
ΚΕΙΝΟΙΔΕΟΥΚΕΓΝΩϹᾹ
ΤΙΝΑΗΝΑΕΛΑΛΕΙΑΥΤΟΙϹ
10:7 Λ̅Β̅ ΕΙΠΕΝΟΥΝΠΑΛΙΝΙ̅Ϲ̅ΑΜΗ̄
ΑΜΗΝΫΜΙΝΛΕΓΩΕΓΩ
ΕΙΜΙΗΘΥΡΑΤΩΝΠΡΟΒΑ
10:8 ΤΩΝΠΑΝΤΕϹΟϹΟΙΗΛ
ΘΟΝΠΡΟΕΜΟΥΚΛΕΠΤΑΙ

ΕΙϹΙΝΚΑΙΛΗϹΤΑΙΑΛΛΟΥ
ΚΗΚΟΥϹΑΝΑΥΤΩΝΤΑ
ΠΡΟΒΑΤΑΕΓΩΕΙΜΙΗΘΥ 10:9
ΡΑΔΙΕΜΟΥΕΑΝΤΙϹΕΙϹΕΛ
ΘΗϹΩΘΗϹΕΤΑΙΚΑΙΕΙϹ
ΕΛΕΥϹΕΤΑΙΚΑΙΕΞΕΛΕΥ
ϹΕΤΑΙΚΑΙΝΟΜΗΝΕΥΡΗ
ϹΕΙΟΚΛΕΠΤΗϹΟΥΚΕΡ 10:10
ΧΕΤΑΙΙ ΜΗΪΝΑΚΛΕΨΗ
ΚΑΙΘΥϹΗΚΑΙΑΠΟΛΕϹΗ
ΕΓΩΗΛΘΟΝΪΝΑΖΩΗΝΕ
ΧΩϹΙΝΚΑΙΠΕΡΙϹϹΟΝΕ
ΧΩϹΙΝΕΓΩΕΙΜΙΟΠΟΙΜ̅ 10:11
ΟΚΑΛΟϹΟΠΟΙΜΗΝΟΚΑ
ΛΟϹΤΗΝΨΥΧΗΝΑΥΤΟΥ
ΤΙΘΗϹΙΝΫΠΕΡΤΩΝΠΡΟ
ΒΑΤΩΝΟΜΙϹΘΩΤΟϹΚΑΙ 10:12
ΟΥΚΩΝΠΟΙΜΗΝΟΥΟΥΚΕ
ϹΤΙΝΤΑΠΡΟΒΑΤΑΪΔΙΑ
ΘΕΩΡΕΙΤΟΝΛΥΚΟΝΕΡΧΟ
ΜΕΝΟΝΚΑΙΑΦΙΗϹΙΤΑΠΡΟ
ΒΑΤΑΚΑΙΦΕΥΓΕΙΚΑΙΟ
ΛΥΚΟϹΑΡΠΑΖΕΙΑΥΤΑϏ
ϹΚΟΡΠΙΖΕΙΟΤΙΜΙϹΘΩΤΟϹ 10:13
ΕϹΤΙΝΚΑΙΟΥΜΕΛΕΙΑΥΤΩ
ΠΕΡΙΤΩΝΠΡΟΒΑΤΩΝ
ΛΓ ΕΓΩΕΙΜΙΟΠΟΙΜΗΝΟΚΑ 10:14
ΛΟϹΚΑΙΓΕΙΝΩϹΚΩΤΑΕ
ΜΑΚΑΙΓΕΙΝΩϹΚΟΥϹΙΜΕ
ΤΑΕΜΑΚΑΘΩϹΓΕΙΝΩϹΚΕΙ 10:15
ΜΕΟΠΑΤΗΡΚΑΓΩΓΕΙΝΩ
ϹΚΩΤΟΝΠΑΤΕΡΑΚΑΙΤΗ̅
ΨΥΧΗΝΜΟΥΤΙΘΗΜΙΫΠΕΡ
ΤΩΝΠΡΟΒΑΤΩΝΚΑΙΑΛΛΑ 10:16
ΠΡΟΒΑΤΑΕΧΩΑΟΥΚΕϹΤΙ̅
ΕΚΤΗϹΑΥΛΗϹΤΑΥΤΗϹΚΑ
ΚΕΙΝΑΔΕΙΜΕΑΓΑΓΕΙΝΚΑΙ
ΤΗϹΦΩΝΗϹΜΟΥΑΚΟΥϹΟΥ
ϹΙΝΚΑΙΓΕΝΗϹΟΝΤΑΙΜΙΑ
ΠΟΙΜΝΗΕΙϹΠΟΙΜΗΝΔΙΑ 10:17
ΤΟΥΤΟΜΕΟΠΑΤΗΡΑΓΑΠΑ
ΟΤΙΕΓΩΤΙΘΗΜΙΤΗΝΨΥ

ΧΗΝΜΟΥΙΝΑΠΑΛΙΝΛΑΒΩ
10:18 ΑΥΤΗΝΟΥΔΕΙΣΗΡΕΝΑΥ
ΤΗΝΑΠΕΜΟΥΑΛΛΕΓΩΤΙ
ΘΗΜΙΑΥΤΗΝΑΠΕΜΑΥΤΟΥ
ΕΞΟΥΣΙΑΝΕΧΩΘΕΙΝΑΙΑΥ
ΤΗΝΚΑΙΕΞΟΥΣΙΑΝΕΧΩ
ΠΑΛΙΝΛΑΒΕΙΝΑΥΤΗΝΤΑΥ
ΤΗΝΕΝΤΟΛΗΝΕΛΑΒΟΝΠΑ
10:19 ΡΑΤΟΥΠΑΤΡΟΣΜΟΥ ΣΧΙ
ΣΜΑΠΑΛΙΝΕΓΕΝΕΤΟΕΝ
ΤΟΙΣΪΟΥΔΑΙΟΙΣΔΙΑΤΟΥΣ
10:20 ΛΟΓΟΥΣΤΟΥΤΟΥΣΕΛΕΓΟΝ
ΔΕΠΟΛΛΟΙΕΞΑΥΤΩΝΔΑΙ
ΜΟΝΙΟΝΕΧΕΙΚΑΙΜΑΙΝΕ
ΤΑΙΤΙΑΥΤΟΥΑΚΟΥΕΤΕ
10:21 ΑΛΛΟΙΕΛΕΓΟΝΤΑΥΤΑΤΑ
ΡΗΜΑΤΑΟΥΚΕΣΤΙΝΔΑΙ
ΜΟΝΙΖΟΜΕΝΟΥΜΗΔΑΙ
ΜΟΝΙΟΝΔΥΝΑΤΑΙΤΥΦΛΩΝ
ΟΦΘΑΛΜΟΥΣΑΝΟΙΞΑΙ
10:22 ΛΔ ΕΓΕΝΕΤΟΤΟΤΕΤΑΕΝΚΑΙ
ΝΙΑΕΝΤΟΙΣΪΕΡΟΣΟΛΥΜΟΙΣ
10:23 ΧΕΙΜΩΝΗΗΝΚΑΙΠΕΡΙΕΠΑ
ΤΕΙΙΣΕΝΤΩΪΕΡΩΕΝΤΗ
ΣΤΟΑΤΟΥΣΟΛΟΜΩΝΟΣ
10:24 ΕΚΥΚΛΕΥΣΑΝΟΥΝΑΥΤΟΝ
ΟΙΪΟΥΔΑΙΟΙΚΑΙΕΛΕΓΟΝ
ΑΥΤΩΕΩΣΠΟΤΕΤΗΝ
ΨΥΧΗΝΗΜΩΝΑΙΡΕΙΣΕΙ
ΣΥΕΙΟΧΣΕΙΠΕΗΜΙΝΠΑΡ
10:25 ΡΗΣΙΑ ΑΠΕΚΡΙΘΗΑΥΤΟΙΣ
ΟΙΣΕΙΠΟΝΫΜΙΝΚΑΙΟΥΚΕ
ΠΙΣΤΕΥΣΑΤΕΤΑΕΡΓΑΑ
ΕΓΩΠΟΙΩΕΝΤΩΟΝΟΜΑ
ΤΙΤΟΥΠΑΤΡΟΣΜΟΥΤΑΥ
ΤΑΜΑΡΤΥΡΕΙΠΕΡΙΕΜΟΥ
10:26 ΑΛΛΑΫΜΕΙΣΟΥΠΙΣΤΕΥ
ΕΤΕΟΤΙΟΥΚΕΣΤΕΕΚΤΩΝ
ΠΡΟΒΑΤΩΝΤΩΝΕΜΩΝ
10:27 ΤΑΠΡΟΒΑΤΑΤΑΕΜΑΤΗΣ
ΦΩΝΗΣΜΟΥΑΚΟΥΟΥΣΙΝ
ΚΑΓΩΓΕΙΝΩΣΚΩΑΥΤΑ

ΚΑΙΑΚΟΛΟΥΘΟΥϹΙΝΜΟΙ
ΚΑΓΩΔΙΔΩΜΙΑΥΤΟΙϹΖω 10:28
ΗΝΑΙΩΝΙΟΝΚΑΙΟΥΜΗ
ΑΠΟΛΩΝΤΑΙΕΙϹΤΟΝΑΙω
ΝΑΚΑΙΟΥΧΑΡΠΑϹΕΙΤΙϹ
ΑΥΤΑΕΚΤΗϹΧΕΙΡΟϹΜΟΥ
ΟΠΑΤΗΡΜΟΥΟϹΔΕΔΩΚΕ 10:29
ΜΟΙΠΑΝΤΩΝΜΕΙΖΟΝΕ
ϹΤΙΝΚΑΙΟΥΔΕΙϹΔΥΝΑ
ΤΑΙΑΡΠΑΖΕΙΝΕΚΤΗϹΧΕΙ
ΡΟϹΤΟΥΠΑΤΡΟϹ ΕΓΩ 10:30
ΚΑΙΟΠΑΤΗΡΕΝΕϹΜΕΝ
ΕΒΑϹΤΑϹΑΝΠΑΛΙΝΛΙΘΟΥϹ 10:31
ΟΙΪΟΥΔΑΙΟΙΪΝΑΛΙΘΑϹΩ
ϹΙΝΑΥΤΟΝΑΠΕΚΡΙΘΗΑΥ 10:32
ΤΟΙϹΟΙ̅Ϲ̅ΠΟΛΛΑΕΡΓΑΕΔΕΙ
ΞΑΫΜΙΝΚΑΛΑΕΚΤΟΥΠΑ
ΤΡΟϹΔΙΑΠΟΙΟΝΑΥΤΩΝ
ΕΡΓΟΝΕΜΕΛΙΘΑΖΕΤΕ
ΑΠΕΚΡΙΘΗϹΑΝΑΥΤΩΟΙ 10:33
ΪΟΥΔΑΙΟΙΠΕΡΙΚΑΛΟΥΕΡ
ΓΟΥΟΥΛΙΘΑΖΟΜΕΝϹΕ
ΑΛΛΑΠΕΡΙΒΛΑϹΦΗΜΙΑϹ
ΚΑΙΟΤΙϹΥΑΝΘΡΩΠΟϹ
ΩΝΠΟΙΕΙϹϹΕΑΥΤΟΝ
Θ̅Ν̅ ΑΠΕΚΡΙΘΗΑΥΤΟΙϹ 10:34
Ι̅Ϲ̅ΟΥΚΕϹΤΙΝΓΕΓΡΑΜΜΕ
ΝΟΝΕΝΤΩΝΟΜΩΫΜΩ̅
ΟΤΙΕΓΩΕΙΠΑΘΕΟΙΕϹΤΕ
ΕΙΕΚΕΙΝΟΥϹΕΙΠΕΝΘΕ 10:35
ΟΥϹΠΡΟϹΟΥϹΟΛΟΓΟϹ
ΤΟΥΘ̅Υ̅ΕΓΕΝΕΤΟΚΑΙΟΥ
ΔΥΝΑΤΑΙΛΥΘΗΝΑΙΗΓΡΑ
ΦΗΟΝΟΠΑΤΗΡΗΓΙΑϹΕ̅ 10:36
ΚΑΙΑΠΕϹΤΕΙΛΕΝΕΙϹΤΟ̅
ΚΟϹΜΟΝΫΜΕΙϹΛΕΓΕΤΕ
ΟΤΙΒΛΑϹΦΗΜΕΙϹΟΤΙ
ΕΙΠΟΝΥΙΟϹΤΟΥΘ̅Υ̅ΕΙΜΙ
ΕΙΟΥΠΟΙΩΤΑΕΡΓΑΤΟΥ 10:37
ΠΑΤΡΟϹΜΟΥΜΗΠΙϹΤΕΥ
ΕΤΕΜΟΙΕΙΔΕΠΟΙΩΚΑΝ 10:38
ΕΜΟΙΜΗΠΙϹΤΕΥΗΤΕΤΟΙϹ

ΕΡΓΟΙϹΠΙϹΤΕΥΕΤΕΪΝΑ
ΓΝΩΤΕΚΑΙΓΕΙΝΩϹΚΗ
ΤΕΟΤΙΕΝΕΜΟΙΟΠΑΤΗΡ
10:39 ΚΑΓΩΕΝΤΩΠΑΤΡΙ Ε
ΖΗΤΟΥΝΠΑΛΙΝΑΥΤΟΝ
ΠΙΑϹΑΙΚΑΙΕΞΗΛΘΕΝΕΚ
10:40 ΤΗϹΧΕΙΡΟϹΑΥΤΩΝΚΑΙ
ΑΠΗΛΘΕΝΠΑΛΙΝΠΕΡΑ̅
ΤΟΥΪΟΡΔΑΝΟΥΕΙϹΤΟΝ
ΤΟΠΟΝΟΠΟΥΗΝΪΩΑΝΗϹ
ΤΟΠΡΩΤΟΝΒΑΠΤΙΖΩΝ
10:41 ΚΑΙΕΜΕΝΕΝΕΚΕΙΚΑΙΠΟΛ
ΛΟΙΗΛΘΟΝΠΡΟϹΑΥΤΟΝ
ΚΑΙΕΛΕΓΟΝΟΤΙΪΩΑΝΗϹ
ΜΕΝϹΗΜΕΙΟΝΕΠΟΙΗϹΕ̅
ΟΥΔΕΝΠΑΝΤΑΔΕΟϹΑΕΙ
ΠΕΝΪΩΑΝΗϹΠΕΡΙΤΟΥ
10:42 ΤΟΥΑΛΗΘΗΗΝΚΑΙΠΟΛ
ΛΟΙΕΠΙϹΤΕΥϹΑΝΕΙϹΑΥ
11:1 Λ̅Ε̅ ΤΟΝΕΚΕΙ ΗΝΔΕΤΙϹ
ΑϹΘΕΝΩΝΛΑΖΑΡΟϹΑΠΟ
ΒΗΘΑΝΙΑϹΕΚΤΗϹΚΩ
ΜΗϹΜΑΡΙΑϹΚΑΙΜΑΡΘΑϹ
ΤΗϹΑΔΕΛΦΗϹΑΥΤΗϹ
11:2 ΗΝΔΕΜΑΡΙΑΜΗΑΛΕΙΨΑ
ϹΑΤΟΝΚ̅Ν̅ΜΥΡΩΚΑΙΕΚ
ΜΑΞΑϹΑΤΟΥϹΠΟΔΑϹ
ΑΥΤΟΥΤΑΙϹΘΡΙΞΙΝΑΥ
ΤΗϹΗϹΟΑΔΕΛΦΟϹΛΑ
11:3 ΖΑΡΟϹΗϹΘΕΝΕΙΑΠΕϹΤΕΙ
ΛΑΝΟΥΝΑΙΑΔΕΛΦΑΙΠΡΟϹ
ΑΥΤΟΝΛΕΓΟΥϹΑΙΚ̅Ε̅Ϊ
ΔΕΟΝΦΙΛΕΙϹΑϹΘΕΝΕΙ
11:4 ΑΚΟΥϹΑϹΔΕΟΙ̅Ϲ̅ΕΙΠΕΝ
ΑΥΤΗΗΑϹΘΕΝΕΙΑΟΥΚΕ
ϹΤΙΝΠΡΟϹΘΑΝΑΤΟΝΑΛΛ
ΥΠΕΡΤΗϹΔΟΞΗϹΤΟΥΘ̅Υ̅
ΪΝΑΔΟΞΑϹΘΗΟΥΙΟϹΤΟΥ
11:5 Θ̅Υ̅ΔΙΑΥΤΗϹ ΗΓΑΠΑ
ΔΕΟΙ̅Ϲ̅ΤΗΝΜΑΡΘΑΝΚΑΙ
ΤΗΝΑΔΕΛΦΗΝΑΥΤΗϹ
11:6 ΚΑΙΤΟΝΛΑΖΑΡΟΝ ΩϹ

ΟΥΝΗΚΟΥϹΕΝΟΤΙΑϹΘΕ
ΝΕΙΤΟΤΕΜΕΝΕΜΕΙΝΕ̅
ΕΝΩΗΝΤΟΠΩΔΥΟΗΜΕ
ΡΑϹΕΠΕΙΤΑΜΕΤΑΤΟΥ 11:7
ΤΟΛΕΓΕΙΤΟΙϹΜΑΘΗΤΑΙϹ
ΑΓΩΜΕΝΕΙϹΤΗΝΪΟΥ
ΔΑΙΑΝΠΑΛΙΝΛΕΓΟΥϹΙ̅ 11:8
ΑΥΤΩΟΙΜΑΘΗΤΑΙΡΑΒ
ΒΕΙΝΥΝΕΖΗΤΟΥΝϹΕΛΙ
ΘΑϹΑΙΟΙΪΟΥΔΑΙΟΙΚΑΙ
ΠΑΛΙΝΫΠΑΓΕΙϹΕΚΕΙ
ΑΠΕΚΡΙΘΗΙ̅Ϲ̅ΟΥΧΙΔΩ 11:9
ΔΕΚΑΩΡΑΙΕΙϹΙΝΤΗϹΗ
ΜΕΡΑϹΕΑΝΤΙϹΠΕΡΙΠΑ
ΤΗΕΝΤΗΗΜΕΡΑΟΥΠΡΟϹ
ΚΟΠΤΕΙΟΤΙΤΟΦΩϹ
ΤΟΥΚΟϹΜΟΥΤΟΥΤΟΥ
ΒΛΕΠΕΙΕΑΝΔΕΤΙϹΠΕΡΙ 11:10
ΠΑΤΗΕΝΤΗΝΥΚΤΙΠΡΟϹ
ΚΟΠΤΕΙΟΤΙΤΟΦΩϹ
ΟΥΚΕϹΤΙΝΕΝΑΥΤΩΤΑΥ 11:11
ΤΑΥΤΑΕΙΠΕΝΚΑΙΜΕΤΑ
ΤΟΥΤΟΛΕΓΕΙΑΥΤΟΙϹ
ΛΑΖΑΡΟϹΟΦΙΛΟϹΗΜΩ̅
ΚΕΚΟΙΜΗΤΑΙΑΛΛΑΠΟ
ΡΕΥΟΜΑΙΪΝΑΕΞΥΠΝΙϹΩ
ΑΥΤΟΝ ΕΙΠΟΝΟΥΝΟΙΜΑ 11:12
ΘΗΤΑΙΑΥΤΩΚ̅Ε̅ΕΙΚΕΚΟΙ
ΜΗΤΑΙϹΩΘΗϹΕΤΑΙΕΙ 11:13
ΡΗΚΕΙΔΕΟΙ̅Ϲ̅ΠΕΡΙΤΟΥ
ΘΑΝΑΤΟΥΑΥΤΟΥΕΚΕΙ
ΝΟΙΔΕΕΔΟΞΑΝΟΤΙΠΕ
ΡΙΤΗϹΚΟΙΜΗϹΕΩϹΤΟΥ
ΫΠΝΟΥΛΕΓΕΙΤΟΤΕΟΥ̅ 11:14
ΕΙΠΕΝΑΥΤΟΙϹΟΙ̅Ϲ̅ΠΑΡ
ΡΗϹΙΑΛΑΖΑΡΟϹΑΠΕΘΑ
ΝΕΝΚΑΙΧΑΙΡΩΔΙΫΜΑϹ 11:15
ΪΝΑΠΙϹΤΕΥϹΗΤΕΟΤΙ
ΟΥΚΗΜΗΝΕΚΕΙΑΛΛΑΓΩ
ΜΕΝΠΡΟϹΑΥΤΟΝ ΕΙΠΕ̅ 11:16
ΟΥΝΘΩΜΑϹΟΛΕΓΟΜΕ
ΝΟϹΔΙΔΥΜΟϹΤΟΙϹϹΥ̅

ΜΑΘΗΤΑΙΣΑΓΩΜΕΝϗ
ΗΜΕΙΣΪΝΑΑΠΟΘΑΝΩ
11:17 ΜΕΝΜΕΤΑΥΤΟΥ ΕΛΘΩ̄
ΟΥΝΟΙ̅Σ̅ΕΥΡΕΝΑΥΤΟΝ
ΤΕΣΣΑΡΑΣΗΔΗΗΜΕΡΑΣ
ΕΧΟΝΤΑΕΝΤΩΜΝΗΜΕΙ
11:18 ΩΗΝΔΕΒΗΘΑΝΙΑΕΓΓΥΣ
ΤΩΝΪΕΡΟΣΟΛΥΜΩΝΩΣ
ΑΠΟΣΤΑΔΙΩΝΔΕΚΑΠΕ̅
11:19 λ̅ϛ̅ ΤΕ ΠΟΛΛΟΙΔΕΕΚΤΩΝ
ΪΟΥΔΑΙΩΝΕΛΗΛΥΘΕΙΣΑ̅
ΠΡΟΣΤΗΝΜΑΡΘΑΝΚΑΙ
ΜΑΡΙΑΜΪΝΑΠΑΡΑΜΥΘΗ
ΣΩΝΤΑΙΑΥΤΑΣΠΕΡΙΤΟΥ
11:20 ΑΔΕΛΦΟΥ ΗΟΥΝΜΑΡ
ΘΑΩΣΗΚΟΥΣΕΝΟΤΙΙ̅Σ̅
ΕΡΧΕΤΑΙΫΠΗΝΤΗΣΕΝ
ΑΥΤΩΜΑΡΙΑΔΕΕΝΤΩ
11:21 ΟΙΚΩΕΚΑΘΕΖΕΤΟ ΕΙΠΕ̅
ΟΥΝΗΜΑΡΘΑΠΡΟΣΙ̅Ν̅ΕΙ
ΗΣΩΔΕΟΥΚΑΝΑΠΕΘΑ
11:22 ΝΕΝΟΑΔΕΛΦΟΣΜΟΥϗ
ΝΥΝΟΙΔΑΟΤΙΟΣΑΑΝΑΙ
ΤΗΣΗΤΟΝΘ̅Ν̅ΔΩΣΕΙΣΟΙ
11:23 ΟΘ̅Σ̅ ΛΕΓΕΙΑΥΤΗΟΙ̅Σ̅Α
ΝΑΣΤΗΣΕΤΑΙΟΑΔΕΛΦΟΣ
11:24 ΣΟΥ ΛΕΓΕΙΑΥΤΩΗΜΑΡ
ΘΑΟΙΔΑΟΤΙΑΝΑΣΤΗΣΕ
ΤΑΙΕΝΤΗΑΝΑΣΤΗΣΕΙ
ΕΝΤΗΕΣΧΑΤΗΗΜΕΡΑ
11:25 ΕΙΠΕΝΑΥΤΗΟΙ̅Σ̅ΕΓΩΕΙ
ΜΙΗΑΝΑΣΤΑΣΙΣΚΑΙΗΖΩ
ΗΟΠΙΣΤΕΥΩΝΕΙΣΕΜΕ
ΚΑΝΑΠΟΘΑΝΗΖΗΣΕΤΑΙ
11:26 ΚΑΙΠΑΣΟΖΩΝΚΑΙΠΙΣΤΕΥ
ΩΝΕΙΣΕΜΕΟΥΜΗΑΠΟΘΑ
ΝΗΕΙΣΤΟΝΑΙΩΝΑΠΙΣΤΕΥ
11:27 ΕΙΣΤΟΥΤΟ ΛΕΓΕΙΑΥΤΩ
ΝΑΙΚ̅Ε̅ΕΓΩΠΕΠΙΣΤΕΥΚΑΟ
ΤΙΣΥΕΙΟΧ̅Σ̅ΟΫΙΟΣΤΟΥ
Θ̅Υ̅ΟΕΙΣΤΟΝΚΟΣΜΟΝΕΡ
11:28 ΧΟΜΕΝΟΣΚΑΙΤΟΥΤΟΕΙ

ΠΟΥϹΑΑΠΗΛΘΕΝΚΑΙΕ
ΦΩΝΗϹΕΝΜΑΡΙΑΜΤΗ̅
ΑΔΕΛΦΗΝΑΥΤΗϹΛΑΘΡΑ
ΕΙΠΑϹΑΟΔΙΔΑϹΚΑΛΟϹ
ΠΑΡΕϹΤΙΝΚΑΙΦΩΝΕΙϹΕ
ΕΚΕΙΝΗΔΕΩϹΗΚΟΥϹΕ̅ 11:29
ΗΓΕΡΘΗΤΑΧΥΚΑΙΗΡΧΕ
ΤΟΠΡΟϹΑΥΤΟΝΟΥΠΩ 11:30
ΔΕΕΛΗΛΥΘΕΙΟΙ̅Ϲ̅ΕΙϹΤΗ̅
ΚΩΜΗΝΑΛΛΗΝΕΤΙΕΝ
ΤΩΤΟΠΩΟΠΟΥΫΠΗΝ
ΤΗϹΕΝΑΥΤΩΗΜΑΡΘΑ
ΟΙΟΥΝΪΟΥΔΑΙΟΙΟΙΟΝΤΕϹ 11:31
ΜΕΤΑΥΤΗϹΕΝΤΗΟΙΚΙ
ΑΚΑΙΠΑΡΑΜΥΘΟΥΜΕΝΟΙ
ΑΥΤΗΝΪΔΟΝΤΕϹΤΗΝ
ΜΑΡΙΑΜΟΤΙΤΑΧΕΩϹ
ΑΝΕϹΤΗΚΑΙΕΞΗΛΘΕΝ
ΗΚΟΛΟΥΘΗϹΑΝΑΥΤΗ
ΔΟΞΑΝΤΕϹΟΤΙΫΠΑΓΕΙ
ΕΙϹΤΟΜΝΗΜΕΙΟΝΪΝΑ
ΚΛΑΥϹΗΕΚΕΙ ΗΟΥΝΜΑ 11:32
ΡΙΑΜΩϹΗΛΘΕΝΟΠΟΥ
ΗΝΙ̅Ϲ̅ΪΔΟΥϹΑΑΥΤΟΝΕ
ΠΕϹΕΝΑΥΤΟΥΠΡΟϹΤΟΥϹ
ΠΟΔΑϹΛΕΓΟΥϹΑΑΥΤΩ
Κ̅Ε̅ΕΙΗϹΩΔΕΟΥΚΑΝΜΟΥ
ΑΠΕΘΑΝΕΝΟΑΔΕΛΦΟϹ
Ι̅Ϲ̅ΟΥΝΩϹΕΙΔΕΝΑΥΤΗ̅ 11:33
ΚΛΑΙΟΥϹΑΝΚΑΙΤΟΥϹ
ϹΥΝΕΛΘΟΝΤΑϹΑΥΤΗ
ΪΟΥΔΑΙΟΥϹΚΛΑΙΟΝΤΑϹ
ΕΝΕΒΡΕΙΜΗϹΑΤΟΤΩ
ΠΝΕΥΜΑΤΙΚΑΙΕΤΑΡΑΞΕ̅
ΕΑΥΤΟΝΚΑΙΕΙΠΕΝΠΟΥ 11:34
ΤΕΘΕΙΚΑΤΕΑΥΤΟΝΛΕ
ΓΟΥϹΙΝΑΥΤΩΚ̅Ε̅ΕΡΧΟΥ
ΚΑΙΪΔΕΕΔΑΚΡΥϹΕΝΟΙ̅Ϲ̅ 11:35
ΕΛΕΓΟΝΟΥΝΟΙΪΟΥΔΑΙΟΙ 11:36
ΪΔΕΠΩϹΕΦΙΛΕΙΑΥΤΟΝ
ΤΙΝΕϹΔΕΕΞΑΥΤΩΝΕΙ 11:37
ΠΟΝΟΥΚΕΔΥΝΑΤΟΟΥ

ΤΟΣΟΑΝΟΙΞΑΣΤΟΥΣΟ
ΦΘΑΛΜΟΥΣΤΟΥΤΥΦΛΟΥ
ΠΟΙΗΣΑΙΪΝΑΚΑΙΟΥΤΟΣ
11:38 ΜΗΑΠΟΘΑΝΗ ΙΣΟΥΝΠΑ
ΛΙΝΕΝΒΡΕΙΜΩΜΕΝΟΣ
ΕΝΕΑΥΤΩΕΡΧΕΤΑΙΕΙΣ
ΤΟΜΝΗΜΕΙΟΝΗΝΔΕΣΠΗ
ΛΑΙΟΝΚΑΙΛΙΘΟΣΕΠΕΚΕΙ
11:39 ΤΟΕΠΑΥΤΩ ΛΕΓΕΙΟΙΣ
ΑΡΑΤΕΤΟΝΛΙΘΟΝΛΕΓΕΙ
ΑΥΤΩΗΑΔΕΛΦΗΤΟΥ
ΤΕΤΕΛΕΥΤΗΚΟΤΟΣΜΑΡ
ΘΑΚΕΗΔΗΟΖΕΙΤΕΤΑΡ
11:40 ΤΕΟΣΓΑΡΕΣΤΙΝ ΛΕΓΕΙ
ΑΥΤΗΟΙΣΟΥΚΕΙΠΟΝΣΟΙ
ΟΤΙΕΑΝΠΙΣΤΕΥΣΗΣΟ
ΨΗΤΗΝΔΟΞΑΝΤΟΥΘΥ
11:41 ΗΡΑΝΟΥΝΤΟΝΛΙΘΟΝ
ΟΔΕΙΣΗΡΕΝΤΟΥΣΟΦΘΑΛ
ΜΟΥΣΑΝΩΚΑΙΕΙΠΕΝ
ΠΑΤΕΡΕΥΧΑΡΙΣΤΩΣΟΙ
11:42 ΟΤΙΗΚΟΥΣΑΣΜΟΥΕΓΩ
ΔΕΗΔΕΙΝΟΤΙΠΑΝΤΟΤΕ
ΜΟΥΑΚΟΥΕΙΣΑΛΛΑΔΙΑ
ΤΟΝΟΧΛΟΝΤΟΝΠΕΡΙΕ
ΣΤΩΤΑΕΙΠΟΝΪΝΑΠΙ
ΣΤΕΥΣΩΣΙΝΟΤΙΣΥΜΕ
11:43 ΑΠΕΣΤΕΙΛΑΣΚΑΙΤΑΥΤΑ
ΕΙΠΩΝΦΩΝΗΜΕΓΑΛΗ
ΕΚΡΑΥΓΑΣΕΝΛΑΖΑΡΕ
11:44 ΔΕΥΡΟΕΞΩ ΕΞΗΛΘΕΝ
ΟΤΕΘΝΗΚΩΣΔΕΔΕΜΕ
ΝΟΣΤΟΥΣΠΟΔΑΣΚΑΙΤΑΣ
ΧΕΙΡΑΣΚΕΙΡΙΑΙΣΚΑΙΗΟ
ΨΙΣΑΥΤΟΥΣΟΥΔΑΡΙΩ
ΠΕΡΙΕΔΕΔΕΤΟ ΛΕΓΕΙ
ΙΣΑΥΤΟΙΣΛΥΣΑΤΕΑΥ
ΤΟΝΚΑΙΑΦΕΤΕΑΥΤΟΝ
11:45 ΥΠΑΓΕΙΝ ΠΟΛΛΟΙΟΥΝ
ΕΚΤΩΝΪΟΥΔΑΙΩΝΟΙ
ΕΛΘΟΝΤΕΣΠΡΟΣΤΗΝ
ΜΑΡΙΑΜΚΑΙΘΕΑΣΑΜΕ

ΝΟΙΟΕΠΟΙΗϹΕΝΕΠΙϹΤΕΥ
ϹΑΝΕΙϹΑΥΤΟΝΤΙΝΕϹ 11:46
ΔΕΕΞΑΥΤΩΝΑΠΗΛΘΟ̅
ΠΡΟϹΤΟΥϹΦΑΡΕΙϹΑΙΟΥϹ
ΚΑΙΕΙΠΟΝΑΥΤΟΙϹΑΕ
ΛΖ ΠΟΙΗϹΕΝΙ̅Ϲ̅ ϹΥΝΗΓΑΓΟ̅ 11:47
ΟΥΝΟΙΑΡΧΙΕΡΕΙϹΚΑΙΟΙ
ΦΑΡΕΙϹΑΙΟΙϹΥΝΕΔΡΙΟ̅
ΚΑΙΕΛΕΓΟΝΤΙΠΟΙΟΥΜΕ̅
ΟΤΙΟΥΤΟϹΟΑΝΘΡΩΠΟϹ
ΠΟΛΛΑΠΟΙΕΙϹΗΜΕΙΑ
ΕΑΝΑΦΩΜΕΝΑΥΤΟΝ 11:48
ΟΥΤΩϹΠΑΝΤΕϹΠΙϹΤΕΥ
ϹΟΥϹΙΝΕΙϹΑΥΤΟΝΚΑΙ
ΕΛΕΥϹΟΝΤΑΙΟΙΡΩΜΑΙ
ΟΙΚΑΙΑΡΟΥϹΙΝΗΜΩΝ
ΚΑΙΤΟΝΤΟΠΟΝΚΑΙΤΟ
ΕΘΝΟϹΕΙϹΔΕΤΙϹΕΞΑΥ 11:49
ΤΩΝΚΑΪΑΦΑϹΑΡΧΙΕΡΕΥϹ
ΩΝΤΟΥΕΝΙΑΥΤΟΥΕΚΕΙ
ΝΟΥΕΙΠΕΝΑΥΤΟΙϹΫΜΕΙϹ
ΟΥΚΟΙΔΑΤΕΟΥΔΕΝΟΥ 11:50
ΔΕΛΟΓΙΖΕϹΘΕΟΤΙϹΥΜ
ΦΕΡΕΙΫΜΙΝΪΝΑΕΙϹΑΝ
ΘΡΩΠΟϹΑΠΟΘΑΝΗΫΠΕΡ
ΤΟΥΛΑΟΥΚΑΙΜΗΟΛΟΝ
ΤΟΕΘΝΟϹΑΠΟΛΗΤΑΙΤΟΥ 11:51
ΤΟΔΕΑΦΕΑΥΤΟΥΟΥΚΕΙ
ΠΕΝΑΛΛΑΑΡΧΙΕΡΕΥϹ
ΩΝΤΟΥΕΝΙΑΥΤΟΥΕΚΕΙ
ΝΟΥΕΠΡΟΦΗΤΕΥϹΕΝ
ΟΤΙΗΜΕΛΛΕΝΙ̅Ϲ̅ΑΠΟ
ΘΝΗϹΚΕΙΝΫΠΕΡΤΟΥ
ΕΘΝΟΥϹΚΑΙΟΥΧΥΠΕΡ 11:52
ΤΟΥΕΘΝΟΥϹΜΟΝΟΝΑΛ
ΛΑΪΝΑΚΑΙΤΑΤΕΚΝΑΤΟΥ
Θ̅Υ̅ΤΑΔΙΕϹΚΟΡΠΙϹΜΕ
ΝΑϹΥΝΑΓΑΓΗΕΙϹΕΝ
ΛΗ ΑΠΕΚΕΙΝΗϹΟΥΝΤΗϹ 11:53
ΗΜΕΡΑϹΕΒΟΥΛΕΥϹΑΝ
ΤΟΪΝΑΑΠΟΚΤΕΙΝΩϹΙ̅
ΑΥΤΟΝ ΟΟΥΝΙ̅Ϲ̅ΟΥΚΕ 11:54

ΤΙΠΑ[Ρ]ΡΗϹΙΑΠΕΡΙΕΠΑΤΕΙ
ΕΝΤΟΙϹΪΟΥΔΑΙΟΙϹΑΛ
ΛΑΑΠΗΛΘΕΝΕΚΕΙΘΕΝ
ΕΙϹΤΗΝΧΩΡΑΝΕΓΓΥϹ
ΤΗϹΕΡΗΜΟΥΕΙϹΕΦΡΑΙΜ
ΛΕΓΟΜΕΝΗΝΠΟΛΙΝΚΑ
ΚΕΙΕΜΕΙΝΕΝΜΕΤΑΤΩ̅
11:55 ΜΑΘΗΤΩΝ ΗΝΔΕΕΓ
ΓΥϹΤΟΠΑϹΧΑΤΩΝΪΟΥ
ΔΑΙΩΝΚΑΙΑΝΕΒΗϹΑΝ
ΠΟΛΛΟΙΕΙϹΪΕΡΟϹΟΛΥΜΑ
ΕΚΤΗϹΧΩΡΑϹΠΡΟΤΟΥ
ΠΑϹΧΑΪΝΑΑΓΝΙϹΩϹΙ̅
11:56 ΕΑΥΤΟΥϹΕΖΗΤΟΥΝΟΥ̅
ΤΟΝΙ̅Ν̅ΚΑΙΕΛΕΓΟΝΜΕ
ΤΑΛΛΗΛΩΝΕΝΤΩΪΕΡΩ
ΕϹΤΗΚΟΤΕϹΤΙΔΟΚΕΙ
ΫΜΙΝΟΤΙΟΥΜΗΕΛΘΗ
11:57 ΕΙϹΤΗΝΕΟΡΤΗΝΔΕΔΩ
ΚΕΙϹΑΝΔΕΟΙΑΡΧΙΕΡΕΙϹ
ΚΑΙΟΙΦΑΡΕΙϹΑΙΟΙΕΝ
ΤΟΛΑϹΪΝΑΕΑΝΤΙϹΓΝΩ
ΠΟΥΕϹΤΙΝΜΗΝΥϹΗΟ
ΠΩϹΠΙΑϹΩϹΙΝΑΥΤΟ̅
12:1 ΛΘ ΟΟΥΝΙ̅Ϲ̅ΠΡΟΕΞΗΜΕΡΩ̅
ΤΟΥΠΑϹΧΑΗΛΘΕΝΕΙϹ
ΒΗΘΑΝΙΑΝΟΠΟΥΗΝΛΑ
ΖΑΡΟϹΟΝΗΓΕΙΡΕΝΕΚ
12:2 ΝΕΚΡΩΝΙ̅Ϲ̅ΕΠΟΙΗϹΑΝ
ΟΥΝΑΥΤΩΔΕΙΠΝΟΝΕ
ΚΕΙΚΑΙΗΜΑΡΘΑΔΙΗΚΟ
ΝΕΙΟΔΕΛΑΖΑΡΟϹΕΙϹΗ̅
ΕΚΤΩΝΑΝΑΚΕΙΜΕΝΩ̅
12:3 ϹΥΝΑΥΤΩ ΗΟΥΝΜΑΡΙ
ΑΜΛΑΒΟΥϹΑΛΕΙΤΡΑΝ
ΜΥΡΟΥΝΑΡΔΟΥΠΙϹΤΙ
ΚΗϹΠΟΛΥΤΕΙΜΟΥΗΛΕΙ
ΨΕΝΤΟΥϹΠΟΔΑϹΙ̅Υ̅ΚΑΙ
ΕΞΕΜΑΞΕΝΤΑΙϹΘΡΙΞΙΝ
ΑΥΤΗϹΤΟΥϹΠΟΔΑϹΑΥ
ΤΟΥΗΔΕΟΙΚΙΑΕΠΛΗϹΘΗ
ΕΚΤΗϹΟϹΜΗϹΤΟΥΜΥ

ΡΟΥ ΛΕΓΕΙΔΕΪΟΥΔΑCΟ 12:4
ΪCΚΑΡΙΩΤΗCΕΙCΤΩΝ
ΜΑΘΗΤΩΝΑΥΤΟΥΟΜΕΛ
ΛΩΝΑΥΤΟΝΠΑΡΑΔΙΔΟ
ΝΑΙΔΙΑΤΙΤΟΥΤΟΤΟΜΥ 12:5
ΡΟΝΟΥΚΕΠΡΑΘΗΤΡΙΑΚΟ
CΙΩΝΔΗΝΑΡΙΩΝΚΑΙΕ
ΔΟΘΗΠΤΩΧΟΙC ΕΙΠΕ̄ 12:6
ΔΕΤΟΥΤΟΟΥΧΟΤΙΠΕ
ΡΙΤΩΝΠΤΩΧΩΝΕΜΕ
ΛΕΝΑΥΤΩΑΛΛΟΤΙΚΛΕ
ΠΤΗCΗΝΚΑΙΤΟΓΛΩC
CΟΚΟΜΟΝΕΧΩΝΤΑΒΑΛ
ΛΟΜΕΝΑΕΒΑCΤΑΖΕΝΕΙ 12:7
ΠΕΝΟΥΝΟΙ̅C̅ΑΦΕCΑΥΤΗ̄
ΪΝΑΕΙCΤΗΝΗΜΕΡΑΝΤΟΥ
ΕΝΤΑΦΙΑCΜΟΥΜΟΥΤΗ
ΡΗCΗΑΥΤΟ ΤΟΥCΠΤΩ 12:8
ΧΟΥCΓΑΡΠΑΝΤΟΤΕΕΧΕ
ΤΕΜΕΘΕΑΥΤΩΝΕΜΕΔΕ
ΟΥΠΑΝΤΟΤΕΕΧΕΤΕ
ΕΓΝΩΟΥΝΟΟΧΛΟCΠΟ 12:9
ΛΥCΕΚΤΩΝΪΟΥΔΑΙΩΝ
ΟΤΙΕΚΕΙΕCΤΙΝΚΑΙΗΛΘΟ̄
ΟΥΔΙΑΤΟΝΙ̅Ν̅ΜΟΝΟΝΑΛΛΪ
ΝΑΚΑΙΤΟΝΛΑΖΑΡΟΝΪΔΩ
CΙΝΟΝΗΓΕΙΡΕΝΕΚΝΕΚΡΩ̄
ΕΒΟΥΛΕΥCΑΝΤΟΔΕΚΑΙ 12:10
ΟΙΑΡΧΙΕΡΕΙCΪΝΑΚΑΙΤΟ̄
ΛΑΖΑΡΟΝΑΠΟΚΤΕΙΝΩ
CΙΝΟΤΙΠΟΛΛΟΙΔΙΑΥΤΟ̄ 12:11
ΫΠΗΓΟΝΤΩΝΪΟΥΔΑΙΩ̄
ΚΑΙΕΠΙCΤΕΥΟΝΕΙCΤΟ̄
11 Ι̅Ν̅ ΤΗΕΠΑΥΡΙΟΝΟΟ 12:12
ΧΛΟCΠΟΛΥCΟΕΛΘΩΝ
ΕΙCΤΗΝΕΟΡΤΗΝΑΚΟΥ
CΑΝΤΕCΟΤΙΕΡΧΕΤΑΙΟ
Ι̅C̅ΕΙCΪΕΡΟCΟΛΥΜΑΕΛΑ 12:13
ΒΟΝΤΑΒΑΪΑΤΩΝΦΟΙΝΙ
ΚΩΝΚΑΙΕΞΗΛΘΟΝΕΙC
ΫΠΑΝΤΗCΙΝΑΥΤΩΚΑΙ
ΕΚΡΑΥΓΑΖΟΝΩCΑΝΝΑ

ΕΥΛΟΓΗΜΕΝΟϹΟΕΡΧΟ
ΜΕΝΟϹΕΝΟΝΟΜΑΤΙΚ̅Υ̅
ΚΑΙΟΒΑϹΙΛΕΥϹΤΟΥΙϹΡΑΗΛ
12:14 ΕΥΡΩΝΔΕΟΙ̅Ϲ̅ΟΝΑΡΙΟΝ
ΕΚΑΘΙϹΕΝΕΠΑΥΤΟΚΑΘΩϹ
ΕϹΤΙΝΓΕΓΡΑΜΜΕΝΟΝ
12:15 › ΜΗΦΟΒΟΥΘΥΓΑΤΗΡϹΕΙ
› ΩΝΪΔΟΥΟΒΑϹΙΛΕΥϹϹΟΥ
› ΕΡΧΕΤΑΙΚΑΘΗΜΕΝΟϹ
12:16 › ΕΠΙΠΩΛΟΝΟΝΟΥΤΑΥΤΑ
ΟΥΚΕΓΝΩϹΑΝΑΥΤΟΥΟΙ
ΜΑΘΗΤΑΙΤΟΠΡΩΤΟΝ
ΑΛΛΟΤΕΕΔΟΞΑϹΘΗΙ̅Ϲ̅ΤΟ
ΤΕΕΜΝΗϹΘΗϹΑΝΟΤΙΤΑΥ
ΤΑΗΝΕΠΑΥΤΩΓΕΓΡΑΜ
ΜΕΝΑΚΑΙΤΑΥΤΑΕΠΟΙ
12:17 ΗϹΑΝΑΥΤΩ ΕΜΑΡΤΥΡΕΙ
ΟΥΝΟΟΧΛΟϹΟΩΝΜΕ
ΤΑΥΤΟΥ.ΟΤΕΤΟΝΛΑΖΑ
ΡΟΝΕΦΩΝΗϹΕΝΕΚΤΟΥ
ΜΝΗΜΕΙΟΥΚΑΙΗΓΕΙΡΕ̅
12:18 ΑΥΤΟΝΕΚΝΕΚΡΩΝΔΙΑ
ΤΟΥΤΟΥΠΗΝΤΗϹΕΝΑΥ
ΤΩΚΑΙΟΟΧΛΟϹΟΤΙΗΚΟΥ
ϹΑΝΤΟΥΤΟΑΥΤΟΝΠΕΠΟΙ
ΗΚΕΝΑΙΤΟϹΗΜΕΙΟΝ
12:19 ΟΙΟΥΝΦΑΡΕΙϹΑΙΟΙΕΙ
ΠΑΝΠΡΟϹΕΑΥΤΟΥϹΘΕ
ΩΡΕΙΤΕΟΤΙΟΥΚΩΦΕ
ΛΕΙΤΕΟΥΔΕΝΪΔΕΟΚΟϹ
ΜΟϹΟΠΙϹΩΑΥΤΟΥΑΠΗΛ
12:20 ΙΙΑ ΘΕΝ ΗϹΑΝΔΕΕΛΛΗΝΕϹ
ΤΙΝΕϹΕΚΤΩΝΑΝΑΒΑΙΝΟ̅
ΤΩΝΪΝΑΠΡΟϹΚΥΝΗϹΩ
12:21 ϹΙΝΕΝΤΗΕΟΡΤΗΟΥΤΟΙ
ΟΥΝΠΡΟϹΗΛΘΟΝΦΙΛΙΠ
ΠΩΤΩΑΠΟΒΗΘϹΑΪΔΑ
ΤΗϹΓΑΛΕΙΛΑΙΑϹΚΑΙΗΡΩ
ΤΩΝΑΥΤΟΝΛΕΓΟΝΤΕϹ
Κ̅Ε̅ΘΕΛΟΜΕΝΤΟΝΙ̅Ν̅ΪΔΕΙ̅
12:22 ΕΡΧΕΤΑΙΟΦΙΛΙΠΠΟϹϗ
ΛΕΓΕΙΤΩΑΝΔΡΕΑΕΡΧΕ

ΤΑΙΑΝΔΡΕΑΣΚΑΙΦΙΛΙΠ
ΠΟΣΚΑΙΛΕΓΟΥΣΙΝΤΩΙΥ
ΟΔΕΙΣΑΠΟΚΡΕΙΝΕΤΑΙΑΥ 12:23
ΤΟΙΣΛΕΓΩΝΕΛΗΛΥΘΕΝ
ΗΩΡΑΪΝΑΔΟΞΑΣΘΗΟΥΙΟΣ
ΤΟΥΑΝΘΡΩΠΟΥ ΑΜΗΝ 12:24
ΑΜΗΝΛΕΓΩΥΜΙΝΕΑΝΜΗ
ΟΚΟΚΚΟΣΤΟΥΣΕΙΤΟΥΠΕ
ΣΩΝΕΙΣΤΗΝΓΗΝΑΠΟΘΑ
ΝΗΑΥΤΟΣΜΟΝΟΣΜΕΝΕΙ
ΕΑΝΔΕΑΠΟΘΑΝΗΠΟΛΥΝ
ΚΑΡΠΟΝΦΕΡΕΙΟΦΙΛΩΝ 12:25
ΤΗΝΨΥΧΗΝΑΥΤΟΥΑΠΟΛ
ΛΥΕΙΑΥΤΗΝΚΑΙΟΜΕΙΣΩΝ
ΤΗΝΨΥΧΗΝΑΥΤΟΥΕΝ
ΤΩΚΟΣΜΩΤΟΥΤΩΕΙΣ
ΖΩΗΝΑΙΩΝΙΟΝΦΥΛΑ
ΡΒ ΞΕΙΑΥΤΗΝ ΕΑΝΕΜΟΙ 12:26
ΤΙΣΔΙΑΚΟΝΗΕΜΟΙΑΚΟ
ΛΟΥΘΕΙΤΩΚΑΙΟΠΟΥΕΙ
ΜΙΕΓΩΕΚΕΙΚΑΙΟΔΙΑΚΟ
ΝΟΣΟΕΜΟΣΕΣΤΑΙΕΑΝ
ΤΙΣΕΜΟΙΔΙΑΚΟΝΗΤΙΜΗ
ΣΕΙΑΥΤΟΝΟΠΑΤΗΡΝΥΝ 12:27
ΗΨΥΧΗΜΟΥΤΕΤΑΡΑΚΤΑΙ
ΚΑΙΤΙΕΙΠΩΠΑΤΕΡΣΩ
ΣΟΝΜΕΕΚΤΗΣΩΡΑΣΤΑΥ
ΤΗΣΑΛΛΑΔΙΑΤΟΥΤΟΗΛ
ΘΟΝΕΙΣΤΗΝΩΡΑΝΤΑΥ
ΤΗΝΠΑΤΗΡΔΟΞΑΣΟΝ.ΜΟΥ 12:28
ΤΟΟΝΟΜΑ ΗΛΘΕΝΟΥΝ
ΦΩΝΗΕΚΤΟΥΟΥΡΑΝΟΥ
ΚΑΙΕΔΟΞΑΣΑΚΑΙΠΑΛΙΝ
ΔΟΞΑΣΩ ΟΟΧΛΟΣΟΕΣΤΩΣ 12:29
ΚΑΙΑΚΟΥΣΑΣΕΛΕΓΕΝΒΡΟΝ
ΤΗΝΓΕΓΟΝΕΝΑΙΑΛΛΟΙΕ
ΛΕΓΟΝΑΓΓΕΛΟΣΑΥΤΩ
ΛΕΛΑΛΗΚΕΝ ΑΠΕΚΡΙΘΗ 12:30
ΚΑΙΕΙΠΕΝΙΣΟΥΔΙΕΜΕΗ
ΦΩΝΗΑΥΤΗΓΕΓΟΝΕΝ
ΑΛΛΑΔΙΥΜΑΣΝΥΝΚΡΙΣΙΣ 12:31
ΕΣΤΙΝΤΟΥΚΟΣΜΟΥΤΟΥ

ΤΟΥΝΥΝΟΑΡΧΩΝΤΟΥ
ΚΟϹΜΟΥΤΟΥΤΟΥΕΚΒΛΗ
12:32 ΘΗϹΕΤΑΙΕΞΩΚΑΓΩΑΝ
ΥΨΩΘΩΕΚΤΗϹΓΗϹΠᾹ
ΤΑϹΕΛΚΥϹΩΠΡΟϹΕΜΑΥ
12:33 ΤΟΝΤΟΥΤΟΔΕΕΛΕΓΕΝ
ϹΗΜΑΙΝΩΝΠΟΙΩΘΑΝΑ
ΤΩΗΜΕΛΛΕΝΑΠΟΘΝΗϹΚΕῙ
12:34 ΑΠΕΚΡΙΘΗΟΥΝΑΥΤΩΟ
ΟΧΛΟϹΗΜΕΙϹΗΚΟΥϹΑΜΕ
ΕΚΤΟΥΝΟΜΟΥΟΤΙΟΧ̄Ϲ
ΜΕΝΕΙΕΙϹΤΟΝΑΙΩΝΑ
ΚΑΙΠΩϹΛΕΓΕΙϹϹΥΟΤΙ
ΔΕΙΥΨΩΘΗΝΑΙΤΟΝΥΙΟ̄
ΤΟΥΑΝΘΡΩΠΟΥΤΙϹΕϹΤῙ
ΟΥΤΟϹΟΥΙΟϹΤΟΥΑΝΘΡΩΠΟΥ
12:35 ΕΙΠΕΝΟΥΝΑΥΤΟΙϹΟῙϹ̄
ΕΤΙΜΕΙΚΡΟΝΧΡΟΝΟΝΤΟ
ΦΩϹΕΝΥΜΙΝΕϹΤΙΝΠΕ
ΡΙΠΑΤΕΙΤΕΩϹΤΟΦΩϹ
ΕΧΕΤΕΪΝΑΜΗϹΚΟΤΙΑ
ΥΜΑϹΚΑΤΑΛΑΒΗΚΑΙΟΠΕ
ΡΙΠΑΤΩΝΕΝΤΗϹΚΟΤΙΑ
ΟΥΚΟΙΔΕΝΠΟΥΥΠΑΓΕΙ
12:36 ΩϹΤΟΦΩϹΕΧΕΤΕΠΙ
ϹΤΕΥΕΤΕΕΙϹΤΟΦΩϹ
ΪΝΑΥΙΟΙΦΩΤΟϹΓΕΝΗ
ϹΘΕΤΑΥΤΑΕΛΑΛΗϹΕΝῙϹ̄
ΚΑΙΑΠΕΛΘΩΝΕΚΡΥΒΗ
12:37 ΜΓ ΑΠΑΥΤΩΝ ΤΟϹΑΥΤΑ
ΔΕΑΥΤΟΥϹΗΜΕΙΑΠΕΠΟΙ
ΗΚΟΤΟϹΕΜΠΡΟϹΘΕΝΑΥ
ΤΩΝΟΥΚΕΠΙϹΤΕΥΟΝΕΙϹ
12:38 ΑΥΤΟΝΪΝΑΟΛΟΓΟϹΗϹΑ
ΪΟΥΤΟΥΠΡΟΦΗΤΟΥΠΛΗ
› ΡΩΘΗΟΝΕΙΠΕΝ Κ̄Ε̄ΤΙϹ
› ΕΠΙϹΤΕΥϹΕΝΤΗΑΚΟΗ
› ΗΜΩΝΚΑΙΟΒΡΑΧΙΩΝΚ̄Ῡ
12:39 › ΤΙΝΙΑΠΕΚΑΛΥΦΘΗΔΙΑ
› ΤΟΥΤΟΟΥΚΗΔΥΝΑΝΤΟ
› ΠΙϹΤΕΥΕΙΝ ΟΤΙΠΑΛῙ
12:40 › ΕΙΠΕΝΗϹΑΪΑϹΤΕΤΥ

› ΦΛΩΚΕΝΑΥΤΩΝΤΟΥϹ
› ΟΦΘΑΛΜΟΥϹΚΑΙΕΠΩ (Π above)
› ΡΩϹΕΝΑΥΤΩΝΤΗΝΚΑΡ (Κ above)
› ΔΙΑΝΪΝΑΜΗΪΔΩϹΙΝΤΟΙϹ
› ΟΦΘΑΛΜΟΙϹΚΑΙΝΟΗϹΩ
› ϹΙΤΗΚΑΡΔΙΑΚΑΙϹΤΡΑ
› ΦΩϹΙΚΑΙΪΑϹΟΜΑΙΑΥΤΟΥϹ
ΤΑΥΤΑΕΙΠΕΝΗϹΑΪΑϹΟ 12:41
ΤΙΕΙΔΕΝΤΗΝΔΟΞΑΝΑΥ
ΤΟΥΚΑΙΕΛΑΛΗϹΕΝΠΕΡΙ
ΑΥΤΟΥΟΜΩϹΜΕΝΤΟΙ 12:42
ΚΑΙΕΚΤΩΝΑΡΧΟΝΤΩ̄
ΠΟΛΛΟΙΕΠΙϹΤΕΥϹΑΝ
ΕΙϹΑΥΤΟΝΑΛΛΑΔΙΑΤΟΥϹ
ΦΑΡΕΙϹΑΙΟΥϹΟΥΧΩΜΟ
ΛΟΓΟΥΝΪΝΑΜΗΑΠΟϹῩ
ΑΓΩΓΟΙΓΕΝΩΝΤΑΙΗΓΑ 12:43
ΠΗϹΑΝΓΑΡΤΗΝΔΟΞΑΝ
ΤΩΝΑΝΘΡΩΠΩΝΜΑΛΛΟ̄
ΗΠΕΡΤΗΝΔΟΞΑΝΤΟΥΘῩ
ΠΔ ΙϹ̄ ΔΕΕΚΡΑΞΕΝΚΑΙΕΙΠΕ 12:44
ΟΠΙϹΤΕΥΩΝΕΙϹΕΜΕΟΥ
ΠΙϹΤΕΥΕΙΕΙϹΕΜΕΑΛΛΑ
ΕΙϹΤΟΝΠΕΜΨΑΝΤΑΜΕ
ΚΑΙΟΘΕΩΡΩΝΕΜΕΘΕΩ 12:45
ΡΕΙΤΟΝΠΕΜΨΑΝΤΑΜΕ
ΕΓΩΦΩϹΕΙϹΤΟΝΚΟϹ 12:46
ΜΟΝΕΛΗΛΥΘΑΪΝΑΟΠΙ
ϹΤΕΥΩΝΕΙϹΕΜΕΕΝΤΗ
ϹΚΟΤΙΑΜΗΜΕΙΝΗΚΑΙΕ 12:47
ΑΝΤΙϹΜΟΥΑΚΟΥϹΗΤΩ̄
ΡΗΜΑΤΩΝΚΑΙΜΗΦΥΛΑ
ΞΗΕΓΩΟΥΚΡΕΙΝΩΑΥΤΟ̄
ΟΥΓΑΡΗΛΘΟΝΪΝΑΚΡΕΙ
ΝΩΤΟΝΚΟϹΜΟΝΑΛΛΙΝΑ
ϹΩϹΩΤΟΝΚΟϹΜΟΝΟ 12:48
ΑΘΕΤΩΝΕΜΕΚΑΙΜΗ
ΛΑΜΒΑΝΩΝΤΑΡΗΜΑΤΑ
ΜΟΥΕΧΕΙΤΟΝΚΡΕΙΝΟΝ
ΤΑΑΥΤΟΝΟΛΟΓΟϹΟΝΕ
ΛΑΛΗϹΑΕΚΕΙΝΟϹΚΡΕΙ
ΝΕΙΑΥΤΟΝΕΝΤΗΕϹΧΑ

12:49 ΤΗΗΜΕΡΑΟΤΙΕΓΩΕΞΕ
ΜΑΥΤΟΥΟΥΚΕΛΑΛΗΣΑ
ΑΛΛΟΠΕΜΨΑΣΜΕΠΑΤΗΡ
ΑΥΤΟΣΜΟΙΕΝΤΟΛΗΝ
ΔΕΔΩΚΕΝΤΙΕΙΠΩΚΑΙ
12:50 ΤΙΛΑΛΗΣΩΚΑΙΟΙΔΑΟΤΙ
ΗΕΝΤΟΛΗΑΥΤΟΥΖΩΗ
ΑΙΩΝΙΟΣΕΣΤΙΝΑΟΥΝ
ΕΓΩΛΑΛΩΚΑΘΩΣΕΙΡΗ
ΚΕΝΜΟΙΟΠΑΤΗΡΟΥΤΩΣ
13:1 ΙΕ ΛΑΛΩ ΠΡΟΔΕΤΗΣΕ
ΟΡΤΗΣΤΟΥΠΑΣΧΑΕΙΔΩΣ
ΟΙΣΟΤΙΗΛΘΕΝΑΥΤΟΥ
ΗΩΡΑΪΝΑΜΕΤΑΒΗΕΚΤΟΥ
ΚΟΣΜΟΥΤΟΥΤΟΥΠΡΟΣ
ΤΟΝΠΑΤΕΡΑΑΓΑΠΗΣΑΣ
ΤΟΥΣΪΔΙΟΥΣΤΟΥΣΕΝΤΩ
ΚΟΣΜΩΕΙΣΤΕΛΟΣΗΓΑ
13:2 ΠΗΣΕΝΑΥΤΟΥΣΚΑΙΔΕΙ
ΠΝΟΥΓΙΝΟΜΕΝΟΥΤΟΥ
ΔΙΑΒΟΛΟΥΗΔΗΒΕΒΛΗΚΟ
ΤΟΣΕΙΣΤΗΝΚΑΡΔΙΑΝΪ
ΝΑΠΑΡΑΔΟΙΑΥΤΟΝΪΟΥ
ΔΑΣΣΙΜΩΝΟΣΪΣΚΑΡΙΩ
13:3 ΤΗΣΕΙΔΩΣΟΤΙΠΑΝΤΑ
ΕΔΩΚΕΝΑΥΤΩΟΠΑΤΗΡ
ΕΙΣΤΑΣΧΕΙΡΑΣΚΑΙΟΤΙ
ΑΠΟΘΥΕΞΗΛΘΕΝΚΑΙ
13:4 ΠΡΟΣΤΟΝΘΝΫΠΑΓΕΙΕ
ΓΕΙΡΕΤΑΙΕΚΤΟΥΔΕΙΠΝΟΥ
ΚΑΙΤΙΘΗΣΙΝΤΑΪΜΑΤΙΑ
ΚΑΙΛΑΒΩΝΛΕΝΤΙΟΝΔΙ
13:5 ΕΖΩΣΕΝΕΑΥΤΟΝΕΙΤΑ
ΒΑΛΛΕΙΫΔΩΡΕΙΣΤΟΝΝΙ
ΠΤΗΡΑΚΑΙΗΡΞΑΤΟΝΙ
ΠΤΕΙΝΤΟΥΣΠΟΔΑΣΤΩ
ΜΑΘΗΤΩΝΚΑΙΕΚΜΑΣ
ΣΕΙΝΤΩΛΕΝΤΙΩΩΗΝΔΙ
13:6 ΕΖΩΣΜΕΝΟΣ ΕΡΧΕΤΑΙ
ΟΥΝΠΡΟΣΣΙΜΩΝΑΠΕΤΡΟ
ΛΕΓΕΙΑΥΤΩΚΕΣΥΜΟΥ
ΝΙΠΤΕΙΣΤΟΥΣΠΟΔΑΣ

ΑΠΕΚΡΙΘΗΙ̅Ϲ̅ΚΑΙΕΙΠΕΝ 13:7
ΑΥΤΩΟΕΓΩΠΟΙΩϹΥΟΥ
ΚΟΙΔΑϹΑΡΤΙΓΝΩϹΗΔΕ
ΤΑ
ΜΕΤΑΥΤΑ ΛΕΓΕΙΑΥΤΩ 13:8
ΠΕΤΡΟϹΟΥΜΗΝΙΨΗϹΜΟΥ
ΤΟΥϹΠΟΔΑϹΕΙϹΤΟΝΑΙ
ΩΝΑ ΑΠΕΚΡΙΘΗΙ̅Ϲ̅ΑΥΤΩ
ΕΑΝΜΗΝΙΨΩϹΕΟΥΚΕ
ΧΕΙϹΜΕΡΟϹΜΕΤΕΜΟΥ
ΛΕΓΕΙΑΥΤΩΠΕΤΡΟϹϹΙ 13:9
ΜΩΝΚ̅Ε̅ΜΗΤΟΥϹΠΟΔΑϹ
ΜΟΥΜΟΝΟΝΑΛΛΑΚΑΙ
ΤΑϹΧΕΙΡΑϹΚΑΙΤΗΝΚΕ
ΦΑΛΗΝ ΛΕΓΕΙΑΥΤΩΙ̅Ϲ̅ 13:10
ΟΛΕΛΟΥΜΕΝΟϹΟΥΚΕΧΕΙ
ΧΡΕΙΑΝΕΙΜΗΤΟΥϹΠΟ
ΔΑϹΝΙΨΑϹΘΑΙΑΛΛΕϹΤΙ
ΚΑΘΑΡΟϹΟΛΟϹΚΑΙΫΜΕΙϹ
ΚΑΘΑΡΟΙΕϹΤΕΑΛΛΟΥ
ΧΙΠΑΝΤΕϹΗΔΕΙΓΑΡΤΟ̅ 13:11
ΠΑΡΑΔΙΔΟΝΤΑΑΥΤΟΝ
ΔΙΑΤΟΥΤΟΕΙΠΕΝΟΤΙΟΥ
ΧΙΠΑΝΤΕϹΚΑΘΑΡΟΙΕϹΤΕ
115 ΟΤΕΟΥΝΕΝΙΨΕΝΤΟΥϹ 13:12
ΠΟΔΑϹΑΥΤΩΝΚΑΙΕΛΑ
ΒΕΝΤΑΪΜΑΤΙΑΑΥΤΟΥ
ΚΑΙΑΝΕΠΕϹΕΝΠΑΛΙΝ
ΕΙΠΕΝΑΥΤΟΙϹΓΕΙΝΩ
ϹΚΕΤΕΤΙΠΕΠΟΙΗΚΑΫ
ΜΙΝΫΜΕΙϹΦΩΝΕΙΤΕΜΕ 13:13
ΟΔΙΔΑϹΚΑΛΟϹΚΑΙΟΚ̅Ϲ̅
ΚΑΙΚΑΛΩϹΛΕΓΕΤΕΕΙΜΙ
ΓΑΡ ΕΙΟΥΝΕΓΩΕΝΙΨΑ 13:14
ΫΜΩΝΤΟΥϹΠΟΔΑϹΟΚ̅Ϲ̅
ΚΑΙΟΔΙΔΑϹΚΑΛΟϹΕΙΟΥ
ΕΓΩΕΝΙΨΑΫΜΩΝΤΟΥϹ
ΠΟΔΑϹΟΚ̅Ϲ̅ΚΑΙΟΔΙΔΑϹΚΑ
ΛΟϹΚΑΙΫΜΕΙϹΟΦΕΙΛΕ
ΤΕΑΛΛΗΛΩΝΝΙΠΤΕΙΝ
ΤΟΥϹΠΟΔΑϹΫΠΟΔΕΙΓΜΑ 13:15
ΓΑΡΕΔΩΚΑΫΜΙΝΪΝΑΚΑ
ΘΩϹΕΓΩΕΠΟΙΗϹΑΫΜΙ̅

13:16 ΚΑΙΫΜΕΙϹΠΟΙΗΤΕΑΜΗ̅
ΑΜΗΝΛΕΓΩΫΜΙΝΟΥΚΕ
ϹΤΙΔΟΥΛΟϹΜΕΙΖΩΝΤΟΥ
ΚΥΡΙΟΥΑΥΤΟΥΟΥΔΕΑ
ΠΟϹΤΟΛΟϹΜΕΙΖΩΝΤΟΥ
ΠΕΜΨΑΝΤΟϹΑΥΤΟΝ
13:17 ΕΙΤΑΥΤΑΟΙΔΑΤΕΜΑΚΑ
ΡΙΟΙΕϹΤΕΕΑΝΠΟΙΗΤΕ
13:18 ΑΥΤΑΟΥΠΕΡΙΠΑΝΤΩΝ
ΫΜΩΝΛΕΓΩΕΓΩΟΙΔΑ
ΤΙΝΑϹΕΞΕΛΕΞΑΜΗΝΑΛ
ΛΪΝΑΗΓΡΑΦΗΠΛΗΡΩΘΗ
> ΟΤΡΩΓΩΝΜΟΥΤΟΝΑΡ
> ΤΟΝΕΠΗΡΕΝΕΜΕΤΗΝ
13:19 > ΠΤΕΡΝΑΝΑΥΤΟΥΑΠΑΡ
ΤΙΛΕΓΩΫΜΙΝΠΡΟΤΟΥ
ΓΕΝΕϹΘΑΙΪΝΑΠΙϹΤΕΥ
ΗΤΕΟΤΑΝΓΕΝΗΤΑΙΟΤΙ
13:20 ΕΓΩΕΙΜΙΑΜΗΝΑΜΗΝ
ΛΕΓΩΫΜΙΝΟΛΑΜΒΑΝΩ̅
ΑΝΤΙΝΑΠΕΜΨΩΕΜΕΛΑΜ
ΒΑΝΕΙΟΔΕΕΜΕΛΑΜΒΑΝΩ̅
ΛΑΜΒΑΝΕΙΤΟΝΠΕΜΨΑ̅
13:21 ΡΙΖ ΤΑΜΕ ΤΑΥΤΑΕΙΠΩΝ
Ι̅Ϲ̅ΕΤΑΡΑΧΘΗΤΩΠΝΕΥ
ΜΑΤΙΚΑΙΕΜΑΡΤΥΡΗϹΕ̅
ΚΑΙΕΙΠΕΝΑΜΗΝΑΜΗΝ
ΫΜΙΝΛΕΓΩΟΤΙΕΙϹΕΞΥ
13:22 ΜΩΝΠΑΡΑΔΩϹΕΙΜΕΕ
ΒΛΕΠΟΝΕΙϹΑΛΛΗΛΟΥϹ
ΟΙΜΑΘΗΤΑΙΑΠΟΡΟΥΜΕ
ΝΟΙΠΕΡΙΤΙΝΟϹΛΕΓΕΙ
13:23 ΗΝΑΝΑΚΕΙΜΕΝΟϹΕΙϹ
ΕΚΤΩΝΜΑΘΗΤΩΝΑΥΤΟΥ
ΕΝΤΩΚΟΛΠΩΤΟΥΙ̅Υ̅ΟΝ
13:24 ΗΓΑΠΑΙ̅Ϲ̅ΝΕΥΕΙΟΥΝΤΟΥ
ΤΩϹΙΜΩΝΠΕΤΡΟϹΚΑΙ
ΛΕΓΕΙΑΥΤΩΕΙΠΕΤΙϹΕ
13:25 ϹΤΙΝΠΕΡΙΟΥΛΕΓΕΙΑΝΑ
ΠΕϹΩΝΕΚΕΙΝΟϹΟΥΤΩϹ
ΕΠΙΤΟϹΤΗΘΟϹΤΟΥΙ̅Υ̅
ΛΕΓΕΙΑΥΤΩΚ̅Ε̅ΤΙϹΕϹΤΙ̅

ΑΠΟΚΡΕΙΝΕΤΑΙΟΥΝΙ͞Σ 13:26
ΕΚΕΙΝΟϹΕϹΤΙΝΩΕΓΩΒΑ
ΨΩΤΟΨΩΜΙΟΝΚΑΙΔΩ
ϹΩΑΥΤΩΒΑΨΑϹΟΥΝΨΩ
ΜΙΟΝΛΑΜΒΑΝΕΙΚΑΙΔΙ
ΔΩϹΙΪΟΥΔΑϹΙΜΩΝΟϹΪ
ϹΚΑΡΙΩΤΟΥΚΑΙΜΕΤΑΤΟ 13:27
ΨΩΜΙΟΝΤΟΤΕΕΙϹΗΛΘΕ͞
ΕΙϹΕΚΕΙΝΟΝΟϹΑΤΑΝΑϹ
ΛΕΓΕΙΟΥΝΑΥΤΩΙ͞ϹΟΠΟΙ
ΕΙϹΠΟΙΗϹΟΝΤΑΧΕΙΟΝ
ΤΟΥΤΟΟΥΔΕΙϹΕΓΝΩΤΩ͞ 13:28
ΑΝΑΚΕΙΜΕΝΩΝΠΡΟϹΤΙ
ΕΙΠΕΝΑΥΤΩΤΙΝΕϹΓΑΡ 13:29
ΕΔΟΚΟΥΝΕΠΕΙΤΟΓΛΩϹ
ϹΟΚΟΜΟΝΕΙΧΕΝΪΟΥΔΑϹ
ΟΤΙΛΕΓΕΙΑΥΤΩΙ͞ϹΑΓΟ
ΡΑϹΟΝΩΝΧΡΕΙΑΝΕΧΟΜΕ͞
ΕΙϹΤΗΝΕΟΡΤΗΝΗΤΟΙϹ
ΠΤΩΧΟΙϹΪΝΑΤΙΔΩΛΑ 13:30
ΒΩΝΟΥΝΤΟΨΩΜΙΟΝΕ
ΚΕΙΝΟϹΕΞΗΛΘΕΝΕΥΘΥϹ
ΣΗ ΗΝΔΕΝΥΞ ΟΤΕΟΥΝΕ 13:31
ΞΗΛΘΕΝΛΕΓΕΙΙ͞ϹΝΥΝΕ
ΔΟΞΑϹΘΗΟΥΙΟϹΤΟΥΑΝ
ΘΡΩΠΟΥΚΑΙΟΘ͞ϹΕΔΟΞΑ
ϹΘΗΕΝΑΥΤΩΚΑΙΟΘ͞ϹΔΟ 13:32
ΞΑϹΕΙΑΥΤΟΝΕΝΑΥΤΩ
ΚΑΙΕΥΘΥϹΔΟΞΑϹΕΙΑΥΤΟ͞
ΤΕΚΝΙΑΕΤΙΜΕΙΚΡΟΝΜΕ 13:33
ΘΥΜΩΝΕΙΜΙΖΗΤΗϹΕΤΕ
ΜΕΚΑΙΚΑΘΩϹΕΙΠΟΝΤΟΙϹ
ΪΟΥΔΑΙΟΙϹΟΤΙΟΠΟΥΕΓΩ
ΫΠΑΓΩΫΜΕΙϹΟΥΔΥΝΑ
ϹΘΕΕΛΘΕΙΝΚΑΙΫΜΙΝΛΕ
ΓΩΑΡΤΙΕΝΤΟΛΗΝΚΑΙΝΗ͞ 13:34
ΔΙΔΩΜΙΫΜΙΝΪΝΑΑΓΑΠΑ
ΤΕΑΛΛΗΛΟΥϹΚΑΘΩϹΗΓΑ
ΠΗϹΑΫΜΑϹΪΝΑΚΑΙΫΜΕΙϹ
ΑΓΑΠΑΤΕΑΛΛΗΛΟΥϹΕΝ 13:35
ΤΟΥΤΩΓΝΩϹΟΝΤΑΙΠΑ͞
ΤΕϹΟΤΙΕΜΟΙΜΑΘΗΤΑΙΕ

ϹΤΕΕΑΝΑΓΑΠΗΝΕΧΗΤΕ
13:36 ΕΝΑΛΛΗΛΟΙϹ ΛΕΓΕΙΑΥ
ΤΩϹΙΜΩΝΠΕΤΡΟϹΚ̅Ε̅ΠΟΥ
ΫΠΑΓΕΙϹΑΠΕΚΡΙΘΗΙ̅Ϲ̅Ο
ΠΟΥΫΠΑΓΩΟΥΔΥΝΑϹΑΙ
ΜΟΙΝΥΝΑΚΟΛΟΥΘΗϹΑΙ
ΑΚΟΛΟΥΘΗϹΕΙϹΔΕΫϹΤΕ
13:37 ΡΟΝ ΛΕΓΕΙΑΥΤΩΟΠΕΤΡΟϹ
Κ̅Ε̅ΔΙΑΤΙΟΥΔΥΝΑΜΑΙϹΟΙ
ΑΚΟΛΟΥΘΕΙΝΑΡΤΙΤΗΝ
ΨΥΧΗΝΜΟΥΫΠΕΡϹΟΥΘΗϹΩ
13:38 ΑΠΟΚΡΕΙΝΕΤΑΙΙ̅Ϲ̅ΤΗΝ
ΨΥΧΗΝϹΟΥΫΠΕΡΕΜΟΥ
ΘΗϹΕΙϹΑΜΗΝΑΜΗΝΛΕ
ΓΩϹΟΙΟΥΜΗΑΛΕΚΤΩΡ
ΦΩΝΗϹΗΕΩϹΟΥΑΡΝΗϹΗ
14:1 ριθ ΜΕΤΡΙϹΜΗΤΑΡΑϹϹΕϹΘΩ
ΫΜΩΝΗΚΑΡΔΙΑΠΙϹΤΕΥ
ΕΤΕΕΙϹΤΟΝΘ̅Ν̅ΚΑΙΕΙϹΕ
14:2 ΜΕΠΙϹΤΕΥΕΤΕΕΝΤΗΟΙ
ΚΙΑΤΟΥΠΑΤΡΟϹΜΟΥΜΟ
ΝΑΙΠΟΛΛΑΙΕΙϹΙΝΕΙΔΕΜΗ
ΕΙΠΟΝΑΝΫΜΙΝΟΤΙΠΟ
ΡΕΥΟΜΑΙΕΤΟΙΜΑϹΑΙΤΟ
14:3 ΠΟΝΫΜΙΝΚΑΙΕΑΝΠΟΡΕΥ
ΘΩΚΑΙΕΤΟΙΜΑϹΩΤΟ
ΠΟΝΫΜΙΝΠΑΛΙΝΕΡΧΟ
ΜΑΙΚΑΙΠΑΡΑΛΗΜΨΟΜΑΙ
ΫΜΑϹΠΡΟϹΕΜΑΥΤΟΝΪ
ΝΑΟΠΟΥΕΙΜΙΕΓΩΚΑΙΫ
14:4 ΜΕΙϹΗΤΕΚΑΙΟΠΟΥΕΓΩ
ΫΠΑΓΩΟΙΔΑΤΕΤΗΝΟΔΟ̅
14:5 ΛΕΓΕΙΑΥΤΩΘΩΜΑϹΚ̅Ε̅
ΟΥΚΟΙΔΑΜΕΝΠΟΥΫΠΑ
ΓΕΙϹΠΩϹΟΙΔΑΜΕΝΤΗ̅
14:6 ΟΔΟΝΛΕΓΕΙΑΥΤΩΟΙ̅Ϲ̅
ΕΓΩΕΙΜΙΗΟΔΟϹΚΑΙΗ
ΑΛΗΘΕΙΑΚΑΙΗΖΩΗΟΥ
ΔΕΙϹΕΡΧΕΤΑΙΠΡΟϹΤΟ̅
ΠΑΤΕΡΑΕΙΜΗΔΙΕΜΟΥ
14:7 ΕΙΕΓΝΩΚΕΙΤΕΜΕΚΑΙ
ΤΟΝΠΑΤΕΡΑΜΟΥΑΝΗ

ΔΕΙΤΕΑΠΑΡΤΙΓΕΙΝΩ
ϹΚΕΤΕΑΥΤΟΝΚΑΙΕΩΡΑ
ΚΑΤΕ·ΛΕΓΕΙΑΥΤΩΦΙΛΙΠ 14:8
ΠΟϹΚ̅Ε̅ΔΕΙΞΟΝΗΜΙΝΤΟ̅
ΠΑΤΕΡΑΚΑΙΑΡΚΕΙΗΜΙΝ
ΛΕΓΕΙΑΥΤΩΟΙ̅Ϲ̅ΤΟϹΟΥ 14:9
ΤΟΝΧΡΟΝΟΝΜΕΘΥΜΩ̅
ΕΙΜΙΚΑΙΟΥΚΕΓΝΩΚΑϹ
ΜΕΦΙΛΙΠΠΕΟΕΩΡΑΚΩϹ
ΕΜΕΕΩΡΑΚΕΝΤΟΝΠΑ
ΤΕΡΑΠΩϹϹΥΛΕΓΕΙϹΔΕΙ
ΞΟΝΗΜΙΝΤΟΝΠΑΤΕΡΑ
ΟΥΠΙϹΤΕΥϹΕΙϹΟΤΙΕΓΩ 14:10
ΕΝΤΩΠΑΤΡΙΚΑΙΟΠΑΤΗΡ
ΕΝΕΜΟΙΕϹΤΙΝ ΤΑΡΗ
ΛΕΓΩ
ΜΑΤΑΑΕΓΩΫΜΙΝΑΠΕ
ΜΑΥΤΟΥΟΥΛΑΛΩΟΔΕ
ΠΑΤΗΡΕΝΕΜΟΙΜΕΝΩ̅
ΠΟΙΕΙΤΑΕΡΓΑΑΥΤΟΥΠΙ 14:11
ϹΤΕΥΕΤΕΜΟΙΟΤΙΕΓΩ
ΕΝΤΩΠΑΤΡΙΚΑΙΟΠΑΤΗΡ
ΕΝΕΜΟΙΕΙΔΕΜΗΔΙΑΤΑ
ΕΡΓΑΑΥΤΟΥΠΙϹΤΕΥΕ
ΤΕΜΟΙ ΑΜΗΝΑΜΗΝΛΕΓΩ 14:12
Ν ΫΜΙΝΟΠΙϹΤΕΥΩΝΕΙϹΕ
ΜΕΤΑΕΡΓΑΑΕΓΩΠΟΙΩ
ΚΑΚΕΙΝΟϹΠΟΙΗϹΕΙΚΑΙ
ΜΕΙΖΟΝΑΤΟΥΤΩΝΠΟΙ
ΗϹΕΙΟΤΙΕΓΩΠΡΟϹΤΟΝ
ΠΑΤΕΡΑΠΟΡΕΥΟΜΑΙΚΑΙ 14:13
ΟΤΙΑΝΑΙΤΗΤΑΙΕΝΤΩ
ΟΝΟΜΑΤΙΜΟΥΤΟΥΤΟ
ΠΟΙΗϹΩΪΝΑΔΟΞΑϹΘΗ
ΟΠΑΤΗΡΕΝΤΩΥΙΩΕΑΝ 14:14
ΤΙΑΙΤΗϹΗΤΕΜΕΕΝΤΩ
ΟΝΟΜΑΤΙΜΟΥΤΟΥΤΟ
ΠΟΙΗϹΩΕΑΝΑΓΑΠΑΤΕ 14:15
ΜΕΤΑϹΕΝΤΟΛΑϹΤΑϹΕ
ΜΑϹΤΗΡΗϹΕΤΕΚΑΓΩ 14:16
ΕΡΩΤΗϹΩΤΟΝΠΑΤΕΡΑ
ΚΑΙΑΛΛΟΝΠΑΡΑΚΛΗΤΟ̅
ΔΩϹΕΙΫΜΙΝΪΝΑΜΕΘΫ

ΜΩΝΕΙΣΤΟΝΑΙΩΝΑΗ
14:17 ΤΟΠΝΕΥΜΑΤΗΣΑΛΗΘΕΙ
ΑΣΟΟΚΟΣΜΟΣΟΥΔΥΝΑ
ΤΑΙΛΑΒΕΙΝΟΤΙΟΥΘΕΩ
ΡΕΙΑΥΤΟΟΥΔΕΓΕΙΝΩΣΚΕΙ
ΫΜΕΙΣΓΕΙΝΩΣΚΕΤΕΑΥΤΟ
ΟΤΙΠΑΡΥΜΙΝΜΕΝΕΙΚΑΙ
14:18 ΕΝΥΜΙΝΕΣΤΙΝΟΥΚΑΦΗ
ΣΩΫΜΑΣΟΡΦΑΝΟΥΣΕΡ
14:19 ΧΟΜΑΙΠΡΟΣΫΜΑΣΕΤΙ
ΜΕ̇ΙΚΡΟΝΚΑΙΟΚΟΣΜΟΣ
ΜΕΟΥΚΕΤΙΘΕΩΡΕΙΫΜΕΙΣ
ΔΕΘΕΩΡΕΙΤΕΜΕΟΤΙΕΓΩ
ΖΩΚΑΙΫΜΕΙΣΖΗΣΕΤΕ
14:20 ΕΝΕΚΕΙΝΗΤΗΗΜΕΡΑΫ
ΜΕΙΣΓΝΩΣΕΣΘΕΟΤΙΕΓΩ
ΕΝΤΩΠΑΤΡΙΜΟΥΚΑΙΫ
ΜΕΙΣΕΝΕΜΟΙΚΑΓΩΕΝ
14:21 ΫΜΙΝΟΕΧΩΝΤΑΣΕΝΤΟ
ΛΑΣΜΟΥΚΑΙΤΗΡΩΝΑΥ
ΤΑΣΕΚΕΙΝΟΣΕΣΤΙΝΟΑ
ΓΑΠΩΝΜΕΟΔΕΑΓΑΠΩ̄
ΜΕΑΓΑΠΗΘΗΣΕΤΑΙΫΠΟ
ΤΟΥΠΑΤΡΟΣΜΟΥΚΑΓΩ
ΑΓΑΠΗΣΩΑΥΤΟΝΚΑΙΕΜ
ΦΑΝΙΣΩΑΥΤΩΕΜΑΥΤΟ̄
14:22 ΝΑ ΛΕΓΕΙΑΥΤΩΪΟΥΔΑΣΟΥ
ΧΟΪΣΚΑΡΙΩΤΗΣΚΕ̄ΤΙΓΕ
ΓΟΝΕΝΟΤΙΗΜΙΝΜΕΛΛΕΙΣ
ΕΜΦΑΝΙΖΕΙΝΣΕΑΥΤΟ̄
14:23 ΚΑΙΟΥΧΙΤΩΚΟΣΜΩΑ
ΠΕΚΡΙΘΗῙΣ̄ΚΑΙΕΙΠΕΝΑΥ
ΤΩΕΑΝΤΙΣΑΓΑΠΑΜΕ
ΤΟΝΛΟΓΟΝΜΟΥΤΗΡΗΣΕΙ
ΚΑΙΟΠΑΤΗΡΜΟΥΑΓΑΠΗ
ΣΕΙΑΥΤΟΝΚΑΙΠΡΟΣΑΥ
ΤΟΝΕΛΕΥΣΟΜΕΘΑΚΑΙ
ΜΟΝΗΝΠΑΡΑΥΤΩΠΟΙΗ
14:24 ΣΟΜΕΘΑΟΜΗΑΓΑΠΩΝ
ΜΕΤΟΥΣΛΟΓΟΥΣΜΟΥ
ΟΥΤΗΡΕΙΚΑΙΟΛΟΓΟΣΟ̄
ΑΚΟΥΕΤΕΟΥΚΕΣΤΙΝΕΜΟΣ

ΑΛΛΑΤΟΥΠΕΜΨΑΝΤΟϹ
ΜΕΠΑΤΡΟϹΤΑΥΤΑΛΕ 14:25
ΛΑΛΗΚΑΫΜΙΝΠΑΡΥΜΙΝ
ΜΕΝΩΝΟΔΕΠΑΡΑΚΛΗ 14:26
ΤΟϹΤΟΠΝΕΥΜΑΤΟΑΓΙΟ̄
ΟΠΕΜΨΕΙΟΠΑΤΗΡΕΝΤΩ
ΟΝΟΜΑΤΙΜΟΥΕΚΕΙΝΟϹ
ΫΜΑϹΔΙΔΑΞΕΙΠΑΝΤΑϏ
ΫΠΟΜΝΗϹΕΙΫΜΑϹΠΑΝ
ΤΑΑΕΙΠΟΝΫΜΙΝΕΓΩ
ΝΒ ΕΙΡΗΝΗΝΑΦΙΗΜΙΫΜῙ 14:27
ΕΙΡΗΝΗΝΤΗΝΕΜΗΝΔΙ
ΔΩΜΙΫΜΙΝΟΥΚΑΘΩϹ
ΟΚΟϹΜΟϹΔΙΔΩϹΙΝΕΓΩ
ΔΙΔΩΜΙΫΜΙΝΜΗΤΑΡΑϹ
ϹΕϹΘΩΫΜΩΝΗΚΑΡΔΙΑ
ΜΗΔΕΔ^εΙΛΙΑΤΩΗΚΟΥϹΑ 14:28
ΤΕΟΤΙΕΓΩΕΙΠΟΝΫΜΙΝ
ΫΠΑΓΩΚΑΙΕΡΧΟΜΑΙΠΡΟϹ
ΫΜΑϹΕΙΗΓΑΠΑΤΕΜΕΕ
ΧΑΡΗΤΕΑΝΟΤΙΠΟΡΕΥΟ
ΜΑΙΠΡΟϹΤΟΝΠΑΤΕΡΑ
ΟΤΙΟΠΑΤΗΡΜΕΙΖΩΝ
ΜΟΥΕϹΤΙΝΚΑΙΝΥΝΕΙ 14:29
ΡΗΚΑΫΜΙΝΠΡΙΝΓΕΝΕ
ϹΘΑΙΪΝΑΟΤΑΝΓΕΝΗΤΑΙ
ΠΙϹΤΕΥϹΗΤΕΟΥΚΕΤΙ 14:30
ΠΟΛΛΑΛΑΛΗϹΩΜΕΘΥ
ΜΩΝΕΡΧΕΤΑΙΓΑΡΟΤΟΥ
ΚΟϹΜΟΥΑΡΧΩΝΚΑΙΕ
ΝΕΜΟΙΟΥΚΕΧΕΙΟΥΔΕ̄
ΑΛΛΊΝΑΓΝΩΟΚΟϹΜΟϹ 14:31
ΟΤΙΑΓΑΠΩΤΟΝΠΑΤΕΡΑ
ΚΑΙΚΑΘΩϹΕΝΤΟΛΗΝΕ
ΔΩΚΕΝΜΟΙΟΠΑΤΗΡΟΥ
ΝΓ ΤΩϹΠΟΙΩ ΕΓΕΙΡΕϹΘΕ
ΑΓΩΜΕΝΕΝΤΕΥΘΕΝΕΓΩ 15:1
ΕΙΜΙΗΑΜΠΕΛΟϹΗΑΛΗ
ΘΙΝΗΚΑΙΟΠΑΤΗΡΜΟΥ
ΟΓΕΩΡΓΟϹΕϹΤΙΝΠΑΝ 15:2
ΚΛΗΜΑΕΝΕΜΟΙΜΗΦΕ
ΡΟΝΚΑΡΠΟΝΑΙΡΕΙΑΥΤΟ

ΚΑΙΠΑΝΤΟΚΑΡΠΟΝΦΕ
ΡΟΝΚΑΘΑΙΡΕΙΑΥΤΟΙΝΑ
ΚΑΡΠΟΝΠΛΕΙΟΝΑΦΕΡΗ
15:3 ΗΔΗΫΜΕΙϹΚΑΘΑΡΟΙΕ
ϹΤΕΔΙΑΤΟΝΛΟΓΟΝΟΝ
15:4 ΛΕΛΑΛΗΚΑΫΜΙΝΜΕΙΝΑ
ΤΕΕΝΕΜΟΙΚΑΓΩΕΝΥ
ΜΙΝΚΑΘΩϹΤΟΚΛΗΜΑ
ΟΥΔΥΝΑΤΑΙΚΑΡΠΟΝ
ΦΕΡΕΙΝΑΦΕΑΥΤΟΥΕ
ΑΝΜΗΜΕΝΗΕΝΤΗΑΜ
ΠΕΛΩΟΥΤΩϹΟΥΔΕΫ
ΜΕΙϹΕΑΝΜΗΕΝΕΜΟΙΜΕ
15:5 ΝΗΤΕΕΓΩΕΙΜΙΗΑΜΠΕ
ΛΟϹΫΜΕΙϹΤΑΚΛΗΜΑΤΑ
ΟΜΕΝΩΝΕΝΕΜΟΙΚΑΓΩ
ΕΝΑΥΤΩΟΥΤΟϹΦΕΡΕΙ
ΚΑΡΠΟΝΠΟΛΥΝΟΤΙΧΩ
ΡΙϹΕΜΟΥΟΥΔΥΝΑϹΘΕ
15:6 ΠΟΙΕΙΝΟΥΔΕΕΝΕΑΝΜΗ
ΤΙϹΜΕΝΗΕΝΕΜΟΙΕΒΛΗ
ΘΗΕΞΩΩϹΤΟΚΛΗΜΑϗ
ΕΞΗΡΑΝΘΗΚΑΙϹΥΝΑΓΟΥ
ϹΙΝΑΥΤΑΚΑΙΕΙϹΤΟΠΥΡ
ΒΑΛΛΟΥϹΙΝΚΑΙΚΑΙΕΤΑΙ
15:7 ΕΑΝΜΗΜΕΙΝΗΤΕΕΝΕ
ΜΟΙΚΑΙΤΑΡΗΜΑΤΑΜΟΥ
ΕΝΫΜΙΝΜΕΙΝΗΟΑΝΘΕ
ΛΗΤΕΑΙΤΗϹΑϹΘΕΚΑΙ
15:8 ΓΕΝΗϹΕΤΑΙΫΜΙΝΕΝΤΟΥ
ΤΩΕΔΟΞΑϹΘΗΟΠΑΤΗΡ
ΜΟΥΪΝΑΚΑΡΠΟΝΠΟΛΥ
ΦΕΡΗΤΕΚΑΙΓΕΝΗϹΘΕ
15:9 ΕΜΟΙΜΑΘΗΤΑΙΚΑΘΩϹ
ΗΓΑΠΗϹΕΝΜΕΟΠΑΤΗΡ
ΚΑΓΩΫΜΑϹΗΓΑΠΗϹΑ
ΜΕΙΝΑΤΕΕΝΤΗΑΓΑΠΗΤΗ
15:10 ΕΜΗΕΑΝΤΑϹΕΝΤΟΛΑϹ
ΜΟΥΤΗΡΗϹΗΤΕΜΕΝΕΙ
ΤΕΕΝΤΗΑΓΑΠΗΜΟΥΚΑ
ΘΩϹΕΓΩΤΟΥΠΑΤΡΟϹ
ΤΑϹΕΝΤΟΛΑϹΤΕΤΗΡΗ

ΚΑΚΑΙΜΕΝΩΑΥΤΟΥΕ
ΝΔ ΤΗΑΓΑΠΗ ΤΑΥΤΑΛΕΛΑΛΗ 15:11
ΚΑΫΜΙΝΪΝΑΗΧΑΡΑΗΕ
ΜΗΕΝΫΜΙΝΗΚΑΙΗΧΑΡΑ
ΫΜΩΝΠΛΗΡΩΘΗΑΥΤΗ 15:12
ΕϹΤΙΝΗΕΝΤΟΛΗΗΕΜΗ
ΪΝΑΑΓΑΠΑΤΕΑΛΛΗΛΟΥϹ
ΚΑΘΩϹΗΓΑΠΗϹΑΫΜΑϹ
ΜΕΙΖΟΝΑΤΑΥΤΗϹΑΓΑ 15:13
ΠΗΝΟΥΔΕΕΙϹΕΧΕΙΪΝΑ
ΤΙϹΤΗΝΨΥΧΗΝΑΥΤΟΥ
ΘΗΫΠΕΡΤΩΝΦΙΛΩΝ
ΑΥΤΟΥΫΜΕΙϹΦΙΛΟΙΜΟΥ 15:14
ΕϹΤΕΕΑΝΠΟΙΗΤΕΟΕΓΩ
ΕΝΤΕΛΛΟΜΑΙΫΜΙΝΟΥ 15:15
ΚΕΤΙΛΕΓΩΫΜΑϹΔΟΥ
ΛΟΥϹΟΤΙΟΔΟΥΛΟϹΟΥ
ΚΟΙΔΕΝΤΙΠΟΙΕΙΑΥΤΟΥ
ΟΚ̅Ϲ̅ΫΜΑϹΔΕΕΙΡΗΚΑΦΙ
ΛΟΥϹΟΤΙΠΑΝΤΑΑΗΚΟΥ
ϹΑΠΑΡΑΤΟΥΠΑΤΡΟϹ
ΜΟΥΕΓΝΩΡΙϹΑΫΜΙΝ
ΟΥΧΫΜΕΙϹΜΕΕΞΕΛΕΞΑ 15:16
ϹΘΑΪΑΛΛΑΕΓΩΕΞΕΛΕΞΑ
ΜΗΝΫΜΑϹΚΑΙΕΘΗΚΑΫ
ΜΑϹΪΝΑΫΜΕΙϹΫΠΑΓΗΤΕ
ΚΑΙΚΑΡΠΟΝΦΕΡΗΤΕ
ΚΑΙΟΚΑΡΠΟϹΫΜΩΝΜΕ
ΝΗΪΝΑΟΤΙΑΝΑΙΤΗΤΕ
ΤΟΝΠΑΤΕΡΑΕΝΤΩΟΝΟ
ΝΕ ΜΑΤΙΜΟΥΔΩΫΜΙΝΤΑΥ 15:17
ΤΑΕΝΤΕΛΛΟΜΑΙΫΜΙΝ
ΙΝΑΑΓΑΠΑΤΕΑΛΛΗΛΟΥϹ
ΕΙΟΚΟϹΜΟϹΫΜΑϹΜΕΙ 15:18
ϹΕΙΓΕΙΝΩϹΚΕΤΕΟΤΙΕ
ΜΕΠΡΩΤΟΝΫΜΩΝΜΕ
ΜΕΙϹΗΚΕΝΕΙΕΚΤΟΥΚΟϹ 15:19
ΜΟΥΗΤΕΟΚΟϹΜΟϹΑΝ
ΤΟΪΔΙΟΝΕΦΙΛΕΙΟΤΙΔΕ
ΕΚΤΟΥΚΟϹΜΟΥΟΥΚΕ
ϹΤΕΑΛΛΑΕΓΩΕΞΕΛΕΞΑ
ΜΗΝΫΜΑϹΕΚΤΟΥΚΟϹΜΟΥ

ΔΙΑΤΟΥΤΟΜΕΙϹΕΙΫΜΑϹ
15:20 ΟΚΟϹΜΟϹΜΝΗΜΟΝΕΥ
ΕΤΕΤΟΥΛΟΓΟΥΟΥΕΓΩ
ΕΙΠΟΝΫΜΙΝΟΥΚΕϹΤΙΝ
ΔΟΥΛΟϹΜΕΙΖΩΝΤΟΥ
ΚΥΡΙΟΥΑΥΤΟΥΕΙΕΜΕ
ΕΔΙΩΞΑΝΚΑΙΫΜΑϹΔΙΩ
ΞΟΥϹΙΝΕΙΤΟΝΛΟΓΟΝΜΟΥ
ΕΤΗΡΗϹΑΝΚΑΙΤΟΝΫ
ΜΕΤΕΡΟΝΤΗΡΗϹΟΥϹΙΝ
15:21 ΑΛΛΑΤΑΥΤΑΠΑΝΤΑΠΟΙ
ΗϹΟΥϹΙΝΕΙϹΫΜΑϹΔΙΑ
ΤΟΟΝΟΜΑΜΟΥΟΤΙΟΥΚΟΙ
ΔΑϹΙΤΟΝΠΕΜΨΑΝΤΑ
15:22 ΜΕ ΕΙΜΗΗΛΘΟΝΚΑΙΕΛΑ
ΛΗϹΑΑΥΤΟΙϹΑΜΑΡΤΙΑ̅
ΟΥΚΕΙΧΟϹΑΝΝΥΝΔΕ
ΠΡΟΦΑϹΙΝΟΥΚΕΧΟΥ
ϹΙΝΠΕΡΙΤΗϹΑΜΑΡΤΙΑϹ
15:23 ΑΥΤΩΝ ΟΕΜΕΜΕΙϹΩΝ
ΚΑΙΤΟΝΠΑΤΕΡΑΜΟΥΜΕΙ
15:24 ϹΕΙΕΙΤΑΕΡΓΑΜΗΕΠΟΙΗ
ϹΑΕΝΑΥΤΟΙϹΑΟΥΔΕΙϹ
ΑΛΛΟϹΕΠΟΙΗϹΕΝΑΜΑΡ
ΤΙΑΝΟΥΚΕΙΧΟϹΑΝΝΥΝ
ΔΕΚΑΙΕΩΡΑΚΑϹΙΝΚΑΙ
ΜΕΜΕΙϹΗΚΑϹΙΝΚΑΙΕΜΕ
15:25 ΚΑΙΤΟΝΠΑΤΕΡΑΜΟΥΑΛ
ΛΙΝΑΠΛΗΡΩΘΗΟΛΟΓΟϹ
ΟΕΝΤΩΝΟΜΩΑΥΤΩΝ
ΓΕΓΡΑΜΜΕΝΟϹΟΤΙΕΜΕΙ
15:26 ΝϚ ϹΗϹΑΝΜΕΔΩΡΕΑΝ ΟΤΑ̅
ΕΛΘΗΟΠΑΡΑΚΛΗΤΟϹΟΝ
ΕΓΩΠΕΜΨΩΫΜΙΝΠΑΡΑ
ΤΟΥΠΑΤΡΟϹΤΟΠΝΕΥΜΑ
ΤΗϹΑΛΗΘΕΙΑϹΟΠΑΡΑΤΟΥ
ΠΑΤΡΟϹΕΚΠΟΡΕΥΕΤΑΙ
ΕΚΕΙΝΟϹΜΑΡΤΥΡΗϹΕΙ
15:27 ΠΕΡΙΕΜΟΥΚΑΙΫΜΕΙϹΔΕ
ΜΑΡΤΥΡΕΙΤΕΟΤΙΑΠΑΡ
16:1 ΧΗϹΜΕΤΕΜΟΥΕϹΤΕΤΑΥ
ΤΑΛΕΛΑΛΗΚΑΫΜΙΝ·ΪΝΑ

ΜΗϹΚΑΝΔΑΛΙϹΘΗΤΕΑΠΟ 16:2
ϹΥΝΑΓΩΓΟΥϹΠΟΙΗϹΟΥ
ϹΙΝΫΜΑϹΑΛΛΕΡΧΕΤΑΙ
ΩΡΑΪΝΑΠΑϹΟΑΠΟΚΤΕΙ
ΝΑϹΔΟΞΗΛΑΤΡΕΙΑΝΠΡΟϹ
ΦΕΡΕΙΝΤΩΘ̅Ω̅ΚΑΙΤΑΥ 16:3
ΤΑΠΟΙΗϹΟΥϹΙΝΟΤΙΟΥ
ΚΕΓΝΩϹΑΝΤΟΝΠΑΤΕ
ΡΑΟΥΔΕΕΜΕΑΛΛΑΤΑΥ 16:4
ΤΑΛΕΛΑΛΗΚΑΫΜΙΝΪΝΑ
ΟΤΑΝΕΛΘΗΗΩΡΑΑΥΤΩ̅
ΜΝΗΜΟΝΕΥΗΤΕΑΥΤΩ̅
ΟΤΙΕΓΩΕΙΠΟΝΫΜΙΝΤΑΥ
ΤΑΔΕΫΜΙΝΕΞΑΡΧΗϹΟΥ
ΚΕΙΠΟΝΟΤΙΜΕΘΫΜΩ̅
ΗΜΗΝΝΥΝΔΕΫΠΑΓΩ 16:5
ΠΡΟϹΤΟΝΠΕΜΨΑΝΤΑ
ΜΕΚΑΙΟΥΔΕΙϹΕΞΫΜΩ̅
ΕΡΩΤΑΜΕΠΟΥΫΠΑΓΕΙϹ
ΑΛΛΟΤΙΤΑΥΤΑΛΕΛΑΛΗ 16:6
ΚΑΫΜΙΝΗΛΥΠΗΠΕΠΛΗ
ΡΩΚΕΝΫΜΩΝΤΗΝΚΑΡ
ΔΙΑΝΑΛΛΕΓΩΤΗΝΑΛΗ 16:7
ΘΕΙΑΝΛΕΓΩΫΜΙΝϹΥΜ
ΦΕΡΕΙΫΜΙΝΪΝΑΕΓΩΑ
ΠΕΛΘΩΕΑΝΓΑΡΜΗΑΠΕΛ
ΘΩΟΠΑΡΑΚΛΗΤΟϹΟΥ
ΜΗΕΛΘΗΠΡΟϹΫΜΑϹΕ
ΑΝΔΕΠΟΡΕΥΘΩΠΕΜΨΩ
ΑΥΤΟΝΠΡΟϹΫΜΑϹΚΑΙ 16:8
ΕΛΘΩΝΕΚΕΙΝΟϹΕΛΕΓ
ΞΕΙΤΟΝΚΟϹΜΟΝΠΕΡΙΑ
ΜΑΡΤΙΑϹΚΑΙΠΕΡΙΔΙΚΑΙ
ΟϹΥΝΗϹΚΑΙΠΕΡΙΚΡΙϹΕΩϹ
ΠΕΡΙΑΜΑΡΤΙΑϹΜΕΝΟΤΙ 16:9
ΟΥΠΙϹΤΕΥΟΥϹΙΝΕΙϹΕΜΕ
ΠΕΡΙΔΙΚΑΙΟϹΥΝΗϹΔΕ 16:10
ΟΤΙΠΡΟϹΤΟΝΠΑΤΕΡΑ
ΫΠΑΓΩΚΑΙΟΥΚΕΤΙΘΕΩ
ΡΕΙΤΕΜΕΠΕΡΙΔΕΚΡΙϹΕ 16:11
ΩϹΟΤΙΟΑΡΧΩΝΤΟΥΚΟϹ
ΜΟΥΤΟΥΤΟΥΚΕΚΡΙΤΑΙ

16:12 ΝΖ ΕΤΙΠΟΛΛΑΕΧΩΫΜΙΝΛΕ
ΓΕΙΝΑΛΛΟΥΔΥΝΑϹΘΕΒΑ
16:13 ϹΤΑΖΕΙΝΑΡΤΙΟΤΑΝΔΕ
ΕΛΘΗΕΚΕΙΝΟϹΤΟΠΝΕΥ
ΜΑΤΗϹΑΛΗΘΕΙΑϹΟΔΗ
ΓΗϹΕΙΫΜΑϹΕΙϹΤΗΝΑ
ΛΗΘΕΙΑΝΠΑϹΑΝΟΥΓΑΡ
ΛΑΛΗϹΕΙΑΦΕΑΥΤΟΥ
ΑΛΛΟϹΑΑΚΟΥϹΕΙΛΑΛΗ
ϹΕΙΚΑΙΤΑΕΡΧΟΜΕΝΑΑ
16:14 ΝΑΓΓΕΛΕΙΫΜΙΝΕΚΕΙΝΟϹ
ΕΜΕΔΟΞΑϹΕΙΟΤΙΕΚΤΟΥ
ΕΜΟΥΛΗΜΨΕΤΑΙΚΑΙΑ
16:15 ΝΑΓΓΕΛΕΙΫΜΙΝ ΠΑΝΤΑ
ΟϹΑΕΧΕΙΟΠΑΤΗΡΕΜΑ
ΕϹΤΙΝΔΙΑΤΟΥΤΟΕΙΠΟ̅
ΟΤΙΕΚΤΟΥΕΜΟΥΛΑΜ
ΒΑΝΕΙΚΑΙΑΝΑΓΓΕΛΕΙ
16:16 ΫΜΙΝ ΜΕΙΚΡΟΝ ΚΑΙΟΥΚΕ
ΤΙΘΕΩΡΕΙΤΕΜΕΚΑΙΠΑ
ΛΙΝΜΕΙΚΡΟΝΚΑΙΟΨΕϹΘΕ
16:17 ΜΕ ΕΙΠΑΝΟΥΝΕΚΤΩΝ
ΜΑΘΗΤΩΝΑΥΤΟΥΠΡΟϹ
ΑΛΛΗΛΟΥϹΤΙΕϹΤΙΤΟΥ
ΤΟΟΛΕΓΕΙΗΜΙΝΜΕΙΚΡΟ̅
ΚΑΙΟΥΘΕΩΡΕΙΤΕΜΕΚΑΙ
ΠΑΛΙΝΜΕΙΚΡΟΝΚΑΙΟΨΕ
ϹΘΕΜΕΚΑΙΟΤΙΫΠΑΓΩ
16:18 ΠΡΟϹΤΟΝΠΑΤΕΡΑ ΕΛΕ
ΓΟΝΟΥΝΤΙΕϹΤΙΤΟΥΤΟ
ΟΛΕΓΕΙΜΕΙΚΡΟΝΟΥΚΟΙ
16:19 ΝΗ ΔΑΜΕΝ ΕΓΝΩΙ̅Ϲ̅ ΟΤΙ
ΗΘΕΛΟΝΑΥΤΟΝΕΡΩΤΑ̅
ΚΑΙΕΙΠΕΝΑΥΤΟΙϹΠΕΡΙ
ΤΟΥΤΟΥΖΗΤΕΙΤΕΜΕ
ΤΑΛΛΗΛΩΝΟΤΙΕΙΠΟΝ
ΜΕΙΚΡΟΝΚΑΙΟΥΘΕΩΡΕΙ
ΤΕΜΕΚΑΙΠΑΛΙΝΜΕΙΚΡΟ̅
16:20 ΚΑΙΟΨΕϹΘΕΜΕ ΑΜΗΝ
ΑΜΗΝΛΕΓΩΫΜΙΝΟΤΙ
ΚΛΑΥϹΕΤΕΚΑΙΘΡΗΝΗ
ϹΕΤΕΫΜΕΙϹΟΔΕΚΟϹΜΟϹ

ΧΑΡΗϹΕΤΑΙ ΫΜΕΙϹΛΥ
ΠΗΘΗϹΕϹΘΕΑΛΛΗΛΥΠΗ
ΫΜΩΝΕΙϹΧΑΡΑΝΓΕΝΗ
ϹΕΤΑΙΗΓΥΝΗΟΤΑΝΤΙ 16:21
ΚΤΗΛΥΠΗΝΕΧΕΙΟΤΙΗΛ
ΘΕΝΗΩΡΑΑΥΤΗϹΟΤΑΝ
ΔΕΓΕΝΝΗϹΗΤΟΠΑΙΔΙΟ̅
ΟΥΚΕΤΙΜΝΗΜΟΝΕΥΕΙ
ΤΗϹΘΛΕΙΨΕΩϹΔΙΑΤΗΝ
ΧΑΡΑΝΟΤΙΕΓΕΝΝΗΘΗ
ΑΝΘΡΩΠΟϹΕΙϹΤΟΝΚΟϹ
ΜΟΝ ΚΑΙΫΜΕΙϹΟΥΝΝΫ̅ 16:22
ΜΕΝΛΥΠΗΝΕΧΕΤΕΠΑ
ΛΙΝΔΕΟΨΟΜΑΙΫΜΑϹΚ
ΧΑΡΗϹΕΤΑΙΫΜΩΝΗΚΑΡ
ΔΙΑΚΑΙΤΗΝΧΑΡΑΝΫΜΩ̅
ΟΥΔΕΙϹΑΡΕΙΑΦΥΜΩΝ
ΚΑΙΕΝΕΚΕΙΝΗΤΗΗΜΕΡΑ 16:23
ΕΜΕΟΥΚΕΡΩΤΗϹΕΤΕΟΥ
ΔΕΝ ΑΜΗΝΑΜΗΝΛΕΓΩ
ΫΜΙΝΑΝΤΙΑΙΤΗϹΗΤΕ
ΤΟΝΠΑΤΕΡΑΔΩϹΕΙΫΜΓ
ΕΝΤΩΟΝΟΜΑΤΙΜΟΥΕ 16:24
ΩϹΑΡΤΙΟΥΚΗΤΗϹΑΤΕ
ΟΥΔΕΝΕΝΤΩΟΝΟΜΑΤΙ
ΜΟΥΑΙΤΕΙΤΕΚΑΙΛΗΜ
ΨΕϹΘΕΪΝΑΗΧΑΡΑΫΜΩ̅
ΗΠΕΠΛΗΡΩΜΕΝΗ ΤΑΥ 16:25
ΝΘ ΤΑΕΝΠΑΡΟΙΜΙΑΙϹΛΕΛΑ
ΛΗΚΑΫΜΙΝΕΡΧΕΤΑΙΩ
ΡΑΟΤΕΟΥΚΕΤΙΕΝΠΑΡΟΙ
ΜΙΑΙϹΛΑΛΗϹΩΫΜΙΝΑΛ
ΛΑΠΑΡΡΗϹΙΑΠΕΡΙΤΟΥΠΑ
ΤΡΟϹΑΠΑΓΓΕΛΩΫΜΙΝ
ΕΝΕΚΕΙΝΗΤΗΗΜΕΡΑΕΝ 16:26
ΤΩΟΝΟΜΑΤΙΜΟΥΑΙΤΗ
ϹΕϹΘΕΚΑΙΟΥΛΕΓΩΫΜ Γ
ΟΤΙΕΓΩΕΡΩΤΗϹΩΤΟ̅
ΠΑΤΕΡΑΠΕΡΙΫΜΩΝΑΥ 16:27
ΤΟϹΓΑΡΟΠΑΤΗΡΦΙΛΕΙ
ΫΜΑϹΟΤΙΫΜΕΙϹΕΜΕΠΕ
ΦΙΛΗΚΑΤΕΚΑΙΠΕΠΙϹΤΕΥ

ΚΑΤΕΟΤΙΕΓΩΠΑΡΑΤΟΥ
16:28 ΠΑΤΡΟΣΕΞΗΛΘΟΝΕΞΗΛ
ΘΟΝΕΚΤΟΥΠΑΤΡΟΣΚΑΙ
ΕΛΗΛΥΘΑΕΙΣΤΟΝΚΟΣ
ΜΟΝΠΑΛΙΝΑΦΙΗΜΙΤΟ̅
ΚΟΣΜΟΝΚΑΙΠΟΡΕΥΟΜΑΙ
16:29 ΠΡΟΣΤΟΝΠΑΤΕΡΑΛΕΓΟΥ
ΣΙΝΟΙΜΑΘΗΤΑΙΑΥΤΟΥ
ΙΔΕΝΥΝΕΝΠΑΡΡΗΣΙΑΛΑ
ΛΕΙΣΚΑΙΠΑΡΟΙΜΙΑΝΟΥ
16:30 ΔΕΜΙΑΝΛΕΓΕΙΣΝΥΝΟΙ
ΔΑΜΕΝΟΤΙΟΙΔΑΣΠΑΝ
ΤΑΚΑΙΟΥΧΡΕΙΑΝΕΧΕΙΣ
ΙΝΑΤΙΣΣΕΕΡΩΤΑΕΝΤΟΥ
ΤΩΠΙΣΤΕΥΟΜΕΝΟΤΙ
16:31 ΑΠΟΘ̅Υ̅ΕΞΗΛΘΕΣ ΑΠΕ
ΚΡΙΘΗΑΥΤΟΙΣΙ̅Σ̅ΑΡΤΙΠΙ
16:32 ΣΤΕΥΕΤΕΪΔΟΥΕΡΧΕΤΑΙ
ΩΡΑΚΑΙΕΛΗΛΥΘΕΝΪΝΑ
ΣΚΟΡΠΙΣΘΗΤΕΕΚΑΣΤΟΣ
ΕΙΣΤΑΪΔΙΑΚΑΜΕΜΟΝΟ̅
ΑΦΗΤΕΚΑΙΟΥΚΕΙΜΙΜΟ
ΝΟΣΟΤΙΟΠΑΤΗΡΜΕΤΕ
16:33 ΜΟΥΕΣΤΙΝ ΤΑΥΤΑΛΕ.
ΛΑΛΗΚΑΫΜΙΝΪΝΑΕΝΕ
ΜΟΙΕΙΡΗΝΗΝΕΧΗΤΕ
ΕΝΤΩΚΟΣΜΩΘΛΕΙΨΙΝ
ΕΧΕΤΕΑΛΛΑΘΑΡΣΕΙΤΕ
ΕΓΩΝΕΝΙΚΗΚΑΤΟΝΚΟΣ
17:1 ΧΑ ΜΟΝ ΤΑΥΤΑΕΛΑΛΗ
ΣΕΝΙ̅Σ̅ΚΑΙΕΠΑΡΑΣΤΟΥΣ
ΟΦΘΑΛΜΟΥΣΑΥΤΟΥΕΙΣ
ΤΟΝΟΥΡΑΝΟΝΕΙΠΕΝΠΑ
ΤΕΡΕΛΗΛΥΘΕΝΗΩΡΑΔΟ
ΞΑΣΟΝΣΟΥΤΟΝΫΙΟΝ
17:2 ΪΝΑΟΥΙΟΣΔΟΞΑΣΗΣΕΚΑ
ΘΩΣΕΔΩΚΑΣΑΥΤΩΕΞΟΥ
ΣΙΑΝΠΑΣΗΣΣΑΡΚΟΣΪΝΑ
ΠΑΝΟΔΕΔΩΚΑΣΑΥΤΩ
ΔΩΣΕΙΑΥΤΟΙΣΖΩΗΝΑΙ
17:3 ΩΝΙΟΝΑΥΤΗΔΕΕΣΤΙΝ
ΗΑΙΩΝΙΟΣΖΩΗΪΝΑΓΕΙ

ΝΩϹΚΩϹΙϹΕΤΟΝΜΟ
ΝΟΝΑΛΗΘΙΝΟΝΘΝΚΑΙ
ΟΝΑΠΕϹΤΕΙΛΑϹΙΝΧΝ
ΕΓΩϹΕΕΔΟΞΑϹΑΕΠΙΤΗϹ 17:4
ΓΗϹΤΟΕΡΓΟΝΤΕΛΕΙΩ
ϹΑϹΟΔΕΔΩΚΑϹΜΟΙΪΝΑ
ΠΟΙΗϹΩΚΑΙΝΫΝΔΟΞΑ 17:5
ϹΟΝΜΕϹΥΠΑΤΕΡΠΑΡΑ
ϹΕΑΥΤΩΤΗΔΟΞΗΗΕΙ
ΧΟΝΠΡΟΤΟΥΤΟΝΚΟϹΜΟΝ
ΕΙΝΑΙΠΑΡΑϹΟΙΕΦΑΝΕ 17:6
ΡΩϹΑϹΟΥΤΟΟΝΟΜΑΤΟΙϹ
ΑΝΘΡΩΠΟΙϹΟΥϹΕΔΩ
ΚΑϹΜΟΙΕΚΤΟΥΚΟϹΜΟΥ
ϹΟΙΗϹΑΝΚΑΜΟΙΑΥΤΟΥϹ
ΕΔΩΚΑϹΚΑΙΤΟΝΛΟΓΟΝ
ϹΟΥΤΕΤΗΡΗΚΑΝΝΥΝ 17:7
ΕΓΝΩΚΑΝΟΤΙΠΑΝΤΑ
ΟϹΑΕΔΩΚΕϹΜΟΙΠΑΡΑ
ϹΟΥΕΙϹΙΝΟΤΙΤΑΡΗΜΑ 17:8
ΤΑΑΕΔΩΚΕϹΜΟΙΔΕΔΩ
ΚΑΑΥΤΟΙϹΚΑΙΑΥΤΟΙΕ
ΛΑΒΟΝΚΑΙΕΓΝΩϹΑΝΑ
ΛΗΘΩϹΟΤΙΠΑΡΑϹΟΥ
ΕΞΗΛΘΟΝΚΑΙΕΠΙϹΤΕΥ
ϹΑΝΟΤΙϹΥΜΕΑΠΕϹΤΕΙ
ΛΑϹ ΕΓΩΠΕΡΙΑΥΤΩΝ 17:9
ΕΡΩΤΩΟΥΠΕΡΙΤΟΥΚΟϹ
ΜΟΥΕΡΩΤΩΑΛΛΑΠΕΡΙ
ΩΝΔΕΔΩΚΑϹΜΟΙΟΤΙϹΟΙ
ΕΙϹΙΝΚΑΙΤΑΕΜΑΠΑΝΤΑ 17:10
ϹΑΕϹΤΙΝΚΑΙΤΑϹΑΕΜΑ
ΚΑΙΔΕΔΟΞΑϹΜΑΙΕΝΑΥ
ΤΟΙϹΚΑΙΟΥΚΕΤΙΕΙΜΙΕ̅ 17:11
ΤΩΚΟϹΜΩΚΑΙΑΥΤΟΙΕΝ
ΤΩΚΟϹΜΩΕΙϹΙΝΚΑΓΩ
ΠΡΟϹϹΕΕΡΧΟΜΑΙΠΑΤΗΡ
ΑΓΙΕΤΗΡΗϹΟΝΑΥΤΟΥϹ
ΕΝΤΩ ΟΝΟΜΑΤΙϹΟΥΩ
ΔΕΔΩ ΚΑϹΜΟΙΪΝΑΩϹΙΝ
ΕΝΚΑΘΩϹΚΑΙΗΜΕΙϹΟ 17:12
ΤΕΗΜΗΝΜΕΤΑΥΤΩΝΕ

ΓωΕΤΗΡΟΥΝΑΥΤΟΥC
ΕΝΤωΟΝΟΜΑΤΙCΟΥω
ΔΕΔωΚΑCΜΟΙΚΑΙΕΦΥ
ΛΑΞΑΚΑΙΟΥΔΕΙCΕΞΑΥΤω
ΑΠωΛΕΤΟΕΙΜΗΟΥΙΟC
ΤΗCΑΠωΛΕΙΑCΪΝΑΗΓΡΑ
17:13 ΦΗΠΛΗΡωΘΗΝΥΝΔΕΠΡΟC
CΕΕΡΧΟΜΑΙΚΑΙΤΑΥΤΑ
ΛΑΛωΕΝΤωΚΟCΜωΪΝΑ
ΕΧωCΙΤΗΝΧΑΡΑΝΤΗΝ
ΕΜΗΝΠΕΠΛΗΡωΜΕΝΗ̅
17:14 ΕΝΕΑΥΤΟΙCΕΓωΔΕΔωΚΑ
ΑΥΤΟΙCΤΟΝΛΟΓΟΝCΟΥ
ΚΑΙΟΚΟCΜΟCΕΜΕΙCΗCΕ̅
ΑΥΤΟΥCΟΤΙΟΥΚΕΙCΙΝ
ΕΚΤΟΥΚΟCΜΟΥΚΑΘωC
ΕΓωΟΥΚΕΙΜΙΕΚΤΟΥΚΟC
17:15 ΜΟΥΟΥΚΕΡωΤωΪΝΑΑ
ΡΗCΑΥΤΟΥCΕΚΤΟΥΚΟCΜΟΥΑΛΛΪΝΑΤΗΡΗ CΗCΑΥΤΟΥC
Π ΝΗ Ρ
17:16 ΝΗΡΟΥΕΚΤΟΥΚΟCΜΟΥ ΕΚΤΟΥΚΟCΜΟΥ
ΟΥΚΕΙCΙΝΚΑΘωCΕΓω
ΟΥΚΕΙΜΙΕΚΤΟΥΚΟCΜΟΥ
17:17 ΑΓΙΑCΟΝΑΥΤΟΥCΕΝΑ
ΛΗΘΕΙΑΟΛΟΓΟCΟCΟCΗ
17:18 ΑΛΗΘΕΙΑΕCΤΙΝΚΑΘωC
ΕΜΕΑΠΕCΤΕΙΛΑCΕΙCΤΟ̅
ΚΟCΜΟΝΚΑΓωΑΠΕCΤΕΙ
ΛΑΑΥΤΟΥCΕΙCΤΟΝΚΟC
ΜΟΝΚΑΓωΑΠΕCΤΕΙΛΑ
ΑΥΤΟΥCΕΙCΤΟΝΚΟCΜΟ̅
17:19 ΚΑΙΫΠΕΡΑΥΤωΝΕΓω
ΑΓΙΑΖωΕΜΑΥΤΟΝΪΝΑ
ωCΙΝΚΑΙΑΥΤΟΙΗΓΙΑ
Ε
17:20 CΜΕΝΟΙΕΝΑΛΗΘΙΑΟΥ
ΠΕΡΙΤΟΥΤωΝΔΕΕΡωΤω
ΜΟΝΟΝΑΛΛΑΚΑΙΠΕΡΙΤω̅
ΠΙCΤΕΥΟΝΤωΝΔΙΑΤΟΥ
ΛΟΓΟΥΑΥΤωΝΕΙCΕΜΕ
17:21 ΪΝΑΠΑΝΤΕCΕΝωCΙΝ
ΚΑΘωCCΥΠΑΤΗΡΕΝΕ
ΜΟΙΚΑΓωΕΝCΟΙΪΝΑΚ
ΑΥΤΟΙΕΝΗΜΙΝωCΙΝ

ΪΝΑΟΚΟϹΜΟϹΠΙϹΤΕΥΗ
ΟΤΙϹΥΜΕΑΠΕϹΤΕΙΛΑϹ
ΚΑΓΩΤΗΝΔΟΞΑΝΗΝΔΕ 17:22
ΔΩΚΑϹΜΟΙΔΕΔΩΚΑΑΥ
ΤΟΙϹΪΝΑΩϹΙΝΕΝΚΑΘΩϹ
ΗΜΕΙϹΕΝΕΓΩΕΝΑΥΤΟΙϹ 17:23
ΚΑΙϹΥΕΝΕΜΟΙΪΝΑΩϹΙΝ
ΤΕΤΕΛΕΙΩΜΕΝΟΙΕΙϹΕ̄
ΪΝΑΓΕΙΝΩϹΚΗΟΚΟϹΜΟϹ
ΟΤΙϹΥΜΕΑΠΕϹΤΕΙΛΑϹ
ΚΑΙΗΓΑΠΗϹΑϹΑΥΤΟΥϹ
ΚΑΘΩϹΕΜΕΗΓΑΠΗϹΑϹ
ΠΑΤΗΡΟΔΕΔΩΚΑϹΜΟΙ 17:24
ΘΕΛΩΪΝΑΟΠΟΥΕΙΜΙΕΓΩ
ΚΑΚΕΙΝΟΙΩϹΙΝΜΕΤΕΜΟΥ
ΪΝΑΘΕΩΡΩϹΙΤΗΝΔΟΞᾹ
ΤΗΝΕΜΗΝΗΝΕΔΩΚΑϹ
ΜΟΙΟΤΙΗΓΑΠΗϹΑϹΜΕ
ΠΡ ΟΚΑΤΑΒΟΛΗϹΚΟϹ
ΜΟΥΠΑΤΗΡΔΙΚΑΙΕΚΑΙ 17:25
ΟΚΟϹΜΟϹϹΕΟΥΚΕΓΝΩ
ΕΓΩΔΕϹΕΕΓΝΩΝΚΑΙΟΥ
ΤΟΙΕΓΝΩϹΑΝΟΤΙϹΥΜΕ
ΑΠΕϹΤΕΙΛΑϹΚΑΙΕΓΝΩ 17:26
ΡΙϹΑΑΥΤΟΙϹΤΟΟΝΟΜΑ
ϹΟΥΚΑΙΓΝΩΡΙϹΩΪΝΑΗ
ΑΓΑΠΗΗΝΗΓΑΠΗϹΑϹΜΕ
ΕΝΑΥΤΟΙϹΗΚΑΓΩΕΝΑΥ
Ξ̄Β ΤΟΙϹ ΤΑΥΤΑΕΙΠΩΝ 18:1
ΙϹ̄ΕΞΗΛΘΕΝϹΥΝΤΟΙϹΜΑ
ΘΗΤΑΙϹΑΥΤΟΥΠΕΡΑΝ
ΤΟΥΧΕΙΜΑΡΡΟΥΤΩΝΚΕ
ΔΡΩΝΟΠΟΥΗΝΚΗΠΟϹ
ΕΙϹΟΝΕΙϹΗΛΘΕΝΑΥΤΟϹ
ΚΑΙΟΙΜΑΘΗΤΑΙΑΥΤΟΥ
ΗΔΕΙΔΕΚΑΙΪΟΥΔΑϹΟΠΑ 18:2
ΡΑΔΙΔΟΥϹΑΥΤΟΝΤΟΝ
ΤΟΠΟΝΟΤΙΠΟΛΛΑΚΙϹ
ϹΥΝΗΧΘΗΙϹ̄ΜΕΤΑΤΩΝ
ΜΑΘΗΤΩΝΑΥΤΟΥΕΚΕΙ
ΟΟΥΝΪΟΥΔΑϹΛΑΒΩΝΤΗ̄ 18:3
ϹΠΕΙΡΑΝΚΑΙΕΚΤΩΝΑΡ

ΧΙΕΡΕΩΝΚΑΙΤΩΝΦΑΡΕΙ
ϹΑΙΩΝΫΠΗΡΕΤΑϹΕΡΧΕ
ΤΑΙΕΚΕΙΜΕΤΑΦΑΝΩΝ
ΚΑΙΛΑΜΠΑΔΩΝΚΑΙΟΠΛΩ̅
18:4 Ι̅Ϲ̅ΟΥΝΕΙΔΩϹΠΑΝΤΑΤΑ
ΕΡΧΟΜΕΝΑΕΠΑΥΤΟΝΕ
ΞΗΛΘΕΚΑΙΛΕΓΕΙΑΥΤΟΙϹ
18:5 ΤΙΝΑΖΗΤΕΙΤΕΑΠΕΚΡΙ
ΘΗϹΑΝΑΥΤΩΙ̅Ν̅ΤΟΝΝΑ
ΖΩΡΑΙΟΝ ΛΕΓΕΙΑΥΤΟΙϹ
ΕΓΩΕΙΜΙΙ̅Ϲ̅ΕΙϹΤΗΚΕΙΔΕ
ΚΑΙΪΟΥΔΑϹΟΠΑΡΑΔΙΔΟΥϹ
18:6 ΑΥΤΟΝΜΕΤΑΥΤΩΝΩϹ
ΟΥΝΕΙΠΕΝΑΥΤΟΙϹΕΓΩ
ΕΙΜΙΑΠΗΛΘΑΝΕΙϹΤΑΟ
ΠΙϹΩΚΑΙΕΠΕϹΑΝΧΑΜΑΙ
18:7 ΠΑΛΙΝΟΥΝΕΠΗΡΩΤΗϹΕ̅
ΑΥΤΟΥϹΤΙΝΑΖΗΤΕΙΤΕ
ΟΙΔΕΕΙΠΟΝΙ̅Ν̅ΤΟΝΝΑ
18:8 ΖΩΡΑΙΟΝ ΑΠΕΚΡΙΘΗΙ̅Ϲ̅
ΕΙΠΟΝΫΜΙΝΟΤΙΕΓΩΕΙ
ΜΙΕΙΟΥΝΕΜΕΖΗΤΕΙΤΕ
ΑΦΕΤΕΤΟΥΤΟΥϹΫΠΑ
18:9 ΓΕΙΝΪΝΑΠΛΗΡΩΘΗΟΛΟ
ΓΟϹΟΝΕΙΠΕΝΟΤΙΟΥϹΔΕ
ΔΩΚΑϹΜΟΙΟΥΚΑΠΩΛΕ
ϹΑΕΞΑΥΤΩΝΟΥΔΕΝΑ
18:10 ϹΙΜΩΝΟΥΝΠΕΤΡΟϹΕΧΩ̅
ΜΑΧΑΙΡΑΝΕΙΛΚΥϹΕΝΑΥ
ΤΗΝΚΑΙΕΠΑΙϹΕΤΟΝΤΟΥ
ΑΡΧΙΕΡΕΩϹΔΟΥΛΟΝΚΑΙ
ΑΠΕΚΟΨΕΝΑΥΤΟΥΤΟΩ
ΤΑΡΙΟΝΤΟΔΕΞΙΟΝΗΝΔΕ
ΟΝΟΜΑΤΩΔΟΥΛΩΜΑΛ
18:11 ΧΟϹ ΕΙΠΕΝΟΥΝΟΙ̅Ϲ̅ΤΩ
ΠΕΤΡΩΒΑΛΕΤΗΝΜΑΧΑΙ
ΡΑΝΕΙϹΤΗΝΘΗΚΗΝΤΟ
ΠΟΤΗΡΙΟΝΟΔΕΔΩΚΕΝ
ΜΟΙΟΠΑΤΗΡΟ ΥΜΗΠΙ
18:12 ΞΓ ΑΥΤΟ ΗΟΥΝϹ ΠΕΙΡΑ
ΚΑΙΟΧΕΙΛΙΑΡΧΟϹΚΑΙΟΙ
ΫΠΗΡΕΤΑΙΤΩΝΪΟΥΔΑΙ

ΩΝϹΥΝΕΛΑΒΟΝΤΟΝΙΝ
ΚΑΙΕΔΗϹΑΝΑΥΤΟΝΚΑΙ 18:13
ΗΓΑΓΟΝΠΡΟϹΑΝΝΑΝ
ΠΡΩΤΟΝΗΝΓΑΡΠΕΝΘΕ
ΡΟϹΤΟΥΚΑΪΑΦΑΟϹΗΝ
ΑΡΧΙΕΡΕΥϹΤΟΥΕΝΙΑΥ
ΤΟΥΕΚΕΙΝΟΥ ΗΝΔΕΚΑ 18:14
ΪΑΦΑϹΟϹΥΜΒΟΥΛΕΥϹΑϹ
ΤΟΙϹΪΟΥΔΑΙΟΙϹΟΤΙϹΥΜ
ΦΕΡΕΙΕΝΑΑΝΘΡΩΠΟΝ
ΑΠΟΘΑΝΕΙΝΫΠΕΡΤΟΥ
ΛΑΟΥ ΗΚΟΛΟΥΘΕΙΔΕ 18:15
ΤΩΙΥϹΙΜΩΝΠΕΤΡΟϹϗ
ΑΛΛΟϹΜΑΘΗΤΗϹΟΔΕ
ΜΑΘΗΤΗϹΕΚΕΙΝΟϹΓΝΩ
ϹΤΟϹΗΝΤΩΑΡΧΙΕΡΕΙ
ΚΑΙϹΥΝΕΙϹΗΛΘΕΝΤΩ
ΙΥΕΙϹΤΗΝΑΥΛΗΝΤΟΥΑΡ
ΞΔ ΧΙΕΡΕΩϹ ΟΔΕΠΕΤΡΟϹ 18:16
ΕΪϹΤΗΚΕΙΠΡΟϹΤΗΘΥΡΑ
ΕΞΩ ΕΞΗΛΘΕΝΟΥΝΟΜΑ
ΘΗΤΗϹΟΑΛΛΟϹΟΓΝΩϹΤΟϹ
ΤΟΥΑΡΧΙΕΡΕΩϹΚΑΙΕΙΠΕ
ΤΗΘΥΡΩΡΩΚΑΙΕΙϹΗΓΑ
ΓΕΤΟΝΠΕΤΡΟΝ ΛΕΓΕΙ 18:17
ΟΥΝΤΩΠΕΤΡΩΗΠΑΙΔΙ
ϹΚΗΘΥΡΩΡΟϹΜΗΚΑΙ
ϹΥΕΚΤΩΝΜΑΘΗΤΩΝΕΙ
ΤΟΥΑΝΘΡΩΠΟΥΤΟΥΤΟΥ
ΛΕΓΕΙΕΚΕΙΝΟϹΟΥΚΕΙΜΙ
ΕΪϹΤΗΚΕΙϹΑΝΔΕΟΙΔΟΥ 18:18
ΛΟΙΚΑΙΟΙΫΠΗΡΕΤΑΙΑΝ
ΘΡΑΚΙΑΝΠΕΠΟΙΗΚΟΤΕϹ
ΟΤΙΨΥΧΟϹΗΝΚΑΙΕΘΕΡ
ΜΑΙΝΟΝΤΟΗΝΔΕΚΑΙΟ
ΠΕΤΡΟϹΜΕΤΑΥΤΩΝΕ
ϹΤΩϹΚΑΙΘΕΡΜΑΙΝΟΜΕ
ΝΟϹ ΟΟΥΝΑΡΧΙΕΡΕΥϹ 18:19
ΗΡΩΤΗϹΕΝΤΟΝΙΝΠΕΡΙ
ΤΩΝΜΑΘΗΤΩΝΑΥΤΟΥϗ
ΠΕΡΙΤΗϹΔΙΔΑΧΗϹΑΥΤΟΥ
ΑΠΕΚΡΙΘΗΑΥΤΩΙϹΕΓΩ 18:20

ΠΑΡΡΗΣΙΑ ΛΕΛΑΛΗΚΑ ΤΩ
ΚΟΣΜΩ ΕΓΩ ΠΑΝΤΟΤΕ
ΕΔΙΔΑΞΑ ΕΝ ΣΥΝΑΓΩΓΗ
ΚΑΙ ΕΝ ΤΩ ΪΕΡΩ ΟΠΟΥ ΠΑ
ΤΕΣ ΟΙ ΪΟΥΔΑΙΟΙ ΣΥΝΕΡ
ΧΟΝΤΑΙ ΚΑΙ ΕΝ ΚΡΥΠΤΩ
18:21 ΕΛΑΛΗΣΑ ΟΥΔΕΝ ΤΙ ΜΕ Ε
ΡΩΤΑΣ ΕΡΩΤΗΣΟΝ ΤΟΥΣ
ΑΚΗΚΟΟΤΑΣ ΤΙ ΕΛΑΛΗ
ΣΑ ΑΥΤΟΙΣ ΪΔΕ ΟΥΤΟΙ ΟΙ
18:22 ΔΑΣΙΝ Α ΕΙΠΟΝ ΕΓΩ ΤΑΥ
ΤΑ ΔΕ ΑΥΤΟΥ ΕΙΠΟΝΤΟΣ
ΕΙΣ ΠΑΡΕΣΤΗΚΩΣ ΤΩΝ
ΫΠΗΡΕΤΩΝ ΕΔΩΚΕ ΡΑ
ΠΙΣΜΑ ΤΩ ΙΥ ΕΙΠΩΝ ΟΥ
ΤΩΣ ΑΠΟΚΡΕΙΝΗ ΤΩ ΑΡ
18:23 ΧΙΕΡΕΙ ΑΠΕΚΡΙΘΗ ΑΥΤΩ
ΙΣ ΕΙ ΚΑΚΩΣ ΕΛΑΛΗΣΑ ΜΑΡ
ΤΥΡΗΣΟΝ ΠΕΡΙ ΤΟΥ ΚΑΚΟΥ
ΕΙ ΔΕ ΚΑΛΩΣ ΤΙ ΜΕ ΔΕΡΕΙΣ
18:24 ΞΕ ΑΠΕΣΤΕΙΛΕΝ ΟΥΝ ΑΥΤΟΝ
Ο ΑΝΝΑΣ ΔΕΔΕΜΕΝΟΝ
ΠΡΟΣ ΚΑΪΑΦΑΝ ΤΟΝ ΑΡ
18:25 ΧΙΕΡΕΑ ΗΝ ΔΕ ΣΙΜΩΝ ΠΕ
ΤΡΟΣ ΕΣΤΩΣ ΚΑΙ ΘΕΡΜΑΙ
ΝΟΜΕΝΟΣ ΕΙΠΟΝ ΟΥΝ
ΑΥΤΩ ΜΗ ΚΑΙ ΣΥ ΕΚ ΤΩΝ
ΜΑΘΗΤΩΝ ΑΥΤΟΥ ΕΙ ΗΡ
ΝΗΣΑΤΟ ΕΚΕΙΝΟΣ ΚΑΙ ΕΙ
18:26 ΠΕΝ ΟΥΚ ΕΙΜΙ ΛΕΓΕΙ ΕΙΣ
ΕΚ ΤΩΝ ΔΟΥΛΩΝ ΤΟΥ ΑΡ
ΧΙΕΡΕΩΣ ΣΥΓΓΕΝΗΣ ΩΝ
ΟΥ ΑΠΕΚΟΨΕ ΠΕΤΡΟΣ ΤΟ
ΩΤΙΟΝ ΟΥΚ ΕΓΩ ΣΕ ΕΙΔΟΝ
ΕΝ ΤΩ ΚΗΠΩ ΜΕΤ ΑΥΤΟΥ
18:27 ΠΑΛΙΝ ΟΥΝ ΗΡΝΗΣΑΤΟ
ΠΕΤΡΟΣ ΚΑΙ ΕΥΘΕΩΣ ΑΛΕ
ΚΤΩΡ ΕΦΩΝΗΣΕΝ
18:28 ΞΣ ΑΓΟΥΣΙΝ ΟΥΝ ΤΟΝ ΙΝ ΑΠΟ
ΤΟΥ ΚΑΪΑΦΑ ΕΙΣ ΤΟ ΠΡΑΙ
ΤΩΡΙΟΝ ΗΝ ΔΕ ΠΡΩΪ ΚΑΙ
ΑΥΤΟΙ ΟΥΚ ΕΙΣΗΛΘΟΝ ΕΙΣ

ΤΟΠΡΑΙΤΩΡΙΟΝΪΝΑΜΗ
ΜΙΑΝΘΩϹΙΝΑΛΛΑΦΑΓΩ
ϹΙΝΤΟΠΑϹΧΑΕΞΗΛΘΕ 18:29
ΟΥΝΟΠΕΙΛΑΤΟϹΕΞΩ
ΠΡΟϹΑΥΤΟΥϹΚΑΙΦΗϹΙ̅
ΤΙΝΑΚΑΤΗΓΟΡΙΑΝΦΕΡΕ
ΤΕΤΟΥΑΝΘΡΩΠΟΥΤΟΥ
ΤΟΥ ΑΠΕΚΡΙΘΗϹΑΝΚΑΙ 18:30
ΕΙΠΑΝΑΥΤΩΕΙΜΗΗΝΟΥ
ΤΟϹΚΑΚΟΝΠΟΙΩΝΟΥΚΑ̅
ϹΟΙΠΑΡΕΔΩΚΑΜΕΝΑΥΤΟ̅
ΕΙΠΕΝΟΥΝΑΥΤΟΙϹΠΕΙΛΑ 18:31
ΤΟϹΛΑΒΕΤΕΑΥΤΟΝΫΜΕΙϹ
ΚΑΙΚΑΤΑΤΟΝΝΟΜΟΝΫ
ΜΩΝΚΡΕΙΝΑΤΕΑΥΤΟΝ
ΕΙΠΟΝΑΥΤΩΟΙΪΟΥΔΑΙΟΙ
ΗΜΙΝΟΥΚΕΞΕϹΤΙΝΑΠΟ
ΚΤΕΙΝΑΙΟΥΔΕΝΑΪΝΑΟ 18:32
ΛΟΓΟϹΤΟΥΙ̅Υ̅ΠΛΗΡΩΘΗ
ΟΝΕΙΠΕΝϹΗΜΑΙΝΩΝΠΟΙ
ΩΘΑΝΑΤΩΗΜΕΛΛΕΝΑ
ΞΖ ΠΟΘΝΗϹΚΕΙΝ ΕΙϹΗΛ 18:33
ΘΕΝΟΥΝΠΑΛΙΝΕΙϹΤΟΠΡΑΙ
ΤΩΡΙΟΝΟΠΕΙΛΑΤΟϹΚΑΙ
ΕΦΩΝΗϹΕΤΟΝΙ̅Ν̅ΚΑΙ
ΕΙΠΕΝΑΥΤΩϹΥΕΙΟΒΑϹΙ
ΛΕΥϹΤΩΝΪΟΥΔΑΙΩΝ
ΑΠΕΚΡΙΘΗΙ̅Ϲ̅ΑΠΟϹΕΑΥ 18:34
ΤΟΥϹΥΤΟΥΤΟΛΕΓΕΙϹΗ
ΑΛΛΟΙΕΙΠΟΝϹΟΙΠΕΡΙΕΜΟΥ
ΑΠΕΚΡΙΘΗΟΠΕΙΛΑΤΟϹ 18:35
ΜΗΤΙΕΓΩΪΟΥΔΑΙΟϹΕΙΜΙ
ΤΟΕΘΝΟϹΤΟϹΟΝΚΑΙΟΙ
ΑΡΧΙΕΡΕΙϹΠΑΡΕΔΩΚΑΝ
ϹΕΕΜΟΙΤΙΕΠΟΙΗϹΑϹ
ΑΠΕΚΡΙΘΗΙ̅Ϲ̅ΗΒΑϹΙΛΕΙΑ 18:36
ΗΕΜΗΟΥΚΕϹΤΙΝΕΚΤΟΥ
ΚΟϹΜΟΥΤΟΥΤΟΥΕΙΕΚΤΟΥ
ΚΟϹΜΟΥΤΟΥΤΟΥΗΝΗΒΑ
ϹΙΛΕΙΑΗΕΜΗΟΙΫΠΗΡΕΤΑΙ
ΟΙΕΜΟΙΗΓΩΝΙΖΟΝΤΟΑΝΪ
ΝΑΜΗΠΑΡΑΔΟΘΩΤΟΙϹ

ΪΟΥΔΑΙΟΙϹΝΥΝΔΕΗΒΑϹΙ
ΛΕΙΑΗΕΜΗΟΥΚΕϹΤΙΝΕ̄
18:37 ΤΕΥΘΕΝ ΕΙΠΕΝΟΥΝΑΥ
ΤΩΟΠΕΙΛΑΤΟϹΟΥΚΟΥΝ
ΒΑϹΙΛΕΥϹΕΙϹΥ ΑΠΕΚΡΙ
ΘΗ ΟΙ̅Ϲ̅ϹΥΛΕΓΕΙϹΟΤΙΒΑ
ϹΙΛΕΥϹΕΙΜΙΕΓΩΕΙϹΤΟΥ
ΤΟΓΕΓΕ ΝΝΗΜΑΙΚΑΙ
ΕΙϹΤΟΥ ΤΟΕΛΗΛΥΘΑ
ΕΙϹΤΟΝΚΟϹΜΟΝΪΝΑΜΑΡ
ΤΥΡΗϹΩΤΗΑΛΗΘΕΙΑΠΑϹ
ΟΩΝΕΚΤΗϹΑΛΗΘΕΙΑϹΑ
ΚΟΥΕΙΜΟΥΤΗϹΦΩΝΗϹ
18:38 ΛΕΓΕΙΑΥΤΩΟΠΕΙΛΑΤΟϹ
ΤΙΕϹΤΙΝΑΛΗΘΕΙΑ ΚΑΙΤΟΥ
ΤΟΕΙΠΩΝΠΑΛΙΝΕΞΗΛΘΕ̄
ΠΡΟϹΤΟΥϹΪΟΥΔΑΙΟΥϹΚΑΙ
ΛΕΓΕΙΑΥΤΟΙϹΕΓΩΟΥΔΕ
ΜΙΑΝΕΥΡΙϹΚΩΕΝΑΥΤΩ
18:39 ΑΙΤΙΑΝΕϹΤΙΝΔΕϹΥΝΗ
ΘΕΙΑΥΜΙΝΪΝΑΕΝΑΑΠΟ
ΛΥϹΩΫΜΙΝΤΩΠΑϹΧΑ
ΒΟΥΛΕϹΘΕΟΥΝΑΠΟΛΥϹΩ
ΫΜΙΝΤΟΝΒΑϹΙΛΕΑΤΩΝ
18:40 ΪΟΥΔΑΙΩΝ ΕΚΡΑΥΓΑϹᾹ
ΟΥΝΠΑΛΙΝΛΕΓΟΝΤΕϹ
ΜΗΤΟΥΤΟΝΑΛΛΑΤΟΝΒΑ
ΡΑΒΒΑΝΗΝΔΕΟΒΑΡΑΒΒΑϹ
19:1 Ξ̅Η ΛΗϹΤΗϹ ΤΟΤΕΟΥΝΕ
ΛΑΒΕΝΟΠΕΙΛΑΤΟϹΤΟΝ
Ι̅Ν̅ΚΑΙΕΜΑϹΤΕΙΓΩϹΕΝ
19:2 ΚΑΙΟΙϹΤΡΑΤΙΩΤΑΙΠΛΕ
ΞΑΝΤΕϹϹΤΕΦΑΝΟΝΕ
ΞΑΚΑΝΘΩΝΕΠΕΘΗΚΑΝ
ΑΥΤΟΥΤΗΚΕΦΑΛΗΚΑΙ
ΪΜΑΤΙΟΝΠΟΡΦΥΡΟΥΝ
19:3 ΠΕΡΙΕΒΑΛΟΝΑΥΤΟΝΚΑΙ
ΗΡΧΟΝΤΟΠΡΟϹΑΥΤΟΝ
ΚΑΙΕΛΕΓΟΝΧΑΙΡΕΟΒΑϹΙ
ΛΕΥϹΤΩΝΪΟΥΔΑΙΩΝϗ
ΕΔΙΔΟϹΑΝΑΥΤΩΡΑΠΙϹ
19:4 ΜΑΤΑ ΚΑΙΕΞΗΛΘΕΠΑΛῙ

ΕΞΩΟΠΕΙΛΑΤΟCΚΑΙΛΕ
ΓΕΙΑΥΤΟΙCΪΔΕΑΓΩΫΜΙ̅
ΑΥΤΟΝΕΞΩΪΝΑΓΝΩΤΕ
ΟΤΙΟΥΔΕΜΙΑΝΑΙΤΙΑΝ
ΕΥΡΙCΚΩΕΝΑΥΤΩ· ΕΞΗΛ 19:5
ΘΕΝΟΥΝΙ̅C̅ΕΞΩΦΟΡΩ̅
ΤΟΝΑΚΑΝΘΙΝΟΝCΤΕΦΑ
ΝΟΝΚΑΙΤΟ ΠΟΡΦΥ
ΡΟΥΝΪΜΑΤ ΙΟΝΚΑΙ
ΛΕΓΕΙΑΥΤΟΙCΪΔΟΥΑΝ
ΘΡΩΠΟC ΟΤΕΟΥΝΕΙΔΟ̅ 19:6
ΑΥΤΟΝΟΙΑΡΧΙΕΡΕΙCΚΑΙ
ΟΙΫΠΗΡΕΤΑΙΕΚΡΑΥΓΑ
CΑΝΛΕΓΟΝΤΕCCΤΑΥΡΩ
CΟΝCΤΑΥΡΩCΟΝ ΛΕΓΕΙ
ΑΥΤΟΙCΟΠΕΙΛΑΤΟCΛΑ
ΒΕΤΕΑΥΤΟΝΫΜΕΙCΚΑΙ
CΤΑΥΡΩCΑΤΕΕΓΩΓΑΡ
ΟΥΧΕΥΡΙCΚΩΕΝΑΥΤΩ
ΑΙΤΙΑΝ ΑΠΕΚΡΙΘΗCΑΝ 19:7
ΑΥΤΩΟΙΪΟΥΔΑΙΟΙΗΜΕΙC
ΝΟΜΟΝΕΧΟΜΕΝΚΑΙΚΑ
ΤΑΤΟΝΝΟΜΟΝΟΦΕΙΛΕΙ
ΑΠΟΘΑΝΕΙΝΟΤΙΥΪΟΝΘ̅Υ̅
ΕΑΥΤΟΝΕΠΟΙΗCΕΝ Ο 19:8
ΤΕΟΥΝΗΚΟΥCΕΝΟΠΕΙ
ΛΑΤΟCΤΟΥΤΟΝΤΟΝΛΟΓΟ̅
ΜΑΛΛΟΝΕΦΟΒΗΘΗΚΑΙ 19:9
ΕΙCΗΛΘΕΝΕΙCΤΟΠΡΑΙΤΩ
ΡΙΟΝΠΑΛΙΝΚΑΙΛΕΓΕΙΤΩ
Ι̅Υ̅ΠΟΘΕΝΕΙCΥΟΔΕΙ̅C̅Α
ΠΟΚΡΙCΙΝΟΥΚΕΔΩΚΕ̅
ΑΥΤΩ ΛΕΓΕΙΟΥΝΑΥΤΩ 19:10
ΟΠΕΙΛΑΤΟCΕΜΟΙΟΥΛΑ
ΛΕΙCΟΥΚΟΙΔΑCΟΤΙΕΞΟΥ
CΙΑΝΕΧΩΑΠΟΛΥCΑΙCΕ
ΚΑΙΕΞΟΥCΙΑΝΕΧΩCΤΑΥ
ΡΩCΑΙCΕ ΑΠΕΚΡΙΘΗ 19:11
ΑΥΤΩΙ̅C̅ΟΥΚΕΙΧΕCΕΞΟΥ
CΙΑΝΚΑΤΕΜΟΥΟΥΔΕ
ΜΙΑΝΕΙΜΗΗΝΔΕΔΟΜΕ
ΝΟΝCΟΙΑΝΩΘΕΝΔΙΑΤΟΥ

ΤΟΟΠΑΡΑΔΟΥϹΜΕϹΟΙΜΕΙ
ΖΟΝΑΑΜΑΡΤΙΑΝΕΧΕΙ
19:12 ΕΚΤΟΥΤΟΥΟΠΕΙΛΑΤΟϹ
ΕΖΗΤΕΙΑΠΟΛΥϹΑΙΑΥΤΟ̄
ΟΙΔΕΙΟΥΔΑΙΟΙΕΚΡΑΥΓΑ
ϹΑΝΛΕΓΟΝΤΕϹΑΝΤΟΥ
ΤΟΝΑΠΟΛΥϹΗϹΟΥΚΕΙΦΙ
ΛΟϹΤΟΥΚΑΙϹΑΡΟϹΠΑϹ
ΟΒΑϹΙΛΕΑΕΑΥΤΟΝΠΟΙ
ΩΝΑΝΤΙΛΕΓΕΙΤΩΚΑΙϹΑ
19:13 ΡΙ ΟΟΥΝΠΕΙΛΑΤΟϹΑ
ΚΟΥϹΑϹΤΩΝΛΟΓΩΝΤΟΥ
ΤΩΝΗΓΑΓΕΝΕΞΩΤΟΝΙ̅Ν̅
ΚΑΙΕΚΑΘΙϹΕΝΕΠΙΒΗΜΑ
ΤΟϹΕΙϹΤΟΠΟΝΛΕΓΟΜΕ
ΝΟΝΛΙΘΟϹΤΡΩΤΟΝΕ
19:14 ΒΡΑΪϹΤΙΔΕΓΑΒΒΑΘΑΗΝ
ΔΕΠΑΡΑϹΚΕΥΗΤΟΥΠΑ
ϹΧΑΩΡΑΗΝΩϹΕΚΤΗ
ΚΑΙΛΕΓΕΙΤΟΙϹΪΟΥΔΑΙΟΙϹ
ΪΔΕΟΒΑϹΙΛΕΥϹΫΜΩΝ
19:15 ΕΚΡΑΥΓΑϹΑΝΟΥΝΕΚΕΙ
ΝΟΙΑΡΟΝΑΡΟΝϹΤΑΥΡΩ
ϹΟΝΑΥΤΟΝΛΕΓΕΙΑΥΤΟΙϹ
ΟΠΕΙΛΑΤΟϹΤΟΝΒΑϹΙΛΕ
ΑΫΜΩΝϹΤΑΥΡΩϹΩ
ΑΠΕΚΡΙΘΗϹΑΝΟΙΑΡΧΙΕ
ΡΕΙϹΟΥΚΕΧΟΜΕΝΒΑϹΙ
ΛΕΑΕΙΜΗΚΑΙϹΑΡΑ
19:16 Χ̅Θ̅ ΤΟΤΕΟΥΝΠΑΡΕΔΩΚΕΝ
ΑΥΤΟΝΑΥΤΟΙϹΪΝΑϹΤΑΥ
ΡΩΘΗ ΠΑΡΕΛΑΒΟΝΟΥΝ
19:17 ΤΟΝΙ̅Ν̅ΚΑΙΒΑϹΤΑΖΩΝ
ΑΥΤΩΤΟΝϹΤΑΥΡΟΝΕ
ΞΗΛΘΕΝΕΙϹΤΟΝΛΕΓΟ
ΜΕΝΟΝΚΡΑΝΙΟΥΤΟΠΟ̄
ΛΙ
ΟΛΕΓΕΤΕΕΒΡΑΪϹΤΙΓΟΛ
19:18 ΓΟΘ·ΟΠΟΥΑΥΤΟΝΕϹΤΑΥ
ΡΩϹΑΝΚΑΙΜΕΤΑΥΤΟΥ
ΑΛΛΟΥϹΔΥΟΕΝΤΕΥΘΕ̄
ΚΑΙΕΝΤΕΥΘΕΝΜΕϹΟΝ
19:19 ΔΕΤΟΝΙ̅Ν̅ΕΓΡΑΨΕΝΔΕ

ΚΑΙΤΙΤΛΟΝΟΠΕΙΛΑΤΟϹ
ΚΑΙΕΘΗΚΕΝΕΠΙΤΟΥϹΤΑΥ
ΡΟΥΗΝΔΕΓΕΓΡΑΜΜΕΝΟ̅
Ι̅Ϲ̅ΟΝΑΖΩΡΑΙΟϹΟΒΑϹΙΛΕΥϹ
ΤΩΝΪΟΥΔΑΙΩΝΤΟΥΤΟ̅ 19:20
ΟΥΝΤΟΝΤΙΤΛΟΝΠΟΛ
ΛΟΙΑΝΕΓΝΩϹΑΝΤΩΝ
ΪΟΥΔΑΙΩΝΟΤΙΕΓΓΥϹ
ΗΝΟΤΟΠΟϹΤΗϹΠΟΛΕΩϹ
ΟΠΟΥΕϹΤΑΥΡΩΘΗΟΙ̅Ϲ̅
ΚΑΙΗΝΓΕΓΡΑΜΜΕΝΟΝ
ΕΒΡΑΪϹΤΙ ΡΩΜΑΪϹΤΙ
ΕΛΛΗΝΙϹΤΙ ΕΛΕΓΟΝΟΥ̅ 19:21
ΤΩΠΕΙΛΑΤΩΟΙΑΡΧΙΕΡΕΙϹ
ΤΩΝΪΟΥΔΑΙΩΝΜΗΓΡΑ
ΦΕΟΒΑϹΙΛΕΥϹΤΩΝΪΟΥ
ΔΑΙΩΝΑΛΛΟΤΙΕΚΕΙΝΟϹ
ΕΙΠΕΒΑϹΙΛΕΥϹΤΩΝΪΟΥ
ΔΑΙΩΝΕΙΜΙ ΑΠΕΚΡΙΘΗ 19:22
ΟΠΕΙΛΑΤΟϹΟΓΕΓΡΑΦΑ
ο̅ ΓΕΓΡΑΦΑ ΟΙΟΥΝϹΤΡΑ 19:23
ΤΙΩΤΑΙΟΤΕΕϹΤΑΥΡΩϹΑ̅
ΤΟΝΙ̅Ν̅ΕΛΑΒΟΝΤΑΪΜΑΤΙ
ΑΑΥΤΟΥΚΑΙΕΠΟΙΗϹΑΝ
ΤΕϹϹΑΡΑΜΕΡΗΕΚΑϹΤΩ
ϹΤΡΑΤΙΩΤΗΜΕΡΟϹΚΑΙ
ΤΟΝΧΙΤΩΝΑΗΝΔΕΟΧΙ
ΤΩΝΑΡΡΑΦΟϹΕΚΤΩΝ
ΑΝΩΘΕΝΫΦΑΝΤΟϹΔΙΟ
ΛΟΥ ΕΙΠΟΝΟΥΝΠΡΟϹΑΛ 19:24
ΛΗΛΟΥϹΜΗϹΧΙϹΩΜΕΝ
ΑΥΤΟΝΑΛΛΑΛΑΧΩΜΕΝ
ΠΕΡΙΑΥΤΟΥΤΙΝΟϹΕϹΤΑΙ
ΪΝΑΗΓΡΑΦΗΠΛΗΡΩΘΗ
› ΔΙΕΜΕΡΙϹΑΝΤΟΤΑΪΜΑ
› ΤΙΑΜΟΥΕΑΥΤΟΙϹΚΑΙΕ
› ΠΙΤΟΝΪΜΑΤΙϹΜΟΝΜΟΥ
› ΕΒΑΛΟΝΚΛΗΡΟΝ ΟΙΜΕ̅
ο̅λ ΟΥΝϹΤΡΑΤΙΩΤΑΙΤΑΥ
ΤΑΕΠΟΙΗϹΑΝ ε ΪϹΤΗΚΕΙ 19:25
ϹΑΝΔΕΠΑΡΑΤΩϹΤΑΥΡΩ
ΤΟΥΙ̅Υ̅ΗΜΗΤΗΡΑΥΤΟΥ

ΚΑΙΗΑΔΕΛΦΗΤΗΣΜΗ
ΤΡΟΣΑΥΤΟΥΜΑΡΙΑΗΤΟΥ
ΚΛΩΠΑΚΑΙΜΑΡΙΑΗΜΑ
19:26 ΓΔΑΛΗΝΗ ΙΣΟΥΝΙΔΩΝ
ΤΗΝΜΗΤΕΡΑΚΑΙΤΟΝΜΑ
ΘΗΤΗΝΠΑΡΕΣΤΩΤΑΟΝ
ΗΓΑΠΑΛΕΓΕΙΤΗΜΗΤΡΙ
19:27 ΓΥΝΑΙΪΔΕΟΥΙΟΣΣΟΥΕΙ
ΤΑΛΕΓΕΙΤΩΜΑΘΗΤΗΪ
ΔΕΗΜΗΤΗΡΣΟΥΚΑΙΑΠΕ
ΚΕΙΝΗΣΤΗΣΩΡΑΣΕΛΑΒΕΝ
ΟΜΑΘΗΤΗΣΑΥΤΗΝΕΙΣ
19:28 ΤΑΪΔΙΑ ΜΕΤΑΤΟΥΤΟΙΣ
ΕΙΔΩΣΟΤΙΗΔΗΠΑΝΤΑ
ΤΕΤΕΛΕΣΤΑΙΪΝΑΤΕΛΕΙ
ΩΘΗΗΓΡΑΦΗΛΕΓΕΙΔΙ
19:29 ΨΩΣΚΕΥΟΣΕΚΕΙΤΟΟΞΟΥΣ
ΜΕΣΤΟΝΣΠΟΓΓΟΝΟΥΝ
ΜΕΣΤΟΝΤΟΥΟΞΟΥΣΥΣ
ΣΩΠΩΠΕΡΙΘΕΝΤΕΣΠΡΟΣ
ΗΝΕΓΚΑΝΑΥΤΟΥΤΩΣΤΟ
19:30 ΜΑΤΙ ΟΤΕΟΥΝΕΛΑΒΕΝ
ΤΟΟΞΟΣΙΣΕΙΠΕΝΤΕΤΕ
ΛΕΣΤΑΙΚΑΙΚΛΕΙΝΑΣΤΗΝ
ΚΕΦΑΛΗΝΠΑΡΕΔΩΚΕΝ
19:31 ΟΒ ΤΟΠΝΕΥΜΑ ΟΙΟΥΝΙΟΥ
ΔΑΙΟΙΕΠΕΙΠΑΡΑΣΚΕΥΗΗΝ
ΪΝΑΜΗΜΕΙΝΗΕΠΙΤΟΥ
ΣΤΑΥΡΟΥΤΑΣΩΜΑΤΑΕΝ
ΤΩΣΑΒΒΑΤΩΗΝΓΑΡΜΕ
ΓΑΛΗΗΗΜΕΡΑΕΚΕΙΝΟΥ
ΤΟΥΣΑΒΒΑΤΟΥΗΡΩΤΗ
ΣΑΝΤΟΝΠΕΙΛΑΤΟΝΪΝΑ
ΚΑΤΕΑΓΩΣΙΝΑΥΤΩΝ
ΤΑΣΚΕΛΗΚΑΙΑΡΘΩΣΙΝ
19:32 ΗΛΘΟΝΟΥΝΟΙΣΤΡΑΤΙΩ
ΤΑΙΚΑΙΤΟΥΜΕΝΠΡΩΤΟΥ
ΚΑΤΕΑΞΑΝΤΑΣΚΕΛΗΚΑΙ
ΤΟΥΑΛΛΟΥΤΟΥΣΥΝΣΤΑΥ
19:33 ΡΩΘΕΝΤΟΣΑΥΤΩΕΠΙ
ΔΕΤΟΝΙΝΕΛΘΟΝΤΕΣΩΣ
ΕΙΔΟΝΗΔΗΑΥΤΟΝΤΕΘΝΗ

ΚΟΤΑΟΥΚΑΤΕΑΞΑΝΑΥ
ΤΟΥΤΑϹΚΕΛΗΑΛΛΕΙϹΤω 19:34
ϹΤΡΑΤΙωΤωΝΛΟΓΧΗ
ΑΥΤΟΥΤΗΝΠΛΕΥΡΑΝ
ΕΝΥΞΕΝΚΑΙΕΞΗΛΘΕΝ
ΕΥΘΥϹΑΙΜΑΚΑΙΫΔωΡϗ 19:35
ΟΕωΡΑΚωϹΜΕΜΑΡΤΥ
ΡΗΚΕΚΑΙΑΛΗΘΙΝΗΑΥΤΟΥ
ΕϹΤΙΝΗΜΑΡΤΥΡΙΑΚΑΙ
ΕΚΕΙΝΟϹΟΙΔΕΝΟΤΙΑΛΗ
ΘΗΛΕΓΕΙΪΝΑΚΑΙΫΜΕΙϹ
ΠΙϹΤΕΥΗΤΕΕΓΕΝΕΤΟ 19:36
ΓΑΡΤΑΥΤΑΪΝΑΗΓΡΑΦΗ
› ΠΛΗΡωΘΗ ΟϹΤΟΥΝΟΥ
› ϹΥΝΤΡΙΒΗϹΕΤΑΙΑΥΤΟΥ
› ΚΑΙΠΑΛΙΝΕΤΕΡΑΓΡΑΦΗ 19:37
› ΛΕΓΕΙΟΨΟΝΤΑΙΕΙϹΟΝ
ΟΠϛ ΕΞΕΚΕΝΤΗϹΑΝ ΜΕΤΑ 19:38
ΔΕΤΑΥΤΑΗΡωΤΗϹΕΝ
ΤΟΝΠΕΙΛΑΤΟΝΪωϹΗΦ
ΑΠΟΑΡΕΙΜΑΘΑΙΑϹωΝ
ΜΑΘΗΤΗϹΙΥΚΕΚΡΥΜΜΕ
ΝΟϹΔΕΔΙΑΤΟΝΦΟΒΟΝ
ΤωΝΪΟΥΔΑΙωΝΪΝΑΑΡΗ
ΤΟϹωΜΑΤΟΥΙΥΚΑΙΕΠΕ
ΤΡΕΨΕΝΟΠΕΙΛΑΤΟϹΗΛ
ΘΕΝΟΥΝΚΑΙΗΡΕΝΤΟϹω
ΜΑΑΥΤΟΥΗΛΘΕΝΔΕΚΑΙ 19:39
ΝΕΙΚΟΔΗΜΟϹΟΕΛΘωΝ
ΠΡΟϹΑΥΤΟΝΝΥΚΤΟϹΤΟ
ΠΡωΤΟΝΦΕΡωΝΕΛΙΓΜΑ
ϹΜΥΡΝΗϹΚΑΙΑΛΟΗϹωϹ
ΛΕΙΤΡΑϹΕΚΑΤΟΝΕΛΑΒΟ 19:40
ΟΥΝΤΟϹωΜΑΤΟΥΙΥϗ
ΕΔΗϹΑΝΑΥΤΟΟΘΟΝΙΟΙϹ
ΜΕΤΑΤωΝΑΡωΜΑΤωΝ
ΚΑΘωϹΕΘΟϹΕϹΤΙΤΟΙϹ
ΪΟΥΔΑΙΟΙϹΕΝΤΑΦΙΑΖΕΙ
ΗΝΔΕΕΝΤωΤΟΠωΟΠΟΥ 19:41
ΕϹΤΑΥΡωΘΗΚΗΠΟϹΚΑΙ
ΕΝΤωΚΗΠωΜΝΗΜΕΙΟ
ΚΑΙΝΟΝΕΝωΟΥΔΕΠωΟΥ

19:42 ΔΕΙϹΗΝΤΕΘΕΙΜΕΝΟϹΕ
ΚΕΙΟΥΝΔΙΑΤΗΝΠΑΡΑϹΚΕΥ
ΗΝΤΩΝΪΟΥΔΑΙΩΝΟΤΙ
ΕΓΓΥϹΗΝΤΟΜΝΗΜΕΙΟ̅
20:1 ΟΔ ΕΘΗΚΑΝΤΟΝΙ̅Ν̅ ΤΗΔΕ
ΜΙΑΤΩΝϹΑΒΒΑΤΩΝΜΑ
ΡΙΑΗΜΑΓΔΑΛΗΝΗΕΡΧΕ
ΤΑΙΠΡΩΪϹΚΟΤΙΑϹΕΤΙΟΥ
ϹΗϹΕΙϹΤΟΜΝΗΜΕΙΟΝϗ
ΒΛΕΠΕΙΤΟΝΛΙΘΟΝΗΡΜΕ
ΝΟΝΕΚΤΟΥΜΝΗΜΕΙΟΥ
20:2 ΤΡΕΧΕΙΟΥΝΚΑΙΕΡΧΕΤΑΙ
ΠΡΟϹϹΙΜΩΝΑΠΕΤΡΟΝ
ΚΑΙΠΡΟϹΤΟΝΑΛΛΟΝΜΑ
ΘΗΤΗΝΟΝΕΦΙΛΕΙΟΙ̅Ϲ̅ϗ
ΛΕΓΕΙΑΥΤΟΙϹΗΡΑΝΤΟ̅
Κ̅Ν̅ΕΚΤΟΥΜΝΗΜΕΙΟΥϗ
ΟΥΚΟΙΔΑΜΕΝΠΟΥΕΘΗ
20:3 ΚΑΝΑΥΤΟΝ ΕΞΗΛΘΕΝ
ΟΥΝΟΠΕΤΡΟϹΚΑΙΟΑΛΛΟϹ
ΜΑΘΗΤΗϹΚΑΙΗΡΧΟΝΤΟ
20:4 ΕΙϹΤΟΜΝΗΜΕΙΟΝΕΤΡΕ
ΧΟΝΔΕΟΙΔΥΟΟΜΟΥΚΑΙ
ΟΑΛΛΟϹΜΑΘΗΤΗϹΠΡΟ
ΕΔΡΑΜΕΝΤΑΧΕΙΟΝΤΟΥ
ΠΕΤΡΟΥΚΑΙΗΛΘΕΠΡΩΤΟϹ
20:5 ΕΙϹΤΟΜΝΗΜΕΙΟΝΚΑΙΠΑ
ΡΑΚΥΨΑϹΒΛΕΠΕΙΚΕΙΜΕ
ΝΑΤΑΟΘΟΝΙΑΟΥΜΕΝΤΟΙ
20:6 ΕΙϹΗΛΘΕΝ ΕΡΧΕΤΑΙΟΥ̅
ΚΑΙϹΙΜΩΝΠΕΤΡΟϹΑΚΟ
ΛΟΥΘΩΝΑΥΤΩΚΑΙΕΙϹ
ΗΛΘΕΝΕΙϹΤΟΜΝΗΜΕΙΟ̅
ΚΑΙΘΕΩΡΕΙΤΑΟΘΟΝΙΑ
20:7 ΚΕΙΜΕΝΑΚΑΙΤΟϹΟΥΔΑ
ΡΙΟΝΟΗΝΕΠΙΤΗϹΚΕΦΑ
ΛΗϹΑΥΤΟΥΟΥΜΕΤΑΤΩ̅
ΟΘΟΝΙΩΝΚΕΙΜΕΝΟΝΑΛ
ΛΑΧΩΡΙϹΕΝΤΕΤΥΛΙΓΜΕ
20:8 ΝΟΝΕΙϹΕΝΑΤΟΠΟΝΤΟ
ΤΕΟΥΝΕΙϹΗΛΘΕΝΚΑΙΟ
ΑΛΛΟϹΜΑΘΗΤΗϹΟΕΛΘΩ̅

ΠΡΩΤΟϹΕΙϹΤΟΜΝΗΜΕΙ
ΟΝΚΑΙΕΙΔΕΝΚΑΙΕΠΙϹΤΕΥ
ϹΕΝΟΥΔΕΠΩΓΑΡΗΔΕΙϹΑ̅ 20:9
ΤΗΝΓΡΑΦΗΝΟΤΙΔΕΙΑΥ
ΤΟΝΕΚΝΕΚΡΩΝΑΝΑϹΤΗ
ΝΑΙΑΠΗΛΘΟΝΟΥΝΠΑΛΙ̅ 20:10
ΠΡΟϹΑΥΤΟΥϹΟΙΜΑΘΗ
Ο̅Ε̅ ΤΑΙ ΜΑΡΙΑΔΕΕΪϹΤΗΚΕΙ 20:11
ΠΡΟϹΤΩΜΝΗΜΕΙΩΕΞΩ
ΚΛΑΙΟΥϹΑΩϹΟΥΝΕΚΛΑΙ
ΕΝΠΑΡΕΚΥΨΕΝΕΙϹΤΟ
ΜΝΗΜΕΙΟΝΚΑΙΘΕΩΡΕΙ 20:12
ΔΥΟΑΓΓΕΛΟΥϹΕΝΛΕΥΚΟΙϹ
ΚΑΘΕΖΟΜΕΝΟΥϹΕΝΑΠΡΟϹ
ΤΗΚΕΦΑΛΗΚΑΙΕΝΑΠΡΟϹ
ΤΟΙϹΠΟϹΙΝΟΠΟΥΕΚΕΙ
ΤΟΤΟϹΩΜΑΤΟΥΙ̅Υ̅ΚΑΙ 20:13
ΛΕΓΟΥϹΙΝΑΥΤΗΕΚΕΙΝΟΙ
ΓΥΝΑΙΤΙΚΛΑΙΕΙϹΚΑΙΛΕ
ΓΕΙΑΥΤΟΙϹΟΤΙΗΡΑΝΤΟΝ
ΚΥΡΙΟΝΜΟΥΚΑΙΟΥΚΟΙ
ΔΑΠΟΥΕΘΗΚΑΝΑΥΤΟΝ
ΤΑΥΤΑΕΙΠΟΥϹΑΕϹΤΡΑ 20:14
ΦΗΕΙϹΤΑΟΠΙϹΩΚΑΙΘΕ
ΩΡΕΙΤΟΝΙ̅Ν̅ΕϹΤΩΤΑϏ
ΟΥΚΗΔΕΙΟΤΙΙ̅Ϲ̅ΕϹΤΙΝ
ΛΕΓΕΙΑΥΤΗΙ̅Ϲ̅ΓΥΝΑΙΤΙ 20:15
ΚΛΑΙΕΙϹΤΙΝΑΖΗΤΕΙϹ
ΕΚΕΙΝΗΔΟΚΟΥϹΑΟΤΙΟ
ΚΗΠΟΥΡΟϹΕϹΤΙΝΛΕΓΕΙ
ΑΥΤΩΚ̅Ε̅ΕΙϹΥΕΒΑϹΤΑ
ϹΑϹΑΥΤΟΝΕΙΠΕΜΟΙΠΟΥ
ΕΘΗΚΑϹΑΥΤΟΝΚΑΓΩ
ΑΥΤΟΝΑΡΩ ΛΕΓΕΙΑΥΤΗ 20:16
Ι̅Ϲ̅ΜΑΡΙΑΜϹΤΡΑΦΕΙϹΑ
ΕΚΕΙΝΗΛΕΓΕΙΑΥΤΩΕΒΡΑ
ΪϹΤΙΡΑΒΒΟΥΝΕΙΟΛΕΓΕ
ΤΑΙΔΙΔΑϹΚΑΛΕ ΛΕΓΕΙ 20:17
ΑΥΤΗΙ̅Ϲ̅ΜΗΑΠΤΟΥΜΟΥ
ΟΥΠΩΓΑΡΑΝΑΒΕΒΗΚΑ
ΠΡΟϹΤΟΝΠΑΤΕΡΑΠΟΡΕΥ
ΟΥΔΕΠΡΟϹΤΟΥϹΑΔΕΛ

ΦΟΥϹΜΟΥΚΑΙΕΙΠΕΑΥΤΟΙϹ
ΑΝΑΒΑΙΝΩΠΡΟϹΤΟΝΠΑ
ΤΕΡΑΜΟΥΚΑΙΠΑΤΕΡΑΫΜΩ
ΚΑΙΘΝΜΟΥΚΑΙΘΝΫΜΩ
20:18 ΕΡΧΕΤΑΙΜΑΡΙΑΜΗΜΑΓΔΑ
ΛΗΝΗΑΓΓΕΛΛΟΥϹΑΤΟΙϹ
ΜΑΘΗΤΑΙϹΟΤΙΕΩΡΑΚΑ
ΤΟΝΚΝΚΑΙΤΑΥΤΑΕΙΠΕ
20:19 ΟϚ ΑΥΤΗ ΟΥϹΗϹΟΥΝΟΨΙ
ΑϹΤΗΗΜΕΡΑΕΚΕΙΝΗΤΗ
ΜΙΑϹΑΒΒΑΤΩΝΚΑΙΤΩΝ
ΘΥΡΩΝΚΕΚΛΕΙϹΜΕΝΩ
ΟΠΟΥΗϹΑΝΟΙΜΑΘΗΤΑΙ
ΔΙΑΤΟΝΦΟΒΟΝΤΩΝΙΟΥ
ΔΑΙΩΝΗΛΘΕΝΟΙϹΚΑΙΕ
ϹΤΗΕΙϹΤΟΜΕϹΟΝΚΑΙ
ΛΕΓΕΙΑΥΤΟΙϹΕΙΡΗΝΗΫ
20:20 ΜΙΝΚΑΙΤΟΥΤΟΕΙΠΩΝΕ
ΔΕΙΞΕΚΑΙΤΑϹΧΕΙΡΑϹϗ
ΤΗΝΠΛΕΥΡΑΝΑΥΤΟΙϹΕ
ΧΑΡΗϹΑΝΟΥΝΟΙΜΑΘΗΤΑΙ
20:21 ΪΔΟΝΤΕϹΤΟΝΚΝΕΙΠΕΝ
ΟΥΝΑΥΤΟΙϹΟΙϹΠΑΛΙΝΕΙ
ΡΗΝΗΫΜΙΝΚΑΘΩϹΑΠΕ
ϹΤΑΛΚΕΝΜΕΟΠΑΤΗΡΚΑ
20:22 ΓΩΠΕΜΠΩΫΜΑϹΚΑΙΤΟΥ
ΤΟΕΙΠΩΝΕΝΕΦΥϹΗϹΕ
ΚΑΙΛΕΓΕΙΑΥΤΟΙϹΛΑΒΕΤΕ
20:23 ΠΝΕΥΜΑΑΓΙΟΝΑΝΤΙΝΟϹ
ΑΦΗΤΕΤΑϹΑΜΑΡΤΙΑϹ
ΑΦΕΙΟΝΤΑΙΑΥΤΟΙϹΑΝ
ΤΙΝΟϹΚΡΑΤΗΤΕΚΕΚΡΑ
20:24 ΟΖ ΤΗΝΤΑΙ ΘΩΜΑϹΔΕΕΙϹ
ΕΚΤΩΝΔΩΔΕΚΑΟΛΕΓΟ
ΜΕΝΟϹΔΙΔΥΜΟϹΟΥΚΗ
ΜΕΤΑΥΤΩΝΟΤΕΗΛΘΕ
20:25 ΙϹΕΛΕΓΟΝΟΥΝΑΥΤΩΟΙ
ΑΛΛΟΙΜΑΘΗΤΑΙΕΟΡΑΚΑ
ΜΕΝΤΟΝΚΝΟΔΕΕΙΠΕΝ
ΑΥΤΟΙϹΕΑΝΜΗΪΔΩΕΝ
ΤΑΙϹΧΕΡϹΙΝΑΥΤΟΥΤΟ
ΤΥΠΟΝΤΩΝΗΛΩΝΚΑΙΒΑ

ΛΩΤΟΝΔΑΚΤΥΛΟΝΜΟΥ
ΕΙCΤΟΝΤΥΠΟΝΤΩΝΗΛΩ̅
ΚΑΙΒΑΛΩΜΟΥΤΗΝΧΕΙΡΑ̅
ΕΙCΤΗΝΠΛΕΥΡΑΝΑΥΤΟΥ
ΟΗ ΟΥΜΗΠΙCΤΕΥCΩ ΚΑΙ 20:26
ΜΕΘΗΜΕΡΑCΟΚΤΩΠΑΛΙ̅
ΗCΑΝΕCΩΟΙΜΑΘΗΤΑΙ
ΑΥΤΟΥΚΑΙΘΩΜΑCΜΕΤΑΥ
ΤΩΝΕΡΧΕΤΑΙΟΙ̅C̅ΤΩΝ
ΘΥΡΩΝΚΕΚΛΕΙCΜΕΝΩ̅
ΚΑΙΕCΤΗΕΙCΤΟΜΕCΟΝ
ΚΑΙΕΙΠΕΝΕΙΡΗΝΗΫΜΙΝ
ΕΙΤΑΛΕΓΕΙΤΩΘΩΜΑΦΕ 20:27
ΡΕΤΟΝΔΑΚΤΥΛΟΝCΟΥ
ΩΔΕΚΑΙΪΔΕΤΑCΧΕΙΡΑC
ΜΟΥΚΑΙΦΕΡΕΤΗΝΧΕΙ
ΡΑCΟΥΚΑΙΒΑΛΕΕΙCΤΗΝ
ΠΛΕΥΡΑΝΜΟΥΚΑΙΜΗΓΕΙ
ΝΟΥΑΠΙCΤΟCΑΛΛΑΠΙ
CΤΟC ΑΠΕΚΡΙΘΗΘΩΜΑC 20:28
ΚΑΙΕΙΠΕΝΑΥΤΩΟΚ̅C̅ΜΟΥ
ΚΑΙΟΘ̅C̅ΜΟΥ ΛΕΓΕΙΑΥΤΩ 20:29
Ι̅C̅ΟΤΙΕΩΡΑΚΑCΜΕΠΕΠΙ
CΤΕΥΚΑCΜΑΚΑΡΙΟΙΟΙ
ΜΗΪΔΟΝΤΕCΚΑΙΠΙCΤΕΥ
CΑΝΤΕC ΠΟΛΛΑΜΕΝ 20:30
ΟΥΝΚΑΙΑΛΛΑCΗΜΕΙΑΕ
ΠΟΙΗCΕΝΟΙ̅C̅ΕΝΩΠΙΟΝ
ΤΩΝΜΑΘΗΤΩΝΑΟΥΚΕ
CΤΙΝΓΕΓΡΑΜΜΕΝΑΕΝ
ΤΩΒΙΒΛΙΩΤΟΥΤΩΤΑΥ 20:31
ΤΑΔΕΓΕΓΡΑΠΤΑΙΪΝΑΠΙ
CΤΕΥΗΤΕΟΤΙΙ̅C̅ΕCΤΙΝ
ΟΧ̅C̅ΟΥΙΟCΤΟΥΘ̅Υ̅ΚΑΙΪ
ΝΑΠΙCΤΕΥΟΝΤΕCΖΩΗ̅
ΕΧΗΤΕΕΝΤΩΟΝΟΜΑΤΙ
ΟΘ ΑΥΤΟΥ ΜΕΤΑΤΑΥΤΑ 21:1
ΕΦΑΝΕΡΩCΕΝΕΑΥΤΟΝ
ΠΑΛΙΝΙ̅C̅ΤΟΙCΜΑΘΗΤΑΙC
ΕΠΙΤΗCΘΑΛΑCCΗCΤΗC
ΤΙΒΕΡΙΑΔΟCΕΦΑΝΕΡΩ
CΕΝΔΕΟΥΤΩCΗCΑΝΟΜΟΥ 21:2

CΙΜΩΝΠΕΤΡΟCΚΑΙΘΩ
ΜΑCΟΛΕΓΟΜΕΝΟCΔΙΔΥ
ΜΟCΚΑΙΝΑΘΑΝΑΗΛΟ
ΑΠΟΚΑΝΑΤΗCΓΑΛΕΙΛΑΙ
ΑCΚΑΙΟΙΤΟΥΖΕΒΕΔΑΙΟΥ
ΚΑΙΑΛΛΟΙΕΚΤΩΝΜΑΘΗ
21:3 ΤΩΝΑΥΤΟΥΔΥΟ ΛΕΓΕΙ
ΑΥΤΟΙCCΙΜΩΝΠΕΤΡΟC
ΫΠΑΓΩΑΛΙΕΥΕΙΝΛΕΓΟΥ
CΙΝΑΥΤΩΕΡΧΟΜΕΘΑϗ
ΗΜΕΙCCΥΝCΟΙΕΞΗΛΘΟΝ
ΚΑΙΕΝΕΒΗCΑΝΕΙCΤΟΠΛΟΙ
ΟΝΚΑΙΕΝΕΚΕΙΝΗΤΗΝΥ
21:4 ΚΤΙΕΠΙΑCΑΝΟΥΔΕΝΠΡΩ
ΪΑCΔΕΗΔΗΓΕΙΝΟΜΕΝΗC
ΕCΤΗΙCΕΙCΤΟΝΑΙΓΙΑΛΟ
ΟΥΜΕΝΤΟΙΗΔΕΙCΑΝΟΙ
ΜΑΘΗΤΑΙΟΤΙΙCΕCΤΙΝ
21:5 ΛΕΓΕΙΟΥΝΑΥΤΟΙCΙCΠΑΙ
ΔΙΑΜΗΤΙΠΡΟCΦΑΓΙΟΝ
ΕΧΕΤΕΑΠΕΚΡΙΘΗCΑΝΑΥ
21:6 ΤΩΟΥ ΟΔΕΕΙΠΕΝΑΥΤΟΙC
ΒΑΛΕΤΕΕΙCΤΑΔΕΞΙΑΜΕ
ΡΗΤΟΥΠΛΟΙΟΥΤΟΔΙΚΤΥ
ΟΝΚΑΙΕΥΡΗCΕΤΕΕΒΑΛΟ
ΟΥΝΚΑΙΟΥΚΕΤΙΑΥΤΟΕΛ
ΚΥCΑΙΪCΧΥΟΝΑΠΟΤΟΥ
ΠΛΗΘΟΥCΤΩΝΪΧΘΥΩ
21:7 ΛΕΓΕΙΟΥΝΟΜΑΘΗΤΗCΕ
ΚΕΙΝΟCΟΝΗΓΑΠΑΟΙCΤΩ
ΠΕΤΡΩΟΚCΕCΤΙΝ CΙΜΩ
ΟΥΝΠΕΤΡΟCΑΚΟΥCΑC
ΟΤΙΟΚCΕCΤΙΝΤΟΝΕΠΕ
ΔΥΤΗΝΔΙΕΖΩCΑΤΟΗΝ
ΓΑΡΓΥΜΝΟCΚΑΙΕΒΑΛΕΝ
ΕΑΥΤΟΝΕΙCΤΗΝΘΑΛΑC
21:8 CΑΝΟΙΔΕΑΛΛΟΙΜΑΘΗΤΑΙ
ΤΩΠΛΟΙΑΡΙΩΗΛΘΟΝΟΥ
ΓΑΡΗCΑΝΜΑΚΡΑΝΑΠΟΤΗC
ΓΗCΑΛΛΑΩCΑΠΟΠΗΧΩ
ΔΙΑΚΟCΙΩΝCΥΡΟΝΤΕC
ΤΟΔΙΚΤΥΟΝΤΩΝΪΧΘΥΩ

ΩϹΟΥΝΑΠΕΒΗϹΑΝΕΙϹ 21:9
ΤΗΝΓΗΝΒΛΕΠΟΥϹΙΝΑΝ
ΘΡΑΚΙΑΝΚΕΙΜΕΝΗΝΚΑΙ
ΟΨΑΡΙΟΝΕΠΙΚΕΙΜΕΝΟΝ
ΚΑΙΑΡΤΟΝ ΛΕΓΕΙΑΥΤΟΙϹ 21:10
Ι̅Ϲ̅ΕΝΕΓΚΑΤΕΑΠΟΤΩΝΟ
ΨΑΡΙΩΝΩΝΕΠΙΑϹΑΤΕΝΥ̅
ΑΝΕΒΗΟΥΝϹΙΜΩΝΠΕΤΡΟϹ 21:11
ΚΑΙΕΙΛΚΥϹΕΝΤΟΔΙΚΤΥ
ΟΝΕΙϹΤΗΝΓΗΝΜΕϹΤΟ̅
ΪΧΘΥΩΝΜΕΓΑΛΩΝΕΚΑΤΟ̅
ΠΕΝΤΗΚΟΝΤΑΤΡΙΩΝϏ
ΤΟϹΟΥΤΩΝΟΝΤΩΝΟΥΚΕ
ϹΧΙϹΘΗΤΟΔΙΚΤΥΟΝ
ΛΕΓΕΙΑΥΤΟΙϹΙ̅Ϲ̅ΔΕΥΤΕΑ 21:12
ΡΙϹΤΗϹΑΤΕΟΥΔΕΙϹΕΤΟΛ
ΜΑΤΩΝΜΑΘΗΤΩΝΕΞΕ
ΤΑϹΑΙΑΥΤΟΝϹΥΤΙϹΕΙΕΙ
ΔΟΤΕϹΟΤΙΟΚ̅Ϲ̅ΕϹΤΙΝΕΡ 21:13
ΧΕΤΑΙΙ̅Ϲ̅ΚΑΙΛΑΜΒΑΝΕΙΤΟ
ΑΡΤΟΝΚΑΙΔΙΔΩϹΙΝΑΥΤΟΙϹ
ΚΑΙΤΟΟΨΑΡΙΟΝΟΜΟΙΩϹ
ΤΟΥΤΟΗΔΗΤΡΙΤΟΝΕΦΑ 21:14
ΝΕΡΩΘΗΙ̅Ϲ̅ΤΟΙϹΜΑΘΗΤΑΙϹ
Π̅ ΕΓΕΡΘΕΙϹΕΚΝΕΚΡΩΝ ΟΤΕ 21:15
ΟΥΝΗΡΙϹΤΗϹΑΝΛΕΓΕΙΤΩ
ϹΙΜΩΝΙΠΕΤΡΩΟΙ̅Ϲ̅ ϹΙΜΩ̅
ΪΩΑΝΟΥΑΓΑΠΑϹΜΕΠΛΕ
ΟΝΤΟΥΤΩΝΛΕΓΕΙΑΥΤΩ
ΝΑΙΚ̅Ε̅ϹΥΟΙΔΑϹΟΤΙΦΙΛΩ
ϹΕ ΛΕΓΕΙΑΥΤΩΒΟϹΚΕΤΑ
ΑΡΝΙΑΜΟΥ ΛΕΓΕΙΑΥΤΩ 21:16
ΠΑΛΙΝΔΕΥΤΕΡΟΝϹΙΜΩ̅
ΪΩΑΝΟΥΑΓΑΠΑϹΜΕΛΕΓΕΙ
ΑΥΤΩΝΑΙΚ̅Ε̅ϹΥΟΙΔΑϹΟ
ΤΙΦΙΛΩϹΕΛΕΓΕΙΑΥΤΩ
ΠΟΙΜΑΙΝΕΤΑΠΡΟΒΑΤΙΑ
ΜΟΥ ΛΕΓΕΙΑΥΤΩΤΟΤΡΙ 21:17
ΤΟΝϹΙΜΩΝΪΩΑΝΟΥΦΙ
ΛΕΙϹΜΕΕΛΥΠΗΘΗΟΠΕΤΡΟϹ
ΟΤΙΕΙΠΕΝΑΥΤΩΤΟΤΡΙ
ΤΟΝΦΙΛΕΙϹΜΕΚΑΙΕΙΠΕ̅

ΚΕΠΑΝΤΑϹΥΟΙΔΑϹϹΥΓΕΙ
ΝΩϹΚΕΙϹΟΤΙΦΙΛΩϹΕ
ΛΕΓΕΙΑΥΤΩΙϹΒΟϹΚΕΤΑ
21:18 ΠΡΟΒΑΤΙΑΜΟΥ ΑΜΗΝΑΜΗ
ΛΕΓΩϹΟΙΟΤΕΗϹΝΕΩΤΕ
ΡΟϹΕΖΩΝΝΥΕϹϹΕΑΥΤΟΝ
ΚΑΙΠΕΡΙΕΠΑΤΕΙϹΟΠΟΥΗ
ΘΕΛΕϹΟΤΑΝΔΕΓΗΡΑϹΗϹ
ΕΚΤΕΝΕΙϹΤΑϹΧΕΙΡΑϹϹΟΥ
ΚΑΙΑΛΛΟϹΖΩϹΕΙϹΕΚΑΙ
ΟΙϹΕΙΟΠΟΥΟΥΘΕΛΕΙϹ
21:19 ΤΟΥΤΟΔΕΕΙΠΕΝϹΗΜΑΙ
ΝΩΝΠΟΙΩΘΑΝΑΤΩΔΟΞΑ
ϹΕΙΤΟΝΘΝΚΑΙΤΟΥΤΟ
ΕΙΠΩΝΛΕΓΕΙΑΥΤΩΑΚΟ
21:20 ΛΟΥΘΕΙΜΟΙ ΕΠΙϹΤΡΑΦΕΙϹ
ΟΠΕΤΡΟϹΒΛΕΠΕΙΤΟΝΜΑ
ΘΗΤΗΝΟΝΗΓΑΠΑΟΙϹΑΚΟ
ΛΟΥΘΟΥΝΤΑΟϹΚΑΙΑΝΕ
ΠΕϹΕΝΕΝΤΩΔΕΙΠΝΩΕ
ΠΙΤΟϹΤΗΘΟϹΑΥΤΟΥΚΑΙ
ΕΙΠΕΝΚΕΤΙϹΕϹΤΙΝΟΠΑ
21:21 ΡΑΔΙΔΟΥϹϹΕΤΟΥΤΟΝΟΥ
ΪΔΩΝΟΠΕΤΡΟϹΛΕΓΕΙΤΩ
21:22 ΙΥ ΚΕΟΥΤΟϹΔΕΤΙ ΛΕΓΕΙ
ΑΥΤΩΟΙϹΕΑΝΑΥΤΟΝΘΕ
ΛΩΜΕΝΕΙΝΕΩϹΕΡΧΟΜΑΙ
ΤΙΠΡΟϹϹΕϹΥΜΟΙΑΚΟΛΟΥ
21:23 ΘΕΙ ΕΞΗΛΘΕΝΟΥΝΟΥ
ΤΟϹΟΛΟΓΟϹΕΙϹΤΟΥϹΑ
ΔΕΛΦΟΥϹΟΤΙΟΜΑΘΗΤΗϹ
ΕΚΕΙΝΟϹΟΥΚΑΠΟΘΝΗϹΚΕΙ
ΟΥΚΕΙΠΕΝΔΕΑΥΤΩΟΙϹ
ΟΤΙΟΥΚΑΠΟΘΝΗϹΚΕΙ
ΑΛΛΕΑΝΑΥΤΟΝΘΕΛΩΜΕ
ΝΕΙΝΕΩϹΕΡΧΟΜΑΙΤΙ
21:24 ΠΡΟϹϹΕ ΟΥΤΟϹΕϹΤΙΝ
ΟΜΑΘΗΤΗϹΟΚΑΙΜΑΡ
ΤΥΡΩΝΠΕΡΙΤΟΥΤΩΝΚΑΙ
ΟΓΡΑΨΑϹΤΑΥΤΑΚΑΙΟΙΔΑ
ΜΕΝΟΤΙΑΛΗΘΗϹΑΥΤΟΥ
21:25 ΗΜΑΡΤΥΡΙΑΕϹΤΙΝ ΕϹΤΙ

1382A

ΔΕΚΑΙΑΛΛΑΠΟΛΛΑΑΕΠΟΙ
ΗϹΕΝΟΙϹ̅ΑΤΙΝΑΕΑΝΓΡΑ
ΦΗΤΑΙΚΑΘΕΝΟΥΔΑΥΤΟ̅
ΟΙΜΑΙΤΟΝΚΟϹΜΟΝΧΩ
ΡΗϹΕΙΝΤΑΓΡΑΦΟΜΕΝΑ
ΒΙΒΛΙΑ ; >>—

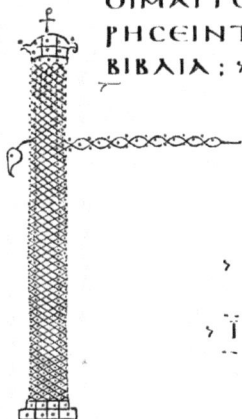

> ΚΑΤΑ >

> ΙΩΑΝΗΝ >

www.ingramcontent.com/pod-product-compliance
Lightning Source LLC
Chambersburg PA
CBHW031930090426
42811CB00002B/136
* 9 7 8 0 5 7 8 6 4 5 8 0 3 *